U0451228

○国家社科基金一般项目成果
○中国翻译文献整理研究中心支持计划成果
○广西民族大学外国语言文学一级学科博士点支持计划成果

A Critical History of
Translation in Modern Hunan

现代湖南翻译史论

张旭 车树昇 著

商务印书馆
The Commercial Press

图书在版编目(CIP)数据

现代湖南翻译史论/张旭,车树昇著.—北京:商务印书馆,2022
ISBN 978-7-100-21488-9

Ⅰ.①现… Ⅱ.①张…②车… Ⅲ.①翻译—语言学史—研究—湖南 Ⅳ.①H159-092

中国版本图书馆 CIP 数据核字(2022)第 138807 号

权利保留,侵权必究。

现代湖南翻译史论
张旭 车树昇 著

商 务 印 书 馆 出 版
(北京王府井大街36号 邮政编码 100710)
商 务 印 书 馆 发 行
北京虎彩文化传播有限公司印刷
ISBN 978-7-100-21488-9

| 2022 年 11 月第 1 版 | 开本 710×1000 1/16 |
| 2022 年 11 月北京第 1 次印刷 | 印张 39½ |

定价:198.00 元

目录

绪论 ··· 1
第一章　民国时期湖南的教育与翻译人才培养 ···················· 14
　第一节　民国初年湖南学校教育与翻译人才培养 ················ 15
　第二节　抗战时期湖南教育与翻译事业发展 ····················· 21
　第三节　民国时期的留学生教育与湖南翻译人才造就 ············ 28
第二章　民国时期的赞助机构与湖南翻译事业发展 ················ 31
　第一节　民国时期湖南的报纸与翻译 ···························· 32
　第二节　民国时期湖南的杂志与翻译 ···························· 38
　第三节　民国时期湖南的出版机构、图书馆与翻译书籍传播 ······ 45
第三章　民国时期湖南的自然科学与军事学翻译 ·················· 56
　第一节　现代湘籍译家与数、理、化著作翻译 ··················· 57
　第二节　现代湘籍译家与地理、生物、科普翻译 ················· 84
　第三节　现代湘籍译家与军事科学著作翻译 ····················· 95
第四章　民国时期湘人与马克思主义翻译 ························ 107
　第一节　"五四"运动前后湘籍译家与马克思主义翻译 ············ 107
　第二节　马列著作早期翻译大家——李达 ······················· 132
　第三节　20世纪30、40年代湘籍译家与马列著作翻译 ············ 150
第五章　民国时期湘籍译家与人文社会科学翻译 ·················· 166
　第一节　民国时期湖南的人文、社会、政治、法律翻译 ··········· 166
　第二节　民国时期湖南的史学翻译 ······························ 209
　第三节　民国时期湖南的哲学与伦理学翻译 ····················· 245
　第四节　民国时期湖南的教育学和心理学翻译 ··················· 284
　第五节　民国时期湖南的经济学翻译 ···························· 311

第六章　民国时期湘籍译家与外国文学翻译 ……………………340
第一节　现代湘籍译家与法国文学翻译 ………………………341
第二节　现代湘籍译家与英语文学翻译 ………………………386
第三节　现代湘籍译家与日本文学翻译 ………………………426
第四节　现代湘籍译家与德语文学翻译 ………………………443
第五节　现代湘籍译家与俄苏文学翻译 ………………………458
第六节　现代湘籍译家与其他国家文学翻译 …………………493
第七节　现代湘籍译家与文艺美学翻译 ………………………512

第七章　民国时期湘籍译家译论思想大观 ……………………537
第一节　章士钊论译名问题 ……………………………………537
第二节　杨端六论译品质量和译才问题 ………………………542
第三节　成仿吾论翻译批评和译诗 ……………………………544
第四节　朱湘论诗歌翻译及其他 ………………………………548
第五节　石民论诗歌翻译 ………………………………………553
第六节　张友松与翻译批评 ……………………………………555
第七节　钱歌川论翻译与正名 …………………………………561
第八节　木曾与李季对翻译技巧和翻译史之总结 ……………565
第九节　徐梵澄与金岳霖论翻译 ………………………………568

第八章　结语 ………………………………………………………575

附录：1937—1941年间商务印书馆在长沙出版翻译类著作一览表 ………580

参考文献 ……………………………………………………………605

后记 …………………………………………………………………626

绪论

从某种意义上说，现代性肇源于翻译，没有翻译就没有中国的现代性。翻译对于催生湖南现代化进程起到了至为重要的作用。本书旨在对特定时期湖南区域内的翻译活动和翻译成就展开历史考古和话语诠释。在此，我们试图运用区域史研究方法，以1912年到1949年期间湖湘学人兼译家的翻译活动为考察对象，尝试在中西文化的坐标系上和历史语境中对区域内湖南译家的翻译作品、翻译思想及其翻译所散发的文化效应进行追踪。同时，我们参照现代翻译理论，尤其是描写翻译学思想，对这些翻译活动和翻译现象进行话语追踪和知识考古，以探讨那些在历史上长期处于隐形状态的众多先贤是如何本着经世致用的宗旨，充分发扬湖湘文化精神，在各自为道、为学、为业的过程中，通过翻译的途径达到救亡图存和启迪民智之目的，进而为湖南乃至中国实现现代化转型做出贡献。

第一节 研究背景与展望

着眼于现代理论界，我们可以发现，翻译史研究一直是翻译研究中的一个重要组成部分。而着眼于世界范围，现代译学奠基人詹姆斯·霍尔姆斯（James Holmes）在宣读的论文《翻译的名与实》（1972）中，构建了现代翻译研究学科的分支图式，提出了翻译史的研究问题，并区分了翻译理论史和应用翻译史两大块，说它们是新兴的研究领域，只是它们在当时还较为薄弱。[1] 此后，英国学者苏珊·巴斯内特（Susan Bassnett）在其专著《翻译研

---

[1] James S. Holmes. "The name and nature of translation studies", in *Translated! Papers on Literary Translation and Translation Studies*. Amsterdam: Rodopi, 1988, pp.67-80.

究》(1980)中,也将翻译史视为翻译研究的四个组成部分之一。翻译史研究作为翻译研究的核心组成部分,对于翻译理论的发展起着回顾、总结、批评、反观和推进作用,而翻译家研究则是翻译史研究中不可或缺的组成部分。尽管在当代欧美文化中,译者的处境和活动大多处于隐形状态,[①] 然而近年来有不少学者专门讨论翻译家的研究问题,努力让译者从隐形走向显形。例如,意大利裔学者劳伦斯·韦努蒂(Lawrence Venuti)就通过英美文化译者所处隐形状态的原因和历史之追溯,努力让译者从隐形走向显形;西班牙裔学者安东尼·皮姆(Anthony Pym)强调翻译史研究要注重翻译家,即以人为本,而且要注重翻译的交互文化性。交互文化指的是不同文化的交叉与重叠,翻译家不仅是译入语文化和目的语文化的搭桥人,而且处于两大文化的交叉部位,属于非此非彼的交互文化。[②] 除此之外,安德烈·利弗维尔(André Lefevere)、道格拉斯·罗宾逊(Douglas Robinson)等也曾相继就翻译史问题进行过阐发,并推出一些厚重的著作,其中自然涉及翻译家的研究问题。

近几十年来,中国学者在构思翻译研究的总体框架时一般都包含翻译史研究,而且也取得了很大的成绩。[③] 然而,在区域翻译史研究和撰写方面虽然也做出一些努力,但仍属薄弱环节。这些研究主要包括热扎克·买提尼牙孜主编的《西域翻译史》(1994),邹振环的《江苏翻译出版史略》(1998),陈世明的《新疆现代翻译史》(1999),林本椿主编的《福建翻译家研究》(2004),陈秀等的《浙江省译家研究》(2007),吴笛等的《浙江翻译文学史》(2008),吴笛的《浙籍作家翻译艺术研究》(2009),邹振环的《20世纪上海翻译出版与文化变迁》(2000),温中兰、贺爱军、于应机等的《浙江翻译家研究》

---

① Lawrence Venuti. *The Translator's Invisibility: A History of Translation*. London & New York: Routledge, 1995, p.1.
② Anthony Pym. *Method in Translation History*. Manchester: St. Jerome Publishing, 1998.
③ 参见王佐良:《新时期的翻译观》,《中国翻译》1987年第5期;王克非:《翻译文化史论》,上海:上海外语教育出版社,1997年;穆雷:《重视翻译史,推动译学发展——中国翻译史研究述评》,《中国翻译》2000年第1期;孔慧怡、杨承淑编:《亚洲翻译传统与现代研究》,北京:北京大学出版社,2000年;孔慧怡:《重写翻译史》,《21世纪》2002年总第71期;孔慧怡:《重写翻译史》,香港:香港中文大学出版社,2005年;杨全红:《翻译史另写》,武汉:武汉大学出版社,2010年;谢天振:《比较文学与翻译研究》,上海:复旦大学出版社,2001年;谢天振:《翻译研究新视野》,青岛:青岛出版社,2013年 ‖ 福州:福建教育出版社,2015年;王宏志:《翻译史研究》,上海:复旦大学出版社,2011~2020年;等等。

(2010)，张旭的《湘籍近现代文化名人·翻译家卷》(2011)和《近代湖南翻译史论》(2014)，张秀仿的《河北省翻译史专题研究》(2012)，罗杰鹦的《世界文学与浙江文学翻译》(2012)，李同良的《嘉兴翻译家研究》(2013)，林大津总主编的《福建翻译史论》(2013)，廖七一等的《抗战时期重庆翻译研究》(2015)，宋韵声的《辽宁翻译文学史》(2016)，董洪川的《重庆当代翻译研究》(2016)，陈清贵的《四川翻译史研究》(2016)，李长森的《近代澳门翻译史稿》(2016)，郑锦怀的《泉籍翻译家与中西交流：生平述介与著译考录》(2016)，秦毅的《粤籍翻译家研究》(2016)，李同良的《译苑芳菲：浙江女性翻译家研究》(2018)，熊辉的《抗战大后方翻译文学史论》(2018)，唐吉思的《蒙古族翻译史研究》(2019)，等等。同时也出现一些相关的博士论文，如陈爱钗的《近现代闽籍翻译家研究》(2007)，林作帅的《论上海翻译文学与本土文学的张力与对话》(2009)，等等。另外，国内包括一些省市也批准了若干相关的研究课题，包括廖七一主持的重庆市社科基金规划项目"重庆抗战时期翻译文化研究"(2010)，贺爱军主持的国家社科基金项目"翻译地理学视域中的浙籍译家研究"(2012)，禹玲主持的国家社科基金项目"湖湘翻译家与中国思想现代化研究(1840—1949)"(2016)，等等。但是，这些著作仅局限于区域内的翻译家研究或特定时期区域内的出版情况，或仅仅是对翻译文学与文化状况的考察，对于区域内的翻译史宏观研究仍然十分缺乏。正因如此，很有必要就特定历史时期湖南的翻译状况作一历史追踪，撰写一部区域断代翻译史。

总的来说，湖南翻译家及其翻译活动在历史上大多处于隐形状态。当然，有关湖湘译家及其译作曾有过一些介绍，这些介绍主要出现在一些地方史志或综合类翻译史中，或见于一些百科全书和译学词典里。然而，这些介绍大多过于简略，而且甚少突出译者的地域文化背景与特色，或者只是散见于国内一些报纸杂志上，多以访谈或单件翻译作品的评析为主要形式，间或也涉及他们的翻译思想；也曾有过传记类作品顺带提及某些湖湘译家和他们的翻译活动与成就。在一些针对湖湘学人兼译家或某些翻译名家的研究专著或资料汇编中，有时会针对他们的翻译成就辟出单独章节予以评介，偶尔也会出现就某位湘籍译家展开专题介绍的专著。然而，着眼于区域文化特点，迄今,就现代湖湘译家及其翻译活动与成就展开系统、全面研究和介绍的书籍仍然缺乏。

正如处在一个多元多极的世界,一切界限的绝对划分都有其局限性。然而,从地缘文化的角度去审视现代湖湘译家的翻译活动和翻译成就,或许会衍生出一些新的意味和结论。近些年来,学术界对区域文化的重视,其意义当亦在此。回顾现代学术史,"区域史"的名称最早出现于20世纪80年代,它指的是研究特定区域的历史。区域史研究作为历史研究的一种方法,是历史学的一个分支,也是一种方法论。如同新社会史一样,区域史企图全面、整体地掌握人们生活的全部历史;所不同的是,区域史明确地宣称是通过"区域"方法和方法论来落实其研究目的。由于新社会史和区域史的研究旨趣基本相同,因此,自20世纪初叶以来,年鉴学派史学或新社会史的"总体史"目标的实现,大多体现在区域史的研究成就上。区域史研究的方法,从表面上看相当简单,即依据某些自然和人文要素为指标,将地表空间划分成一系列的地理区域,然后针对区域内各种相互关联的现象,包括自然环境的地形、气候、水文、土壤、生物等,以及人文活动的人口、经济、交通、群落、政治、社会、文化等,进行整体的历史探讨,即一般意义上所说的区域史研究方法。无论是通史还是断代史,抑或是专题史,都可以使用这种方法。总的来看,借鉴西方史学而脱胎于地方史研究的区域史研究,含有两种不同的研究路径:一是沿着传统的地方史研究,注重史料梳理与铺排,以期勾勒出地方历史的画面;二是追步西方史学的理论,即以问题为焦点,对地方性史料重新加以审视,揭示区域在历史进程中的意义。[①]因此,如果结合这一方法来检视现代时期湖南翻译活动发生的历史沿革,追溯这一时期翻译思潮与时代话语体现之价值追求的关系以及众译家的文化心理等问题,将颇具启迪意义。

在西方,作为一门时兴的学科,描写翻译学日益受到足够的重视。首先,它那套建立在经验科学基础之上完善的描写方法就倍受人们的关注;其次,它还提出将翻译作为目的语文化系统内一个既成的事实加以考察,所有的翻译活动实为两种文化间的居间调停,理想的翻译描述应当把关联的两种文

[①] 陆敏珍:《区域史研究进路及其问题》,《学术界》,2007年第5期。

化都考虑进去。① 这些观点极具参照价值。同时，国内外还有许多学者从比较文化或比较文学的角度来考察翻译现象，成绩较大者有伊文-佐哈（Itamar Evan-Zohar）、赫尔曼斯（Theo Hermans）、巴斯内特、利弗维尔和中国学者谢天振等。他们的观点有不少可取之处，如伊文-佐哈的多元系统理论就主张从译语国文化的立场来看待翻译；② 利弗维尔则从相关的文学批评领域引入意识形态批评方法，并研究它与诗学观等因素一起作用时是如何主宰译者的翻译活动的，同时，他还认为，如果从译语国文化的立场来看，所有的文学翻译都是对源语国文学的一种操控，这种操控实质上是译者受到某种因素驱使实现的；③ 王克非通过典型的文学翻译史料，剖析翻译作为一种文化交流活动对汉民族文化的影响，进而考察文化因素在文化交流过程中的必然变形，以及文化误读现象的成因及其积极和消极的影响；④ 谢天振的译介学理论则从比较文化的角度出发，对翻译和翻译文学进行研究，它特别关注原文在外语和本族语转换过程中信息的失落、变形、增添、扩伸等，并把翻译（特别是文学翻译）作为人类的一种跨文化交流的实践活动来对待；⑤ 巴斯内特认为翻译研究实际上是不同文化间的互动研究，她曾与利弗维尔一道提出，今后的新课题中应当包括翻译史研究。⑥

不过，目前就区域翻译史展开的专题研究仍属薄弱环节。另外，当今比较文学研究已从单一的影响研究或接受研究转向多维视角下的跨语言、跨文化、跨学科乃至跨文明范畴内的综合性和交叉性研究，由此产生一系列方法论的迁移。事实上，在异质文化体系发生接触和交往的过程中，接受活动本身就包含着批评，它意味着接受者时刻都在有意和无意间进行筛选，而时

---

① Gideon Toury. *Descriptive Translation Studies and Beyond*. Amsterdam & Philadelphia: John Benjamins Publishing Company, 1995.
② Itamar Even-Zohar. *Papers in Historical Poetics*. Tel Aviv: Porter Institute for Poetics and Semiotics, 1978.
③ André Lefevere. *Translation, Rewriting and the Manipulation of Literary Frame*. London & New York: Routledge, 1992, pp.4-9.
④ 王克非：《翻译文化史论》，上海：上海外语教育出版社，1998年。
⑤ 谢天振：《译介学》，上海：上海外语教学与研究出版社，1999年。
⑥ Susan Bassnett & André Lefevere. *Constructing Cultures: Essays on Literary Translation*. Clevedon: Multilingual Matters Ltd, 1998, p.10.

代因子也在文化接受过程中默默地起着过滤作用。因此，时值主流意识形态正力倡"四个自信"，同时湖南省内正在全力打造"文化强省"活动之际，如能结合主流意识形态提出重构中华学术话语体系和加强文化传承研究这一时代氛围，对过去湖湘人士的翻译发展轨迹进行知识考古和系统描述，从影响和接受的角度阐释现代时期湖南人的翻译活动演进的过程，将具有特殊的意义。

第二节 湖湘文化精神与区域翻译史研究

着眼于区域特征对历史知识进行考古，前人在相关领域的一些研究方法值得参考。早在19世纪，法国文艺理论家和历史学家丹纳（H. A. Taine）在《〈英国文学史〉序言》中提出著名的文学三要素——"种族""环境"和"时代"，指出文学艺术作品是这三种因素的必然产物；后来，他在《艺术哲学》中继续对这种思想进行系统地发挥和阐释，意在表明：作家（或艺术家）深受历史积淀、人文教育、时代背景的孕育及影响，文学的流变也因此发生。[①] 因此，"要了解一件艺术，一个艺术家、一群艺术家，必须正确地设想他们所据的时代的精神和风俗"，[②] 也就是将文本生产中的环境因素纳入我们的考量。而这种时代精神和风俗的形成，又与地域有着不可割舍的联系。在中国，早年钱基博曾在《近百年湖南学风》中，从湖湘学风与地理、"民性"之间的关系入手，探讨了"湖南人精神"的问题，认为先贤们能够在学问和事业上取得巨大的成就，在于"有独立自主之思想，有坚强不磨之志节"，"盖地理使之然也。"[③] 这也就是俗话所说的"一方水土养一方人"。总之，一个地区的人文地理环境对于此地的思想、文化和精神形成有着不可割舍的联系。因此，本书将运用区域史的一些研究方法，对现代时期湖湘学人和译家的翻译活动及

---

① ［法］丹纳：《〈英国文学史〉序言》，载伍蠡甫：《西方文论选》（下），上海：上海译文出版社，1979年，第241页。
② ［法］丹纳著：《艺术哲学》，傅雷译，合肥：安徽文艺出版社，1991年，第47页。
③ 钱基博：《近百年湖南学风》，北京：中国人民大学出版社，2004年，第1页。

其成就展开知识考古和话语诠释。这种对区域翻译史以及此种翻译在区域内现代化进程中的作用之观照，又能映射出早期中国现代化的进程。

纵观历史，1950年以前的湖湘文化曾经经历了两次转型：一次是宋代湖湘学派的确立，另一次是"甲午战争"之后湖湘文化的近代化。最早用"湖湘"二字指代湖南是初唐时期诗人王勃（约650～约676）在其所写《益州德阳县善寂寺碑》中："见复苍梧北望，湖湘盈舜后之歌；绿荇四浮，江汉积文妃之颂。"此后，五代时期朗州武陵（今常德）人周行逢（916～962）也说："吾俺有湖湘，兵强俗阜，四邻其惧我乎。"① 自春秋战国时期起，湖北、湖南为楚国地，所以人们又不时地称湖北为楚北，湖南为楚南。到清朝前期，湖南属于湖广行省。雍正二年（1724）始设湖南巡抚，领九府四州，湖南成为中国本部的一个行省。总之，湖南在古代是荒蛮锢塞之域，直到唐朝还是安置贬官谪吏的地方，在历史上多次人口迁徙与民族融合中，先后受到楚文化和中原文化的影响，逐渐形成有鲜明个性特征、相对稳定并有历史传承性的文化形态。最为根本的是，"湖湘文化之所以获得很大的发展，除了依靠本土文化的创造、继承外，还在于不断学习、吸收外来文化，故而具有文脉广的特点。"② 从上古时期的中原文化与南方本土文化相结合，到春秋时期中原华夏族文化与南方巫术文化相融合，再到南宋时期湖湘文化与闽学派、浙东学派、江西学派相互接触和影响，再到晚清时期湖南学人吸收洛闽、吴皖、浙东等地学说，湖湘先后与不同的民族文化、不同的地域文化、不同的学派以及外国文化相互交融。可以说，正是这种"广泛的文脉成就了湖湘学人、也推动了湖湘文化的大发展"。③

那么，湖湘文化精神的内涵是什么呢？湖湘文化精神根植于湖南历史文化，湖南历史文化在其发展过程中所积淀的物质、制度和社会心理的三个层

---

① 此后在《朱子语类》和《朱子文集》中常有"湖湘学者""湖南一派""湖南学"之类的提法，后来黄宗羲、全祖望等编纂《宋元学案》时即沿用了"湖湘学派"的名称，这一用法也一直沿用至今。参见方克立：《序》，方克立、陈代湘主编：《湘学史》（一），长沙：湖南人民出版社，2008年，第2页。

② 朱汉民：《从文源、文脉、文气看湖湘文化》，《湖湘文化与湖南精神》，长沙：湖南人民出版社，2012年，第1～3页。

③ 朱汉民：《从文源、文脉、文气看湖湘文化》，《湖湘文化与湖南精神》，第3页。

次中以观念和思想为基本内容的精神文化,就是湖湘文化精神。就此,许多学者曾有过精辟的阐述。有人把它的特征概括成三点:推崇理学、经世致用、躬行实践。也有人把它概括为四点:知行合一、理践结合、内圣与外王并举、爱国与爱乡统一。还有人把它概括为四方面:变革图强,辅世长民;身体力行,践履务实;兼容并蓄,不囿成见;经世致用,忧时忧国等。① 这些概括有交叉,有重叠,也有各自的侧重,但从中可以看出各家都指出湖南人那种敢为人先、知行统一、博采众家的文化精神和经世致用的价值取向。正是这种文化精神和价值取向,对历代湖湘士人为人处世和开拓进取产生了深远的影响,同时也贯穿于近现代湖南思想和文化的历史长河。

到了近代时期,湖湘文化又呈现出几个鲜明的特点:第一,士人有以天下为己任的使命感、责任感,大都具有爱国主义思想;第二,民心刚正质直,士人讲求和注重气节;第三,民性朴实勤勉,刻苦耐劳,勇于任事,具有一种实干精神。② 特别是到了"鸦片战争"以后,经世之学的滥觞与发展成就了百年独特的湖湘学风。以曾国藩、左宗棠、郭嵩焘、曾纪泽、谭嗣同、唐才常等为代表,更是把湖湘文化与具体时代相结合,赋予了它崭新的面貌。从此,湖湘文化中的政治意识更为强烈,爱国主义传统尤为突出,又表现出一种博采众家的开放精神与敢为天下先的独立创新精神,同时也铸就了这种文化独有的"倔强""刚坚""峻激"的风格。这些特征和风格同样也体现于近代时期的湖南翻译界,并促成众人纷纷提倡和鼓励从事翻译,进而也影响到时人的翻译选材和翻译策略的择取,由此构成了近现代时期湖湘士人的翻译特点。

相对于沿海地区,湖南的现代化起步晚了三十余年。诚如人言,1840年"鸦片战争"以前的漫长岁月,湖南没有出过几桩足以影响全国局势的大事,属于湖南籍的名人,寥若晨星。③ 而到了清朝末年,随着1854年湘军建

---

① 参见方克立、陈代湘主编:《湘学史》,长沙:湖南人民出版社,2008年;王盾:《湘学志略》,长沙:湖南人民出版社,2009年;湖南省湖湘文化交流协会、湖南省社会科学院编:《湖湘文化与湖南精神》,长沙:湖南人民出版社,2012年。
② 湖南师范大学文史研究所编:《麓山论史萃编》,长沙:湖南人民出版社,1988年,第51~53页。
③ 林增平、范忠程主编:《湖南近代史》,长沙:湖南师范大学出版社,1991年,第1页。

立以及"湘运之兴",特别是在欧风美雨的冲击下,这种平庸的格局总算被打破。最为明显的是,湘军集团是一个具有"文气"的军事集团、政治集团。这种文气影响了以后的湖南军人,近代许多著名军人和政治家如黄兴、蔡锷等均显示出鲜明的文气。故而清末学者梁启超说:"五十年来,为轻重于国者,必推湘人士。"[1] 湘人皮锡瑞(1850～1908)也说:"我朝同治中兴,曾[国藩]、左[宗棠]、胡[林翼]、罗[泽南]、江[忠源]、李[续宾、续宜]诸公出而戡定大难(指平定'太平天国'起义),言战功者首推湘军。近日(指戊戌维新运动时期)湖南文风又为各省之最……"[2] 其原因是,自"鸦片战争"前后形成的以"经世致用"为主旨的湖南学风,经曾国藩及其湘军人物的阐扬和身体力行,终于造就了平定东南大局的赫赫"武功",这正是湖南学风倡导者追求的所谓"治国平天下"的学问。特别是到了"甲午战争"以后,由于湘军战败,湖南人受到强烈的刺激,于是极力学习西方和变法维新。在这一学习西方和改革风潮之中,众多的湖南士子又将湖湘文化中经世致用学风和勇于创新精神发挥到极致,由此让近代湖南人在学习西方的征途上走在了国人的前面,这种格局到现代时期仍以某种方式在延续。

当然,作为一种区域文化,湖湘文化不可避免地存在一些缺陷。因为它根植于农业经济,在历史上与宗法等级制度及专制政治联系在一起,多属维系封建统治的官方意识,因此它具有精华与糟粕混杂、封闭与开放并存的两重性,通常表现出两极化倾向。早在1898年3月(光绪二十四年二月)陈宝箴(1831～1900)就说过:"自咸丰以来,削平寇乱,名臣儒将,多出于湘。其民气之勇,士节之盛,实甲于天下。而恃其忠肝义胆,敌王所忾,不愿师他人之长,其义愤激烈之气,鄙夷不屑之心,亦以湘人为最。"[3] 皮锡瑞更说:"湘人尚气,勇于有为,是其好处;而气太盛,多不能虚衷受益。"[4] 这些可以说是对湖南人自我中心性格所作的典型概括。

---

[1] 梁启超:《刘道一传》,载政协湘潭市委员会编:《刘道一烈士》,长沙:湖南大学出版社,1988年,第25页。
[2] 皮锡瑞:《师伏堂未刊日记》,《湖南历史资料》1959年第1期。
[3] 国家档案局明清档案馆编:《戊戌变法档案史料》,北京:中华书局,1958年,第243页。
[4] 皮锡瑞:《师伏堂未刊日记》,《湖南历史资料》1958年第4期。

总之，湖湘文化铸就了湖南人以天下为己任、敢为天下先的开创奋斗精神，同时也产生了一种舍我其谁的自大的病态人格。"湖南人的思维方式常常表现出明显的封闭性、静止性和单向性特点，他们常常从湖南去推论天下，而不是以天下来推论湖南。"① 这种文化精神自然助长了湖湘学子一股以天下为己任的傲岸心理，以至于到了清朝末年，熊希龄（1870～1937）在《时务学堂公启》中宣称："吾湘变，则中国变；吾湘立，则中国存。"唐才常（1867～1900）也认为："古有燕赵，今有湖南；日本有萨摩二省，中国有湖南一省。救中国从救湖南始。"② 杨度（1874～1931）在所作《湖南少年歌》中更是掷地有声地说出这样的惊世之语："中国如今是希腊，湖南当作斯巴达；中国将为德意志，湖南当作普鲁士。诸君诸君慎如此，莫言事急空流涕。若道中华国果亡，除非湖南人尽死。"③ 斯巴达和普鲁士精神当时的真正意义何在，已不得而知，然而在中国谋求现代化的初期，一批敢为人先、笃实进取的湖南人确实担当了非常重要的角色。这点表现在翻译领域同样如此。

第三节 研究目的与内容

有学者曾将湘学区分为"湘中之学"或"湘中学术"。④ 受此启发，在我们的翻译史研究中，既要重点考察湖南译家在省内从事翻译活动的状况，也要考察湘籍译家在全国范围内做出的成就，还要顺带讨论那些非湘籍译家居湘期间为湖南翻译事业发展做出的贡献；同时，我们还要考察早年的学校教育对于翻译人才的培养，众多学术机构、文化团体和报纸杂志、出版机构等在赞助和鼓励湖南翻译活动开展时所发挥的作用，进而为中国翻译事业发展做出贡献。

---

① 田中阳：《论近世湖湘文化精神的负面效应》，《求索》1999 年第 4 期。
② 唐才常：《辨惑》，《湘报类纂》，台北：大通书局，1968 年，第 40 页。
③ 杨度：《湖南少年歌》（1903），杨度著，刘晓波主编：《杨度集》，长沙：湖南人民出版社，1986 年，第 95 页。
④ 方克立、陈代湘主编：《湘学史》（一），第 4～7 页。

本书拟解决三个主要问题,也就是将考察现代时期湖湘士人在谋求现代化的进程中,曾经翻译了什么？如何翻译的？翻译的结果怎样？具体而言,将从如下方面展开研究。

首先,从文献学的角度,通过爬梳现代时期湖湘译家存世的翻译作品,以及时人留下的相关文献,对其翻译活动与翻译成就作一个全面、系统的描述；然后立足翻译作品这一本位,通过版本校勘和文本比照,对过去翻译研究中留下的若干历史盲点进行探微；从意识形态和诗学观等角度讨论其译作诞生的原因及其流传和运作情况,探讨与译作相关的选材问题和译文的特点等；最后将湖南人历来的翻译活动置于主体文化的范畴内,讨论其译作的构成特色以及在中国文化实现现代化转型过程中所起的作用,进而探讨它们在主体文化系统内的运作情况。

其次,如何翻译的问题。在此,我们将不断地叩问：第一,从目标语的角度探讨众译家作出了何种创新举措；第二,从诗学的角度考察众译家在翻译过程中遵循了何种诗学规范,也就是为了尽量再现原作风貌如何采取充分性翻译原则,或为照顾主体文化圈内读者如何采取接受性翻译原则,抑或对现有的翻译规范进行了何种改写或改进,以及他们为当时中国翻译规范的建设做出了何种贡献；第三,从意识形态角度分别着眼于经济因素、赞助人、社会地位等翻译的"外缘政治因素",考察众译家在翻译活动开展的过程中受到何种程度的操纵,进而对原作做出了何种方式的改写,这种改写又服务于何种权力话语关系,等等。

最后,翻译的结果怎么样的问题。此部分的研究将在具体的社会文化语境中进行,重点聚焦于主体文化体系,然后从诗学的角度来品评译作,进而在主体文化体系内讨论现代时期湖湘译家如何在翻译过程中形成各自的翻译理念。同时,也要考察这些翻译理念是如何渗入主体文化体系,进而为众多的译家所接受和采纳,并对不同时期的汉语学术研究和文学创作理念产生何种形式的冲击和影响。

在这一研究过程中,翻译将被视为文化研究的一个对象。历史上任何一项翻译行为都是作为一个既成的现象被加以接受的,在此基础上,人们对文化的交流、传播、接受和影响等问题加以思考和解释。本研究的重点首先是对湖南历史上某一特定阶段曾经有过的翻译活动进行历史描述，就各种翻译现象展开解释和分析。其次，进行跨系统、跨文化间的互动考察，特别是将翻译活动与主体诗学理念相联系，这也是本研究的特色所在。其难点首先表现在如何处理历史叙述和影响研究的关系，谨防它变成一部纯文化史或单一记流水账式历史，然后再附加若干比较研究中影响研究之类的内容。最后，本研究要体现如何从翻译与民族文化结合上寻找切入点，以平行方法和阐释方法对翻译作品在湖南乃至中国文化史上的地位、发展过程及其贡献做出综合的、多维度的描述和阐析。通过这种描述和阐析，我们试图总结出若干建设性规律。

第四节　研究方法与意义

本书以描写翻译学为展开研究的理论基础，充分借鉴现当代西方文化学派的翻译理论思想和区域史研究方法，以翻译作品与目标语文化关系为中心，对自1912年至1949年民国时期湖湘学人兼译家的翻译嬗变状况展开知识考古和话语诠释。通过分析近三十多年来湖湘译家的翻译特点、走势、译作形态特征以及译作的文化效应，从意识形态和诗学观的视角对目标语文化的翻译准则等理论话语问题提出自己的观点。

在具体论述上，我们将借助于现代话语理论，以史论结合的方式联系现代时期湖湘学人兼译家的研究与创作经验，以三十多年来湖南翻译活动的历史描写为经，以典型个案研究为纬，系统地描述湘籍士人的翻译特征，以及时代文学、文化观与汉语学术研究和文学创作之间的关系。

在论述过程中，我们还将运用比较研究方法，借鉴阐释学的有关原理，通过对历史上的译者与译者、译本与译本、原作语言与目标语言、异域文化与目标语文化进行考古挖掘与比较阐析，揭示异质，彰显特征，描绘出特定时期的翻译特征；同时还将借鉴比较文学领域中的影响研究方法和接受美学中的接受研究方法，运用资料统计方法调查不同时期的翻译作品流传和接受情况，从而弄清这些外国文化和思想作品是如何通过翻译途径进入主体文化话语体系，进而影响湖南省内乃至中国的学术界、思想界和创作界的话语走势。

　　总之，民国时期湖南曾经涌现出众多的优秀学人兼翻译家，这些人深受湖湘文化熏陶，又心忧天下，敢为人先，先后翻译了一大批外国的思想文化著作，提出了种种翻译思想，为推进中国翻译事业发展做出了巨大贡献，同时也丰富了中国的现代话语体系，对中国社会的发展起到了不可或缺的作用。然而时至今日，在中国，无论是思想界、文学界还是翻译研究界，就湖湘学人兼译家及其成就的讨论一直是薄弱环节。即便已经有过一些介绍，总体上仍流于零散，毋论系统。为填此空缺，我们特意撰写此书。诚如人言："张皇湖南，而不为湖南，为天下；诵说先贤，而不为先贤，为今人。"[①] "景行前微"是为了"匡儆时贤"。换言之，我们着眼于区域特征，并不是要将一个区域的翻译归结为一种主要倾向，而是将一个区域内的翻译视为不同构成的整体，并且把这个整体放到民族翻译、整个民族翻译史的更大整体中来感受、来思考。我们相信本书对于全面认识湖南译家在现代中国翻译史、思想史和文化史上的贡献和地位具有参考价值，同时对于弘扬湖湘文化精神和服务当前湖南打造"文化强省"的活动也具有现实意义。

---

① 钱基博：《近百年湖南学风》，第112页。

第一章　民国时期湖南的教育与翻译人才培养

  机构建制是现代学术得以顺利推进的有力保障。表现在现代翻译领域同样如此。如果再从现代赞助理论视角来看，翻译事业推进的先决条件之一就在于人才的储备，而翻译人才培养又与学校教育紧密相关。

  民国时期，湖南从事翻译的人数在不断地增加，这些人中许多都有自己的术业专攻，同时涉足翻译。细加考察，我们发现上述这批翻译家大多诞生于中国近现代的过渡时期，而且就像他们上一代翻译家一样，秉承了湖湘文化中"经世致用"的精神，突出政治意识以及爱国主义的传统。其间，他们也更加明确个人做学问和改造社会之间的关系，同时也更加清醒地认识到翻译对于更新人们的观念和改造社会现实的作用。在20世纪初叶，他们纷纷远涉重洋，去到异国求学。他们中有些还留学过多国，因而在中西两种语言和文化的掌握上更加充分，其翻译选材也更为精当，更具目的性，更明确地服务于时代主流意识形态追求。而且，这批译家大多隶属于一些学术机构或文艺团体或出版单位，其译作多能得到这些机构团体的赞助，并能及时得到出版和发行。随着时间的推移，翻译人才储备更为充裕，众译者的素养日渐提高，所涉外语种类也越来越多。同时，众译家大多能采取直接翻译的方式，于是有更多优秀的西方思想文化作品被翻译过来，这些译作在那段特殊年代里开阔了人们的视野，进而导致人们观念的改变，由此推动了湖南乃至中国全面现代化的进程，而且这种进程也没有因为长年的战争完全停止下来。民国时期湖南翻译事业能够逐渐走向繁荣，无疑与它的教育日益普及有着不可分割的关系。

第一节 民国初年湖南学校教育与翻译人才培养

民国初年,湖南也像全国一样实施新式教育,加之省内的外语教育已有一定规模的发展,这有利于培养一大批翻译人才。

"辛亥革命"胜利后,湖南省教育行政制度随之发生演变。初期的学务司在省行政公署中的地位是较高的。首任学务司司长便是近代湖南首批派出留学日本的学生、后从事过翻译的"新化三杰"之一的陈润霖(1879～1946)。早年陈氏除了翻译过日本田中敬一所著《管理法教科书》(1903)以及与黄邦柱合作译述过棚桥源太郎所著《新理科教授法》(商务印书馆1925年再版)外,还在1919年以前翻译过《葛雷式教育》和《比利时之新学校》两部国外教育学著作。后来,他在为政和办学的过程中,更是主张按照书中关于发展学生自动、自学、自治精神的理论,参照欧美新教育学方式进行教育改革,为湖南现代教育的起步和发展做出了巨大贡献。同时,他主张要学习外国的先进科学技术,为此必须使培养出的学生具有较高的外语水平。要学好外语,他主张首先从小学抓起。如在1920年,由他创办的楚怡小学的高年级就增设了英语课,并取得了良好成绩,此举在全省起到了表率作用。这种良好的外语教育,为一批学子日后从事翻译活动创造了条件。

1912年元月,南京临时政府成立。同年9月,教育部颁布了新的学制系统,1913年1月又作了补充修改。因为1912年是壬子年,1913年是癸丑年,于是民国初年的学制又名"壬子癸丑学制",这是以国外学制为蓝本修订后出台的,这一学制一直实施到1922年。在这个学制中,高小以上均设外国语,而且自中学以上外国语更是成了必修课。外国语以英语为主,但遇到特别情况,亦可以任选法、德、俄一种。按照这个学制规定,"外国语要旨在通解外国普通语言文字,具运用之能力并增进知识。"[①] 中学四年外国语每年的学时分别为"7、8、8、8"(男生),或"6、6、6、6"(女生)。外国语教学法基本上采取翻译法或阅读法,注重译解,其课程要求"首宜授以发音、拼字,渐

---

① 付克:《中国外语教育史》,上海:上海外语教育出版社,1986年,第25页。

及简易文章之读法、书法、译解、默写,进授普通文章及文法要略、会话、作文,兼课教授法。"①这里所谓"译解",就是在讲解西文的同时,借助翻译手段来解释西文的内容,以帮助学生理解。这就有点类似于后来所说的语法翻译法,亦即用母语翻译和教授外国书面语的一种外语教学法,用语法讲解加翻译练习的方式来教授外语的方法。这种方法在同期的湖南省各中学普遍运用,并取得了一定的成效。

1913年,湖南省教育司遵照部章规定组织湖南省临时图书审查会,本着多元化的原则,对各类教科书进行了审查。在第一批审查的教科用图书目录中,确定在全省各校通用的教科书共有115种,其中高等小学27种,中学及师范教育66种,二者均涉及英文等门类。从所列教科书书目中还发现一个有趣的现象,即许多新式科目因时间紧迫,人才匮乏,大多采用国外现成的教科书,或是将其翻译编辑成书。这点主要体现在中等及师范教育用的教科书上,例如:商务印书馆出版的《简要英文法教科书》,编者是美国纽生(Sydney Carleton Newsom);《伦理学》一书的出版社及编者均为日本服部宇之吉;《图画范本》著者为日本村井罢之辅;《心理学讲义》原著者为日本田村虎藏,译述者为著名教育家蒋维乔;《中学矿物教科书》原著者为日本石川成章,译述者为董瑞春;等等。至于民国初年湖南各职业学校的教材,并无统一规定,大多由学校教员参照日本或英、美资料自编,或直接采用原版书籍,如湖南商业学校的教材多选用欧美教本,经济、财政、保险、银行、货币等科目,则采用原版书籍。②国外教科书及翻译著作的发行,无疑促进了国际间的学术交流,尤其对民国初年新式教育与国际接轨起到了积极作用,尽管这中间的许多译作能结合国内实情做本地化处理,但仍然存在脱离国内实际教育水平,在某些方面不符合中国学生个性发展的现象。不过,无论如何,这对于民国初年湖南省内盛行翻译国外教育理论和教材都起到了巨大的推进作用。

民国时期湖南能够培养出众多优秀的翻译人才,还与各校有一批高水平的外语师资有着密切的关系。当时,省内各校对教师资格审定是较严格

---

① 付克:《中国外语教育史》,第26页。
② 左宗濂:《湖南商业专门学校沿革》,《湖南文史资料选辑》第20辑(1985年),第49号。

的，不但有学历审定，而且有实际教学能力的审定。这其中，中学教师和师范学校教员的来源主要为国内外大学本科、高等师范学校本科毕业的学生，以及国内外专科学校或专门学校的毕业生。另外，像雅礼中学，其"英语则全部由美籍或英籍教师执教"。[①] 由于该校是由耶鲁毕业生创办的，因此从创办伊始，其师资程度就较高，外籍教师一般都具备学士以上的学位，有些人还具有硕士和（或）博士学位，[②] 这是省内其他教会学校无法比拟的。这批外籍教师大多开设英文、西史、英文文学、音乐等课程，其中较著名的有盖葆耐（Brownell Gage）、胡美（Edward Hicks Hume）、解威廉（William J. Hall）、雷文思（Dickson Leavens）、何钦思（Francis S. Hurchins）、俞道存和俞婉英夫妇（Dwight & Winifred Rugh）等，这些人在长沙一待就是十几年甚至几十年，为湖南的教育事业尤其外语教育事业发展做出了巨大贡献。[③] 后来翻译过美国优生学家威廉·鲁滨生（William Robinson）所著《优生学与婚姻》（亚东图书馆，1928 年版）的柳直荀（1898～1932，笔名"高方"）曾于 1916 年考入雅礼大学预科班就读，后来成为著名经济学著作翻译家的潘源来（1903～1986）也于 1919 年考入该校就读。

至于省内实业学校的教师来源主要是国内各类高等学校、高等实业学校的毕业生以及留学归国者。有的学校还不惜重金聘用一批外籍教师，如湖南中等农业学校自 1913 年起先后聘请日本教员村上宽、山下与之助、成松静雄、木暮滕一郎等人担任各科教授。湖南中等商业学校的教师大多为留日、留美学生。民国时期，湖南的高等学校数量不多，教师主要是从大学毕业生和留学生中择聘，如湖南高等师范学校就延请留学日本与英国的杨昌济（1871～1920）讲授哲学史、西洋伦理学史。任教期间，他先后译出了一系列伦理学与教育学方面的论文和著作。另外，该校从事英语、数学、博物等

---

① 孙晓耕：《雅礼中学建校九十周年纪念册·往事如歌》，长沙：湖南教育出版社，1996 年，第 24 页。
② 赵厚勰：《雅礼中学的师资状况及其特点分析（1906—1951）》，尹文涓：《基督教与中国近代中等教育》，上海：上海人民出版社，2007 年，第 257 页。
③ 赵厚勰：《雅礼中学的师资状况及其特点分析（1906—1951）》，尹文涓：《基督教与中国近代中等教育》，第 267 页。

学科教学的教员也大多为西洋留学生,还有一部分是外籍教师。又如1914年更名的湖南公立工业专门学校(其前身是清朝末年的高等实业学堂,1912年更名为高等工业学校),其课程均采用英文原版教材,机械班则采用德文原版教科书,这样对师生的要求都很高,其教师除一部分为国内各校毕业生外,还有一些教师是校长宾步程(1880～1943)特意从上海、广州等地聘请来的著名教授。在他的罗致下,许多英、美留学生和外籍教师也得到重用,被聘为各专科主任教员。另外,1916年改名的湖南中等商业学校(前身为湖南商业教育讲习所,1912年更名为湖南中等商业学校),在教学方法上多仿效欧美,教材也大多为欧美原版教科书,像杨昌济以及后来成为著名文学翻译家的李青崖(1886～1969)等都曾在该校任教。创立于1914年的私立湘雅医学专门学校(1924年改名湘雅医科大学,1929年改名湘雅医学院)也有颜福庆(1882～1970)等一批知名教员及美籍教师,这样就确保了该校全部课程可以用英语讲授,其课堂提问、答卷及病历书写等亦全部使用英文。后来成为一代翻译大家兼学者的徐梵澄(1909～2000)曾于1926年入该校就读一年。

另一条培养翻译人才的重要途径便是高等教育院校中的外语专业。最早在湖南设立外语专业的是湖南高等师范学校,该校前身为湖南优级高等师范学堂(1908～1911),辛亥革命后改称前名,其目的是培养中等学校的各科教员。学制分本科、专修科两部,本科四年毕业,专修科二年或一年毕业。该校从1910年正式招收本科生至1917年遵照部令停办为止,共办了两期本科,每期都招英语、数理、博物三科,毕业学生200余人。

1915年,湖南省教育会向全国教育联合会提交了《改革学校系统案》(简称"湘案"),提出教育必须适应社会需求,要因材施教,而不应与社会脱离,使学生得到个性化的发展。从此,湖南教育界逐步摆脱"壬子癸丑学制"的束缚,根据本省的具体情形进行改进。此间,省内一些著名学校率先在内部进行改革,使其特色更为鲜明。表现在外语课程设置方面,如长郡中学就新开设德语课;省立一中除了英语外,加开日语、德语、法语课,供学生选修,以满足学生的需求。而早年由日本留学归来的胡元倓更是从我国国情出发,根据国家与社会的实际需要来确定学校各部门课程的设置。胡元倓一贯重视外语教学，早在1906年，他就创设日本专修科，紧接着又开设英语课程，如他"应事实需要"创办了明德速成师范班，在此，他特别重视外语。在师范班上，他把外语和体育两项作为"新教育之重点"，以适应当时国内形势之需要。他重视外语课的开设，是因为他有感于当时我国饱受列强压迫，深感外交棘手，国家急需造就翻译人才，以便与英、法和日本等国办理交涉。总之，正是由于外语种类的多样化，为后人从事翻译时逐渐摆脱早年单纯依赖日语而走向多语种化创造了条件，同时更多的人也能通过西文原语来直接翻译西学著作。这也能部分地解释民国时期的湖南翻译整体水平要高于近代时期的原因。

同期，像胡元倓这样热衷于教育改革的还有湖南第一师范学校校长易培基（1880~1937）。易培基系长沙人，早年毕业于张之洞开办的专门造就外语和翻译人才的湖北方言学堂，后留学日本，回国后参与辛亥武昌起义。1912年任中华民国副总统兼湖北都督黎元洪的秘书。1913年7月后，弃职返沪，旋即回湘，任教于湖南高等师范学堂、第一师范学校等。1920年下期任一师校长直至1923年下期。此间，湖南一师生气勃勃，民主空气浓厚，教育改革成绩显著。在教育改革方面，其教材主要选择当时流行甚广的《新青年》和《国民日报》副刊《觉悟》中的文章，同时也选用大量的翻译作品，其中包括选用马恩著作如《共产党宣言》，有的选用外国优秀作品，这些均系大胆的举措，在当时的湖南反响很大。与此同时，"一师"还充分利用教师的优势，开设诸如经济学、文学史、伦理学、心理学、社会学、人生哲学等课程，这些课程分别由李达、田汉、魏先朴等人主讲。这当中，李达主要以翻译马克思主义理论著作见长，田汉曾翻译过不少日文和英语文学作品，而魏先朴曾与杨昌济合作编译过一部《伦理学教科书》。另外，当时"一师"还经常聘请国内外名流来校讲演，先后来讲演的外国名人中就有美国教育家杜威（John Dewey）和英国哲学家罗素（Bertrand Russell）等，这些演讲均通过翻译人员现场传译给听众。他们的讲学给三湘大地带来了新的学术气息，扩大了学生的眼界，使学生从中深受教益。

民国时期，一方面是中学以上的层次普遍开设了外语课程，另一方面是现实的发展不时地吸引众学子关注翻译作品，以此来了解外面的世界。如

1935年"一二·九"运动期间,湖南学子为了开展抗日救亡革命宣传,在省内成立众多的读书会,学习社会科学书籍,武装思想。他们普遍借助于翻译,"这时期民先(即中华民族解放先锋队之简称)队员主要读了一些政治经济学、哲学以及巴比塞的《从一个人看一个新世界》等书。虽然并不一定全懂,但读得很有味道。对社会主义,对苏联也有了进一步的概念,明白了改变这个旧社会,只有进行革命斗争,也只有共产党才能领导这个革命。"[1] 到了1936年寒假期间,"北平同学还特地托人带回了一本施诺(Edgar Snow)著的《西行漫记》的简本,记得题名是《红色中国》。这本书在青年们面前展开了一个快乐、民主、自由、幸福的崭新世界,这个世界就是中国,这个地方就叫延安。革命圣地延安就成为当时大家见面时津津乐道的话题,大家都心向往之。"[2] 到了1936年暑期末,随着上海抗敌救国会派代表来长沙建立各界救国会,在各阶层中开展救亡活动,长沙各学校的活动也就分校进行。"如一师,以唐一正、陈俊、彭万泽、涂西求(西畴)等为首组织读书会,阅读新的进步书刊,其中以苏联文艺作品为主。"[3] 这些作品又主要是翻译过来的,可见翻译作品在湖南学生开展抗日救亡运动中所起的作用。

值得指出的是,1937年国民政府军官外语补习所也由南京迁来长沙。这是为了提高现役军官的科技文化语言水平,培养优秀军事外语翻译人员,储备投考陆军大学及选拔出国留学的军事人才而于1935年设立的,所长是此前曾担任中央军校德文译述班主任的吴少光少将。该所在南京设立时,招收了第一、二期学员,大多数录取自黄埔军校毕业生,学制一年。第一期1935年秋季开学,分英语、法语、德语3个语言组,每组学员约30人。课程以外国语文为主,包括文法、读本、会话、选材及军事用语。第二期于1936年秋开学。迁长沙后,改成军官外国语语文补习班(简称军官外语班),仍由吴光杰任主任。此间增设了俄文组。陆军大学迁来长沙时,有部分教官受聘

---

[1] 唐荣前、廖申之:《一二·九运动给长沙青年的影响》,《湖南历史资料》第3期(1958年),第41页。
[2] 唐荣前、廖申之:《一二·九运动给长沙青年的影响》,《湖南历史资料》第3期(1958年),第43页。
[3] 唐荣前、廖申之:《一二·九运动给长沙青年的影响》,《湖南历史资料》第3期(1958年),第44页。

来外语班授课。外语班还聘请了不少外籍教师，其中会话课就由外籍老师担任。"学员中不少人外语基础较好，勤奋学习，进步甚快，口语笔译俱佳。第二期学员毕业，招收了第三期学员。"[1] 该所在长沙办学一年，次年奉命迁往广西阳朔。

第二节　抗战时期湖南教育与翻译事业发展

"抗战"初期，中国北方大片领土沦陷，迫使许多大中学校南迁，汇集湖南，使得湖南教育一度进入"黄金时期"，这又为湖南的翻译事业发展带来了新契机。

首先，随着1937年10月25日北大、清华、南开组成的"国立长沙临时大学"（"西南联大"之前身）正式开学，一批优秀的外语人才汇集在一起，为推进当时湖南的外语与翻译事业起到了巨大作用。"临大"在长沙租韭菜园圣经学校、涵德女校作为校舍，共设4个学院，有17个学系，全校共有学生1452人（以清华学生最多，计631人，北大392人，南开147人），[2] 其中中文学院下设中文、外文、历史社会、哲学心理教育4个系。当时执教于"临大"的著名教授且从事过翻译的有朱自清、闻一多、冯友兰、金岳霖、叶公超、吴俊升、潘光旦、曾昭抡、顾毓秀等数十人。就像《西南联大校歌》歌词描绘的：这些学界泰斗"辞去了五朝宫阙"的北平，"暂时驻足衡山湘水"，怀着"千秋"的悲愤，在国运维艰的困境中，艰难地传播文化，充当抗日烽火中的文化传人，同时也造就了一批外语人才。"临大"文学院设在南岳衡山上的圣经学校，有学生80多人。前后到达的教授有20多位，开学初期有钱穆、吴宓、汤用彤、贺麟、罗常培、魏建功、陈雪屏等，继而到来的有冯友兰、朱自清、闻一多、叶公超、沈有鼎、郑秉璧、蒲江清、柳无忌、容肇祖、吴达元、孙晓梦、罗瞠岚、金岳霖、刘寿民、杨业治、周先康、吴俊升、罗廷光，以及英

---

[1] 罗天、李毅：《抗战时期的军事翻译史》，北京：外文出版社，2014年，第36页。
[2] 清华大学校史编写组编著：《清华大学校史稿》，北京：中华书局，1981年，第290页。

国著名诗人兼评论家燕卜森（William Empson）等19位。[①]这批学人一方面有自己的术业专攻，另一方面又精于翻译之道，时有翻译作品推出。文学院院长是北大的吴俊升（1901～2000），早年曾留学法国巴黎大学，是杜威的《自由与文化》一书的译者；西洋文学系主任是叶公超（1904～1981），早年为"新月派"诗人，曾以翻译诗歌和实验新格律体诗歌创作而著名，他在北大时就主讲过翻译课程。因战火不断蔓延，这所刚建立不久、被称为"中国最好的大学"仅在长沙坚持了三个月，就不得不向更偏远处的昆明西迁。在那里，它正式改称国立西南联合大学。后来成为著名翻译家的湖南师范大学刘重德教授便系长沙"临大"外文系四年级生（北大学籍）。

其次，1937年至1938年间，除了北大、清华、南开三所高校外，外省学校搬迁至湖南的还有南京国立戏剧学校、北平国学院、国立杭州艺术专科学校、山东省立戏剧学校等，它们都相继迁至省会长沙。抗战刚爆发时，长沙本地已有湖南大学、湘雅医学院和群治农商专科学校等三所大学，共有教职员200多人，学生近1000人；中等师范学校2所，高初级职业学校15所，公私立中学26所，三类学校共有教职员2000多人，学生15000多人；有公私立小学104所，教职员共有1200多人，学生有2万多人[②]。加上外地迁至长沙的6所大中专学校的师生，出现了长沙教育史上前所未有的兴旺景象。随着日军犯湘，湘北、湘中等地沦为战区，沿海省市沦陷区的学校和知识分子迁入偏僻的湘东南、湘西等山区。这些外省学校迁湘，给湖南教育带来了一股新鲜的气息和强大的推动力，对推动战时湖南文化事业的发展产生了巨大的影响。仅就翻译领域来看，当时除了北大、清华、南开等高校的一批知名教授兼翻译家外，还有郭沫若、茅盾、朱光潜、洪深、曹禺、余上沅、张西曼等一大批爱国文人兼翻译家，他们来到长沙，虽然停留时间短暂，其影响却是深远的。另外，一大批湘籍文化名人和一批在大学里初露锋芒的热血爱国湘籍大学生随同外地学校、文教机构一同回到湖南，其中在翻译方面成绩比较突出者有翦伯赞、田汉、杨东莼等人。他们除了从事抗战文化活动外，

[①] 刘重德：《浑金璞玉集》，北京：中国对外翻译出版公司，1994年，第273～274页。
[②] 谭仲池主编：《长沙通史·现代卷》，长沙：湖南教育出版社，2013年，第740页。

继续从事翻译活动,为推进湖南翻译事业发展做出了贡献。而抗战爆发后由河南迁来的私立民国大学(创办于 1916 年),校内就设有外文等九个系。在外文系(时称英国文学系)里,翻译更是其必修课程。该校建国后并入湖南大学。[①]

当然,抗战时期在湖南成立的国立师范学院也对本省翻译人才培养做出了尤为重要的贡献。该学院于 1938 年 10 月在安化县蓝田镇创立(在今涟源市涟源一中校区内),即今天湖南师范大学的前身。师院在蓝田办学六年,后迁至衡阳,复迁至湘西溆浦。抗战全面爆发后,服务于战争的人才严重匮乏,战场上的一系列失败,使得国民政府认识到教育的重要性,于是在 1938 年 4 月国民党临时全国代表大会通过《战时各级教育实施方案纲要》以及同年 7 月出台的《师范学院规程》,决定对师范教育制度进行重大改革,并在后方增设六所师范学院。[②] 国立师范学院便是其中之一。首任院长是我国现代著名教育家廖世承,此人对于湖南的教育和翻译事业发展起到过巨大的推进作用。

廖世承(1892～1970),字茂如,江苏嘉定人,1909 年考入南洋公学,1912 年考入北京清华学校高等科,1915 年毕业后即赴美国布朗大学留学,学习教育学和心理学,1921 年获布朗大学哲学博士和教育心理学博士学位。曾任教于南京高等师范学院(后改为东南大学),1927 年又任教于光华大学。他还积极主张和参与以教育改革学制和以课程为主的教育改革运动,对全国实行"六三三"新学制"主张最力"。他曾先后出版了《智力测验法》(1921)、《教育心理学大意》(1922)、《教育心理学》(1922)、《中等教育》(1924)、《东大附中道尔顿实验报告》(1925)、《教育测验与统计》(1932)等专著,其中《教育心理学》和《中学教育》这两部成为我国同类学科中最早的两本高师教科书。同时,他还推出一系列翻译作品,包括他翻译哥尔文(Stephen S. Colvin)与裴葛兰(William Chandler Bagley)合著的《教育心理学大意》(中华书局,1921 年版)、《教育之科学的研究》(商务印书馆,1923 年版)等,

---

① 湖南省教育史编纂委员会编:《湖南近代名校史料》第 1 卷,长沙:湖南教育出版社,2012 年,第 172～173 页。
② 陈立夫:《对于高级师范教育之希望》,《教育通讯》1938 年第 34 号。

其中《教育心理学大意》一书共分三集 18 章，包含动作的普通原理、机械式的动作、为意识所支配的动作三集，讲述了动作与学习、感情、感觉、思维等之间的关系，堪称较为完备的教育心理学专著，其"特点鲜明，应时所需，因而受到读者的欢迎。"[①] 该书在短短两年内发行 6 版，至 1934 年 4 月已印行第 18 版，可见其受欢迎的程度。

当然，廖世承在各种报纸杂志上发表的教育类翻译文章就更多了，其中又以刊登在《教育杂志》上摘译外国著名杂志介绍教育的文章最为集中，这些均刊在"世界著名教育杂志摘要"栏。自 1935 年 2 月 10 日起，他摘译了科奇（Harlan C. Koch）的《中学校长的任务与机会》（第 25 卷第 2 号）、林堡（A. E. Limbough）的《怎样认识好的教学》、汉德（H. C. Hand）与史密斯（J. W. Smith）合著的《一百个学生班上的效率》（第 25 卷第 3 号）、圣福德（Chester M. Sanford）的《我们在解决我们的问题吗》（第 25 卷第 4 号）、伊里奥（Theo W. H. Irion）的《大中学衔接的新基础》（第 25 卷第 6 号）、惠特尼（Frank P. Whitney）的《应用于品性教育之人格量表》（第 25 卷第 10 号）、莱斯顿（J. Wayne Wrighstone）的《中学各科测验的相关系数》（第 25 卷第 11 号）、威尔逊（J. W. Wilson）的《彷徨歧路的民主政治》（第 26 卷第 5 号）、罗森斯坦格尔（W. E. Rosenstengel）的《中学生的几种普通的修学习惯》、汤普森（Blanche J. Thompson）的《实际上备教师参考的数点》（第 26 卷第 9 号）、英格哈特（Max D. Engelhart）、塔克（L. R. Tucker）合著的《优劣教学的特质》（第 26 卷第 10 号）、科利（Byron B. Cory）的《中学毕业生估计课外作业的价值》（第 26 卷第 11 号）、希尔（George E. Hill）的《现行的学校报告单》（第 27 卷第 2 号）、西蒙德斯（Percival M. Symonds）的《青年的生活问题和兴趣》（第 27 卷第 5 号）。除此之外，1919 年，廖世承还翻译了美国顾樊山（Edwin Goldwasser）的演讲《关于学生自治的几个问题》，发表在《新教育》第 2 卷第 2 号；1922 年，他又翻译了孟禄（Paul Monroe）的演讲《关于学制改进方面之意见书》和《美国最新编制课程的目标》，刊《新教育》第 4 卷第 4 号和 5 号；等等。

[①] 周其厚：《中华书局与近代文化》，北京：中华书局，2007 年，第 74 页。

1938年7月，廖世承奉命筹备国立师范学院，他是筹备委员会的主任委员。10月，教育部正式任命廖世承为首任校长。受聘之后，廖世承首先联络上海的好友、光华的同事和跟随日久的部下，动员他们到湖南来办"国师"，学者有钱基博、孟宽承、任孟闲、周澄、汪梧封、高昌运等；并从重庆请来了罗季林、金兆钧、谢澄年、胡赣生、姚琴友等；另有高觉敷、陈奎生、储安平、葛一岑等人，这其中的不少人都有过翻译的经历。这样，"国师"教师职员阵容初具，为按时开学打下了基础。①建院初期，全院共设7个系，院长廖世承亲自担任教育学系主任，并精心设计了教育学科课程。由于廖世承本人有过留学海外的经验，又深谙教育之道，他在强调学生专业学习的同时，格外注重外语素养的提高，并要求教师平时适当地借助翻译来开展专业教学。鉴于学生的英文水平普遍较差的实际情况，他认为必须在一年级设置"英文兼作文"（8学分），二年级另设"英文阅读指导"（4学分），这样，学生到三年级起就可以自由地浏览西文参考书籍。于是，他分别制订了教育学系必修、选修课程。为了让学生"充实学养而增进服务之机会"，他又设计了10组选修科目（各组均24学分），学生在第三年级开始必须认定一组，依次选习。这中间与翻译教学直接相关的便是乙组，其课程分别是：英语语音学（2+2）、英文作文（注重修辞及翻译）（2+2）、英文文学分期研究（一）（3+3）、英文文学分期研究（二）（3+3）、现代英文文学（2+2）。各课程名称后括号内的数据表示学分，课程后所附学分（x+x）表示该课程开设两个学期。可见，翻译在其英文教学中的重要地位。其结果是，国立师范形成了一种重视翻译的传统，随后造就了一批精通教育学的学者，他们中的许多人后来在教学的同时也从事翻译活动，进而推出一批人文社会科学译著。

当然，在国立师范学院各系中与翻译人才培养直接相关的还是英文系。截至1941年4月统计，英语系一、二、三年级共有学生48人，其中男生35人，女生13人。英文系首任主任是著名学者兼翻译家钱锺书（1910～1998）。早在1926年，钱锺书就翻译过英国赫伯特·威尔斯（Herbert George Wells）

---

① 孔春辉：《廖世承创办国立师范学院的缘由及其经过》，《湖南师范大学教育学学报》2006年第2期。

的《天择与种变》，译自《世界史纲》(1920)，刊《桃坞》年刊。1933年钱锺书毕业于清华大学，后在上海光华大学教过两年英语，1935年通过"英庚款"项目考入英国牛津大学留学，1937年获得文学士(B. Litt.)学位，然后到法国，入巴黎大学进修。1938年，清华大学破例聘他为教授。那时清华已并入西南联大，其父钱基博(1887～1957)原是国立浙江大学教授，此刻他应老友廖世承之请，到湖南蓝田帮他创建国立师范学院，并出任国文系主任。此前，钱基博曾与浙江大学顾谷宜(1904～1966)教授合作从俄文本翻译了《德国兵家克劳塞维兹兵法精义》(1939)。此次，一方面是为了照料自己的父亲，另一方面是师范学院院长廖先生来上海，反复劝说他去当英文系主任，以便伺候父亲，公私兼顾，这样，钱锺书来到蓝田国立师范学院组建外语系，并在此生活、讲课两年。后来，钱锺书还将自己在师范学院的这段经历变换形式写进小说《围城》中。有趣的是，他偶尔也在小说中用到翻译作品。据杨绛在《记钱锺书与〈围城〉》中回忆："苏小姐做的那首诗是锺书央我翻译的，他嘱我不要翻得好，一般就行。"[①]在任期间，钱锺书还开始了其名作《谈艺录》的写作。众所周知，新中国成立后，钱锺书曾出任中共中央宣传部《毛泽东选集》英文编译委员会委员、中共中央对外联络部毛选英文编译定稿小组成员，其翻译水平自然毋庸置疑。[②]《谈艺录》虽然是一部对中国近体诗进行广泛批评的古典诗话杰出作品，但在论述过程中作者旁征博引，其中引用的众多西文文献便系他自己"一律用典雅文言译就"，其翻译也堪称经典，直到今天仍为人所乐道。[③]除了钱锺书外，在国立师范学院英文系任教的还有汪梧封、沈同洽、徐燕谋、罗暟岚等一批知名学者，[④]这批学者除了有各自的术业专攻外，大多还从事过翻译。这也为

---

① 这首诗题作"无题小诗"，全诗如下："难道我监禁你？/还是你霸占我？/你闯进我的心，/关上门又扭上锁。/丢了锁上的金钥匙，/是我，也许你自己，/从此无法开门/永远，你关在我心里。"参见杨绛：《杨绛作品集》，北京：中国社会科学出版社，2000年，第332页。
② 有关钱锺书《谈艺录》《管锥篇》中的翻译评述，可参见聂友军：《钱锺书翻译实践论》，《中国比较文学》2008年第3期。
③ 有关钱锺书翻译毛选的情况，可参见夏东红：《钱锺书英译〈毛泽东选集〉》，《人民日报》（海外版，2001年6月29日）；杨绛：《钱锺书翻译〈毛泽东选集〉趣事》，《党建》2009年第6期；刘彭恺：《钱锺书与毛泽东著作的翻译》，《兰台世界》2009年第9期；等等。
④ 蒋洪新：《〈围城〉内外故事：钱锺书与国立师范学院》，《文景》2006年第6期。

后来英语系开辟了良好的传统，其后在该系执教的老师（如刘重德、赵甄陶、张文庭、周定之、沙安之、蒋坚松等）和毕业生有许多均从事过翻译活动，且以翻译文学作品为主。其中刘重德（1914～2008）在1949年6月就译出英国作家简·奥斯汀（Jane Austen）的《爱玛》，正风书局出版。直到今天，湖南师范大学的翻译专业仍然是其特色专业，已为社会输送了大批高层次的翻译人才。

除了在省内设立的高等院校十分重视翻译教学外，"抗战"期间即便在一些偏僻乡间创设的临时培训学校同样十分重视翻译。其中典型的有1938年9月15日在武冈州塘田市（今邵阳县塘田市镇夫夷河对岸的对河村）成立的塘田战时讲学院。该学院尤其为战时红色经典翻译作品在湖南的推广起到了积极作用。战时讲学院是抗日战争时期中共湖南省委和中共代表徐特立委派马克思主义史学家吕振羽（1900～1980）负责创办的一所军政大学，这是战时创办的各类培训抗日干部学校中影响最大的一所，主要宣传抗日救国方针和抗日民族统一政策。先后有一批共产党人在该院任教或担任管理工作，其中副院长便是宝庆府武冈州人吕振羽，[①]学生生活指导部长前期由中共党员雷一宇担任（教外语），后期由中共党员株洲人游宇（原名游焕斋）担任（教外语和抗日民族战争讲座）。学院各班除开设有中山学说、西洋近代史、中国近代史、政治经济学、国际问题等课程外，还有外语课程供选修。教材均由任课教师自己编写，选用材料中许多来自翻译作品，其中包括《资本论》《共产党宣言》《国家与革命》《联共（布）党史》《大众哲学》《"左"派幼稚病》等。这些内容适应战时的特点，对学生进行抗日救亡宣传和教育起到了巨大作用。虽然讲学院办学时间不长，仅存七个多月，但它培训了两期共250多名学员，有40多人参加了中国共产党，100多人参加了中华民族解放先锋队，为民族解放事业输送了大批人才，被誉为"南方抗大"。[②] 无疑，这批翻译书籍对于他们日后思想的形成和发展起到巨大的作用。

---

① 吕振羽系20年代初在湖南大学的大翻译家兼马克思主义理论家李达的高足，曾译有波里斯哥夫司基的《民族制以前的社会生产力》，刊《劳动季报》1934年第3期。
② 邓晏如：《忆唐田战时讲学院》，《湖南文史资料选辑》1984年第18辑，第23～40页。

第三节 民国时期的留学生教育与湖南翻译人才造就

民国时期湖南翻译界的状况能有较大的改进，还与此间留学生教育日益扩大有很大的关系，因为留学生教育的好坏直接影响到翻译从业人员的语言素养和翻译质量的好坏。

民国成立伊始，留学美国、日本、欧洲的中国学子有2000名左右。民国选派官费留学生始于1912年10月，由稽勋局选派有功于革命者的子女25人，呈请教育部派遣留学美、英、法、德、日等国。[①] 各省公费留学的派遣原有一个定额，总计318名欧美留学生和1075名日本留学，由21省省费派遣，各省根据定额选派，不得超额，遇缺则补。其中湖南留欧美定额为25名，为21省中的第三位，仅次于奉天和广东。留日定额为96名，在21省中排名第二，仅次于浙江。[②] 据统计，至1913年，湖南陆续选送的留日学生共496名，最终落实已到该国的有470名。1914年至1915年留学日本的官费生全国共1107人，其中湖南的留学生人数可谓"一枝独秀"，为123人，位列全国第一。[③] 而且，此间日本又创办了一些新的学校，专门招收中国留学生。这些分别有日华学院、浩然庐、东亚高等预备学校、政法学校等。这其中，浩然庐是由国民党人殷汝骊（1883～1941）在东京大森创设的私立军事学校，主要收容"二次革命"后流亡日本的人士，由陆军大学校的日人教官义务任教，因众学员的日语程度有限，讲课时用即时传译。政治学校是寺尾亨在1914年2月租借神田区锦町的东京工科学校一部分校舍创办的，这所学校主要是孙中山和黄兴等一班政界人物为了收容"二次革命"失败而流亡日本的人士设立的。该校讲师多为日本国立大学博士充任，授课时亦用即时传译。[④] 由此可见，翻译在当时留日的中国学生学习过程中所起的重要作用。

---

① 李华兴：《民国教育史》，上海：上海教育出版社，1997年，第557页。
② 冯象钦、刘欣森总编：《湖南教育史》（第2卷），长沙：岳麓书社，2008年，第375页。
③ 沈殿成主编：《中国人留学日本百年史》（1896—1996）（上册），沈阳：辽宁教育出版社，1997年，第297页。
④ ［日］实藤惠秀著：《中国人留学日本史》，谭汝谦、林启彦译，北京：北京大学出版社，2012年，第89～90页。

至于同期留学欧美的情况也较好,原因是众多学子认识到:当时世界学术的前沿和最高殿堂在西洋而不在东洋,日本学术只是欧美学术的二手货,要想真正领悟和明了先进文化的奥秘和前进方向,非得直接到这一文化的发轫地去学习不可。这就促成众多学子将目光投向欧美,继而出现了一阵留学欧美热。事实上,据1913年统计,时年湖南前往西洋留学生人数为:美国65名、英国29名、德国10名、法国4名、比利时3名,共111名。已到欧美者,美国61名、英国22名、德国5名、法国4名、比利时3名,共95名。[①]1914年至1915年留学美国的官费生全国共计510名,除外交部特派347名外,各省中广东36名,位居第一;其次是湖南18名,位居第二。[②] 随着社会经济的发展,湖南公费派遣留学生数量也在逐渐增多。从1928年起,湖南省府先后公布了《湖南留日公费生暂行章程》和《湖南留学欧美公费生暂行章程》,慎重考选留学生,根据湖南需要,酌定学习科目与留学国别,十年内共派出留日、欧、美学生近百名。但是对湘籍自费者,规定凡在教育部认可之国立、公立、私立大学及专科学校本科以上肄业,成绩优异者,均可参照1934年实施的《湖南省国外留学自费奖学金章程》请奖,奖金为1000元(欧美)、500元(其他国家)不等。这些对于鼓励本省学子努力向上有一定的效果。

此间,不仅是在湖南,从全国各地的各大文化机构或通过别的途径走出国门的湖湘学子众多,他们去到异国他乡,学习他国的先进文化,同时也掌握别国的语言,后来他们中的许多人均从事过翻译工作。

如果再从留学国别以及后来涉足翻译的人员来看,相对于近代时期,民国时期的情况更为复杂。其中留学日本的有:李达、方壮猷、宁调元、田汉、刘大杰、刘光华、刘宝书、刘侃元、成仿吾、孙俍工、李石岑、李国钦、杨东莼、杨著成、杨端六、吴应图、余潜修、周佛海、周扬、胡善恒、晏才杰、钱歌川、黄尊三、龚德柏、曾鲲化、彭先泽、雷敢、熊崇煦、杨树达等;留学法国的有:王祉、陈公培、萧三、李立三、罗章龙、黎烈文、戴修骏、蔡和森、罗学赞、袁昌英等,他们中的不少人最初均系以勤工俭学身份赴法留学;留学苏俄的有:

[①]《湘省查复留学生经费》,《教育杂志》第5卷第10号,第86页。
[②] 沈殿成主编:《中国人留学日本百年史》(1896—1996)(上册),第299页。

萧三、李季、任弼时、罗亦农、彭慧等,这些人又以进入莫斯科东方大学者居多;留学美国的有邓公玄、刘炳藜、李凤荪、朱湘、陈清华、萧孝嵘、曾昭抡、蒋廷黻、翦伯赞等;留学英国的有刘秉麟、杨人楩、柳克述、向达、袁昌英、钱歌川、章士钊、潘源来等;留学比利时的有:李允(青崖)等;留学德国的有:李季、宾敏陔、萧孝嵘、徐梵澄(诗荃)等。

在上述这批湘籍学子中,仍然以留学日本者居多,另外也有许多去到欧美,有的甚至留学过两国或多国,且其分布的国别又相对众多,这样他们就能直接接受西方语言文化熏陶,其外语素养也能得到很大的提高,许多人未来能够同时从一种或数种源语直接翻译,而且许多人还有各自的术业专攻,他们往往能够结合自己的专业特长进行翻译,这样就确保了其翻译相对于前辈译家要更加准确,其翻译更为得心应手。此点对于当今翻译人才培养和专业翻译仍具启迪意义。况且,相对于晚清时期,他们推出的翻译作品数量更多,涉及的领域更广,其质量也有更大提高,这些无疑对民国时期湖南翻译事业走向繁荣起到了巨大推动作用。

正如在现代学术的成形过程中,建制化是当今学界关注的重点话题。一门学科一旦实现建制,对于现代学术研究推进作用是巨大的。同样,湖南现代教育的飞跃性发展也是伴随着高等院校建立而出现的。湖南现代教育的一个最大特点是全面引入现代西方教育理念和体制,在这一"向西"的探索中,翻译起到了举足轻重的作用;同时一些学校将翻译作为必修课程或选修课程,大大推进了该学科走向建制化,并造就出一批翻译人才,这就为未来湖南翻译事业的繁荣打下了坚实的基础。

第二章　民国时期的赞助机构与湖南翻译事业发展

　　翻译作品的生产、流传和消费是一个有机的统一体。翻译作品的诞生固然离不开译者，但仍然需要外在的催生条件，那就是受众的普遍需求。而翻译作品最终能否走近普罗大众，传媒载体就显得尤为重要了，这中间又以新闻出版业起到的作用最大。

　　1930年1月16日，国民政府公布了《出版法》，其中第一章总则第四条规定："关于著作物之翻译，其翻译人视为著作人。"[①]这样就从法律上保障了译者的合法权益，这就意味着译者从过去的隐形状态正式走向显形，一方面提升了译者的地位，另一方面法律也对出版者进行了种种规约，势必会影响到其翻译选材、翻译策略和出版发行方式。这点在新闻出版领域的外国作品编译中尤其如此。

　　湖南是中国近现代新闻出版事业发达地区。湖南省内各种出版物数量众多，而且自近代以来，这一区域内的新闻出版业具有一种不畏强权，敢于直言，敢于揭发，敢于创新的精神。它推动了历史的进步，在各个历史时期为中国近现代新闻出版事业发展做出了贡献。作为创新和追求进步的一部分，这些出版阵地多有翻译作品推出，从而为省内翻译事业的发展起到了很好的推进作用；同时，省内还有良好的图书销售渠道和保存图书的场所，这些又为翻译作品的传播起到重要作用。

---

① 　叶再生：《中国近代现代出版通史》（第二卷），第1265页。

第一节　民国时期湖南的报纸与翻译

正如有人指出的：新闻所面对的语言多样性及新闻在不同语种的即时传播，决定了新闻机构就是大规模的翻译机构。新闻的产生和传播离不开翻译，翻译是新闻工作的重要部分。[1] 此说本来是针对全球化时代而言的，但对于当年全面谋求现代化的中国同样适用。

据有关统计，自光绪二十三年（1897年）《湘学报》创刊至湖南和平解放（1949年8月）的52年间，湖南先后出现过700余种报刊。[2] 除清末年间的21种外，民国时期共有723种。这其中，1912～1937年间有372种，平均每年出版14.88种；1937～1945年间有155种，平均每年出版19.38种；1945～1949年间有196种，平均每年出版39种，[3] 可见湖南现代报业出版的繁荣状况。这些报刊一方面在传播海内外新闻方面起到了重要作用，另一方面也因新闻传播的性质而促进接受文化系统内的翻译事业发展。特别是在1919年前后，传承着浓厚湖湘文化精神的湖南报业界，在全国新文化运动和"五四"运动大背景影响下，正经历着一场广泛而深刻的思想和理念大变革。处在这场大变革之中，众多反帝反封建思想的学术流派急遽涌现，众多报纸对于这些做了及时的宣传和报道，尤其是那些异域思想和文化之介绍，对于启迪思想和开阔人们的眼界起到了巨大作用。自此，湖南教育界和思想界迎来一个新的时期。正如毛泽东在1920年7月致胡适的信中所言："湘自张[敬尧]去，气象一新，教育界颇有蓬勃之象。"[4]

也有人指出："到辛亥革命前后，'西学东渐'对中国近代出版事业的作用已告结束，中国出版业依靠自身的丰厚羽翼，开始步入现代社会更加复杂

---

[1] Esperança Bielsa & Susan Bassnett, *Translation in Global News*. London & New York: Routledge, 2009, p.56.
[2] 《湖南省志第·二十卷·新闻出版志·报业》，长沙：湖南人民出版社，第1页。
[3] 叶再生：《中国近代现代出版通史》（第4卷），第1082～1083页。
[4] 中央文献研究室编：《毛泽东年谱（1893—1949）》（上卷），北京：人民出版社、中央文献出版社，1993年，第61页。

的发展历程。"① 这点在现代初期的湖南出版界也是如此。

首先，1911年10月至1920年新文化运动期间，湖南先后出现过的白话报纸众多，主要有《长沙日报》《大汉民报》《湘汉民保》《湘汉新闻》（后改名《天声报》）《天名报》《女权日报》《军事报》（后改名《军国日报》）《湖南民报》（后与《民国日报》合并为《国民日报》）《湖南公报》《湖南通俗演说报》（后改名为《通俗教育报》）《国民新报》（后改为《大中报》）《大公报》《湖南政报》《湖南商报》《湘报》《湘省日报》《湖南新报》《民国日报》《民耻日报》《湖南日报》《立言报》《正义报》《公言报》等数十种。

这众多的报纸除了刊登国内外新闻外，还有一个共同特点，那就是时有翻译作品发表。这中间首先值得一提的是1915年9月创刊于长沙犁头街的《大公报》。该报以反对帝制、维护共和，反对党争、主张报纸中立，立足湖南、注重实际为宗旨，时常刊登一些翻译文章。众所周知，"五四"以后，湖南社会各方面都处于变革之中。新文化运动蓬勃发展，各种新思潮传入湖南，社会改造之声不断；教育改革的呼声也日益高涨，自治运动在湖南首倡。此间，谭延闿一方面打着"联省自治"的招牌，标榜"湘人救湘，湘人治湘"，另一方面为粉饰太平，表示驱张（敬尧）运动以后励行文治，主动邀请海内外学术名流来湘讲学，大开"学术讲演会"。在这种背景下，湖南省教育会趁改选之机，于1920年10月25日至11月4日在长沙举办名人学术讲演会，邀请中外名人如杜威、罗素，以及章太炎、吴稚晖、蔡元培、张东荪、张继（溥泉）等来湘讲演，其目的在于"急顺世界之潮流，藉促学界之进步"，"俾吾湘学界获聆名人讲演，咸戚然于教育潮流，并唤起其研兴味"。② 于是，就像当年有人所说的："五四后新文化运动最终归趋'以俄为师'的社会主义，其在思想层面上的展开过程，既深刻地反映了中国思想界的异趋，同时也明显地打上了名哲尤其是杜威与罗素来华讲学的印记。"③

---

① 黄林：《晚清新政时期图书出版业研究》，长沙：湖南师范大学出版社，2007年，第34～35页。
② 《教育会演讲会之重要文电》，长沙《大公报》(1920年10月17日)。
③ 胡愈之：《革命与自由》，《东方杂志》第17卷第11期(1920年11月)。

1920 年 10 至 11 月来湘外国文化名人演讲情况[①]

时间	地点	演讲者	题目	译员	记录
10月26日下午	遵道会正会场	杜威	教育哲学	刘树梅	李济民、杨文冕
10月26日下午	遵道会正会场	罗素	布尔扎维科与世界政治	杨端六	李济民、杨文冕
10月26日晚上	遵道会正会场	罗素	布尔扎维科与世界政治	赵元任	
10月27日上午	遵道会正会场	罗素	布尔扎维科与世界政治	赵元任	
10月27日上午	遵道会正会场	勃拉克小姐	俄国美术与教育	傅佩青	
10月27日下午	遵道会正会场	罗素	布尔扎维科与世界政治	杨端六	
10月27日下午	遵道会正会场	杜威	湖南中华工会成立大会演说	曾约农	
10月27日下午	第一师范分会场	杜威	学生自治	刘树梅	唐汉三
10月27日下午	福湘女校	杜威夫人	男女同校与中国教育	曾宝荪	
10月28日上午	遵道会正会场	杜威	教育哲学	曾约农	李济民、杨文冕
10月28日下午	遵道会正会场	杜威	教育哲学	曾约农	
10月28日下午	周南女校	杜威夫人	美国女子在社会上之地位	李廉方	赵闲云
10月29日上午	周南女校	杜威夫人	婚姻问题与教育	李镇南	龙兼公
10月29日下午	正会场	杜威	教育哲学	曾约农	
10月30日上午	第一师范分会场	杜威	教员是领袖或指导者	曾约农	唐汉三
10月30日下午	正会场	杜威	科学与近世文化之关系	曾约农	

[①]《昨日杜威讲演记略》《各校听讲学生之分配》,长沙《大公报》(1920年10月27日);《昨日正会场演讲纪略》《昨日各处演讲纪略》,长沙《大公报》(1920年10月28日);《昨日各处演讲纪略》《本日讲演之分配》,长沙《大公报》(1920年10月29日);《昨日讲演会讲演记略》(1920年10月30日);《昨日讲演会讲演记略》(1920年10月、31日);《昨日讲演会讲演记略》(1920年11月2日)。

（续）

时间	地点	演讲者	题目	译员	记录
10月30日傍晚	长沙总商会	杜威	欢迎宴讲话	赵运文	
11月1日上午	稻田女校	杜威夫人	男女同校问题		
11月1日下午	正会场	杜威	教育哲学	曾约农	李济民、杨文冕
11月1日下午	长沙总商会	杜威	湖南报界联合会欢迎座谈会就制宪简短讲话	曾约农	

来湘名人先后在正会场（遵道会）和分会场（第一师范）讲演四十多场，内容涉及政治、教育、文化、社会改造、男女平等诸方面。湖南军政各界、各县代表、学生等纷纷前来聆听讲演。一时间，长沙城内万人空巷，听者如潮。中外名人不期而集，诚为湘省前所未有之盛会。此外，讲演名人还应湖南各界邀请参加座谈会、宴会等，讨论湖南教育、湖南自治诸问题。长沙各校乘机邀请各位名家到校讲演或座谈，对湖南教育建言献策。无论是对于教育思想学说还是湖南政治，讲演会都产生了重要影响。在这些讲演中，有三人的演讲均用英语进行，现场均配以翻译。他们分别是美国大教育家杜威、英国著名哲学家罗素以及勃内克小姐。演讲期间，毛泽东被湖南《大公报》特邀为讲演记录员。他们大谈"社会主义"，公开反对马克思主义，反对俄国革命。这其中，杜威在长沙的九天共演讲八次，[①]这些演讲围绕着教育问题展开，其核心是将实用主义哲学思想贯穿于教育实践中，强调教育的实用性和生活性。八场演讲分别是："Philosophy of Education"（"教育哲学"）六场，"Students' Self-Government"（"学生自治"）和"Teachers as Leaders"（"教员是领袖或指导者"）各一讲，由明德学校教员刘树梅、长沙艺芳教员曾约农、《东方杂志》编辑兼会计科长杨端六以及赵运文等担任翻译。[②]1919年10月26日，在醴陵人李石岑等人的多方活动下，罗素也从上海经杭州、汉口到达长沙。在湖南省教育会的安排下，湖南省教育会计划让罗素在长沙讲学一周，但因他想早日北上应聘北京大学，只答应在长沙演讲一天。为了报答东

[①] 杜威于1920年10月25日上午抵达长沙，11月1日下午结束全部演讲，11月2日离开长沙前往湖北讲学。

[②] 袁刚等：《民治主义与现代社会：杜威在华讲演集》，北京：北京大学出版社，2004年，第785页。

道主的盛情，罗素在26日下午、晚上和27日上午、下午连续作四场演讲，讲题为《布尔扎维科（即布尔什维克）与世界政治》。①演讲在当时受到空前的欢迎，其影响十分深远。罗素的这一演讲引发了湖南进步青年关于社会改造问题的争论。演讲结束之后，《大公报》随即进行了详细报道。而在10月31日的《大公报增刊名人讲演录》第5号还刊登一篇《和罗素先生的谈话》（又载1920年11月25日《东方杂志》第17卷第22号）。此文注明是"杨端六（讲），毛泽东（记）"。据考证，这里所载与事实稍有出入。当时罗素从上海到长沙，均由后来成为著名学者、语言学家、时在清华大学任教的赵元任陪同并任翻译。罗素是文化大师，给他找翻译十分困难。因罗素学术涉及的面极广，跨越哲学、数学、现代物理学、心理学等学科，合适的翻译也应既有充分的哲学素养，又兼通数学、现代物理学等知识。当时，刚刚从美国归来的赵元任（后为刘易斯·卡罗尔[Carroll Lewis]的《阿丽思漫游奇境记》之译者）正是合适的人选。他初入美国康奈尔大学时主修数学，兼攻物理，对语言、哲学和音乐兴趣浓厚，后入哈佛大学又从数学转到哲学。他对罗素本人的哲学，甚至其数学著作多有研究，还写了一篇相关的论文，获得学校的奖学金。据说此次他是由蒋百里和清华大学金邦正交涉"借"来为罗素做翻译的。在赵元任的陪同下，罗素讲学如鱼得水，中国听众较顺利地了解了他的思想和幽默。赵元任翻译时还表现出出众的语言天赋。罗素在杭州讲演时，赵元任曾以杭州方言来翻译；在长沙时他又用湖南方言来翻译，而用当地方言来传译，其感染效果可想而知。这样自然大大方便和扩大了罗素的听众群体。罗素和赵元任相得益彰，这是中西文化交流史上的一道亮色。当然，同行的杨端六也是一位翻译大家。据说在罗素离开长沙之前，湘督谭延闿亲自宴请罗素等人。此次宴席上，则是赵元任为谭延闿翻译，杨端六为罗素翻译。这些后来均载于相关文献之中。②

而另据当年罗素、杜威等来湘演讲担任记录员的宫廷璋回忆：

此次名流演讲事务由政务厅的教育科长主持，听讲者多为长沙各中

---

① Bertand Russell. *The Autobiography of Bertrand Russell*. Vol.2. London: Allen and Unwin. 1968, p.126.
② 杨静远：《罗素·毛泽东·杨端六》，《万象》2004年第6期；赵新那、黄培云：《赵元任年谱》，北京：商务印书馆，1998年，第102页。

小学教职员及高等学校学生。除杜威、罗素外，杜威夫人及勃拉克女士都曾讲演，故翻译前后有数人，而以留英归国在长沙与其姊曾宝荪合办艺芳女学的曾约农（曾国藩的曾孙）为最好。记录本有两组。一组为北大毕业生在岳云中学教课的李济民与杨某，当晚将记录交湖南《大公报》发表。我当时在周南女校教课，与宋某为另一组，也于当晚将记录整理送张慎庵主持的《长沙日报》发表。后来湖南教育杂志主编欧阳刚中选取我的记录发行特刊，想长沙各学校必犹有存者。[①]

宫廷璋的回忆透露了更详细的信息，除前面提到的刘树梅、赵元任、杨端六外，涉及的翻译人员还有曾约农等人。其实翻译群体当中还有与罗素一同来湘的北大社会学教授陶履恭，顺道也充当翻译工作。

民国时期，除了《大公报》《长沙日报》这样集中地就外国名人来湘访问和演讲作报道外，湖南省内还有不少报刊不时地登载翻译类作品或国外时事新闻汇编等。如1912年上半年创刊的《湖南通俗演说报》，内容除演说词外，还有国内外和本省地方新闻及歌谣、故事等，且所有外国作品均译成语体文，使广大百姓能够方便地接受；1915年创刊的由著名报人陶菊隐任总编辑的《湖南新报》设有"专电"栏，所登稿件主要由英国路透社、法国哈瓦斯社、德国德新社提供；1918年9月创刊的《湖南日报》，时常刊登一些介绍新思想的文章，其中登过德国生物学家赫克尔（Ernst Haeckel）的《生命的渊源》等；1920年创刊的《湖南通俗报》设有"中外新闻"栏，经常报道苏联和其他各国革命运动，揭露帝国主义的侵略和军阀官僚的罪行；1926年7月创刊的《湖南民报》亦设有"国外新闻"栏；1938年创刊的《抗战日报》第四版为"国际新闻"栏；1945年5月创办于安化的《湖南日报》第二版亦设"国际新闻"栏，所登均为编译类文章。当然，还远不止这些。而且在翻译的过程中，就像当今西方学者凯特琳娜·赖斯（Katharina Reiss）所说的：新闻文本的传意目的决定了一种归化翻译或适合于目标语使用法的语言改编是最恰当的形式。[②]

[①] 宫廷璋：《罗素、杜威与江亢虎在湘演讲的反响》，《文史资料选辑》第8辑总108辑，1986年，第136页。

[②] Katharina Reiss. *Translation Criticism: The Potentials and Limitations*. Manchester: St. Jerome Publishing, American Bible Society, 2000.

这就意味着众译者不但会做出形式上的调整，以适合目标语的语言结构，而且会对内容做出种种改写甚至改编，其中包括调整原文的段落秩序，将新信息进行语境化处理和增补，删去那些看似无关的段落，甚至改换新闻叙述的视角，等等。如果从原始材料的成构特色和性质看，众多的新闻多选自西方一些主流报纸杂志或来自一些知名的通讯社，其内容又与中国（甚至湖南）的现状紧密相关。这样自然会引起目标语读者的广泛兴趣。正因如此，人们往往不把这些新闻当作翻译来看待。换言之，翻译只是作为一种隐形状态而存在。[①] 在此，翻译不仅仅是一种语言的转换，同时也是一种思想、价值观和世界观的转换和交流。可以说，这些报刊及其报道，一方面让省内读者开阔了眼界，并及时了解到国外新闻大事，另一方面对时事新闻翻译的普及提供了平台。

第二节　民国时期湖南的杂志与翻译

民国初年，湖南的有识之士除了创办报纸外，还兴办了众多的专业期刊杂志。就像有人指出的，这一时期"杂志发行得以繁荣的很大原因是由于白话文体普及，从而扩大了书籍的读者范围的缘故。"[②] 这些期刊杂志致力于介绍新的科学文化知识，提倡振兴实业，推行新式教育，其中翻译类文章又是不可或缺的部分。比较典型的有《湖南教育杂志》《实业杂志》《实业丛报》《交通丛报》《矿物杂志》《教育粹编》等。相对于那些书籍，这些报刊文章更便于迅速地接近普罗大众，让读者及时地了解到国外科学文化知识，开阔了人们的眼界。

一、《湖南教育杂志》与翻译

现代时期湖南省内登载翻译作品最频繁的刊物无疑是《湖南教育杂志》

[①] Bielsa Esperança & Susan Bassnett. *Translation in Global News*. London & New York: Routledge, 2009, p.72.

[②] ［日］石川祯浩著:《中国共产党成立史》，第4页。

(书眉题《教育杂志》)。该刊创办于1912年6月,由省教育会主办和发行,湖南教育杂志社编辑,为半月刊,第二年第16期改为月刊。曾一度受战事影响而停刊,1921年复刊,停刊时间未详。开设有言论、学术、实验、调查、纪录、选论、专件、调查、教材、法律、杂纂、文艺等栏目。其宗旨为研究现今教育问题,译介世界最新思潮,报告国内外教育状况。据鹏广的《序例》称:本报体例共十三门,"凡学术,多译述关于教育之新学理,期有难喻之处,则由译者疏析之"。"凡调查或搜集本国之统计报告,或译述外邦之学制等。"[1]

据1983年上海图书馆编《中国近代期刊篇目汇录》(第三卷上),该刊登载翻译类作品极为频繁,几乎每期都有,有时某一期甚至会刊登译作数篇。从译者的构成特色来看也是极为复杂,既有杨昌济、赵元任、严复这样的翻译大家,也有黄坤这样的青年学子,更有慧若这类外籍人士,当中又以黄元、谭觉民、赣父、周傅橒等人译介最多。从所收作品类型来看,有论文、小说、演说、教育史、学科史甚至教材选译等,这些自然又以短篇为主,许多更是直接译自外国最近的报章杂志,算得上是最新的资料,所有这些均与教育密切相关,紧扣杂志的办刊宗旨。这样的内容对于湖南乃至国内的教育界无疑是新鲜的,足以让时人开阔眼界。更为重要的是,它们对于湖南教育界实现现代化转型起到了积极的推进作用。

二、《实业杂志》与翻译

1912年6月,创刊于长沙的还有《实业杂志》月刊,系湖南实业协会主办、湖南实业杂志社编辑和发行、商务印书馆印刷及代售。社长是曹典球,社址设长沙福源巷,系湖南省出版发行最久的大型期刊。创刊时题名《实业杂志》,以后则在封面的目录上冠以"湖南"二字。出至第11期后曾一度停刊。1917年3月复刊,期次续前,终刊于1948年2月,先后经历了38个年头,共出246期,其中有不少篇幅刊登翻译类作品,主要刊登在时论、调查报告、学艺、专件、外国实业录、中国实业录、参考资料、杂俎、杂乘和世界富豪传

---

[1] 《湖南教育杂志》创刊号(1922年6月)。

等栏目。

据1983年上海图书馆编《中国近代期刊篇目汇录》(第三卷上)，该刊所登材料多是直接译自英、法、德、日等国报纸杂志，涉及工业、农业、矿业、制造业、畜牧业、林业、商业、贸易等诸多实业领域，且内容相对完整，篇幅较长者，则以连载形式以确保其内容完整。这些做法在同期国内中文期刊中是非常罕见的。《实业杂志》是发布实业信息及研究成果、推广实业技术及经营经验的良好平台，为现代湖南的实业发展起到了积极的作用。

三、《实业丛报》与翻译

1913年4月，《实业丛报》创刊于长沙，由湖南实业丛报社编辑发行，停刊时间不详。该报设有社说、农业部、工业部、商业部、译丛、事业新闻、时评、小说、杂纂、附录等栏目，其内容以农、工、商、矿路、邮电、航运等为范围。从现存各期来看，几乎都刊登有翻译作品。与同期省内其他杂志不一样，该刊选登译作的篇幅明显偏长，连载次数也较多。

据1983年上海图书馆编《中国近代期刊篇目汇录》(第三卷上)，该刊所登译文以译自日文作品最多，显然译者是以留学日本者或通晓日文者居多；只有两篇为英国人的作品，这种源语成构特色与清末时期湖南翻译界的状况差别不大，表明当时该刊的译者群仍然是以取道日文翻译外国作品为主，其他国家作品虽然有所涉猎，但数量仍在少数。这些实业内容比较符合"经世致用"传统熏陶的湖南人之需求，故而有较多的译介。

值得指出的是，该报自创办以来，湖南实业司曾专文通告各属购阅，其理由如下：

> 查该报采取农工商各项理法，洵属确实可行，于实业前途，(夫)[大]有裨益。惟吾湘风晚开，见闻不广。实业讲求不力，成效难收。非多阅此种书报，不足以促励进行。……传饬各户遵照购阅，以增智识而利民生。是为至要。此令。①

---

① 《实业司通行各属购阅〈实业丛报〉由》，《湖南政报》第84册(1913年7月)。

正因为有了湖南实业司这种官方的推介，自然扩大了该报的传播范围，至于其产生的影响就不得而知了。

四、现代湖南其他刊物与翻译

除此之外，现代时期湖南一些报刊也零星地刊登翻译作品。典型的有1914年10月创刊于长沙的《公言》月刊，由公言杂志社编辑发行，其中设有"欧洲战事之各面观"栏，所登文章均为译文，如第1卷第1期有白云译、日本法学博士千贺鹤太郎著《法理观及政略观》（太阳杂志），石鸢译、日本法学博士田中穗积著《财政观》（新日本杂志），瓢饮译、日本早稻田大学教授安部矶雄著《社会观》（新日本杂志）；第1期第2号有石鸢译、日本法学博士堀江归一著《经济观》（太阳杂志）和日本理学博士丘浅次郎著《生物学观》（新日本）；第1卷第3号有瓢饮译日本法学士浮田利氏著《伦理观》（太阳杂志）。另外，该刊前三期还连载了白云译自日本帝国教育杂志的《现今心理学之分科》，等等。

1918年，时在武昌外国语专门学校求学的衡阳新城学生廖焕星（1895～1964），联合衡阳学生廖砚秋、蔡耀昆、黄俊章、刘平原等，在衡阳组织了第一个革命社团——新城端风团。同年12月12日，该社团创刊了以"革新""改革"为宗旨的《新城端风团年刊》（又称《端风》），这是衡阳历史上第一份近代杂志。它在武昌印行，运回衡阳发行。该刊尽管只出了两期，但在次年第2期"家庭问题号"设有"欧美家庭状况"栏，其中有译文2篇，即焕星（廖焕星）译自德国罗德夫人的《德国家庭生活》和彭位介译自美国巴向宗女士的《美国之快乐家庭》。

"五四"运动以后，即1919年10月，舒新城邀集一群志同道合的教育人士，取公开研究态度，以介绍世界教育思潮、商榷新教育之建议，批评旧教育之弊端为宗旨，创办了《湖南教育》月刊，这是湖南教育史上第一份完备的教育杂志，一经创办，即受到湖南教育界人士的好评，在全国教育界也有一定的影响。该刊为纯粹的教育研究刊物，内容涉及多方面，有新式教学方法的介绍，有湖南教育现状的调查报告，也有国外教育及教育理论的译介。其中译介类作品包括《桑戴克的教育学说》(舒新城译)、《日本教育杂谈》(李肖聃译)和《欧洲和会之教育问题》,等等。①

1921年1月创刊于长沙的湖南劳工会机关刊物《劳动》月刊设有"外国要闻"栏,及时译介国外发生的大事;同年10月创刊于长沙的《劳动周刊》亦设有"世纪要闻"栏,积极报道各地各行业工人的罢工斗争,特别是译介美国、日本、德国、英国等国劳工运动和劳资斗争的消息。该刊尤其热衷于宣传"劳工联合"。

1935年5月,湖南还创办了一份世界语刊物《萌芽》月刊,这也是湖南历史上唯一的一个世界语刊物。该刊前后共出三期,每一期用世界语撰写的文章占三分之二,其余全为中文,均译自世界语原作。刊载的文章有《无产者杂志》的《新的世界大战在开始》(世界语)、《苏联文艺现状(苏联朋友来信)》(世界语),鲁迅的《野草》序言(译成世界语),日本作家德永直的《丰年饥馑》(世界语译成中文)等。《萌芽》月刊虽然只出了三期,但在当时中国世界语运动中有一定的影响。

1941年7月在耒阳创刊的《经济月刊》系湖南省银行经济研究室编。1942年10月起改为季刊,1944年6月停刊。这是一份大型期刊,16开本,月刊每期96页,季刊每期多达350页,它的专栏有论著、研究与译述、湖南经济论丛等。当时国内经济期刊寥寥无几,因而该刊颇为经济界人士所关注。

总之,这类刊物所登译文以社会科学和实业类为主,这也与湖南历来重视"经世致用"的传统一脉相承,这些刊物及所登译文开拓了时人的眼界,对于湖南思想界的改造起到了巨大的作用。

除了这类专业性杂志外,还有一些综合类杂志也不断地刊登翻译作品。如在1920年8月,诗人吴芳吉(1896~1932,字碧柳,自号白屋吴生)到长沙明德中学任教,随后他与挚友成立红叶会、湘君社,创办《湘君》文学季刊。该刊旨在以道德、文章、志气"相尚相勉",主要刊登批评新文化运动、宣传复古倾向的文章。1922年6月,吴芳吉在湘君社编辑的《湘君》季刊第1号发表了自己的"彭斯译诗",共收诗10题43段,分别是:《白头吟》《寄

---

① 冯象钦、刘欣森主编:《湖南教育史》第二卷(1840—1949),长沙:岳麓书社,2003年,第496页。

锦》《我爱似蔷薇》《将进酒》《来来穿过麦林》《久别离》《牧儿谣》《高原女》《麦飞生之别》《自由战歌》。这些译诗都是选用文言体进行，且多套用长短句形式，体现出译者异样的诗学追求。吴芳吉当年选译彭斯的作品，有意识形态方面的原因，也有诗学方面的考量。不管怎么说，这些译诗在再现原诗的意蕴和音韵效果方面是较为成功的。因译者在翻译中需要迁就汉语诗学规范的内在特质，这就注定其译诗在展现原诗更为自由的风格方面仍有距离，而这也是早年文言译诗中普遍存在的问题。①

另外，1920 年 10 月 12 日在长沙明德中学创刊的《明德》半月刊，其第 15 期刊登了吴芳吉所译英国诗人罗伯特·赫里克（Robert Herrick）的 Gather Ye Rose-buds（又题 Counsel to Girls），题为《告女儿》。他选用的仍然是五言古体形式。该诗后于 1923 年 2 月在《学衡》第 14 期重新刊出。

1924 年 5 月 1 日创刊的《湖光》半月刊，由李青崖主编，系长沙湖光文学社刊物。该刊内容有小说、诗歌、戏剧、文学评论，侧重小说和译作。译作多为世界名著，如费罗贝尔（Gustave Flaubert, 今译福楼拜）的《波华荔夫人》（今译《包法利夫人》）、莫泊桑（Guy de Maupassant）的《雏媚》、穆荔埃（Molière, 今译莫里哀）的《强迫的婚姻》、法朗士（Anatole France）的《波那尔之罪》，显然是意在普及世界文学名著知识。该刊共出八期，因经费困难而停刊。

1935 年 7 月 15 日在长沙创刊的《潇湘涟漪》月刊（长沙潇湘涟漪社发行），是由李芳兰等几位湖南女性作家首先发起的，以登载小说、散文小品文为主，兼有少量批评性文章和诗歌等。其中 1936 年 8 月 1 日第 2 卷第 5 期有廖衡胜译俄国纳克刺梭夫（Nikolai Nekrasov, 今译尼古拉·涅克拉索夫）所作《在俄罗斯谁是最快乐的？》；1937 年 1 月第 2 卷第 10 期"新年特大号"刊曹日昌译高尔基（Maxim Gorky）的《托尔斯泰的回忆》，黄涛月根据埃萨·高拔英（Isaac Goldbring）译本转译大卫·平斯奇（David Pinsky）所作《被忘记了灵魂》；同年 3 月第 2 卷第 12 期载有曹日昌译约翰·斯台奇的《文

---

① 有关吴芳吉的译诗研究，可参看张旭：《"天籁之音"：吴芳吉译诗的创格寻踪》，《外国语文》2009 年第 3 期。

学与辩证唯物论》，等等。

　　1938年8月18日创刊于长沙的《中国诗艺》杂志，中国诗歌社编辑和发行，登载作品主要体现抗战时期的时代特色，兼有诗歌理论的探讨，其出版的卷号不详，仅创刊号就有译文二篇，即徐仲年译法国象征派诗人保尔·福尔（Paul Fort）的《我不是一个作家》和徐愈译法国作家罗曼·罗兰（Romain Rolland）的《悲多汶的政治观》。

　　另外，还有不少湖南人在省外创办的刊物兼职并发表翻译类作品，典型的就有：1919年2月在上海创办的《天问》周刊，是湖南赴上海"驱张"代表团主办的专门进行"驱张"宣传的刊物，主编彭璜。该刊设评论、译评、思潮、国际述闻、国内述闻、湘事书闻等栏目，除刊载消息外，还报道和评述国内外大事等。共出24期，1920年7月1日停刊。

　　1922年1月15日在北京创刊的《先驱》半月刊，为中国社会主义青年团的机关刊物。该刊初为北京地方团组织编辑出版，主编是刘仁静和邓中夏。第8期起改归团中央执行委员会编辑出版，这期间先后任主编的有蔡和森、高尚德、施存统、寄吾等。该刊大量译载少年共产国际和各国青年运动的材料，并出了"国际青年共产运动号""国际少年日纪念号"和"少年国际大会号"，介绍《国际青年共产党党纲》、"少年国际执行委员会的报告、决议案"和"少年国际刊物决议案"等。共出版25期，1923年8月15日停刊。

　　1934年9月16日创刊于上海的《译文》月刊，鲁迅主编。其内容主要翻译介绍苏联文学及其他国家的进步文学作品，以传播进步的文艺思潮。1935年第2卷第3期刊有周扬译俄国别淋斯基（即别林斯基）的《论自然派》。这是中国比较完整地介绍别林斯基作品的开端。1935年9月16日出至第13期停刊。1936年3月复刊，上海杂志公司出版新的第1卷第1期。共出29期。1937年6月出至第3卷第4期停刊。

　　1936年6月5日创刊于上海的《文学界》月刊，周渊（周扬）主编，光明书局出版。曾连载周立波翻译的捷克著名文学家基希（Egon Erwin Kisch）的《神秘的中国》。共出四期。同年9月出至第1卷第4期停刊。

　　总之，民国时期湖南省内各种期刊杂志众多，其中不少都刊登了翻译类作品，且所涉内容广泛，如果从译入语的构成来看，早期以译自日文作品者居多，时间越是靠后，译自欧美的作品越多，日文作品比例下降，但其数量仍不在少数，尽管这中间的质量良莠不齐。正是这些刊物在赞助和推进湖南翻译事业发展上起到了重要作用。至于省外由湘人兼职或主导的刊物就更多，他们不断赞助和支持同仁刊登翻译类作品，这样一方面为中国翻译事业的繁荣做出了贡献，另一方面为中国社会各界输入了不少新鲜东西，对于推进中国的现代化转型功不可没。

第三节 民国时期湖南的出版机构、图书馆与翻译书籍传播

如果从区域分布来考察，自近代以来，湖南的出版机构一般都集中在长沙。这一现象到民国时期仍然如此。据有关文献统计：1921年至1949年间，湖南全省共有23家出版社、10家编译社、957家销售新式书籍的书店、135家销售古旧书的书店、138家书纸印刷店，而长沙一地即有出版社19家、编译社9家、新式书店138家、古旧书店83家；[①] 此外，还有众多政府机关和各种社会团体，它们也大量地编辑和出版书刊，其出版的书籍数量之大，远远超过一般出版社出版的数量，其中不少便是翻译类书籍。就像有人发现的："所有大出版社都承担了书籍从手稿到售卖的整个流通过程"，只是到了"抗日战争中遇到困难（书刊检查、纸张供应、交通联络），才促使出版家将其活动专注于一种职能"。[②] 这种运作模式自然也表现在翻译作品的出版、销售和传播过程中。

一、现代湖南出版机构与翻译作品出版

就像出版家王云五所说的：在中国，"差不多直到上个世纪（19世纪）末，出版事业几乎全部集中在安格鲁-撒克逊耶稣会传教士手中。"[③] 这种现象

---

① 叶再生：《中国近代现代出版通史》，第1100页。
② ［法］戴仁著：《上海商务印书馆（1897—1949）》，李桐实译，北京：商务印书馆，2000年，第3页。
③ 王云五：《岫庐论教育》，台北：商务印书馆，1965年，第4页。

在20世纪初年仍然有所体现,在湖南也是如此。

民国时期,在湖南众多涉及翻译书籍出版的机构中,首先值得一提的是两家宗教类出版机构:一是湖南长沙宗教传播出版社(The Broadcast Tract Press),该社1897年由湖南的美国基督教传教士创建,是一家专门出版活页福音书或传单的小型出版社,它采取只收取少量成本费,广泛向工人散发的做法,出版社的经费,由美国和其他国籍的基督徒自愿捐献。初期每年产量约为30万至40万页传单,后来扩大为平均每年出版300多万页传单。二是湖南郴州福音出版社(The Evangel Press)。这是一家由福音派联合会主办,1913年创办于郴州(今郴县)的基督教出版社。通常,"基督教出版社的出版物,主要有下列四个方面:中文《圣经》及传教读物、字典词汇等工具书、报纸杂志,以及科学技术著作等"。[1] 该社自然也离不开这种出版模式,也就是以印行宗教类文献为主(其中不少系翻译类作品)。不过,这些都不属于我们所要讨论的现代西学翻译研究范畴。

民国时期,省会长沙还有不少出版机构推出了众多翻译作品。其中之一便是由毛泽东、易礼容、彭璜、姜济寰、易培基、赵运文等人创办的文化书社,这是配合建党工作而筹建的。该社以新民学会成员为骨干,联合教育界、出版界知名人士,并联络省县及工商界知名人士作为社员而筹建起来的。它开业于1920年8月20日,社址设在长沙市潮宗街56号,易礼容为书社经理,毛泽东为特别交涉员,其宗旨是宣扬马克思主义,走俄罗斯革命的道路。正如毛泽东所说:"文化社愿以最迅速最简便的方法,介绍中外各种最新书报杂志,以充实青年及全体湖南人新研究的材料。"[2] 其主旨是"远销中外各种有价值之书报杂志"。[3] 毛泽东深知出版这些思想武器对于筹建共产党的重要作用,他曾计划"组织一个'编译社'和一个'印刷厂',以与书社的发行连为一贯,然后本社乃有独立出版物"。[4] 书社与省外营业来往最多的,有

---

[1] 叶再生:《现代印刷出版技术的传入与早期的基督教出版社》,中国近代现代出版史编纂组编:《中国近代现代出版史学术讨论会文集》,1990年,第70页。
[2] 毛泽东:《发起文化社》,《大公报》第六版"来件栏"(1920年7月31日)。
[3] 《文化书社组织大纲》,《大公报》(1920年8月25日)。
[4] 《文化书社社务报告》第2期(1921年4月)。

广东新青年社、上海泰东图书馆、亚东图书馆、北京大学出版社、北京晨报社、北京学术演讲会和武昌利群社等。因此，销售的新书刊颇多，曾经销售传播新思想新文化图书164种、杂志45种、日报33种，后又逐渐增多。[①] 据1921年5月统计：文化社经销的书籍有"晨报丛书""新青年丛书""共学社丛书""新文化丛书""哲学丛书""新潮丛书""北京大学丛书""尚志丛书""世界丛书"，以及《共产党宣言》《资本论入门》《科学的社会主义》《旅俄六周闻见记》《物种原始》等单行本共161种。后来业务发达，凡属全国各地出版的新书报刊，尤其是共产党青年团机关刊物和新青年社出版的马列主义丛书等，更是大量地推销。

这其中，翻译类书籍有《杜威五大演讲》（胡适译）、《到自由之路》（罗素著，李季、黄天俊、雁冰译）、《社会主义史》（克卜朴著，李季译）、《工团主义》（哈列著，李季译）、《阶级斗争》（恽代英译）、《马克斯经济学说》（李达译）、《达尔文物种原始》（马君武译）、《马克思共产党宣言》（陈望道译）、《马克斯资本论入门》（李汉俊译）、《民约论》（中江笃介译）、《社会通诠》（严复译）、《群学肄言》（严复译）、《托尔斯泰小说集》（新人社译）、《美国之民治的发展》（杜威著，胡适译）、《英汉辞典》，等等。[②] 这批书籍对于马克思主义在湖南传播产生了重要影响。如1920年毛泽东、何叔衡等发起成立的马克思主义研究会，其成员在毛泽东的指导下，联系中国和湖南的实际情况，学习马克思主义一般原理。马克思主义经典著作《共产党宣言》《共产主义从空想到科学的大战》和《新青年》丛书中的《阶级斗争》《社会主义史》等小册子，都是研究会成员的必读书目，《新青年》、北京《晨报》等也是成员经常阅读的刊物，而这些书籍和刊物的来源便是文化书社。1920年11月7日，上海马克思主义研究会主编的《共产党》月刊秘密出版，上面介绍了俄国共产党的历史，登载了列宁的《国家与革命》等若干著作，以及有关共产国际的情况、欧洲各国共产党动态的报道；此外，该刊还有批判无政府主义的文章。这个刊物也由文化书社引入长沙，由毛泽东分送给大家阅读。总之，文

[①] 《文化书店第一次营业报告》，载1920年11月6、10、11日《湖南通俗报》。
[②] 叶再生：《中国近代现代出版通史》第二卷，北京：华文出版社，2001年，第482页。

化书社存世时间较长，自1920年9月成立到1927年8月7日被查封共约七年。可以说，长沙文化书社的成立在湖南境内不仅广泛地宣传了马克思主义和俄国革命，为湖南建党进行了思想、舆论和干部上的准备，而且文化书社本身也成为建党活动的据点，书社的有些成员后来便发展成为长沙共产主义小组的成员。

文化书社曾在省内广泛设立分社，外县成立分社的有平江、浏阳、宝庆、衡阳、宁乡、武冈、溆浦、岳阳、嘉禾等九处；除分社外，尚有贩卖部七处。这里特别值得指出的是，1921年1月，贺民范（1866～1950）、匡日休（互生，1891～1933）、黄麟等在宝庆县城创设了长沙文化书社宝庆分社，社址在当时县劝学所内的教育会（今邵阳市内中河街小学门外）前面，肖集生任经理。宝庆分社发售大量的进步书刊，最初有《新青年》《向导》《新潮》等，后有《共产党宣言》《湘江评论》《共产主义ABC》（即《资本主义之解剖》）《哥达纲领批判》《自然辩证法》《三民主义》《五权宪法》等，还有瞿秋白翻译的《唯物史观》等书籍。宝庆分社年销售额约120万元（旧币），在当时湖南七个文化分社中位居第一。宝庆分社的书籍大部分是从长沙文化书社购来的，按八折计价，也有一些是通过世界书局从广州购得的。长沙文化书社宝庆分社对于传播新文化、新思想，推动宝庆县的革命事业和党团组织建立起到了重要作用。宝庆分社开办以后，不少进步青年、进步知识分子，如罗卓云（1892～1928）、蒋昨非（1899～1974）等，纷纷来书社购买新书，学习革命理论。宝庆分社把马克思主义传播到整个县域，提高了人民的觉悟。大革命高潮在宝庆县形成，宝庆文化书社在宣传方面起到很大的作用。继宝庆文化书社建立后，以罗卓云、彭钟泽（1896～1928）为首的"驻省宝庆隆中学友会与同乡会"，受毛泽东、易礼容创办文化书社的影响，在宝庆西乡隆中的匡家铺街租用当地小商人张命树的一间店铺，创办了宝庆西乡隆中文化书社，销售《新青年》《湘江评论》《共产主义ABC》《觉悟》《湖南通俗报》等报纸，以及其他翻译类马列著作，从而把马列主义理论传播到宝庆西乡一带。

除了文化书社之外，还有一家书局特别值得一提。1949年3月，时值湖南和平解放前夕，中共湖南省工委派人到耒阳建立了立文书局（设城北正街）。这个书局是在中共耒阳地下组织领导下联络二十多位文教界人士集资创办的，书店的工作人员全都是共产党员。书局销售公开出版的进步书刊，但另设租书部，根据读者的需求，秘密供应被国民党当局查禁的《大众哲学》《联共（布）党史》革命书籍，以及苏联文学名著译本等书刊。这家书店实际上是新建立的耒阳县工委的一个活动中心点，也是中共领导的湖南地下武装一个筹款处和联络站。书局当年6月被国民党军警洗劫捣毁，随即被县政府查封。

民国时期，分布在湖南省内的各出版机构也不时有翻译类书籍出版。这里根据《湖南省志》等史料整理出部分翻译书籍出版情况：

民国时期湖南刊刻出版翻译图书要目[①]

译书名	原著者	译者	出版社	出版年	备注
《儿童个性之研究》	［日］大川义行	杨树达	长沙湖南图书编译局	1913	
《新教育学》	［日］大濑葱太郎	黄独	长沙湖南图书编译局	1913	
《儿童自力研究之启导法》	［美］麦加利	罗黑子（罗象陶）	长沙湖南图书编译局	1913.5	英文名 How to Study and Teaching How to Study；"小学教育参考书4"
《小学各科实际教授法》	［日］田中广吉	熊崇煦	长沙湖南图书编译局	1913	
《儿童教授法（附实力教育论）》	［美］耳哈博士、埃黎禾博士	罗黑子（罗象陶）	长沙湖南图书编译局	1913	小学教育参考书2
《教育学讲义》	［日］小泉又一		长沙宏文图书社	1914	黎锦熙编述、杨树达订补
《最新简明国际公法》	［英］罗原思	伍善辉 伍善焜	长沙宏文图书社	1914	
《英文记忆术》		龙华生	长沙宏文图书社	1914	纂译

[①] 据《湖南省志·第二十卷·新闻出版志·出版》，长沙：湖南人民出版社，1992年；林传甲著，况正兵、解旬灵整理：《林传甲日记》，北京：中华书局，2014年，第571页；周勇、王志昆主编：《中国抗战大后方历史文献联合目录》，重庆：重庆出版社，2011年，第980页、第1545～1546页；叶再生：《中国近代现代出版通史》（第三卷），北京：华文出版社，2001年，第253～254页；等等。

(续)

译书名	原著者	译者	出版社	出版年	备注
《材料强度学》	[美]梅里迈	江中砥	长沙湖南岳麓工厂出品发行所	1921	
《最新电话学》	[日]中山一郎	仇毅	长沙印刷	1922	
《拿破仑兵法》	[美]凡史脱尔、勃仑诺译	孙元良重译	长达维新印刷公司	1938.8	编译
《军事研究袖珍》	[德]洛黑尔	戴坚	湘潭同仇学社	1939	译述
《军令作为法》	[德]黑木茨·佛克曼	戴坚	湘潭同仇学社	1939	
《游击战》	[德]阿突尔·爱哈尔特	戴坚	湘潭同仇学社	1939	
《辩证唯物论和历史唯物论》	[苏]斯大林		衡阳五王书店	1939	1948年长沙金国印书馆印行
《范氏高等代数》	[美]范尼	李友梅	长沙湘芬书局	1940	上、下册
《华英当代短篇时事英文选》		梁树人编	安华蓝田书报合作社	1943	1946年长沙宇宙书局再版
《霍尔乃特高中三角学题解》	[美]霍尔、[英]乃特	李友梅	长沙湘芬书局	1940	以后多次再版、印刷
《斯盖二氏解析几何学》	[美]P. F. Smith [美]A. S. Gale	吴世礽		1940	
《最新战术研究之着眼及问题之答解要领(战术前后编)》		谭家骏、王吕烈	长沙兵学新书社	1941.1	
《(秘本)航空现地战术》(上、下册)	[法]纠罗	谭家骏	长沙兵学新书社	1941.2	
《足球裁判法》	[德]霍夫斯克里德尔、科普哈尔	江良规	湖南蓝田体育与健康研究社	1942.7	
《爱的教育》	[意]亚米契斯	夏丏尊	湖南开明书局	1942	修正版

(续)

译书名	原著者	译者	出版社	出版年	备注
《初恋》	[俄]屠格涅夫	丰子恺	湖南开明书局	1942	英汉对照
《改订增补范氏大代数》		陈文编译	安化蓝田书报合作社	1943	上下册
《气候学原理》	马东	许逸超	新化亚新地学社	1944	亚新地学丛书之三
《代数学教科书》		杨少岩	长沙亚东印书馆	1948	编译

另外，1948年中共长沙地下组织开办了知源书店，该书店除销售进步书刊外，还与省内的新社会出版社（长沙）、金国印书馆（衡阳）、青年建国文化公司印刷厂（长沙）等秘密翻印了一批马克思、列宁、斯大林等人的著作；与此同时，商务印书馆、中正书局、中华书局、广益书局、开明书局、大东书局、文通书局、世界书局、锦章书局等几家大书局先后到长沙设立了分局，从而使大批上海等地出版的新式图书（包括翻译类书籍）传入湖南。无疑，这些对于湖南思想界、文化界和教育界产生了深远影响。

二、长沙商务印书馆等与翻译书籍的出版

抗战初期，由于上海、南京等城市弃守，长沙一度成为全国的出版中心。全国各地不少出版社纷纷迁往长沙，其中较知名的有商务印书馆、三一出版社、抗敌救亡出版社、中国战史出版社、战术出版社、正气出版社等。这其中在翻译图书出版方面成就最突出者，当属由上海迁往长沙的商务印书馆（The Commercial Press）。商务印书馆1897年创立于上海，1904年、1914年、1915年分别在长沙、衡阳、常德设立了分馆，对于湖南的书业影响甚大，它在民国期间一直居湖南书业之首，在湖南传播新思想、新文化科学知识方面起到了良好的作用。

商务印书馆是一家综合型学术出版社，是"中国现代出版的开端"，也是我国组织翻译书籍数量最大的一家出版社。初创时期的商务印书馆以印刷为主业，不久拓展至出版领域，很快发展成为一家实力雄厚的文化教育机

构。据有关统计,仅1902～1910年,商务印书馆出版的图书中,译作多达330种,占1/3强;①1926～1946年,翻译类作品占商务印书馆全部出版物的20%～30%。②1902年,该馆设立了自己的编译所。为了及时翻译国外最新的科学书籍,商务印书馆自设图书馆,订购并收藏大量的西方科技、政治、经济、哲学及文学名著。该馆先后聘请的编译所各所长(张元济、高凤谦、王云五)、下属各部主任及编辑(编译)都是学有所长的学者,多数曾留学国外,具备专业知识,且中外文基础俱佳,对于组织翻译外国著作的工作得心应手。其中湘籍学者兼译家向达、周鲠生、刘秉麟、杨端六、黎烈文等就曾被聘为商务印书馆编译所编辑,或者是在商务印书馆工作过。他们为商务印书馆出版翻译书籍做出了不小的贡献。③1932年上海商务印书馆管理处、总厂及编译所等多处惨遭日寇轰炸,旋即得到复兴。此后,商务印书馆将闸北宝山路制版厂及美安栈房保了战争险,采取紧急措施,将总馆存书(除教科书外)的55%运往南京、杭州、北平、天津四分馆以外的全国各分馆及香港分厂,其中汉口分馆和香港分厂最多。1936年10月底,派人在长沙筹建一小型印刷厂,准备应变。1937年"七七事变"之后,战云笼罩,商务印书馆总经理王云五和董事长张元济商议,拟采取在租界设置临时工厂、扩充香港印刷厂、在内地新建若干工厂等措施,随后决定将总管理处和编印中心迁往长沙,并在长沙建立匹配的工厂,董事会仍在上海,利用香港作中转,指挥方略大计。1937年12月,商务印书馆总管理处撤至长沙,其优良设备早已运往长沙,随即开始出版书籍。但翌年11月长沙大火,商务印书馆的工厂和设备烧毁殆尽。遭此重创,商务印书馆不得不西迁重庆。商务印书馆虽然西迁,但在1937年至1941年间,仍以长沙商务印书馆名义推出了众多的译著。

诚如当代法国学者戴仁所言:"如果说教育领域是商务印书馆在20世

---

① 邹振环:《20世纪上海翻译出版与文化变迁》,南宁:广西教育出版社,2000年,第47页。
② [法]戴仁著:《上海商务印书馆(1897—1949)》,李桐实译,上海:商务印书馆,2000年,第107页。
③ 商务印书馆自开办以来,翻译作品中占有较大的比重。在1926年至1946年间,翻译作品占20%～30%。译自英语的作品最多,为作品总数的53%—80%。[法]戴仁著:《上海商务印书馆(1897—1949)》,第107页。

纪头几年最有代表性的活动,那么这还远远没有概括它的全部出版范围。"[①]抗日战争时期,商务印书馆的出版范围更加广泛,而且外国著作的译本占了相当的比重。从数量来看,商务印书馆在长沙推出的翻译类作品之多,为省内任何出版机构所不及,且这些著作类型多样。首先是文学作品,如有人指出,"现代新闻行业以及主要的出版业务的兴起,譬如中国大都市中心地带的商务印书馆,与翻译文学的逐渐流行有直接的关联。"[②]除文学作品外,其他分别还有社会科学、基础科学和史地及应用科学著作等,其翻译质量上乘者,多为外国名著,且许多又系修订或再版发行,列入各类大型翻译丛书之中,代表了民国时期翻译图书的最高成就。而从语种来看,其构成也极为复杂,有一半以上来自英语,其次是法语,再其次是日语,另外就是意大利语、挪威语、德语、希腊语、荷兰语、葡萄牙语等欧洲语言,可见此间众译家在语言准备上更加充分,更多地是采取直接翻译而成。由于商务印书馆的品牌效应,也为这批图书赢得了广大的读者和市场,其影响更是深远。

除此之外,抗战时期还有其他一些出版社也零星地推出过一些翻译作品。如在1939年,著名莎剧翻译家方重在长沙印行了《英国诗人演技集》;同年,林履信在长沙出版了一部《萧伯纳的研究》。另外,自南京迁至长沙的军用图书社于1938年印行了谷兆芬译、法国萨托里(Auguste Sartory)著《微菌战》(又名《无敌战争》);1942年长沙中国文化服务社出版了谢铎编译、美国卡内基(Dale Carnegie)著《处世教育》;同年,湖南开明书店出版了董纯才译自苏联伊林(M. Irin)的《十万个为什么》,收入"开明青年丛书";1943年长沙中欧文化印书馆出版了陶在湄译自德国邬戴特(Ernst Udet)的自传体小说《战乱之翼:空军之说》;同年,伍鹤鸣英译《中国故事一百篇》(华英对照),长沙湘芬书局出版。此外,1938年徐宗士译自英国庇古(A. C. Pigou)的《战时经济学》由长沙国立编译馆、商务印书馆合作印行第5版,1941年第6版,等等。所有这些译介作品的印行,对于开阔湖南人的视野起到了良好的作用。

---

① [法]戴仁著:《上海商务印书馆(1897—1949)》,第17页。
② [美]刘禾著:《跨语际实践——文学、民族文化与被译介的现代性(中国,1900—1937)》,第36页。

三、民国时期湖南省内图书馆与翻译书籍的流通和保存

　　翻译作品的产生、流传和消费是一个有机的统一体，其中任何一环都不可或缺，否则就会影响到翻译作品的流传和接受。事实上，翻译的普及还有另一项催生因素，那就是分布在全省各地大大小小的图书馆。图书馆作为保存文化、提供学术研究和协助普及教育的机关，是社会教育的重要部门之一，同时也是翻译作品得以传播的一条途径。

　　湖南正式以图书馆命名，仿效西方公共图书馆体制，向社会公众开放的图书馆，当推光绪二十九年（1903）秋由浏阳人雷茂才在常德城外吕祖庙创办的常德图书馆，而影响最大的则是翌年4月由湖南巡抚赵尔巽、梁焕奎、龙绂瑞等发起集资创设的湖南图书馆兼教育博物馆。民国元年以后，为复兴社会教育，湖南省府曾三令五申要求各县兴办图书馆。1929年9月，省府强令各县在三个月内成立民众图书馆，并从省库拨款3万元购买《万有文库》，分送各县新建图书馆。1932年10月12日，教育厅又指示吁请各地方和城市当局置备一套《万有文库》。①《万有文库》由王云五策划整理，商务印书馆出版，堪称20世纪上半叶最具影响力的大型现代丛书，它使得任何个人或者家庭乃至新建的图书馆都可以通过最经济、最系统的方式，方便地建立其基本收藏。该丛书共计1721种、4000册，自1929年至1937年由商务印书馆排印、影印，总共二集，其中收有《汉译世界名著初集》100种和《汉译世界名著二集》150种（450册）。据编选者说明："本丛书（初集）包括中等以上学生必须参考或阅读之世界名著，初集一百种以最低限度为准，凡非必要之作概不入选。"其"汉译力求信达，以保存原作之真相"，"皆为世界各大学问家之代表著作"。②《万有文库》的贡献之一是在中国开创了"文库"体，它集中收入翻译著作数量之多，在中国现代出版史上居于首位。另则，这些译著选材精良，翻译质量上乘，多年来被国内学界奉为翻译中的经典，而且流传至今。民国时期湖南当局资

---

① 《出版周刊》第3期（1932年12月7日）和第4期（1932年12月24日）。
② 王云五：《商务印书馆与新教育年谱》，南京：江西教育出版社，2008年，第484页。

助购置此文库,足见其眼光,至于其所产生的影响,则是无法估量。

民国初年,湖南境内的公立图书馆均有较好的藏书,其中不少便是翻译类书籍。这里还可以通过毛泽东早年在省立图书馆阅读的书目,窥见当时馆内收藏翻译类书籍情况之一斑。早在1913年,时在湖南省高等中学就读的毛泽东,因有感于中学课程有限,认为在校读书不如自学,便在入读该校后一个学期退学。下半年寄居湘乡会馆,每天到三华里外的湖南省立图书馆读书。在此,他通过翻译的作品研读了达尔文的《物种起源》、斯宾塞的《群学肄言》、孟德斯鸠的《法意》、卢梭的《民约论》等一批反映18、19世纪西方资产阶级民主主义思想和科学成就的社会科学、自然科学著作,还研读了世界历史、地理以及古希腊和古罗马的古典文学。正是这些阅读,对他后来的志向选择和思想形成产生了巨大的影响。

另外,1932年9月在长沙重新开馆的中山图书馆亦有大量的藏书。至抗战前夕,馆内藏中西文及日文书籍约11万册,其中中文类便有众多的翻译书籍。所有这些图书馆对于推进翻译作品在湖南的普及起到了巨大的作用。

总之,在现代西方学人安德烈·利弗维尔描述的翻译赞助体系内,报刊和出版机构无疑属于重要的因素,只有这些重要因素发挥了作用,才能使翻译作品得以发表和出版。如果从现代消费传播流程来看,翻译作品的产生、流传和消费需要传输渠道,而现代湖南的新闻出版事业迅速发展又为这些翻译作品传播提供了坚强的保障。湖南省府非常重视翻译图书的采购,并拨出专项资金支持公立图书馆采购翻译类图书精品,惠及三湘大地的莘莘学子,其成效显著,其影响更是深远。这些均为湖南翻译事业的逐渐繁荣起到了应有的作用。更为重要的是,他们不仅影响到湖南的知识界,催生了湖南现代化转型,而且在全国也产生了广泛的影响。

第三章 民国时期湖南的自然科学与军事学翻译

诚如当代区域史研究学者刘志伟所言："我们的研究是以人的行为作为逻辑起点的,每个人都会从自己各式各样的目的出发,也会有不同的行为方式(习惯),同时,每个人的行为也必然受制于他们与其他人的关系,更是在特定的社会结构和制度性环境下行动,所有这些,都决定了个人的有目的性的行动的总和,会制造出一种集体性的结果。这个结果,在实践过程中,会因为任何一种或多种因素及其相互关系的改变而改变。……但我们相信通过不断深入的研究,可以了解和解释这个过程的发生和变化机制,同时也累积着认识这个过程的智慧和能力。"[1] 以此类推,我们可以将现代湖南翻译史看作一部以一个个翻译家推出的作品串织而成的网状结构,是带有目的性的行动之总和,是一种集体性的结果。

"经世致用"的文风决定了现代时期湖南译家必然会对西方科学著作有所关注。事实上,相对于晚清,民国时期湘籍译家在自然科学译介方面也取得了一定的成绩。尽管这一时期推出的翻译作品不是太多,但还是有一些值得称道的,而且不少被当作中学和大学教材使用,许多还多次再版,惠及众多学子;有的还服务于国家战略,在抗战期间曾经发挥了巨大的作用。更为重要的是,我们可以看到翻译"在科学知识形成过程中所产生的持续影响"。[2]

---

[1] 刘志伟、孙歌:《关于区域研究史认识论的对话》,上海:东方出版中心,2016 年,第 33～34 页。
[2] Scott L. Montgomery. *Science in Translation: Moments of Knowledge through Cultures and Time*. Chicago: University of Chicago Press, 2000, p.255.

第一节 现代湘籍译家与数、理、化著作翻译

1912年中华民国成立后,改学部为教育部,管理学术及教育。广州国民政府于1926年3月1日设立教育行政委员会;1927年6月,随国民政府迁南京。南京国民政府成立后,决定舍教育部之名而以大学院管理学术及教育之机关。同年7月,南京国民政府公布《中华民国国民政府组织法》,10月1日中华民国大学院正式成立。1928年11月3日,《国民政府组织法》公布,国民政府行政院成立,乃改大学院为教育部,负责审查教材图书工作,直到1932年6月由新成立的国立编译馆代替行使职责。1932年10月,教育部通令国立编译馆遵照新标准审查教科书,同时通令各书局遵照新标准编辑各教科书,并严格规定各学校不准采用非审定之教科书。这便是民国时期政府针对学术书籍和教材编译规范的大致情形。

诚如人言,翻译总是受到一定文化语境的制约,也总是为了满足目标文化中的某种社会需求,或填补其中的某些"空缺"。[①]因此,翻译活动总有其目的或目标。众所周知,国民政府非常重视开展素质教育。早年孙中山就强调在中国实施免费义务教育,其教育格局多样化,公立与私立并存,同时坚持开放办学,一方面是欧美在中国办教育,另一方面尝试实施美国学制,很快就使中国的教育繁荣起来。然而,在此过程中,各学校教材不足的问题日益凸显出来,尤其在数、理、化等自然科学方面。于是,翻译教材"乘虚而入",很快进入了大中学校课堂,一时间缓解了教材不足的现象。这其中,湘籍译家中又有那么一批科学译者值得特别书写。

一、李友梅与数学教材翻译

中国现代著名教育家陆费逵(1886～1941)曾说过:"立国根本,在乎教

[①] Gideon Toury. *Descriptive Translation Studies and Beyond*, p.12.

育，教育根本，实在教科书，教育不革命，国基终无由巩固，教科书不革命，教育目的终不能达到也。"① 民国时期是中国数学教育逐步走向现代化的重要时期，而且也从最初的模仿照搬走向"自主化"。而"数学教科书从原初的译介走向编译，从编译走向自编"，② 其中翻译教科书在此过程中又发挥了重要作用。

民国初年，众多学校普遍使用外文原版数学教科书开展教学，成为中国数学教育现代化进程中的一大特点。鉴于直接使用外语原版教科书有着诸多的缺陷，于是一批优秀的湖南人力主翻译外国教科书，以满足广大师生燃眉之急，其中贡献最大者便是李友梅。

李友梅（1905～1958），字才鼎，号作明，湖南茶陵人，1922年入长沙兑泽中学，次年转入上海浦东中学，1925年考入上海大夏大学，一年后转入上海交通大学电机系。1927年春，李友梅从上海交通大学肄业回到家乡。他为谋生计，于1928年春来到长沙，受王季范（1885～1972）校长之聘，任教于长郡中学；同时明德、岳云、修业、衡湘等私立中学竞相聘他为兼课教师。在接下来的八年里，李友梅深感我国中学数理教材贫乏，质量亦有很大的缺陷，而当时的课堂教学多用英文原版教材，他认为有"三不可"：

（一）一个国家必须有独自的文化，方能激励国人奋发独立自主的爱国热情和民族气节。中学生……如果长期用外文上课，必然造成他们认为祖国科学落后，前途无望，而转向崇洋媚外的心理。中国文化……何有生存可言，复兴可望？

（二）在科学昌盛时代，……阅读原文书籍，是远远不够的。……是适应中学生的需要，必须大量翻译外文课本。否则，在教学时，须用十分之七八的时间讲文词，专业知识只能占十分之二三的时间。且学生课后复习，演题、预习新的内容，每感枯燥无味，徒使荒时怠日，有害无益。

（三）用外文课本，本无不可，但在帝国主义侵略中国，祖国处于苦难时代，青年学生以挟洋书读洋文为荣，视中国文化若敝屣，让洋文统

---

① 王建辉：《教育与出版——陆费逵研究》，北京：中华书局，2012年，第98页。
② 张美霞：《清末民国时期中学解析几何学教科书研究》，内蒙古师范大学博士论文，2018年，第16页。

治的课堂,既有损民族自尊,又阻碍我国科技事业发展。要迎头赶上西方科技,先要普及科学。……要普及就不能只靠读外文原书,而要大量翻译西方书籍,为我所用。……日本翻译界信息灵通,世界各国凡有新书,不出一年,日本便有译本。日本科学技术之所以发展很快,这是一条重要经验。①

可以说,正是出于爱国和自主之目的,同时着眼于普及和为我所用之需求,李友梅遂萌生了翻译适合我国国情的教科书的念头。而上述三点,正是李友梅编译数理教科书的宗旨,至今对于我们的教育界、科技界和翻译界仍有参考价值。

1920年,北京政府教育部颁布法令,规定自当年秋季起,国民小学的国文教科书不再使用文言文,改用白话国语。从此,白话文成为人们探头打量的时尚,中国的学术话语,包括课堂教学很快实现了白话文的转型。1922年11月1日,北洋政府以大总统令公布《学校系统改革案》,即"壬戌学制",该学制基本上采用当时美国已普遍实行的"六三三学制"。这也注定此后一段时期内中国教育思想界会对美国有更多的借鉴。而且当时教育部明令中学教学中必须使用中文课本,于是李友梅的白话汉语翻译数学著作便应运而生。

民国时期,李友梅先后翻译了多种数学教科书,其中翻译了美国数学家范尼(Henry Burchard Fine,又译范因)的两部作品:一是《汉译范氏高等代数》,二是《汉译范氏高等大代数题解》。

《汉译范氏高等代数》于1934年出版,1936年9月湘芬书局又版,分上下册,题作《范氏高等代数学》(又称《范氏大代数》)。原书1901年由美国波士顿吉恩公司出版,系美国代数学教科书。范尼早年学于普林斯顿大学,受数学家乔治·布鲁斯·霍尔斯特德(George Bruce Halsted)的影响研究数学。1884年毕业后到德国莱比锡和柏林等地游学,听过C. F. 克莱因(Chritian Felix Klein)和克罗内克(Leopold Kronecker)的数学讲座。回国后任教于美国普林斯顿大学,1891年任教授,同时参与创建美国数学会的工作,

---

① 陈君彬:《呕心任教育 沥血事编译》,《株洲文史》第13辑(1989年3月),第130~131页。

并于1911～1912年任该会会长。主要贡献是对牛顿逼近论的研究,另外论述过微分方程、数字方程的克罗内定理和代数数系等问题;同时,他还是著名的数学教育家,培养了许多数学家,并写过多本优秀的数学教科书,其中《范氏大代数》一书的出版准备甚久,从1893年起,每年由出版公司印行一本小册子给普林斯顿大学一年级学生参考,其中的内容便是作者认为对于代数学比较重要的部分。该书正式出版后,在世界广为流传,而且在中国竞相翻译。"这是一本对中国数学教学产生广泛影响的教科书。"[1]

全书可分为两编,第一编是预篇,介绍自然代数的数系,包括数-数法、加法及乘法、减法与负数、除法及公式、无理数、虚数及复素数;第二编是正篇,主要讲解代数知识,如基本演算、一元一次方程、联立一次方程组、除法、有理整式之因数、最高公因数与最低公倍数、有理分式、对称函数、二项式定理、开方、无理函数、根式及分指数、二次方程、二次方程之讨论、极大与极小、用二次方程解高次方程、用二次方程解联立方程、不等式、不定一次方程、比及比例、变法、等差级数、等比级数、调和级数、逐差法、高级等差级数、插入法、对数、排列与组合、多项式定理、算学入纳法、方程论、三次方程与四次方程、行列式及消去法、无穷级数之收敛、无穷级数之演算、二项级数、指数级数、对数级数、循环级数、无穷连乘积、连分式、连续函数的性质等。

诚如我国著名数学家程廷熙(1891～1981)所言:"范氏高等代数学一书,近十数年,风行海内,中学教以斯,大学试以斯,盖其理论谨严,材料丰富,诚中学教科之一善本也。"[2]原作者范尼论数时所依据的是纯数概念,以及自然数中最先呈现的次序概念。作者深信采用这种讲法是有理论上的依据的,而且从教育的观点来看,这也是最好的讲法。总之,该教科书一方面力求浅易和简略,另一方面理论严谨,材料丰富,分析透彻,颇带点几何学的味道,大体是一本标准的教科书。难怪原书出版后不久即被引入中国,众译家纷纷译介,并出现为数众多的汉译本,当时像中华书局、世界书局、北平科学社、新亚书店、三民图书公司等知名出版机构纷纷出版发行,有些还多次再版,

---

[1] 魏庚人主编:《中国中学数学教育史》,北京:人民教育出版社,1987年,第284页。
[2] 程廷熙:《序》,范因著:《韩译范氏高等代数学》,韩桂丛译述,北平:算学丛刻社,1935年,卷首。

说明我国出版界和教育界对该书的重视程度。不过,李友梅的译本却是当中最早者之一,至今仍有参考价值。

通常一部作品在短期内会出现多个译本,其原因有多种,一是原作价值实在巨大,从而吸引众家迅速地翻译;二是该外国作品满足了接受国读者的巨大需求,并能解决现实问题,故而会大量地翻译;三是接受圈内消费渠道不畅,彼此信息不灵,导致重复翻译现象;四是前面的译者水平有限,译本错误过多,从而促使众人推出各自的新译。那么,李友梅的外语程度和翻译水平究竟如何呢?事实上,李友梅的英文造诣颇深,他的中国古典文学功夫也很扎实。在翻译的过程中,他的态度始终是一丝不苟的,而且也像时人所说的,"他从事编译和著作,绝不粗制滥造,追求虚名厚利。"[1] 更为难得的是,他并不认为自己翻译的著作尽善尽美,而是反复推敲,精心演算,悟得其中的奥妙真谛。正如他的学生陈君彬后来回忆:

> 过去汉译书面语多系文言文,有的词句古奥难懂,学生、老师难以理解。先生便到各校搜集老师同学的意见,……并尽量用普通话译出。力求说理透彻,叙述准确,文笔朴实,内容新颖丰富,并且吻合我国学制,适应学生程度。在每版前言中,……凡是提出过建议的,他都一一列举,不掠人之美。[2]

事实上,在翻译过程中,李友梅力求忠实于原文。首先他在核心术语的翻译上下足了功夫,用当时最通行的表达来传译,尽管与当时国立编译馆公布的《数学名词》稍有不同,但也非常接近;[3] 其次是保留原作所有公式和图标,语言非常精炼,甚至做到排版页码几乎与原著相一致。相对于同期其他译著,李友梅完全采用白话译出,而且叙述准确,说理透彻,文笔朴实,这样自然能适合于广大中学生阅读,由此可以扩大其译作的接受程度。然而,湘芬书局毕竟是一家由他私资开设的小型书局,其发行渠道十分有限,这样自然影响其书籍的传播范围,故而这些翻译教材仅在他所任教的学校或周边学校反复使用。尽管范氏英文原书多无版权页,但湘芬书局出版书籍均有版权

---

[1] 陈君彬:《呕心任教育 沥血事编译》,《株洲文史》第13辑(1989年3月),第130页。
[2] 陈君彬:《呕心任教育 沥血事编译》,《株洲文史》第13辑(1989年3月),第130~131页。
[3] 1935年国立编译馆编《数学名词》,重庆正中书局出版,用以规范数学名词的使用。

页，而且印刷错误少，说明该书局出版图书还是非常规范的。可以说，李友梅汉译《范氏大代数》的质量是非常高的，其反响也是非常好的，至1948年4月印行第12版，惠及三湘大地的一代学子。

为了配合该教材的出版和发行，同时满足教师辅导、学生自学之需，长沙湘芬书局除了推出《范氏大代数》汉译本之外，还出版与《范氏大代数》相关的习题解答等配套图书，其中就包括李友梅译述范尼的《汉译范氏大代数题解》，1940年10月初版。这类配套材料针对性强，通俗易懂，深受广大师生的欢迎，至1943年6月印行第4版，其需求量之大，影响之广，由此可见一斑。

除了范氏数学教材翻译外，李友梅还利用自己的专业和外语特长，翻译了当年流行的一些外国数学教材。1930年9月，他又根据英国霍尔（Henry Sinclair Hall）、乃特（Samuel Ratcliffe Knight，又译奈特，或赖特）的原著编译了《霍尔乃特高等代数学》，长沙长郡中学印刷。该书一经问世，很快被抢购一空。1932年2月再版，省内各校竞相争购。

1936年，国民党当局撤销了王季范的校长职务。李友梅坚决抗议，毅然辞职离校，卜居长沙又一村，专心译著。抗日战争爆发后，他回到家乡，继续从事译著和教育活动。此间，他先后翻译了霍尔、乃特合著的《霍尔乃特高中三角学》（1937年；1943年第9版；1948年第15版，标注"陈鹿草等校订"）和《汉译霍尔乃特高中三角学题解》（1940），以及舒尔泽（Arthur Schultze）、斯迪诺亚（Frank L. Sevenoak）、舒伊勒（Elmer Schuyler）合著的《三S平面几何学》（1941年出版；1949年最新修订第5版）和《三S平面几何学题解》（1943年初版；1946年改订1版），这些教材均由湘芬书局印行。

另外，针对国内解析几何教材严重匮乏的现状，1943年1月，李友梅还推出《李译斯盖倪三氏新解析几何学》（全一册），中南印书馆印行。[①]1947年8月，他又推出《汉译何赖二氏三角学》（最新全译本），长沙北正中街上海印书馆出版，湘芬书局经销。

---

① Smith, Gale, Neelley，即美国E. Smith, A.S. Gale and J. H. Neelley，又译"斯盖尼三氏"。该书早在1904年就由人译出，出版社不详，供北师大附中高二组使用。

这里特别值得一提的是他译《霍尔乃特高中三角学》。霍、赖二氏同为英国剑桥大学教授，由他们合著的这部三角学教材在欧洲各国早已脍炙人口，被奉为算学课程标准教科书。民国初年，该书被我国不少学校采用，可惜用英文撰写的原版著作在中学课堂上使用时总有一种"隔"的感觉。于是早在十余年前，李友梅针对自己所授班级学生翻译了《霍尔乃特高中三角学》，自行发行。但那只是一部节译本，"读者多以未能窥其全豹为憾"。于是，他利用课余之暇，取原书逐页逐节重新翻译。该书材料翔实，凡代数及几何研究涉及三角比者悉包罗其中，称得上是集三角学之大成者。然而对照"部颁三角学课程标准及中等学校三角学授课时数，则未免有分量过多之感，译者用是于本书中过于艰深之各款，特以星号标出，读者第一次学习时皆可略出之，留作异日进一步研究之材料可也。"① 作为一位有着丰富经验的一线教师，李友梅非常清楚广大中学生学习中的难处和需求，因而，他在翻译中始终能考虑到读者的感受。这点显得难能可贵。

既然有了上海印书馆这类驻湘书馆参与出版和发行，自然方便了其译作的流传。而上海印书馆信誉度高，遴选书稿要求严格，它能够接收李友梅的教材，可见他的翻译符合其选材标准。事实上，该书的出版也给上海印书馆带来了丰厚利润。民国时期，李友梅翻译的这些数学著作均被作为教材使用，许多还多次再版。② 典型的有译者所任教的长郡中学以及他兼职的长沙明德、岳云、修业、衡湘等私立中学，均采用了这批教材。它们不仅满足了本校的教学需求，而且畅销湘鄂赣粤桂等省。③ 另外，他还私资开设了"东亚书局"，广为经销。"其中有的一版再版，最突出的是《霍尔乃特高中三角学》，从 1937 年到 1948 年的十年间，曾经再版开印达十五次之多，由此足见其译述书籍的价值。"④ 这点显得尤为难得。

---

① 李友梅：《译者例言》，《汉译何赖二氏三角学》，长沙：上海印书馆，1947 年，第 1 页。
② 除了翻译数学著作外，1943 年李友梅还翻译了美国桑戴克著《英文最常用四千字表》，成都新生书局出版，为 32 开，计 108 页。此表为当时教育部颁布的全国初高中学生必须掌握的英文词汇量标准。
③ 长郡中学校友会编：《长郡九十年》，内部资料，1994 年编印，第 13 页。
④ 曹端文：《李友梅先生》，《茶陵文史》第 3 辑（1988 年），第 171 页。

二、仇毅、赵缭、汤璪真、文亚文等与数学翻译

除在本省推出翻译类数学教科书外，民国时期湖南人更多地借助外省出版力量来推出数学译著，而且延续了近代时期的特点，仍以译自日本者居多，尤其在数学教科书方面，涵盖了三角学、代数学、几何学等学科的教科书。

众所周知，日本从1868年开始通过明治维新逐渐走上资本主义发展的道路，无论是政治经济体制还是文化教育、社会生活都开始全面接受西方的发展模式。1872年（明治五年），文部卿大木乔仁（1832～1899）以法国教育模式为基础颁布学制，规定小学至大学的数学教学都采取"和算废止，洋算专用"的原则，迈开了日本教育走向近代化的第一步。此后，众多日本翻译家将翻译西方数学著作视为这一历史进程中重要的一环，他们的翻译对日本数学近代化做出了重要贡献。这些著作自然引起了中国学者的关注。中国大量翻译日本书籍始于甲午战争结束之后的1896年，清政府开始派遣大批留学生去日本学习科学技术。从此以后，日本的科学著作被源源不断地译介到中国。当时翻译的数学教科书主要是长泽龟之助（1840～1927）、菊池大麓（1885～1917）、藤泽利喜太郎（1861～1933）、泽田吾一（1861～1931）、桦正董（1863～1925）、上野清（1854～1924）、远藤又藏等人的作品。民国初年，最典型的有群益书社推出的几部湘人的数学译著。1912年该书社订正再版了湘阴人仇毅转译自英国剑桥大学教授查理·史密斯（Charles Smith）原著、日本宫本藤吉原译的《解析几何学教科书》以及他与熊煦阳和杨宝泰合译的、日本菊池大麓编写的《几何学教科书平面之部》；1915年12月再版了仇毅译的、日本菊池大麓编写的《几何之部：立体》；1916年推出了仇毅编译自日本桦正董编写的《平面三角法教科书》以及上野清编写的《几何学教科书》；1923年该社还推出了长沙人赵缭（1878～1952）翻译的、日本长泽龟之助编写的《数学辞典》，等等。这些多用作中学教科书。

1916年9月1日《新青年》第2卷第1号有群益书社出版物之广告：

群益书社出版中学校用数学教科书，此数书皆日本今年最通行之教本，本社译编委中学校数学教科书，其主旨在体例整严，取材简括，使教

者于教授时，有讲演发挥之余地，又别编各部问题详解，以备教者学者参考自习之用，尤为便利。

在这些书籍中，最值得留意的是赵缭翻译的《数学辞典》。原作者长泽龟之助是日本大正时期著名的民间数学教育家，为日本数学教育发展做出过重要的贡献。同时，他也是中国翻译界较早关注的一位日本数学家。长泽于1875年进入长崎师范学校学习数学，1878年毕业后曾在东京开过私塾，后去东京加入东京数学会，从此他的数学才华开始展露出来。1881年他开始和上野清创立东京数理书院，共同发起翻译和出版高等数学书的工作。1905年他曾来过中国，与中国数学家、学者周达、崔朝庆、余恒、薛光锜、包荣爵、林启一等有过一些交流，其数学思想得到了中国数学家的肯定。他在翻译和引进西方数学知识和编撰数学教科书方面成绩不俗，一生编译教科书达150余部。他翻译的教科书不仅在日本各中等学校广泛使用，而且被译成中文，作为晚晴、民国时期各中小学堂的教材使用，影响中国达半个世纪。其汉译数学教科书不仅数量巨大，而且传播范围甚广。非常有趣的是，"长泽的汉译教科书主要在日本东京、中国上海和湖南印刷。"[①] 赵译《数学词典》计1008页，16开，是迄今所见我国最早一部汉译数学辞典。它的出版曾得到长沙人陈子沛（或作"陈子佩"）、陈子寿兄弟的支持，并在其所创办的群益书社出版。赵缭早年留学日本，就读于弘文学院。当年，他曾有志于将长泽龟之助的《解法适用数学辞典》（东京宝文馆·六合馆1909年版）译成中文，该辞典比当时同为东京数学学会成员驹野政和及宫本藤吉的数学辞典更为详细，非常适合作为中等教育师生的参考用书。但考虑到有些内容不尽符合中国之需要，特别是数学小史之部仅述欧美之数学史，对于"我国数千年来之创造，足以鼓励来兹者，则付阙如，是固不可不重行编纂者也"。[②] 于是，他一方面主要依据原作翻译，另一方面在其辞典的第八门中酌增中国材料，这可是长泽辞典中所没有的。

是书凡分九门，曰辞典之部，曰英汉学语部之部，曰算术问题解法

---

① 徐喜平：《长泽龟之助数学著作在中国的翻译与传播》，《咸阳师范学院学报》2017年第2期，第34～35页。
② 赵缭：《序》，《数学辞典》，上海：上海群益书社，1923年，卷首。

之部，曰代数学问题解法之部，曰平面几何学解法之部，曰立体几何学解法之部，曰平面三角法问题解法之部附球面三角法问题解法，曰数学小史内篇，曰数学小史外篇。①

其中第八门"数学小史内篇"为赵缭所增，为中国数学史内容。书末有附录四个：一、问题解法索引及目次；二、数学小史内篇人名索引；三、数学小史外篇人名索引之音译及索引；四、数学用略字。辞典之部共收算术、代数、几何、三角及一般数学术语1533条，其中特别收入中国古算和日本数学术语，如求一术、河图、洛书、借根方、天元引、引算、寄算、挂算等。该辞典术语释文一般确切精炼，条目选取得当。但由于当时学术水平有限，某些释文现在看来不一定恰当。其解释之部共收各种初等数学问题及解答2411个，主要取材长泽龟之助的《数学辞典》。数学小史内篇为中国古代数学史，下分四个时期：上古数学(秦以前)、中古数学(汉至宋元)、数学衰歇时期、西学输入初期(元明)、中学复兴时期(清初至咸丰年间)，共243条，介绍数学家200多位。数学小史外篇为西方数学小史，主要根据长泽的辞典编译。

总之，这样一部规模宏大的辞典全系一人编译而成，此举实属不易。更为难得的是，译者又根据国内读者的需求，增添了若干中国元素，这样就显得尤其难能可贵。1933年该书又由复益书社国民书局以甲种精装本推出；1953年8月重1版。"《数学辞典》在1960年以前是我国各大学、中学的数学系、科、教研室必备的工具书，造福几代学子。"②

1924年8月，衡东人文亚文与唐梗献译述了美国著名数学教材《布利氏新式算学教科书》第三编，商务印书馆出版。这是"中国翻译的第一套经教育部审定通过的初中混合数学教科书"。③"这也是'壬戌学制'时期美国教育思想影响在中学数学教程上的表现。"④该书1928年12月第3版；1933年4月国难后1版；1935年1月国难后2版。原书作者布利氏（Ernst Rudolph

---

① 赵缭：《序》，《数学辞典》，卷首。
② 许康编：《湖南历代科学家传略》，长沙：湖南大学出版社，2012年，第432页。
③ 陈婷、吕世虎：《二十世纪混合数学教科书的先河——〈布利氏新式算学教科书〉之考察》，《数学教育学报》2013年第2期，第84页。
④ 张永春：《数学课程论》，南宁：广西教育出版社，1996年，第118页。

Breslich)是美国著名数学教育家、芝加哥大学教授。20 世纪初，美国掀起了数学教育改革浪潮，教育模式随之发生重大转变，其中基于形式陶冶理论，主张抛弃分科主义的数学教育方式，采用融合主义（或称混合主义）的教学模式。该书便是布利氏根据美国数学会"中学算学教授法彻底改造"的建议，废弃以陶冶说为基础的分科主义数学教育，进行"数科融合教授"实验后于 1906 年编写的一部教科书。前两编翻译出版后，1923 年 1 月教育部审定将此书作为中等学校及甲种实业学校算数教学用书。其审定评语如下：

> 呈及布利氏新氏算学教科书第一二册，均悉查，是书独开蹊径，融合代数几何三角各法，锯元提要，会通发挥，凭人事相关之问题解滞涩易忘之公式，批隙道穷曲类旁通，能诗学者造诣于算术之境可获一反三之效，其去墨守成规，仅据理论法敷设置旧籍，实不可以道理计，第二编所述几何三角各题，随事引证，不拘一格，极运用变化值理至若措词至浅显习题至结构条分比节允称完备，译笔亦复明朗修洁，准予审定作为中等学校及甲种实业学校算术科用书。十二年一月三十一日。[①]

全书共三编，中文译本自 1920 年起由商务印书馆陆续出版。第一编于 1920 年由徐甘棠译、寿孝天校；第二编于 1922 年 5 月由王自芸译、寿孝天校。该书先在南京高师附中使用，效果很好，不久就在全国许多地方流行起来。第三编是初中第三年级的算学课本。这套教材的最大特点是打破了几何、代数、三角的界限，把有关数学内容混编成"一条龙"。其组织立说均以学生的经验心理等为根据，由实验推原理，自原理定政法，用圆周法以明代数几何三角之关系。同时它采用了混合编制法，其内容丰富，还设置了大量的习题；注重代数与几何之间的融合并突出数形结合思想；注重多学科内容的整合，其中还插入一些地理知识、物理现象、社会现象等，并以不同的方式呈现，便于学生在接受数学方法和思维训练的同时开阔视野。该书的翻译对于当时中国初中混合编排教科书的编写产生了重要影响，此后中国出现的三套混合数学教科书，便是在模仿该书的基础上编纂而成。不仅如此，在译者所任教的湖南私立岳云中学，该书"作为初高中补充教材，使岳云中学的混合数学教

---

① ［美］乔治·布利氏著：《布利氏新式算学教科书》（第一编），上海：商务印书馆，1920 年，卷首。

材,自成体系,独树一帜"。① 不过,该书在社会上推广之后,学界褒贬不一。例如,余潜修(1911~1992)认为:"该书材料太多,用作初中的教科书似乎有些不恰当,并且有许多地方不适合于中国的国情。"② 匡互生(1891~1933)着力批评当时中国教育界的一些教育家,不做认真研究而盲目主张效仿外国办法,实行初中教育混合教授,并以《布利氏新式算学教科书》为例,指出其中的种种谬误,尤其是盲目提倡混合算学和译著不严肃,误人子弟。③

民国时期还有一位湘籍数学译家值得一提,那就是汤璪真,在我国现代早期数学家中,他是研究微分几何的开拓者之一。

汤璪真(1898~1951),亦称藻真,字孟林,湖南湘潭人,精通英语、德语,并懂得法语。1915年,汤璪真考入北京高等师范学校(北师大前身)数理部。他的才华在学生时代便开始展露出来,大学三年级时推出英文著作 *On the Product of Consecutive Terms of an Arithmetical Progression*(《级积论》),1919年北京高师出版,被认为是汤璪真早期的成名之作,也是中国第一部外文数学专著。1919年,汤璪真从北京高师毕业,被"破例"分配到北京女师大任教。一年后,汤璪真获破格晋升讲师,并被学校"破格"选派到北京大学任教。1923年底,汤璪真因出色的工作成绩经选拔被派往德国,先后在柏林大学和哥廷根大学从事数学研究。在德国曾跟随著名的几何学家布拉希开(Wilhelm Johann Blaschke)做研究工作,他对布氏的著作颇有研究。1926年汤璪真谢绝了德国师友的挽留,毅然回国从事数学研究与教学工作,回国后在国内创教德文原本的先例,所授课本即布氏著《微分几何讲义》第一卷。他曾担任国立武昌大学(武汉大学前身)教授,1928年武昌大学解散,汤璪真到上海,曾在江湾永义里附近的国立劳动大学、暨南大学和交通大学等校任教,两年后武昌大学复校,他又回到武大任教。在武大工作期间,他在数学研究领域做了大量的工作。他潜心钻研数学,埋头著译,先后发表一

---

① 衡东县志编委会编:《衡东县志》,北京:中国社会科学出版社,1992年,第400页。
② 余潜修:《中学算学采取混合教授法的商榷(下)》,《中等算学月刊》第1卷第1期(1933年),第1~5页。
③ 匡互生:《评中国现有的三部混合算学教科书》,《春晖中学校刊》1924年第5期;吕东明、匡介人:《匡互生年谱新编》,《邵阳文史》第15辑(1991年),第231页。

系列著述,如《新几何学》(即《扩大几何学》)《微分学的几个根本问题》《数理玄形学》《绝对微分学的一个难关》等。1930 年,汤璪真还翻译了汉斯·洪(Vein Von Hans Hahn)的《集合理论几何学》,刊《武汉大学理科季刊》第 1 卷第 2 期。

自 1931 年起,汤璪真开始研究并重译罗马大学教授、著名数学家列维-奇维塔(Tullio Levi-Civita)原著、阿达尔贝特·多泽克(Adalbert Duschek)原译的《绝对微分学及其几何上与物理上之应用》(简称《绝对微分学》)。书前有《序》《重译者序》(1936 年 5 月写于武昌)《重译者再序》(1950 年写于北京),正文共九篇,分别是:张量代数的基础;二次微分式之几何学;共变导数、不变量之微分参数、位置最短坐标;Riemann 曲率张量 M_n 之曲率 Ricci 与 Einstein 记号;用两种量性张量之 V_n 有常数曲率之 M_n;类零及类一之二次微分形式;M_n 上之曲线汇;力学及几何光学之发展与 Einstein 氏四度宇宙之关系;引力方程及普遍相对论。书末附录二个:公式一览;名词对照表。该书是对绝对微分学(现通译张量分析)进行拓展的专著,是国际上绝对微分学的重要成果之一,也是绝对微分学理论形成系统的一个重要标志。书中充分吸收了前人的研究成果,并增加了平行性理论和相对论的内容。其中关于张量分析的研究是由意大利数学家里奇·克巴斯特罗(G. Ricci Curbastro)发展而来,在 1915 年以前只限于极少数的数学家。后来列维-奇维塔在他老师工作的基础上进一步改进和完善,最终著成《绝对微分学》,使绝对微分数学成为较完善的体系。[1] 在翻译该书的过程中,汤璪真"发现此书的微分配性质公式是错误的,不仅作了改正,还改进了列维-奇微塔的相关工作。"[2] 期间,他曾与原著作者多次讨论绝对微分学中的一些疑难问题。"历时近两载,往复达十函"。[3]《重译者序》标题下注"和罗马大学教

---

[1] 汤湘森、汤璪真、程民德:《中国现代数学家传》(第 1 卷),南京:江苏教育出版社,1994 年,第 60～71 页。
[2] 黄金子:《汤璪真对绝对微分学中微分分配性质的改进》,《广西民族大学学报》(自然科学版) 2017 年第 3 期,第 28 页。
[3] 汤璪真、李仲来:《几何与数理逻辑——汤璪真文集》,北京:北京师范大学出版社,2007 年,第 16～18 页。

授 Levi-Civita 氏讨论绝对微分学的经过及其主要内容"的字样。[1] 他在译序中解决了前人未解的问题。他对问题独到的见解，使原著作者非常钦佩。此外，他曾与数学界名流韦尔（Hermann Weyl）、施乌顿（Schouter）、列维-奇维塔、苏斯切克（Suschek）等屡次讨论绝对微分学。1935 年 2 月，他还撰写了《绝对微分学的一个难关》，刊载于《武汉大学理科季刊》第 4 卷第 3 期，此文便是他的这种讨论结果之一。1935 年汤译《绝对微分学》在国立武汉大学内部出版，用于课堂教学。后因抗战爆发，延未出版，直到 1951 年 10 月才由商务印书馆正式出版，1957 年 6 月再版。可以说，"这部译著是汤璪真辛勤翻译列维-奇维塔《绝对微分学》的结晶，系统介绍了绝对数学理论和知识，对于绝对微分学在我国的传播起到积极作用。"[2] 可惜译者未能亲眼看到这部凝结着自己多年心血的著作问世。

总之，民国时期由湖南翻译家译述、编译、审校的数学著作和教科书数量不是太多，但其印数非常巨大，在中国各地广为销售，影响深远。其中一些还是首次被译成中文，有时译者还能就原书中的一些错误现象与原作者进行商榷，体现出学者译述的认真态度。这些广为流传的翻译教科书对于缓解中国教材不足和传播西方现代数学知识做出了贡献。

三、李友梅、余潜修等与物理学翻译

民国时期，相对于湖南翻译家推出的数学著作，他们推出纯物理学译著较少，仅有两家，但其译作的价值不容忽视。

1937 年 8 月，长沙人李友梅与广益中学著名教师李百葵合译了斯宾莱（Louis Bevier Spinney）的《斯宾莱物理学》，华中编译社发行，长沙湘芬书局经售，长沙印务馆印刷。作者斯宾莱是美国艾奥瓦州立学院物理学教授。原书 1911 年由纽约麦克米伦公司出版，在相当长的一段时期里成为最流行的一本物理学教材，在三年内不断重印，前后总共印了 10 万余册。本书根据

---

[1] 此文在《国立武汉大学理科季刊》第 4 卷第 3 期业已登载，其标题为《绝对微分学的一个难类》。
[2] 黄金子：《汤璪真对绝对微分学中微分分配性质的改进》，《广西民族大学学报》（自然科学版）2017 年第 3 期，第 31～32 页。

1931 年版译出。李译该书共 700 百余页,费时两年之久译成。书前有译者 1937 年 8 月写的《译者例言》,介绍了翻译本书的动机:

> 现今坊间流行之高中物理学教本,不失之过简即失之过浅,求其能适合高中之用者直如凤毛麟角。译者有见及此,爰于前年收罗欧美各种物理学原本,察其是否亦有切于我国高中之用者否?几经审查,知内容丰富、理论深邃不乏其书,而编制完善,理论新颖,公式收罗丰富,例证深浅合度,适与我国高中学程相当者,则无有出斯宾莱(Spinney)物理学之右者。于是积极加以迻译,阅二寒暑而始译竣。今且付梓与世人相见。译者深冀是书行世以后,对于教学二方俱有莫大之贡献也。③

本书译名完全参照教育部公布的物理学名称,其译文准确,译笔简洁流畅,适合于中学生阅读。该书是李友梅执教长郡中学时所译,后由省立二中用作教材,④同时为省内多家学校采用,在一定程度上缓解了省内数理教材不足的问题。

1940 年 9 月,攸县人余潜修(1911～1992)译述了日本东京帝国大学教授三村刚昂和助川已之七编著的《原子物理学概论》,商务印书馆出版。译者余潜修 1933 年毕业于武汉大学数学系,曾留学日本,后任重庆军政部兵工专门学校教官。1938 年,转往重庆,由教育部分配至国立编译馆任临时编译。接着,他怀着科学救国的强烈愿望,选取了《原子物理学概论》一书进行翻译。一年之内,他就将这部约 50 万字的著作译出,经国立编译馆审定后,送交香港商务印书馆,于 1940 年 9 月出版,收入"自然科学小丛书"。这是中国最早翻译的核科学专著,1941 年 1 月由商务印书馆出版,收入"大学丛书",1951 年 5 月推出第 5 版。

关于这本小书的特色,原作者曾有过说明:"本书略述原子物理学之大概,乃以著者等在广岛高等师范学院所授之讲义为基础,稍加补充而成,因此深信可供中学教员之参考,对于有志研究近代物理者,以此为入门初阶,

---

③ 李百葵、李友梅:《译者例言》,[美]斯宾莱著:《斯宾莱物理学》,李百葵、李友梅译,长沙:华中编译社,1937 年,第 1 页。
④ 孟庆德:《我所敬佩的老师李友梅》,《株洲文史》第 13 辑(1989 年),第 144 页。

尤为适当。"① 全书共 11 章,论述气体内之电器现象、X 射线及其结晶之构造、光谱、放射性、量子说、光量子说等。其中第 1 章至第 4 章纯系罗列各种实验的事实,第 5 章至第 9 章以前述实验的事实为基础,加以理论的考察,第 10 章略叙由得布罗里所导入之物质波概念及其实验事实,第 11 章为对于新量子论之发展。正如译者所言:鉴于现代原子物理学已经"迈入了新的阶段,旧理论中许多概念(譬如旧力学中最基本的质点概念)都被扬弃";而最为关键的是,"旧理论中的能量不减定律和哲学中的因果律,都得重新加以评价,这是一般学术界最关心的问题。"② "直到现在,我国出版界在原子物理学的读物方面,还留下一个很大的空白,因此亟为译出,以供同好参考。"③

在《译者弁言》中,余潜修道明了该书的几个优点:

这本书的优点是:第一取材丰富,举凡原子物理学中尚待解决以及牵涉到化学、哲学等问题,都有扼要而简单的说明,……第二写法新颖,对于每一问题,先举许多图表和实验事实,……至于叙述的浅显明晰,说理的恳切周到,也是其他书中所少见的,因此种种优点,很适合作为原子物理学的入门读物,和大学初年级的教科书。④

本书所引材料截至 1933 年为止,其中"关于最近几年原子物理学发展的事实和今后的新动向(尤其是原子核物理学方面),都是读者读完本书后亟欲解答的问题。"⑤ 该书唯一不足的是,对于量子力学和波动力学讲得太少。值得指出的是,该书的出版是美国对日本投掷原子弹之前六年的事,当时不仅在我国,即便在全世界,原子物理学也是一项新的科学技术。余潜修以开拓新知为务,看准了这本原非他本行的专业书籍,及时向国人介绍。1945 年,美国接连在日本广岛和长崎投掷原子弹后,此书立即成为畅销书,并被指定为商务印书馆"大学丛书"之一;1950 年再版。迄至 1951 年 5 月,仍在国

---

① [日]三村刚昂、助川己之七著:《原序》,余潜修译述:《原子物理学概论》,北京:商务印书馆,1951 年,第 1 页。
② 余潜修:《译者弁言》,余潜修译述:《原子物理学概论》(第三版),北京:商务印书馆,1951 年,第 1 页。
③ 余潜修:《译者弁言》,余潜修译述:《原子物理学概论》,第 2 页。
④ 余潜修:《译者弁言》,余潜修译述:《原子物理学概论》,第 1~2 页。
⑤ 余潜修:《译者弁言》,余潜修译述:《原子物理学概论》,第 2 页。

内发行第 5 版，在国内有很大的影响，对于我国的国防建设具有重要的参考价值。

四、曾昭抡与化学著作翻译

民国时期，在化学著作翻译方面，湖南译家中翻译数量最多、影响最大的无疑是曾昭抡。

曾昭抡（1899～1967），字叔伟，湖南湘乡（今双峰）人，为曾国藩胞弟曾国葆之曾孙，著名化学家，1912 年进入长沙圣公会雅各学校学习英文及算学，半年后考入长沙雅礼大学堂预科（雅礼中学前身）学习。在该校就读两年半，未及毕业即于 1915 年考入清华留美预备学校。1920 年入读麻省理工学院化学系，1926 年完成学位论文《有选择性的衍生物在醇类、酚类、胺类及硫醇鉴定中的应用》，获博士学位。同年，曾昭抡怀着"科学救国"的理想回国。此后，他先后担任南京中央大学化学系教授、化学工程系主任、北京大学化学系教授兼主任等职。1948 年当选为中央研究院院士。他是始创于 20 世纪 30 年代初的中国化学会的发起人之一，并任该会会长（理事长）多年，又是《中国化学会会志》的创办人。他一生编写过数百万字的讲义，注译过几十本书籍，发表过数百篇学术论文和其他各类文章，是我国近代教育的改革者和化学研究的开拓者，也是著名的化学著作翻译家。

曾昭抡有着良好的外语基础，能运用英、法、德、意、俄、日六国文字熟练地阅读专业文献，这就为他从事翻译工作带来了巨大的便利。早在清华就读时，曾昭抡曾担任过《清华周刊》校对员，该刊开设有译丛、译声等栏目。这种经历为他日后从事翻译工作积累了宝贵的经验。现能找到曾昭抡最早的翻译作品是 1919 年 5 月发表在《清华学报》第 4 卷第 6 期所译的《生物与光》，这是法国里昂大学生物学教授拉斐尔·杜波依斯（Raphael Dubois）的一篇演讲稿。同年 7 月，他又在该刊第 4 卷第 8 期发表他译自法国巴黎大学弗郎索瓦·巴拉尔（Francois Barral）和阿尔贝特·布兰科（Albert Blanc）合著的《有味物质化学上之研究》。

曾昭抡是一位具有世界眼光的科学家，十分重视中外科学交流。1931 年至 1937 年，曾昭抡担任北京大学教授兼化学系主任，此间，他除了发表大量的研究论文外，还特别注意向世界介绍和宣传中国的研究成果，亲自编辑《化学》刊物中的"中国化学撮要"栏目。为了使中国化学研究与国际接轨，他长期担任国际刊物《化学文摘》的中国文摘员，按月把中国的化学研究论文摘要译成英文，打印寄出，使国际上了解到中国化学的进展。① 此间，曾昭抡还有众多的学术译文刊出，大多刊登在中国科学社创办的《科学》期刊上，该刊"以传播世界最新科学知识为职志"。② 他发表的译文主要有《人造尿素》（中英对照，皂娄［Friedrich Wöhler］著），载《科学》1929 年 7 月第 13 卷第 12 期"有机化学百年进步号"；《国际有机化学名词改良委员会报告书》，载《科学》1931 年第 15 卷第 10 期；《酒精水溶液中所含酒精成分及比重对照表》（与吴屏合译），载《科学》1932 年 9 月第 16 卷第 9 期（中国科学社同年付印单行本）；《有机化学名词改良委员会最后报告书》（上），载《科学》1934 年 3 月第 18 卷第 3 期；《有机化学名词改良委员会最后报告书》（下），载《科学》1934 年 4 月第 18 卷第 4 期（续本卷第 3 期）；《日内瓦命名法原案》，载《科学》1934 年 8 月第 18 卷第 8 期；《日内瓦命名法原案》（续），载《科学》1934 年 9 月第 18 卷第 9 期（续本卷第 9 期）（中国科学社同年付印单行本），等等。

1935 年 8 月，中国化学会南宁年会前夕，曾昭抡和重庆分会一起提出，因"中国化学撮要"缺少国外研究报告，特请用中文编辑化学撮要，包含全世界关于化学各种研究报告等。此案提出后，甚得重视，但一时实施还很困难。经过化学界同仁努力，《化学》杂志决定专辟"化学译要"专栏，由中国化学会日本分会负责将各国化学报告摘要译出，供该刊发表。从 1937 年 2 月《化学》第 4 卷第 1 期起，"化学译要"在该刊刊出，与"中国化学撮要"相似，也分二十余个分栏，尽量周详完备。这当中也有曾昭抡促成和推进之功。

除了发表这些译文外，北大时期的曾昭抡为了倡行化学教学新方法，开辟学习新途径，先后翻译了一些国外化学著作，其首选便是他十分推崇

---

① 苏勉曾：《深切怀念曾昭抡先生》，载《西南联大北京校友会简讯》1999 年第 26 期；文集编撰委员会：《一代宗师——曾昭抡百年诞辰纪念文集》，北京：北京大学出版社，1999 年，第 247 页。
② 《例言》，《科学》第 1 卷第 1 期（1915 年 1 月）。

的当时在麻省理工学院攻读博士学位的论文导师莫利肯（Samuel Parsons Mulliken）与人合作的著作。1934年，曾昭抡与侯家骕合作将诺伊斯（Arthur Amos Noyes）和莫利肯合著的《有机物质分类反应及鉴定实验》翻译出来，由北京大学出版组出版，供北大化学系使用。据曾昭抡的《译者序》说：此书"在有机化学学生则视为相当重要的著作"。作者诺伊斯"为二十年来无机定性分析上的主要权威"，所著《无机定性分析》一书，风行全世界；莫利肯"则为首创有系统的有机定性分析之权威"，所著《纯净有机化合物鉴定法》也被化学界公认为有机化学上极重要的著作，"故即从著者之在化学界中的地位言之，此书之重要已可见其一二。更有进于此者，则此书之作，实为有机化学教授法及研究辟一新途径。"该书仅50页，分三编：表示有机化合物分类反应之实验；表示氮、硫及卤素在有机化合物中的检出法之实验；未知的有机物质之鉴定及析开。其中第一编内容较为丰富，介绍有机物的典型试验和反应57个。第三编是全书的核心和精华。

　　如果从教学方法上看，这本教材显然强调的是引导学生多观察、多思考，培养学生的分析能力和动手能力，并注重学生化学观念的培养，而不像当时化学界普遍盛行的单纯让学生跟着教师做实验的教学方法。众所周知，当时有机化合物鉴定法的研究在美国十分发达，后来此法传至欧洲，再传至中国、日本等国，这其中的部分功绩得归功于此书的发行，故此书的影响不可谓不大。它的翻译和出版，在中国"尚不失为一种良好的教材"。[1] 该书最初虽然是作为"军事化学"课程参考书而翻译的，"它不仅是中国现代高等化学教材建设的重要成果，而且也是中国为了应对日本侵华而准备的国防学术计划的重要组成部分，而绝非学者个人的著述行为。"[2] 这样就将翻译与国家战略联系在一起，其意义就显得不同一般了。

　　20世纪30年代前期，日本抢占我东北三省，攻打上海，策动华北自治，当时民族危亡，国难当头，曾昭抡以一介化学教授的身份忧国忧民，以科学救国思想在西南联大讲授"高等有机化学""国防化学"等课程。1932年8

---

[1] 曾昭抡：《译者序》，《有机化学分类反应及鉴定实验》，北京：北大出版组，1934年，卷首。
[2] 戴美政：《曾昭抡评传》，昆明：云南出版集团公司 云南人民出版社，2010年，第111页。

月,教育部委托国立编译馆邀请国内专家举行全国化学讨论会,国防化学即为主要讨论议题。讨论会上决定成立中国化学会,并将国防化学列为主要工作。是时,曾昭抡作为编译馆和讨论会特聘专家、中国化学会发起人之一以及国防化学委员会成员,受托写作《炸药制备实验法》(1934)和翻译《化学战争通论》两部书。此后,他又在编辑的《化学》期刊中专辟"军事化学"一栏,广泛介绍国防科学动态,收录军事化学译著摘要、简介、目录等,全力推进国防科学发展,这些至今还在相关领域里产生影响。

《化学战争通论》是曾昭抡在北京大学为"军事化学"课程指定的两种参考书之一,是中国现代有关国防化学著述中最重要的译著之一。原书系德国人韩斯联(Rudolf Hanslian)所著,1935年8月由南京国立编译馆出版,为国立编译馆的重点图书。作者韩斯联曾被誉为"世界上最有名之化学战争专家",[①]曾在第一次世界大战时任德国近卫军团药剂官、第二十二预备团的毒瓦斯专员。曾昭抡与吴屏根据的是1927年柏林出版的原书第2版合译的,此书与初版相比不仅增加了若干新内容,调整充实了全书体例,而且对各国有关化学战争的军事学术见解作了特别阐述。同年,《图书展望》第1期在"新书提要"栏就该书进行了介绍。这是一部国防化学著作的典型代表,它全面介绍了第一次世界大战前后和大战中各国化学武器研制、实验、使用等多方面的状况。该书共三章,有锌版图78幅。第一章论述大战前之化学兵器,包括气体攻击(气体攻击之起源及其发展、军用化学物质、气体攻击之技术)和气体防护(个人防护法、一般的气体防护处置、气体军纪、禽兽之气体防御法)两节;第二章论大战后之新发展,包括化学兵器自道德上及国际公法上的立场之理论的评价、大战后化学兵器实际上的进展、化学兵器在将来战争中之预料的地位等三节;第三章论烟及雾之产生,包括烟及雾之起源及其发展、产生烟及雾之物质、技术上的辅助工具、烟及雾之采用等四小节。此外还有面积单位表、德国及英国度量单位对照表、最重要的军用气体物质之计算的有效时间一览表等三个附录,以及表册、附图、索引等参考材料。全书

---

① 《韩斯联之事略》,[德]韩斯联著:《化学战争通论》,曾昭抡、吴屏译,南京:国立编译馆,1935年,第 ix 页。

共 717 页,近 40 万字,堪称当时内容最为完备、史料最为丰富、阐述最为严谨的化学战专著,同时"为中西文书籍中关于此方面最有价值者之一",[①] 即使在今天,仍不失为研究化学战争的重要参考书。如第二章第二节"大战后化学兵器实际上的进展",就分别介绍了美国、日本、法国、波兰、捷克、英国、俄国、西班牙、意大利、比利时、瑞典、瑞士等十余个国家在有关化学战争的准备情况,包括研究、机构、经费、生产、储备等各方面的情况。其中,称日本为"美国在太平洋上之劲敌,日本对于化学兵器,尤其空中化学战争之重要,及空中毒气袭击之效力(此项袭击的可能效力,早经美国专家反复着重声明,参见第 379 页),有极速之认识。"[②] 因此,日本不惜牺牲四个师团之装备,用所余款项约 150 万马克扩充空军和化学战之准备,新近又拨款 500 万日元设立化学战争研究所,准备三年内建成。"此外关于其计划及动作,日本严密地保守秘密,较其对于他种军事上之保守秘密尤甚。"[③]

不仅如此,译者就此还专门加了《按语》,称:

> 据 1933 年三月三十一日东京电,日本陆军省,决定于习志野设立陆军化学战学校,并将现役及后备册中下级士官(其数均计十万人)编成新队,使受毒气战争,运用铁甲汽车,及气象学与军事学测验方法之特殊训练;四月起即着手筹备一切。[④]

寥寥数行文字,表明译者对东邻日本军事情报密切关注的程度。处在抗战全面爆发前夕,局势之紧迫,促成了译者全力翻译此书。在此,他清楚地表明了"国势积弱",需"积极振兴兵工事业","我国受东邻之侵略,……国人乃知非自强无以图存"的科学救国思想。尤其值得指出的是,原作者韩斯联在 1927 年竟然预见到日本是美国在太平洋上的劲敌,这种认识可谓相当超前。因此,国立编译馆选中此书,由曾昭抡、吴屏翻译出版,是反复权衡后的决定。1933 年 9 月,曾、吴二人将书稿交国立编译馆审阅。后来,为切合抗战的需

---

① 戴美政:《30 年代曾昭抡教育与科学活动述评》,《一代宗师——曾昭抡百年诞辰纪念文集》,第 310 页。
② [德]韩斯联著:《化学战争通论》,第 356 页。
③ 同上。
④ 同上。

要，该书于1942年重印发行。它是北大时期曾昭抡致力于学术独立最有价值的成果，在中国现代高等国防化学教育中具有重要的意义。

除此之外，鉴于"我国为科学与国防两落后的国家，国人研讨的材料，势须大部取材于欧美诸国之典籍"，[①] 曾昭抡还参与过一些译作的校对工作，其中包括他校阅陈时伟、左宗杞编译美国卜伦梯斯（Augustin M. Prentis，又译普林蒂斯）所编《化学战剂》（上、中、下册）。该书共五编，介绍各种化学战剂，包括毒气、发烟剂、纵火剂等。书前有编译者序、卜氏原序（1937年1月于华盛顿），导言。书末附录及参考书目、中外名词对照表、索引等。该书各册分别于1945年6、7、11月由重庆国立编译馆出版，商务印书馆印行；1946年12月在上海初版，为部定大学用书。该书取材广博，陈义精详，是国防化学方面最新最完备之著作。

在从事化学著作翻译的同时，曾昭抡还对西文化学名词定名法之翻译与研究以及组织工作亦有贡献。众所周知，在中国近代化学史上，化学译名问题占有一个比较特殊且十分重要的地位。自江南制造局翻译化学书籍以后，化学译名便成为各家译书者共同关注的一个焦点，同时也成为中国早期化学发展的一个主要内容。自19世纪以来，化学发展迅猛，更是产生了不计其数的新名词，且科学愈是精深，其名词也就愈加复杂。国立编译馆设立化学译名审查委员会时，曾昭抡受聘为委员，并参与《化学命名原则》的起草工作。中国化学较西方起步晚，势必要以翻译西书作为基础，因而命名系统的创立应时而生。在1912年以前，就已有了虞和钦的《有机化学命名草》、李景镐的《有机化学命名例》等，但都未能得到普及。1915年，教育部公布了《无机化学名词》，仍是不甚详细，而且没有涉及有机名词。到1918年，由博医学会、中华医学会、中华医药学会及江苏省教育会等组织的"医药名词审定委员会"扩展成了"科学名词审查委员会"，并且除了医药两组外又加入化学组，开始审查化学名词，从元素到无机化合物，到术语，到理化仪器，到有机化学普通名词，最后到有机化学系统名词。1921年全部名词审查完毕，由教育部公布。至此，化学名词有了一个较为统一的标准。但是，科学名词审查

---

① 陈时伟、左宗杞：《编译者序》，《化学战剂》（上），上海：商务印书馆，1945年，第1页。

委员会制定的化学名词,始终未能得到普遍推行。1927年国民政府在南京成立后,设立大学院为全国教育最高机关,以代替以前的教育部。1928年,大学院译名统一委员会成立,"聘请专员,广搜近年出版书籍,调查著作界采用化学术名之标准,分类统计,以察众意之所趋。未及决定,而大学院改组,译名工作遂由教育部编审处继续进行。"[①]1932年5月,国立编译馆成立,随即开始着手整理化学名词,聘请郑贞文主持此项工作,参考各方意见,编成具体方案。这便是1932年第16卷第11期登载在《科学》杂志上的《化学讨论会通过之化学译名案》。1932年8月,教育部采纳了陈可忠的建议,召开化学讨论会,讨论国防化学、化学课程标准以及化学译名三大要案。在译名方面,由郑贞文拟定的草案在经提案委员会审查并交译名组通过后,由大会讨论,通过了若干条重要的化学命名原则,并对元素译名进行了表决;同时请求国立编译馆尽快成立化学名词审查委员会,详订有机化学名词,清理无机化学和仪器名词。同年8月,教育部及编译馆聘请郑贞文等七人为化学名词审查委员会委员,郑贞文为主任委员,根据化学讨论会的议决案,积极整理、反复讨论,并征求各处学术机关的意见,终于完成《化学命名原则》一书,于11月由教育部颁布,次年6月出版。该书为数种化学物质的西名中译提供了一种通用的、可行的、统一的标准,并在学术界及全国各地得到普遍推行,新出版的化学书籍几乎全都采用这项原则。至此,十多年来一直迁延未决的化合物译名问题,终于得以告一段落。这样,以曾昭抡等为代表的一批中国化学家以西方已有命名体系为模式,创立了一套适用于中国研究状况并能较好与西方相呼应的较为完善的化学命名体系,为中国尽快、更好地引进西方新知识,发展自己的化学研究事业扫清了障碍。此后,曾昭抡继续就化学名词的审定开展工作。时至20世纪50年代初,经曾昭抡审定的化学名词就有15000多条,他对中国的化学名词命名与统一做出了重要的贡献。

除了直接从事化学类作品翻译外,民国时期曾昭抡还就翻译发表过一些零星论述。如在1935年1月,他撰写过一篇《曾宗巩之"质学译本"与其所

---

① 《化学命名原则》,国立编译馆,1933年;王桧林、郭大钧、鲁振祥主编:《中国通史·第十二卷·近代后编(1919—1949)》(下),上海:上海人民出版社,2015年,第1402页。

用化学名词》(载《化学》第 2 卷第 1 期),讨论早期的译名问题。另外,值得指出的是,曾昭抡一生对其先祖曾国藩十分推崇,认为他开创的江南制造局及其编译事业,给中国带来了发展工业和科学技术的有利时机,只是因为后来"未曾充分利用,真是十分可惜"。① 正因如此,曾昭抡对江南制造局及其译书一直十分留意。1936 年 10 月,他又撰写了《江南制造局编译之化学书籍及其所用之化学名词》,刊《化学》杂志第 3 卷第 5 期,该文专论清末江南制造局时期编译化学书籍及其译本问题。

同样是在 20 世纪 30 年代,曾昭抡还写有《关于近代中国化学史的一封通讯》,内中对其曾祖父曾国藩策划的江南制造局翻译馆出版的翻译书籍去向等情况做了介绍,具有相当重要的史料价值:

> 按江南制造局早已停办,其所遗存书籍等等,存置上海兵工厂,多年无人过问。数年前上海兵工厂停办,财产由军政部兵工署派员保管,时俞大维君接任兵工署长。清理时无意中发现完整无缺之制造局译书共九套,颇以为宝。盖此项与我国科学史有重大关系之典籍,虽市上间可零星购得数种,早已无从窥其全豹矣。
>
> 嗣以余之介绍,两年前兵工署方面,乃慨将此项贵重之仅存本,拨数套分赠南北各主要学术机关,以资保存而广流传。当时得到是项书籍者,尚有北平国立北平图书馆(最近已将其全编目)。此外北京大学及清华大学据称各得一套。②

据《江南制造局译书提要》(1909)统计,江南制造总局翻译馆曾翻译出版图书 178 种,分史志、政治、矿学、工艺、商学、船政、学务、工程、农学、矿学、工艺、商学、格致、算学、电学、化学、声学、光学、天学、地学、医学、图学等 22 类。到 1912 年底,江南制造局翻译馆被北洋政府撤销时,已翻译书籍 200 余种。到 20 世纪 30 年代,"江南制造局将所藏全套译印书籍样本赠给交通大学图书馆","近年,西安交通大学图书馆发现了这套丛书,而且保存完好,这有助于研究西学东渐对我国近代思想文化、科学技术产生的深

---

① 曾昭抡自述(1957 年 7 月 6、7 日),参见戴美政:《曾昭抡评传》,昆明:云南人民出版社,2010 年,第 3 页。
② 李亚舒、黎难秋主编:《中国科学翻译史》,第 177~178 页。

远影响。"①

五、韩组康、杨著诚与化学著作翻译

除了曾昭抡外,民国时期还有一批湘籍翻译家在化学著作译介方面做出了贡献,其中之一便是韩组康。

韩组康(1894～1968),原名韩恩绶,出生于湖南省宝庆县(今邵阳县),1898 年随全家到茶陵,1905 年又迁居长沙,是我国著名的化学家、仪器分析专家。早在 1918 年,韩组康就出版了《造碱工业概况》,并发表有关酸碱分析的论文多篇。1920 年至 1921 年,他加入了美国化学会、美国电化学会,经常撰写论文在美国《化学》杂志上发表,向国外介绍我国化学界的学术情况。他的一些论文也得到了国际上的公认,有的被再版,有的被一些著名学者收入教科书、手册和专著中,如在希尔伯恩(Ian M. Heilbron)著的《有机化合物词典》、索普(Thomas Edward Thorpe)和怀特利(M. A. Whitely)著的《应用化学词典》、柯尔索夫(Izaak M. Kolthoff)和斯登格(V. A. Stenger)著的《容量分析》等书中均有引用。这是世界名著中较早引用的中国分析化学家的研究成就,为我国化学界赢得了国际声誉。1922 年至 1923 年,韩组康还在《科学》杂志上发表了《碘质分析》《还原方法》等多篇论文。

韩组康最大的成就是在分析化学方面。所谓分析化学是化学学科的一个重要分支,是研究物质化学组成、含量、结构的分析方法及有关理论的一门科学。要解决这些问题,就要依据反映物质运动、变化的理论,创建有关的实验技术,研制设备,制订分析方法。因此,分析化学尤其离不开实验。为此,1925 年至 1926 年,韩组康又翻译出版了《工业化学实验法》(商务印书馆 1925 年版)、《工业化学机械》(商务印书馆 1926 年版)等书。

《工业化学实验法》,罗哲斯(Allen Rogers)著,原书题作 *Laboratory Manual of Industrial Chemistry*(直译题作《工业化学实验手册》),全书共 11 章,分别介绍了普通方法、无机物之制造、有机物之制造、纺织品染色法、颜

---

① 朱少伟:《老上海逸闻》,上海:东方出版中心,2013 年,第 83 页。

料及沉淀色质、假漆之制造、肥皂之制造、制革、制纸、中国土产之植物油，另有附录。韩译该书共计556页，32开，收入"大学丛书"；1935年又推出了国难后第1版。

《工业化学机械》，原书题作 A Text Book of Chemical Engineering（直译题作《化学工程教程》），哈忒（Edward Hart）著，韩祖康编译，1926年4月由商务印书馆出版；1933年9月又推出国难后1版。该书根据约翰·汉（John E. S. Han）英译本第2版权威版译出。这样的书籍自然有助于中国学者进行化学实验时参照使用。

作为一位爱国正直的知识分子，韩组康始终能将自己的著译活动与国家命运联系在一起。1938年1月，他翻译了瑞士巴塞尔州立实验室化学师司徒定格（J. Studinger）编著的《毒气侦检大纲》，商务印书馆出版；1938年9月再版。原书用德文发表于1936年的刊物 Mitteilungen aus dem Gebiete der Lebsensmitteluntersuchug und Hygiene（《食品检验与卫生通讯》）。另附有瑞士穆勒（R. Müller）著《毒气之臭气及刺激性》。该书是韩组康根据英文本译出的。译本前有说明：

> 迩来民众对于毒气问题，多感兴趣，且未来战争施用毒气时，英国民众如何防护亦应早为之备。兹特由化学摘要社（Bureau of Chemical Abstracts）副编辑克罗斯先生（F. G. Crosse, F. I. C.）将本篇译成英文，以备技术人员（分析师、药剂师等）之或将被征为毒气官或侦检员之用。（本篇所根据之研究工作，皆系应瑞士巴塞州［Basel-Stadt Canton］毒气试验委员会之请而举行者。）
>
> 译者（克氏）对于原著人之准许刊行本文，深表感谢。司徒定格先生曾于致译者（克氏）之函中附寄新资料数则。此项资料，现均已插入英文译文中之适当地点，并加*号以分别之。①

全书分试验之准备、预试验、特别反应三部分。特别反应又下分：含氟素之毒气、含氯与硫之毒气、含氯与氮之毒气、含氯与砷之毒气、含砷与氮之毒气、含金属之毒气。书后附英文原文。这样的书籍对于中国抗战时期反击

---

① ［瑞士］司徒定格著：《毒气侦检大纲》，韩组康译，上海：商务印书馆，1938年，第1页。

日本侵略者无疑提供了技术资料，故而译者特地将此书译出。

值得指出的是，韩组康翻译的几本书后来均多次再版，是当时我国大学化学系师生的重要参考书，它们在一定程度上满足了当年我国新兴化学工业之急需。

其次在外国化学著作翻译方面成绩较大者还有杨著诚。杨著诚（1896～1978），祁阳人，园艺学家，毕业于武昌文华大学附中，早年加入同盟会。1927年毕业于日本东京帝国大学园艺系，获硕士学位。回国后，长期从事园艺学研究和农业院校的教学工作。曾在国立西北技艺专科学校、国立兰州农业专科学校、安徽大学农学院、安徽农学院等院校任教，并一度代理兰州农专校长，为祖国培养了一大批农业科技人才。

在翻译方面，杨著诚最著名的译作是1939年2月他与郁仁贻译述日本竹村贞二编著的《化学变化之途径》（上、下册），长沙商务印书馆出版，299页，32开，收入王云五、周昌寿主编的"自然科学小丛书"；同时收入王云五主编的《万有文库》第2集第244种。书前有竹村贞二的《原序》，其中说道：

> 化学变化之研究，为化学之全部，谅无赘述之必要。……而吾人尤宜以新锐之努力，对于从未着手化学变化之研究，非加以聪明之思索不可。但近代之化学教育，仅将实验事实，委于强记，对于既存事实之如何理解，新事实之飞跃，应如何思索，未尝稍及。余据过去九年之思索与实验之结果，对于化学变化，得一见解，公开于此。要约言之，实可谓对于元素如何而起化学变化之切实问题之解答也。①

全书依次介绍了元素的氧化反应、水化反应、中和反应、分解反应、重盐、反应二则和化学反应等八个部分的内容。书中对于"基本反应，从极平易之事实出发，浅易翔实，加以说明"。② 这样的书籍，内容翔实，通俗易懂，是一部不可多得之作，1940年3月由长沙商务印书馆再版；1973年11月台湾商务印书馆再推出台1版，收入《人人文库》。

总之，民国时期湘人能够本着"经世致用"的宗旨，翻译一批数、理、化著作，以满足当时国内学校教材匮乏的现状，他们大多能根据中国读者的需

---

① ［日］竹村贞二：《〈化学变化之途径〉原序》，第1页。
② ［日］竹村贞二：《〈化学变化之途径〉原序》，第2页。

求,在书中增添若干中国元素,这也是他们的译作受欢迎的原因。同时,因国难当头,众人的译介又能满足社会的需要,具有很强的现实指导意义,这点显得尤其难能可贵。

第二节 现代湘籍译家与地理、生物、科普翻译

民国时期,一批湘籍翻译家在地理、生物、科普著作翻译方面做出了一些努力,虽然其翻译的数量不是太多,但其翻译的质量精良,故而显得尤为珍贵。

一、柳直荀、彭先泽、汤飞凡、石声汉等与生物学翻译

民国时期,在西方现代学术翻译方面,柳直荀的贡献主要是在优生学译介方面。

柳直荀(1898～1932),又名柳克明,湖南长沙人。其父柳大谧(1877～1957,字午亭)为厚生讲习所创办人之一,湖南知名学者,曾编译过日本小河滋次郎的《独逸监狱法》(1907年天津丙午社发行;1913年3月第4版)。柳直荀早年受其父影响很深,后就读于长沙广益中学、雅礼大学(预科),参加"五四"运动,为湖南省学联重要成员之一。毕业后,任协均中学校长。1924年加入中国共产党,先后任中共长江局秘书长、军委特派员兼湖北省委书记。1930年后任红六军政委、红三军政委等职。1932年为王明左倾冒险主义者所杀害。

20世纪初叶,优生学开始被译介到中国,特别是1919年以后,国内报刊介绍优生学思想,体现优生学观点的文章逐渐增多,同时翻译和编著的优生学书籍也成为常见读物。优生学是研究如何改良人的遗传素质、产生优秀后代的学科,它的主要理论基础是人类遗传学,它的措施涉及各种影响婚姻和生育的社会因素,如宗教法律、经济政策、道德观念、婚姻制度等。优生学是专门研究使一个民族未来的遗传素质在肉体和精神两方面前进或衰退的社

会因素的学科。优生学一词由英国博物学家、"优生学之父"弗朗西斯·高尔顿（Sir Francis Galton）于 1883 年首创，源出希腊文 eugenes，本意"生好的"。该词最初被译入我国时，常被译为"人种改良学""善种学""淑种学""哲嗣学"等，这样的译名同样体现出伦理的含义。而柳直荀则是较早使用"优生学"这一译名的湘籍学人兼翻译家。早在柳直荀之前，在中国有关优生学的译著只有商务印书馆推出的两部，即陈寿凡译自美国达文波特（Charles B. Davenport）的《婚姻哲嗣学》（1919 年 11 月版）和王新命译自英国艾利斯（H. Ellis）的《优生学问题》（1924 年 4 月版）。

"大革命"失败之后，柳直荀为了"改善国民素质"使国家摆脱危难的目的，对西方的优生学进行了介绍。此间，他以"高方"（源于高桥方塘冲）为笔名，翻译了美国信奉新马尔萨斯主义的优生学学者威廉·鲁滨生（William J. Robinson）所著《优生学与婚姻》一书，1928 年 9 月由亚东图书馆出版，次年 3 月再版。书前有译者序和原序。正如原作者在序中所说："对于人类之遗传及如何改善人群，谁不可婚姻等等问题……，本书是想来解答这些实际问题；因此，本书又名《实用优生学》。"① 本书是译者根据 1916 年纽约版翻译的。在《译者序》中，柳直荀道出了翻译此书的缘由：

> 婚姻是人们的终身大事，个人及社会幸福的渊源；固然要根据纯洁的爱情，然当拥入爱神的怀抱中以前，尤当注意于爱神的选择；免因一时的感情冲动，而遗终身之戚。本书著者对于各种因子之有影响于婚姻者，详列无遗；实爱海中青年男女的指南针。恋爱狂的社会中，得此科学的指导，于个人，于社会，当不无小补。②

该书是以优生学的学理应用于人类婚姻的著述。全书共分三编 30 章。三编分别是：四种改良人种的方法；遗传及环境；谁可结婚，谁不可结婚？第三编是全书最有趣也是最重要的一部分，其中第十六章指出：遗传与环境二者，对于个人及人类，"环境较遗传更重要。""在良好的社会制度之下，适当的环境可以征服多数坏的遗传性"。因此，我们除不反对或漠视优生的方法外，"同时仍须力谋社会及经济状况之改革、政治之进步以及整个环境之

---

① [美]威廉·鲁滨生：《原序》，《优生学与婚姻》，高方译，上海：亚东图书馆，1928 年，第 1 页。
② [美]威廉·鲁滨生著：《优生学与婚姻》，第 1～2 页。

改善,以期达到我们终极的目的。"①

总体而言,该"译本的译笔倒很好",但就其学术价值而言,当年潘光旦(1899～1967)曾就该书有过评论:"此书原本并没有多少科学的价值"②可见,译者在选材上是有欠考虑的。正如有人指出的,处在当时那种白色恐怖之下,柳直荀从事翻译活动,"一方面可换得一些稿费,减轻党的负担;另一方面也取得一种职业掩护,使人以为他不过是一个以翻译为生的'不过问政治'的自由职业者。"③这也能部分地解释他在选材上的种种不足了。尽管如此,正是该书的翻译,柳直荀也因此成为我国推行节育优生的先驱者之一。

彭先泽(1902～1951),字孟津,今湖南省安化县小淹沙湾人。1919年入日本九州帝国大学农科学习,从事水稻研究。留日期间,曾赴朝鲜考察水稻生产。1927年回国,先后主持长沙修业学校农科,任湖南省建设厅农业技正、江苏淮阴农校教务主任,率学生培育水稻"修农""修农二号""粒谷早""淮农"等良种,以早熟、高产、抗逆性强而受欢迎。1931年,任国立浙江大学农学院教授,次年兼任江苏省松江水稻试验场场长。1935年,著《稻作学》一书,论述详备,商务印书馆出版。1937年,彭先泽翻译了日本长尾正人(1901～?)的《稻之遗传与育种》,商务印书馆出版,26页,32开。书前有《译者序》,道明了翻译此书的动机:

> 源自民国十年以来,迄今十四五年间,外米输入,年达千万石乃至二千万石以上,即以谷米为主要粮食之我中华国民,生死之权,将操于外人之手,……一旦战声开始,我国海岸,势必封锁,则粮食随之缺乏,……亦将坐以待毙,其危殆何可言喻,中央有鉴于此,锐意提倡农业,……应用科学方法,粮食有以自给自足也。
>
> 顾增加生产,除农政方面另有有效之设施外,关于作物育种之改进,尤为必要之图,而育种技术,莫不以遗传学理为基础,……故前者为理论的学科,后者为实践的学科。……④

---

① [美]威廉·鲁滨生著:《优生学与婚姻》,第99页。
② 潘光旦:《评〈优生学与婚姻〉》,《新月》第1卷第9号(1928年11月10日)。
③ 王兰垣等编著:《柳直荀》,天津:天津人民出版社,1979年,第101页。
④ 彭先泽:《译者序》,长尾正人著:《稻之遗传与育种》,彭先泽译,上海:商务印书馆出版,1937年,译者序。

原书表面上看是有关稻谷遗传与育种的,译者却将其翻译与国运联系在一起,其意义就显得不同一般了。原书共9章,凡219页,71图,187表。9章分别是:稻花之构造;稻之开花习性;稻花粉之发芽;杂交;稻之细胞学及发生学的研究;稻品种之分类及特性;稻之遗传学的研究;稻之细胞遗传学的研究;稻之光的周期律与育种。内容丰富,材料新颖,其中"遗传学的研究"一章约占全书三分之一篇幅,尤为精当。据称"此书现列入日本遗传育种学丛书之第九辑,于今年一月由东京养贤堂出版,群相购阅,以为必读之书。"[1]该书于1939年再版。

汤飞凡(1897～1958),醴陵人,1931年长沙湘雅医学专门学校毕业,历任中央大学医学院(上海医学院前身)教授、上海医学院教授,从事微生物学、病毒学、免疫学研究数十年。1931年9月,他与李涛、余㵑首次把美国医学博士秦思尔(Hans Zinsser,又译汉斯·津瑟)的巨著《秦氏细菌学》译介到中国,中国博医会出版,计1010页,18开。

关于此译本的成书过程,中国博医会编译馆鲁德馨(1891～1974)的《序》有介绍:

  细菌学之位置,在近代医学中日趋重要,已为世人所公认。我国向乏善本,实为一大缺憾。博德会同人爰于十年前即选定英美医校通行之《秦氏细菌学》,从事迻译,并聘北京谢恩增医师主译。不料甫成全书三分之一而竟因事停顿,嗣委齐大卫生主任兼校医韩仲信君庚续进行,并根据原本最近版,将谢君所译部分加以修正,历时不下二载,然一篑之功,卒未能竟,良足惜也。迄一九二九年更聘北平协和医学院细菌学及免疫学系主任林宗扬君负责进行。

  爰由林君分配北平中央防疫处技正余㵑君担任第一第二两编,更制全书之索引。北平协和医学院细菌学家李涛君担任病原菌编与空气土壤及水乳之细菌编。吴淞中央大学医学院细菌学教授汤飞凡君则担任滤过毒编。其旧译稿之可采部分,斟酌录用,惟原版修改既多,去取增减,实费苦心。至于校订事项,则由在北平诸君负责办理。[2]

---

[1] 彭先泽:《译者序》,长尾正人著:《稻之遗传与育种》,第2页。
[2] 秦氏著:《秦氏细菌学》,李涛、余㵑、汤飞凡译,1931年,卷首。

作者秦思尔是美国细菌学家和免疫学家，1895年进入哥伦比亚大学学习，1903年获文学硕士和医学博士学位，毕业后在罗斯福医院及圣路加医院从事细菌学及病理学工作。他的研究范围颇广，主要涉及抗原抗体的理化特性、风湿热及肾小球肾炎的病因变化与对链球菌毒素过敏、迟发性过敏与变态反应的实质、抗原性物质的耐热性，以及病毒的大小。他的主要贡献是确认了布里尔氏病，发明了立克次氏体的组织培养法和染色法，研制成功斑疹伤寒疫苗。该书根据他的 *A Textbook of Bacteriology for Students and Practitioners of Medicine*（《细菌学教材》）第6版翻译，全书共五编，分别是：细菌之生物学及研究细菌之技术；传染及免疫；病原菌；滤过性毒所致之病，疹热病及一切病原未确之病；空气土壤及水乳之细菌。这也是我国第一部细菌学译著，是研究微生物学的必读书籍。1951年12月北京中华医学会、人民军医社又出版了王凤连、李群等32人根据秦思尔与斯坦霍普·拜因-琼斯（Stanhope Bayne-Jones）合著的原书第9版译出《秦氏细菌学》（上下册）。该书由汤飞凡题签，1953年5月再版。

在植物生理学译介方面以石声汉的影响最大。石声汉（1907～1971），湘潭人，自号朝苏，现代著名农史学家、农业教育家和植物生理学专家。1932年8月至1933年9月间，他曾在南京国立编译馆任编译员，译订自然科学及一部分技术科学名词。据他的后人介绍："在编译馆的一年多的时间里，父亲［石声汉］为我国自然科学名词（特别是生物学和化学名词）的规范做了大量工作，并在1933年的《图书评论》第1卷第10期发表了《关于标准译音的建议》一文。"[①]1933年11月，石声汉考取第一届庚款留英公费生，后进入伦敦大学理学院植物生理研究生班学习，在著名植物生理学家布莱克曼（F. F. Blackman）的指导下，主要学习和研究植物生理学。1935年7月，石声汉在伦敦天产博物馆图书室翻译了德国学者布累特什奈德尔（Emil Bretschneider）所著的《中国植物学文献评论》，国立编译馆出版，商务印书馆印行，王云五发行，1957年重印，全书计4.1万字，71页，著名植物学家、

---

① 石定扶：《用生命去创造——记我的父亲植物生理学家和农业历史学家石声汉》，咸阳：西北农林科技大学出版社，2005年，第51页。

北平静生生物调查所所长胡先骕审校。

原书写于1870年,作者布累特什奈德尔在清德宗(光绪)时曾任驻北京俄使馆医官,留居中国,历时颇久,关于中国之著述颇多。原书为18开本,福建闽侯排印。书前有序一篇。该书介绍中国以李时珍《本草纲目》以及《授时通考》和《植物名实图考》为主的本草学典籍,并有中国栽培植物源流考核记载植物方法举例等。其中有很多颇有价值的东西。首先,它是首次将中国《本草纲目》介绍于欧洲,对于李时珍和《本草纲目》在世界植物学史上的贡献,作者做出了极为正确的估计;其次,它对我国清代植物学家吴其濬所撰《植物名实图考》给予了较高评价,认为书中附图"刻绘尤极精审","其精往往可以鉴定科和目"。1884年日本首次重刻此书,伊藤圭介为该书写序,对其作了高度评介:"辩论精博,综古今众说,析异同,纠纰缪,皆凿凿有据。图写亦甚备,至其疑似难辨者,尤极详细精密";[1] 美国一些学者对该书也有所引用,如劳弗(B. Lau-fer)、米瑞(E. D. Merrill)和沃克(E. H. Walker)等。[2] 目前世界上很多国家的图书馆都藏有这部书。值得指出的是,后来这本译著重版时,石声汉认为原作者尽管是一位地道的医官,却对中国医药学的基本原理几乎毫无认识,再加上他的专业修养仅限于前世纪中叶的水平,生理学、药理学甚至于生物学方面的知识还很幼稚或缺乏,他只凭自己所知道的一些肤浅的事实,就主观片面地做了一些完全错误的结论。译者特别针对原著中所谓"中国医术,根本全属妄言"及"在中国青囊术中,含绝对有毒物外,盖无不入药者。""中国歧黄家处方之际,辄用极不可耐之药物"等不尊重事实的片面之词,在序言中愤然予以驳斥,并指出布氏"对于中国医药学的基本原则几乎毫无认识"。[3] 可见,他对原书持批判继承的态度。

1941年8月,石声汉应邀担任迁移至四川乐山的武汉大学生物系教授。后来他又翻译了英国学者恩·鲍德温(Ernest Baldwin)著《比较生物化学引论》(人民文学出版1951年版)和《动态生物化学》(人民卫生出版社1956

---

[1] 吴晓明主编:《中国药学教育史》,北京:中国医药科技出版社,2016年,第10页。
[2] Bai S-Y(白寿彝)ed. *China History*. Vol. 10(中国通史 第10卷). Shanghai: Shanghai People's Publishing House, 1999.
[3] 石声汉:《重版序》,《中国植物学文献评论》,上海:商务印书馆,1957年,第4页。

年版)等,这些均于新中国成立后陆续出版。另外,他还翻译了达尔文著《肉食本草》及伯希和著《棉花》(译至第 14 章),可惜后者一直未曾出版。

二、熊希龄、唐艺菁、熊冲、傅角今与地理学、天文学著作翻译

如果从学科划分来看,地理学属于跨学科的门类,其中的自然地理书籍涵盖了其他许多学科的知识。民国时期,湖南译家中曾有几位在地理学和天文学翻译方面做出过一些努力,其翻译的数量虽然不多,但也不容忽视。

首先在石油地质学和水文资料译介方面。1914 年,北洋政府成立了一个全国性的石油勘探开发机构——筹办全国煤油事宜处。次年,该处督办熊希龄组织人员翻译了日人近藤会次郎写的《石油论》一书,全书共分上、中、下三卷,计 324 页,分别讨论了石油及石油之历史、石油之所在、性质、根源、提取法、运输及储藏法、石油工业分析及各种油的制造法等内容。书前有 1915 年 5 月熊希龄所写的序,称"日本工学士近藤会次郎著《石油》一书,叙石油之历史及作用之法甚晰。"[①] 这是国外石油地质学著作第一次翻译成中文。[②]

1918 年,熊希龄还组织人员编译了一部中英对照本《京畿水灾惨状图》,出版地不详,为铅印本,一册,计 49 页。然而,这并非一本严格意义上的地理学译作。

其次在天文气象学译介方面。1925 年 10 月,唐艺菁推出了《中英对照恒星图》,湖南大学出版社出版。译者唐艺菁(1889～1952),学名唐瑛,湖南零陵人,曾自费留学日本,嗣考上公费留英,毕业于爱丁堡大学。1914 年回国,在河南大学任教。1919 年到湖南工业专门学校、湖南大学任教终身,期间,他曾兼任过湖南大学工学院院长,讲授过高等数学、力学、天文学、大地学等课程。唐艺菁的这部《中英对照恒星图》于 1940 年 1 月推出第 3 版。

---

① 熊希龄:《序》,近藤会次郎著:《石油论》,筹办全国煤油事宜处译著,北京:正蒙印书局,1915 年,第 2～3 页。
② 王鸿祯、孙荣圭、崔广振等著:《中国地质事业早期史》,北京:北京大学出版社,1990 年,第 252 页。

1925年，邵东廉桥人熊冲（1893～1944）大学毕业后，在青岛胶澳商阜观象台工作，从事气象及地质研究工作。这年7月创刊的《中国气象学会会刊》（该刊即我国《气象杂志》与《气象学报》的原始刊名），首期刊登的七篇论著中，就有熊冲发表的论著《地震概说》和译文《古代气候之考证》两篇。1921年，熊冲翻译了克罗高利（Gregory）的《研究录：地壳之作成》，刊《地质研究年刊》第1期。此后，熊冲又与胡信之、谢石林、程式之等十余人组织了"志学社"，活动地点在熊冲寓所。志学社的宗旨是"钻研学术，砥砺德行，改风易俗，救国救民"。作为学社活动的一部分，1925年熊冲又翻译了《宇宙观之变迁》，志学社出版。该书显示出他当时已具有较高的学术水准。

在湖沼学译介方面要首推傅角今的工作。

傅角今（1895～1965），长沙府醴陵人，地理学家。1920年入北京师范大学，后留学德国莱比锡大学。回国后任省立长沙一中、长沙长郡中学等校地理教员。后任湖南省政府统计室主任。1936年赴德国莱比锡大学地理研究所进修。1938年回国，任复旦大学教授、国民政府方域司司长，领导中缅边界线勘测工作。1935年9月，傅角今翻译了日本田中馆秀三所著《湖沼》一书，商务印书馆出版，收入《万有文库》"自然科学小丛书"第2集第273种；1936年7月出版时又收入"自然科学小丛书"。该书是一本介绍湖沼学这门以湖沼为研究对象之自然科学的小册子，全书计59页，配有插图。除序论外，由前后两篇组成，前篇"湖盆"讲述了湖盆之构造及成因、湖盆之区域、湖盆之变迁、湖沼之年龄、湖沼之形状以及湖底之地质；下篇"湖水"分别介绍了水理、湖水之物理性质、湖水之化学、湖沼之生物等内容，其介绍以湖盆为主，其次是与湖水有关的物理、化学及生物学等方面的地理学部分。该书于1978年12月由台湾商务印书馆再版，可见它在当代仍然有参考价值。

三、成绍宗、曾宝荪、成仿吾与科普翻译

将科学知识译介进来以启迪民智，其出发点是好的，然而如何让译作通俗易懂，广为接受，选材是一方面的因素，译笔则是另一方面的因素，在二者如何结合方面，"创造社"成员成绍宗通过翻译科普著作做出了表率。

作为一位文学功底深厚的青年翻译家，成绍宗翻译得最多的是法国著名科普作家法布尔（Jean-Henri Casimir Fabre）的作品。法布尔是著名的昆虫学家、动物行为学家，被世人称为"昆虫界的荷马"和"昆虫界的维吉尔"，以十卷本《昆虫记》一书留名后世。该书主要讲述昆虫的生活，涉及蜣螂、蚂蚁、西绪福斯虫等100多种昆虫，这些都是作者毕生观察和研究的成果；同时也收入一些讲述经历、回忆往事的传记性文章。它也可以看作是一部作者的自传。而《家畜的故事》《化学奇谈》《科学的故事》和《家常科学谈》一起常被视为法布尔的四大名著。

在中国，最早介绍法布尔《昆虫记》的是周作人。1923年1月26日，《晨报副镌》刊登了他的《法布尔〈昆虫记〉》，后收入《自己的园地》。文中说："法布尔的书中讲的是昆虫的生活，但我们读了却觉得比看那些无聊的小说戏剧更有趣味，更有意义。"最早的译本则是1927年9月北新书局出版林兰的选译本《昆虫故事》。此后有1933年商务印书馆出版的王大文根据英文改译的《昆虫记》一卷本。而成绍宗则是较早翻译《昆虫记》的译家之一。自1934年6月起，成绍宗陆续在《青年界》刊发了一些他译法布尔的文章，收在其中的"自然界"和"自然讲话"等栏目，这些包括他译《鸡》（第6卷第1—3号）、《鸭》（第6卷第4号）、《野鹅》（第6卷第5号）、《猫》（第7卷第1号）、《鸽》（第7卷第2号）、《马》（第7卷第4号）和《驴》（第7卷第5号）等。1936年6月，成绍宗又将上述文章连同其他新译法布尔作品结集，题为《家畜的故事》，由开明书店出版，收入"开明青年丛书"。

众所周知，法布尔著作的英文译书中，有两种与家畜有关：一是柏西·比克奈尔（Percy Florence Bicknell）和凯特·穆雷（Kate Murray）合作翻译的 *Animal Life in Field and Garden*（直译题作《田园里的动物生活》），该书出版于1921年，共391页；另一种是弗洛伦斯·比克奈尔（Florence Constable Bicknell）译出的 *Our Humble Helpers: Familiar Talks on the Domestic Animals*（直译题作《我们卑微的助手》），此书初版于1918年，全书共374页。成绍宗译本共265页，分36个部分，讲述了鸡、鸭、鹅、鸽、狗、猫、羊、牛、猪、马等各种家禽和家畜，因此，他所依据的原著应是上述两者中的后一种英文本，而且也是一部节译本。① 该书于1949年1月发行新1版；1950年1月新2版。作为"创造社"成员的成绍宗，其文学修养较高，民国时期曾翻译了不少文学作品。他的译文通俗易懂，可读性强，广为读者喜爱。该书也是这种通俗易懂的典范读物，寓教于乐，对青少年来说是难得的科学知识普及读物。

1936年，成绍宗还翻译了一本《青年化学家》，北新书局出版，收入"青年丛书"第一种。这是一本普及化学基础知识的书籍，共分19章，分别介绍了应用仪器、仪器之装置、晶、二氧化碳、氧、硫、烟火与火药、煤气、氨、强酸、苛性钠、漂白粉、碘、硝酸及该其他氮化合物、颜料、指示剂、几个电学实验；书末另附"1934年万国原子量表"。全书信息量大，通俗易懂，适合于青少年读者。该书1951年1月由北新书局推出新1版。

1937年3月，成绍宗翻译了苏联著名科普作家米·伊林（M. Irin，本名伊利亚·雅科甫列维奇·马尔夏克）所著《人类征服自然的故事》，北新书局出版，计266页，36开。与法布尔一样，伊林是民国时期在中国译介得较多的一位科普作家，他曾为青少年创作了几十部脍炙人口的科普著作。他从大学期间就开始创作科学文艺性短文，此后陆续创作了《十万个为什么》《不夜天》《黑白》《几点钟》《在你周围的事物》《自动工厂》《原子世界旅行记》《书的故事》等几十部脍炙人口的科学文艺著作。他的文艺作品大致可分为三类：一是有关各种东西的故事；二是有关苏联五年计划的故事；三是有关人类征服自然的故事。其中不少在20世纪30、40年代在中国被翻译出版，重译和重复出版的次数也非常多，对中国读者产生过较大的影响。本书原名 Men and Mountains（直译作《人与山》，又译《科学奇迹》）。早在成绍宗之前，吴郎西曾根据英文本转译过伊林此书，题作《五年计划的故事》，生命书店出版；1936年，董纯才译《人和山——人类征服自然》，开明书店出版，收入"开明青年丛书"。此次，成绍宗又重译此书，且将它题为《人类征服自然的故事》，这样较原书名更显豁，更能反映本书的内容。全书主要讲述植物、河流、矿藏、天气的利用和改造，内部再分为：想象的世界与真实的世界；改造沙漠；主人的到来；谷类的故乡；创造新植物；活动地图；控制河流；天气谈；

---

① 马祖毅等：《中国翻译通史》（第三卷），第102页。

人与山等篇。书前有高尔基写的序言。成绍宗翻译的这部书于1940年再版。

其次，在科学家传记方面有湘潭人曾宝荪的译介。1947年4月，曾宝荪编译了美国著名作家格罗夫·威尔逊（Grove Wilson）著《科学家奋斗史话》（直译作《科学伟人》），生活书店1版，收入"生活丛书"，490页，32开，封面采用洁白的铜版纸印刷，配有多幅科学家的肖像画。全书共28章，以人物为纲，按时代先后次序，用史话形式介绍世界著名科学家的科学活动、奋斗精神及科学贡献等。收入人物包括亚里士多德、阿基米德、哥白尼、伽利略、牛顿、法拉第、巴士特、达尔文、爱因斯坦等古今二十几位大科学家。作者着重叙述这些科学家艰苦自学、敢想、敢作、从不畏惧困难的奋斗精神。本书内容通俗，同时又是用非常生动的文笔写的真人真事，这样读者读后能明白：要使科学更进一步，科学家必须进行多么顽强的斗争。这样的内容对于广大中学生是非常适合的，可以起到励志的作用。编译者曾宝荪是曾国藩第四代曾孙女，曾广镕继室周氏所生，著名女翻译家，燕京大学毕业。

正如译者在《序》中所说："所以现在我们一方面希望已侧身科学界的能继续努力，一方面对于一般青年应当提倡科学的研究，培养他们科学的精神。本书的编译，便是想对于后一项略有一点贡献。"[1] 换言之，西方领先的科技并不可怕，可怕的是"科学的精神"。当初曾宝荪在翻译此书时，并不在意深奥的科学理论，而是"注重事实的叙述"，以鼓励国人学习外国大科学家的精神。这样的译书"采用为中学生的科学教本或课外读物是很相宜的"。[2] 该书1950年2月由三联书店推出第1版，收入"传记丛书"。1959年1月，北京科学出版社再出修订版。著名传记作家叶永烈曾说："我很喜欢《科学家奋斗史话》，……文笔轻松有趣，使读者一口气读完。受此书的影响。我写了《科学家故事100个》。"[3]

成仿吾也是科普翻译的另一位代表人物，他主要翻译了法国潘加勒

---

[1] 曾宝荪：《序》，[美]威尔逊著：《科学家奋斗史话》，曾宝荪译，上海：生活书店，1947年，第1～2页。
[2] 曾宝荪：《序》，[美]威尔逊著：《科学家奋斗史话》，第2页。
[3] 叶永烈：《从小爱上文学和科学》，新蕾出版社编：《作家的童年》，天津：新蕾出版社，1981年，第152～153页。

（Jules Henri Poincaré，又译庞加莱）所著《〈科学之价值〉的序论》，刊 1923 年 7 月 22 日《创造周报》第 11 号。译文后有一篇《书后》，对原作者作了简要的介绍，文云：

> 他这种精神表现在下列四部著述里面：1、《科学与假说》；2、《科学之价值》；3、《科学与方法》；4、《最后的思索》。……坡氏原文简洁而秀丽，把译文与它对比起来，一妍一丑，原可立辨，惟自信对于原文尚不至于不忠实，而近来科学与玄学的论争，颇有误解科学之处，我故不惮烦地把它译出来登在这里。

作为早期"创造社"的重要成员，成仿吾在中国新文学界和新文化史上一直是以文学创作和翻译而著称，其实他当年留学日本时是学习工科的。最初，他对外国自然科学家的哲学著作是非常留意的，并尝试有选择地加以翻译，以介绍给国内读者，达到启迪明智之目的。可惜他这段背景以及曾经翻译过的科学作品甚少为人所论及，故而显得尤其珍贵。

总的来看，民国时期湖南译家翻译地理、生物、科普作品不是太多，但颇具特点，尤其是这些科普类译作，因为其针对的对象是青少年读者，尤其是广大中小学生，这就注定他们必须采用那种浅近通俗的语言来翻译，这样能方便科学走近学生，为广大学生所喜爱。可以说，湖南译家在科学翻译方面既能"上天"，也就是译介国外最高精尖的著作，又能"下地"，让通俗科学走近广大青年学子，进而培养他们的科学精神。这种"上天下地"的功夫特别值得加以肯定。

第三节　现代湘籍译家与军事科学著作翻译

"兵学为湘学之精髓"。到了现代时期，随着世界战争手段和形势发生巨大的变化，也有一些湘籍翻译家积极投身到军事科学翻译中。难能可贵的是，这些译家多精通军事，又能将自己由翻译中得到的启示用于军事实践中，故而有着特殊的意义。

一、戴坚与现代西方军事学翻译

现代时期湘人中从事军事学著作翻译的有一位非常特殊的人物，他就是著名将军兼翻译家戴坚，他的翻译作品主要集中在当时的军事强国日本和德国的军事学著作，这些对中国有很强的现实指导意义。

戴坚（1913～1999），湖南长沙人。13岁时参加国民革命军，凭着刻苦自学，考入黄埔军校第七期参谋政治科，1931年毕业。后入陆军大学第十二期参谋班学习，1935年在陆军国防大学深造，并掌握了日、德、英三门外语。1937年抗战爆发后，在54军8师担任过少校参谋、中校参谋主任、上校参谋长等职。1941年起，任远征军荣誉2师少将师长，时年28岁，率部远征缅甸，对日军作战。[①]1943年配合孙立人的新38师成功解救了被日军围困的英军3000余人。1945年抗战胜利后调任54军，任副参谋长。1946年6月奉命率领先遣队赴日本。1946年9月任国防部新兵处少将处长。1948年9月晋升陆军中将，时年35岁。1948年10月任国民党唯一美国式机械化部队青年军209师中将师长。

20世纪30年代，戴坚除了撰写《步兵训练教案》(1930)、《现代军事教育法》(1931)、《军事教育图解百帧》(1933)、《美国战术之技巧》(1934)、《将，将将，将兵论》(1934)、《怎样训练一个战斗兵》(1935)、《兵经》(1935)、《中美兵学通论》(1935)、《中文五百基础单字表》(1935)、《战阵新法》(1946)等十部著作外，还先后译述了几部军事科学著作。鉴于当时德国和日本的军事理论水平较高，同时两国又是军事轴心国成员，为了增进对敌国的了解，学习对手的军事所长，戴坚先后翻译了几部日德军事学著作，普遍多版，有些甚至达到5版。

1928年6月和1929年7月，戴坚翻译了日本泽边哲彦编纂的《白纸战术》(第一、二集)，南京同仇学社出版。该书系日本"偕行丛书"之一，实为

---

① 1942年时为西南联大外语系学生的湖南醴陵人黄宏煦，亦应招赴缅甸、印度战区任翻译。罗天、李毅：《抗战时期的军事翻译史》，北京：外文出版社，2014年，第108页。

锻炼战术思想、运用战术原则、演练战术法则、解答战术作业的良好参考书籍。全书共八部分：状况判断；遭遇战；攻击；防御；追击；特种战斗；夜间战斗；特种兵战斗。书前有日本偕行社编纂部的《原发刊辞》称：

> 战术学之研究，有种种方法。……白纸战术系以源本战理之探讨，信念之确立为主眼而考究者，省却各种地图翻阅之烦，依简易之素图，使便于理解战术之原理、原则。初学者固无论矣，即对一般在军务倥偬之中，继续研究战术者，亦为极有效之方法，此固为自古所推称者也。

正如《戴坚著述一览》中介绍该书时所说的：

> 《白纸战术》为"锻炼战术思想，运用战术原则，演练战术法则，解答战术作业"之良好参考资料，极便于作战部队中补习教育及军官自习之用，尤其对于初习战术者，有莫大之裨益焉！[1]

该书1938年6月、1939年7月、1940年12月合集再版，32开，共512页；1947年4月第3版，第3版另有戴坚《弁言》（写于1947年4月）。

1937年，戴坚翻译了德国陆军上校黑木茨·佛克曼（Befehlsteohaik Von Hellmuth Volkmann）著《命令作为法》，南京军用图书社印行，宗明作序，全书116页，50开。

> 本书系根据《新军队指挥》（亦译《部队指挥》）而编著，对于行军，攻击，抵御（防御、持久抵抗），退却，休止之警戒及宿营等原则有简明确切之记述。各种战斗命令之作为及范式，尤有详细之阐述及举例，简洁适当，次序严整，无论平时战时均可启迪战术之思想，辅助命令之作为，诚为各级部队长幕僚及有心研究战术者之良好参考书也。[2]

该书共出了3版，1937年9月第2版，1942年重庆军用图书社第3版。

1940年3月，戴坚受人之托翻译了德国阿突尔·爱哈尔特（Atul Anhalt）所著《游击战》，同仇学社出版，123页，32开。封面标有"战史上的经验与战术上的可能"，道明该书的性质。全书围绕着游击战是"弱者对抗强者的有效战法"这句话，从战争史的教训与战术上的研究加以证实并说明。除导

---

[1] 《戴坚著述一览》，[德]阿突尔·爱哈尔特著：《游击战》，戴坚译，[湘潭]同仇学社，1940年，第118页。

[2] 《戴坚著述一览》，[德]阿突尔·爱哈尔特著：《游击战》，1940年，第117页。

言和结论外,共分九部分:一八〇八——一八一三年的西班牙游击队;在德国自由战争中的游击队;"抗战到底!"法国一八七〇——七一年的口号;巴尔干半岛的暴民;在占领塞尔维亚中的游击战;一九一四年比利时的国民自卫军;俄罗斯的游击支队;红色别动队;旧的经验与新的战法。译者翻译此书历时多年,但都是在战争岁月里进行的。其最初目的是为了指导中国的抗日战争,并尽快结束这场战争,因为游击战是劣势部队对抗优势敌人最有效的战法,对于中国抗战非常有借鉴价值。

1941年2月,戴坚翻译了日本偕同行社编、德国洛墨尔著的《军官研究袖珍》,同仇学社出版,署"戴坚撰译"。全书130页,32开,共两部分:加强排演习之部和加强连演习之部,下分十九个课题:在浓雾中攻击战斗、敌据点的夺取、夜袭部队的动作、行军中的空袭、纵深地带的战斗、持久抵抗、预备队的疏开推进等。关于此书的使用方法,译者在《弁言》中有明确交代:一、作研究小部队应用(白纸)战术的资料;二、作现地(干部演习)战术的资料;三、作沙盘教育或实兵演习的资料[1]。同时,书中还配有写景图,并有指北针(即指南针)和方眼坐标纸的使用方法等,这些都是现代下级军官实战指挥需要掌握的重要技术。该书的实用性以及译者的翻译目的可见一斑。该书1945年12月再版,1947年第3版,足可见接受圈内对它的需求之大。

1947年1月,戴坚编译了《兵学研究纲要》(中美合作),国防书局出版,美灵登印刷公司印刷,上海和南京国防书局总经销,全书450页,18开。这是他为国民党作战人员训练班编写的教材,为英汉对照本。"本书为美方为我国主办作战人员研究训练班编译美国陆军典令原则与要纲,一部分技术上之统计,与现代战争术与技术之研究,编纂而成,笔者益以个人研究之所得,负为导论,以提示其特点。"[2] 除序言外,全书共分三篇:战术原则与要旨;命令集参谋业务报告之格式;编制与统计。书前有戴坚的《序言》(1947年1月11日书于南京),书末附录三个:军队符号;标准实施规定格式;军用名词中英对照表。据撰译者《序言》称:"惟吾人今日虽目击美国兵学之新奇,而

---

[1] 戴坚:《弁言》,日本偕行社编纂:《军官研究袖珍》,戴坚译,[湘潭]同仇学社,1946年,第3~4页。

[2] 戴坚:《序言》,戴坚撰译:《兵学研究纲要》,[湘潭]同仇学社,1947年,卷首。

对我国古代之兵经，亦不可忽视……故吾人今日应本于中国兵学之渊源，吸收世界兵学之新知识，针对国军之现况，以创造中国新兴兵学之基础，此则本书译出，或可供参考。"①基于上述需求，本书"乃用中英对照刊印，一以提供兵学研究珍贵之资料，一为袍泽修读英文之教材"。②总之，像这种由中国军人撰写同时配以英文的军事学著作在中国近现代历史上是罕见的。

1937年"七七"事变前后，戴坚在青岛翻译完稿，1938年2月同仇学社正式出版了德国埃里希·鲁登道夫（Erich Friedrich Wilhelm von Ludendorff）所著《第一次世界大战回忆录》。戴译《回忆录》共20余万字，338页，18开。书前有《弁言》和《鲁登道夫略传》，书后附《德文人名地名中文译名对照表》，共34页。作者为一战时期德国元帅，该书叙述了他在第一次世界大战的经历，属于研究战史高等统帅学者之读物。本书原名 *Meine Kriegserinnerungen*，应译为《我的战争回忆》。为求简明起见，戴坚翻译时采用了现名。译者翻译时参照的是1920年出版的英文版。

据译者《弁言》称：本书当作战史读，……其所记述之事迹，亦即当时亲历之情况，较一般公报性之战史，自更确实，……又本书可作策论读，因鲁氏对于当时国际之情势，战争之得失，国民之精神与政治经济之措施等，均有精湛之评述也。③该《弁言》是译者1946年6月6日写于东京回国航程中，"惟此次大战，吾人身在其中，印象自深，如再读此书，综合两次战争中，德国战争上，政治军略之得失，当更可获得历史上之宝贵教训与深刻警惕。"④1941年1月长沙军用图书社再版，1946年7月5版。

据《戴坚著述一览》介绍，戴坚还翻译过德国陆军中将可肯豪逊（Conrad von Coshenhausen，1888～1941）原著《战术纲要》：

"本书系从新增订余前所著，名曰《部队指挥》之战术纲要，以期适应近年来外国触目惊心之战术及技术的进度，并注意蒐集我国军事刊物及新近颁布典令中所载吾人在大战及战后所得之经历。"——节录著者

---

① 戴坚：《弁言》，[德]鲁登道夫著：《大战回忆录》，戴坚译，[湘潭]同仇学社，1946年，第1页。
② 戴坚：《序言》，戴坚撰著译：《兵学研究纲要》，[湘潭]同仇学社，1947年，卷首。
③ 戴坚：《弁言》，[德]鲁登道夫著：《大战回忆录》，戴坚译，[湘潭]同仇学社，1946年，第1页。
④ 戴坚：《弁言》，[德]鲁登道夫著：《大战回忆录》，第1页。

原序。

由右述序言，可以知道本书的内容和价值。

译者在陆军大学及近年来服务部队时，曾陆续节录参考，现将之整理完好。如印刷上不感困难，当能于最近出版。

该书适用于部队指挥官及其幕僚用。但查有关文献，未见该书，疑未正式出版。

最后值得指出的是，戴坚曾经是一位军事学素养高且身经百战的军人，又是军事教育家和军事外交家，他翻译的这些军事著作均出版于战争岁月，有些还被军事学院用作教材，在中国现代军事学史上有一定的地位。而作为军事战略家的戴坚又能将这些由翻译中得来的思想用于军事指挥实践，其意义就显得不同一般了。

二、左权与苏联军事文献翻译

民国时期，在翻译军事著作方面还有一位中国工农红军和八路军高级指挥员、著名军事家，他就是左权，而且他翻译的都是苏联军事文献。他翻译的目的是为了指导中国的革命战争。

左权（1905～1942），字叔仁，湖南醴陵人。他是八路军在抗日战场上牺牲的最高级别指挥官，周恩来称他"足以为党之模范"。[1] 左权翻译的作品数量虽少，却流传广泛，影响深远。

1931年，中共六届四中全会以后，王明"左倾"冒险主义统治了中央，在组织上大搞宗派主义。1932年6月，左权率部参与胜利完成东征漳州的战略任务后回师赣南。就在这时，王明"左倾"冒险主义者又莫须有地加罪左权，撤掉他红十五军军长职务，调到瑞金工农红军学校任教官。左权虽蒙受冤屈，但对党的事业忠心耿耿，深信党对自己的问题定会作出正确结论，于是仍然一心一意埋头于教育工作。1933年初，他调至中华苏维埃共和国军事委员会第一局（作战局）任参谋，并在中国工农红军中央军事政治学校训练处

---

[1] 周恩来：《左权统治精神不死》，《新华日报》（1942年6月21日）。

任军事教员。这段时间，左权给学员讲授游击战、运动战和各个兵种的战术。

为了总结苏联国内战争的经验教训，联系中国革命战争的实际，左权在教学之余忙里偷闲，翻译了一些苏联军事作品，供红军学校学员和干部学习，对提高红军的政治、军事素质起到了积极的作用。在他所译作品中有文章数篇，包括：1933年初他在江西瑞金中国工农红军学校政治部编印的译文《苏联国内战争之红军》(《红旗》第1期发表)，同年1月他在瑞金中国工农红军学校政治部编印的译文《苏联红军中党的工作数划》(《革命与战争》第4期发表)；另外他还翻译了苏联古西夫(又译古燮夫，或古色夫)所著的《怎样以共产党员来保障红军》、莫洛佐夫所著的《步兵战术》中之《步兵的组织》一章，以及非施热可夫和亚尔西勃夫合著的《常备军与民军》《现实苏联红军的建设》等，发表在《革命与战争》第5至7期。他另有著作1部，即他译的苏联军事家古色夫的《苏联国内战争的教训》，该书由中央苏区工农红军学校发行所、中央军委发行所印行发行1万册。"在当时的条件下，是相当可观的数字。"① 在该书中译本《序言》中，他写道：这本小册子，是古西夫于1921年写的，他很具体地总结了苏联国内战争的经验教训。本书对于粉碎国民党的第四次"围剿"的大举进攻是很有意义的。据说，左权在翻译完后就让同住一起的军事教员兼政治营第三连连长刘少卿抄阅，有时又拿着俄文本直译，讲解其中与教学相关的一些内容。后来刘少卿感慨地说："我由连长当到将军，左权是我最敬重的老师。"② 总之，这些译著"对于提高学校学员，乃至红军干部、战士的政治军事素质，起到了积极的作用"。③

1938年12月，苏联红军颁布了新的《步兵战斗条令》(第一部)，这部新的《条令》是在老条令的基础上根据苏联红军建设的新情况重新编定的。经中共中央和中央军委的努力，延安方面很快就得到这个条令的俄文本，并送往太行山八路军总部。1941年4月，为吸取苏联红军的作战经验，战胜日本侵略者，左权在山西辽县武军寺与刘伯承将军合译了这部条令，题为《苏

---

① 徐骏华编著：《左权的故事》，北京：中国社会出版社，2009年，第102页。
② 王孝柏、刘元生：《左权传》，北京：人民出版社，1990年，第118～119页。
③ 姚仁隽：《抗日名将左权》，北京：中共党史出版社，1996年，第64页。

联工农红军的步兵战斗条令》第一部（战士、班、排的动作）。左权选择与刘伯承合译，是因为刘在1933年反"围剿"的紧张斗争中曾摘译过1925年至1929年间苏联红军颁布的《步兵战斗条令（第一部）》。

全书在《前线》杂志连载时，注明"译自《战斗》训练报"。此次，他们在翻译和介绍苏联红军战斗条令时，特别注意弄清这些条令产生的背景和条件，从中体会马克思、恩格斯、列宁、斯大林的军事思想和研究苏联红军战胜德国法西斯的作战经验，并且紧密结合我军建设和作战的实际，精心撰写了《前言》《后记》和《附言》，引导大家从我军作战的实际出发，灵活地运用这些条令。这部译著于1942年被用作第十八集团军步兵战术教育的基本教材，1945年东北人民自卫军东满司令部翻印，1948年11月辽北书店再印，129页，32开本。

1949年8月香港重印了左权和刘伯承合译的《苏联工农红军的步兵战斗条令》，正报出版社发行。从刘伯承1943年4月14日写于太行山的《译版序言》可以得知，这部书译成于1943年。《序言》中详细地交待了二人合译的过程以及该《条令》的特点，其中说道：

> 苏联一九三八年十二月颁布的《步兵战斗条令》第一部在一九四一年才由延安寄到太行山。当时我顺手译了第一章，左权同志接着译了第二章至第七章交我校正，并嘱我把下余的第八章、第九章和附录全部译完。去年第一、二、三共三章已登载于《前线》，以后各章和附录延迟到今天我才陆续译完与校正完，用以供应军事干部的业务学习，亦即回答左权同志生前的希望。左权同志细致核实具见之于其译文。此尤为我们军事干部们应学习与发扬的。[1]

这里非常明确地点出了他们翻译该书的动机，那就是供战时"军事干部的业务学习"。这部条令因为很新，而且把步兵作为决定胜负的关键，这点同样非常适合中国军事实情，故而他们刻意将此《条令》翻译出来，用以指导中国的革命战争。

《苏联工农红军的步兵战斗条令》一书共9章：概则；单个战士；步兵

---

[1] 刘伯承：《译版序言》，《苏联工农红军的步兵战斗条令》，香港：正报出版社，1949年，第2页。

班；掷弹枪班；机关枪班；四五公厘口径的平射炮；迫击炮；步兵排；机关枪排。另有附录 8 个：步兵的诸火器；通信联络的信号记录表；在地形图平面图和图解上标示的记号；军用文书；报告要图；射击要图；观察簿记的样式；某些军用术语的定义。书前另有 1938 年 12 月 8 日苏联国防人民委员长、苏联红军元帅伏罗希洛夫（Kliment Voroshilov）于莫斯科《苏联国防人民委员会命令》（第 254 号）颁布实施的该条令第一部（战士、班、排的动作），同时也有朱德和彭德怀 1943 年 4 月于总司令部发布的《国民革命军第十八集团军命令》：

　　查苏联工农红军一九三九年出版的步兵战斗条令第一部为苏联最近重要的军事科学之一，业由左权、刘伯承同志译出，并经本部军事教材编审委员会审定。作为本军步兵战术教育的基本教材。

　　今后本军关于现代步兵战术的研究，均应以此为蓝本；并且依照本书译版序言的指示，联系本军实际状况与实战经验来进行研究；以求能灵活运用其精神与原则于教练与战斗中。

　　至苏联一九二七年出版的步兵战斗条令，仍可作为参考。 此令！

译者翻译此书的目的再明确不过，这里一则是要求将该译本列为步兵战术教育的基本教材，另则还要求"今后本军关于现代步兵战术的研究，均应以此为蓝本"。由此足见这部军事译著的理论意义和实践价值。

三、李待琛、萧孝嵘与军事学翻译

民国时期，被誉为"民工国宝""兵器奇材"、后来成为湖南大学首任校长的衡东县人李待琛（1891～1959）也翻译过一些军事学著作。

1914 年前后，李待琛在日本东京帝国大学造兵科读本科初年级时，为了对国外兵工技术的发展规律有更深刻的了解，译述了日本青木保（1882～1966）的《世界之武器》，并自行根据第一次世界大战的创新，加上"航空机""潜水艇"二章，汇成《现代武器》一书，1916 年寄商务印书馆出版。后泰东书局再版，署"李待琛编"。原书于大正三年（1914 年）在东京出版，收入《社会文库》，计 280 页，32 开。李译该书为精装本，计 300 多页，将国外兵工技术的现状和最新发展介绍给了国人。①1917年，李待琛还翻译过《中国制钱业》，发表在他与留日工科学生共同创办的《工业同志进行会杂志》第1期。1936年至1937年，李待琛又编译了《各国陆军装备之现状及其新趋势》，刊《民鸣周刊》第3卷第4期、第10期。可以说，这些多是当时最新的军事装备文献，对于国人无疑具有借鉴意义。

民国时期，著名心理学家、衡阳人萧孝嵘（1897～1963）也涉猎过军事学著作翻译。1944年4月，他与丁祖荫译述了美国法拉哥（Ladislas Farago）国民意志测试委员会编写的《德国心理战》，赣县商务印书馆出版，为"人事心理研究社丛书"第二种。原书出版于1941年，主编为美国情报专家法拉哥，参与者还有奥尔波特、波林等著名心理学家，其目的是使美国民众了解"二战"期间德国令人震惊的战斗力与其长期以来坚持运用的心理技术之间的关系，希望能够汲取经验为战争中的美国国防所用。1943年11月商务印书馆"出版新书"介绍此书，道出了此书的意义和价值：德国最近数年来之惊人收获，人皆知其多由于心理之运用，而如何运用心理学则尚为一谜，本书即为解答此谜而编。全书阐述德国战斗力与心理学应用之关系，其中颇有足资我国借鉴者。②

众所周知，自1879年德国心理学家威廉·冯特（Wilhelm Maximilian Wundt）建立起世界上第一个心理实验室以来，心理学已经历了一百多年的发展，广泛运用于经济、教育、司法、体育、文学艺术等社会各个领域，形成了比较完整的学科体系。心理学在军事领域也得到了广泛运用。第一次世界大战以来，许多外国军队在新兵心理测验、官兵心理评定、飞行训练心理、军纪心理、部队士气、特种兵员选拔、心理卫生、作战指挥等方面进行了大量的心理研究和心理实验，成立了专门的军事心理研究机构，出版了许多有关军人心理学的著作，使军人心理学得到长足的发展。这方面又以德国走在了各国的前列。德国在第一次世界大战期间开始研究军人心理学问题，大战前夕，一些专设部门就利用军人心理学的理论为战争宣传服务。"一战"失败

---

① 李待琛：《李待琛履历表》（1947年11月20日亲拟），衡东县办公室编：《李待琛博士》，衡东：县志办印行，1991年，第31页。
② 刘洪权编：《民国时期出版书目汇编》第4册，第70页。

后，德军在最高指挥部内设立心理学部，并成立了相应的心理实验室。纳粹上台后，德军总参谋部成立了由研究部、试验部、精神防御部、精神进攻部等部门组成的心理学小组，专门从事军人心理学的研究和应用，甚至用战俘进行各种残酷的灭绝人性试验。"二战"以后，军人心理学得到了迅速的发展，先后有《训练时心理过程产生的特点》《德国心理战》等著作出版。

萧、丁二人翻译的《德国心理战》共计134页，分为三篇：第一篇"过去战事之检讨"，阐述了德国对于失败之解释、由此等解释而产生之态度、在两次战争中间重整军备之步骤、重整心理军备之重要性；第二篇"全面战争中之心理"，介绍了德国军队中心理工作之起源及其进步、军事心理学家之选择及其训练、心理学家对军人之关系、德国总参谋部心理处之组织及其功用；第三篇"德国心理战"，介绍了全面战之概念、心理战之战略及战术、心理战之范围、民族心理序、心理战之武器、影响国民士气之积极因素及消极因素。书前有译者《缘起》和作者《概览》，书末另有《从本书获得何种教训》。正如作者在《概览》中所言：今日它应用防护心理学以达下述目的：拣选最优良的人才而使各得其所，维持德国全国动员民众之精神，使军人惯于技术战争之危险与紧张，减少战斗中之震荡而增高军事生活之效率，调整官兵间之关系，且解决战事所产生之一切人类行为复杂问题。[1]

总之，该书也是较早将军事心理学引入我国的尝试，它对军事心理学后来逐渐形成系统的学科体系起到了一定的作用。"这本书中的很多知识对于处于战争当中急需有关知识经验的心理学界和军方都具有重要价值，其中很多内容在萧孝嵘的《群众心理》《士气心理》等军事心理著作以及《怎样领导》等人事心理著作中均有反映。"[2]一句话，书中的许多内容均可为我国所借鉴，故而译者不失时机地将其译介过来。

除此之外，1929年秋，在苏联学习的湘乡人李卓然（1899～1989）回国后从事兵运训练工作，在此期间，他主持和翻译了苏联红军的条令和条例，

---

[1] ［美］法拉哥等著：《概览》，《德国心理战》，萧孝嵘、丁祖荫译，上海：商务印书馆，1944年，第1页。
[2] 阎书昌：《中国近代心理学史 1872—1949》，上海：上海教育出版社，2015年，第220页。

这是供我军参考的第一部政治工作条例。①

  总的来说，相对于近代时期，在自然科学和军事科学著作翻译方面，民国时期湘籍译家推出的译作，无论在数量上还是质量上都有了很大的改观。此间众译家选材更为精当，且多能直接从原文进行翻译，而非像近代时期主要依靠日语进行转译。同时，也涌现了像李友梅、曾昭抡、戴坚这样一批翻译大家，他们翻译的作品数量众多，这些翻译作品或是被用作教材广为分布，或是用于生产实践和实际战斗中，有些还多次再版，在当时和后来均产生了较大的影响。但是，从另一个方面来看，这些由湖南走出的译家多分布在全国各地，他们在湖南省内出版和发表翻译作品的数量毕竟是少数，故而其翻译作品对于本省的影响相对有限；另外，他们的翻译仍缺系统，相对于上海、北京等翻译活动开展得较好的地区，湖南译家在自然科学和军事科学著作翻译方面仍然较为落后，加之各种其他原因，由此导致湖南实现现代化转型的进程相对缓慢。

---

① 湖南省地名公共服务工程领导小组办公室主编：《湖南古县》第 2 卷，北京：中共党史出版社，2017 年，第 943 页。

第四章　民国时期湘人与马克思主义翻译

从某种意义来说，翻译对于国运盛衰和民族特质塑造有着至为重要的影响，加之崇尚经验理想和追求知行合一的文化精神，决定现代时期湖湘学人兼译家在翻译选材中会把作品的政治意义置于人生价值之上，这就能解释缘何在民国初年马克思主义理论的翻译首先会形成一定规模。如果说近代时期马克思主义在中国传播的主要媒介是英美传教士所办的报刊和书籍，介绍的内容一般是比较零散的、初步的，有时甚至被歪曲，其传播范围相对较窄。那么到了民国时期，湖南译家更好地发挥了主体作用，他们创办更多的刊物，或者私创出版机构，甚至借助于大型出版机构来发表翻译作品，而且直接在国内印行，流传的范围相当广泛。这一时期的翻译源头大致来自日本、法国、英国、美国和俄国，直接译自德文者甚少。这又与民国时期马克思主义著作在中国翻译的总体状况相吻合，但也有其特别的亮点。

第一节　"五四"运动前后湘籍译家与马克思主义翻译

马克思主义思想体系主要包含三个方面内容：哲学、政治经济学和科学社会主义。"马克思主义"一词作为马克思、恩格斯创立学说的总称在马克思生前就已出现，19世纪70年代末法国社会主义者曾在著作中使用该词，但歪曲了其内容，受到马克思的批评。恩格斯曾在19世纪80年代初开始使用"马克思主义"一词，并在1886年发表的《路德维希·费尔巴哈与德国古典哲学的终结》中专门做了说明。一般而言，在马克思主义发展过程中，可区分为狭义和广义的马克思主义。狭义马克思主义即马克思和恩格斯创立的基本理论、基本观点和学说体系；广义马克思主义不仅指马克思和恩格斯创立的基本理论、基本观点和学说体系,也包括继承者对它的丰富和发展,即在实践中发展着的马克思主义。[①]本研究对这两者都有所关注。而从近现代湖南译家译介马克思主义的顺序来看,其与原著的写作顺序并不一致。换言之,他们最先译介的是社会主义思想,然后是马克思关于人类社会发展历史的唯物史观以及阶级斗争和无产阶级专政思想,最后是马克思的政治经济学思想。

在中国,大约在清末西学翻译的高潮期,维新派、革命派仁人志士以及一些留日学生,本着"济世救民"的宗旨,在寻求救国救民真理的过程中,陆续向国人译介马克思主义学说,甚至连一些西方传教士也加入此行列中,他们于不觉间零星地翻译和介绍马克思及其学说。其中就有1902年4月武陵人罗大维(1876～?)翻译日本村井知至著《社会主义》(广智书局)时,顺道译出马克思亲自起草的《国际工人协会共同章程》的一段话;1903年3月,武陵人赵必振(1873～1956)在所译日人福井准造著《近世社会主义》(广智书局;1927年时代书局重印)第二编第一章中摘译了《共产党宣言》最后一段话;1906年7月25日桃源人宋教仁(1882～1913)以"犟斋"之名推出《万国社会党大会略史》,[②]其叙论摘译了《共产党宣言》的结语部分,刊《民报》第5号,而且当时这份报纸也在湖南推销过。这些成了早期汉译马列主义著作之嚆矢。

民国初年,中国接触西方马克思主义主要渠道仍然是日本。就像有人所观察到的,"民国之后,中译日书依然以社会科学书籍为主,最突出的一点是,日本有关社会主义、共产主义的名著,几乎都有中译本,例如河上肇、幸德秋水、堺利彦、山川均、片山潜、高畠素之等,都成为战前中国知识分子熟识的名字,其中河上肇的中译本竟达28种。"[③]这种取道日本的状态要到1919年以后才有显著的改观。

"五四"运动是马克思主义在中国传播的转折点,这也是伴随着"社会

---

① 施乐、王力主编:《马克思主义基本原理概论》,成都:电子科技大学出版社,2017年,第2页。
② 宋译该文实际编译了堺利彦编辑的 The Study of Socialism 一书中大杉荣撰写的 Brief History of the Socialist International。
③ 谭汝谦:《近代中日文化关系研究》,香港:日本研究所,1988年,第34页。

主义"思潮在中国的流行而出现的。自1919年以后，受俄国"十月革命"和"五四"运动的影响，国内一大批先进知识分子开始从追求真理的意义上学习马克思主义，马克思、恩格斯、列宁的部分著作之中译本开始出版，报纸杂志上宣传和讨论社会主义和马克思主义的文章激增，且众译家以通过俄文和法文等欧洲语言译介为主，又是从译介《共产党宣言》等文献入手，他们的翻译无疑为中国共产党的成立奠定了理论基础。这其中湘籍译家发挥了重要作用。

早年湘人译介《共产党宣言》，侧重的是阶级斗争学说和《十大纲领》，因为在那个年代变革的手段和措施是国人最为关注的。这也像有人所说的，湘人对马克思主义的"实用性"而非"理论性"更感兴趣。[①]1919年4月6日，即"五四"运动爆发前夕，时在北京大学求学的湘乡人成舍我（1898～1991）署名"舍"，在《每周评论》第16号发表他根据英文摘译的《共产党宣言》第二章（"无产者和共产党"）之最后几段文字，包括《十大纲领》全文，标题为《共产党宣言》。译文如下：

（1）废除土地私有制度。所有地租，概归公有。（2）第一条若不能积极进行，则或由国家递增岁入的租税。（3）遗产归公。（4）迁居国外及叛党之财产，一律充公。（5）用国家资本，组织一国家银行，有垄断一切营业的权力。（6）实行中央集权。交通机关，和轮运事业，概归国有。（7）大制造厂及各种生产机关，概归国有。垦辟荒地，改良种植，须用同一的计划。（8）一切人民，有担负同样工作的义务。并须召集若干的军队，以保护农事。（9）农工互相联合，渐废城与乡的区别。对于全国国民，用同等的平均分配。（10）采用自由教育制度。设立公共学校，俾一切儿童，入校就学，当就学时代，不得入工厂工作。教育方针须与各种工艺相联合。[②]

这里着重讨论了科学社会主义的理论核心——无产阶级专政思想。《宣言》中还说："若是照以上的那些条款，都做到了，这一切的阶级制度，便自

[①] Li Yu-ning. *The Introduction of Socialism into China*. New York: Columbia University Press, 1971, p.110.
[②] 《每周评论》第16号（1919年4月6日），第2版。

然消灭。"对照原文，我们可以发现译文基本忠实原文，但也增添了一些信息，个别语句有所调整。如第二条增加"第一条若不能积极进行"；第三条本为"废除继承权"，却改为"遗产归公"，强调财产最后归属公众；第五条和第六条的"centralization"则被处理成"垄断"和"实行中央集权"，第九条"对于全国国民，用同等的平均分配"与原文有较大差异，未能表达出这一措施的实施方式；最后一条"采取自由教育制度"，原文作"free education"，应译为"免费教育"，虽然与原文有较大出入，但在当时倡导"民主、自由"的背景下，这一误译也"体现了社会文化语境对翻译的影响和引导"；①而且译文采用白话，迎合了当时新文化运动的潮流，意在对广大青年知识分子产生影响。此时的成舍我把《共产党宣言》称作"表示新时代的文书"，"其要旨在主张阶级战争，要求各地劳工的联合。"在他看来，阶级斗争的目的是保护无产阶级"平民"的利益，阶级斗争的最终目标是消灭一切阶级。《按语》暗示译者意在号召当时的国人进行阶级斗争的意图，尤其是这几段文字"突出介绍马克思主义关于阶级斗争的学说，是为即将来临的革命风暴提供理论指导"。②

除此之外，1919年至1921年间，成舍我还发表3篇介绍马克思主义学说的译文，即倍倍尔（August Bebel）的《近代社会主义与乌托邦社会主义的区别》（《每周评论》第15号，1919年3月30日），托洛茨基（Leon Trotsky）的《广义派与世界和平（著者自序）》（《解放与改造》第1卷第7期，1919年），列宁的《无产阶级政治》（《新青年》第9卷第2号，1921年6月1日）。这几篇译文的发表，使成舍我成为中国早期马克思主义学说的重要传播者。

与此同时，受上述译著之风影响，自湖南第一师范学校毕业的新民学会重要成员蔡和森（1895～1931），在法国勤工俭学期间，几个月内就"蛮读猛译"百余种马列主义小册子，认真研究俄国"十月革命"的经验，很快便掌握了马克思主义。他在致毛泽东的信中说：

我到法后，卤莽看法文报，现门路大开，以世界大势律中国，对于改

---

① 方红：《马克思主义在中国的早期翻译和传播——从19世纪晚期至1920年》，第162页。
② 中共中央马克思恩格斯列宁斯大林著作编译局马恩室编：《马克思恩格斯著作在中国的传播》，北京：中华书局，1983年，第247页。

造计划略具规模。现收集各种小册子上百种，拟编译一种传播运动的丛书。……现已收集许多材料，猛看猛译，迟到年底，或能成就。^①

蔡和森把这一丛书归纳为四个方面内容：一、世界革命运动之大势；二、无产阶级革命运动之四种利器，即党、工团、合作社、苏维埃；三、世界革命之联络与方法；四、俄罗斯革命后之详情。^②由此可见这些著作内容之丰富。当年蔡和森翻译这些马克思主义文献的目的非常明确，那就是供同仁进一步阅读、学习和钻研。尽管他的译本采用的是硬译法，^③却在赴法勤工俭学学员中广为流传，为当时赴法青年接受马克思主义起到了重要作用。同期，新民学会会员毛泽东阅读了陈望道翻译的《共产党宣言》等著作，并与李大钊、陈独秀等人讨论马克思主义的理论，逐渐掌握了马克思主义基本原理，到1920年已经成为一名马克思主义者，被大家誉为"小马克思"。^④可以说，正是通过翻译，早期的这批先觉者有了一个共识：必须走俄国"十月革命"的道路，建立以马克思主义为指导的共产党。在这个党的领导下，通过无产阶级革命和无产阶级专政，达到"改造中国与世界"之目的。为了建立中国共产党，自1920年夏始，毛泽东、何叔衡等开始在湖南进行积极的建党活动，其中包括：成立湖南俄罗斯研究会，研究"十月革命"的经验；组织进步青年赴俄学习；创立文化书社，大量销售《共产党宣言》《马克思资本论入门》《社会主义史》等马列著作和进步书刊，从而为党的建立做了很好的思想上的准备。除此之外，1929年上半年，莫斯科中山大学成立中国问题研究所，出版《中国问题》俄文季刊。创刊号上就登有蔡和森的《党的机会主义史》之俄译文，原文是1927年9月蔡和森在中国顺直省委改组会上做的长篇报告，修订稿刊《顺直通讯》1928年第2期。报告在梳理党内机会主义发展史的基础上，重点从党的思想、制度、组织和作风建设等方面给出科学的解决方案。

民国初年在译介马克思主义方面值得一提的还有长沙人刘秉麟

---

① 湖南省博物馆历史部校编：《新民学会文献汇编》，长沙：湖南人民出版社，1980年，第85页、第86页。
② 同上。
③ 萧三：《萧三文集》，北京：新华出版社，1983年，第84页。
④ 周一平：《中共党史研究的开拓者——蔡和森》，上海：上海社会科学院出版社，1994年，第12页。

(1891～1956)。1913年至1917年，刘秉麟就读于北京大学经济学系并毕业，此后他对马克思主义做了一些译介，而他的译介"往往是通过对外文（英、德文）原著的阅读、翻译、评论相结合而进行的，有点类似于严复的译著风格"。① 1919年5月，《新青年》第6卷第5号刊登了他的《马克思传略》，该文"准确地评述了《资本论》是近世社会主义之圣经，为近代经济学中开一新纪元，是研究社会主义经济学最好的资料"。② 更为重要的是，文章简要地介绍了《共产党宣言》的成因及"其书大旨"，并称该书"传播最广，欧洲各国，均有译本"。"书中一语，正如枪弹之一射。就其全书言之，几无一语，不经千次之呼吁。"在这篇文章中，作者通过转述方式译出《宣言》中的最后一段：

其书大旨，以为（"欲实彻平生之主义，非根本上废除现行之社会制度，出以严厉之手段不可。在共产派实行革命之先，非使掌权势之人震动不可。自最可怜之平民观之，除断去颈上之铁链而外。一无所失；以言所得，几同得一新生之世界。最后鼓励各地之平民，速起联络"）。

无论是用词的准确还是译文的通畅，与后出译本相比尚有差距，而且对照原文我们可以发现其中有多处改译，如以"主义"泛指"The Communists"的主张；以"严厉之手段"替换了原文"forcible overthrow"中的具体做法"推翻"；以"平民"译"proletarians"，并在前添加了"最可怜的"；原文中的"chains"意象得以保留，但转换成了"颈上之铁链"；同时"无中生有"地增加了一个"新生"来修饰即将得到的"世界"（world）；"unite"则被处理成"速起联络"，从而淡化了"团结起来"的核心内容。尽管这样的译文与原文有点"隔"，但它"通过翻译调整再现了《宣言》的主张，并建构起其在当时历史语境下的文本形象和行动效力"。③

20世纪20年代在湖南传播马克思主义方面功绩最大的机构当推湖南自修大学。这是以毛泽东、何叔衡等为首的中共湖南支部于1921年8月在长沙船山学社旧址利用省府每年拨给该社的4000元经费创办的。它是中国共产党成立后全国最早的一所系统地研究和传播马克思、列宁主义，为党培养

---

① 武汉大学北京校友会、《北京珞嘉》编辑部编:《珞嘉岁月》，第78页。
② 同上。
③ 方红、王克非:《〈共产党宣言〉在中国的早期翻译与传播》，《外国语文》2011年第6期。

革命干部的新型学校。学校的行政机构设有校董事会。校董事会由15名经学社社员推举的校董组成。在校董会推举下，贺民范（1866～1956）为首任校长，毛泽东为教务主任。关于教学内容，《湖南自修大学组织大纲》第17条规定暂设文法两科。文科课程有：中国文学、西洋文学、英文、心理学、伦理学、教育学、政治学、历史学、地理学、新闻学、哲学；法科课程有：法律学、政治学、经济学。以上各科，学员必须至少选修一科。在学员的诸多读物中，有《共产党宣言》《政治经济学批评导论》《社会主义从空想到科学的发展》《工钱劳动与资本》《哥达纲领批评》等马克思主义经典翻译著作以及当时各地一些进步刊物。李达任校长期间，多次为学员举办马克思主义专题讲座，并编成《马克思主义名词解释》一书，学员人手一册。除了在自学基础上辅以学习指导外，自修大学还特设通函指导、特别授课、特别讲座等三种教学模式。这其中的特别授课，就是根据学校的情况，对一些较特殊的科目，开设专修班，例如，外国文一科，开设英文、法文、俄文等专修班。1923年4月，还创办了中共湘区委员会机关刊物——《新时代》。该刊先后刊登过零陵人李达的《马克思学说与中国》、长沙人李维汉的《观念史观批判》、湘潭人罗学瓒翻译的《共产主义经济的进化》等文章，这些对于研究和介绍马克思主义，从不同角度阐明反帝反封建的民主革命纲领，起到了发动和领导广大群众的作用。1923年11月5日，自修大学被军阀赵恒惕封闭，其前后开办两年多，创造了许多教育改革的成功经验，开创了中国教育革命的新纪元，它的影响波及北京、上海等地，受到当时社会各界的广泛赞誉与好评。著名教育家蔡元培称赞它"合吾国书院与西洋研究所之长而活用之"，"可以为各省新设大学之模范"，"他们的主义，实在是颠扑不破的"。[①] 而它在早期中国译介和传播马克思主义中所起到的作用也是不可磨灭的。

20世纪20年代也是中国文化界和思想界的一个飞速发展期，受西方思潮影响，此间人们推出了更多的翻译作品，并形成一定特色。与此同时，在中国译坛上出现一个明显的现象，那就是1921年中国共产党成立以后，明确地把马克思主义作为党的指导思想。在翻译方面，随着一批在国外的共产

---

① 蔡元培：《湖南自修大学的介绍与说明》，《新时代》第1卷第1号（1923年4月）。

主义者陆续归国，国内译介马克思主义理论的队伍得到壮大。他们纷纷把俄、德、日、法等语种的一批马克思主义著作译介到中国。中国共产党成立后，马克思主义传播的一个突出特点是，一些最主要的马克思主义哲学经典著作开始大量地得到翻译，编译与阐释马克思主义的著作也开始陆续出版，这表明国内对马克思主义的研究和宣传在不断地加强。此时，众译家已不再把马克思主义定位为诸多西方思潮中的一种加以介绍，而是根据中国国情和特点将其作为具有普遍意义的真理进行传播，从而促进国人更加全面系统地接受马克思主义。此间曾涌现出一大批无产阶级革命知识分子和马克思主义理论家、翻译家，其中不乏湘籍翻译家。他们翻译了众多的马克思主义以及其他社会科学方面的著作，为马克思主义在中国的翻译和广泛传播做出了重要贡献。

1920年10月，早期"马克思主义研究会"的重要成员、中国共产党上海发起组15名成员之一、平江人李季重译了英国克卡朴（Thomas Kirkup，今译柯卡普）原著、辟司（Edward R. Pease）增订的《社会主义史》，由青年杂志社出版，收入"新青年丛书"第一种。众所周知，20世纪20年代，工团主义、无政府主义、空想社会主义、基尔特社会主义等形形色色的社会主义思潮涌入中国，构成了一个复杂而混沌的体系。马克思的科学社会主义只是其中一个流派，当时并不占主导地位。同时，"当时一班自命为青年的领导者，都好谈主义，其实只是道听途说，一知半解地在那里挣扎，说不上有什么研究。"① 为了"予国人以一种研究科学的社会主义之门径"，他首先决定在社会主义问题上正本清源，并翻译此书。这是一本概述社会主义运动自空想社会主义至马克思主义的历史。全书分上下卷，书前有蔡元培序、译者自序、原序。其目的有二："第一，就是将历史的社会主义中各主要的方面标明出来；第二，就是对社会主义运动作一概括的批评和解释。"② 除绪论和结论外，主体部分依次介绍了初期的法国社会主义、1848年的法国社会主义、初期的英国社会主义、拉塞尔（今译拉萨尔）、拉伯尔塔斯（今译伯恩斯坦）、马克司（今译马

---

① 李季：《我的生平》，第205页。
② ［英］辟司：《序》，《社会主义史》，上海：新青年杂志社，1920年，第1页。

克思)、国际工人协会、德国社会民主党、俄国革命、无政府主义和工团主义、各国社会主义的进步、近世国际工人协会、英国派社会主义和社会主义通论。另有附录五个:圣西门派的辩护;德国社会主义工党党纲;费边会的基础;总同盟罢工表;澳洲工党内阁一览表;英文书籍解题。书末有中西名词对照表。在日本,堺利彦曾在1906年5月《社会主义研究》杂志第3号依据该著作介绍欧洲社会主义。而在中国,"这也是中共上海早期组织传播机构出版的第一本宣传社会主义的著作。"①

早在1912年胡贻谷就翻译过此书,题作《泰西民法志》,商务印书馆代印,广学会藏版。可惜胡译该书并未引起人们注意。接下来,李季花了三个月的时间译成此书。李季选译此书,又有其特殊的经历。在该书的《自序》中,李季特别交待了自己的翻译过程,并就自己请教诸先生之事有过说明:"蒙蔡孑民先生代译好些德法文书报名,胡适之先生指示疑难之处,张申府先生改正各专名词的译音",以申谢意。该书由蔡元培作序,②后被"上海各学校并选为国文读本"。③它可不是一般意义上的史学著作,而是一部"公有制社会形态的集合"。在这篇序里,蔡元培谈到了早期马克思主义在中国的传播状况。他说:

> 西洋的社会主义,二十年前,才输入中国。一方面是留日学生从日本间接输入的,译有《近世社会主义》等书。一方面是留法学生从法国直接输入的,……俄国多数派政府成立以后,介绍马克思学说的人多起来了,在日刊月刊中,常常看见这一类的题目。但是切切实实把欧洲社会主义发起以来,一切经过的情形,叙述出来的,还没有。我友李君懋献取英国辟司所增订的克卡朴《社会主义史》,用白话译出,可以算是最适当的书了。④

由此足见该书在早期社会主义传入中国历史上的地位。原作者柯卡普

---

① 曾银慧:《第一本社会主义发展史的中译本——〈社会主义史〉》,《决策与信息》2016年第6期,第148页。
② 该序初载《新青年》第8卷第1号(1920年9月1日)。
③ 耿云志编:《胡适遗稿及秘藏书信》第28册,第96页。
④ 蔡元培:《序》,《社会主义史》上海:新青年杂志社,1920年,第2页。

是英国著名的费边社成员、社会主义者。《社会主义史》一书是他的代表作，此书成于1892年，后于1913年在第4版基础上由辟司加以修订，增订了原书初版后二十年社会主义运动发展的轨迹，但始终是"于社会主义的学说，叙述得颇详"，于"社会主义派最近的运动，自然有遗漏的"。而且作者又是英国的稳健派，"所以对以前的社会主义，很有消极的批评。""但是他们所叙述的，给我们的教训，已经很多。"① 同时，从这篇以师友身份写出的序中，我们可以看出蔡元培对社会主义有着独到的理解和阐释。他认为，社会主义"就是'各尽所能，各取所需'的意义，且含有男女平等主义"。蔡元培的这篇序还于1920年初秋刊于《新青年》第8卷第1期，只是他当时仍然不知道"这一期《新青年》已经成了上海共产主义小组的机关报"。② 除了这篇序外，1929年11月，蔡元培又为李季新撰写的《马克思传》写序，提倡研究马克思主义。他说："今人以反对中国共产党之故，不敢言苏联，不敢言列宁，驯致不敢言马克思，此误会也。"并指出当时在中国编印《马克思传》为"当务之急"。③ 蔡氏选择在这个时候来为李季的书写序，进而发出这样大胆的言论，实为难得；另则从中也看得出他对李季这位昔日北大学生的厚爱。

据李季称，"这本是我的一种附属工作，……现在看起来，此项译文并不高妙，且略有错误，但当时的读书界因其系易于了解的白话文，颇加称许，出版二千，未几即罄。我旋即看出是书的观点错误，议论浅薄，遂听其绝版，不再印行了。"④ 尽管如此，李季翻译的这部《社会主义史》却在当时以及未来的社会产生了重大影响。青年时代毛泽东的自述便提供了一个绝好的例证。毛泽东曾反复提到早年他第二次在北京的时候阅读过的三部书对自己成为马克思主义者所产生的巨大影响。他说：

> 记得我在1920年，第一次看到了考茨基著的《阶级斗争》（应为《阶级争斗》），陈望道翻译的《共产党宣言》，和一个英国人作的《社会主义史》，我才知道人类自有史以来就有阶级斗争，阶级斗争是社会发展的原

---

① 蔡元培：《序》，《社会主义史》，第2页。
② 朱洪：《陈独秀与中国名人》，北京：中央编译局，1997年，第72页。
③ 蔡元培：《序》，李季：《马克思传》，上海：神州国光社，1933年，卷首。
④ 李季：《我的生平》，第210页。

动力，初步地得到认识问题的方法论，……这些书上我只取了它四个字"阶级斗争"。①

不过毛泽东有关《社会主义史》的这一回忆有失准确。毛泽东第二次在北京的时间是1919年12月至翌年4月，他去上海会见陈独秀的时间是1920年5月至6月。据日本学者考证，此间"这三本书实际上都还没有出版，也几乎没有社会主义书籍的单行本。"②不过，我们可以推测他是三本书出版后第一时间阅读到的这些书，不然其印象不会如此深刻。

需要指出的是，在李季翻译并于1920年出版的《社会主义史》中，作者对《共产党宣言》做了如下理解：

"所有各种社会的历史，从古到今，已经是一种阶级争斗史。"这句话就是这种宣言的锁钥，"但是现代有一种显著的特点，就是这种争斗已经由繁变简，成为两种阶级对峙的形势；人类社会渐渐分为两个互相敌视的大营寨，两个互相冲突的大阶级，就是有产阶级和无产阶级。"这种宣言的大部分是这两种阶级的一种注释和讨论，所有他们发生出来的历史上的情形，所有他们的过去、现在和将来相互的关系，都说明出来了。③

同时也正是这本书成了毛泽东思想体系中"社会大同"与"共产均田"最早的依据和来源。值得指出的是，毛泽东当时挑选李季的这本书来阅读，可能是受了陈独秀的影响。据说他当年在北京时曾与陈独秀有过一番交流。一次，陈独秀畅谈了自己阅读《阶级斗争》和《社会主义史》的感受；④1920年5月，毛泽东来上海时，拜访了陈独秀，并与之论到所读马克思主义书刊。其时他很为陈独秀的思想所折服，以至于《西行漫记》中会留下这样的文字，

---

① 参见埃德加·斯诺著：《西行漫记》，董乐山译，北京：三联书店，1979年，第131页；吴黎平整理：《毛泽东一九三六年同斯诺的谈话》，北京：人民出版社，1979年，第39页。不过，毛泽东第二次在北京时，陈望道译本还没有出版。据说《共产党宣言》的汉译本，除陈译本外，还有当时北京大学马克思学说研究会译自德语的油印本。罗章龙认为，毛泽东读《共产党宣言》可能是这个油印本。参见杨纪元：《毛泽东不可能在北京看到陈译本〈共产党宣言〉》，《党史研究资料》1981年第2期；[日]竹内实：《毛泽东》，东京：岩波书店，1989年，第49～56页。
② [日]石川祯浩著：《中国共产党成立史》，第192页。
③ [英]克卡朴著：《社会主义史》（上卷），李季译，上海：新青年杂志社，1920年，第193～194页。
④ 朱洪：《陈独秀与中国名人》，第11页。

"在我生活中，这是一个转变的时期，可以说陈独秀对于我的印象，是极其深刻的，……他影响我也许比任何人要大"。①

而早前毛泽东所说的这两本书，正好就出现在所列书单中，相信这绝非巧合吧！1922年2月，李大钊在马克思主义学说研究会的《通告》中，就将李季所译《社会主义史》和《社会问题详解》列为研究会的阅读书籍。②

1920年11月，李季又与黄凌霜、雁冰合译了英国罗素（Bertrand A. W. Russell）著的《到自由之路》，新青年社出版，收入"新青年丛书"第五种，229页，32开。据次年4月《新青年》第8卷第6期《新青年丛书出版广告》介绍：

> 此书是罗素先生在前年四月入狱前几天出版的，共分八章：前三章详叙社会主义无政府主义及工团主义底学说，后四章比较各派学说加以批评，最后一章宣布他自己关于改造社会的主义，算是罗素先生关于社会问题最近最具体的著作。

该书绪论后面分两部计8章，其中第一部"历史的"，包括马克思和社会主义的教义、巴枯宁和无政府主义、工团主义的革命等3章；第二部"未来之问题"，包括工作和报酬、政府和法律、国际关系、在社会主义之下的科学和艺术、能够造成的世界等5章。原书成于1918年4月，即罗素入狱前几日。同时世界大战已临近尾声，"和平既出现，于是改造问题便愈加紧要了。"而本书中"虽没有一种主义可以完全采纳，然而他们对我们愿意创造之未来社会的图样，却都有一点贡献"。③尤其是此书的后半部记述各国社会党派的行动，与他早先译介"克氏书（即克卡朴的《社会主义史》）相衔接"，④正好合成一部社会主义通史。这样及时的书籍自然会引起世人高度重视。由于罗素20年代曾来过中国，他的这本书后来影响甚大。1921年4月，毛泽东撰写的《文化书社社务报告》第二期介绍了文化书社开业七个月销售的"比较重要的"书刊目录及数目，其中有李季译的《社会主义史》，销售100本；李季等人合译的《到自由之路》，数量为60本。

---

① [美]埃德加·斯诺著：《西行漫记》，董乐山译，第107页。
② 《马克思学说研究会通告》（四），载《北京大学日刊》（1922年2月6日）。
③ [英]罗素：《序》，《到自由之路》，李季等译，上海：新青年社，1920年，第1页。
④ 耿云志主编：《胡适遗稿及私藏书信》第28册，合肥：黄山书社，1994年，第53页。

1922年,李季入读法兰克大学后逐渐对资产阶级教授们的观点感到不满意,因此大量购书,涉猎群书。在正确的读书方法的指导下,他认为马克思主义是最先进的科学,并选择了马克思主义作为指导思想。而且他的译介又是从马克思的经济学著作入手的,因为"经济是人类社会的基础,其他如政治、法律……等等都是上层建筑物,当基础一经变动,全部上层建筑就会或迟或速地跟着变动。"[1]可见,此时李季的唯物史观是经济一元论的历史观,不过李季的一元论并非绝对化,他说上层建筑对于历史的争斗经过都有影响,只不过经济基础是决定一切的最后的要素。是年10月,李季翻译了马克思的《价值、价格和利润》,该书由英国伦敦大学经济政治学院经济学博士学位获得者、时任北京大学教授陶孟和(1887～1960)校阅,商务印书馆出版,收入"世界丛书",119页,32开。译者当月还在《东方杂志》第17卷第19、20号发表了部分译文。它是马克思主义政治经济学的重要著作之一,是马克思1865年6月20日和27日在国际工人协会总委员会会议上用英文作的报告,写于《资本论》第一卷出版前两年,即1865年5月底至6月27日。报告由马克思的小女儿爱琳娜·艾威林(Eleanor M. Aveling)以《价值、价格和利润》为题,于1898年首次在伦敦发表,并附有爱德华·艾威林(Edward B. Aveling)的序。手稿中引言和前言六节没有标题,由艾威林加上标题,收入全集时(另附有陶孟和序),这些小标题均被保留下来。这篇报告是马克思针对约翰·韦斯顿(John Weston,又译威斯顿)否定经济斗争、否定工会作用的错误言论而写的。在报告中,马克思以通俗的形式精辟地阐述了《资本论》的一些主要原理,揭示了剩余价值是怎么形成的,从而阐述了资本家和工人之间关系的真正性质,最后明确提出:工人应当"在自己的旗帜上写上革命的口号'消灭雇佣劳动制度'!"值得指出的是,这部书自20世纪20年代以来共有七种中译本,而李季则是最早翻译此书的人。李译本后于1924年8月再版,仍为"世界丛书"之一种。尽管"全篇皆是直译,异常难解",[2]但它出版后受到了陈独秀的重视。1929年11月15日,陈独秀被中共中央开除出

---

[1] 李季:《我的生平》,第333～337页。
[2] 《陶孟和致胡适》(1921年7月16日),载杜春和、韩荣芳、耿来金编:《胡适论学往来书信选》(下),石家庄:河北人民出版社,1998年,第1171页。

党,1932年10月15日,他又被国民党逮捕,1933年4月26日,江苏高等法院判处他有期徒刑13年,褫夺公权15年。据说,这年11月,被关押在南京监狱中的陈独秀曾托人购买了李译《价值、价格和利润》一书,供平日里阅读。[①]

接下来,李季翻译了德国博洽德(Julien Borschardt)的《通俗资本论》。原书由著名经济学家和社会学家博洽德根据马克思的《资本论》(又名《政治经济学批评》)缩编,故曰《通俗资本论》。本书译于李季任上海大学经济系教授、社会学系主任期间。这里所说的上海大学,是国共合作创建的一所新型的革命大学,当年,共产党人在其中发挥了关键性作用。尽管它仅存在4年半的时间,但在中国马克思主义传播史上占有非常重要的地位。为了承担起系统传播马克思主义理论和培养革命干部的重任,1923年9月上海大学成立了社会学系。中国共产党早期马克思主义理论工作者李汉俊、瞿秋白、施存统、彭述之曾先后担任系主任。社会学系是上海大学学生最多、党团员最多的一个系,该系注重用马克思主义科学理论武装革命学生,有不少马克思主义理论工作者和党的领导人在该系上课。自李季接任系主任后,他先后在此开设两门课:《政治经济学》和《马克思主义》,分别以自己编译的《通俗资本论》和自己编著的《马克思生平及其著作和学说》为教材。

这里提到的《通俗资本论》一书,据1922年德文第4版译出。1922年5月2日李季在致蔡元培、胡适的信中提到将于课余开始翻译《通俗资本论》。[②]而早在2月14日,李季就该书版本选择及翻译计划向胡适作了汇报,并请他为其留意,如果国内已有人翻译就通知他,以免重复翻译。他在信中说:

> 将英文《资本论》与德文《资本论》对看,……英文《资本论》所分的句段与原文不相符,并且有许多不对的地方。德文《资本论》亦有两种,一种是昂格恩(Engels)所订正的,一种是考茨基所订正的(1914年),我将两种比较一下,觉得后一种最好(英文《资本论》是依据德文《资本论》第三版翻译的,但现在所流行的德文《资本论》都是第九版的订正本,

---

① 汪原放:《亚东图书馆与陈独秀》,南京:学林出版社,1983年,第167页。
② 李季:《李季信十四通》,耿云志:《胡适遗稿及秘藏书信》第28册,第79页。

这是指前一种),……可惜考氏所手订的《资本论》只有第一卷(他因应社会民主党请求,特订正此书,以便德国工人购读),并没有第二、三两卷。我来德的最大目的是研究马克思主义,现已购得马昂两氏的著作及他人对于马氏的评论等著作七十余种,计就是多本,行将加以缜密的研究,并拟于今年五六月时间始翻译《资本论》(真不容易翻译,我想国内必没有人着手译此书,但先生如有所闻,务希随时示知以免我自费劳力)。[①]

李译该书脱稿于1926年,[②]同年6月亚东图书馆出版,7月再版,1929年3版,1937年6月5版,1949年4月神州国光社、亚东图书馆又版,436页,32开。书末另附缩编者博治德的说明。全书共24章,另附《马克思危机说的本质》一篇。它按照原著的篇章结构,对马克思的《资本论》基本内容做了全面系统的介绍,既保持了原著的体系与方法,又对《资本论》的研究对象和基本观点做了准确精炼的诠释。作品注重把握原著的思想精华和理论精髓,用广大读者易于接受的表述方式,把深刻丰富的理论讲述得十分透彻,是一本出色的《资本论》普及读物。李季在翻译这部书的时候,上海大学差不多是共产党的党校,李季上课时就将《通俗资本论》作为讲义使用。

据亚东图书馆老板汪原放(1897～1980)回忆,这本书一经出版,立刻"有很多人来买,后来被禁止掉了"。[③]非常有趣的是,多年来,这部译作一直为许多著名共产党人所钟爱。据彭德怀(1898～1974)回忆:他在入党前只读过有限的几本关于马克思主义的书籍,其中就有《共产主义ABC》(布哈林著)、《通俗资本论》(李季编译)和《向导》《新青年》等进步书刊,而这本《通俗资本论》又系中国工农红军高级指挥员、军事家段德昌(1904～1933)所赠。[④]1926年,徐向前(1901～1990)辗转至当时的革命中心武汉,准备参加国民革命军出师北伐。此间,他常抽空阅读列宁的《二月革命》和《远方来信》,布哈林的《共产主义ABC》,李季翻译的《通俗资本论》等共产主义

---

① 李季:《李季信十四通》,耿云志:《胡适遗稿及秘藏书信》第28册,第76～77页。
② 其译序《马克思〈通俗资本论〉序言》发表在1926年3月25日《新青年》季刊第3期。
③ 汪原放:《亚东图书馆与陈独秀》,第106页。
④ 湖南省档案馆、湖南省平江县委党史办公室编:《平江起义资料集》(内部资料),1984年,第191页。

书籍。① 此外，后来成为红十三军政治部主任的柴水香（1903～1930，化名陈文杰）于1927年11月"大革命"失败后被俘，他在狱中先后啃读了蔡和森的《社会进化史》和李季翻译的《通俗资本论》等著作。② 另外，当年有"长衫红军"之称的周素园（1879～1958）在长征以前就潜心研读过《通俗资本论》等无产阶级政治理论著作。可以说，这部译著对于早期一批革命者的马克思主义知识的增进均有莫大的帮助。而该书在1949年再版，其意义就在于"民国三十八年就是新中国成立的1949年，就是说，李季的《通俗〈资本论〉》成为迎接上海新生活和中华人民共和国成立的礼物"。③ 总之，李季的译介为当时国人了解世界社会主义运动做出了重要贡献，也弥补了中国共产党创建时期理论准备不足的问题。

  1924年前后，时任共青团中央俄文翻译、湖南汨罗人任弼时（1904～1950）负责把翻译的有关文章在党和工会组织的刊物上登载。例如，他曾翻译过赤色国际工会总书记洛佐夫斯基（化名德里佐，1878～1952）所写《国际工人运动与职工国际第三次大会》，刊《中国工人》第2期；另外，他以"弼时"笔名翻译了列宁的《中国的战争》，刊《新青年》第4期；此后，他又以"辟世"之笔名与一峰（张若明）合编了《马克思主义浅说》，该书于1925年5月上海书店出版，系"中国青年丛书"第三种。任弼时除了自己亲自翻译外，后来在担任中共要职期间，还建议党中央翻译一些重要的国际共产主义的著作，这些都成为毛泽东阅读的重要文献。最典型的是1938年，任弼时向延安通报，莫斯科刚出了按照斯大林想法编写的《联共（布）党史简明教程》（即《苏联共产党（布）历史简明读本》，简称《联共党史》），建议中共中央立即组织翻译。几个月后，该书由甄里翻译发行。后来毛泽东读了该译本，并给予高度评价："《联共党史》是一本好书，我已读了十遍。奉劝各位也多读几遍。"④ 1941年5月19日，毛泽东在延安干部大会上作《改造我们

---

① 徐向前：《徐向前回忆录》，北京：解放军出版社，2007年，第32页。
② 《鄞县文史资料 第6辑 当代鄞籍国内人物专辑之一》（1993年），第216页。
③ 陈思和、王德威：《史料与阐释》贰零壹贰卷合刊本，2014年，第288页。
④ 中共党史人物传研究会编：《中共党史人物传》（第8卷），西安：陕西人民出版社，1983年，第48页。

的学习》的著名演讲,建议应"以联共党史为中心材料",研究马列主义,"其它一切为辅助材料",并称赞道:"《联共党史》是百年来全世界共产主义运动的最高综合和总结,是理论和实际结合的典型,在全世界还只有这个完全的典型。"[1]1942 年毛泽东更将该书称之为"马列主义百科全书",把它列入整风学习文献,以后又将其列入《干部必读》一类的学习丛书。正因如此,也实现了该书在中国语境里的经典化。

民国初年在翻译马克思主义方面还有一位留学海外的湘籍人士值得一提,那就是中国共产党早期领导人、中国国民党政界要员、后来沦为汉奸的沅陵人周佛海(1897～1948)。19 世纪末至 20 世纪初,资本主义在日本得到迅速发展,与此同时,社会主义思潮在日本也形成一股强大的时代潮流。此间在日本,村井知至的《社会主义》、西川光治的《人道主义社会主义之父——卡尔·马克思》、幸德秋水的《社会主义精髓》等书相继问世,同时马克思、恩格斯合著的《共产党宣言》等经典著作也相继翻译出版。处在这样的时代背景下,时值周佛海留学日本期间,他先后翻译了日本报社记者、评论家出生的室伏高信(1892～1970)有关社会主义的作品,其中包括 1920年 2 月 15 日他译室伏高信的《社会主义与劳动组合》,发表在张东荪主持的《解放与改造》第 2 卷第 5 期,同年 5 月 1 日、15 日,该刊第 2 卷第 9 期刊登了他译室伏高信的《工行社会主义之国家观》。除了室伏高信的作品之外,他还翻译了其他一些有关社会主义的论述文章,如 1921 年 1 月 1 日,他翻译了《劳农俄国底农业制度》,刊登在陈独秀主持的《新青年》第 8 卷第 5 号,同年 6 月 1 日,他翻译了日本山川均(1880～1958)所著《社会主义国家与劳动组合》,刊《新青年》第 9 卷第 2 号。1923 年 12 月 20 日,他又在该杂志第 10 卷第 2 期发表了一篇读书录《马克思之资本论》,同年,他还翻译了著名社会主义者、德裔美国人翁特曼(Ernest Untermann,今译欧内斯特·乌恩特曼)所著《马克思经济学原理》,商务印书馆出版,收入"新知识丛书"。该书据山川均日语版《アルケス経済学》(大橙阁 1921 年版)译出。周译全书共 20 章,计 552 页,书中以通俗的语言介绍了马克思《资本论》中的经济学

---

[1] 《解放日报》(1942 年 3 月 27 日)。

原理，包括马克思的历史唯物主义原理、劳动价值论、剩余价值理论、雇佣劳动与利润、前资本主义社会以及从封建主义到资本主义的经济转型等。该书为马克思《资本论》全三卷的概述，但以唯物史观考察人类历史的记述约占全书三分之二的篇幅，堪称以唯物史观写出的资本主义发展史。①

周佛海早年毕业于日本京都帝国大学经济系，读书期间就开始翻译学术著作，他始终关心资本主义社会中的政治经济学在中国的传播。当时，风靡国内学界的政治经济学著作莫过于河上肇（1879～1946）博士的《经济学大纲》。1902年，河上肇毕业于东京帝国大学法科，1903年任东京大学农科大学讲师，翌年晋升副教授，后留学欧洲，1905年开始接触马克思的思想，随后主要从事马克思主义经济学研究，成为著名的马克思主义经济学家。而本来就对西洋历史和当时国际形势极感兴趣的周佛海，负笈东渡，正是要追随河上肇，想进一步研究马克思主义。从在鹿儿岛第七高等学校研读马克思、列宁著作算起，周佛海是国内排得上号的老资格马列专家，尤其是在鹿儿岛第七高等学校，"第一年除学功课以外，专门只看社会主义的书籍；国际问题的书籍"，②而且"看到共产主义和俄国十月革命的书籍，对共产主义不觉信仰起来"。③这样，他自然对社会主义理论思潮框架内的政治经济学有独到的理解。从他翻译翁特曼的《马克思经济学原理》（1923）以及他译波格达诺夫的《经济科学概论》（1927）、校译野村兼太郎等著的《各国经济史》（1929）来看，都是从社会形态切入，以原始生产手段为开端，隐约地包含着社会进化的庞大构想。由于周佛海无条件地接受了河上肇阐述的"早熟的社会革命"这种不成熟的理论，而非河上肇学说中的马克思主义真谛，又机械地将中国当时的国情与英国产业革命时期的状况牵强比附，进而断言中国不能进行社会主义革命。他的思想亦发生了很大变化，从共产主义信仰者变成了共产主义敌视者。后来他投身政治，起起伏伏，最终沦为汉奸，为人

---

① 翁特曼的这部著作，另有人民出版社计划出版杨寿译本，但未能实现。
② 当年周佛海翻译六、七万字的《社会问题概观》便系这一研究的产物。此书还获得稿费一百二十元。参见周佛海：《周佛海回忆录》，台北：龙文出版社股份有限公司，1993年，第16页。
③ 周佛海：《扶桑笈影溯当年》，《往矣集》，上海：平报社，1945年，第33页。

不齿。但是,他早年在从事政治活动之余零星译介数册政治经济学著作仍然是弥足珍贵的,与他的老师河上肇的著作一起,成为马克思主义经济学在中国传播的重要一环。1929年6月,周佛海还参与校阅过李膺扬(即杨贤江,1895～1931)译恩格斯的《家庭、私有财产及国家之起源》(又名《家庭、私有制和国家的起源》,新生命书局)。这也是该书的第一个中文全译本,列入"社会科学名著译丛"。总的来说,早期周佛海在传播马克思主义方面,其贡献还是不容忽视的。

自1921年起,平江人佘叔奎陆续翻译了一些马克思主义和共产国家的文献。是年7月15日,他编译了《第三国际成立之因果》,刊《时事月刊》第1卷第6期。1928年,他又翻译了日本河野密著《马克思国家论》,太平洋书店出版,收入"社会问题丛书"。全书共7章,分别是:序言;马克思国家观的轮廓;无国家的社会;国家死灭的过程;独裁与德谟克拉西;左派 右派 中央派;结论。1928年,佘叔奎共翻译了好几本书,均收入"社会问题丛书",他选译的《马克思国家论》,显然是从"社会问题"方面着眼的。

同期,湘潭人罗亦农(1902～1928)亦翻译了若干马克思主义文献。1921年冬,罗亦农在莫斯科东方大学学习时转为中国共产党员,并被推选为中共旅居莫斯科支部书记,还兼任中国班的唯物论教师和翻译。罗亦农在出国前就有一定的俄文基础,到莫斯科东方大学后,由于学习认真,刻苦钻研,很快便能直接听懂教师的讲课和阅读俄文报刊书籍。《俄国共产党(布)第十一次代表会议政治报告》等列宁著作刚一发表,他拿到手就能阅读并口译成中文,讲解给同学们听。他与任弼时等几个俄语基础较好的同学一起,对《政治经济学》《社会发展史》等课本中一些较难理解的名词术语反复推敲,突破翻译中的难点。1923年6月15日,罗亦农以"亦农"之笔名编译了华尔嘉(E. Varga)的《世界革命中之农民问题》,刊《新青年》第10卷第1号"共产国际号"。自1924年由东方大学留学归来后,罗亦农又与人合译了尼古拉·布哈林(Nicolas Bukharin)的《共产主义ABC》和其他理论著作。另外,大约在1925年2月,《真理报》特别登载了一篇题为《托洛茨基十大罪状》的长文,这篇文章是由罗亦农刻意翻译给中国同志的,该文对于统一时人的认识起到了一定作用。

在翻译俄共文献方面值得一提的则是原同盟会会员、著名的国民党左翼人士、长沙人张西曼（1895～1949）。1911年1月，张西曼来到海参崴，考入俄国东方语文专科学校（莫斯科东方劳动者共产主义大学的前身）攻读政治经济学，期间曾赴彼得堡、莫斯科等地考察，并开始接触俄国革命党人和马克思主义著作。1918年，张西曼赴苏俄考察"十月革命"期间开始着手翻译列宁起草的《俄国共产党党纲》；1919年7月回国，随即进入北京大学图书馆工作，联合李大钊、陈独秀等组织了马克思主义研究会。1920年8月出版了《俄国共产党党纲》单行本，计39页。与之共同面世的还有陈望道翻译的第一个中译本《共产党宣言》。同月，陈独秀发起成立了上海共产主义小组。可以说，"《俄国共产党党纲》与《共产党宣言》的中译本同时公开出版，且与上海共产主义小组同步，有着极大的象征意义，预示着中共的行将诞生。"[①]

1922年1月，张西曼以"希曼"笔名翻译了《俄国共产党党纲》，由陈独秀为首的中共中央机关设在广州昌兴新街的广州人民出版社推出，为"康民尼斯特（即"共产主义"的音译）丛书第二种"。该书自"总纲"以下共十五条，全文从右及左用繁体字竖行印刷，开篇写的是"俄国共产党（多数党）党纲"，第二行写的是（一九一九年三月十八日至二十三日第八次会议时可决案）。全书共47页，涉及党纲部分就有40页。《党纲》目录如下：一、总纲；二、普通政治范围；三、民族关系的范围；四、军事范围；五、裁判范围；六、人民教育范围；七、宗教的关系范围；八、经济范围；九、乡村经济范围；十、分配范围；十一、货币和银行事业范围；十二、财政范围；十三、居住问题的范围；十四、社会安全劳动保护的范围；十五、人民康健的保护范围。"总纲"部分说明俄国共产党原名是社会民主党。《俄国共产党党纲》正文后还有三页，分别印有《人民出版社通告》，以及《马克思全书》15种、《列宁全书》14种、《康民尼斯特丛书》11种及"其他"9种四部分共49种书的目录。[②]

众所周知，1920年12月底，陈独秀应陈炯明之邀抵达广州，1921年1月中旬担任广东省教育委员会委员长，暗中从事组建共产党的地下革命活

[①] 何兰：《张西曼与早期马克思主义的传播》，《民主与科学》2017年第5期，第60页。
[②] 张小曼：《寻找张西曼译〈俄国共产党党纲〉早期中译本》，《党的文献》2002年第3期。

动,此后才有"南陈[独秀]北李[大钊]"建党之说。而且也像有人说的:"早期的《中国共产党党纲》是参照《俄国共产党党纲》等国际上其他各国共产党党纲所制定的,而《俄国共产党党纲》和《中国共产党党纲》这两本书除了一个是'俄',一个是'中'名字不同以外,其中关于共产党的最高纲领、组织路线、奋斗目标等内容基本一致。"① 另一个原因在于:"当时的中国共产党正处于幼年时期,对党的纲领有研究的人很少,没有很高的理论水平,还不知道怎么把马克思主义的革命理论与中国革命的具体实践相结合,尚不具备写出有分量和详尽的《中国共产党党纲》的条件,只能'以俄为师',因此《俄国共产党党纲》中译本就顺应历史的需要而产生了。"② 因此,这部《俄国共产党党纲》中译本的出版意义重大,它不仅代替了当时不能公开出版的《中国共产党党纲》,在中国有力地传播了马列主义,而且为孙中山先生改造国民党提供了参考,为确立联俄、联共、扶助农工三大政策奠定了基础,尤其是它为中国共产党的创立提供了借鉴,更为马列主义、共产主义思想的传播建立了不可磨灭的历史功勋。这本书在20世纪20年代多次再版,仅1922年1月就印行了3000册,③ 中国共产党成立前后印行6版,发行数万册,④ 至今在俄罗斯国家图书馆、法国里昂市图书馆和中国国内分别保存有张西曼翻译的《俄国共产党党纲》1922年版、1926年再版和1927年第6版等共计11本书。⑤

1922年2月,浏阳人罗章龙(1896~1995)曾以"罗璈"笔名与商承祖(1879~1975)合译了新康德主义哲学家、德国社会民主党成员卡尔·福尔伦德(Karl Vorländer)所著《康德传》,中华书局出版。该书在20年代曾印行多次,"为当时国内《康德传》中文本唯一译著";⑥ 到1986年9月又由商务印书馆再版,题作《康德生平》。另外,他还译有《马克思传》和康德的著

---

① 张小曼:《寻找张西曼译〈俄国共产党党纲〉早期中译本》,《党的文献》2002年第3期,第93页。
② 张小曼:《寻找张西曼译〈俄国共产党党纲〉早期中译本》,《党的文献》2002年第3期,第94页。
③ 据1922年6月30日陈独秀给共产国际的报告。
④ 分别印于1922年、1923年、1924年、1926年、1927年。
⑤ 张西曼著,李长林、张小曼编:《张西曼集》,长沙:湖南人民出版社,2010年,第328~329页。
⑥ 罗章龙:《逐臣自述——罗章龙回忆统稿》,台北:九歌书坊,2015年,第39页。

作《逻辑学》《纯粹理性批判》《实践理性批判》等。罗章龙于1918年夏随毛泽东等20余名新民学会会员从湖南来到北京,9月入北京大学预科德文班学习。罗章龙在北京大学读书期间,北京大学一些具有开明先进思想的教授和学生成立一个以研究和传播马克思主义为主的新思潮团体,取名"亢慕义斋",谐德语"共产主义"音;"斋"者,室也。"亢慕义斋"当有"共产主义小组"之义。[①]"亢慕义斋"译介的西书,自然是以马克思主义为主。学会活动主要有三方面:一是组织会员学习马克思主义;二是组织会员翻译马克思主义著作;三是组织讲演活动。而他们"译书的目的和学习的目的是为了得到思想武器改造中国"。[②]罗章龙参加了这个研究会。当时研究会设有一个翻译室,下设英文、德文、法文、俄文、日文五组。[③]罗章龙所在的这个组有七、八人是学习德文的,由他任组长,曾翻译过《共产党宣言》和《资本论》第一卷,并集体推出过一本从德语翻译过来的《共产党宣言》油印本。遗憾的是,这个油印本没有保存和流传下来。

后来据罗章龙回忆:

> 我想,一九二○年毛主席到北京时,大概已有一个《共产党宣言》的油印本了,也可能不是全译本。我还记得,《共产党宣言》很难翻,译出的文字不易传神,所以当时翻译的进度很慢。如《宣言》的第一句话,"有一个幽灵,共产主义幽灵,在欧洲徘徊"。大家就议论说,"幽灵"这两个字不太好,但又找不到比这更适合的词句。有个同志说,直译,然后把意思作一个说明。在那时,我们还认为"幽灵"在汉语中是一个贬义

[①] 该会成立于1920年3月,发起者19人,均为北京大学学生。1921年11月17日《北京大学日刊》登出马克思学说研究启事,并列有发起者19人名单,其中湖南籍会员10人,其姓名及所在院系与身份如下:邓中夏(中文系三年级学生,共产党员)、罗章龙(文学院本科一年级学生)、吴汝铭(法学院学生,长辛店工人补习学校教师,后为共产党员)、黄绍谷(文学院学生,共青团员,后加入国民党)、杨人杞(文学系学生)、李梅羹(德文班学生,共产党员)、宋天放(文学院学生,后为共产党员)、何孟雄(政治系旁听生,共产党员)、朱务善(法学院学生)、范齐韩(法学院学生)。

[②] 罗章龙:《回忆北京大学马克思学说研究会》,《新文学史料》1979年第3期,第14页。

[③] 其中湖南籍成员有:英文组易克嶷(庚甫,湖南长沙人)、法文组肖植蕃(肖三,湖南湘乡人)、罗海潮(湖南浏阳人)、日文组贺天健(王符,湖南浏阳人)、德文组罗璈阶(章龙,湖南浏阳人)。参见罗章龙:《康德传重版序》,卡尔·福尔伦德著:《康德生平》,商章孙、罗章龙译,北京:商务印书馆,1986年,第iv-v页。

词,在德文中"幽灵"这个词也就是"鬼怪"的意思,我们还认为"徘徊"这个词也不好,因为它没有指出方向。所以后来我们加以说明,"欧洲那时有一股思潮,像洪水在欧洲泛滥,这就是共产主义。"类似这样的说明,在译文中大约有七、八处之多。[①]

1923年3月,北京工人周刊社出版了罗章龙以"文虎"署名编写的《京汉工人流血记》,书中曾转载过这个《共产党宣言》中译本的几段文字。这本小册子写于"二七"大罢工刚刚失败时,曾在1923年6月中共"三大"会上散发。该书仅北京出版就印行5000册,后改由广州复印多次,先后在北京、上海、广州分区发行。前后共印15次,发行量15万册,畅销南北,远及日本、南洋各地,在当时产生过很大的影响。[②]此后,他们又在李大钊的号召下开始翻译《资本论》。最初,大家觉得很难,啃不动,于是他们便请德文老师帮着讲。当时大家是硬啃,实在不懂的地方,就把难点绕过去。后来他们把《资本论》第一卷译稿交给了教经济学的老师陈启修(1886～1960,后改名陈豹隐),他说日本人译的《资本论》,有些地方译得不是很合适,再从日文译成中文,更走神。后来由这位老师参照他们的本子,直接从德文译出来,当时也印刷出版,但不流行,这个本子是在王亚南本子之前。

1927年至1937年是中国第二次国内革命战争时期,在白色恐怖的气氛中,马克思、恩格斯著作的翻译和出版工作仍然取得了巨大成绩,同时也有众多的翻译著作流入湖南。1928年,曾自费留学日本,先学政治经济,后专攻农业的邵东人刘宝书(1890～1969)在太平洋书店出版了三部与农业相关的译著。其一是他译的《马克思与列宁之农业政策》,该书介绍资本主义社会农民的地位,论述无产阶级政党与农民,日本农民组合与政治运动等问题。其二是他译日本庄原达著《农民与政治运动》,全书共5部分:资本主义社会之农民地位;由经济斗争而进展到政治斗争;日本农民组合与政治运动;既成政党与农民政策;物产政党与农民问题。该书1928年3月出版,同年9月再版,封面署"中国国民党中央党部审查"字样。其三是他译日本堀江归一

---

① 罗章龙:《回忆北京大学马克思学说研究会》,《新文学史料》1979年第3期,第14页。
② 该书1981年10月由河南人民出版社再版时更名为《京汉铁路工人流血记》。

著《失业问题》，计 78 页。这些均收入该社推出的"社会问题丛书"。此外，他还翻译了日本上田贞次郎著《产业革命史》，1928 年 3 月太平洋书店出版，同年 10 月再版。该书简述英国产业革命的源起、意义、经过，当时英国劳工的状态，贵族和实业家、保守党、自由党等社会支配势力、阶级、集团的态度，以及 19 世纪末叶英国的社会主义和社会政策。除此之外，他还翻译了日本上田贞次郎著《产业革命史》，1928 年 3 月太平洋书店出版，同年 10 月再版。

1929 年 10 月，醴陵人汪士楷（1894～1958）以"杜竹君"笔名翻译了马克思的《哲学之贫困》，水沐书店出版。原书写于 1847 年，旨在批判普鲁东（1809～1865）在 1847 年发表的《贫困的哲学》。这部重要的著作是马克思主义学说最早发表的文本，马克思主义的新世界观与马克思主义经济学的"决定性的东西"，都是通过这一文本第一次公开问世的，是马克思的名著之一。杜译该书是根据马塞尔·吉雅（Marcel Giard）刊行的法文本翻译的，共二章：科学上的一种发现；经济学之形而上学。书前有昂格斯（恩格斯）序、德译第二版序、马克思的原序、译者附言（1929 年 6 月 15 日）。书末有附录三个：卡尔·马克思对于蒲鲁东的批评；约翰·葛雷及其劳动券的理论；自由贸易问题。该书 1930 年 10 月再版。

20 世纪 20 年代末，郴州汝城人朱应祺、朱应会兄弟除了翻译《劳动经济论》（北泽新次郎著）外，还翻译了几部有关马克思主义的著作，均由泰东图书馆出版，收入"马克斯研究丛书"。具体译著如下：

《马克斯的工资价格及利润》，马克斯著，1927 年 4 月出版，收入"马克斯研究丛书"第四种。原书是马克思 1865 年 6 月 26 日在国际劳动总务委员会席上的一篇演说文章，两年后即 1867 年《资本论》第一卷出版。本书原稿为英文，题作 Value, Price and Profit，是马克思死后所见的译稿，不是生前出版的，编订分节都是由马克思的女儿伊利诺（Elenor Marx Aveling，今译爱琳娜·艾威林）及他的女婿爱底瓦德（Edward Aveling，今译爱德华·艾威林）二人完成的。本书根据本斯泰因（Eduard R. Bernstein，今译爱·伯恩斯特）的德译本译出。该书 1949 年 7 月由世界文化出版社再版，题作《工资、劳动与资本》，封面署"马克思著、朱应会译"，发行人为陈独秀，收入"马列主义书丛"。

《马克斯的民族社会及国家概念》，德国柯诺（Heinrich Cunow）著，

1928年出版，收入"马克斯研究丛书"第一种，译自柯诺所著《马克思之历史社会及国家理论》一书中的第2卷第1章。本书论述了民族概念及形成，民族团体和宗教团体，民族感情和阶级差别，民族和国家的关系，以及民族国家等问题。1937年1月，该书被国民党政府列为查禁书籍，理由是它属于"共党理论刊物"。①

《马克斯经济概念》，德国柯诺著，1928年出版。全书共9章，分别是：马克斯之经济概念；生产与交换；生产关系之意义；生产力与生产条件；经济生产过程之构成要素；地理的生活区域；社会的劳动过程之技术；技术和生产方法之区别；综合技术与个别技术。本书内容通俗易懂，是一本了解马克思经济概念的入门书。

《马克斯伦理概念》，德国柯诺著，1928年出版。该书译自著者《马克思的历史、社会及国家论》一书的第二卷第9章《马克思主义与伦理》。全书分11章：道德的根本法则有永久性吗；普遍妥当的道德原理成立的主要动机；马克思与道德哲学（道德的形而上学）；羞耻感情的起源；原始婚姻道德的起源；杀子是道德的行为吗；杀父母的道德的评价；康德道德法则的基础及假定；康德与马克思的道德理论；社会道德、阶级道德及国家道德；康德道德法则对于阶级道德的关系。作者根据马克思的唯物史观说明道德法则的非永久性，并从人类学、人种学及民族学的角度说明道德法则随着生活条件的变化而变化，批驳了康德的"永久的最高道德原理"，指出了新康德派的康德伦理学来补足马克思主义理论的不彻底性。

总的来看，20世纪20年代湘籍人士参与翻译马克思主义著作者众多，同时也兼及工人、农民运动和农业政策等问题。这些译家中的不少均为共产党人，且不乏中共的缔造者，也有老同盟会会员、国民党左翼人士。他们翻译这些著作虽然有欠系统，但其目的性强，那就是这些理论能够直接用于指导中国的革命实践，并对早期一批无产阶级革命家的思想形成产生过深刻的影响，因而其意义不同一般。

---

① 张克明辑录：《第二次国内革命战争时期国民党政府查禁书刊目录（1927.8—1937.6）》，《出版史料》第3辑（1984年），第154页。

第二节 马列著作早期翻译大家——李达

在早期中国马克思主义的传播中,有"三李"(李大钊、李达、李汉俊)并称之说。"三李"的学说各有特色。李大钊主要宣传唯物史观;李汉俊以宣传马克思主义经济学说见长;李达则以科学社会主义为切入点,比较系统和完整地传播马克思主义。

李达(1890~1966),字永锡,号鹤鸣,零陵(今永州)人,是中国最早传播和研究马克思主义的先驱之一,也是一位普罗修斯式播火者。

相对于其他湘籍译家,李达翻译马列主义著作要更为丰富,更为系统。这位被毛泽东称为"真正的人",1905年入读零陵蘋洲中学,1909年入读京师优级师范学堂(北京师范大学前身),1911年因北京优级师范停办,他于次年考入湖南工业专门学校,两个月后转入湖南高等师范(后来这两所学校均并入湖南大学,是湖大的前身)。1913年他又考取官费留学日本,1918年与龚德柏等学生代表回国,参加抗日救亡运动,后再次东渡日本,刻苦钻研马列主义。1919年6月第三次赴日,放弃理科,专攻马克思主义理论,同时他开始从日本书籍和报刊中学习马克思列宁主义。1920年他曾一度担任全国学生联合会理事,接替前任姚作宾。同年,他与陈独秀发起组织中国共产党(后被称为中国共产党上海发起组),参加上海共产主义小组(1921年2月他担任代理书记职务,负责全面工作),主编中共第一个党刊——《共产党》月刊。1921年出席中国共产党"一大",被选为中央宣传主任。后任湖南自修大学校长。曾参加北伐革命,失败后,长期在武汉、上海、北京、湖南等地的大学任教。1923年秋,李达本人因在国共合作的问题上与陈独秀意见分歧,便脱离了共产党,直至1949年12月经毛泽东亲自批准重新加入。在这段时期他一直从事马克思主义理论研究、翻译与介绍,他在传播马克思主义的过程中,翻译了《唯物史观解说》《马克思经济学说》《社会问题总览》等,对马克思主义理论的三个组成部分均有涉及。另外,他还翻译过众多马克思主义著作和论文,为马克思主义在中国传播做出了重大贡献,尤其是对毛泽东等人的哲学思想形成产生过重要影响，以至于毛泽东一再称他是"理论界的鲁迅"，"在理论界跟鲁迅一样"。① 另外，作为一位赞助人在出版同仁翻译马列著作方面做出了诸多努力。不过，李达采用的多是间接翻译策略，也就是他所翻译和介绍的马克思主义著作绝大部分不是马克思本人所作，它们实际上是由一些马克思主义者著述介绍马列主义的著作，这些著作分别探讨了妇女解放、俄国的社会主义、马克思的经济学说等方面问题。李达的这种选材翻译方式也代表了早期中国译介马克思主义的主要特点。

李达通晓日、英、德、俄4种外语，这样就为他从事翻译带来了诸多便利。在他早年的译述生涯中，多是采取转译的形式，而他的首选原文是日译文，这与他早年留学日本的背景有关。不过，他在翻译中又能参照英、德两种文字的译本，从而能确保他理解和翻译中的准确性。现能找到李达最早的翻译著作是1920年所译日本高柳松一郎著《中国关税制度论》，1924年商务印书馆出版，后于1927年10月再版，收入"经济书社丛书"之五。② 李达由日文本翻译和阐释马克思主义著作的活动始于1918年，这年5月，他与黄日葵、龚德柏、阮湘等率领留日学生救国请愿团回国，抵达北京，与北京大学邓中夏、许德珩等爱国学生领袖联络，共同发起对段祺瑞政府的示威请愿运动。6月，救国请愿失败，随即第三次东渡日本，回到东京。此次，他完成了自己人生中最大一次转折，毅然决定放弃理科学习，师从日本著名的马克思主义学者河上肇（1879～1946），专门攻读马克思、列宁主义著作。在此，"他如饥似渴地学习了《共产党宣言》《资本论》第一卷、《〈政治经济学批判〉宣言》《国家与革命》等马列著作以及介绍马克思主义的唯物史观学说、剩余价值学说和阶级斗争学说的书刊"，③ 很快成了马克思主义的信奉者和宣传者。自1919年秋至1920年夏，在不到一年的时间里，他花了大量的精力翻译《马克思经济学说》《社会问题总览》《唯物史观解说》等三部介绍马克思主义的名著，并寄回国内出版。这三部著作分别涉及马克思主义的社会主义学说、唯物史观学说和政治经济学说三个组成部分，它们均于1921年由中华

---

① 唐春元：《毛泽东与李达》，北京：中央文献出版社，2003年，第260～261页。
② 后有台北文海出版社1976年影印本。
③ 宋镜明：《李达》（"中共一大代表丛书"），石家庄：河北人民出版社，1997年，第15页。

书局出版。其中,《社会问题总览》和《唯物史观解说》被收入当时主张宣扬西方思潮的"新文化丛书"。在当时中国有关马克思学说论著极少的情况下,这些译著起到一定的启蒙作用。

《马克思经济学说》由德国考茨基著,是著名的马克思主义通俗著作,早在李达之前曾有人翻译过此书,李达译本是第二个中译本。由于他的翻译质量上佳,故而在1922年2月6日,李大钊在《马克思主义学说研究会通告》中,就将李达所译《马克思经济学说》列为阅读书籍之一。[①]李达译本不仅对传播马克思主义政治经济学具有重要意义,也有助于传播唯物史观。后来该书多次再版。

《社会问题总览》由日本高畠素之(1886～1928)著,大正九年(1920年)1月公文书院出版。作者高畠素之为日本著名的社会主义思想家、《资本论》的日译者。原拟依据原著章节出四册,即刘正江译《社会政策》、李达译《社会主义》、正树译《劳动组合》、正格译《妇人问题》,[②]但最后由李达全部翻译。李达译本共分3册,488页,32开,约21万字,收入"新文化丛书"。该书自1921年4月初版发行,至1932年8月,共出11版。在这部关于社会主义运动的著作中,不仅有专门阐述马克思主义哲学的章节,而且其他一些篇章也涉及马克思主义哲学的学理。据著者说:这部著作的写作目的是"在希望根本地解决社会问题"而"提供最好的研究资料",其"大纲"在于"网罗"劳动问题、妇女问题、社会政策和社会主义四个方面,因而写了"社会政策""社会主义""工会""妇女问题"等四篇,共20章,以工业和劳动问题为中心,详细论述了欧美各国和日本的社会政策、社会理论和社会运动。它是当时学习科学社会主义的一部难得的好书。尽管该译本有失准的地方,但它概述社会主义理论简明扼要,故而同一时间又出现其他一些译本。[③]

《唯物史观解说》由荷兰社会民主派领袖郭泰(即赫尔曼·果特,Hermann Gorter)著,考茨基作序推荐,并建议读者将此书与他的《伦理与唯物史观》

---

① 《马克思学说研究会通告》(四),载《北京大学日刊》(1922年2月6日)。
② 参见1920年7月1日《解放与改造》第2卷第13号之广告。
③ 由于原著(第二编 社会主义)解说理论简明扼要,其他译者也颇多,其中商务印书馆也有盟西译本,题作《社会问题详解》(1921年4月版)。据1923年12月《中国青年》第9、10号恽代英《研究社会问题发端》《研究社会政策》评论,盟西译本比此前的李达译本翻译得准确。

一书对照阅读。李达译本于1921年5月由中华书局出版,收入"新文化丛书"。①全书共14章,计6万字。1925年第5版,至1932年重版14次。这是一部为劳动者而写的"词义浅显,解释周到"②的通俗著作,着重宣传了唯物史观的基本原理。该书曾由日本学者堺利彦(1870～1933)从德文译出,题作《唯物史观解说》(1920年大镫阁版),但日译本里"缺字的地方太多,还有柯祖基(即考茨基)的序文和艺术一章,结论一章,未曾译出。"该书是当时系统诠释马克思主义的为数不多的著作之一,堺利彦在序中称:"直至几年前,该书始终被看作是同类著作中惟一较通俗的。"据译者自称:在翻译的过程中曾得到了李汉俊的帮助,将德文本和日文本两书加以对照,缺的地方予以补充完善。早在1920年12月,译者还因翻译问题致信堺利彦,"询问其载于《改造》杂志文中所略者为何字",信是通过施存统转交的。③李达的"这本书可算是完全译本"。译本前有考茨基写的序,还有一篇可能为李达所写的《马克思唯物史观要旨》,翻译了马克思和恩格斯关于唯物史观的重要论述,其主要部分是翻译马克思《〈政治经济学批判〉序言》中关于唯物史观那段著名的论述。此前,李大钊曾在《我的马克思主义观》一文中,从河上肇的著作中转译过马克思这段著名论述,而李达不仅重译了这一段,还加译了马克思的那段说明,译文更完整。这一部分是恩格斯1888年1月为出版《共产党宣言》英文版写的《序言》中的两段话,说明贯穿《宣言》中的核心思想——唯物史观的基本原理,这些原理主要是由马克思发现的,其对历史学的贡献具有重要的意义。

可以说,李达翻译的这些著作,特别是《唯物史观解说》,在中国共产党筹建中适时出版,对于用唯物史观武装中国共产主义者、革命者和劳动者,使得中国共产党奠基在马克思理论基础上,起到了积极的历史作用。中共"一大"召开前夕,沈泽民发表了《看了郭泰的〈唯物史观解说〉以后》,认为这部著作的翻译出版,绝不是思想界的一件小事,20世纪的中国一定有

---

① 同年商务印书馆出版了陈博贤的译本。
② 李达:《译者附言》,[荷兰]郭泰著:《唯物史观解说》,李达译,上海:中华书局,1921年,第7页。
③ 《施存统口供》,[日]石川祯浩著:《中国共产党成立史》,第370页。

许多人感谢李达所完成的工作。他指出，马克思创立的劳动运动哲学，不仅"迸出了赤俄共产党的革命之花"，而且"把潮流卷入素不相干的中国"。"马克思是解释他自己所走的命运之路来给我们听，我们听了以后又觉得怎样呢？"① 这篇读后感文章正好点明了李达所译的意义。而署名"冰冰"的某人在《一个马克思学说的书目》中将这部译作与刘宜之著的《唯物史观浅释》列为当时重要的必读书，并向读者建议说，《唯物史观解说》是"荷兰人郭泰为荷兰的劳动者作的，内分十四章，前有德国考茨基的序文，末附《马克思唯物史观要旨》一篇，可与《唯物史观浅释》第五章参看。本书把唯物史观的真理说得又简单又明瞭。"② 总之，对于当时社会中探求真理的人们来说，李译《唯物史观解说》无疑成了他们了解和学习马克思学说最及时的著作之一，"这对建党作思想理论准备也是有意义的。"③

事实上，在这些译著出版之前，李达还有众多的译作发表。1919 年 10 月，李达以"李鹤鸣"（号）之名发表译文《法理学大纲》（穗积重远著），刊《解放与改造》杂志第 1 卷第 3 期。译文单行本于 1928 年由商务印书馆以"法政丛书"之一出版。全书共分 12 章，分别论述了法理学的意义、派别，以及法律的进化、本质、形式和本位等问题；1935 年 1 月又出第 2 版。正是由于这本书的翻译，为 1947 年他在湖南大学编写《法理学大纲》这部用马克思主义观点对历史和现实的法学现象作出科学剖析的课程讲义积累了经验。

自 1920 年起，李达为了划清科学社会主义与其他社会流派的界限，从思想上清除建党的障碍，争取那些爱国、进步要求而一时接受了其他思想派别影响的人，扩大马克思主义的阵地，在报刊上发表了大量的论文和译文，对无政府主义、资产阶级改良主义、第二国际的修正主义等思潮进行了深刻批判。众所周知，中国共产党最初是按照俄国布尔什维克的样板建党的，也是在共产国际的直接帮助下建党的。1920 年 11 月 7 日"十月革命"第三周年纪念日《共产党》月刊的创刊，到 1921 年 8 月后停刊，李达一直担任该刊的

---

① 载《国民日报》"觉悟"副刊（1921 年 7 月 1 日），作者署名"泽民"。
② 载《中国青年》第 24 期（1924 年 3 月 29 日），第 7 页。
③ 曾勉之、段启咸：《李达对翻译出版马列经典著作的贡献》，中共中央马克思恩格斯列宁斯大林著作编译局马恩室编：《马克思恩格斯著作在中国的传播》，北京：人民出版社，1983 年，第 20 页。

主编。月刊无目录,也未详细划分栏目,大致有三部分:一是社论性"短评";二是论文;三是信息传递,设"世界消息"和"国内消息"两种。期间,他特别注意宣传列宁的建党学说,介绍"十月革命"经验,报道国际工人运动等。他除了在该刊发表自己的著译文章外,还发表同仁不少的文章,其中就刊登了震寰译列宁在联共(布)"九大"的演说词《俄罗斯的新问题》《列宁的著作一览表》和亚瑟·毛里斯(Arthur Marius)的《共产党未来的责任》,[①] P 生(沈雁冰)译《共产党的出发点》、列宁的《国家与革命》第一章,列宁起草、为第三国际第二次代表大会所通过的《加入第三国际大会的条件》,以及《美国共产党党纲》《美国共产党宣言》和美国劳动共产党印行的《红宝石》[②] 等文献,"无疑都是创建共产党的重要指针"。[③] 这些不仅意在介绍列宁的建党学说、俄国"十月革命"的经验以及国际共产主义运动的情况,而且着意于奠定建党的思想理论基础,用唯物史观批判反马克思主义思潮,探讨中国革命问题。其中宣传列宁主义的不少文章译自《俄罗斯苏维埃》,而《中国与革命》节译是最早发表的列宁这部重要著作的中译文。于是,这些翻译"改变了上海的共产主义运动,使其由对马克思主义学说的学术性质研究,变为对列宁式运动论和组织论的吸收。"[④] 值得指出的是,《共产党》月刊在社会上广为流传,最多时发行量达 5000 份,是全国各共产党早期组织的必读教材,对宣传马克思主义具有重大意义,特别是它为各地共产党组成统一政党起到巨大的推动作用。这份最早的中国理论刊物深得共产主义者和思想激进人士的好评。毛泽东在 1921 年 1 月 10 日给蔡和森的信中高度赞扬《共产党》月刊"颇不愧'旗帜鲜明'四个字"。[⑤]

1921 年是出版马克思主义著作非常困难的一年,却是李达零星发表译文较集中的一年。是年 4 月 1 日,他在自己参加编务工作的《新青年》第 8

---

① 该文译自伦敦《共产主义者》(*The Communist*)刊物 1920 年 8 月 5 日第 1 号,原题"The Task Awaiting the Communist Party"。
② 美国劳动共产党员吉乐在美国法庭与法官的辩论。因这篇辩论是"一篇大红色的文章,好像一块大红宝石,放在大红色的宝箱中",故名《红宝石》,由天柱中译,连载于《共产党》月刊第 5、6 号。
③ [日]石川祯浩著:《中国共产党成立史》,第 46 页。
④ [日]石川祯浩著:《中国共产党成立史》,第 47 页。
⑤ 中共中央文献研究室编:《毛泽东书信选集》,北京:人民出版社,1983 年,第 15 页。

卷第6号"俄罗斯研究"专栏发表《俄国农民阶级斗争史》(佐野学著)、《劳农俄国的结婚制度》(山川菊荣著)等译文,均署名李达。接着,他又在《共产党》月刊第3号发表《全欧共产党及独立社会党之联席会议》《劳农俄国之劳工会议》等30则报道国际共运的消息,均署名江春。同年5月,他在《新青年》第9卷第1号发表《从科学的社会主义到行动的社会主义》(山川均著)译文,署名李达,而这篇文章"就是山川均1921年为《新青年》写的"。[①]该文又载同年7月8日《民国日报》。李达在《附识》中指出,这篇文章是山川均特意为本杂志所作,是介绍行动社会主义"一篇最切要的最有效的文字"。同月,他在《少年中国》第11期发表所译《唯物史的宗教观》(赫尔曼·高特[Hermann Gorter]著),译自《唯物史观解说》第10章"宗教与哲学"。6月1日,他在《新青年》(广州)月刊第9卷第2号发表所译《列宁的妇女解放论》,该文摘译自列宁的《劳农俄罗斯中劳动的研究》之一节。同月,他在《妇女杂志》第6号发表译文《绅士阀与妇女解放》(山川菊荣著)。7月1日,他在《新青年》第9卷第3号发表《劳农俄国的妇女解放》(山川菊荣著)之译文。通过这些译文,李达较全面地介绍了苏维埃俄国的政治、经济、文化、教育以及工运、农运、妇女情况,以此帮助中国共产主义者坚定地走"十月革命"的道路。1921年10月,中共创办了第一所培养妇女干部的学校——上海平民女校,李达兼任该校教务主任,并为学员讲授马克思主义理论,大声疾呼"平民女学是到新社会的第一步"。此间,他又编译了一系列关于妇女问题的文章,用唯物史观论述妇女解放问题。10月5日、12日,李达又以"鹤鸣"笔名发表译文《社会主义的妇女观》(山川菊荣著),刊《民国日报》副刊《妇女评论》第10、11期,文章论述了从蒙昧时代到文明时代,从奴隶制度、封建制度到资本主义制度以来妇女地位的演变,指出妇女问题归根到底还是经济问题,只有从事社会主义运动,妇女才能得到真正的经济独立。

  中共"一大"以后,鉴于当时国内同仁多注重实践,不注意研究,李达觉

---

① 值得指出的是,1921年8月,施存统受此文以及他自己翻译山川均论文《考茨基的劳农政治反对论》(《社会主义研究》1921年3月第3卷第2号)的启发,写成《马克思的共产主义》,刊1921年8月《新青年》第9卷第4号。这是当时中国的马克思主义研究的最高成就。参见[日]石川祯浩著:《中国共产党成立史》,第295页。

得马列主义理论仍有深入研究的必要,主张党内人士对于马克思学说多做一番研究功夫,以求对于革命理论有彻底的了解。为此,他将更多的精力投入到马列著作的译介和出版,从而很好地扮演了翻译赞助人的角色。此间,李达负责全党的宣传工作。为了开辟和拓展党的宣传阵地,李达根据中央局的决定,于1921年9月1日起主持和建立党的第一个秘密出版机构——人民出版社,① 该社"高举起马克思主义的旗帜,在我国第一次有组织、有计划地系统出版马克思、恩格斯和列宁的著作,开拓了出版事业的新境界"。② 由于受各种条件的限制,李达几乎独自承担了撰稿、译稿、组稿、校对和发行等全部工作。人民出版社的任务是赞助出版和发行马克思主义的理论著作。李达在《新青年》第9卷第5号发表《人民出版社通告》,说明该社的宗旨和任务,指出:

> 近年来新主义新学说盛行,研究的人渐渐多了,本社同人为供给此项要求起见,特刊各种重要书籍,以资同志诸君之研究。本社出版品的性质,在指示新潮的取向,测定潮势的迟速,一面为信仰不坚者祛除根本上的疑惑,一面和海内外同志图谋精神上的团结。各书或编或译,都经严加选择,内容务求确实,文章务求畅达,这一点同人相信必能满足读者的要求,特在这里慎重声明。

《通告》还说明该社的出版目的和出版计划,提出准备出版"马克思全书"15种、"列宁全书"14种、"康民尼斯特丛书"11种及"其他"9种四部分共49种书的目录。在这个书目中,除《马克思传》由王仁编写外,其余全系译文,所选译本基本上是马克思、恩格斯、列宁、布哈林、考茨基、托洛茨基等人的原著。这些书目涵盖了马克思主义哲学经典作家不同时期、不同内容的著作。虽然均为转译,这却是前所未有的首次系统传播马克思、恩格斯、列宁等著作的宏大出版计划。从以上书目可以看出,李达的出版意图包括了马克思主义哲学、政治经济学和科学社会主义三个组成部分的基本内容,既

---

① 社址设在上海南成都路铺德里625号(今成都北路七弄30号),即李达的寓所,也是中央宣传部的办事处。因为这是一个秘密出版机构,故而通常把社址填写成"广州昌兴马路"。
② 曾勉之、段启咸:《李达对翻译出版马列经典著作的贡献》,中共中央马克思恩格斯列宁斯大林著作编译局马恩室编:《马克思恩格斯著作在中国的传播》,第20页。

有马克思、恩格斯成熟时期的著作,又有他们的早期著作,还有新历史时期列宁的著作。这些经典著作除了《共产党宣言》已有单行本问世外,都是第一次出版的最新译本。由此可见,李达的意图是想"通过出版'马克思全书'和'列宁全书',使读者能够系统地了解马克思主义的基本内容及其产生和发展的过程。"① 然而,由于各种原因,上述书籍并未出全,只出版了《共产党宣言》《第三国际议案及宣言》《国家与革命》《苏维埃论》《哥达纲领批判》《雇佣劳动力与资本》《俄国共产党党纲》等15种,且均于同一年内出版。另外,李达还以"李特"笔名与人合著《李卜克内西纪念》论文集,亦由该社出版。这些书籍及时因应了广大革命者学习和研究马克思主义的需求,成为许多共产主义者必读的启蒙书和教科书。这对于启迪国人学习马克思主义,树立共产主义的坚定信念,走俄国"十月革命"的道路,是非常有益的。

1922年1月,李达翻译华德(Lester Word)、卡朋特(Edward Carpenter)所著《女性中心说》,由商务印书馆出版,内含华德的《纯粹社会学》(*Pure Sociology*, 1903)之第14章和卡朋特的《中间性》(*The Intermediate Sex*, 1912)。该书依据日本堺利彦、山川菊荣的日译本《女性中心と同性爱》(直译作《女性中心与同性爱》,阿而斯出版社1919年版)译出。该书简要论述了男性中心说的内容,着重讨论了女性中心说的由来、历史和生物学上的根据,以及男性逐渐支配女性的过程和表现,最后概述了历史上的妇女观、现今女子身心的缺点,展望了妇女的未来。除此之外,李达还撰写了《中译本序言》,阐明自己关于男女两性关系的观点,指出"我是素来反对男女斗争的人,以为男女之间只有互助,男女两性是组织社会的基本单位,有男女两性方有社会,有社会即有男女两性。世间没有纯粹是男性的社会,也没有纯粹是女性的社会,所以社会本来是由男女两性作中心组织的。"② 这些译文和译著,对于提高妇女觉悟,促进妇女谋求自身解放的斗争,推进党的妇女工作发挥了重要作用。正因为有了这些译作,到1922年7月中共召开"二大"时,李达被指定为教育问题组和妇女问题组的召集人。

---

① 宋镜明:《李达》("中共一大代表丛书"),第69~70页。
② 李达:《〈女性中心说〉中译本序言》,《女性中心说》,上海:商务印书馆,1922年,第2页。

1922年5月，李达应毛泽东的邀请，到所创办的湖南自修大学讲授马列主义，并与毛泽东一起到衡阳指导工作。同年8月，他编译了山川均、山川菊荣著《劳农俄国研究》，商务印书馆出版。①原书题作《劳农露西亚の研究》（直译作《工农俄国研究》，阿而斯出版社1921年版）。②全书共10章，回顾了革命以前俄国农民和劳动者的生活状况，概述了俄国革命的过程，并结合俄国布尔什维克党在理论和实践上为无产阶级专政所做的改变，阐明了俄国劳农政治的实质，还详细论述了俄国劳动制度思想的起源、组织制度和权力机关，劳动组合的组织和职能，以及农民、农业、文化、教育和妇女运动在革命前后发生的巨大变化。10月，他又翻译了日本安部矶雄讨论人口问题的著作《产儿制限论》，商务印书馆出版（1928年8月再版），收入"新时代丛书"第6种。

　　1922年11月，李达又应毛泽东函邀，担任湖南自修大学校长，与毛泽东、何叔衡等共同担负起培养党的干部、研讨马列主义、宣传党的主张之使命。1923年4月10日，他与毛泽东创办自修大学校刊《新时代》，并兼任主编。创刊号上，他发表了《何谓帝国主义》③《为收回旅大运动敬告国人》两文，以及《德国劳动党纲领栏外批评》之译文，均署名李达。其中所译《德国劳动党纲领栏外批评》，译自马克思的《哥达纲领批判》，此译比李富蕃译《哥达纲领批评》约早两年，比何思敏、徐冰合译《哥达纲领批判》早约16年，是这本马克思著作最早的两个中译本之一（另一译本是1922年熊得山译《哥达纲领批评》④），由李达译《哥达纲领批判》中的一些内容便在自修大学讲授过，这样也便于译作的传播，进而实现作品的经典化；同年5月，李达撰写了《马克思学说与中国》，文中称中共"二大"发表后引起的广泛反响表明，"马克思学说之在中国，已是由介绍的时期而进到实行的时期了"，文中还详细地介绍了《共产党宣言》，并摘译许多段落，该文发表在《新时代》第1卷第2号。

---

① 该书至1926年12月印行4版，除1922年8月第1版和1924年3月第2版署"李达译述"，而1926年1月第3版和1926年12月第4版署"李达编译"外，各版内容相同。
② 1921年8月，文俊翻译《苏维埃研究》，北京新知书社出版。该书译自山川均著《ソウイエの研究》，载《改造》1921年5月号。该文后收入山川均、山川菊荣著《劳农露西亚の研究》。
③ 《民国日报》副刊《平民》1923年第161期部分摘录，亦载1923年6月29日《北京大学日刊》。
④ 载1922年5月《今日》第1卷第4号。

1926年，他翻译了山川菊荣著《妇人与社会主义》，由商务印书馆出版；1929年，他又翻译了山川菊荣的另一部著作《妇女问题与妇女运动》，由远东图书公司出版，署名李鹤鸣。在建党前后的几年内，李达翻译马克思主义著作和介绍俄国革命经验，研究中国问题的著作共7部，在当时中国的马克思主义者中，翻译这么多介绍马克思主义著作的人，还没有第二个。

1927年"大革命"失败到1937年"抗日战争"全面爆发的十年内，李达除了撰写7部著作外，又翻译了12部著作，继续向国人宣讲马克思主义。而且，此间他对马克思主义的译介也更为系统、更为全面。1928年冬，李达与邓初民、熊得山、张正夫、雄子民等在极端艰难的条件下创办了昆仑书店，较为集中地赞助和出版同仁所译马克思主义书籍；同时，他自己也翻译了一些理论著作，后来这些多在该社出版。1929年，李达对唯物辩证法进行了重点研究，5年内共翻译了4部辩证唯物论名著，陆续将国际上已有的辩证唯物论研究成果介绍到国内。自该年起，他先后翻译了塔尔海玛著《现代世界观》《理论与实践的社会科学根本问题》《辩证法唯物论教程》等论著。前两部书译于苏联对德波林学派批判之前。李达赞同《现代世界观》对辩证唯物论前史的学理追溯，肯定书中对黑格尔与费尔巴哈的辩证唯物论的逻辑梳理。

《现代世界观》，德国塔尔海玛（August Thalheimer）著，原书名 *Einfahrung in den Dialktischen Materialismus*（《辩证唯物论入门》），1929年9月昆仑出版社初版，同年12月第3版，254页，32开，至1936年9月印行7版，1942年2月新版重印。原书出版于1927年5月，共分16章，计10万字。它是作者在莫斯科中山大学发表的演讲。译者初据高桥一夫和广岛定吉的两种日译本译出，又参照德文本修改，同时参考了杨东莼的译文。该书从宗教问题起始，阐述古代世界观在希腊、印度和中国的发展历程，说明马克思主义哲学的产生和基本内容，转而研究欧美和中国现代的精神思想，堪称一部古今哲学的巡礼和唯物论的入门书。李达在《译者序》中既概述了全书的内容及其不足，又肯定了该书的学术价值。他说："原著者站在客观的见地，就辩证唯物论作科学的说明和纯理性的研究"，简单、扼要、明了地叙述了"辩证唯物论的精义"，"是研究辩证唯物论的一本很好的入门书"。①译者最重视的是该书第 7 至 13 章即从黑格尔与费尔巴哈到辩证唯物论和历史唯物论各章,认为这是本书的"主要部分","是辩证唯物论的发展和说明,也是这书的精粹处",很值得"精读"。②他甚至认为,此书的价值"并不见得要在蒲烈哈诺夫的《马克思主义根本问题》和布哈林的《历史的唯物论》之下"。③总之,这部书阐明了辩证唯物论前史,说明了马克思主义的历史渊源,从而较好地反映了马克思主义哲学与人类哲学遗产的关系;其次,它说明和发挥了列宁关于辩证法的实质和核心思想,阐述了对立统一规律在辩证法中的突出地位和作用。因此,它在中国马克思主义哲学史和现代思想史上具有尤为重要的意义;同时,它对李达理解唯物辩证法亦有重要的影响。

《理论与实践的社会科学根本问题》,苏联卢波尔(Ivan K. Luppol)著,1930 年 10 月心弘书社初版,1938 年 4 月再版,300 页,32 开。它是中国最早全面系统地介绍列宁哲学思想的一部译著。该书原名《伊里奇与哲学——哲学与革命的关系问题》。李达以德文为底本,对照广岛定吉的日文版译出。全书共 6 章,分别为:序论;存在与思维的问题;唯物辩证法的问题;社会的方法论问题;普罗列达里亚狄克推多的问题;文化问题。全书论述了哲学上的党派性、对立统一、获得权的问题等。书前有译者例言、原著者序,书末有附注。译者"以为本书的骨子里是理论与实践的统一,而内容所处理的都是社会科学上的根本问题,所以使用了'理论与实践的社会科学根本问题'的名称",④这样的处理是相当妥当的。当时,列宁的《唯物主义与经验批判主义》和《哲学笔记》还没有中译本,因此,此书的翻译和出版无疑有助于中国人对列宁哲学思想的把握。

《辩证法唯物论教程》,苏联西瓦可夫等著,1932 年李达与雷仲坚合译。该书是苏联当时研究唯物辩证法的最新成果,也是中国人所译第一部苏联哲学教科书。原作者有西洛可夫、爱森堡等 8 人。这也是迄今所知李达翻译的

---

① 李达:《译者序》,《现代世界观》,李达译,上海:昆仑书店,1929 年,第 1 页。
② 李达:《译者序》,《现代世界观》,第 5 页。
③ 同上。
④ 李达:《译者例言》,[苏]卢波尔著:《理论与实践的社会科学根本问题》,李达译,上海:心弦书店,1930 年,第 2 页。

最后一种著作，同时也是在中国有着深远影响的一部辩证唯物主义教材，是人们常说到的20世纪30年代中国所译三部苏联哲学名著的第一部。[①]全书分绪论和6章，计27万字。绪论部分讨论哲学的党派性，其余6章分别为：唯物论与观念论；当作认识论看的辩证法；辩证法的根本法则——由质到量及由量到质的转变法则；本质与现象、形式与内容；可能性与现实性、偶然性与必然性；唯物辩证法与形式论理学。其最显著的特点是突出了马克思主义哲学的列宁阶段，坚持了哲学的党性原则，阐述了辩证唯物论的认识论和辩证法的规律与范畴。这部书于1931年在苏联出版，被认为是全面而权威的教科书，对哲学界产生了极大影响。李达高度评价了这部书的价值，认为它是现阶段对"辩证法唯物论的系统说明"。原书出版后不久，李达立即与自己的学生雷仲坚夜以继日地进行翻译。而他翻译此书，也是作为他对自己"过去的研究清算的一部分"。1932年9月，他化名"王啸欧"创办的笔耕堂书店出版了该译本，[②]1939年7月6版。这部书的翻译和出版非常及时，切合中国革命的需要，在当时的革命根据地和国统区影响甚大。李达通过翻译此书，清算了自己过去哲学中的机械论思想。

显然，上述三部著作从内容上看，其翻译选材意在以传播马克思科学社会主义为主，同时，马克思主义哲学、尤其是唯物史观以及马克思主义政治经济学也很受重视。所有译文均为通俗、流畅的白话，这样的译文自然有利于马克思主义思想于"五四"运动以后在中国的宣扬与传播。而且，它们对毛泽东的哲学思想形成也产生过重要影响。在20世纪30年代革命战争的环境下，毛泽东能够读到的马列哲学原著并不多，苏联的教科书和我国李达、艾思奇等人的哲学译著，就成了毛泽东接受和了解马克思主义哲学的一个中介。事实上，延安时期，毛泽东撰写了《实践论》和《矛盾论》这两部光辉的哲学著作，从理论上总结了中国革命的实践经验，丰富和发展了马克思主义的认识论和辩证法，从而成为马克思主义哲学巨人。但是，毛泽东的这两部

---

① 另外两本分别是艾思奇与人合译、米丁等著《新哲学大纲》(1936)和沈志远译、米丁著《辩证唯物论与历史唯物论》(上册，1936；下册，1938)。
② 1935年《云南旅平学会季刊》第2卷第2期摘录了李达译《辩证法唯物论教程》论述现代机械论部分，题为《现代机械论者的错误》。

哲学名篇的写成也浸透着哲人兼翻译家李达的功劳,正是李达译介的系列哲学著作为毛泽东的理论创造提供了丰富的思想资料,其中尤以《辩证法唯物论教程》和《社会学大纲》影响最大。①

1936年8月14日,毛泽东致信新民学会成员、当年与他一同创办过长沙文化书社的易礼容(1898～1997),代问时为北平大学教授的李鹤鸣(即李达)和王会悟夫妇好,并说"我读了李之译著(指李达和雷仲坚合译的《辩证法唯物论教程》),甚表同情,有便乞为致意,能建立友谊通信联系更好"。②

1936年11月,毛泽东得到了这部书的第3版。延安时期,毛泽东利用难得的相对宽裕时间,如饥似渴地阅读他能得到的理论著作,研究马克思主义理论,特别是马克思主义哲学。毛泽东批阅较多的哲学著作有十几种,其中《辩证法唯物论教程》批注文字最多,从1936年11月至1937年4月,在这本书的第3版上先后用毛笔、黑铅笔在书眉和空白地方写下近数万字的批注,并从头至尾作了圈点和勾画。第三章"辩证法的根本法则"批注文字最多,最长的一条有12000多字。③其中关于主观认识的发展依赖于客观世界的发展、关于实践以外不能认识外界、关于认识过程的两个阶段的分析、关于感觉和理解之间的相互关系、关于实践是检验真理的标准的观点、关于无产阶级对资本主义的认识由"自在阶级"进到"自为阶级"的举例等观点,就被《实践论》所采用。而该书关于质量互变法则的论述中,毛泽东将主要矛盾的发展、矛盾的主要方面起主导作用,不同质的矛盾要采取不同的解决办法,对立的矛盾双方互相连接、互相渗透等观点就直接在《矛盾论》中采用和吸收。另外,毛泽东对马克思主义哲学基本原理诸多观念发挥的灵感很多就是直接来自该书。到了1941年,毛泽东继续在《辩证法唯物论教程》第4版

---

① 非常有趣的是,1950年年底和1952年4月,毛泽东的《实践论》和《矛盾论》重版时,李达分别撰写了长文《〈实践论〉解说》(1951)和《〈矛盾论〉解说》(1953),全面而准确地阐述了毛泽东思想。文章写成后,还得到毛泽东的仔细批阅,并得到高度评价,认为他们"对于用通俗的语言宣传唯物论有很大的作用"。参见《毛泽东给李达的三封信》,《一代哲人李达》,长沙:岳麓书社,2000年,第433～434页。
② 毛泽东著、中共中央文献研究室编:《毛泽东书信选集》,北京:人民出版社,1983年,第47页。
③ 石仲泉:《导论》,中共中央文献研究室:《毛泽东哲学批注集》,北京:中共中央党校出版社,1988年,第2页。

上做过一些批注。这年9月,毛泽东要求党的高级干部学习理论著作时,把"李译《辩证法唯物论教程》第六章'唯物辩证法与形式论理学'"指定为六种必读材料之一。① 由此可见毛泽东对李达译著的重视程度。

除此之外,还有许多革命志士因读了李、雷合译《辩证法唯物论教程》才了解到辩证唯物论。如1935年魏文伯(1905~1987)在国民党的狱中绝食斗争后第一次读到这本书,以后又带着它经历抗日战争和解放战争,经历"文革"的浩劫,几次失而复得,多年一直珍重地保存着它。② 这一事实也从一个侧面反映了李达从事马克思主义翻译工作的意义。正因如此,在20世纪30年代,郭湛波就评价说:"今日辩证唯物论之所以澎湃于中国社会,固因时代潮流之所趋,非人力所能左右,然李达先生一番介绍翻译的工作,在近五十年思想史之功绩,不可忘记。"③ 结合李达的翻译作品所产生的影响来看,这番评价是相当公允的。

同一时期,李达还译有其他一些著作,这些多在他创办的昆山书店和笔耕书店出版。其中就有《社会科学概论》,该书系日本杉山荣著,由李达与钱铁如合译,1929年3月昆仑书店出版。全书240页,32开,计10万字,共6章,分别是:社会科学是什么?唯物辩证法;唯物史观;社会构成之分析(其一);社会构成之分析(其二);社会发达的过程。书中大量地引用了马克思、恩格斯的观点,参考了德文著作,较为系统地阐述了唯物辩证法和唯物史观,分析了社会的构成及结构,考察了社会发达的过程。它突出地阐述了科学与实践的关系,说明了社会科学的方法。这实际上是阐述马克思主义哲学的一个简明大纲。该书1935年推出第8版。

1930年6月,李达与王静、张粟原、钱铁如、熊得山、宁敦午合译了河上肇的另一部重要著作《马克思主义经济学基础理论》,昆仑书店出版。1936年11月第2版,1938年重印。全书分上下两篇。上篇着眼于马克思主义哲学思想,分别阐述了唯物论、辩证法和史的唯物论,强调指出唯物论和辩证

---

① 陈晋主编:《毛泽东读书笔记精讲·历史·附录卷》第4卷,南宁:广西人民出版社,2017年,第252页。
② 武达功:《李达著作历险记》,《湖北日报》(1981年1月7日)。
③ 郭湛波:《近五十年中国思想史》,济南:山东人民出版社,1997年,第281页。

法之间的内在联系是由客观物质世界本身的内在联系所决定的；下篇阐述了马克思主义经济理论。作者尝试把对马克思主义经济理论的研究和对马克思主义哲学思想的研究结合起来。李译实际上只译出全书的上篇。原作者认为：马克思主义政治经济学是不能离开其哲学基础的。"如果离开了哲学的基础，要正当地理解它，是不可能的。"① 为此，他专门撰写了"马克思主义之哲学的基础"，作为该书的上篇，共3章，计16万字。作者在此阐明了历史唯物主义的基本原理，论述了生产力和生产关系的辩证统一的关系、经济基础和上层建筑的辩证统一的关系，社会意识是社会存在的反映，社会变革的总过程是从必然王国到自然王国的飞跃，从而阐明了社会历史发展的一般规律。可以说，由李达等人翻译河上肇的这部"马克思主义哲学之基础"是一个有特色的马克思主义哲学概论，包含了河上肇自己的研究心得，无疑给当时中国读者以新的启迪。同时，该书的翻译，不仅加深了李达自身对辩证唯物论的认识，也成为其他马克思主义者深化马克思主义理论的思想资源，而且对毛泽东的《实践论》《矛盾论》的形成也有积极的启迪作用。

综观李达前后两个时期的翻译，除了译介马克思主义辩证法、唯物史观等政治文献外，还翻译过一系列马克思经济学基础方面的著作，主要有《工钱劳动与资本》(1921)、《资本论入门》(1921)、《中国关税制度论》(高柳松一郎著，商务印书馆1924年版，至1927年印行第3版)、《政治经济学批评》(马克思著，昆仑书店1928—1930年版)、《农业问题之理论》(原名《马克思主义农业理论之发展》，河西太一郎著，昆仑书店1930年版)、《经济学入门》(米哈列夫斯基著，乐华图书公司1930年版，1932年再版)、《土地经济论》(河田嗣郎著，与陈家瓒合译，商务印书馆，1930年版)② 和《政治经济学教程》(拉比托斯、渥斯特罗维查诺夫著，与熊得山合译，笔耕堂书店，1932年6月版，1936年4月第3版)。这其中，《政治经济学批评》是根据1931年第6版日译本翻译的，原名《经济学——商品 资本主义经济的理论及苏维埃经济的理论纲要》。全书分上、下册，上册说明资本主义经济的法

---

① 河上肇：《序》，河上肇著：《马克思主义经济学基础理论》，上海：昆仑书店，1930年，第1页。
② 该书的部分内容后载1933年《地政月刊》1卷7期，署"李达、陈家瓒译"。

则,下册说明苏维埃经济的理论。中译本只译出原书的上册,包括绪论和其中 8 篇共 25 章,讨论了价值论、剩余价值的产生、工资、资本的再生产与积蓄、利润及生产价格论、商业资本及商业利润、房贷资本与信用、信用货币与纸币、地租等重要问题。这是该书最早的中译本。[①]《政治经济学教程》全书达 31 万字,它是李达译著中篇幅最长的一种。这批经济学译著意义重大,对于认识资本主义经济实质和未来中国社会经济建设具有借鉴价值,李达此举也与湖南历年盛行的"经世致用"学风一脉相承。要言之,这类译作可以直接用于社会改造和建设。

1932 年,国民党中央宣传部公布了《宣传品审查标准》,规定凡宣传共产主义,被认为"反动";凡要求抗日,批评国民党的不抵抗政策,被认为"危害中华民国";凡对国民党政府稍有不满,被认为"替共产党张目",一律严加禁止。当时的上海,一片白色恐怖,比较进步的书店难以继续存在下去。翻译、编著、出版马克思主义的书籍极为艰难,已出版过的再重版也不容易。基于此,革命文化工作者就办了一些挂名书店,冒险继续出版马克思主义的理论著作和各种革命的、进步的书籍。是年,李达创办的笔耕堂书店就是这种性质。也正是在这一年,李达在上海因宣讲马克思主义而被当局迫害,随即被暨南大学解聘。8 月,他自上海来到北平,在进步学生的强烈要求下,先后被北平大学法商学院和中国大学聘为教授兼经济系主任,并在朝阳大学兼课。此后 5 年里,李达深入研究马克思主义的哲学和政治经济学,在讲授哲学、政治经济学、货币学理论课程的同时,还为同仁的译作作序或参与审订工作。如在 1933 年 9 月 12 日,李达为陶达译自苏联拉比杜斯、奥斯特罗维采诺夫的著作《政治经济学》第 8 版(北平寒微社印行)作序,序中阐述了该书俄文版的背景和意义,肯定了苏联社会科学的发展。他指出,这本书是 1925 年以后苏联经济学论战的产物,它克服了左、右翼的曲解,阐明了《资本论》的真精神。苏俄的社会科学是苏俄社会生产力发展水平的写照,表现了苏俄无产阶级建设社会主义的要求与成就。1934 年,他又审校了傅子东翻

---

① 1930 年乐群书店出版了刘曼译本,书名译为《经济学批评》;1931 年神州国光社又出了郭沫若译本。

译的《唯物论与经济批评论》。在此过程中,他参阅已有的德文与日文译本,从头至尾校订了一遍,并参加了部分校对工作。他对译文做了许多修正,有的文句不顺口或有文言的意味,他都一一改写,"至于专门名词,尤其是人名,以及一二学术上的译名,他也细心修改过。"① 李达一生热爱马克思主义,宣传马克思主义,宣传苏维埃社会主义,由此可见一斑。

总之,翻译和出版马克思主义的著作,是李达早期理论活动的重要组成部分,也是他对我国早期马克思主义传播的一大贡献。据不完全统计,李达自译或与他人合译的著述不下35种(其中25种是专著),总字数达200万字。② 尽管这多是一些马克思主义者撰写的介绍马克思主义的著作,这些作品涉及马克思主义的三个重要组成部分——唯物史观学说、政治经济学说和科学社会主义思想。其意义就在于,马克思主义哲学的唯物辩证法为唯物史观研究的深入提供了世界观和方法论工具,政治经济学为唯物史观研究的深入提供了实践材料,科学社会主义为唯物史观的深入提供了目标。事实上,唯物史观始终是李达传播和研究马克思主义哲学的学术中心问题,而他这种研究又是围绕唯物史观与中国历史命运展开的,这是他的最大特点。由于李达的集中译介,他也因此成为中国早期一位重要的马克思主义者。同时,他也为马克思主义在湖南和中国的广泛传播打了下扎实基础,尤其是他的著述对毛泽东等人的哲学观形成产生过巨大影响,故而显得特别重要。在论及李达对马克思主义理论特别是哲学的贡献时,著名学者、《资本论》的译者之一侯外庐就指出:李达的译著"曾经启迪过一批又一批革命者,引导青年追求真理的光辉。现在重温它也将使我们从中汲取马克思主义理论的营养,澄清许多模糊的思想。"③ 诚如鲁迅先生评价李达那样,'李达同志的著译,是中国革命史上的丰碑。'""他是我国传播马克思主义真理的普罗米修士。"④ 这里虽然同时论及其著作和翻译两部分,但仅就译作来说尤其如此。难怪今人郭

---

① 傅子东:《译者序言》,乌里亚诺夫著:《唯物论与经济批判论》,傅子东译,上海:神州国光社,1934版。
② 《李达文集》编辑组:《李达同志生平事略》,《武汉大学学报·社哲版》1981年第1期。
③ 侯外庐:《为真理而斗争的李达同志》,《光明日报》(1981年6月18日)。
④ 同上。

湛波也说:"李达先生一生介绍翻译的工作,在近五十年思想史之功绩不可忘记。"① 另外,他作为一位翻译赞助者,在支持和出版同仁翻译作品方面也做了诸多努力,为系统地引进马克思主义政治和经济理论做出了巨大贡献,所有这些均值得铭记。

第三节　20世纪30、40年代湘籍译家与马列著作翻译

1928年6月18日至7月11日,中共在莫斯科召开了第六次全国代表大会。7月10日,通过了《宣传工作决议案》,决议强调各种刊物(报纸、传单、小册子、宣传册等)宣传的"极重大的意义",并要求中央宣传部必须有一个健全的组织,应当建立一些科委,其中包括"翻译科——翻译各种马克思列宁主义的著作,国际上之关于政治经济革命运动,苏联状况及兄弟党的材料"。② 处在这样的背景下,中国的马克思主义者在翻译中的目标也更加明确,推出的作品也更为系统和全面,继而又诞生一批重要的马克思主义文献译本。到1949年,马克思和恩格斯的重要著作几乎全部都有了中译本,这其中的许多在湖南省图书馆都有收藏。③

20世纪30、40年代,湘籍人士在翻译马列著作方面又出现几位重要的翻译家,并取得了不俗成绩,而且这些译作在当时以及后来的中国革命史上大多产生了较大影响。

---

① 郭湛波:《近五十年中国思想史》,济南:山东人民出版社,1997年,第179页。
② 《中共六届二中全会宣传工作决议案》(1929年6月25日),叶再生:《中国近代现代出版通史》(第二卷),第876～877页。
③ 查现湖南省图书馆藏书目录,所收1938年至1949年间马克思主义著作译本有:恩格斯的《反杜林论》(生活书店1938年3月版)、郭大力、王亚南译马克思的《资本论》(第二、三卷,读书生活出版社1938年9月版)、成仿吾、徐冰译马克思、恩格斯《共产党宣言》(解放出版社1938年版)、方乃德《马恩论中国》(中国出版社1938年版)、陈启修译马克思的《资本论》(第一卷第一分册,昆仑书店1941年3月版)、博古校译恩格斯的《社会主义从空想到科学的发展》(太岳新书社1946年5月版)、杜竹君译马克思的《哲学之贫困》(作家书店1946年版)、郭大力、王亚南译《资本论》(第一卷,1947年4月版)、钱亦石译恩格斯的《德国农民战争》(新中国书局1947年7月版)、柯柏年译马克思的《拿破仑第三政变记》(生活书店1947年9月版)、成仿吾、徐冰译马克思、恩格斯的《共产党宣言》(中国书社1947年11月版),等等。

首先值得一提的是醴陵人杨东莼（1900～1979）。早在1920年，杨东莼曾参与组织过北京大学马克思学说研究会。1927年底，他东渡日本后，开始了长期的著述、翻译和编辑生涯。他"在日本刚刚学到日语之时，就大胆尝试着翻译工作，首先翻译了恩格斯的《费尔巴哈论》"。①但此书未能立即出版。1932年5月杨东莼又与宁敦伍合译了恩格斯的一部重要论著，即《机械论的唯物论批判》，由李达等创办的昆仑书店出版，321页，32开。该书又名《费尔巴哈论》，为《德意志形态》的第一章，全名《路德维希·费尔巴哈和德国古典哲学的终结》，1886年最初发表于德国社会民主党理论杂志《新时代》第4、5期，1888年恩格斯以单行本形式在斯图加特出版时，收入马克思1845年春写的《关于费尔巴哈的提纲》作为附录。该书缘起于1885年丹麦哲学家施达克出版的《路德维奇·费尔巴哈》一书，德国社会民主党《新时代》杂志编辑部约请恩格斯对此书写评论。1924年又以俄文形式首次由苏联马克思恩格斯研究院发表，被誉为恩格斯的哲学遗嘱，是恩格斯生前公开发表的唯一"非论战性"哲学著作。该书系统地阐述了马克思主义哲学与古典哲学之间的关系，第一次明确地阐述了哲学的基本问题，以浓缩的形式用辩证唯物主义的方法系统地清算了他们从前的哲学信仰，再现了辩证唯物主义和历史唯物主义的含义和发展历程，以科学的态度审视和批判了旧唯物主义的局限性和唯心主义的错误，以精辟的语言阐述了现代唯物主义的基本精神，在马克思主义哲学发展史和人类思想史上无疑具有非常重要的地位，是马克思主义哲学的重要著作，同时也是现代唯物主义的经典。杨、宁合译本是根据法国赫尔曼·唐克尔（Hermann Duncker）1927年编辑的德文本《马克思主义文库》第三篇译出的，实为《路德维希·费尔巴哈和德国古典哲学的终结》和恩格斯1888年2月为该书写的序言之合集，另有俄国普列汉诺夫写的注释。书后有附录八个，分别是：1.《费尔巴哈论纲》（马克思）；2.《〈费尔巴哈论〉补遗》（恩格斯）；3.《史的唯物论》（恩格斯）；4.《法兰西唯物论史》（马克思）；5.《马克思的唯物论与辩证法》（恩格斯）；6.《〈费尔巴哈论纲〉原稿译文》（马克思）；7.《观念论的见解与唯物论的见

---

① 《文史资料选辑》编辑部编：《文史资料选辑》第29辑，北京：文史出版社，1995年，第53页。

解之对立》(马克思恩格斯);8.《蒲列汉诺夫对费尔巴哈的序文和评注》。书前有赫尔曼·唐克尔的《发行者序言》。值得指出的是,恩格斯的这部著作在中国多次被翻译,前后共有十余个译本,而杨、宁合译本则是继彭嘉生译本(1929)、林超真译本(1929)和向省吾译本(1930)之后的第四个译本,而且出现在中国的时间较早。这个译本一经问世,立刻在中国学术文化界获得广泛的好评。

20世纪30年代,郴州汝城人朱应祺、朱应会二人合译了德国柯诺(Heinrich Cunow)所著的一系列马克思主义著作,均由泰东图书局出版,收入"马克斯研究丛书"。主要著作如下:

《马克斯的国家发展过程》,1930年4月出版。全书共6章:原始社会形态的家族理论;原始的游牧群;从游牧群变迁到地域共同团体;恩格斯的地域团体观念;地域团体部族及部族同盟;日耳曼人的国家建设。书末另附马克思评介恩格斯原著《地域团体》一文。

《马克斯及恩格斯评传》,1930年4月出版。全书共上、下两编。上编6章,为马克思评传;下编7章,为恩格斯评传。

《马克斯的家族发展过程》,1930年6月出版。全书共9章:家族的发生;摩尔根和恩格斯的家族构成概念的批评;原始的家族形态;族外婚姻和特定婚姻;符号团体和母系家族的发生;母族制家庭;父族制家族;社会发展过程上的血族团体;恩格斯的原史构成和唯物史观。

《马克斯的阶级斗争理论》,1930年10月出版。全书共7章:阶级斗争的本质;阶级斗争的种类;阶级与身份;劳动阶级的发展阶段;劳动阶级与社会民族党;阶级利益与阶级的概念形态;马克斯阶级斗争理论的批评。该书论述阶级斗争的种类及对马克思阶级斗争理论的批评。

《马克斯唯物历史理论》,1930年11月出版,收入"马克斯研究丛书"第七种,译自柯诺著马克思的《历史、社会及国家理论》第2卷第6章。本书共10章:社会的物质过程决定社会的精神过程;法律秩序以经济秩序为前提;法律秩序与经济秩序;经济与观念体;宗教观和经济生活的关系;历史上的观念要素;马克斯和费尔巴黑;经济事实变为观念要素的过程;利益和观念体;唯物史观上传统和天才的作用。该书原名《马克斯的历史理论》,"因他的理论,是以物质为人类思想的中心,以经济作社会制度的基础,所以标名为《马克斯的唯物史理论》。但马克斯把他的'历史理论'定名为'唯物史观'的原因,并非说人类的行为,完全根据于物质的动机,实是因为社会的物质生活过程,可做社会精神生活的基础。"[1]

正如译者评论的,柯诺"是德国的硕学,研究马克斯的泰斗。他说明马克斯的学说,纯是根据哲理,再加批评。一方面指摘马克斯的错误;他方驳诘马克斯批评家的曲解。是其是,非其非,绝无左袒辩护的地方。"[2]这些都是很有价值的,故而他们投入很大的精力把这套丛书翻译出来,以飨中国的马克思学说研究者。

1930年9月,刘侃元翻译了苏联里亚札诺夫(David Riazanov)著《马克斯与恩格斯》,春秋书店出版,386页,32开。原书是枯尼滋(Joshua Kunitz,又译库尼兹)从俄文译出的,本书根据英文本译出,这是一本马克思和恩格斯传记合集。书前有译者《马克斯恩格斯传记发展史考》作为代序,追索了该书的翻译和出版过程,另有作者原序以及特拉志乔吞伯(Alexander Trachtenberg)的《原著者里亚札诺夫》,全书共九章。本书是他在莫斯科社会主义学院讲述马克思、恩格斯的生涯与事业的通俗讲义。刘侃元翻译该书始于1929年他在上海某大学教授社会主义课程,后因是年冬社会上出了一个题为《恩格斯马克斯传》的译本,备受读者批评,"尤其听到对里亚札诺夫本书的中文译本之'太无聊','看不懂'等评语",[3]于是他便将自己的译作交由春秋书店出版。这样的书籍对于国人了解马克思和恩格斯的成才经历和伟大友谊以及主要思想很有帮助。该书于1933年5月再版。

接下来,在1934年1月,太平洋书店出版了一本塔林(今译斯大林)著作文选,题为《苏俄集体农场》,由著名历史学教授、穆斯林学者、湖南桃源人翦伯赞(1898～1968)翻译。书中辑录了斯大林于1929年至1933年间的部分论文、书信和演讲等,系由《国际通讯》中选译出大量关于苏联国家工业

---

[1] 朱应祺、朱应会:《译者小引》,[德]柯诺著:《马克斯的唯物历史理论》,朱应祺、朱应会译,上海:泰东书局,1930年,第1页。
[2] 朱应祺、朱应会:《译者小引》,[德]柯诺著:《马克斯的唯物历史理论》,第2页。
[3] 刘侃元:《马克斯恩格斯传记发展史考》,[苏]里亚札诺夫著:《马克斯与恩格斯》,第2页。

化、农业集体化和国民经济计划化等生产资料所有制社会主义改造和社会主义建设的途径、方法及其伟大成就的文章,尤其是斯大林的《大转变的一年》《论消灭富农阶级的政策问题》《胜利冲昏头脑》《给集体农庄工作同志们的答复》等重要论文,以此来宣传马克思主义和社会主义。全书共209页,约10万字,收入论文8篇,均见于今译本《斯大林全集》第12卷。这些文章的选译反映出翦伯赞对20世纪20年代中后期苏联在农民占人口绝大多数的经济和生产技术落后的国家依靠自身的力量建设社会主义道路的肯定,反映了译者对斯大林关于社会主义改造和建设思想和实践的拥护,体现了他坚持斗争、坚持革命、追求真理、关心国家前途和命运的爱国主义精神。翦伯赞早年曾留学美国加利福尼亚大学学习经济学。他在加州大学开始接触马克思主义,第一次阅读了恩格斯的《反杜林论》和《家庭、私有制和国家的起源》以及马克思和恩格斯的《共产党宣言》等著作。尤其是作为科学社会主义的第一个纲领性文献《共产党宣言》使他兴奋不已,《宣言》以无比巨大的理论威力、思想锋芒和战斗精神令西方统治阶级发抖。回国之后,他便有意识地将马克思主义与中国实际问题尤其是中国历史研究结合起来,从而为中国马克思主义新史学的开创注入强劲活力。此次他译介斯大林的著述,是有意识地介绍马克思主义和宣传社会主义活动的一部分,[①]同时也是借此书的翻译来摸索中国农业经济发展模式的尝试。

此外,醴陵人李立三(俄文名亚历山大·拉宾,又名李明,1899~1967)在翻译马列主义著作方面也值得一提。自1935年起,李立三担任苏联国际工人出版社中文部主任,并主编《救国时报》;此外,他还编译出版《共产国际》和《全民月刊》等,对传播马克思主义和宣传党的民族统一战线方针做出了贡献。"国际工人出版中文部,主要负责翻译和出版中文的马克思主义经典著作或共产国际文件,通过各种途径向中国国内发行,帮助中国共产党人和革命人民学习马克思列宁主义。"[②] "最初他是负责干部,后来是普通的校对员,最后是中文翻译。这期间莫斯科出版的中文书籍,大都有李立三的辛苦

[①] 20世纪40年代,翦伯赞还在桂林主编了一套《苏联建设小丛书》(又名《苏联建设小图书馆》),继续宣扬苏联社会主义建设成就。
[②] 唐纯良:《李立三全传》,合肥:安徽人民出版社,1999年,第189页。

劳动。有许多重要著作,如斯大林主编的《联共党史简明教程》,李立三直接参加了翻译工作,做出了重要的贡献。"①1938年2月,李立三因"托洛茨基集团的成员"和"日本特务"等嫌疑被苏联内务部逮捕。后来证明,他的被捕是王明、康生一手策划的。其中一项罪名便是李立三参与翻译和编辑共产国际七大会议文献时,出现"严重的政治错误"。而从共产国际的档案来看,王、康的指责是无中生有——把翻译工作中经常出现的不同译法或文字修辞说成是"有意歪曲""篡改原文",例如李立三在审订时将文中的几处"恐怖主义"修改为"恐怖主义党派",被认为是"把帮派说成党,有意美化抬高这些人身份"。1939年4月,李立三被无罪释放,但仍被共产国际停止党籍。此间,他在莫斯科外国文学出版局中文部担任校对,并将俄文的经典著作和优秀的文艺作品翻译成中文出版,其中就包括别尔文采夫的小说《考验》(1945年6月)、西蒙诺夫的剧本《俄罗斯人物》(又名《俄罗斯人》,1945年6月),以及《在遥远的北方》和《旅顺口》②等。同时,他也把中共中央文件翻译成俄文,供苏联和共产国际参考和使用。

1946年,李立三以"唯真"笔名翻译了《列宁主义问题》《辩证唯物主义与历史唯物主义》(1948年华东新华书店及1950年中国人民大学重印)、《列宁主义基础》(1949年解放社、1950年中国人民大学及1951年人民出版社重印),均由莫斯科外文出版局出版。接着,他又翻译了斯大林的《马克思主义与民族问题》,刊《群众杂志》第2卷第5期。1948年该译文单行本问世,莫斯科外文局出版;1949年4月华东新华书店再版;1949年9月书店再版;1950年莫斯科外文出版局印行,收入"马列主义丛书"。该作品根据马恩列学院编《斯大林全集》第二卷(莫斯科苏联国立政治书籍出版局1946年版)俄文本译出,系斯大林1912年末至1913年初在维也纳写成的关于民族问题的巨论。全书共七部分:民族;民族运动;问题的提法;民族文化自治;崩得③及其民族主义,它的分离主义;高加索人,取消派代表会议;俄国的民

---

① 唐纯良:《李立三全传》,第190页。
② 此书大部分是李立三翻译的,陈昌浩只翻译了一小部分。唐纯良:《李立三全传》,第230页。
③ 崩得(bund)意为联盟,"立陶宛、波兰和俄罗斯犹太工人总联盟"(又称"犹太社会民主主义总联盟")的简称。

族问题。书中主要阐述了马克思主义关于"现代民族"和民族问题的基本原理，深刻、尖锐地批判了机会主义者关于民族和民族问题的反马克思主义观点。这篇巨论是马克思主义理论宝库中的重要文献，对俄国及其他国家民族问题有着重要的指导意义。1946年3月10日，李立三还翻译了尤尔金的《辩证法唯物论和历史科学》，刊《群众》周刊第11卷第3、4期合刊。

值得指出的是，1947年中共中央东北局出于工作需要，决定成立一个由李立三、李莎（原名伊丽莎白·帕夫洛芙娜·基什金娜）夫妇和湖南临澧人林莉[林伯渠之女]为总校审，吸收几个在哈尔滨居住的懂中文的俄国人组成俄文编译组，由李立三负责。次年春，他组织了把《中国土地法大纲》《中国共产党中央委员会关于公布中国土地法大纲的决议》、毛泽东的《目前的形势和我们的任务》以及中共中央关于南斯拉夫问题等几个文件翻译成俄文的工作，经他审校后结集在国内出版，同时向苏联和东欧一些国家发行。他还向中央汇报，决定吸收从苏联归来的徐介藩（原名徐齐邦，1901～1983）、廖焕星（1895～1964）、嵇直（1901～1983）、刘凤翔（1909～？）、赵洵（1917～1988）等人充实编译组力量。后来，他们翻译出版了我国第一部俄文版《毛泽东选集》（晋察冀解放区编辑出版、东北解放区翻印），在苏联、南斯拉夫、捷克斯洛伐克等国大量发行。李立三、李莎夫妇始终参与译文的审校工作，对在国际上宣传毛泽东思想和党的政策做出了贡献。这个翻译组后来发展成为建国后成立的中央编译局的基础。①

民国时期，不仅是湘籍共产党人重视马克思主义翻译，一些湘籍国民党人也对马克思主义发生浓厚的兴趣，并有过一些翻译。而且也像有人所说的，"如果说其[国民党系知识分子]领导人孙中山所倡导的民生主义属于一种社会主义学说，那么，他们为了给三民主义寻找一种学说依据而表现出研究马克思主义的学说的姿态，也是理所当然的。"不过"这批国民党人

---

① 值得指出的是，李立三夫妇一直被认为是中国俄文专家的最高权威，同编译局有密切的联系，实际上成为它的顾问，参与了苏联俄文书籍和文件的中文翻译及毛泽东著作和许多中央文件的俄文翻译，并对译稿进行校审工作。如参与斯大林的《马克思主义和语言学问题》《苏联社会主义经济问题》等书的俄译中工作，和中央关于南斯拉夫问题的声明、《毛泽东选集》的一至四卷、中共中央《关于无产阶级专政的历史经验》、中苏论战开始时的《给苏共中央的复信》等文件的中译俄工作，等等。参见唐纯良：《李立三全传》，第231页。

宣传马克思主义学说,其目的是要把中国的社会主义问题的发生、阶级矛盾的激化防患于未然,也就是说,是要把唯物史观和剩余价值论等马克思主义学说应用于和平地解决中国社会问题,以及强化三民主义的理论基础。"[1] 早在1920年3月,李大钊在北京大学成立马克思学说研究会,宣传马克思主义,提高青年觉悟,为共产党的组建做思想和干部上的准备,安化人谌小岑(1897～1992)便成了该研究会的第一批重要成员。1921年,谌小岑曾任华俄通讯社翻译、上海分社中文部主任。1932春,早期天津觉悟社成员、后任国民党广东省党部书记长兼民众训练科科长的谌小岑,经翦伯赞介绍,结识了马克思主义者、历史学家吕振羽,他们成立了一个"劳动问题研究社",出版《劳动季报》。在《季报》上写稿的除翦伯赞、吕振羽外,还有吴泽、陈正飞、周巍峙等人。此间,"谌小岑出于对国民党的怀疑,开始夜以继日地阅读《国家与革命》《帝国主义》《叛徒考茨基》《左派幼稚病》等书。他感到列宁的伟大,认为列宁丰富了马克思主义",于是他"写了不少介绍列宁主张东西方革命联合反帝的文章"。[2] 与此同时,他还陆续翻译了一些马克思主义的论述。众所周知,民国时期,中国经济界对《资本论》的专题研究和介绍内容相当广泛,涉及《资本论》的对象以及再生产理论、价值理论、货币理论、地租理论、资本主义经济危机理论等各方面内容。

1935年4月,谌小岑还翻译了英国社会主义思想家柯尔(George Douglas Howard Cole,又译科尔)著《马克思之真谛》,商务印书馆出版,收入"中山文库"。该书是为中山文化教育馆翻译的,《译者绪言》曾刊《中山教育馆季刊》第1卷第4期。全书共九章,分别介绍了马克思主义的基础;资本主义之成长;唯实史观;经济阶级;无产阶级;马克思主义与国家;价值论和辩证法。作者是英国学者派的社会主义者集团费边社领袖之一,后形成自己的带有调和色彩的基尔特社会主义(又译工行社会主义)。本书也是他的名著之一。作者将马克思的哲学、政治、经济思想以20世纪40年代为背景加以阐扬。他虽自认为是马克思主义者,但他否认自己是一个捧着马克思

---

[1] [日]石川祯浩著:《中国共产党成立史》,第23页、第30页。
[2] 谌超岑:《爱国知名人士谌小岑》,《安化文史资料》第3辑(1986年),第108页。

的神主、专门咬文嚼字、自号为正统派的马克思门徒。他认为这种人是些书呆子，不足以言马克思主义。所以，他这部书并不是给马克思的著述作注疏，而是将马克思主义中仍然适用于今日时势的部分提取出来，同时去除那些渣滓。鉴于柯尔的著述颇多，闻名于世，且中国研究政治经济的学者鲜有读过他的著作，故而译者将本书翻译过来，并写下《译者绪言》，"赠诸中国的马克思主义者"。[①] 书末附《马克思主义书目提要》，另有《译完以后》一文，讲述了译者翻译此书的艰辛过程，以及是如何"抱着忠于原作者与忠于中国读者的精神，丝毫不苟地在谨慎行事"；同时，他还就书中一些难以理解的词语翻译进行了说明。原书出版于1934年，一年后译者便将它翻译过来，可谓非常及时。1938年7月，该书分别由商务印书馆在长沙和上海再版。

数年之后，谌小岑意识到此书有种种不足，并做了深刻批评。他说：

> 柯尔的那部书将马克思主义修正得离题太远，如他承认：英国中层阶级之存在而且逐渐庞大；将"唯物史观"改为"唯实史观"，否认人是为造物所玩弄的，承认人类具有运用自己的知识创造世界的能力；并以为"唯世史观之产生，并非否认人类心理的权威，反而主张人类能创造他们自己的历史"。这已经离马克思主义十万八千里。但柯尔，以一个英国费边社的理论家质格，慎重地声称他是一个马克思主义者，他以为"如果说马克思生在今日，而他的著述曾同他在一八四八年至一八八三年所写述的东西一字不易，那只是一种最无理的滑稽。况马克思对于变化这一意义是认为最重要的；而马克思死后五十余年来，世事的变化又到了一个如何令人不可捉摸的程度呢！"因此，柯尔这部书也应该名为《一个英国费边社员对马克思主义的修正》。……所以柯尔这部虽然并非马克思真意的《马克思之真谛》，对于三民主义者是值得一读的参考书。[②]

这样的认识是相当深刻的，其批评也是中肯的。这也促成他后来继续关注和翻译马克思主义学说。

同年5月、8月，谌小岑翻译了科尔著《马克思价值论述评》，连载于《劳

---

① 谌小岑：《〈马克思之真谛〉译者绪言》，第8页。
② 谌小岑：《译者绪言》，《马克思主义之检讨》，上海：中华书局，1943年，第1~2页。

动季刊》第5、6期。该文较为详尽地介绍了马克思主义的价值理论。

1943年11月,湛小岑又与蒋金钟合译了美国帕克斯(Henry Bamford Parkes, 1904～1972)著《马克思主义之检讨》,重庆中华书局出版,收入中山文化教育馆"社会科学丛书"。原书初版于1940年。湛、钟合译本计136页,共6章,分别是:导言;历史事实的验证;关于无产阶级与革命;自由之邦;马克思主义的人生观;前进运动的精神基础。书前有原序和译者的《译者绪言》。在这篇绪言中,湛小岑介绍了本书的特点:

> 本书原文名称为 Marxism a Post-mortem, an Autopsy,直译起来应该是《马克思主义尸体之解剖》。……作者 Parkes 写这部书的动机,与其说是批判马克思主义而发,毋宁说是为批评法西斯主义。他深感到法西斯主义——当然包括纳粹主义,对于世界人类有害的威胁,而认为法西斯主义的萌芽与成长,完全出于马克思主义的反作用。……其次,本书对于马克思主义经济学所施的批判确具有相当的价值,如其对于马克思所谓不变资本与可变资本之划分及其对剩余价值之关系;新式工业必待有消费市场始得扩展;受独估价格危害者并非独估工业之工人,(因为他们或可得到高的工资)而为社会全体;……本书注释内容颇为精采,足见作者对于马克思主义的文献阅读颇多,且注意整个世界局势的发展,希读者特加注意是幸。……作者对于殖民地、半殖民地民族革命之根本打击帝国主义的理论尚欠认识,故而其对马克思主义的批评虽称深刻,然仍欠彻底。

我们从这篇《译者绪言》中可以看出,湛小岑对马克思主义是有深入研究的,同时对柯尔的批评也是相当深刻的。正因它"是为批评法西斯主义"而发,又能"注意整个世界局势的发展",它对中国读者尤其是三民主义者有参考价值,故而他便受人之托将其翻译出来。该书于1946年8月由商务印书馆再版。

1936年4月,浏阳人雷敢(字伯涵,1904～1990)翻译了日本河上肇的《新社会科学讲话》,北京朴社出版(这里所说的新社会科学就是马克思主义哲学)。译文最初于1929年春至1930年夏连载于《改造杂志》,后结集题为《第二贫乏物语》。该书共19节,介绍了唯物辩证法和唯物史观及资本主义社会的商品经济和剩余价值等理论知识。

书前有《译者序》介绍本书的结构与特点：

> 本书著者河上肇博士，为日本新兴社会科学界之巨擘。本书约分两部，其前部系对于新唯物论之阐明，以浅显实际的例子，解释唯物论之客观性与实践性，力矫时下谈唯物论者机械空虚之弊。……书中之后部系用对话体，以极巧妙的方法解释新经济学的体系。博士究竟是经济学专家，这里以最经济的文字，发挥了最大的效能，而成为书中最精彩的一部分了。①

本书是译者1932年在日本早稻田大学留学时接触到的读物。当时，他在国内思想就倾向进步，到了日本后更是深入地接触到马克思主义，并在思想上完全接受它。正因有了此书的翻译，雷敢也成为我国早期杰出的马克思主义者。

在中国译介河上肇的作品，早在雷敢之前就有陈豹隐（即陈启修，1886～1960）译《经济学大纲》，李达译《马克思主义经济学制基础理论》，郭沫若译《社会组织与社会革命》等，均脍炙人口，风行一时。而雷敢的译介同样不容忽视。

民国时期湖南人翻译过《共产党宣言》的人不少，但直接从德文翻译《共产党宣言》且影响最大者自然是成仿吾，他前后五次翻译《共产党宣言》，而且直接从德文译出，并反复修改，使译文精益求精，可见其认真态度。

成仿吾（1892～1984），原名成灏，湖南新化人。1910年随兄赴日本留学，1916年入读东京帝国大学造兵科，1921年回国。1925年赴广州，并加入中国国民党。成仿吾通晓五门外语，他最初翻译《共产党宣言》是在20世纪20年代末。1928年，时在法国巴黎的成仿吾开始翻译马克思主义著作，据译者说，这些"大多是马恩著作的一些章节，主要是供中国同志学习用的"。②1929年，成仿吾在德国柏林担任《赤光》杂志社社长兼总编辑，且随德共理论家赫尔曼·唐克尔学习马克思主义原著。不久，成仿吾来到莫斯

---

① 雷敢：《译者序》，《新社会科学讲话》，北京：朴社，1936年，第3～4页。
② 成仿吾：《我翻译〈共产党宣言〉的经历》，《翻译通讯》1983年第1期。

科，此间他第一次翻译了《共产党宣言》。这是当时蔡和森以"Watson"之名给在德国的成仿吾写信约请他翻译的，译文准备在莫斯科外文出版社出版。于是，成仿吾用当时流行的德文原版，参考了英法两种译文版本，花了几个月时间把《共产党宣言》译出来。[①] 在翻译经典著作时，成仿吾主张从原文直接翻译为好，也可以参照其他文种译本，"但不能作为依据，因为原文一经转译，往往造成差错，影响很大。"[②]

1934年4月，成仿吾调至中央马克思主义学校（中央党校前身）工作，代替潘汉年负责高级班的教学工作，主要讲授《共产党宣言》等。1937年"七七"事变后，中国的抗日民族解放战争全面爆发。此时中国革命的领导中心已转至延安，而马列著作的出版中心也随之转到延安，其中延安马列学院又起到了至为重要的作用。在当时延安物质条件极其艰苦的情况下，一批马克思主义者却翻译了大量的马列著作，其中就包括一套《马克思恩格斯丛书》，由解放社编译出版。该丛书共12种，其中第一、二种未出版，实出10种。第四种为《共产党宣言》，由时任陕北公学校长的成仿吾与《解放日报》社编辑徐冰（原名邢真舟，一名邢西萍，1903～1972）合译，1938年8月出版；后由新文化书房再版。这个译本是由二人各译半部，然后互相审校，再由其他同志进一步审校，才定稿出版。该译本收入《共产党宣言》正文和三篇德文版序言，它是汉语界第一次根据德语原文译就的，是中共公开组织翻译的第一个《共产党宣言》。该译本也是《共产党宣言》在中国的第5个中译本，其译文接近现代汉语，通俗易懂，可读性强。1938年8月、10月，该译本在汉口以中国出版社的名义出版，并在其他地区的一些出版社发行。1939年7月，香港的中国出版社又将该书作为"马列主义理论丛书"之一再版，附有乔木（乔冠华）根据英文译本所作的校后记。这个版本的翻译水平已经很高，书中参考了众多的资料，校对质量好，错字甚少，故而影响很大。当时各个抗日根据地、敌占区及解放战争时的解放区、国统区都以它为蓝本大量

[①] 中共中央马克思恩格斯列宁斯大林著作编译局编：《马克思恩格斯著作在中国的传播》，第121页。
[②] 成仿吾：《谈谈〈共产党宣言〉的翻译》，《学习参考资料（科学社会主义）》1979年第11辑，第1～2页。

再版，据说前后共出 70 多个版次。①1945 年，时值成仿吾从晋察冀边区阜平县回延安参加党的"七大"，期间又对《宣言》做了较大修订，定稿交解放社，后来由于战争原因，这份译稿没有下落了。1952 年，成仿吾又将延安版的《共产党宣言》稍加校正，作为马克思诞生 135 周年版出版，由中国人民大学和东北师范大学印出很少数量，供校内使用。1975 年，成仿吾再次对此书作了校正，翌年由人民出版社出版。这也是《共产党宣言》在中国的第 17 种中译本。除此之外，民国时期成仿吾还参与翻译和校译马恩著作，如《哥达纲领批判》和《社会主义从空想到科学的发展》等，为马克思主义在中国的传播做出了重要贡献。这样，他前后五次对《共产党宣言》进行翻译，时间跨度半个世纪，足见其认真态度和求实精神。②

1937 年 7 月，中国革命进入艰苦的抗日战争时期。随着革命形势的发展，马克思经典著作的翻译出版中心已转到当时中央所在地——延安。党中央十分重视这项工作，1938 年 5 月 5 日，在马克思诞辰 120 周年纪念日成立了马列学院，下设编译室，主要任务是编译"马克思恩格斯丛书"和《列宁选集》。为提高马列主义经典著作翻译质量，1943 年 5 月 27 日，中共中央在毛泽东提议下作出《中央关于一九四三年翻译工作的决定》，决定组织委员会专门翻译、校阅马列主义经典著作，委员会由何凯丰负责。

> 翻译工作尤其是马列主义古典著作的翻译工作，是党的重要任务之一。延安过去一般翻译工作的质量，极端不能令人满意。为提高高级干部理论学习，许多马恩列斯的著作必须重新校阅。为此特指定凯丰、博古、洛甫、杨尚昆、师哲、许之桢、赵毅敏等同志组织一翻译校阅委员会，由凯丰同志负责组织这一工作的进行。今年要首先校阅党校所用全部翻译教材及译完西方史两册，以应急需。希望参加这一委员会的各同志把这一工作当作对党最负责并必须按时完成的业务之一部分。③

---

① 雍桂良：《马恩列斯著作集在我国的出版》，《图书馆》1983 年第 2 期。
② 1930 年，成仿吾还为侯外庐翻译和出版《资本论》提供过帮助。参见侯外庐：《〈资本论〉译读始末》，中共中央马克思恩格斯列宁斯大林著作编译局马恩室编：《马克思恩格斯著作在中国的传播》，第 71 页。
③ 中共档案馆编：《中共中央文件选集》（第 12 册），北京：中共中央党校出版社，1986 年，第 203 页。

后来由于种种原因，这一计划并未得到实施。然而，为响应党的这一号召，同时为配合对毛泽东的《在延安文艺座谈会上的讲话》之学习，又有一批湘籍翻译家投入到此项活动中，其中就有时任延安艺术学院副院长的湖南益阳人周扬。1944年3月，周扬编译了《马克思主义与文艺》，由延安解放出版社出版，选录曹葆华、天蓝译《马克思恩格斯列宁论艺术》（新华书店1940年版）和萧三译《列宁论文化与艺术》（读者出版社1943年版）中的许多段文字。它除了马克思、恩格斯、列宁论文艺文章外，还收入斯大林、普列汉诺夫、高尔基、鲁迅和毛泽东有关文艺方面的若干论述。这是一部较早系统地介绍马克思主义文艺基本观点的选本，对我国开展普及马克思主义文艺理论的学习与研究有开创意义。周扬在1944年4月写的《马克思主义与文艺》一文，系《马克思主义与文艺》一书序言，还得到毛泽东的高度赞扬。④ 全书按内容分为五辑：意识形态的文艺；文艺的特质；文艺与阶级；无产阶级文艺；作家、批评家。编者汇编此书，其目的就是"从本书当中，我们可以看到毛泽东同志的这个讲话⑤一方面很好地说明了马克思、恩格斯、列宁等人的文艺思想，另一方面，他们的文艺思想又恰好证实了毛泽东同志文艺理论的正确。"⑥ 可见，周扬编辑这本书不仅是马克思主义传入中国过程中形成权威性话语一次大的汇聚，更重要的是以马克思主义的权威性来树立毛泽东文艺思想的正确性和权威性。周扬的这本书推出了相当多的版本，影响广泛，它标志着从苏联输入的马克思主义文艺思想经过与中国革命的实际结合而得以中国化，并在相当长的历史阶段被树立为"唯一"正确的文艺方向。就像有人所指出的："这本书的出版，标志着延安关于马列文论的编译、研究和学习，提高到一个更自觉、更系统、更全面的阶段。"⑦

早在1940年，周扬还编校了曹葆华、天蓝译《马克思恩格斯列宁论艺术》，由延安新华书店出版。该书收入马克思、恩格斯关于艺术的书信和列

---

④ 参见1944年4月2日毛泽东给周扬的信，《毛泽东书信选集》，北京：人民出版社1983年版，第228～229页。这篇编者序言曾发表于1944年4月8日延安《解放日报》。
⑤ 指毛泽东的《在延安文艺座谈会上的讲话》（1942年5月）。
⑥ 周扬：《〈马克思恩格斯列宁论艺术〉序言》，延安：解放社，1944年，第1页。
⑦ 艾克恩编著：《延安文艺史》，石家庄：河北教育出版社，2009年，第260页。

宁论托尔斯泰的文章,"是马恩列艺术文献上最重要的差不多仅有的独立的材料。"这些译文"都是从英文转译的,其中只有《托尔斯泰与他的时代》一篇是借用《海上述林》中秋白同志的译文,《恩格斯给明娜·考茨基的信》的前面三段和后面一段是根据日译补上。注解除《列宁与文学批评》系原注外,余均为编译者所加。"①该书出版后在延安文艺界引起了强烈反响,甚至还有人认为它"应该是毛泽东手头的马克思主义文艺学典籍之一"。②

20世纪40年代,湘潭人萧三陆续翻译了一批马克思主义著作,其中包括1946年5月1日翻译的《马克思诞生纪念:马克思略传》,发表在晋察冀解放区出版的综合性文化刊物《北方文艺》1卷5期。1949年7月,他编译了《伟大的导师马克思》,中国青年社出版,全书共2.4万字,内容分别为:幼年时代;最初的几个问题;斗争之路;友谊;流亡的生活;在法庭上;慈爱的父亲;资本论;在穷困中;革命的领袖马克思之死;马克思——列宁——斯大林;马克思、列宁主义——毛泽东思想。另有附录"青年马克思的发展道路"。该书1952年11月推出第4版;1953年6月第3次印刷时,总印量达142500册,其影响范围之广可见一斑。

总之,与近代时期的情形一样,现代初期湖南人在翻译马克思主义著作方面仍然走在了国人的前列。这一方面表现在其开始的时间相对较早,另一方面体现在涉及的译家众多,而且不少译家均系早期中共领导人;同时,其翻译的作品也众多。不过总体而言,这些翻译仍然缺乏系统性,未能形成规模,尤其是一些马列主义原典巨著尚未触及或未有全译。如果从翻译方式来看,他们早期以采取节译、选译、转译者居多,主要是经由日语、法语和俄语,且以日语为主。这主要是由于当时的革命形势发展迅速,急需先进的马克思主义理论来指导中国革命,因此众译家便有选择地翻译了一批马克思主义著作,用以解决中国革命的实际问题,于是就出现了人们所说的,"中共成立以前,中国的马克思主义思想大部分是经由日本传入中国"③的局面。由于早年湖南士子留学海外者众多,这样就能确保他们对源语的掌握更加充分,从而

---

① 缪俊杰、蒋荫安编:《周扬序跋集》,长沙:湖南人民出版社,1985年,第2页。
② 高杰:《延安文艺座谈会纪实》,西安:陕西人民出版社,2013年,第93页。
③ [日]石川祯浩著:《中国共产党成立史》,第6页。

一定程度上保证了其翻译的质量。正如美国当代华裔学者刘禾所言:"知识从本源语言进入译体语言时,不可避免地要在译体语言的历史环境中发生新的意义。"① 事实上,在民国那一代士人看来,"思想传播早期,译文的准确性和文本的完整性并不是最重要的,译者的主体选择和译法以及由此在目的语语境中建构起来的新思想最为关键。"② 这样便奠定了中国马克思主义的早期译介模式。后期才开始出现包括《共产党宣言》在内的一批全译本,而且众译家力求采取直接翻译的方式,这样也便于将马列著作较完整地介绍进来。可以说,正是这些翻译在现代中国产生过广泛的影响,它们为一批革命志士的马克思主义观的形成产生了巨大影响,为"20世纪的中国带来了一场可称之为'知识革命'的浪潮","有理论根据的革命运动从此在中国出现了。"③ 当年从湖南走出去的仁人志士众多,而这些人后来在中国新民主主义革命中发挥了巨大作用。

---

① [美]刘禾:《跨语际实践——文学、民族文化与被译介的现代性(中国,1900—1937)》,第88页。
② 方红:《马克思主义在中国的早期翻译与传播——从19世纪晚期至1920年》,第191页。
③ [日]石川祯浩著:《中国共产党成立史》,第2页。

第五章　民国时期湘籍译家与人文社会科学翻译

民国时期，除了马克思主义理论的翻译外，湖南人还逐渐开展了人文社会科学翻译活动，前后涌现出众多优秀的翻译家。他们推出了诸学科不少的翻译著作，多数仍然带有"经世致用"的性质和面向社会现实的特点。这些译著中的许多在中国现代化进程中产生了广泛的影响。

第一节　民国时期湖南的人文、社会、政治、法律翻译

鉴于传统湘学以政治伦理为中心的价值取向十分明显，而湖南近现代教育中又蕴含着一种强烈的政治参与意识，故而湖湘学统培养出来的人士，多为政治家、军事家、治学家之类的"经世人才"。这种治学风气也影响到现代时期的翻译界。此点也能解释现代早期湖南众译家缘何会将较多的精力投入人文、社会、政治、法律等方面著作的翻译。这些译作一方面满足了接受环境的现实需求，另一方面因其特殊的传播途径而广为流传，在中国现代社会变革中发挥了应有的作用，并在社会上产生了广泛的影响，继而得到经典化。

一、李季与人文社科著作翻译

民国时期，在社会科学著作翻译方面的首位大家当推平江人李季。除前面提到的《价值、价格及利润》（即《工资、价格和利润》，1922）和《通俗资本论》（1937）这两部马克思主义著作外，李季翻译的人文社科作品还有很

多,且都产生了广泛的影响。

李季翻译之路的起点是在北大读书期间。他曾替辜鸿铭将一篇英文社论《义利辨》译成中文,得到辜鸿铭的器重。① 李季精通英语和德语,并且曾留学过德国和苏联,有更多的机会阅读到西方社会科学理论的一手资料,从而对原作的理解很独到。

1920 年 1 月、2 月,李季翻译了俄国托尔斯泰撰写的《社会之罪恶及其补救之方法》,连载于《新群》第 1 卷第 3、4 期。② 李季翻译托尔斯泰,正值他思想上感到困惑之际。据李季在《我的自传》里讲述了此书翻译对他思想转变曾产生过的影响:

> 我于是决意要为民族的幸福而奋斗。……我为什么这样容易相信托氏的学说呢?因为从儒教克己之说到它的"无抵抗主义",相隔不过一步,我一前进,即达到他的领域中了。不过旋因研究社会主义史,对于一般社会思想家和社会运动家的学说得到一个比较,知道他这种主义缺点甚多;同时自己从经验上也觉得一经相信他的说法,对于现状固然发生一种不满意的心理,但总只有消极的态度,而无积极的行动。这样殊不能满足我的进取的欲望,于是离开这种领域,而开始向着科学的社会主义的坦途前进。③

正因为有了这种变化,他必然会选择这种类型的作品来翻译,于是我们发现在同一年,李季除在《新青年》第 8 卷第 3 号发表译自英国罗素的《能够造成的世界》(译自《到自由之路》第八章)外,又于 1921 年 1 月 1 日在该杂志第 8 卷第 5 号刊登了他译自英国哈列(John Hunter Harley)的《到工团主义的路》。同月,新青年社出版了该书单行本,列入"新青年丛书"第七种。该书翻译始于 1920 年下半年,这年 10 月 3 日,李季在给胡适的信中说道:"近来正在译 Harley's Syndicalism,大约月底可以告竣。"④ 这是一本了解工团主义的简明入门书籍。

---

① 李季:《我的生平》,上海:亚东图书馆,1933 年,第 164 页。
② 该文在第 1 卷第 4 期上题作《罪恶之源》。
③ 李季:《我的生平》,第 204~205 页。
④ 耿云志:《胡适遗稿及秘藏书信》第 28 册,第 56~61 页。

据1921年4月1日《新青年》第8卷第6号《新青年丛书出版广告》介绍:"诸君要劳动运动,不可不研究工团主义。要研究工团主义,不可不看英国哈列著的工团主义。此书将工团主义的沿革、历史、理论、意义,以及各国工团的意义的不同点,写得极其条理分明,繁简得当,是研究工团主义极有价值之书。"正如李季所说:"我觉得要研究一门学说,须先从它的历史下手。"① 这点对于工团主义也不例外。接下来,李季翻译了一部社会主义运动史方面的著作。1921年3月,他翻译了美国社会主义理论家列德莱(Harry W. Laidler)著《社会主义之思潮及运动》,1923年由商务印书馆出版,陶履恭校,收入"世界丛书",343页,32开。早在1920年9月1日他致信胡适,就翻译此书的缘由、书名及专有名词的翻译、小数点的翻译表达法、自序的审定等问题进行了说明,其中说道:

> 此书前半部多理论,缺乏系统,后半部记1914后各国社会党派的行动,较前半部为佳。克卜朴的社史至1913年为止,此书记1914年以后的事,可与克氏书相衔接,故生想将他翻译出。……但名称尚不易定,仍请夫子代译。……guild socialism 之 guild 这个词应为何译? 请一并示之。②

全书共15章,上卷"社会主义之思潮"记述社会主义的各种学说、社会主义对资本主义的批判;下卷"社会主义之运动"描述国际主义的起源、各国社会党对第一次世界大战的态度、1914~1919年间各国社会主义运动概要。

1921年4月1日《新青年》第8卷第6号封二有李季的《告白》:

> 《社会主义之思潮及运动》(Socialism in Thought and Action)。此书为美国各高校社会主义的秘书列德莱博士(Harry W. Laidler Ph.D.)所著,系一九二〇年出版。书的内容,分为两部:第一部(即社会主义之思潮)叙述社会主义的学说,社会主义对于资本主义的批评,对于反对论的辩驳等等,非常透彻;第二部(即社会主义之运动)记载国际主义的源流,各国社会主义者在欧战爆发前后所持的态度,一九一四年至一九一九年

---

① 李季:《我的生平》,第205~206页。
② 耿云志编:《胡适遗稿及秘藏书信》第28册,第54~55页。

年底各国社会主义的运动等等,详尽无遗。此会的第一部系罗列世界有组织的社会主义运动和社会主义大家的思潮,著者自己并未曾参以私见,故于各派学说,持论平允,绝无党同伐异之弊,道是赞成或反对社会主义的人所必读之书;此书的第二部与我所译的克卜朴《社会主义史》恰相衔接(克氏社会史至一九一三年为止),尤足资研究大战后世界各国社会主义运动的人之考镜,故特译成国语,以飨国人。全书约二十四万字,现已脱稿,不日付印,特此预告。十年三月十七日。李季白。

译书于 1921 年 3 月脱稿,也在当年 5 月《新青年》第 9 卷第 1 号发了刊行预告,但实际出版似因故延迟。译稿成后,他又致信蔡元培请再赐一序,并称该书"可为前书(即《社会主义史》)的续本(此书较社史更平允)",[①] 它将各国社会主义运动史较完整地介绍给中国读者,"李季有意通过这两本译著,为当时的国人合成一部社会主义通史",[②] 为开阔国人的视野提供了绝好的材料。值得指出的是,1921 年 6 月,李季还在《新青年》第 8 卷第 6 号撰文《社会主义与中国》,文中驳斥了"中国若想社会主义的实现,不得不提倡资本主义""不要社会主义,要提倡资本主义去发达中国的实业"等观点。在文章的最末,他得出结论:"社会主义是救我们中国的良药。"这点显得尤为难能可贵。

1932 年 9 月,亚东图书馆共出版新书 8 种,收入李季的著作 3 种,其中之一便是他译自德国医学博士 A. 海尔博(Adolf Heilborn)的《妇女自然史和文化史的研究》,收入"到知识之路丛书"。

据 1936 年 4 月版《亚东图书馆书目》介绍:

现在一班高谈妇女问题者大都盲目地叫着男女应当平等,都知道男女的不平等是因为男子垄断了经济权和政治权,但我们要问男子何以能垄断而女子不能,我们便应当了解妇女在自然史和文化史上较逊于男子的各种质素了。本书是帮助我们了解这一点的门径书。译文流利生动,研究妇女问题者不可不读。[③]

[①] 耿云志编:《胡适遗稿及秘藏书信》第 28 册,第 96~97 页。
[②] 吴海勇:《中国共产党创建时期李季翻译经历考述》,《上海党史与党建》2010 年 11 月号。
[③] 刘洪权编:《民国时期出版书目汇编》第 14 册,第 344 页。

全书共三部分：妇女的身体；妇女的精神；妇女社会地位的发展。书前有译者《序言》。诚如柏柏尔所言：没有两性在社会上的独立和平等，即无人类解放可言。鉴于"女子处处受男子的宰制，女子处处受男子的虐待；不独乡村妇女也如此，不独缺乏'教育'的妇女如此，即便受过高深'教育'的妇女也莫不如此。"妇女问题是当时的一个"火烧眉毛的大问题，与劳动问题具有同样重要的意义。"[1]然而，国人大多无法从科学的角度认识这一问题，于是李季便将海尔博这本书翻译过来。他的这本译著，堪称是运用自然科学方法研究社会学问题的一个典范，书中暴露妇女"弱点"之处甚多，而且也讲清了"病根"之所在，这样有利于人们对症下药，帮助她们发达起来，让她们与男人站在同一水平线上，从而真正实现自由和独立。而且译者号召"凡矢志于人类解放的人应当领略这种真谛啊！"[2]这样的译著，在20世纪30年代的中国出版，其意义可想而知，它为提高国人的认识，推进中国女性解放运动提供了理论上的借鉴依据。

其二是他重译了俄国恰耶诺夫（Alexander Tschajanov）著《社会农业及其根本思想与工作方法》，215页，32开。早在1929年2月，亚东图书馆曾推出过王若冰根据德文本的转译本；三年之后又推出李季译本，显然是他们对前译不太满意，否则同一家出版社在这么短的时间内不会出现两种译本。李译该书内分13章，说明农业经济政策及其理论的意义、范围，农业理论工作者的工作方法等，以期从根本上达到提高生产力的目的。据1936年4月版《亚东图书馆书目》介绍："原著者根据他四十年的工作经验，造成社会农业一贯的理论，对于农业宣传与组织的方法，尤为精细详密，切合实用，不独为有志改革中国农业者必备的读物，且为从事一般农民运动与民众运动者极有价值的参考书。"[3]

接下来，李季翻译了海尔博的一本有关进化论的书籍《达尔文传及其学说》。1933年8月9日，陈独秀于狱中寄信汪原放，提到："《古代社会》，

---

[1] 李季：《序言》，海尔博著：《妇女自然史和文化史的研究》，李季译，上海：亚东图书馆，1932年，第1页。
[2] 李季：《序言》，海尔博著：《妇女自然史和文化史的研究》，第3页。
[3] 刘洪权编：《民国时期出版书目汇编》第14册，第352页。

莫尔干的,亦有重译的必要(最好请季子译),此书和《资本论》及《人类由来》为近代三大名著之一,皆世界不朽名著也。"① 这里提到的莫尔干(Lewis Henry Morgan,现通译摩尔根)的《古代社会》,后来并没有被李季翻译过,倒是被杨东莼翻译出来。达尔文(Charles R. Darwin)的《人类由来》(*The Descent of Man*)是一本关于进化论的书,这本书李季同样没有翻译过。不过在这年9月,他倒是译出另一本有关进化论的书籍,即海尔博的《达尔文传及其学说》,亚东图书馆出版,94页,32开。据1936年4月版《亚东图书馆书目》介绍:

> 译者觉得达尔文主义在中国并不及在西洋发生的意义重大,既不曾有过热烈的讨论,又不曾发生深刻的影响。一般知识青年不必说,就是所谓学者,对这个主义的了解也很有限。……他又觉得国人介绍达尔文学说的工作不曾做好,故把这部"颇便初学"的专论达尔文的生平事业与学说的书译成,同时作为他对这位有功于世界学术的大学者五十年祭所表示的一种敬礼。他又说:"研究马克思主义的人,应当懂得达尔文主义,否则无由认识自然界的运动而使辩证法的唯物论获得坚固的基础;研究达尔文主义的人尤应当懂得马克思主义,否则无由认识唯物的辩证法而使达尔文主义更向前发展。"②

该书共四部分:少年时代;一个博物学家的旅行;其人及其事业;达尔文主义的回顾与展望。卷首有译者19页的长序。早在留学德国时期,李季就对历史唯物主义和辩证法做过深入系统的研究。在《我的生平》中,李季说"慎择一种正确的观点既是治学的先务,现在问我的观点是什么?就是历史的唯物论","辩证法也是我此后的思想方法"。③ 在他看来,唯物主义的最大特点是尊重事实,从观察到的众多事实中找出规律性东西,是客观唯物主义方法的最大特点。而达尔文这位进化论的提出者,当年搭乘"贝格尔号"舰作了历时五年的环球航行,对动植物和地质结构等进行了大量的观察和采集,继而出版了《物种起源》这一划时代的著作,提出生物进化论学说,

---

① 汪原放:《亚东图书馆与陈独秀》,第168页。
② 刘洪权编:《民国时期出版书目汇编》第14册,第343～344页。
③ 李季:《我的生平》,第333页、第361页。

从而摧毁了各种唯心的神造论和物种不变论。这一人物给他的印象十分深刻，无疑也是他研究历史唯物主义的最佳素材。1933年4月19日正好是达尔文五十周年忌日，译者觉得国人介绍达尔文学说的工作不曾做好，又认为研究马克思主义的人应该懂得达尔文主义，于是把它翻译过来。这部译著无疑对于当时国人进一步了解达尔文及其进化论思想起到了很好的作用。该书1939年3月再版，列入"知识之路丛书·达尔文评传"。

1936年4月，李季还译出一部《马可波罗游记》，亚东图书馆出版，222页，32开。这也是1949年以前在中国流传甚广的一个本子。据1936年4月版《亚东图书馆书目》介绍：

> 《马可波罗游记》在世界上早负盛名，久已脍炙人口，作者不独是世界史上看过奇迹的五个最大游历家之一，并且还是元世祖的客卿，居中国十七年。……本书并非一种简单的游记，且和威尔士的《世界史纲》所说的一样，是"大历史书之一"。兹经李先生译出，冠以万言长序，……有系统地写出元代的社会状况，尤足增加它在中国历史上的价值，……凡欲读世界伟大游记和研究中国问题的人不可不入手一编。①

李季翻译此书显然也是受了陈独秀的影响。1933年8月9日，时在南京第一监狱服狱的陈独秀给汪原放寄信，其中就提到《马可波罗游记》的翻译问题，他说："《马可波罗游记》可请洪孟博或刘仁静（季子可寻着他）翻译。据我所知，他们二人英文均可靠。其中人名、地名部分很难译，此方面，弟可尽力考证。此书在近代东方史（特别是中国）极有价值。"② 这里所说的"季子"便是李季。而这部游记并没有被信中提到的洪、刘二人译出，后来倒是由李季翻译出来的。1935年2月11日，陈独秀在给汪原放的信中提到："季子所译《马可波罗》倘不即时付印，能带给我校阅一下也好。"③ 显然这时李季已将该书译好。1936年4月，亚东图书馆正式出版了李季翻译的《马可波罗游记》。马可波罗是中世纪欧洲的大旅行家，曾于1275年（元世祖至元十二年）从意大利来到中国，遍游中国各地，1291年（至元二十八年）初离华。他

---

① 刘洪权编：《民国时期出版书目汇编》第14册，第360页。
② 汪原放：《亚东图书馆与陈独秀》，第168页。
③ 同上。

的《游记》，不仅详细记录了元代中国的政治事件、物产风俗，对西方世界也产生过重大的影响，因而在西方，关于《游记》的版本、译文和研究论著层出不穷。在我国，映堂居士（William Frede，中文名梅辉立，字映堂）于清朝同治十三年三月（1874年4月）在《中西闻见录》第21号发表了一篇《元代西人入中国述》，是第一篇介绍马可波罗的文章。此后100多年里，我国已有《游记》汉文译本7种，蒙文译本2种，介绍及研究性专书、论文百余种。仅解放前就有魏易的《元代客卿马哥博罗游记》（1913）、张星烺的《马哥孛罗游记》（1929；1937）、冯承钧的《马可波罗行记》（1936）等几种译本。在这几种译本中，魏、冯译本皆遭指责，张译本一则不全（旧本），二则无注（新本），满足不了我国读者的需要。李季译本是根据曼纽尔·科姆罗夫（Manuel Komroff）1932年删去注释的英译本第9版翻译的，这在当时可以说是最新的版本了，但并不是最好的版本。他选译该书，是因为梅斯菲尔德（John Masefield）在"万人丛书"出版《马可波罗游记》的《序言》中，称马氏为世界史上看过奇迹的五个伟大游历家之一，说他"替欧洲人的心目中创造了亚洲"。英国威尔士（Herbert George Wells）在《世界史纲》中更说："《马可波罗游记》为大历史书之一。它对着我们的想象打开了十三世纪……的世界，这不是单纯的作史者的编年史所能做到的。"而对于中国人来说：

> 此书实具有一种更重要和更亲切的意义。因为马可波罗是元世祖的客卿，居中国十七年，……极得世祖的信任……而他的书中的记述有五分之二以上又是描写元室和中国本部的。……《马可波罗游记》关于中国的部分却是一部绝好的元初社会状况的写真，凡我们自己的史书没有记载的，或没有详细而有系统地记载的，他都替我们记录下来了。所以这部书特别对于我们，不是一部普通的游记，而是一种宝贵的社会史料，威尔士称它为一部"大历史书"，可谓名副其实。[①]

该译本出版后，社会上对它的褒贬不一。1937年11月，孟樨撰文对它进行了批评，认为译者序中所持的论点，所用的材料，所得出的结论，不妥当的地方太多。最为关键的是：

---

① 李季：《译者序言》，《马可波罗游记》，上海：亚东图书馆，1936年，第1～2页。

在游记本身的译文中，我们看到有些根本上难于确定是中国什么地方的地名，译者把他弄得乱七八糟，这是由于译者根本不是研究中国史地的，自然弄不清楚，还可原谅。不过有些错误，是不能原谅的，……总之，对这些不甚妥或简直错误的地方，我们没有工夫来详细指出。这些都证明译者对于历史没有研究。我们想翻译这类书籍的工作，还是应当由研究中西交通史的人们来翻译，免得"隔行"的许多毛病。并且就李季说，如果与其翻译一点 Sobmast① 诸人的书籍，或者对于学术界的影响还要好些。②

值得指出的是，李季译本初版于1936年，1940年4版，在民国时期流传甚广。而孟樹文中指出的这些问题，直至1940年第4版也未改正；同时，1981年另一新译本仍有这类错误，比如仍将"Oktail"（窝阔台）译为"奥克泰"，这不能不说是一大遗憾。

1937年，李季又翻译了一部《人类在自然界的特别位置》，亚东图书馆出版，收入"到知识之路丛书"，78页，32开。同样是介绍达尔文的进化论思想，由德国柏林大学夫里登达尔（Hans Friedenthal）教授所著的这本书，有别于1930年（1935年再版）由世界书局推出的华汝威根据赫胥黎（Thomas H. Huxley）的《人类在自然界的位置》（*Evidence as Man's Place in Nature*，该书于1862年初出版时译为《人类在自然界的位置的证据》）翻译的那本书。李译此书共八个部分，除绪论外，内分：人类一般的毛被；人类的寒毛被；人类的皮肤；人类的眼睛及其表情；人类耳朵的特别形态；人类鼻子的特别形态；人类口的特别形态和结语等。这些内容不独是利用现代科学知识做成的，所涉及的方面也较多，可以说是这方面的一个小册子。正如译者在《序言》中所言：

人类在动物界的位置的知识，是理解人类和宇宙间的关系所不可缺少的知识。中国的自然科学方在萌芽之际[，]对西洋这一类的学说自然说不上发扬光大，但普遍地传播起来，实为现今当务之急，尤其是在这

---

① 拼写有误，应为德国经济学家 Weiner Sombart（1863—1961），即《现代资本主义》之作者。
② 孟樹：《评李季译〈马可波罗游记〉》，《天津益世报·读书周刊》第75期（1936年11月19日）。

科学与哲学汇合的新潮中,智识界的青年决不可缺少这种预备知识。①

他不失时机地将该书翻译过来,有助于进化论知识在中国读者界"普遍地传播"。

此外,早年李季还翻译了美国威尔(Charles H. Vail)的《科学的社会主义之原理》和德国里克奈西(Wilhelm Liehknecht)的《不要调和》,但由于各种原因未能出版。②

可以说,自1925年回国至1947年,李季翻译的著作众多,涉及的领域甚广,为同时代译家所罕见。同时,他所选译的作品又十分重要,尽管其译文有值得商榷的地方,但许多都在当时以及未来产生了广泛的影响,由此成就了他翻译生涯中的一个辉煌时期。更为重要的是,李季一生翻译了大量的马克思主义理论作品,尤其是将马克思主义确定为他的学术立场,并且应用马克思主义进行具体的历史研究,我们可以看出他是一位名副其实的马克思主义者。

二、陶菊隐与时事政治翻译

民国时期,在时事政治翻译方面,湘籍译家中成绩较大的自然是著名报人和传记作家、长沙人陶菊隐。

陶菊隐(1898～1989),出生于湖南长沙,幼年随父母在南京生活。1908年返回长沙,先后就读于明德小学、明德中学。1912年因得罪霸凌学生而辍学,任长沙《女权日报》编辑,开始进入报业。1916年后,历任《湖南民报》《湖南新报》《湖南日报》《武汉民报》编辑、总编辑。1928年后,任上海《新闻报》履行记者、战地记者、专栏作者,并创办南京《华报》。1934年5月开始为《新闻报》撰写《显微镜下的国际形势》专栏文章。1936年定居上海后,又参与《新闻报》编辑工作,直至1941年退出《新闻报》。他的传奇式报业生涯曾使报界一时有"南陶北张(季鸾)"之誉。1941年后,鉴于当局的新

---

① 李季《序言》,《人类在自然界的特殊位置》,上海:亚东图书馆,1937年,第2～3页。
② 吴海勇:《中国共产党创建时期李季翻译经历考述》,《上海党史与党建》2010年11月号。

闻审查日严，陶菊隐"看透了政治圈里的一切幻戏"，黯然退出报业，利用过去厚积的采访资料，专事近代轶闻、国故丛谈的掌故写作，从此"由新闻记者改作旧闻记者"。①

自1940年至1948年间，中华书局推出了一套《菊隐丛谭》，作[译]者为陶菊隐。这是应时任中华书局编辑所所长、早年在《湖南民报》一起共事过的同乡舒新城之邀而辑得的一套丛书，共计25本，分四大类：国际问题10本；国际掌故5本；杂写、小说、短篇史料4本；长篇史料6本。该丛书保留了许多极有价值的中外近代史的掌故、内幕和逸闻，且图文并茂，深受读者的喜爱。

在这套丛书中，属于编译类的主要有：《世界名人特写》（上、下册）、《欧洲五强内幕》《美国谈薮》《亚洲谈薮》《非澳两洲谈薮》《中南美洲谈薮》《欧洲谈薮》《欧洲风云》《世界珍闻》《国际掌故》《欧美谈片》《现代女性》等。据《菊隐启事》称："上列各书均笔者近年来在报章发表之稿，承读者不弃，认为有可采之处，敦促汇刊印行。惟文中材料，半采自书报，半得诸传闻，读者如有见教或更正之处，尚乞惠书由中华书局编辑所转交笔者，决不文过饰非也。"②

由于陶菊隐不谙外文，这几部书名为编译，实际上是在请专人代译外文资料的基础上写成的，因而他也被戏称为"林琴南第二"。③据陶菊隐自己说："译员报酬是我直接支付，书目多少由我决定。"④而且多是自1934年5月起他作为上海汪伯奇兄弟主持的《新闻报》驻湘特约通讯员，在其中的"显微镜下的国际形势"专栏上陆续发表的。其过程是"由《新闻报》出资购买一批外文书籍，交他（即译者的同事曾芸阁）择要口译，我或者直接写译文，或者改头换面另写专题述评。"换言之，他的这些"所谓'译稿'，基本上是按照曾芸阁的口述记录下来的"，同时又把自己的"观点加进去，写的非驴非马，又

---

① 陶菊隐：《记者生活三十年》，北京：中华书局，2005年，第174页。
② 陶菊隐编译：《现代女性》，上海：中华书局，1940年，卷首。
③ 陶菊隐：《记者生活三十年》，第181页。
④ 同上。

是夹叙夹议,并非直译原文。"①大约半年左右,曾芸阁因事回湘,而转请好友蒋友文接手口译,直到1938年南京沦陷为止。此后,蒋友文又随军委会内迁,陶菊隐到上海物色到一大学毕业生担任此项工作,由此而有了这些编译作品。其中的不少特写更类似于人物小传,如《达拉第》《瑞典王加斯塔夫五世》《墨西哥总统加登内司》《莫洛托夫》等。而且编译者在译写的过程中,不仅有意通过开头设置悬念来吸引读者,而且还努力从"故事"中寻找"情节",在固有的时间的链条之外突出和强化因果的承接,从而使传主的故事产生引人入胜的奇妙效果。像《莫洛托夫》一篇,"二战期间,一般人对于莫洛托夫并不生疏,但叙述者一开始却先把三十年前有着决然反差的斯克利亚推到人们面前。这巨大的反差也足以引起接受者的好奇,正是在这样的情势之下,叙述者才从容不迫地展开叙述:'莫洛托夫于1890年生于……'。"②如果从叙述艺术角度着眼,也像有人说的,"陶菊隐传记打破了传统传记流水账的写法,善于从历史事件中提炼情节,在强化因果链接中不断推出戏剧性的悬念,使其传记作品收到引人入胜的阅读效果。"③但总的来说,这些由人口译的东西,经他妙笔生花式重写,确实"写得通俗易懂,颇受读者欢迎,国内有些报纸也加以转载",而且"香港老资格的《循环日报》却改为该报伦敦或纽约'特约通讯',内容一字不改。"④

总的来说,陶菊隐所编译的这些外国人物小传,靠的是第二手资料,⑤其可读性和艺术性相对于他所撰写的《吴佩孚将军传》《六君子传》《督军团传》《蒋伯里先生传》等长篇史料书籍略显逊色。不管怎样说,陶菊隐在译介国际时事方面所取得的成绩,还是得到了时人的高度肯定。⑥

与此同时,我们从陶菊隐的编译活动中又能获得一些启示,那就是在处

---

① 陶菊隐:《记者生活三十年》,第173～174页。
② 辜也平:《陶菊隐传记叙事的文学研究》,《荆楚理工学院学报》2009年第8期,第10页。
③ 辜也平:《陶菊隐传记叙事的文学研究》,《荆楚理工学院学报》2009年第8期,第11页。
④ 陶菊隐:《记者生活三十年》,第174页。
⑤ 据陶菊隐自己说:"因有人代译外文资料而称我为'林琴南第二',则我不免受之有愧。"参见陶菊隐:《记者生活三十年》,第181页。
⑥ 抗战初期,陶菊隐曾被作为研究国际问题的人才,由蒋百里引荐给蒋介石,尽管对方明知他"没有出过洋而又不甚熟悉外文",但因经常译介"有关国际问题的文字,其见解颇有独到之处",仍然加以推荐。参见陶菊隐:《记者生活三十年》,第201页。

理新闻语体时，一方面要考虑到新闻语体的大众性、趣味性和简洁性的特点，用一种有趣易懂、简洁精炼、经济的语言来传译原作的内容；另一方面要照顾到文化常识和政治常识，同时基于两种文化习惯的差异，而对原作进行调适，采取编译和解释性翻译策略，并对原文内容进行选择，有的放矢，让目的语读者乐于接受和欣赏。因此，编译、改译往往是最佳的策略。

三、周谷城与现代政治学翻译

民国时期与政治文献翻译密切相关的还有益阳人周谷城（1898～1996）。1927年"大革命"失败后，周谷城在上海靠译书卖文维持生计。此间，国民党政府实施白色恐怖和文化专制主义政策，以封建买办、法西斯思想加强对人民的思想控制，其提倡所谓的三民主义教育，不过是打着三民主义的旗号，实则推行反苏反共教育。正因如此，周谷城翻译了一系列的政治学著作。

1928年，周谷城翻译了英国亚诺得（Robert Page Arnot）所著《战后世界政治之关键》，春潮书局出版。原书题作 *Soviet Russia and Her Neighbours*（直译作《苏联和她的邻邦》），周译全书计191页，共13章，分别是：布勒斯特·里多佛斯克会议——苏俄民治之发轫期；外患与内忧；第三国际之成立及发展；苏俄的世界观；美国与苏俄；英国提议休战；从乌尔加地方之旱灾到几诺亚会议之破裂；英国对俄政策之变迁；苏联与法意两国的关系，日本与西伯利亚；苏俄与德国及边界各国的关系；苏联与阿富汗波斯及土耳其的关系；苏联与中国革命。书中的这些内容都是当时世界政治最热门的话题，对于国人来说是相当新鲜的，故而他及时地将其译出。

1928年8月，周谷城翻译了美国共产党人尼亚苓（Scott Nearing，又译尼林）所著《文化之出路》，宇宙书店出版；该书于1929年再版，145页，32开。该书泛论人类过去经济生活的情形，现代工业文明的流弊，以及将来应有的理想等文明进化问题。全书共六章，分别为：文化之来历；大革命；企业阶级之统治；劳动运动；文化时代之末运；新文明之模型。可以说，这类书籍与当时国民党新军阀政府的反苏反共的文化政策是水火不相容的。

他的这些译著不啻为囚禁于密室的人们带来一点新鲜空气，正如有人总结的:"他喜欢宣传与革命理论、革命实践有关的著作,大概他认为这些著作有可供国人借鉴之处,所以他偏重这些著作的翻译。"①

1933年4月,周谷城编译了美国吉林(John L. Gillin)、布莱克曼(Frank W. Blackman)合著《社会学大纲》,大东书局出版,378页,25开。原书是美国很通行的一部教科书,当时中国国内各大学也直接采用此书作教科书。全书共17章,分别论述了社会生活、社会学之范围及定义等方面的问题。考虑到"国内大学生未必人人能读懂外国书",周谷城就将此书翻译出来。

书前的《译者之言》介绍了该书的影响及选译的内容:

> 书中第一至第三章,是论社会之性质及旨趣的;第四至第十二章,是论社会之进化的;第十三及第十四两章,是论社会之活动的;第十五至第十七章,是论社会之病态的,并于全书作了结束。惟于原书,省去了几章未译。其所以省去者,或因(1)所讨论的范围是现在大学校内其他社会科学能直接或简[间]接讲到的;或(2)所取的材料太偏于美国方面;或(3)内容稍近空疏。惟第九章及第十六章材料虽完全是关于美国社会的,然很有比较及参考的价值,却都译出了。②

据译者回忆,"第一件事是为了吃饭,翻译了四本书。《社会学》这本书是我最不喜欢的,翻得不成样子。我念中文,找一个年轻人帮我抄,稿费两块一千字。我一块五,他五角。"③

该书是周谷城应大东书局之邀翻译的,实际上是他与人合译的,即由他口译,另由人抄写,孟寿椿校阅。书成后,他打算写上"编"或"编译"的字样,但最后还是按照书店要求注明为"译"。据说,这本书后来倍受批评。④ 1989年该书由上海书店重版,收入"民国丛书"第1编第14种。

同时,周谷城还翻译了几篇与中西交通有关的作品。1935年12月,他翻译了斯坦因(Marc A. Stein)著《古代中亚之遗迹》,刊《暨南学报》第2

---

① 莫志斌:《周谷城传》,长沙:湖南师范大学出版社,1997年,第53页。
② 周谷城:《译者之言》,[美]吉林、布来克满著:《社会学大纲》,周谷城编译,上海:大东书局,1933年,第1页。
③ 莫志斌:《周谷城传》,北京:华文出版社,2015年,第294页。
④ 吕涛、周骏羽整理:《周谷城传略》,太原:山西人民出版社,1988年,第27页。

卷第1期,又刊1937年4月《边疆半月刊》;同年6月,他译格鲁塞(René Grousset)著《东方文化中国之部》,刊《暨南学报》第2卷第2号。

1943年12月,周谷城翻译了珀登(C. B. Purden,今译柏多姆)著《新英国与新世界之建设计划》,重庆独立出版社出版,收入"战后世界建设研究丛书"。全书210页,共3编,计9章,分别是:第一编 先决条件:第一章 一种新态度、第二章 机能原理;第二编 建设计划:第三章 国家论、第四章 社会论、第五章 民族论、第六章 国家最高会议;第三编 原理之应用:第七章 不列颠帝国之建设计划、第八章 欧洲之建设计划、第九章 世界之建设计划。

总之,周谷城虽然是以历史研究而著称,但他早年为了维持生计而翻译的几部时事政治著作,都是国人相当关心的话题。这些对于开阔时人的视野起到了一定的作用。

四、张西曼、萧敏颂与俄苏文献翻译

民国时期,在翻译有关俄苏文献方面影响较大的是张西曼。正如中共官方在张西曼诞辰一百周年纪念座谈会上所说的:张西曼是"我国较早接触马克思列宁主义的先进知识分子之一","为在中国传播马克思主义做出了积极的贡献"。[1]

要宣传一国的文化,语言是最重要的沟通工具。早年,张西曼为在中国推广俄语教学时曾到处奔走、呕心沥血,在白色恐怖下不畏艰险,做出了重要的贡献。1921年4月4日,张西曼在致胡适的信中谈到"我是有志研究俄罗斯文学的一人,且常以中俄文化的'相互沟通'自任"。[2] 这句话伴随了张西曼的一生,成为他矢志不移促进中俄(苏)文化交流的生动写照。

1921年,张西曼与柏烈伟(S.A.Polevoy,又译柏烈威、柏列卫或鲍立维)合编了一本简明《俄文文法》,1923年编辑出版了《中等俄文典》,1925年

---

[1] 王兆国:《在张西曼教授诞辰100周年座谈会上的讲话》,《人民日报》(1995年6月21日)。
[2] 张小曼:《张西曼:翠花胡同12号》,北京市政协文史资料委员会编:《名人与老房子》,北京:北京出版社,2004年,第142页。

出版了《新俄罗斯》读本，这几本书都是初学者配套的难得的好教材，后来多次再版，影响了数以千计的中国青年，为推动中俄文化交流培养了大批宝贵的俄语人才。柏烈伟系北京大学聘请的俄籍汉学家，原是白俄罗斯人，因同情十月革命而加入俄国共产党。1920年4月魏金斯基来华时，是柏烈伟将其介绍给李大钊等人。另外，张西曼也在传播俄国文学方面做了有益的工作，他满怀热情地在大学课堂上讲授俄国著名文豪普希金的作品，写出中国第一篇评价普希金的专文——《俄国诗豪朴思砼传》，刊1920年3月《少年中国》第1卷第9期。1922年8月19日晚，张西曼担任俄国灾荒赈济会董事长熊希龄欢迎俄罗斯社会主义联邦苏维埃共和国代表越飞及其顾问柏闻斯、柏谷丁三人之晚宴翻译。[①]1926年，张西曼还翻译了威清斯所讲《中俄两大农业国之互助事业》，刊《北京平民大学周刊》"本校四周年纪念增刊"。1936年，中苏文协文艺界人士编辑出版的《普式庚逝世百周年纪念集》里就有张西曼翻译的《普式庚传》（韦列沙野夫著）和译诗《酒神祭歌》等作品。

不过，在张西曼的翻译生涯中最值得称道的还是其政治文献翻译。1926年，张西曼在北平创办的中俄大学被军阀张作霖强行封闭后，南下参加武汉革命政府并任政治顾问。为了支持革命政府，他先后翻译出版了《苏俄民法》《苏俄刑法》和《苏俄宪法》。1935年他又与徐悲鸿、张仲钧等创办了中苏文化协会，被推举为总干事。中苏文协的宗旨是增进中苏友好，加强两国文化交流。张西曼以中苏文化协会为阵地，做了大量促进中苏友好的工作。1936年1月，他翻译了《苏联新宪法草案》，刊《明日之中国》第1卷第5期，7月中苏文化协会印行单行本；1937年他翻译了《苏联宪法》，刊《法学杂志》第10卷第1期、《中苏文化杂志》第2卷第1期（后由中苏文化协会印行单行本）；同年，他在《时事类编》第5卷第8、9期"国际时事文献"栏连载了所译《苏联新宪法全文》，载于《防共月刊》第4、5期；1939年，他在《中苏文化杂志》"斯大林六十寿辰庆祝专号"发表所译《斯大林宪法全文》。这后两部译作是他继早年推出的《俄国共产党党纲》（广州人民出版社，1922年

[①] 期间替越飞翻译的是邓洁民（1890～1926，原名邓均文，后化名马天民）。有关张西曼此次任翻译的情形参见1922年8月20日《晨报》第二版。

版)之后所译的另外两部重要的苏联文献。

《苏联新宪法草案》系1936年6月苏联中央执行委员会主席团公布的《苏联宪法(根本法)》草案,共13章,146条,计30页。而他译的《苏联宪法》则是1936年12月5日全苏苏维埃第8次非常代表大会通过的《苏维埃社会主义共和国联盟宪法》,亦为13章,146条,内容包括宪法对社会结构、国家结构、苏联最高国家权力机关、加盟共和国最高国家权力机关、苏联国家管理机关、加盟共和国国家管理机关、自治共和国最高国家权力机关、地方国家权力机关、法院和检察院、公民基本权利和义务、选举制度、国徽、国旗、首都和宪法修改程序等分别作出的规定。此宪法与草案条数相同,但正案在草案基础上多出了43处修改,张西曼对此逐一校译。

1944年,张西曼又在《中华法学杂志》新编第3卷第1、2、5期连载了所译《苏联宪法》。① 除了翻译《苏联宪法》外,张西曼还陆续地将苏联各加盟共和国宪法译介到中国。他先后翻译了《月即别苏维埃社会主义共和国宪法》《哈萨克苏维埃社会主义共和国宪法》《大肉月苏维埃社会主义共和国宪法》,分别刊1944年《中华法学杂志》新编第3卷第7、9期和1945年第4卷第2期。

可以说,由于张西曼的翻译,对于国人了解苏联社会主义制度起到了一定的作用。需要指出的是,到了抗战后期,为了能够在战后建立一个民主宪政的国家,张西曼又积极地参加民主宪政运动,并发起创立中国民主宪政促进会,而他们提出制订新的宪法的依据之一便是他翻译的《苏联宪法》等。

1930年,张西曼还翻译了《苏联文学家传略》,刊《民生报》。② 而早在1922年10月18日,他还以"煌言"之名发表了《我们对于中俄会议应有的表示》,刊《晨报》第二版,文中批评了当时北京政府一再拖延中俄会议的错误态度。十天之后,即10月19日,由进步俄侨编辑的《生活日报》(俄文)译载此文,这对于促进和改善中苏关系产生了良好的影响。

---

① 1944年《中华法学杂志》新编3卷1期刊登张西曼译《苏联宪法》前有如下字样:"本宪法于一九三六年十二月五日经苏联第八次苏维埃大会通过,以后迭经苏联最高苏维埃第一、二、三、六及七次大会之修正补充,其全文如左。"
② 张西曼著,李长林、张小曼编:《张西曼集》,长沙:湖南人民出版社,2010年,第329页。

有关苏联文献的翻译，萧敏颂也做出了一些努力。1941年2月，他与杨承芳等翻译了可园编的《坚苦成功的苏联》，中苏文化协会长沙分公司出版，世界书局印行，287页，32开，收入大众知识社主编的《苏联丛刊》。全书共六部分：打开苏联之门；苦斗的回忆；不绝地试验不绝地成功；最大多数的最大幸福；保卫和平的实力；伟大的建树。书前有编者《小引》。这是在苏联建国20周年时编写的。正如编者所言："这一本《坚苦成功的苏联》，是想对于苏联从各方面作一个概要的叙述，使读者知道她本身漫长的过程，和各种事业发展的次序；又明白地指出她的特征来，以为研究现在世界各国政治经验的一种参证。"[1]

五、郭达与《西行漫记》翻译

正如毛泽东在延安向干部推荐《西行漫记》所说的：这是"一本真实介绍我们的情况的书"，[2] 这样自然奠定了该书在中国革命史上的地位。在这一过程中，翻译起到了重要的作用，而湘潭人郭达（1909～1995），即美国记者埃德加·斯诺（Edgar Snow）在《西行漫记》（*The Red Star Over China*，又译《红星照耀中国》）一书自序中提到的"Xu Da"（许达），又是一位逾越不了的人物。

早年郭达曾就读于英、美教会学校，学习英语、俄语、日语和西班牙语。1927年毕业于北京财政商业学院，后在燕京大学工作，曾被国民党政府逮捕入狱达四年之久。1937年1月，经王福时介绍，到斯诺身边工作。除了在抗战时期协助斯诺从事报道编写工作外，他还为斯诺撰写《西行漫记》做过毛泽东的《经济问题和财政政策》小册子的翻译工作。

1936年6月，时任北京大学讲师的斯诺，在宋庆龄、张学良以及上海地下党的帮助下，秘密进入陕北革命根据地，做了四个月的采访。回北平后，他将采访记录整理成集，取名为 *The Red Star Over China*，并陆续以单篇报

---

[1] 编者：《小引》，《坚苦成功的苏联》，上海：世界书局，1941年，第3页。
[2] ［美］埃德加·斯诺：《斯诺文集·西行漫记》第1卷，北京：新华出版社，1984年，第2页。

道文章形式与读者见面。① 该书就像作者所说的:"不能算作正式的或正统的文献",② 它只是一篇新闻报道性的作品,是一位新闻记者根据叙述者本人的叙述写成的作品。它是作者不畏艰险,深入红色根据地,形象生动地报道毛泽东领导的工农红军,给人感觉耳目一新,是一部划时代的作品。就像美国记者哈里森·索尔兹伯里所说的:"《红星照耀中国》行销以数百万计。这是一本有关发现的书,它把一个前所未知的大陆——红色中国及其领导人毛泽东、周恩来、朱德、彭德怀、邓小平、杨尚昆等许多人的消息带给了我们。"③ 约翰·鲍威尔则说:"埃德加·斯诺的《红星照耀中国》是第一部关于中国解放区的目击报道,长期以来这本书被视作新闻报道的最佳之作。"④

正是这本书引起了郭达的高度重视,并萌生了翻译它的念头。自 1937 年 3 月起,郭达开始与《东方快报》印刷厂厂长王福时以及李放、李华春等人合作,将斯诺的 Red Star Over China 译成中文,取名为《外国记者中国西北印象记》,在北平秘密出版,封面未印出版机构,地点由北平改为上海,320 页,32 开。该书实为郭达翻译前半部,李华春译一章,李放译后半部,约十天译成,后经王福时、李放校阅。它包括《西行漫记》的部分内容,实际上可以说是《西行漫记》中译文的雏形。全书包括三部分:一是以《毛斯会见记》为题,约 50 页篇幅介绍毛泽东在安镇与斯诺多次谈话;⑤ 二是《红旗下的中

---

① 1937 年美国《亚细亚杂志》(Asia)先后发表了《来自红色中国的报告》(2 月号)、《毛泽东自传》(7-10 月号)以及关于长征的报道(10-11 月号),并附有朱德、徐特立与南京代表团成员在延安的合影;同年该杂志还刊登了《中国共产党和世界事务——和毛泽东的一次谈话》(8 月号)。《新共和》(New Republic)亦刊出《中共为何要长征》《中共的工业》(8 月、9 月号)等文。另外《每日先驱报》(The Daily Herald)、《太阳报》(Daily Sun)等也陆续刊登了一些电讯报道。本书是斯诺在他刊发的这些电讯原文基础上结集的。此书原名 Red Star in China,1937 年在英国戈兰茨公司出版时,因排字工人将 in 错排位 over,斯诺觉得错就好,英文版正式书名就将错就错,译成中文是《红星照耀中国》。
② 斯诺为 1938 年中译本写的序。
③ 哈里森·索尔兹伯里:《照耀世界的"红星"》,中国史沫特莱、斯特朗、斯诺研究会编:《〈西行漫记〉和我》,北京,国际文化出版公司,1991 年,第 7 页。
④ 约翰·鲍威尔:《斯诺与〈红星照耀中国〉》,中国史沫特莱、斯特朗、斯诺研究会编:《〈西行漫记〉和我》,第 23 页。
⑤ 在安镇期间,毛泽东曾花了累计一个月的时间,每天与斯诺交谈,斯诺把英文记录整理出来,然后再由人译成中文交毛泽东改定。

国》，该部分编入后来被收入《西行漫记》中的 12 篇文章；三是《论抗日战争》，即《论日本帝国主义》一文。封面用斯诺拍摄的女子篮球队员的照片，作者中译名为"史诺"。第一版由《东方快报》秘密印 5000 册，一售而空，后被各地以同名翻译出版。

1937 年 11 月，斯诺再次来到上海，会见了记者同行胡愈之，以英文版 The Red Star Over China 相赠。这部文采与思想兼具的报告文学深深打动了胡愈之，他读完之后，萌生了翻译此书的念头。接下来，郭达应邀参与胡愈之主持的 The Red Star Over China 重译工作，并作为 12 位合译者之一翻译该书的一部分。译本后来定名为《西行漫记》，在上海福熙路（今延安中路）安乐邨 174 号胡愈之的寓所，以复兴社名义秘密出版，请商务印书馆工人代为印刷。该书依据的是 1937 年 10 月英国伦敦维克多·戈兰茨公司英文本。原书出版后几个星期即销售 10 万多册，以至当月之内三次印刷，仍是供不应求，到 11 月印刷至第 5 版。翌年美国兰登公司亦出版该书，在美国反响空前，评论界称此书为"令人目眩的新闻记者的成就"，"绝对重要的"，"今年最杰出的书"，"本世纪新闻记者最伟大的独特成就"。[①] 第一次印刷 1.5 万册，三周内销售 1.2 万册，平均日售 600 册，成为有关远东时局最畅销的书。不久，The Red Star Over China 又被译成法、德、俄、意、西、葡、日、荷、蒙古、瑞典、印地、哈萨克、朝鲜、希伯来、塞尔维亚等十几种语言文字在世界各地出版，引起了巨大的震动。此次，胡愈之（用笔名陈仲逸）等人先征得斯诺本人的同意，组织上海租界内的抗日救亡人士王厂青、林淡秋、陈仲逸、章育武、吴景崧、胡仲持、郭达、傅东华、邵宗汉、倪文宙、梅益、冯宾符等共 12 人，自筹经费，于 1938 年 2 月 10 日以"复社"的名义，集体翻译印行该译本。斯诺欣然为中译本作序，并在少量增删原著文字的同时，增添了原书所没有的大量珍贵图片，还无偿赠送版权。全书 30 余万字，共 12 章，分别是：探寻红色的中国；到红色首都去的路上；在保安；一个共产党员的来历；长征；西北的红星；在前线的路上；同红军在一起；战争与和平；回到保安；又

---

① John Maxwell Hamilton. *Edgar Snow: A Biography*. Birmingham: Indiana University Press, 1988, p. 85.

是白色世界。第 10 章关于朱德的内容重新撰写，第 11 章删去一节未译，另有胡愈之的《译者附记》。为对付国民党和日军的检查，出版时改名《西行漫记》。初印 2000 册，500 册为精装套，实价二元五角；其余 1500 本平装本，实价一元五角。该书一出版，很快抢购一空，以后连续数版，仅上海一地就印刷 5 万册。在国内国外华侨所在地，特别是国内的各抗日根据地、游击区和香港及东南亚的华人聚集区，先后出现难以计数的重印本和抽印本。《西行漫记》影响之广，由此可见一斑。因《西行漫记》的发行方式是会员方式和地下方式，因此出版后流通了相当一段时间。1939 年 5 月，该书被国民党政府图审会列为查禁书籍，理由是"抨击本党，诋毁政府及领袖"。[①] 据 1939 年 5 月 23 日《新闻报》记载，日本占领军曾会同公共租界巡捕查获晋益印刷所印刷《西行漫记》一千四五百册。另据《译报》记载，《西行漫记》英文版在上海租界一家基督教办的别发书店有售。抗战初期，《西行漫记》在国内外广泛传播，不啻是一响亮的抗日战争号角，影响和动员了一大批青年奔赴延安，奔赴抗日前线，当时北平清华大学和燕京大学不少学生也加入其中。

值得指出的是，1937 年"八·一三淞沪战役"后，上海沦为孤岛，受战时局势影响，战前上海的"名著名译"翻译路径难以为继。一方面是众多的翻译家避难他处，出版机构纷纷外迁；另一方面是早先的翻译路径无助于战时文化动员。于是反映抗战的新闻类翻译应时而生，其销售量直线攀升，而郭达等人的翻译正好起到了急先锋的作用，同时也催生了战时报告文学翻译的逐渐繁荣。郭达等人的开启之功不可忽视。后来，湘人周立波翻译了《神秘的中国》，报告文学的典范作用正式形成。

民国时期，郭达还为多家报纸翻译过英文、日文的专刊专论。20 世纪 40 年代，郭达曾以"晓歌"为笔名出版了英文版《共产主义道德》《挑拨战争的人们》《美国财阀和强盗盗军》《董仲舒哲学思想特征及其历史作用》等，这些翻译作品在当时的社会反响良好。

[①] 张克明辑录：《抗日战争时期国民党政府查禁书刊目录（二）（1938.3—1945.8）》，《出版史料》第 5 辑（1986 年），第 72 页。

六、胡善恒、周佛海、黄尊三、刘侃元与形形色色社会主义著作翻译

民国时期还有一批湘籍译家将形形色色社会主义思想著作翻译过来，其中比较典型的有胡善恒、周佛海、黄尊三、刘侃元等。

20世纪20年代，早期同盟会会员、财政学家、常德人胡善恒（1897～1964）做的一件事情是把基尔特社会主义介绍到中国来。所谓基尔特（英语guild音译，即"行会"之意）社会主义，又叫工会社会主义，产生于20世纪初期的英国，主要代表人物是彭迪（Arthur Joseph Penty）、霍布生（Samuel George Hobson）、柯尔（George D. H. Cole），是费边社会主义之外介乎社会主义与工团主义（syndicalism）之间的一种调和理论，属于改良主义的一种。他们否定阶级斗争，鼓吹在工会基础上成立专门的生产联合会来改善资本主义。他们只承认改善工人出卖劳动的条件，但不推翻现行制度，意图通过改良从资本主义和平过渡到社会主义，其骨子里还是维护资本主义的根本利益。

胡善恒年轻的时候对社会主义和劳工运动深感兴趣。1921年至1922年间，胡善恒在北京大学读书，李大钊曾经与他有过两次谈话。当时同学徐六几与李大钊、罗章龙、高君宇等人组织青年团活动，他跟徐六几、郭梦良一起为张东荪主编的《时事新报》编辑基尔特社会主义专刊，这是一个旬刊，持续了8至9个月；同时，他又与徐六几在共学社翻译了一本考茨基的书。1922年，他翻译了英国柯尔的《英国劳动组合论》和《劳动之世界》（今译《劳工世界》），均由商务印书馆出版，属于共学社系列图书。这些实际上都是论述工人运动和社会主义的，当然也代表了胡善恒青年时代的向往。作者乔治·柯尔是英国费边社的领导人之一，也是基尔特社会主义的创始人之一，同时也是工党主要理论家。正如译者在《劳动之世界》一书的《弁言》中所说：

> ［柯尔］咀嚼人生的真谛，作为观察指导一切社会的、经济的、劳动的、产业的、政治的事实各方面的张本，复加之以一种深彻的眼光，精锐的判断，所以他的见解，独为卓荦，……使大海惊涛中簸扬跌荡之劳动

运动,得到一个新生命,顿时光芒万丈。……宜乎此书一出,伦敦纸贵。①

在英国,马克思主义是舶来品,也不合英国人的天性,最初不大被接受,那里的社会主义是工党社会主义或基尔特社会主义。柯尔的基尔特社会主义否认社会主义国家政权的必要性,提倡所谓"工业民主"和"劳资调和",反对马克思主义关于阶级斗争的理论。他虽然同情工人阶级的处境,但是不相信工人阶级革命的可能性,对工人阶级的罢工斗争持否定态度。当时英国工人运动已经成熟,而中国的工人阶级队伍还未壮大,工人运动的思想还在启蒙和起步阶段,而胡善恒翻译此书,其用意可见一斑。

另外值得指出的是,早在 20 世纪初,无政府主义便传入中国,"五四"运动后逐渐形成一股思潮,正如有人所说的,"在马克思主义早期翻译传播中,对其产生最大影响和冲击的就是无政府主义,无政府主义思潮的流行既是中国早期马克思主义最大的对手,也在一定程度上促进了后来马克思主义的传播和发展。无政府主义对未来社会的视野想象,与马克思主义有相当程度的相似,无政府主义在很大程度上充当了中国传统文化塑造中国化马克思主义的中介。"② 作为"五四"运动后译介社会主义思想的重要阵地,《改造》杂志发表和转载了七篇有关无政府主义的文章,在宣传无政府社会主义思潮方面贡献颇大,其中第 4 卷第 1 号有胡善恒译的《田园、工厂和手工场》,这是俄国无政府主义者克鲁泡特金(P. A. Kropotkin)的代表著作。

民国时期在社会主义理论翻译方面影响较大的还有周佛海。1920 年夏,周佛海翻译了俄国克鲁泡特金的《互助论》,次年 12 月商务印书馆出版,收入商务印书馆推出的"共学社丛书·社会经济丛书",450 页,32 开。原书是作者 1890 年至 1896 年间在伦敦用英文写成的、陆续发表在英国《十九世纪》杂志上单篇论文的成果,1902 年结集出版,书名全译《互助:一个进化的因素》。该书是作者用无政府主义观点所写的一部社会发展史,作者试图以"互助法则"来阐释人类社会的发展,其中自然涉及社会主义这一发展阶段。全书除绪论和结论外,共 8 章,分别讨论了动物的互助、蒙昧人的互助、

---

① 柯尔著:《劳动之世界》,上海:商务印书馆,1922 年,第 1 页。
② 方红:《马克思主义在中国的早期翻译与传播——从 19 世纪晚期至 1920 年》,第 50 页。

野蛮人的互助、半开化人间的互助、中古都市的互助和近代社会的互助。前两章用大量的生物学和动物学资料，论述动物间的互助，证明集体内部的互助是物种保存和进化中的特征和要素；后六章谈论人类的互助，认为互助精神是先于人类而存在的。作者认为"互助"是生物的本能，"互助法则"是一切生物包括人类在内的进化法则。在蒙昧人的原始氏族和部落、野蛮人的村落公社以及中世纪城市的各种行会组织中，都普遍存在着人与人之间的各种形式的互助。互助精神促进了人类社会的不断进化和发展，而国家是作为互助精神的对立面出现的，野蛮人的村落公社便是由于罗马国家的建立而遭到破坏的。互助精神促使人民团结起来，一次次地向国家进行斗争，这种斗争一直延续到现代。本书的结论是：人类依靠互助的本能，就能够建立和谐的社会生活，毋须借助权威和强制；而没有权威和强制的社会较之有国家和权力支配的社会，更能保障人的自由，使人更完善，更有理想和更富有生命力。

其实早在1908年，李石曾署名"真"译出《互助（进化之大原因）》，该文系《互助论》的前三章，连载于当年1月25日至6月13日巴黎《新世纪》杂志第31至51号，这可以说是该书最早的一个节译本。第一次世界大战爆发后，《互助论》又在欧洲盛行。于是，中国不少知识分子"弃其物竞天择之口头禅，而谈互助矣"。一时间，"互助"之说竞相流传。黄凌霜（1901～1988，原名黄文山）在1917年《自由录》第1集以《竞争与互助》为题，批判"物竞天择"之说，大肆赞扬《互助论》为"精辟宏富，集格致之大成"。

周佛海译本则是《互助论》的第一个中文全译本。客观地说，该译本"遗漏颇多，且暧昧难解，又略去附录和一部分注脚"，[①]但是到1923年10月却已出第3版，1926年6月第4版，1933年1月第5版，由此可见读者对这类著作渴望了解的迫切程度。该书1930年编入商务印书馆大型丛书《万有文库》第一集时，译者又进行重译。"译文流利可读（惜仍有少许错误），不过仍是根据普及本翻译，未能将旧译本中所略去的附录及脚注补入。"[②]尽管

---

① 巴金：《前记》，克鲁泡特金著：《互助论》，朱洗译，上海：平民书店，1948年，第iv页。
② 巴金：《前记》，克鲁泡特金著：《互助论》，第iv页。

如此，该书还是在当时的社会引起了广泛关注。首先是对于一批无政府主义者，"他们认为《互助论》的发表，标志了无政府主义由空想变成了'科学'"。①其次是对于一批民主主义者，"第一次世界大战的残酷现实，特别是中国在巴黎和会上的失败，使许多知识分子开始意识到社会达尔文主义所包含的强权侵略弱小民族的弱肉强食的哲学。人们急于探索一种新的理论，早期激进的民主主义者被包含着对帝国主义强权哲学提出挑战的《互助论》所吸引。"②最后，"《互助论》之所以很快为中国知识界所接受，还在于接受者主动把它与中国儒家的'仁'学和墨家的'兼爱'联系在一起，把'无政府共产主义'和儒家'大同思想'相提并论。"因为"儒家思想中的大一统因素，最终成为无政府主义未能在中国生根的一大原因"。③

1930年9月，周佛海节译了美国社会主义理论家希尔葵氏（Morris Hillquit）著《社会主义的理论与实际》，由中华书局出版，收入"新文化丛书"。原书初版于1909年，后重版数次。全书共二编：社会主义的哲理与运动；社会主义与改革。它主要介绍了社会主义伦理学、社会学、法学、政治学的关系及社会主义的各种改革运动等。该书对社会主义理论及其在各国实际上的发展，叙述至为扼要，批评亦甚公允。

1930年1月、3月，《学衡》第73期、第74期分别刊有中华书局发行该书之广告，广告词稍有不同，前者略云："本书译自美国希尔葵氏之原著。全书于社会主义的理论及其在各国实际上的发展，叙述至为扼要，批评亦甚公允，系纯粹谈学理及事实之作，非普通宣传书可比。欲明社会主义之真相及其过去之历史者，殊有一读之价值。"

民国时期，泸溪人黄尊三（1880～1951，又名礼达，字达生）也翻译了一些有关社会主义的著作。黄尊三于1901年留学日本，先后就读于日本明治大学和早稻田大学，攻读社会学和法学，前后在日本九年，通晓日语和英语。1920年7月，黄尊三根据日文翻译了美国耶尔吾特（Charles A. Ellwood，今译爱尔乌德）著《释社会问题》，内务编译处出版，98页，16开。作者耶

---

① 邹振环：《影响中国近代社会的一百种译作》，第287页。
② 邹振环：《影响中国近代社会的一百种译作》，第291页。
③ 邹振环：《影响中国近代社会的一百种译作》，第292～293页。

尔吾特是两次世界大战之间美国社会学界的领军人物，主要擅长用跨学科方法研究社会学问题。他认为，在文化演进的过程中，社会学应该通过社会教育而发挥指导作用。全书共6章，分别讨论了社会问题之历史的要素、物质的及生物的要素、经济的要素、精神的及思想的要素、社会问题之解决等。卷首有著者、编者、译者序各一篇。

1923年6月，黄尊三根据日文版转译了美国伊黎（Richard Theodore Ely）著《近世社会主义论》，商务印书馆出版，为"新智识丛书"第22种。该书"在国内出版，颇有影响"。[①] 全书共四编22章，分别讨论了社会问题的本质和起因，叙述了法兰西、日耳曼、基督教的社会主义。书前有译者《序》，道出了翻译此书的缘由：

> 世界大战而后，民主之精神日张，社会主义遂成为时代思潮。而今日研究之中心问题，我国学人颇有为思潮所激，就此问题企为彻底之研究者，惜无详明的系统的著述，殊为学术界、思想界之憾事。兹编为美国伊里博士所著，取社会主义为有系统的研究，并就该社会主义者之人物，及其社会的运动，详细论述，比较精研。洵近代之巨著，特择译之，以供国人有心研究斯学者之参考焉。[②]

该书大概是河上清由英文转译、田岛锦治补校的《近世社会主义论》，法曹阁书院1919年翻印再版（日语版第一版刊于1897年），迟至1923年才翻译成汉语，似稍迟，译者仍选译此书，正表明当时社会主义之流行。

1930年，醴陵人刘侃元（1893～1989）翻译了三部社会主义著作。其一是所译日本波多野鼎的《社会政策原理》，当年7月大江书铺出版，140页，32开。原书在日本曾被列为禁书。刘译该书共3章，分别是：社会政策学的课题；社会政策的必然性；社会政策的本质。"本书将空洞之社会政策原理，作正确之批判，使读者明瞭资本主义发达，社会政策亦必发达之必然性，诚难得之良著也。"[③] 其二是所译日本山村乔的《消费合作论》，大江书铺出版。该书共8章，分别阐述各国消费合作社发展史，消费合作社之性质、组织与

---

① 黄奕：《回忆先父黄尊三》，《泸溪文史资料》第2辑（1986年），第38页。
② ［美］伊黎著：《近世社会主义论》，黄尊三译，上海：商务印书馆，1923年，卷首。
③ 刘洪权编：《民国时期出版书目汇编》第7册，第354页、第468页。

社会意义等。"本书内容,将消费合作之发达史及其在各资本主义国内之现状、组织、事业与将来之情势等等,均与读者以详细之指示。"① 其三是所译德国社会学家、思想家、经济学家维尔纳·桑巴特(Werner Sombart)的《社会主义与社会运动》,春潮书局出版。该书全称是《19 世纪的社会主义与社会运动》。德文版原书最初出版于 1896 年(耶拿),1898 年纽约与伦敦普特南出版社推出英文版。全书共二编,上编 6 章,论述近代社会主义的根本观念、社会主义的创造等问题;下编 3 章,叙述社会运动史、国民特性的发展问题;另附社会主义文献指南等两篇。作者桑巴特因对资本主义起源和精神的研究而声名卓著。他早年倾向于马克思主义,后受到韦伯和历史主义的影响,他认为社会学是一门有明确内容和特殊方法的独立学科,其任务在于提出有关精神领域的社会联系的理论。他反对人文科学中的价值取向,主张价值中立。他对社会学理论的主要贡献集中在经济社会学和宗教社会学领域。他借用马克思的观点分析了资本主义社会的历史、社会结构,特别是阶级结构和资本主义精神,并把资本主义发展大致划分为早、中、晚三个阶段。在探寻资本主义发生的原因时,他认为对资本主义发展起着重要作用的新教伦理来源于犹太教,他还考察了犹太文化的诸多方面。不难发现,在解释社会历史发展的原因时,桑巴特常摇摆于物质和精神因素之间,这是他的局限之处。正是由于这些翻译,刘侃元也成为民国时期影响较大的一位湘籍译家。

七、佘叔奎、阮有秋与社会问题著作翻译

自 1928 年起,太平洋书店推出了一套"社会问题丛书",收入平江人佘叔奎和阮有秋的几部译著。首先是佘叔奎,除了前面提到他翻译的《马克思国家论》(河野密著)外,还有如下几部。

《国际劳工问题》,日本浅利顺次郎著,1928 年 2 月出版。内分 3 章,讲述劳动运动及劳动立法的国际关系,附《第三国际第一次宣言》及译者结论。该书同年 10 月再版。

---

① 刘洪权编:《民国时期出版书目汇编》第 7 册,第 354 页、第 468 页。

《世界农民运动之现势》，日本河西太一郎著，1928年2月出版。全书除序言和结论外，内分5章，分别是：世界战争前农民运动之瞥；世界战争与农民之觉醒；世界大战后农民运动之特色；勃尔牙利亚农民党政府之经验；农民之国际运动。该书同年9月再版。

《国际劳工运动之现势》，日本产业劳动调查所编，1928年3月出版。全书共6章，介绍国际劳工组合运动现状，分述英、美、法、德、苏、意等国的工运概况。

《基尔特社会主义》，日本北泽新次郎著，1928年3月出版。共分7章，分别为：基尔特社会主义之发生及其普及；基尔特社会主义与中世基尔特之交涉；基尔特社会主义之产业观（主张废止工钱制度）；基尔特社会主义与劳工教育；基尔特社会主义思想的背景；基尔特社会主义与国家；基尔特社会主义批评。

《农民运动之现状》，日本浅利顺次郎著，1928年9月出版。内分5章，分别是：世界战争前农民运动之一瞥；世界战争与农民之觉醒；世界大战后农民运动之特色；勃尔牙利亚农民党政府之经验；农民之国际运动。

《世界资本主义经济之现势》，日本丸冈重尧著，1928年3月出版。全书除序言外，共分9章：大战前欧洲经济之位置；欧洲资本主义经济衰退底内的事情；通货膨胀通过的影响；致欧洲资本主义经济衰退底外的事情；购买力底世界的减少；殖民地及后进国的工业化；美国资本主义的发展；美国金融资本的世界征服；欧洲的对美反感。

《土地国有论》，日本安部矶雄著，1928年2月出版。全书除结论外，共分13章，分别是：自然物不可私有；土地之意义；水力电气；地中之埋藏物；独占事业不能私营；土地独占之结果；地租为不劳增政；土地压迫劳动与资本；土地投机热；德国之土地政策；地价增加税；土地国有之准备；土地国有实行案。

其次是岳阳人阮有秋（1902～1980）。阮有秋，曾用名阮贯之、袁贯之、阮昌稼，笔名任重、毅仁、黎明等，今岳阳县筻口镇人。早年在长沙省立第一师范毕业后，考入北京大学、日本东京帝国大学攻读哲学和经济学。他通晓英、法、德、日、俄语。由他翻译的几部社会问题著作分别是：

《马尔莎斯人口论》，日本布川静渊著，1928 年 2 月出版。全书共分 12 部分，分别是：马尔莎斯时代之欧洲；人口原则之要义；人口原则上的原则（一、二、三）；人口原则与移民排斥；人口原则之修正；个人本位和社会本位；人口原则与社会改良；新马尔莎斯主义；结论。次年 9 月该书再版。

《社会统计论》，日本冈崎文规著，1928 年 3 月出版。全书除绪论外，共分 5 部分，分别是：统计学说之史的发展；社会统计论之对象；社会统计之本质；社会现象与大量观察；统计的研究方法。同年 10 月该书再版。

《人类行动之社会学》，日本长谷川万次郎著，1928 年 3 月出版，50 开，108 页。全书共 8 章，分别是：社会科学上的反动的倾向；社会结合上的群现象；社会不是心的事实；从行动之形态来研究社会；行动之分化与统一；行动形态之意识及其竞争等。

《基督教社会主义论》，日本贺川丰彦著，1928 年 3 月出版。作者是日本社会改革者和基督教传道者，1920 年 8 月曾应邀访问中国，对中国年轻人有一定的影响。全书共 19 部分，分别是：广义的基督教社会主义；使徒时代之共产生活；纪元第一世纪之共产生活；中世纪之共产生活与基督教；中世纪伙计营业与兄弟爱运动；共同生活兄弟团之共产生活；再浸礼教徒之共产村；宗教的解放运动与民主主义之勃兴；莫勒比亚教徒之兄弟爱运动；产业革命与基督教；新基督教与社会主义；德意志之产业革命与宗教；英吉利之基督教社会主义；奴隶解放与工资奴隶之出现；美利坚之基督教社会主义；精神运动之衰退与唯物主义；耶稣之生命价值说与劳动价值说；耶稣之人格价值说；社会革命呢？社会进化呢？同年 10 月该书再版。

《资本主义文化与社会主义文化》，日本平林初之辅著，1928 年 3 月出版。全书共 4 章，分别是：资本主义社会之文化；资本主义文化黑暗面；帝国主义之文化；社会主义文化之展望。书前有序言《资本主义以前的社会文化》。同年 10 月该书再版。

除此之外，1930 年阮有秋还翻译了日本河田嗣郎著《社会问题体系》，华通书局出版，25 开，287 页。

可以说，像佘叔奎和阮有秋较为集中地翻译社会问题著作，并收入同一套丛书的还不多见。由于佘叔奎和阮有秋早年都有留学日本的经历，这些著作也都是从日语译出,且系当时日本最新的作品,是中国读者感兴趣的内容,对于开阔国人的眼界起到了不小的作用。

八、章士钊与西方语言学翻译

民国时期,章士钊曾作为《民立报》驻欧洲特派记者,向国内发回许多专电、社论、译论、时评等,他在从事新闻工作之余,还先后翻译了一些语言学论著。

这里最值得一提的是章士钊对奥地利著名精神病医生、心理学家弗洛伊德(Sigmund Freud)、师辟伯(Hans Sperber)等人的语言心理学之译介。早在1920年,《东方杂志》第22期刊登了《佛洛特新心理学之一斑》一文,称弗洛伊德发明的精神分析法使"心理学显已入革命的时期",甚至把他与爱因斯坦、哥白尼及达尔文并称为现代学术界"极堪注意的事"。[①]

1929年2月,章士钊翻译了师辟伯的《情为语变之原论》,1930年10月商务印书馆出版,1933年6月国难后1版。这是"中国引进国外语义学的第一部直接翻译本",[②]根据马克思·尼迈耶出版社德文版译出。这是师辟伯用语言心理学原理阐述情感、语言和文字相生演变的小册子。章士钊在《译序》中说:弗洛伊德的精神分析学,"泛应曲当,深入人心,乃通诠群已推见至隐必不可少之科,国人虽知弗氏之名,而对其学说所知不过是一鳞半爪,为了向国人简单地介绍弗洛伊德的生平学行,选择弗氏自传首先翻译出来。"[③]全书77页,32开,内分《译序》《原序》《情为语变之原论》(一名《情文相生论》);书末另有译名对照表。作者师辟伯1885年出生于奥地利维也纳,1914年出版该书时任德意志科隆大学教授,因为"萧罗乙德(今译弗洛伊德)引以为重,使索其书读之"。其书"盖以心解移治文史,事近于创",故译之。换言之,这也是译者为了配合自己"研读弗氏《心解》诸书"而翻

[①] 高觉敷主编:《中国心理学史》,北京:人民教育出版社,1985年,第345~346页。
[②] 贾洪伟:《国外语义学在中国的传播与影响》,上海:上海交通大学出版社,2014年,第91页。
[③] 袁景华:《章士钊先生年谱》,长春:吉林人民出版社,2001年,第219页。

译的。①

在《情为语变之原论》中,师辟伯提出了意义的变化并非是因为词语的概念之内容,而是因为其情感基调,继而用人的性欲来解释语言的起源与进化,说明性欲是语言形成与发展的最根本动力。作者指出当时德语与古高地德语经变迁产生的意义区别,与人性的喜新厌旧习气有关,进而提出自己的性情论主张,并以情绪表达为目的,阐述语言生成与演变的理据。他提出要以"名始""字竟""合参"三者互用的方式,考察语变源流关系,并以任意命名、私名、常名的实例分别说明。至于新名取代旧名,实乃言语演变的惯常现象,其中词义往往发生泛化,由实指转向虚指,全凭情感与喜好而定,新名表情能力胜,旧名违逆情感,终究被淘汰。语言的历史发展,与文化息息相关,致使其发生变异的因素,莫过于一个"情"字,志在激起听者的情感,众人仿效之,从而引发词语变异。只有"凝于字中之情感",才能真正说明语变问题。总之,在作者看来,自古至今,语言的生成,均以宣叙使人晓喻其志与抒发情志使人愉快为宗旨,因文化影响的强弱,词义发生变化,新情意为攻,旧情意为守,互动之中,变化自然发生,文法层次的变异,也以情意的转易为依归,依此扩张孳乳。在此基础上,他又提出"语力学"的旨趣,并以"探治语情为职志"。②继而他提出语力学的四项任务:一是于活文学中,多方察其蓄变,且不可懈;二是人之选词,适此而非彼,动机何在,无论本人觉之与否,当悉量记录,此条最要;三是新词初立,本诸小己,好奇之念,其用本狭,卒乃衍为常语,比于正宗,因缘何属,应需加意探索;四是将己所得,广为应用,通考文史,愈详愈妙,而语源及意变两目,向为语家忽视者,期于力追。③

值得指出的是,早在1923年秋,章士钊由欧洲返国的船上就读过弗洛伊德的《图腾与禁忌》,当时只是"反复诵之,词气骤难尽晓,故中途执卷未释"。④1926年他再度赴德,曾与弗洛伊德直接通信,表示将在中国不仅要介绍而且要研究精神分析。在该书之后便附有1929年弗洛伊德给时在德国

---

① 章士钊:《五常解》,《东方杂志》第26卷第13号(1929年5月)。
② [德]师辟伯著:《情为语变之原论》,章士钊译,上海:商务印书馆,1930年,第74页。
③ [德]师辟伯著:《情为语变之原论》,第75页。
④ 章士钊:《孤桐杂记》,《甲寅》第20卷第6期(1927年)。

的章士钊的亲笔信之影印件。余凤高先生曾经找人翻译出来,译文如下:

尊敬的教授先生:

无论您采用什么方式完成您的设想,无论是在您的祖国——中国开辟心理分析学这门学问,还是为我们的《意象》杂志撰文,以贵国的语言材料来衡量我们关于古代表达方式的推测,我都非常满意。我的讲义里引用的中国材料,出自大英百科(第十一版)的一个辞条。

顺致崇高敬意

您的弗洛伊德
1929,5,27[①]

弗氏信中所说"引用的中国材料"应该是在《精神分析引论》(章氏译作《心解术》)第十五讲的一段文字:"中国的语言和文字是最古老的,而且至今仍为四亿人所通用。但是你们不要以为我懂中文,我因为希望在中文内发现和梦相似的某种模糊性,所以才请教一点关于中文的知识。我终于没有失望,因为中国语文的确充满许多模糊性,足以使人骇异。"[②] 弗洛伊德讲的中国语言文字,指汉语与汉字。接下来,他对汉语做了具体分析:众所周知,中国语言是多种字音组合物,或为单音,或为复音。有几种主要方言(北京话、广东话等)共约有 400 个音,因为这个方言共有 4000 个词汇,可见每个音平均约有十种不同的意义——有些较少,有些较多。由于这一个理由,乃出现了种种意义中的那一种。在这些方法之中,一为合两音而成一字,一为"四声"的应用。还有一种更饶有趣味的事实,这种语言在实际上是没有文法的:这些单音节的字究竟孰为名词,孰为动词,孰为形容词,谁也不能确定,而且词尾又没有足以表明其性、数、格、时或式等的变化。我们或者可以说,这种语言仅有原料而已,正如我们用以表达思想的语言因梦运作还原为原料,而不表示其相互间的关系。中文一遇有不确定之处,便由读者根据上下文就自己意思加以裁决。例如中国有一句俗语:"少见多怪"。这句话很简单,很容易了解,其意可译为:"一个人所见愈少,则其怪者愈多";也可译为:"见识

---

① 余凤高:《"心理分析"与现代小说》,北京:中国社会科学出版社,1987 年,第 36 页。
② [奥]弗洛伊德著:《精神分析学引论·新论》,罗生译,南昌:百花洲文艺出版社,1997 年,第 199 页。

少的人，便不免会多所惊怪"。这两种翻译仅在文法结构上各有不同，我们自然不必对此二者加以选择。然而中文虽然也有这些不确定性，却仍不失为传达思想的一个很便利的工具。因此，我们可以明白不确定性未必即为误会的起因。①

通观章士钊所译此书，首先由于人名与物名采取了转译法，致使读者无法即时识别；其次是过多地使用古僻字，这样自然增加了普通读者的负担。然而，放在学术史中来考察，诚如有学者总结的：

> 纵观中国现代语言学史，该书系第一部以语言心理学、语言史学、词源学、句法学、语音学、逻辑学等现代语言研究视角为切入点，从语音、字形、文法、语义等层面，论述语言文字演变与情感之间的关联，更是首次从历时演变的角度，探讨委婉语、口误等导致语言文字发生变化的论著，同时还及时地引用了国外有关现代词源学（语源学）、语力学的理论观点。
>
> 从语义学角度而言，该书系中国引进的第一部现代语义学著作，从语音、字形、文法等角度，阐述情感与语义之间的关联，为中国引进和开展现代语义学研究奠定了思想和方法基础。
>
> 最后，从语言学方法论角度来说，该书首次引进现代语言学以理论假设为前提开展语言学研究的方法，即在理论假设的指导下，以现实生活中各层面的言语材料，验证理论假设的真伪，再以所得结果修正理论假设，最终形成针对特定层面提出的理论。②

总之，这是中国现代语言史和中国现代语义学史必须关注和重视的一部著作。该书的译介对于传播和弘扬国外现代语言学，创建中国现代语言学都有过重要的借鉴意义，为中国现代语义学的建立奠定了思想基础。

1929年，章士钊还翻译了《苐罗乙德叙传》，他也因此成为我国第一个将弗洛伊德1925年所写自传译成中文的人。该书1930年由商务印书馆出版；1934年再版，版权页上标"中华民国二十三年一月国难后第一版"，为

---

① ［奥］弗洛伊德著：《精神分析学引论·新论》，第200页。
② 贾洪伟：《国外语义学在中国的传播与影响》，第98页。

"汉译世界名著"丛书之一种。该书系"格罗特教授所编《医家叙传》之一篇也，茀氏于一千九百二十五年草之"。在该书《译序》中，译者表示："今茀氏之名，虽被中土，以云本学，所知无过鳞爪。""愚不敢谓通其意，惟笃好之，愿与国人共治之。"他翻译此书，旨在使国人了解"语言者类依文化进程而有度"，并以此来说明中国语言文字，不可墨守《六书》之陈说，等等。"至译事未臻善美，似是天然缺陷。茀氏之书难译，英、美人且叹之。况吾人理想全异，术语不具。德文构造，去吾文绝远，难又百倍于英、美人乎。作者此篇晚出，他国尚无译本，未由比勘。"尽管如此，他还是将此书译出。值得指出的是，在这部《茀罗乙德叙传》中，章士钊将精神分析译成"心解"，曾遭鲁迅讥讽，说"虽然简古，可是实在难解得很"。①

可以说，以章士钊翻译《弗罗乙德叙传》（连同高觉敷译《精神分析法》）为标志，弗洛伊德学说在完整意义上输入了中国。②

九、其他湘籍译家与政治学、社会学等翻译

首先，在时事与政策译介方面，章士钊于1912年4月20日，把节译的《孙中山伦敦被难记》在《民立报》上发表，以宣扬孙中山的伟大事迹，在海内外华人圈引起了轰动。同日，他还撰写了《千八百九十六孙文被难与国际法之关系》，亦载当日《民立报》，署名"行严"。《孙中山伦敦被难记》叙述了孙中山1896年10月11日在位于伦敦波特兰街49—51号的清廷驻英使馆被清公使诱捕并拘禁，后经其老师英国友人詹姆士·康德黎（James Cantline）博士的帮助，诉诸英国舆论，孙中山最终由英国政府出面与清使馆交涉而脱险，此次蒙难历时十二天，此事件使孙中山名声大振。孙中山被释放后，为了揭露清政府的丑恶嘴脸，也向世人介绍中国革命的现状，用英文撰写了此书，交汉学家翟理斯（Herbert Giles，1845～1935）代为发表。该书于次年夏正式出版。1898年5月，日本人宫崎寅藏将此书译成日文，题为《清

---

① 鲁迅：《狗·猫·鼠》，《莽原》半月刊第1卷第5期（1926年3月10日）。
② 周振环：《疏通知译史》，第56页。

国革命领袖孙逸仙——幽囚录》，并写了序言《告读者诸君》，连载于《九州日报》。自此，孙中山的革命英雄形象逐渐在海内外传播，让世人对他有了重新认识。章译该作也成为研究孙中山早期革命活动的重要史料。

1917年，常德人戴修骏（1891～1969）与吴昆吾合作译述了《万国比较政府议院之权限》，商务印书馆出版，155页，32开。全书共5章：政党内阁；和议政府；分权政府；集权政府；议会政府。它集中阐述了英、美、法、德等国政府组织、权限及与议会的关系，并进行了比较研究。译者戴修骏早年留学法国巴黎大学，后任北京大学教授、中央大学法学院院长、立法委员等。1918年，戴修骏还翻译了法国人而爱诺（J. Renault）撰《现今大战由来近世国际交涉要论》，为二卷铅印线装本。1934年4月、1935年6月、1936年7月，戴修骏先后翻译了国际联盟秘书处所编《第十五次国联文化合作报告》《第十六次国联文化合作报告》《第十七次国联文化合作报告》，均由世界文化合作会中国协会筹备委员会出版。这三本书分别为上一年度国际联盟世界文化合作会工作报告。

1929年，攸县人刘光华（1891～1976，字味辛）翻译了东京市政调查会编《英国住宅政策》，商务印书馆出版。全书共三部分，包括序论：英国住宅问题概观；上编：战前及战时的住宅政策；下编：战后的住宅政策。1935年，刘光华又翻译了日本森口繁治的《选举制度论》，商务印书馆出版。本书除绪言外，计6章，分别是：现代代议制度下的选举的性质；选举人；被选举人；选举区及选举人名簿；选举之方法；选举运动及其取缔。这类书籍于当时正在谋求现代政治制度改革的中国无疑具有借鉴价值。

1931年12月，长沙人柳克述（1906～1984）与陈汉平合译了美国司格特·倪尔林（Scott Nearing，又译尼埃林）、约瑟夫·佛里门（Joseph Freeman）合著的《美帝国的金元外交》，商务印书馆出版，371页，32开。全书除导论"近世帝国主义发展的概要"外，共三篇9章：首编"美国帝国主义的经济背景"，概述美国经济扩张的情况；次编"美国帝国主义的活动"，包括经济侵入、势力范围、政治的操纵、武力干涉、无形的属国、征服和购买、战债问题等内容，详述美国帝国主义对世界经济和政治的控制和影响；末编"帝国主义政策的成长"，介绍美国帝国主义利用外交手段进行的活动。每编后附小注。原书出版于 1925 年。该书翻译始于 1928 年，译者初译时，"因过于审慎，什九用直译，至校阅时，始稍稍修改。"原书名直译应作《金元外交》。他翻译此书，就是要警醒国人尤其是青年人，"她的满口正义和平，全是猫哭耗子式的慈悲，全是进行她的经济侵略的手段！此种经济的侵略，正是所谓杀人不见血，更较之政治的、军事的、领土的侵略为不易防而无可救！""她的本来面目，她金元魔力，真是何等狰狞可怕呵！"① 译者采用现名，在"金元外交"前冠以"美帝国的"字样，原意"不是说民主共和的美国变成了皇帝制度的国家，而只是显示她的帝国资本主义的侵略性罢了"。②

1934 年，郦县人邓公玄 (1901～1977) 翻译了英国柏特利 (Sir Charles Petrie) 著《欧美政制史》，商务印书馆出版。作者柏特利是英国历史学家，毕业于牛津大学，研究兴趣主要在于君主主义、雅各比派和虚拟历史。全书共 10 章，叙述了自古代至第一次世界大战后欧美各国的政治源流、政治制度的发展及变迁，涉及古代政治组织，城市国家，罗马帝国，中古世纪，开明专制，欧洲民主政治之勃兴、极盛和衰落，美洲政治，并对欧美政治的前途提出了展望。据《译者序》介绍，本书值得称道的有如下方面：

（一）凡古今政制之兴替，其来龙去脉，因果响应之事实，俱能以客观态度指点详明，使政治学者与政治家知所借镜，而不徒为过去事实之回顾。（二）指明时间之人类政治，只为应付暂时之设施，……故政治学者与政治家之努力，不在求政治上永久不变之体制，而在求其最足切合环境之组织。（三）向者政治学者，对西班牙系各国之政治情况，从未予以注意，本书作者，不但对于西班牙本国，即美洲之拉丁系诸共和国，莫不悉予深究，且认定拉丁亚美利加或许为人类政治上未来秘密之府藏。（四）认定人类政体，不论古今，只有三种永久之方式，即君主制，贵族制，与民主制，——其极端之方式为暴君制，寡头制，与暴民制而已。（五）对于目前政治趋势，认为因欧战之结果，……故独裁制必为一时所崇尚，惟此种特殊之政治现象必为社会激变中之暂时办法，而不能维持至于永

---

① 柳克述、陈汉平：《译者序》，倪尔林、佛里门著：《美帝国的金元外交》，第 2 页。
② 《例言》，倪尔林、佛里门著：《美帝国的金元外交》，第 1 页。

久；同时对于独裁者之地位与责任，亦有精审之批评。……[①]

因为这类"政治书籍，最切国人之需要"，故而将其翻译过来。2016年4月该书又由河南人民出版社出版，收入"民国专题史"丛书。

1938年10月，早期旅美华商领袖、长沙人李国钦（1887～1961）译述了罗斯福（Franklin D. Roosevelt）的自述《我怎样改造美国》，该书在上海个人自刊，商务印书馆代印。原书初刊《纽约世界电闻报》。全书共30章，包括更新策之源起、就任前与胡佛之会谈、抢银行之恐慌、惩治盗匪、金元贬值、善邻政策、社会安全法、1936年之竞选运动等内容。书前有叶恭绰的《序》以及译者的《自序》。叶恭绰《序》称："美国雄视西洋，举足可以轻重，对其当局的言论行动我们尤其应当特别重视，特别研究，愿读者不要辜负李君这一番介绍译印的意思。"[②] 这样的译著即使在今天仍有启迪意义。该书后由益群书社出版，60页，16开，出版时间不详。

1932年7月，著名历史学家翦伯赞除了撰写《最近之世界资本主义经济（1913——1932）》外，还翻译了一些时事政治类文章，发表在国内一些刊物上，其中包括他译山姆·卡尔（Sam Carr）的《坎拿大经济恐慌的深刻化》、布鲁（M. Bulle）的《一九三一年世界妇女劳动的状况》和普里伯奇（Dinu Pribegie）的《罗马尼亚的危机》，1932年5月至8月分别刊载于他与谌小岑等人在天津意大利租界创办的《丰台旬刊》第1卷第10期、第12期和第13、14期合刊上，以及昂纳斯列夫（M. Anatosliew）的《日本对外蒙侵略的历史发展》，刊载于1936年5月15日南京《边事研究》第4卷第1期"边疆研究"栏目里，等等。

民国期间，凤凰人熊希龄与吕德本还合译了美国第28任总统伍德罗·威尔逊（Woodrow Wilson）在约翰·霍普金斯大学撰写的历史与政治科学的哲学博士学位论文《国会政体——美国政治研究》，该书后于1986年3月由商务印书馆印行。这是威尔逊的代表作，原书初版于1885年，中译本根据纽约霍顿·米夫林出版公司版译出。该书把国会作为联邦制的中枢和支配力量，

[①] 邓公玄：《译者序》，柏特利著：《欧美政制史》，邓公玄译，上海：商务印书馆，1934年，第1～2页。
[②] 叶公绰：《序》，罗斯福自述：《我怎样改造美国》，李国钦译，自刊，1938年，第2页。

运用具体的事实论述美国国会的组织结构、活动规则及其行政机构的关系，以说明美国联邦制的特征。

其次，在社会学译介方面，1920年9月汉寿人易家钺（1896～1972，字君左）编译了《家庭问题》，商务印书馆出版，系"共学社丛书：时代丛书"之一种，177页，32开。全书分别讨论了家庭的机能、家庭的起源、家庭的形式、家庭的历史上的发达、近代的家庭问题、夫妇间的经济关系、家长、动物的家庭、家庭及婚姻的过去现在和未来、家庭与妇人等十方面问题。卷首有译者《凡例》，封面标"爱尔华特原著、易家钺译"。正如译者在《序》中所说的，"社会问题，非常的复杂，正与社会的现象一样。虽然，我们若大别起来，可以举出两个最重要的问题：一是食的问题，即劳动问题；一是性的问题，即妇人问题。包含这两个问题的家庭问题，不用说是社会问题中最根本的了。"①"五四"运动以后，以易家钺为代表的中国知识分子大都注意社会问题研究之需而从事翻译。此间，他致力于研究家庭制度与家庭问题，还组织了家庭研究社，编印《家庭研究》月刊。他的书虽然有"乌托邦"思想，但在"'五四'以后对青年男女关于西洋家庭与婚姻观念，有甚深的影响"，②可称之为国内研究家庭问题的专门学者。该书的翻译，对于解决中国社会所面临的各种婚姻家庭问题，憧憬新的美好婚姻家庭制度的到来，对传播新的婚姻家庭观念产生了重要影响。该书1921年5月第3版，1926年7月第6版。

1923年12月，长沙人杨端六与君实译述了《社会政策》（东方杂志二十周年纪念刊），商务印书馆出版，1925年6月第3版，收入东方杂志社编《东方文库》第21期，该期收文4篇，其中有杨端六译《劳动者失业保险制度》和《劳动者疾病保险制度》两篇。

1927年5月，张友松翻译了英国安杰尔（Noramn Angell）著《新闻事业与社会组织》，北新书局出版，收入"社会科学丛书"。全书共7章，论述了新闻事业与民众心理、社会制度的关系，劳工政府与资本主义的新闻事业，以及工人取得地位的办法等。其前半部分主要讨论新闻与社会的普通关系，

---

① 易家钺：《序》，[美]爱尔华特著：《家庭问题》，易家钺译，上海：商务印书馆，1920年，第1页。
② 孙本文：《当代中国社会学》，北京：商务印书馆，2017年，87页。

后半部分主要以劳工运动的眼光来讨论新闻问题。鉴于作者安杰尔曾当过20年的记者和报馆经理，此书是他利用自身的经验，"告诉我们怎样可以使舆论机关谋社会的真正幸福"。① 该书于1927年6月再版。

1928年9月，张友松翻译了卢多维奇（Anthony M. Ludovici）著《妇女的将来与将来的妇女》，北新书局出版，收入"明日丛书"，1929年4月再版。该书介绍了英国妇女解放运动思想，促使读者去重新思考对女性的评价，涉及女权运动、价值观念、道德标准、结婚问题、哺乳习惯、节制生育、婚姻制度等。

1930年7月，醴陵人刘侃元翻译了日本波多野鼎（1896～1976）著《社会政策原理》，大江书铺出版，140页，32开。全书共3章：社会政策学的课题；社会政策的必然性；社会政策的本质。作者波多野鼎是日本经济学家，经济学博士，东京帝国大学毕业，历任同志社大学、九州帝国大学、中央大学教授。著作有《价值学说史》《周期学说批判》《经济学入门》《近世社会思想史》等。

1933年，长沙人张素民与杨晋豪合译了范却脱（Henry Pratt Fairchild）著《社会科学概论》，世界书局出版，315页，25开，有图，精装。全书共27章，分别讨论了社会组织；人类的起源；经济的进步；兴趣；期望与顺从；家庭的发达；社会制裁：虚荣；社会制裁：恐惧；社会制裁：宗教；权利；经济学：财富、效用、价值；生产、分配、交易；价格；供给和需要；工资、地租、利息、薪俸、利润；消费物的价格；生活标准、生活标准的进步；人口；移民；国家：法律和犯罪；刑律和罪人；国家：建设的机能；常态与变态——失业；社会进步等问题。

1941年，武冈人周继善翻译了《生活指导》，华美浸礼会书局出版。原书未见。译者周继善毕业于上海艺术大学，曾任浙江大学、四川美专讲师，沪江大学、大夏大学教授。

再次，在法律学译介方面，1929年4月黄尊三翻译了日本近代著名法学家穗积陈重（1855～1926）教授的未完之作《法律进化论》，商务印书馆

---

① 《北新书目》，上海：北新书局，1933年，第164页。

出版，收入"政治名著丛书"。作者穗积陈重于1876年8月进入英国伦敦大学，1879年转入德国柏林大学，主要学习法理学、民法学等。1881年重返日本，在东京担任法学教授，开授了日本历史上第一次"法理学"课程。他的观点倾向于历史法学派中的法学思想，认为法律和法学应随着社会的发展而变迁。他认为法的社会力量是在人们的共同生活方式中逐渐进化形成的，以至成为独立政治团体的国家，因此它成了人们公认的行为规范。这种抹杀了法律的阶级本质的做法，实际上是为资产阶级国家的法律制度辩护。本书是穗积陈重晚年的心得之作，也是他最重要的一部法学之作。原书共三册，第一、二册出版于1924年，第三册是在他去世后由其亲属和朋友整理后面世的（1927年）。全书以19世纪的社会实证主义为其哲学基础，把作为一种社会现象的法律置于变动发展的时间概念框架下予以观察。作者秉承了梅因（H. J. S. Maine）和萨维尼（Friedrich K. Von Savigny）的历史法学派观点，对世界各种法理现象材料分类、比较和分析，揭示了法律进化的普通规律。他对世界各个民族早期习俗、社会规范等的广泛涉猎，对人类学、历史学、考古学和社会学等成果的大量引用，以及历史主义方法和比较方法的娴熟运用，使《法律进化论》一书具有人类早期法文化史百科全书的性质。1934年7月，黄译第一册又与萨孟武、陶汇曾、易家钺译第二、三册合订本一起推出国难后1版，[①] 收入商务印书馆"政法名著"丛书。1997年，黄译该书由中国政法大学出版社重新校勘以简体字再版，署"黄尊三、萨孟武、陶汇曾［希圣］、易家钺译"，收入"二十世纪中华法学文丛"。

1931年9月，长沙人李铁铮（1906～1990）翻译了英国黑德兰-莫黎（Agnes Headlam-Morley）著《战后欧洲新民主宪法之比较的研究》，[②] 太平洋书店出版，376页，24开，根据牛津大学出版社1928年版译出。译者李铁铮1924年考入国立东南大学政治学系，1931年考取外交官，历任外交部专员办公室科长、外交部首席兼任秘书，驻伊拉克首任公使，驻伊朗、泰国首任大使，驻联合国代表团顾问兼大使衔代表，从事驻外使节工作十多年，是

---

① 1934年7月国难后1版合订本黄译实为第一册，第二册由萨孟武、陶汇曾翻译（1930年）；第三册由易家钺翻译。著者原计划分6册，本书只包括第一部上中卷内容。书前有著者自序。
② 1930年11月，黄公觉译此书，题作《欧洲新民主宪法的比较》，神州国光社出版。

著名的国际法学家、国际关系学家、外交家,亦为我国最早的《古兰经》通译本(1927)之译者。原作者莫黎是牛津大学首位女教授,后于1948年担任蒙塔古·伯顿国际关系学院讲席教授。本书的目的是对于欧洲新近所设立的宪法作比较研究。全书共六篇16章,六编分别是:新宪法的起源;国家的领土;民主的原理;关于议会立法权力的抵制;议院政府制;国家之社会的职务。该书比较了第一次世界大战后欧洲大陆的德国、苏俄、波兰、捷克斯洛伐克、南斯拉夫、芬兰、奥地利等八国的宪法,研究了这些国家的政治制度及其思想渊源,考察了这些制度的实际状况和运用方法,分析了民主宪法的内容,说明了其产生的历史背景和发展趋势。[①] 该书由长沙人周鲠生校阅,除绪论和附录《时昭瀛教授对本书原著之批评》之外,书前还有王世杰《序》及《译者序》。

1933年1月22日和2月19日,邵阳人蒋廷黻先后从英国当代大经济史家、英国劳工党后台的主要人物陶内(R. H. Tawney,又译妥尼)[②] 所著的《中国的农工》一书的最末一章译出讨论中国的政治和教育部分,题作《中国的政治》和《中国的教育》,分别刊载于《独立评论》第36号、第38号;1946年,他又以英汉对照形式推出《中国善后救济总署干什么?怎样干?》,国际传社出版,30页,32开,中英对照,刊载于《联合国丛刊》第2辑,介绍善后救济总署的工作。

此外,民国时期留学日本东京法政大学的安化人陶思曾(1878～1943,字叔惠)还翻译了一部《日本刑法各论》,出版年代和地点不详。

当然,民国时期湘籍译家还有众多的零星翻译作品发表,其中比较典型的有:周鲠生相继翻译了布朗(William Jethro Brown)的《狄骥之法学评》,道生(Edgar Dawson)的《分权与美制》,法国公法学家、博多(即波尔多)大学教授狄骥(Léon Duguit)的《法国行政裁判制》和《政治哲学》,分别刊载于1917年、1918年、1922年《太平洋》第1卷第5号、第9号、第12号和

[①] 此外,李铁铮还以"铁铮"名译述有加藤玄智所著《世界宗教史》,内含各国民宗教之孤立的发达、闪族之宗教、雅利安民族之宗教,共3篇。该书于1933年1月商务印书馆出版(1933年6月再版),先后收入"百科小丛书"和《万有文库》第1集104种。
[②] 陶内曾受太平洋国交会的委托来中国考察农工,又曾参加国联派遣来华的教育考察团。

第 3 卷第 6 号。1931 年 3 月,周鲠生撰写的《现代国家法问题》由商务印书馆出版(收入"国立武汉大学丛书"),书末有附录三个,分别是常设国际裁判院组织法条文(汉译文)、常设国际裁判院组织法修正文(英文)和日内瓦议定书正文(英文)。张友松署名"友松"翻译了美国麦迪森的《日本的国际问题及其国内窘状》,刊载于 1928 年 6 月 16 日《北新》第 2 卷第 1 期。该期"国际近事"栏还刊登他撰写的《意大利政教权限之争又起》和《英国失去垄断橡皮业之势力》,另有意之译、张友松校的三幕剧《情人眼中的人格》(Frank Harris 原著);同年 8 月 1 日该刊第 2 卷第 18 期又刊有他译保加利亚安吉洛夫的《巴尔干诸国国家思想勃兴之原因》;8 月 16 日第 2 卷第 19 期刊有他译美国海登(Hayden)的《英国自治属地的新地位》。1931 年,潘源来翻译了《波兰政潮中之毕尔苏司基》,刊《时事月报》第 4 卷第 4 期。1934 年,龚心印翻译了日本布施辰治的《渐趋危迫之俄日关系》,连载于《工商新闻》第 1 至 4 期。1936 年 3 月 1 日,周立波翻译了美国帕索斯的《美国计划:它的兴起和衰落》,刊《知识》半月刊第 1 卷第 7 号。1937 年,李立三以"唯真"笔名翻译了《纽约通讯:罗斯福未来的政策》,刊《现世界》第 1 卷第 10 期;1948 年,他又与丹忱合译了美国经济学家戈·冯·哈伯勒(Gottfried von Haberler)的《外情:美国通货膨胀的病源及其治疗》,刊《实业金融》第 1 卷第 2 期。1940 年 3 月,常德人傅统先在《西书精华》第 1 期"译书介绍"栏发表了《科学与现代世界》一文;同年 6 月,他在该刊第 2 期"西书介绍"栏发表了《人类行为心理》;9 月,他在该刊第 3 期"西书介绍"栏发表了《哲学家的休闲》一文;12 月,他又在该刊第 4 期"译书介绍"栏发表了《现代思想方法》一文;1941 年 3 月,他在该刊第 5 期"西书精华"栏发表了所译《文化之衰落与复兴》;同年 6 月,他又在该刊第 6 期的"西书介绍"栏发表了《哲学入门》一文。1943 年 12 月 9 日,胡毅翻译了沃尔科特(A. Woolicott)著《亚泽熙案——从小事中争大原则》,刊《民主周刊》第 1 卷第 1 期,等等。

除了从事外国著作翻译外,民国时期湖南学人在赞助翻译出版方面亦做出不小的贡献,最典型的是以刘秉麟为代表。他曾与何秉松合作为商务印书馆主编了三套社会科学方面的丛书,除了《社会科学名著选读丛书》为英文本外,其他两套均收入不少翻译类书籍。这两套丛书的情况是:一、《社会科学小丛书》，何炳松、刘秉麟主编，1933年9月至1947年8月出版，其中包括哲学、社会、政治、经济、法律、财政、商业贸易、社会礼俗、应用技术及史地等方面的著译，共计96种；二、《社会科学丛书》，何秉松、刘秉麟主编，1930年7月至1939年3月，共计28种。当年作为商务印书馆的编辑和主编，他们在赞助出版同仁著译中充当了列费维尔所谓"集中型赞助者"[①]的角色，也就是集译者和出版赞助人于一身，并意识形态、经济因素和社会地位三者于一体。从意识形态来看，他可以操纵自己的选材；从经济角度来讲，他可以自行开展翻译活动，并能确保自己的作品得以顺利出版；从社会地位来说，由于有了出版社的支持，他又能使自己的译作得到读者的认可。加之商务印书馆在出版业界的特殊地位，而他们又能很好地利用自己的角色，这些对于中国翻译事业的走向、翻译的兴衰、译者的地位乃至作品的后续生命都起着至关重要的作用。

  总之，民国时期湖南翻译家推出的社会科学译作众多，涉及人文、社会、政治、法律等诸多领域，而且众译者大多是学者兼翻译家，他们大多有过留学海外的经历，对源语有较好的掌握；同时他们在各自的领域均有不俗的表现，这样就能确保译作的质量。虽然其中还有不少为转译，其译介有欠系统，但原文都是经过精心的选择，针对性强，这些译作在当时的社会产生了广泛的影响，对中国思想观念的现代化进程起到了推进作用。

  值得指出的是，在从事社科翻译的众译家中，大多有过留学海外的经历，其中留学日本和欧洲各国的学子，他们多是在海外学习法政和其他社会科学，多数"具有社会革命的思想，尤其是法、俄、德三国的留学生大有变成中国社会革命运动急先锋的趋势"；[②]至于留学日本者，多数"富有民族革命的思想"，"他们对于中国政治革命的功绩确是不小"。[③]仔细考察这一时期他们的翻译作品，确实为中国社会变革发挥了巨大的推动作用。

[①] André Lefevere. *Translating Literature: Practice and Theory in a Comparative Literature.* New York: The Modern Language Association of America, 1992, pp.16-17.
[②] 李季：《我的生平》，第284页。
[③] 同上。

第二节 民国时期湖南的史学翻译

湖湘学风中历来有重视史学研究的传统,这种学风到了现代时期同样得到了继承和发扬。正如有人总结的:"纵观中国近现代一百余载的史学思潮之发展历程,表现为传统史学的衰落、历史考证学的丰厚创获和中国马克思主义史学的强势发展,三大史学思潮间相互撞击,此消彼长,推动着中国史学的现代化进程。湖湘史学亦在此三大史学思潮影响之下名家辈出,硕果累累。"[①]事实上,现代时期中国曾涌现出几位史学大家,如周谷城、翦伯赞、吕振羽、杨东莼、向达、杨人楩等,这其中又以湘籍史学家占了绝大部分。而在他们的学术活动过程中,翻译又是一个非常重要的组成部分。正是通过这些翻译活动,他们学到了西方史学家治史的方法,同时也让国人了解到西方史学研究的成果,特别是那些由他们译介的西人研究中国历史的成果,意义重大。

一、杨东莼与《古代社会》之翻译

1927年至1937年间,西方社会学理论在中国得到广泛深入的传播。其中在史学方面,醴陵人杨东莼厚积薄发,与张栗原、冯汉骥合译了《古代社会》(昆仑书店1929年、1930年版)。1935年12月,这本书又被收入商务印书馆出版的"汉译世界名著"和《万有文库》;1957年9月三联书店再版。这也可以看成是杨东莼早期最重要的一项翻译成果。

《古代社会》(*Ancient Society*)的作者是19世纪美国民族学家、考古学家莫尔甘(Lewis Henry Morgan,今译摩尔根)。摩尔根是文化人类学史上第一个古典进化论学派的代表人物,1875年被选为美国国家科学院院士,1879年至1880年任美国科学促进会主席。《古代社会》是作者前后花了

[①] 张灿辉:《前言》,莫志斌主编:《湘籍近现代文化名人·史学家卷》,长沙:湖南师范大学出版社,2010年,第1页。

四十年时间完成的一部巨著,其副标题是《人类从蒙昧时代经野蛮时代到文明时代的发展过程研究》。除序言外,全书共分四编,分别是:各种发明和发现所体现的智力发展;政治观念的发展;家族观念的发展;财产观念的发展。另在第三编后有附录:《回驳约·弗·麦克伦南先生的〈原始婚姻〉》。这部书于 1877 年由美国亨利·霍尔特出版公司出版,曾多次再版,被译成九种文字在全世界范围发行,成为一部影响极大的巨著。正是这部作品的问世,标志着真正意义上的民族学的诞生。《古代社会》一书为后人留下了有关易洛魁人这支印第安人的丰富资料,它开辟了原始社会的领域,把人类关于古代社会的看法推进到一个新阶段。书中关于古代社会人类婚姻家庭方式的观点为马克思主义经典作家历史理论提供了依据。在该书出版之前,私有制卫道士们笔下的原始社会是父权制的社会结构,私有制是和人类一起诞生的,而且人们普遍认可这种观点,因为没有历史证据表明人类历史上是否曾有过非父权制的社会阶段。此书一出,完全纠正了上述错误观念,它以丰富的历史资料充分证明了人类的原始社会早期是母权制的氏族社会,只是到了后来才发展成为父权制的社会,继而进入私有制为特征的时代。

　　值得指出的是,当年马克思和恩格斯十分重视并高度评价过《古代社会》这部著作。[①] 正因如此,杨东莼才决定翻译这部巨著。1884 年,恩格斯曾这样概括摩尔根之于马克思主义的意义:"摩尔根在他自己的研究领域内独立地重新发现了马克思的唯物主义历史观,并且最后还对现代社会提出了直接的共产主义要求。"[②] 马克思也对此书做了十分详细的摘要,还加了许多重要的评注,并准备以"唯物主义的历史研究所得出的结论来阐述摩尔根的研究成果",[③] 但马克思没有完成这一心愿便逝世了。1884 年 10 月 3 日,恩格斯秉承马克思遗愿完成并出版《家庭、私有制和国家的起源》一书,借助摩尔根的研究成果进一步阐发自己的唯物史观。恩格斯借用摩尔根的材料和研究

---

① 马克思和恩格斯对《古代社会》所做的研究都是在《费尔巴哈论》之前出版的,这两本书是有直接关系的,这也能解释杨东莼在译出该书后会继续翻译出版《费尔巴哈论》(1932 年 5 月)。
② 《马克思恩格斯全集》(第 36 卷),第 112～113 页。
③ 恩格斯:《家庭、私有制和国家的起源》,《马克思恩格斯选集》(第 4 卷),北京:人民出版社,1966 年,第 1 页。

成果，以历史唯物主义语言重述了人类早期社会发展的历史，阐明了人类从蒙昧、野蛮到文明的发展过程，论证人类走向共产主义社会的历史必然性。《家庭、私有制和国家的起源》不仅是阐释唯物史观的经典著作，也是以唯物史观研究早期历史的学术著作。

1927年冬，"大革命"失败后，杨东莼流落到东京。最初他为了赚点稿酬来维持生活，便开始进行翻译活动。然而，当时国内白色恐怖极为严重，对出版界的文化审查极为苛刻，要想把马克思主义的书籍翻译出来虽然可行，却很难找到书局出版。因而以世界名著的面貌把这本书翻译出来介绍给中国读者，既是一条较易通过的"捷径"，又是一项最为扎实的理论基础工程。当时，国内知道摩尔根的人甚少，知道其著作《古代社会》有历史唯物主义观点的则更为罕见。所以，他选中这部冷门书来翻译。那时，他购买到的是美国芝加哥理尔斯·H.克尔公司出版的英文通行本，但是这个版本并不完善，一是该版本注释中引用希腊、罗马古典著作之处只有章节号码，并无引文；二是每章分成若干节，每节之前有一个分目，这些实际上是后加的。严格地说，这些做法都不符合摩尔根原著的本来面目。但他在通读全书之后，立刻被这部著作深深地吸引住了。他认为，《古代社会》对于学习马列主义来说是一本很有参考价值的书，对于原始社会的研究而言，更是一部重要的著作。但他又感到摩尔根的行文晦涩难解、冗长繁复，要把它译成中文更不好办。《古代社会》确实是一本专业性很强又不易翻译的书，加上摩尔根行文晦涩，他用现代词汇来表达古代社会的事情，往往需要仔细揣摩后方能明白其意旨所在。因此，要仔细读懂这部书，并把它译成流畅易懂的中文，实在是一项艰巨的工作。以杨东莼当时所具备的外语水平以及专业知识来衡量，要独立把这部书全部翻译出来是相当困难的。于是他挑选了一部日译本作为原本，然后借助字典一段一段地直译，译完一章，对照原文仔细阅读一两遍，咀嚼每章、每段和每句话的内容，然后再将译文反复进行修改和润色，使其易于为普通读者理解和接受。

就在杨东莼将《古代社会》翻译至一半的时候，一位因"大革命"失败而来东京避难的研究生物学的教授朋友张栗原（1881～1941）主动请求参与这项翻译工程。张栗原又名张光耀，即后来《现代人类学》（1931）、《教育生物学》(1947)和《教育哲学》(1949)等书的作者。他请求参与翻译,但实际上只译得两章,就为肺结核病所缠,中断了翻译工作。其余部分,则由杨东莼完成,最后又经冯汉骥(1899~1977)修改校订后成书。冯汉骥是我国著名的考古学家和民族学家,曾留学美国。在美期间,他曾认真研读过摩尔根的名著《人类家族的血亲和姻亲制度》和《古代社会》,并亲赴印第安人部落做过实地考察,从而对氏族部落的社会组织有了深刻的认识。这部书在1929年、1930年分上下册由昆仑书店出版。这一译本出版后立刻引起学界的注意。1930年11月12日,钱玄同就在《日记》中提到购买了"杨东莼及张栗原合译之莫尔甘之《古代社会》"。[1]1933年8月9日,时在南京国民党监狱坐牢的陈独秀给亚东图书馆老板汪原放写了一封信,内中提到:"《古代社会》,莫尔干的,亦有重译的必要(最好请季子译),此书和《资本论》及《人类由来》为近代三大名著之一,皆世界不朽名著也"。[2]这里所说的"莫尔干"即摩尔根,"季子"即著名的湘籍马克思主义经济学、社会学和哲学翻译家李季。而从当年8月1日陈独秀给汪氏的信中还可以看到这样的文字:"莫尔干《古代社会》(南强出版吧?)望购一部来,能购一部英文的更好。倘若英文购不着,望季子兄可否暂借我一读,如他此时不用。"在同年8月9日的信中,陈独秀又托汪原放到内山书店去购买图书若干,其中"古代社会(上下卷),如购得此书,前函所请购中英文本,均可作罢"。[3]从这些材料来看,陈独秀是否购得何种外文版已无从得知,但他说到《古代社会》"亦有重译的必要",表明他曾看过某部外文版和中文版,并对中文版表示不满后才会说出这样的话。而此前在中国,只有杨东莼推出过一个全译本。事实上,从后来李季的译书清单来看,并没有译过《古代社会》,但当时他确曾研读过这部书,并与陈独秀交流过,否则陈独秀也不会那么确定他手头有那本书。总之,从这些史料可以看出,精于国文又熟通外国多种文字的陈独秀对杨东莼译本是不满意的,故而想请李季来重译。事实上,杨东莼也意识到自己译本存在着不足,虽然它出版后得到相当多的好评,但因"印刷恶劣和排字错误,使原著

---

[1] 钱玄同著、杨天石主编:《钱玄同日记》(整理本),北京:北京大学出版社,2014年,第771页。
[2] 汪原放:《亚东图书馆与陈独秀》,第168页。
[3] 汪原放:《亚东图书馆与陈独秀》,163页。

减色不少",① 故而他又对该译本进行了修订。经过半年多的努力,1935 年 12 月,其修订本又经何柏丞(即何炳松,1890~1946)、周予同(即周毓懋,1898~1981)、郭一岑(1894~1977)三人推荐,改由商务印书馆出版,由擅长西洋史研究的何柏丞负责,纳入 20 世纪上半叶中国最具影响的大型现代丛书,即商务印书馆推出的《万有文库》;1950 年 4 月,该书又原封不动地由商务印书馆再版。1957 年 9 月北京三联书店第 4 次出版时,译者署名杨东莼、张栗原和冯汉骥三人。据冯汉骥撰写的长篇《校后记》称:他"在校改之时,除作了文字上必要的更动使译文尽可能的忠实于原文外,关于名词的改译亦至多"。②

总的来说,《古代社会》对 20 世纪 30 年代中国左翼学术思想具有示范性意义。郭沫若根据中国的素材写出它的"续篇"《中国古代社会研究》(上海联合书店 1930 年版),杨东莼更是把摩尔根的原著翻译进来。1931 年,杨东莼又写成《本国文化史大纲》(北新书局 1931 年版),这是我国较早的一部唯物的文化史著作。书中运用摩尔根理论重新解释了中国史,"试图用马克思主义的基本观点和方法来研究中国历史,其中包括原始社会史,并且取得了很大的成就。"③ 其特点是:从史前史向文明史的过渡出发,探索摩尔根所谓的"氏族社会"与"政治社会"的制度性差异,及其在中国历史中的发生状况。该书正文共三部分:经济生活之部;社会政治生活之部;智慧生活之部。全书用典范的摩尔根进化史框架重新建构了中国社会从原始经济到近代商业、从氏族到政治社会、从神话经先秦诸子到新文化运动的历史进程。这部优秀的作品摒弃了摩尔根对所谓"美洲土著风俗资料"的滥用做法,将注意力集中于文化史的分析,在具体内容上从中国的角度补充了摩尔根对希腊、罗马时期的政治史研究,至今仍然是一部不可多得的中国文化史作品。另外,中国一些确立了唯物史观的人类学家还将《古代社会》的叙述框架运用于中国少数民族的社会形态研究上,从民族志案例中发现了依据血亲-姻亲制度的原理组合起来的各种"前资本主义"和"前社会主义"生产方式的系

---

① 张栗原、杨东莼:《译者序》,《古代社会》,上海:商务印书馆,1935 年,第 3 页。
② 冯汉骥:《校后记》,《古代社会》,北京:三联书店,1957 年,第 651 页。
③ 童恩正:《摩尔根的模式与中国的原始社会史研究》,《中国社会科学》1988 年第 3 期。

列。由此可见杨译该书在中国思想界所产生的影响。

二、向达与中西交通史翻译

民国时期,在中西交通史研究和著译方面,向达、冯承钧和张星烺三人鼎足而立,为我国的中西交通史研究开创了新局面,奠定了初步的基础。同时,向达在历史、考古、文字、艺术、宗教、目录学各方面知识渊博,素养深厚,尤其在敦煌学研究方面卓有成就,是我国敦煌学的开创者之一。

向达(1900～1966),字觉明,笔名方回、佛陀耶舍,土家族,溆浦人。1919年考入南京高等师范学校(后改名东南大学),先入数理化部学习化学,一年后转入文史地部历史学专业学习,师从著名学者、历史学家、古典文学家、图书馆学家、书法家柳诒徵(1880～1956)。1924年在东南大学毕业,后考入商务印书馆编译所任编译员。1930年转任北平图书馆(即北京图书馆,今中国国家图书馆)编辑之职,参与编辑《国立北平图书馆馆刊》。1935年作为交换馆员前往英国牛津大学图书馆负责整理馆内中文图书,后又至伦敦不列颠博物院、巴黎国家图书馆,研究西方人劫去的敦煌手抄文献(写本卷子)以及明清之际天主教的一些文献。1938年回国,此后相继任教于广西宜山浙江大学、西南联大和北京大学,长期从事中西交通史、敦煌学等研究与著译,是中国现代著名的历史学家、考古学家和翻译家。

向达翻译西方史学著作始于20世纪20年代。1924年至1934年他任商务印书馆编译员,当时商务馆的负责人是王云五,编辑主任是著名历史学家兼翻译家何炳松。此间向达每天至少得翻译1500字,主要翻译一些外国"学者"掠夺亚洲、中国文物而写的"论著",而这又成了向达"接触中西交通史之开始,并对此产生了极浓厚之兴趣,渐渐走上了研究中西交通之道路"。[①]同时,向达又为王云五主编的《少年史地丛书》译述的《丹麦一瞥》《荷兰一瞥》等书作校订,这使得他有机会阅读和翻译大量的著作。而且他奋发努力读书,带着一股湖南人的"蛮劲攻读外文,立志要与外国学者"争一长短,从

[①] 阎文儒、阎万钧:《向达先生小传》,阎文儒、陈玉龙:《向达先生纪念论文集》,乌鲁木齐:新疆人民出版社,1986年,第807页。

此走上研究中西交通史的道路。[①] 正是在这里，向达接触到大量晚近发展起来的日本和欧洲的汉学，因而催生了他对中外文化交流史和敦煌学研究的兴趣。任职期间，他先后译出美国学者和传教士卡特（Thomas Francis Carter，又译加特或卡脱）的《中国印刷术之发明及其西传》若干章节以及其他外文著作；另外，他还与梁思成合译了英国作家韦尔斯的《世界史纲》。此间，他开始接触到外国探险家在中国西北考察的著作，译有斯坦因的《西域考古记》《斯坦因黑水获古记略》《斯坦因敦煌获书记》和勒柯克的《高昌考古记》。1926 年至 1929 年间，他已发表论文及翻译文章多达 19 篇。[②] 此后，他先是任北平图书馆编纂委员会委员兼北京大学讲师；1935 年秋他利用到牛津大学鲍德利图书馆工作的机会，在英国博物馆检索敦煌写卷和汉文典籍；1937 年他又赴德国考察劫自中国的壁画写卷；1938 年回国后任浙江大学、西南联合大学教授；抗战胜利后，任北京大学历史系教授兼掌北大图书馆。多年来，他翻译了大量的历史学著作，是现代时期湘籍学人兼翻译家的杰出代表。

首先，在选译史学论文方面，向达所译均是国外一些重要的探险家关于中国的论述文章。为了研究中外文化交流史之需要，他分别于 1923 年翻译了考莱（Arthur E. Cowley）的《赫邰民族 The Hittites 考》，刊《史地学报》第 2 卷第 4 期；同年该刊第 2 卷第 6 期有他译克拉克（W. E. Clark）的《希印古代交通考》；1929 年他翻译了美国劳柏（Berihbld Lauber）著《苜蓿考》和《葡萄考》，连载于《自然界》第 4 卷第 4、6、7 期；1930 年，他翻译了《斯坦因敦煌获书记》，刊《图书馆学季刊》第 4 卷第 3、4 期；1931 年他翻译了斯坦因著《斯坦因第三次中亚考古略记》，连载于《大公报文学副刊》；除此之外，1934 年他给瑞典著名探险家斯文·赫定（Sven Hedin）的"中亚探险""二记"之一的著作分别写书评：《我的探险生涯》（孙仲宽译）、《探险生涯亚洲腹地旅行记》（李述礼译），刊《图书馆学季刊》第 1 卷第 3 期。1894 年斯文·赫定到达中国新疆的喀什，并于次年走进塔克拉玛干沙漠，直到 1935 年离开，前后四十年间，他在新疆、甘肃、青海、西藏，特别是新疆和西藏，有许多标

---

① 向燕生：《爱国者、学者、长者——回忆我的父亲向达教授》，沙知编：《向达学记》，北京：三联书店，2010 年，第 262 页。
② 阎文儒、阎万钧：《向达先生小传》，沙知编：《向达学记》，第 6 页。

志性的发现，比如丹丹乌里克、喀喇墩、楼兰古城……许多地方因他而知名，尤其是1896年初"塔克拉玛干古城"——丹丹乌里克的发现，被视作新疆探险史上的里程碑。斯文·赫定一生实践与著作并重，每次探险都有两种著作为证，一种是通俗的探险记，另一种是科学考察报告。他的许多著作都已成为探险史的经典，前半生自传《亚洲腹地旅行记》（又译《我的探险生涯》）有数十种文字的译本，其中上述两个中译本至今已印行数十万册，据说是目前印数最多的探险书籍。此外，向达还译出意大利方济各会修士柏郎嘉宾（John of Plano Carpini）出使蒙古的游记——《柏郎嘉宾游记》，刊于1936年1月《史学》第1期。

为了配合自己研究唐代刻书、刊书的起源和研究中国印刷术历史之需要，向达翻译了美国学者卡特的数篇文章，包括1926年12月他译《吐鲁番回鹘人之印刷术》，刊于《图书馆学季刊》第1卷第4期；1927年他译卡特的《日本孝谦天皇及其所印百万卷经咒》，刊于《图书馆学季刊》第2卷第1期；1928年他译《高丽之活字印刷术》，刊于《图书馆学季刊》第2卷第2期；1929年他译《中国印刷术之发明及其传入欧洲考》，刊于《北平图书馆馆刊》第2卷第2期；1931年，他译《中国雕版印刷术之全盛时》，刊于《图书馆学季刊》第5卷第3、4期；1932年他译《现存最古印本及冯道雕印群经》和《论印钞票》，分别刊于《图书馆学季刊》第6卷第1期和第6卷第4期。除了这些，零星的还有：1925年他译《史律》，刊于《史地学报》第3卷第7期；1926年他译《近四十年来美国之史学》，刊于《史学与地学》第1期。

在译著出版方面，向达于1930年12月翻译了巴恩斯（Harry Elmer Barnes，又译班慈或班兹）著《史学》（直译作《历史之历史》），商务印书馆出版。1932年，他应同乡舒新城之请，根据英文译本转译了《甘地自传》，1933年3月中华书局出版；同年，他还根据张玛丽英译本翻译了苏联聂斯克的《西夏语研究小史》，北平国立图书馆出版，该篇系国立北平图书馆馆刊第4卷第3号"夏文专号"抽印本，叙述了1870年以来中外学者研究西夏语文之经过和成就。1936年他翻译了《斯坦因西域考古记》，商务印书馆出版（1987年上海书店再版）；1937年他与黄静渊合译了英国巴克尔的《鞑靼千年史》（上、下册），商务印书馆出版。

在这些译著中，首先值得一提的是他翻译美国新史学派重要人物巴恩斯（Harry E. Barnes）的《史学》。向达作为南京高等师范学校史地研究会成员，曾参与创办《史地学报》(1923)，并与同仁缪凤林、陈训慈在该刊撰文，传播过新史学派的史学论。巴恩斯是新史学派理论的积极宣传者和实践者，早年曾在哥伦比亚大学攻读历史学和社会学，1918年获博士学位，后任克拉克大学、史密斯大学的历史社会学教授，其著述众多。由向达翻译的此书，是以"社会科学之过去与前瞻"为命题，向译为其中的第一篇。该书由新史学派重要专家何炳松校订。全书共三部分：史学之性质及其目的；史著进展中之几种重要现象；新史学或综合史学。书末附参考书举要。向达译该书初版时题作《史学》，收入"社会科学史丛书"，同时亦收入何炳松、刘秉麟主编"社会科学小丛书"，改题《史学史》；1934年7月国难后1版；后又列为《社会科学史纲》第一册《史学》(1940年)，其中《绪论》标明为"王造时、谢诒徵译"，正文"史学"为向达译。全书共102页，书中钩元提要，从早期未有文字之史学叙述到20世纪新史学，可以说是一本简明西方史学史，其价值仅次于肖特韦尔（James T. Shotwell）的《西洋史学史》(该书1929年曾由何炳松和郭斌佳合译)。这些译著对我国早期西方史学史学科建设具有一定的参考意义。《史学》叙述新史学篇幅几占全文之半，可窥见美国新史学派之轮廓。由于向达的翻译，国内学界对美国新史学派有了更进一步了解。1940年，该书更名为《社会科学史纲》(第一册史学)，长沙商务印书馆出版；1944年重庆中华书局再版，1950年重版。

其次，1936年向达翻译了《斯坦因西域考古记》，由中华书局出版，收入"大学用书丛书"。这是英国人马尔克·奥利尔·斯坦因（Sir Mark Aurel Stein，又译司代诺，或司坦囊）[1]综合他四次中亚探险的结果写成的一部通

---

[1] 1907年5月，斯坦因在英国政府的支持下赶往敦煌，开始实施掠夺敦煌宝藏的罪恶行径。斯坦因本人只是一个梵文学者，不懂汉语，于是他通过各种途径，雇到了一个人称"蒋师爷"的担任翻译。"蒋师爷"本名蒋资生，湘潭人，性格卑劣低贱，他为斯坦因出谋划策，进而骗得敦煌藏书1万余卷以及大批价值连城的绘画、刺绣、绢画等。斯坦因开始了在敦煌的疯狂掠夺，后来又有几批外国人对敦煌的无价艺术珍宝多次进行掠夺。因此，蒋资生完全可以被看作是我国历史上一个臭名昭著的翻译人员。可见要成为一名合格的译员，首先必须具备良好的职业道德。参见黎难秋：《中国口译史》，青岛：青岛出版社，2002年，第272页。

俗著作。多年来，该译本在学界影响甚大。当初，向达致力于此书的翻译和研究，一则是应同乡舒新城之邀，另则是出于对西方人盗窃我国文物行为的愤怒，最主要的是"软弱无能之旧中国政府对此束手无策，那些披着学者外衣的强盗们在学术上对中国专家们百般污辱，这一切行为都激励着一个有血性的中国学者要与外国强盗们争议高低。"① 斯坦因在自己第四次中亚探险（1930～1931）之后曾赴美国波士顿罗威尔研究院做过几次演讲，对前三次探险（前后历时7年，里程2.5万英里）的经历与发现进行提纲挈领式的概述。之后，他根据演讲稿内容并适当增补后出版了此书，这是适合广大听众之需的一部普及性著作。斯坦因在中国西部的考古探险活动，一直存有较大的争议。他是尼雅遗址的发现者，也是敦煌藏经洞劫走经书的始作俑者，这是无法回避的事实。但是，只要涉及新疆探险史，对斯坦因在中国西域的考古探险则不能避而不谈。然而，他的这部书有意把他"在中国新疆和亚洲腹部毗邻各地所作考古学上和地理学上的探险概要地叙述一番"，② 其"事实叙述简洁得要，对于各个问题在历史上的重要地位，都说得很明白，这正是我们一般人对于新疆所需要的一点知识。"③ 作为一名历史学家，向达看重的正是这一点。因此，他在翻译过程中尽力本着忠于史实的原则。他基本上是"照原文逐句直译，遇有可以补正的处所，随时附注；大致和原文不甚相远。"译成后又请万稼轩（斯年）取原书仔细校刊，改正一些错误和遗漏，从而充分体现出一位学者兼翻译家严谨治学的精神。可以说，正是以这本书的翻译为契机，向达也更加明确了自己从事中西交通史研究的方向，继而做出不朽的贡献。由于他长年不懈的努力，我国西域文明和敦煌文化艺术得以绽放出灿烂的光辉。该书于1987年由中华书局、上海书店联合再版，此次根据中华书局1936年版复印，采取繁体、竖排形式，保持了初版的原貌及插图。

再其次，1927年向达与梁思成等合译了英国韦尔斯（Herbert G. Wells）的《世界史纲》（The Outline of History），商务印书馆出版时题作《汉译世界史纲》，收入"汉译世界名著丛书"。其翻译的目的是为了"引起吾国学术界

---

① 阎文儒、阎万钧：《向达先生小传》，载沙知编：《向达学记》，第9页。
② ［英］斯坦因著：《著者序》，《斯坦因西域考古记》，向达译，上海：商务印书馆，1936年，第1页。
③ 向达：《译者赘言》，《斯坦因西域考古记》，第6页。

对于世界史研究之兴趣,辅助吾人对于国际关系之了解。"原作者韦尔斯"为英国现代四大文学家之一,与哈第、巴栗、萧伯纳三人齐名,而韦氏之创造力尤富"。① 韦尔斯从 1919 年起开始编写一部长达 85 万字的颇具世界影响的通史,全书分为八大部分,附地图 150 幅,插图 100 幅。数年之后,他又将此书改写成普及本《世界简史》(A Short History of the World)。《汉译世界史纲》出版于 1920 年,后于 1923 年、1925 年、1930 年、1939 年多次修订再版。作者生前最后一次修订是在 1940 年。此书文笔优美,叙述生动,可读性强,其写法独特,将历史人物与历史事件放在广阔的社会背景加以叙述,又有作者自己独到的看法。他认为,"[作者]尝受业于赫胥黎之门,故其史学眼观一以进化论为根据。……其将人类史远溯至地球及生物之起源,尤足征其魄力之宏伟与夫师承之有自。书中叙述东方史迹,虽偶有误会失实之处;然瑕不掩瑜,终不失为现代史学名著之一也。"② 总之,该书较全面地反映了人类社会发展的全貌,尽管它在篇幅上仍有厚古薄今的现象,在指导思想上持明显的唯心史观。由于作者在写作中基本上摆脱了"欧洲中心论"的偏见,力图以一个整体观来阐述人类文明的进程,这样的著作自然容易激起中国学术界的积极反响,并得到译介。早年梁启超曾嘱其子梁思成将该书译成中文,并亲加按语。后来商务印书馆的一些同仁,包括向达、黄静渊、陈训恕、陈建民又根据最新版本(1923 年版及 1926 年版之一部分)重加译订,译完后又将前半部与科学关系较密切者,请秉志、竺可桢、任鸿隽、徐则陵分校,排印时又由向达统一校勘。其译文选用的是当时通用的半文言半白话。该译本后于 1933 年再版。

至于向达翻译的历史人物传记《甘地自传》(中华书局版),则明显地体现出他对当时中国社会现状的忧虑和对现实的针砭。这是他根据安德路斯(Charles Freer Andrews)的英文本转译的,原书题作 Mahatma Gandhi: His Own Story(直译题作《圣雄甘地:他自己的故事》)。向译书前有编选者原序、译者自序,正文 24 章,书末有参考文献,并有插图四幅。该书的出版亦得到

---

① 王云五:《〈汉译世界史纲〉译者序》,上海:商务印书馆,1927 年,第 1 页。
② 同上。

舒新城的帮助。正如向达在《译者自序》中所说的：

> 抱着一腔的悲愤，来将这一位现代东方又一幕悲剧的主角，介绍给在不生不死的状态下的我们的国民……我们读这一部《自传》，第一点先要明白的便是甘地的非武力（non-violence）主义，同我们的所谓不抵抗，意义截然不同。我们的不抵抗是腼颜事敌，开门揖盗；甘地的非武力是誓死不屈，坚壁清野。像我们的不抵抗，自然只有拿着两百万的大兵，而至于东省沦陷，淞沪不守。像甘地的非武力，结局自然使敌人如拿破仑之侵略，落得片甲不回。①

其翻译目的就是要告诸国人，国难当头，我们所谓的不抵抗，与甘地的"非武力主义"是不可同日而语的。甘地的非暴力运动是"誓死不屈，坚壁清野"，最终让印度获得了独立。而当时的中国如果不抵抗，其结果只有一个，那就是让国土沦丧！

三、杨人楩与法国革命史翻译

在湘籍翻译家中，民国时期对法国大革命史翻译用功最勤的是杨东莼之弟杨人楩（1903～1973），尽管他的翻译成就与"治史的声名……不及他的哥哥杨东莼兄"。②

杨人楩1918年考入长沙长郡中学，1922年考入北京师范大学英语系，兼学法语。1926年毕业后回长沙，任教于长郡中学。自1928年起，他先后在福州黎明中学、上海暨南大学附中、苏州中学任教多年，期间阅读了大量的中外历史书籍，编写了多种历史教科书，包括《初级中学北新外国史》（北新书局1932年版）、《高中外国史》（北新书局1933年版）、《初中外国史》（青光书局1934年版）、《初中本国史》（北新书局1934年版）等。特别可贵的是，他即便是在讨论本国史时，也是放在世界史的语境中来着笔，尤其重视历史上中国与外国的关系，同时也反省近代中国落后挨打的深层原因。1934

---

① 向达：《〈甘地自传〉译者自序》，上海：中华书局，1934年，第1页。
② 曹聚仁：《史学家杨人楩》，《我与我的世界》，上海：三联书店，2014年，第233页。

年2月他前往日本，当年7月回国报考中英庚子赔款第二届世界史留学生名额，被录取，9月入英国牛津大学奥里尔学院，师从法国革命史专家汤普森（James Mathew Thompson），1937年春获学士学位。抗日战争爆发后，原本打算去欧洲继续深造的他毅然回国，到后方从事教育工作，先后任四川大学（四川成都）、西北联大（陕西城固）、武汉大学（四川乐山）历史系教授；1946年8月应北京大学之聘，任历史系教授，直到逝世。

杨人楩早年在导师汤普森的指导下完成了关于圣鞠斯特政治思想的论文（1936年）。汤普森是法国革命史专家，杨人楩受其影响颇深。正因如此，日后他也更加热情地投入法国革命史的翻译和研究，而且，他的翻译从一开始便"带有浓厚的时代气息和实用主义的倾向"。[1]换言之，他试图通过法国革命史的译介来认识中国的现状，解决中国的道路和前途问题，同时也表明自己对法国大革命追求自由、平等、博爱思想的向往。

杨人楩对世界史发生浓厚的兴趣，是从大学期间翻译奥地利作家刺外格（Stefan Zweig，今译茨威格）的《萝蔓罗兰》（Romain Rolland，今译《罗曼·罗兰》）开始的。早在1921年，沈雁冰曾在《小说月报》第12卷第7号"海外文坛消息"（第76条）上介绍了两部研究罗兰的书：一是法国人托维（Pierre Jean Touvé）的 Romain Rolland Vivant；一是奥地利人刺外格的 Romain Rolland, der mann und das werk。两本书均系罗兰的传记。杨人楩翻译的便是后者，不过他是从英文本转译的。他翻译此书，不仅是为了迎接罗曼·罗兰这位法国伟大思想家和艺术家的六十岁寿辰，更主要的是要以这位历尽艰辛的当代人物来激励当时在苦闷困顿中挣扎的中国青年，同时也是在鞭策自己。他的这些愿望都写在了这本书的译序里。该书从1924年4月开始动手翻译，到12月完稿。1925年2月，他又撰写了一篇介绍性文章《罗曼·罗兰》，发表在《民铎》第6卷第3期。此后，他继续对译稿做进一步修改，直到1927年才交给商务印书馆，次年正式出版。1926年，张定璜曾译该传记，在《莽原》上连载，可惜未能登完。杨人楩译本是此书的第一个中文全译本。在翻译过程中，他参考了不少相关书籍，特别是欧洲史，尤其注意法

---

[1] 张芝联：《法国史论集》，北京：三联书店，2007年，第104期。

国革命和第一次世界大战。这些为他日后进一步研究和翻译法国大革命史打下了基础。茨威格的这部传记在中国至今已有多种译本，但以杨译属最早的汉译本。1933年5月15日，杨人楩又在《读书中学》第1卷第1期发表了一篇《罗曼罗兰小传》，深入浅出地向中学生读者进一步介绍这位作家。可以说，由于杨人楩的译介，为罗曼·罗兰这位进步作家在中国进一步经典化打下了一定的基础。①

20世纪30、40年代，杨人楩又翻译了几部有关法国大革命史的著作。此间，中国正经历抗日战争和人民解放战争，这些译著对于反对日本帝国主义和反动派统治无疑起到了一定的作用。

杨人楩推出的第一部有关法国大革命的译著是苏联克鲁泡特金（Peter Kropotkin）的《法国大革命史》。1930年、1931年，北新书局相继出版了杨人楩译本的上下册，书末另附沈炼之译亨利·塞（Henri See）教授所撰长篇论文《历史家克鲁泡特金》。原书是克氏用法文写成的，出版于1893年，1909年被译成英文，1914年被译成俄文，此后又陆续被译成日本等国文字。作者从经济方面和农民运动来研究法国革命史，具有独到之处，他对每一事件的叙述，材料可靠，态度公正，并高度评价下层群众的作用，对罗伯斯庇尔的评价及其失败原因的分析也较为精当。此书出版后得到肯定性评价，连列宁也认为它是法国革命最好的通俗传播书，打算印数万册传布于俄国民众中间。②杨译是根据英文本译出的。早在杨译本推出之前，中国已经出版过两部法国革命史，一是法国路易·马德楞（Louis Madelin）著、伍光建译《法国革命史》（商务印书馆1928年初版），作者是法国大历史学家索勒尔（Albert Sorel）的入室弟子，与凡德尔（Albert Vandal）齐名；另一本是德国威廉·布洛斯（Wilhelm Blos）著、孙望涛译《法国革命史》（亚东图书馆1929年版）。杨人楩认为，马德楞的《法国革命史》在写作态度上，不仅是站在资产阶级立场上，而且用王党的眼光来审视事变；在写作方法上，马氏不仅对各种事变没有连贯的说明，而且对每一事变也没有连贯的分析；在史实的叙述上有些

---

① 杨人楩非常仰慕罗曼·罗兰，后来采用了罗曼为号，把罗曼写成罗迈、洛曼、洛漫或骆迈等。
② 详见《列宁与克鲁泡特金——邦契·布鲁耶维奇回忆录选译》（一），《世界史动态》1981年第4期。

甚至是杜撰的。布氏的《法国革命史》虽然比较高明，但也有明显的缺点，一是每叙一件事变之后，多半不求其所发生的原因，只加以主观的解释，而且在取材上也和马氏一样，没有说明出处。因此，虽然有了这两种译本，杨人楩认为还是有翻译克氏这本书的必要。

为了推介克氏的这本书，杨人楩写了一篇长达17页的译者序，分别介绍了法国革命的概貌及译书动机。这篇译序曾以《克鲁泡特金的〈法国大革命史〉译序》之名，刊1930年6月16日《北新》第4卷第12期。在《译序》中，杨人楩指出：克氏虽然是一位无政府主义者，名声不佳，但他写作《法国大革命史》时，却不带任何无政府主义的偏见去解释一切，遇有不常见的，他都一一注明，毫不含糊，再根据事实加以分析。克氏写这部书时，是本着历史家的态度，用的是历史学家的方法。杨人楩之所以要翻译这本书，还在于"为使我们认识革命"，"更了解中国革命"。而且，正如他所说的：

> 我们从克氏这书中可以认识法国革命和中国革命相似的地方，一、中国革命起初也是资产阶级与人民结合，而后来由资产阶级变为支配阶级；二、中国革命也是反对封建主义的运动，这个运动是以人民为中心，人民失败了，这个运动便没有完成；三、中国革命势力的广布，也是民众经济要求所驱使；四、克氏虽不曾注目卢梭等一般学者们之如何有影响，但也不如布氏（指布洛斯）之绝对排斥唯心说；在事实上学者们也不无力量；在中国革命也有这么一个思想的潮流。[①]

张芝联认为："十年内战时期（1927—1937）出版的几部法国革命史，基本上是对国民党反革命阴谋的反击，译者企图借法国革命历史来揭露蒋介石的叛变革命，认识中国革命的性质。"[②] 可以说，杨人楩翻译此书正属于这种性质。由杨人楩翻译的克氏这部《法国大革命史》，出版后流传甚广。据著名作家宋振庭（1921～1985，原名宋诗达，笔名史星生、林青）回忆：他早年投身革命时，背包里随身携带的少量书籍中，就有这部译著，并据此译著在几所干部学校讲外国史。2006年9月，杨译该书由华东师范大学出版社再版，

---

① 杨人楩：《〈法国大革命史〉序》，[俄] 克鲁泡特金著：《法国大革命史》，杨人楩译，上海：北新书局，1930年，第15～16页。
② 张芝联：《法国史论集》，北京：三联书店，2007年，第166页。

收入"六点学术·民国系列"丛书。

自1938年起,杨人楩着手译注法国马迪厄(Albert Xavier Emile Mathier)著《法国革命史》。该书1945年秋脱稿,1947年1月商务印书馆出版,上下册,收入《中山文库》。杨译本根据巴黎阿尔曼·科朗书店1922至1927年版译出,并参照了英译本。作者马迪厄是法国著名的历史学家,也是杨人楩钦佩的史学家。他1894年入读高等师范学院,1897年获得中等教师资格,1904年在法国革命史专家奥拉尔(Haneois Vitor Alphonse Aulard)指导下完成博士论文《敬神博爱教与旬日信仰1796—1928》,1926年起任巴黎大学讲师,直至1932年去世。马迪厄以维护罗伯斯庇尔的声誉而著称,认为罗伯斯庇尔是英雄,而丹东是贪污腐化的卖国贼。可以说,"经过了马迪厄及其一派的史学家的研究,使我们知道罗伯斯庇尔是法国革命时代最伟大的政治家;百余年来被人误解与咒骂的罗伯斯庇尔,至此才还他一个本来面目。我们不但知道了这位政治家对于革命的贡献与理想,并且还明白了他的私生活及性格,知道这位'不可腐化者',的确是不可腐化的。"[1] 马迪厄一身著述甚丰,主要有《法国革命史》(1922—1927)、《热月反动》(1929)等,以及关于丹东和罗伯斯庇尔的论文集多卷。他治史的特点是:"非有可靠证据勿下论断,非证以可信的史料,勿轻于相信;对人物与事变之判断,必须依据当时之思想与判断。任何文献必须予以最严厉之批评;对于流行之歪曲与错误的解释,即出之于最可靠的史学,亦须无情地予以摈弃。总之,须以求真为主。"[2]

《法国革命史》一书共三卷:第一卷"王政的倾毁",叙述从1787年至1792年8月10日推翻王政时为止;第二卷"吉伦特党与山岳党"、第三卷"恐怖时代"叙述从1792年8月10日至共和国2年新11月9日的民主共和国史。作者力图描绘一幅具有各个方面的法国革命的画面,尽可能地做到准确、明晰、生动。为了帮助读者理解,杨译采取了直译法,力求不悖原意。难能可贵的是,杨人楩根据法文翻译并对照英译本,发现了法文原著有错误6处(英译者只发现2处),又查对英译本发现误译20多处。于是,他又加有译注

---

[1] 曹聚仁:《史学家杨人楩》,《我与我的世界》,第236页。
[2] 同上。

369条，包括名词诠释、制度说明、史事补注等，有些译注甚至长达四五百字，大部分译注不乏学术价值，对于后人翻译法国史有关著作提供了方便。另外，他还为该译本编写了五个附录：法国大革命大事记；共和国二年革命历史对照表；指券贬值表；固有名词音译对照表。另外附有地图三幅：旧省制之法国、新郡制之法国、革命时之法国。这些附录和地图大大帮助了读者对原著的理解。

为了让读者深入了解原作者其人其书，杨人楩还专门撰写了长篇论文《马迪厄对于法国革命史的研究》，作为译著的附录；同时还写下长篇论文《法国革命史研究概况》，亦作为译著的附录。后在1957年，杨人楩又将这篇论文加以修改，改题为《资产阶级史学家研究法国革命史的概况》，其目的主要是在说明资产阶级史学家研究法国革命史的概况，并非是要介绍全部有关法国革命史的著作之意。值得指出的是，杨译《法国革命史》出版后风行一时，该书的翻译和出版"有其现实意义，是与人民反对蒋介石独裁，腐败和通货膨胀，物价高涨现象有一定的关系，是与人们对法国革命时期的民主与法治，以及'不可腐败者'的形象的向往。"① 然而，正如曹聚仁指出的：杨人楩"译述马迪厄法国革命史，正当抗战末期；一九四七年年初在上海刊出，正当内战之火重燃之时。他的译本，有了详密注释。""这是真正的著作，可惜世人不加注意呢！"②1958年1月北京三联书店推出修订版；1963年7月改由商务印书馆出版；1973年9月再版，上下册。该书后来又多次再版。

1930年1月，杨人楩翻译了英国 J. S. 贺益兰（John S. Hoyland，今译霍伦德）著《世界文化史要略》，北新书局出版。原作者贺益兰是著名历史学家，擅长历史学研究。本书是根据1921年"中学课程修改文员会讨论之结果，表示要在学校课程汇总有世界文化史要的需要"③ 而专门撰写的。全书共301页，内分历史之起源、文化之意义：印度与中国、基督教及伊斯兰教、希腊、罗马、中世纪、国家主义、国际主义、回到希腊与近代运动等9章。该书概述了古代至20世纪20年代的世界文化史，其中对希腊文化的叙述尤为详细。

---

① 张芝联：《近百年来中国的法国革命史学（1889—1989）》，《法国史论集》，第106页。
② 曹聚仁：《史学家杨人楩》，《我与我的世界》，第237页。
③ 贺益兰：《原序》，《世界文化史要略》，第1页。

该书出版后倍享盛誉,在当时广受欢迎。它具备了历史教科书的若干要素,这些要素对于后来的历史教科书编写有借鉴意义。该书1932年9月再版;2016年9月上海社会科学院出版社又版,收入"民国西学要籍汉译文献·历史学"第二辑。

1931年10月至1934年6月,杨人楩耗时三年专门为中学生编译了《高中外国史》,北新书局出版,32开,有插图。上卷1933年9月再版,400页;下卷1946年9月新1版,569页。上卷为古代部分,除绪论外,共10章:无记载时代;河流文化;希腊文化;罗马文化;三大宗教;中世纪之欧洲;东方与西方;人的发现及其广布;国家的发现及其角逐;世界的发现及其拓殖。下卷为近代部分,除绪论与结语外,共10章:英国人之政治斗争;法国大革命;拿破仑时代及其后;产业革命与社会思潮;欧洲国家主义之极盛;美国及美洲;帝国主义时代;世界大战;俄国大革命;战后之世界。在编译此书时,杨人楩"表现了不凡的史识。他把历史和文化发展融为一条线索,提出必须用文化史的眼光看世界"。[①]他认为,近代是大西洋时代,现代必然是太平洋时代,"……中国民族是否能尽其所应尽之责任,全在我们自己之觉悟与努力。"[②]正如编译者在《序》中所言:"本书之主要目的,在应付高级中学外国史课程的需要;同时亦可用作大学预科的教本,及普通人想求得相当外国史知识的读物。"[③]该书图文并茂,"译名合于通用标准","为普通研究外国史者之最佳读物"。[④]

1941年,杨人楩翻译了戈特沙尔克(Louis R. Gottschalk,今译哥德沙尔克)著《法国革命时代史》,1943年10月由重庆南方印书馆印行,共二册,译者署名"骆迈"。原作者戈特沙尔克是马迪厄学派在美国早期的弟子之一。原书出版于1929年,是20世纪30年代美国通用的史学教科书。戈氏写此书前已在1927年出版过美国第一本《马拉传》。《法国革命时代史》则将当

[①] 李长林:《我国法国革命史和非洲史研究的开拓者——杨人楩教授》,《采蜜集——李长林史学文存》,长沙:岳麓书社,2010年,第644页。
[②] 杨人楩:《高中外国史》(下卷),上海:北新书局,1934年,第561~568页。
[③] 杨人楩:《序》,《高中外国史》(上卷),上海:北新书局,1931年,第1页。
[④] 北新书局:《北新书目》,上海:北新书店,1933年,第13页。

时欧洲学者的最新研究成果综合概括，介绍给读者，全书取舍得当，通俗简明。戈氏晚年专攻拉法耶特（Marquis de Lafayette）与美国独立战争关系，成为研究拉法耶特的专家。杨人楩在《译序》中表明了自己翻译此书的动机："在使研究此时代西洋史的人有一本基本的书可资阅读，同时替大学中这门课程预备一本比较合用的教科书用。"可见他翻译此书意在普及法国革命史知识。在当时中国新民主主义革命时期，这一点就显得尤为重要了。

1945年11月，杨人楩还将自己在牛津大学的学位论文《从公安委员会的工作看圣鞠斯特的政治思想》翻译成中文，题作《圣鞠斯特》，商务印书馆出版。① 他在自译成汉语时增补了有关圣鞠斯特的传记资料。本书是对安东万·路易·德·圣鞠斯特（Antoine Louis de Saint-Just，今译圣茹斯特）的政治思想研究之佳作。圣鞠斯特是法国大革命雅各宾专政时期的领袖，罗伯斯庇尔最亲密的战友，1792～1794年任国民公会代表，也是其中最年轻的成员，参与制定雅各宾派革命政府各项政策，屡任国民公会特派员，到前线组织军队，反对外国干涉军。由于圣鞠斯特的美貌与冷酷，被称为"恐怖的大天使"或"革命的大天使"。1791年，圣鞠斯特出版了《革命与法国宪法》一书，成为革命阵营中的青年理论家。圣鞠斯特的几篇演说都很有名，最有名的是1792年8月10日要求将路易十六处死的演说。在反罗伯斯庇尔派发动的"热月政变"中，他曾在国民公会发表演说，为罗伯斯庇尔辩护。1794年7月27日，他在热月党反革命政变中被捕，次日与罗伯斯庇尔等人同时被处死，年仅27岁。该书共4章，分别是：传略；政治思想的转变；革命理论与实践；社会政策及新制度。书前有圣鞠斯特画像两幅。"本书之目的旨在说明圣鞠斯特之生平及其政治理想之发展，而着重其理想与实际政治之关系——从公安委员会的工作与政策来看圣鞠斯特之影响。"② 该书没有采用普通的传记题材，而是着重说明圣鞠斯特的理想与实际政治之关系，突出了法兰西民族在"祖国危机"中的形象，有助于我们对雅各宾专政的进一步认识。作者所据资料以维勒整理的《圣鞠斯特全集》两卷和圣鞠斯特未被收集的著作和演说辞

---

① 早在1934年，杨人楩获取公费留学英国牛津大学奥里尔学院，受教于法国革命史专家汤普森，以《圣鞠斯特》为题撰写毕业论文，获得文学士学位。
② 杨人楩：《绪论》，《圣鞠斯特》，北京：三联书店，1957年，第4页。

为主，包括大英博物馆收集的单行本以及巴黎国家图书馆的有关资料，取材广泛，考证严谨，被人称为我国"对法国革命领袖人物研究的第一部详尽的学术著作"。[①] 更有学者认为，《圣鞠斯特》出版时具有现实意义，它与抗战时期抗击外国侵略者的形势相配合，突出了"祖国危机"中英雄的形象。[②] 故而译者将自己的这篇学位论文翻译出来，其目的可见一斑。1957 年 3 月，该书又由北京三联书店出版，152 页，32 开，繁体字版。在再版《后记》中，杨人楩说："在阅读了近人论圣鞠斯特的若干著作以后，也觉得对于我这一旧作似乎不必大加修改。"[③] 可见他对自己这部译著的自信。

建国之后，杨人楩主编了一套《世界史资料丛刊初集》，共 12 种 13 分册，其中就包括他与吴绪合译的《十八世纪资产阶级革命》（三联书店 1957 年版），这是我国出版的第一部关于法国革命的史料集。多年来，杨人楩一直致力于法国革命史翻译和研究，并取得了丰硕的成果，其译著在社会上产生了广泛的影响，他也因此成为法国革命史研究的一位大家，至今仍然深受同行崇敬。

四、龚德柏与近代日本侵华史翻译

民国时期，有"报界枭雄"之称的龚德柏翻译了几部日本侵华史著作，在中国史学界影响甚大。

龚德柏（1891～1980），字次筼，湖南泸溪人，1908 年就读于辰州中学，在校两年，因闹学潮被开除学籍。1910 年经谭延闿介绍转入长沙明德学堂。1913 年春入读湖南高等工业学校采矿科，旋以异科应试，考取官费留学日本。1915 年 9 月入日本东京第一高等学校特别预科，翌年转入正科，攻读政法和外交。1919 年参与组织中国"全留日同学总会"，被北京政府教育部注销公费，以绝其生活。旋应邝摩汉之聘，任《中日通讯社》编辑，兼任《京津泰晤

---

① 端木正：《法国革命史研究在中国》，《法国史研究文选》，广州：中山大学出版社，1994 年，第 15 页。
② 张芝联：《法国史论集》，北京：三联书店，2007 年，第 106 页。
③ 杨人楩：《圣鞠斯特》，北京：三联书店，1957 年，第 152 页。

士报》驻东京通讯员。自此,他专心研究日本问题,搜集日本侵华资料,广泛接触日本各阶层人士,深入了解日本敌情。

1920年,龚德柏开始翻译《菊分根》和《蹇蹇录》这两部反映日本侵华经过的作品。前者系日本前财政大臣胜田主计(1869～1948)所著,后者由曾经参与订立《马关条约》的日本前首相陆奥宗光(1844～1893)所著。他之所以翻译这两本书,正如他在译书序言中所写:"中日必有一战,届时须放弃十余省让其占领,消耗其兵力,俟其疲惫,再一举灭亡之。""他的这一长期战略思想,既反映其与日本作战到底、绝不妥协的思想,也为其后来赞同蒋介石消极抗日政策奠定了基础。"[①] 他一生为维护国民党统治竭力反共,这是不容否认的事实。但他一生行为正派,为民族解放和祖国独立有过贡献,这也是不容忽视的。

1928年5月,龚德柏完成了翻译《日本对华侵略之过去与未来》,吴越书店出版。此书系胜田主计御任日本财政大臣之后所作对华经济侵略的供状,112页,32开。全书共10章,历述日本帝国在金融、财政、投资、借款、对华派遣"财务官"及"顾问"等方面的具体事实,含吉长铁路借款、四郑铁路借款、吉会铁路借款等有关东北地区篇幅。书中编有"日本侵略中国之金融机关一览表",该书1931年10月由光华书店再版。

1929年2月,龚德柏翻译了《西原借款真相》,太平洋书局出版,100页,32开;1939年3月再版。"西原借款"是指1917年1月20日至1918年9月28日间日本寺内正毅内阁政府通过段祺瑞的日本顾问西原龟山秘密或半公开八次借款给段祺瑞政府,通过这些借款,段祺瑞政府把山东和东北地区的铁路、矿藏、森林等权益大量地出卖给日本。这些借款表面上系由台湾银行、朝鲜银行和日本兴业银行承担,但实际上大都是由日本政府从国库预备金内拨出。西原借款的性质与日本陆相田中义一的侵华政策是根本一致,互为表里的。[②] 该项借款共达1.45亿日元,段内阁获得该项借款,始能实行武力统一政策,即讨伐南方政策。然而,由于中国人民始终强烈反对军阀政府

[①] 许德生:《龚德柏生平述略》,《吉首大学学报》1988年第1期。
[②] 刘秉麟:《近代中国外债史稿》,北京:中华书局,1962年,第162页。

的卖国行径，"西原借款"以及1915年日本人与袁世凯签订的臭名昭著的灭亡中国的"二十一条"均未实现。但日本人并不死心，后来他们之所以支持张作霖，目的还是想把"二十一条"和"西原借款"中的一些条款变为现实。这当中，他们最关心的是东三省的路权问题，他们要垄断铁路修建权。胜田作为寺内内阁时期的藏相，曾参与自日俄战争后至1918年末所有对华经济侵略的策划和操办。他在下野之后写下这本书，意在宣扬自己经济侵略的功绩，同时为后人指示对华经济侵略的方略。原书"是'非卖品'，仅供政界财界要人参考。其内容是记述日本寺内内阁，与中国段祺瑞内阁，各种借款秘密经过。"① 这在当时是一重大事件，为各方所注意。

龚德柏的译文最初登在张东荪任社长的《时事新报》，后由太平洋书店出版单行本。后来李剑农著《中国近百年史》，曾采用其内容。同时，该书还成为一些"外国人用以研究日本军阀对中国侵略情形"，② 更是成为美国攻击日本侵略中国的例证，足见其内容之重要。

众所周知，近代中日两国的冲突始于甲午战争。然而"甲午一役，原因如何？经过如何？西人远在数万里外，且不习东方事情，其不明瞭，固不足怪。而被害者之中国，一般醉生梦死之人民不论也。即当事者如李鸿章、袁世凯辈，亦多只知我方，而不知彼方。求其将此事原因、经过、结果，首位笔之于书者，实属凤毛麟角。"③ 非常巧合的是，龚德柏在留学日本期间，居然得到这部由日人撰写的有关日本侵略中国的秘史，并做了翻译。该书对于增进国人了解西原借款是大有裨益的。

1929年4月，龚德柏翻译了陆奥宗光的《蹇蹇录》，译作题名《日本侵略中国秘史》，商务印书馆出版，④173页，23开。原书是甲午战争后陆奥宗光因肺结核病趋于严重，便一面养病，一面撰写的外交回忆录。"蹇蹇"二字，出自《易经·蹇卦》："王臣蹇蹇，匪躬之故"。陆奥在此表白自己不顾自身

---

① 龚德柏：《龚德柏回忆录》（上），台北：龙文出版社股份有限公司，1989年，第59页。
② 龚德柏：《龚德柏回忆录》（上），第60页。
③ 龚德柏：《盲弁》，陆奥宗光著：《侵略中国外交秘史》，龚德柏译，上海：商务印书馆，1929年，第1页。
④ 1971年有台湾商务印书馆2版，题为《甲午中日战争秘史》，计280页，冠像，附录：李鸿章电稿，收入《人人文库》特129。

而效忠天皇之心。书稿由日本外务省1896年以"内部读物"形式出版。陆奥在书后说明著述此书的目的,就是想通过概述甲午战争期间"充满复杂纠纷的外交始末",表明当时面对接踵而来的外交危机,无一不是"深入斟酌内外形势,权衡于久远未来之利害,深思熟虑"而做出的决策,才使日本终得"在千钧一发之际,挽救危机,保持国安民利之途"。书前附有日本前总理大臣伊藤博文、桂太郎,日本前外务大臣小村寿太郎、加藤高明,日本前驻华公使林权助以及日本前外务大臣、本书著者陆奥宗光等人的照片。全书共21章,书末附录李鸿章电文若干篇。著者陆奥宗光写此书的初衷是因为三国干涉"归还辽宁"一事引起日本国内对日外务当局的责难,为了说明实情,便将当时情况如实写出,以证明外务当局事前并未怠忽。陆奥宗光的这部《蹇蹇录》透露了陆奥外交是如何作为甲午战争时期的日本外交的指导,以及如何服务于明治政府既定的对外侵略扩张政策。据译者透露,该书是他当时在留学东京时搜求而得之。"这本书给我之刺激,是非常大的"。[①]为此,龚德柏抽空将该书译出并出版,以告国人一个明白,还事实之真相。该书无异于日本侵华的自供状,当时他们的狼子之心已昭然若揭。

具有讽刺意味的是,在龚译本初版推出之前,译者曾为该书写下五千余字的《序言》,其中说道:

  主张以后对日战争,务须长期,须牺牲十余省,供其占领,俟其精疲力竭,然后媾和,才能使之不敢再行侵略。……这篇序言,经某书局采用为中学国文教科书,不料送请教育部审查时,该部命令删去此篇,方能许其出版。但教育部所不许用为教科书之文章,六七年后反被政府作为对日抗战之根本政策。文章价值前后不同,有如此者。[②]

1944年,龚德柏翻译的这部《蹇蹇录》又以《日本侵略中国外交秘史》为书名,由王云五任经理的重庆商务印书馆再版;2016年4月,该书又由河南人民出版社再版,收入周蓓主编"民国专题史丛书"。此书对研究近现代日本侵华史是大有裨益的。

---

① 龚德柏:《龚德柏回忆录》(上),第61页。
② 龚德柏:《龚德柏回忆录》(上),第62页。

1932年5月12日至15日，龚德柏还翻译了川岛浪速的《日本并吞中国计划书》，分四次连载于《京报》。

总之，龚德柏深谙传媒之道，他"毕生从事新闻，干预政治，'胆大妄为'，人称'龚大炮'"。[1]这样也注定他的译著会影响巨大。最为重要的是，日本宣布投降后，龚德柏又应何应钦之邀为顾问，随同赴芷江、南京接受日本投降，由此足见他在日本问题上的地位。值得指出的是，民国时期龚德柏撰写有关日本问题的文章众多，著名的有《揭破日本阴谋》《中日必胜论》《日本必亡论》等，再加上这几部重要的翻译著作，他也因此成为当时中国非常重要的日本问题专家。

五、谢德风、余楠秋与欧洲近代史翻译

民国时期，在历史学翻译方面，还有两个人的名字常常联系在一起，他们分别是谢德风和余楠秋。

谢德风（1906～1980），湖南新邵人。少时入雅礼学堂，1924年秋以优异的成绩考入复旦大学，先后就读于该校外语系和历史系。1926年秋考入东吴大学法学系，1930年他分别获得复旦大学史学硕士和东吴大学法学学士学位。自1932年起，任复旦大学副教授，历时八载。他的翻译工作就是从这个时候开始起步的。1937年"抗日战争"爆发，他随学校内迁至重庆北碚。1940年9月回湖南，先后到大麓中学、文艺中学、同大中学等执教英文和历史，1946年任湖南大学外文系副教授、教授。战乱时期，他仍不时地将众多外国的报道译成中文，发表在孙寒冰主持的《文摘》杂志。

余楠秋（1897～1968），名箕传，字楠秋，湖南长沙人，毕业于清华学堂，1914年赴美留学，获伊里诺大学学士学位。历任江苏省商科大学英语部部长，东南大学商科教授等。1923年任复旦大学文学院院长，兼任中国公学英文教授，国立暨南大学讲师。著有《中日美之间国际关系》，编有《法国革命伟人传》《英文精选》《英语演说》《大学英文选》等，有译著多种。

---

[1] 许德生：《龚德柏生平述略》，《吉首大学学报》1988年第1期。

谢德风的翻译生涯漫长，以1949年为界，前后共分两个阶段，且专注于史学著作翻译。第一阶段主要是翻译鲁宾逊新历史学派著作，且多是采取与人合译的形式，共译出著作约200万字。众所周知，在中国现代史学发展的过程中，鲁宾逊新史学和兰克史学最受中国史学界关注。前者侧重于史学观念的革新，后者侧重于史学方法的建设，二者一破一立，对中国现代史学的发展产生了深远影响。1924年何炳松译出鲁宾逊的《新史学》，该书"在二三十年代风行一时，深受史学界的欢迎"。① 从此，鲁宾逊学派作为西方史坛叛逆者的形象出现，"五四"一代的学人自然将它引为同调。此间，随着一批留学欧美的学者回国，陆续把在美国方兴未艾的鲁宾逊新史学派译介到中国，迅速在历史教育界和史学理论界产生效应。而刚入职复旦大学不久的谢德风也加入了这一译介行列。

1933年3月，谢德风与薛威霆翻译了苏联振羽（Victor A. Yakhontoff，又译维克多·A.亚洪托夫）著《俄罗斯与远东问题》，在上海由他们成立的翻译研究会出版。作者曾代表沙俄政府驻日本使馆，遍游远东各国，对远东事物十分熟悉。全书共三篇：第一篇"旧俄在远东势力之历史背景"，讲述俄罗斯侵入远东之原因及其经过；第二篇"苏俄在远东现在之形势"，介绍局面变更之原动力、现在影响中国之原动力，以及世界大战后日俄之关系；第三篇"俄国在远东之地位为太平洋问题之一部分"，介绍太平洋问题的形成过程以及解决太平洋问题的方法。

《译者序言》道明了翻译此书的动机：

> 至于最近的发动力，不能不说是受日本侵入满洲的激刺了。本书题目，虽然说是《俄罗斯与远东苏联》，实则是整个"中国问题"的重要部分。列强——尤其是日俄两国——在东三省的逐鹿，是华夏沦亡的先声；列强在中国利益的冲突，和国内党派及军阀间的倾轧，都是中国远到和平之路的礁石；人口问题，原料问题，和文化接触问题，都是澎湃于太平洋中而波及中国的主潮；——都作有系统的论列；所以本书虽以俄罗斯

---

① 谭其骧：《本世纪初的一部著名史学译著——〈新史学〉》，载《何炳松纪念文集》，上海：华东师范大学出版社，1990年，第74页。

为名，实为研究中国实际问题之书。……看看外国人怎样观察我国情形，怎样批评我国情形；著者固有他个人的立场，但因此也可以促成我们的"自醒"了。①

谢德风选择此书，一则是响应吴稚晖先生提出的"中国最好要翻译三十万本书才像一个国家"的号召，另则是受了日本入侵满洲的刺激，又加之它与"中国问题"密切相关，因为他相信"我们要想知道'自己'，必先知道'他人'；要想知道'本国'，必先知道'他邦'"，故而本书很有现实意义，便将它翻译出来。

1933年9月，时任复旦大学历史系主任的余楠秋与谢德风、吴道存编译了季尼（Edward P. Cheyney）的《英国史》，由民智书局出版。全书根据1927年版译出，共21章，论述了自史前时代至第一次世界大战时期的英国史。书前有余楠秋的《译者序》和作者《原序》，书末另附《诺尔曼征服以来英王及亲族世系表》。该书以文言译出，"或有不能尽如原文语调之处，但以不失原意为标准。"书中间引诗歌，译文悉仿中国古体诗，此部分工作得到了王镜清的帮助。

在《译者序言》中，余楠秋等人道出了其翻译目的：

> 昔日我国常以天之骄子自豪，而以邻族伦于禽兽。自清季以来，我国屡辱于外人，国人始反躬自问，吾族果有不如人者耶？是时，国人犹以为外人所以窘吾者枪炮兵舰之强耳；文章道德，我国独放异彩。于是国人言救国者，咸重兵工之术。其结果徒为外国兵械制造所增加顾客，而资国内军阀以工具，以屠杀同胞自逞。稍后始有注意于他国之政教者；制宪法，设民意机关，改良教育之声浪日高，……窃以为欲知一国政教之所由来，不可不回溯其民族历史，否则鲜有不效其形而遗其神者也。读史者知他国进化之途径，非必吾人步其后尘；不过见他国民族奋斗之过程，可以启迪吾人者良多。……是故欲知外国政教之状况，必自读史始；欲知吾人今日之地位，及自今之设施，亦必自读史始也。②

---

① 谢德风：《译者序言》，《俄罗斯与远东问题》，上海：翻译研究会，1933年，第3～4页。
② 余楠秋：《译者序言》，[英]季尼著：《英国史》（上），上海：民智书局，1933年，第1页。

该书内容翔实,叙述清晰,很好地勾勒了英国的历史。而译者看重此书,在于近百年来英国是与自己国家命运紧密有关的国家。译者认为,今日与中国关系最密切之国有四:日本、俄国、美国和英国。而"实际上西藏已降为英国之保护国;一旦有事,将为我国西南之大患。自长江以南,经济事例,英国实左右之。……故读此数国之历史,使吾人对于此数国之认识不无小补乎?"①总之,他们翻译这部书,就是为了"促成民族之自觉",并启迪民智。这样,其意义就不同一般了。

1933年9月,余楠秋与谢德风、吴道存合译了美国海斯(Carlton J. H. Hayes)的《近代欧洲史》(上),黎明书局出版,收入"社会科学名著译丛";同年11月再版。原书题为 A Political and Social History of Modern Europe。作者海斯是美国鲁宾逊新史学派成员,1904年毕业于哥伦比亚大学,1907年毕业于鲁宾逊研讨班,1919年任哥伦比亚大学历史教授,"一战"期间一度任职于美国陆军参谋总部,1945年当选为美国历史学协会主席。他一生著述颇丰,也是鲁宾逊新史学派成员中著作被译成中文最多的一位,且大部分是作为各地大学历史教材使用的。②该书于1918年由北京大学图书馆购定,"洵为近世欧洲史之唯一名著"。③1921年王庸在《欧史举要》一文中亦提及此书。④1923年陈训慈对这本书作了详细的介绍。⑤据当时国内的广告称:海斯此书是"历史界的一本空前的著作",不但在欧洲是"风行一时的大学历史课本",即在我国各大学亦"久已采作教本",⑥而且它也成了"五四"时期我国各大学采用国外历史课本最多的一部。据人回忆:"当时余楠秋是历史系主任,很少动笔,翻译工作主要由谢德风先生完成,后来各得稿费四百银元。"⑦而实际情形是,余楠秋等人只译得其中的半部,下卷由蒋镇译

---

① 余楠秋:《译者序言》,[英]季尼著:《英国史》(上),第2页。
② 李孝迁:《西方史学在中国的传播(1882—1949)》,上海:华东师范大学出版社,2007年,第212页。
③ 参见《近世欧洲史》(黎明书局1933年版)之版权页。
④ 王庸:《欧史举要》,《史地学报》第1卷第1号(1921年11月)。
⑤ 《新书介绍:〈近代欧洲政治社会史〉》,《史地学报》第2卷第2期(1923年1月)。
⑥ 参见余楠秋所译《史学概论》(民智书局1933年版)书后附页之广告。
⑦ 谢长湘:《谢德风先生事略》,《邵阳文史资料》1990年第14辑,第89页。

出，题为《现代欧洲史》，于 1935 年出版。

1933 年 9 月，余楠秋因感到西洋史教本的缺乏，更因不满于时下一两部流行的欧洲史，而费时半年与谢德风、吴道存、黄澹哉合译了沙比罗（Jacob Salwyn Schapiro，又译萨皮罗）的《欧洲近代现代史》，世界书局出版。书前为导言：十八世纪末叶的欧洲。后分五编：民族主义与民主政治；政治与社会的改革；科学社会与经济的运动；欧洲的向外发展；世界大战的前后。书末附有法兰西革命后欧洲国家元首表和汉译外国人名地名表。沙比罗的这部著作是受鲁宾逊影响而用新方法撰写的，曾收入其弟子、《西洋史学史》的著者肖特韦尔（Jame T. Shotwell）主编的"历史丛书"。由于参与翻译的人员过多，译稿质量不佳，出版后引起了时人的批评。1934 年 2 月 21 日、4 月 4 日、4 月 11 日，《大公报·图书副刊》发表了胡安的《余楠秋等译〈欧洲近代史〉》和李抱宏的《再评余楠秋等译〈欧洲近代史〉》。胡文称："读到这译本的内容，却不能不使我们感到极端的失望。不仅译文生硬及不合文法的地方，到处皆是，而错误脱漏之点，也多得出乎我们意料之外。"胡文批评翻译仅限于余译该书的第一篇导言。李文则对余译全书进行了批评，并举出错误，然后推出自己的改译。从所列出的错误案例来看，二人的批评还是相当中肯的。

1933 年 12 月，余楠秋与谢德风合译了美国司各脱（Ernest Scott）著《史学概论》，民智书局出版，收入"民智历史丛书"。原书撰于 1925 年，题为 *History and Historical Problems*（《历史与历史问题》），共分 10 章，分别是：历史之目的；历史方法；史学与地理；史学与传记；史学与自然科学；教育中之史学；历史与爱国心；历史之种类；史学问题；历史之活动力。这是一部针对历史教师的一部著作，书中就历史的价值、研究和写作提出了自己的观点。尤其是第二章"历史方法"特别针对历史的写作，很具参考价值。①

1935 年，余楠秋等翻译了美国菲士（Carl Russell Fish）的《美国政治史》，民智书局出版。该书根据 1929 年版译出。原书共两卷：第一卷（美国民族的基础，1789 年以前）系格麟（Evarts Boutell Greene）著，涉及素不相

---

① 1934 年 8 月开明书店又出了翁之达、谢元范译本，但只译出其中的 7 章，分别是：历史与地理、历史与传记、历史与自然科学、历史与爱国心、各派的历史、历史的活力和史学方法。

关的殖民地,其各种不同的欧洲要素如何变为独立而联合的国家;第二卷(美国民族发展史,1783年至现在)系菲士著,涉及如此形成的民族之发展。本书为《美国民族史》之第二卷。"因其大部分以政治为主,附带言及社会、经济、道德、知识等要素,亦以与政治有直接关系者为限,故改名曰《美国政治史》,使人望名知义,且知其叙述始于美国业已成立之后。"[①] 该书叙述的美国政治史起于1789年英国已承认美国独立之后,至第一次世界大战止。其特点是"不注重年代,以事理为主"。"著者的目的不是在对于各事件作平均的叙述,而是在描写使得民族性和制度发生永久影响的运动和力量。"[②] "译者为求简约史迹,使便检查起见",转译美国史年表作为附录(唯最近数年系译者所增),并附《美国历任总统副总统与国务卿表》。

1937年1月,余楠秋与吴道存译述了约翰·甘瑟(John Gunther,又译约翰·根室)著《世界三大独裁》,中华书局出版,收入"国际丛书"。作者甘瑟是美国《芝加哥每日新闻》报著名记者,一生游历颇广,走访过世界上很多国家,采访过政治、社会、商业领袖等各阶层的人,以写揭示世界各大洲社会政治的"内幕书"而闻名。该书译自美国《哈泼氏杂志》1935年12月号、1936年1月号和2月号。

1940年6月,谢德风与陈庸声编译了日本神田丰穗编著的《历史小辞典》,中华书局出版,475页,50开。该辞典的词目按笔画编排,书后有附录三种。同年,该社还出版了神田丰穗其他两部辞典,即徐汉臣编译《社会科学小辞典》和王隐编译《文艺小辞典》。这样,三部辞典可以配套使用。

除了上述译著外,民国时期谢德风还有一些零星的译作发表,这些大多涉及当时的时事问题,典型的就有:1936年,他翻译了平山敬三的《云南的经济分析》、乔伊斯的《危机四伏之绥蒙》、石丸藤太的《从军事上观察海南岛》、村田孜郎的《华北战线与绥远问题:介绍一篇曲解绥远战争发生原因之论文》,分别刊《边疆》第1卷第4至7/8期;1939年,他又与曹孚合译了明洛特(R. Minot)的《第二次帝国主义战争》,刊《动员》第1、2/3期;同年,

---

① 余楠秋:《译者小引》,[美]菲士著:《美国政治史》,余楠秋译,上海:民智书局,第1页。
② [美]菲士:《原著总序》,《美国政治史》,第1页。

谢、曹二人又合译了《最近国际政治的总分析,法西新型战争的总清算:第二次帝国主义战争》和《征服苏联的迷梦的幻灭》,分别刊载于《战鼓周刊》第39、40期和《教育短波》第22期;等等。

正如有人总结的,谢德风的译著质量很高,他在翻译时"不采用逐字逐句机械对译的方法,而是在通读英译本或原著后对所译内容有深刻理解的基础上完成的(谢先生对所译著作有长篇评论和详细注释便是对所译内容有深刻理解的表现)。谢先生努力做到译文与英译本或原著'等值',忠实所译内容,谢先生译出的文字通顺清楚、前后连贯、逻辑性强,符合汉语规范,并具有文采。"[1] 因为是翻译历史学著作,故而谢德风十分看重忠实于原文;同时为了便于读者的理解,他通常会在译本前加有长篇序言,评介原书及作者,而且会详加注释,并添加多个附录,算得上是一种典型的增厚翻译的代表,从而充分体现出一位学者型译者的特点。

可以说,谢德风与余楠秋合作频繁,推出的作品众多,尽管个别作品因其他合作者翻译水平不一而质量参差不齐,并受到时人的批评,但总体上在中国都产生了一定的影响。尤其是他们的合作翻译,在中国史学翻译领域早已传为佳话。

六、其他湘籍译家与历史著作翻译

1926年10月,宫廷璋根据英国杰出的人类学家、英国文化人类学的创始人爱德华·泰勒(Edward Burnett Tylor)的《人类学》编译而成的《人类与文化进步史》,由商务印书馆出版。全书共6章,对古典进化论做了介绍,包括人类的年代、人类的祖先、种族的分布、语言的起源、文字的进步、科学之发展、社会之变迁等。书前有江亢虎、孔昭绶、宫廷璋的序各一篇。泰勒最有名的代表作是《原始文化》(1871),这部著作深受达尔文生物进化论的影响,追溯了人类从野蛮状态到文明状态的进化过程,描述了原始人如何运用

---

[1] 李长林:《谢德风教授对翻译外国史学名著的贡献》,《采蜜集——李长林史学文存》,第675页。

理性去解释他们尚不能了解的自然和人类事物，展示了泰勒关于原始生活与现代生活关系的中心思想，即"野蛮和文明作为一种类型的低级和高级阶段是互相联系的"。该书完成后，获得社会广泛的关注，被译成多种文字出版。在中国，就有前面提到的杨东莼等的译本。而《人类学：人类和文明研究导论》（1881）则是泰勒的最后著作，该书较为完整地概括了当时这一学科的全部知识和思想，而且在许多方面对《原始文化》作了补充，成为作者进行人类学研究的总结。这部《人类学》在20世纪中叶以前，曾被英美高等学校有关科系长期用作教材。因此，该书的翻译对于全面认识泰勒的学术思想有很重要的意义。

在德国人所写历史的译介方面，1929年9月平江人李季翻译了威廉·布洛斯（Wilhelm Blos）的三卷本《法国革命史》，亚东图书馆出版，516页，32开。作者布洛斯是德国社会民主党人、新闻工作者和历史学家。李季本人早年曾去过法国，对法国革命著作接触较多，故而他选译了此书。在这部书中，作者详细分析了法国社会的各阶级、君主与宫廷、教士、贵族、中等阶级、手工业劳动者与农民，尤其是那些被抽筋吮血的农民，那些饿得半死的日工，那些深受切肤之痛的奴隶，他们是何等困苦何等失望何等愤恨！作者还指出："法国革命的各种局面构成一批阶级斗争，而各个人占的重要位置，也是由这种斗争中发生出来的。"这本书选择在中国"大革命"失败之后的两年推出，对于当时正处于"燎原之势"的中国新民主主义革命无疑具有现实意义。然而需要指出的是，作为信从唯物史观的"海派"代表，李季是主流史学——史料派的挑战者，又是正统马克思史学的批评者，这种背景使他成为了异类。因此，长期以来这部译作被人遗忘，也就不难理解了。该书1931年12月再版。[①]

在美国人所写历史的译介方面，1930年11月著名历史学家和外交家、邵阳人蒋廷黻（1898～1965）翻译了海士（Carlton J. H. Hayes，今译海斯）著《族国主义论丛》，新月书店出版。全书除著者特序原文、著者特序译文、译者介绍词外，正文有8章，分别介绍了何为族国主义，其兴起、传播和宗教

---

① 1939年另有亚东图书馆孙望涛译本。

性质，与国际战争、军国主义的关系，排斥异己之精神，以及它的祸与福。这是蒋廷黻就读哥伦比亚大学研究院时对他影响最大的海士教授即自己的导师之著作。海士是美国"新史学"开创者詹姆斯·鲁宾逊的高足，主讲欧洲近代政治社会史课程，研究的主题为"族国主义"，其著作《族国主义论丛》成为蒋廷黻反复阅读的经典。后来，他在海士的指导下，接受了系统的实证主义方法和美国新史学的训练，并完成了博士论文《劳工与帝国——关于英国劳工党，特别是劳工党国会议员对于1880年以后英国帝国主义的反应之研究》，获哲学博士学位。《族国主义论丛》一书的翻译始于1926年，当时他正执教于南开大学。Nationalism 一词现一般译作"民族主义"，凸显了"民族"的作用和意义。蒋廷黻将其译为"族国主义"，顾名思义，除"民族"层面外，还有"国家"层面，这涉及译者对民族、国家的认同。"简言之，凡人民同文同史同化者可谓为民族；以民族成国者可谓族国；以族国应对内对外有至高无上的主权并应享受人民至高无上的忠爱，这就是族国主义。"[1] 事实上，作者对族国主义的态度"是冷淡的，批评的，甚至反对的。"[2] 这本书曾引起译者浓厚的兴趣，他说："我一直没有放过那本书，一读再读。它令我感到困惑、茫然，但也感到够刺激。我决心一俟回到中国，尽速将那本书译成中文。"[3] 1927年1月，蒋廷黻以"介绍与批评"为题，在《清华学报》上发表书评，向国人介绍和评论海士的《族国主义论丛》。从这篇评论中，人们既可以看出他对19世纪族国主义思潮具体形象的描述，更可以看出他字里行间对将国家宗教化、狂热化的厌恶和担心。他赞同海士所倡导的宽容精神、教育救世和以讽劝而非骂人的风格。大约就在写完这个书评之后，蒋廷黻与海士取得了联系，目的是征求海士对中译本的意见。1928年5月，海士在哥伦比亚大学为蒋氏翻译《族国主义论丛》特别撰写序言。当时，蒋廷黻与萧公权都在南开大学，海士的序文由萧公权译为中文。海士在序文中一方面对中国人民的反帝爱国运动表示同情和理解，另一方面也希望中国实行开放的与国际合作的政策。海士序文的主旨在劝告中国人民，认清国际趋势，"最好能

---

[1] 蒋廷黻：《译者介绍词》，《族国主义论丛》，第1页。
[2] 蒋廷黻：《译者介绍词》，《族国主义论丛》，第2页。
[3] 蒋廷黻：《蒋廷黻回忆录》（增补版），长沙：岳麓书社，2017年，第90页。

够放弃摹仿西方狂热族国主义之罪恶的权利,而勇往直前的采取一种国际眼光的人生观",①应建立正常的国际往来机关,加强与国际的合作,这样反而能更快地达到独立自主的大国地位。1928年秋,蒋廷黻在组织学生翻译《族国主义论丛》的同时,还撰写了一篇《译者介绍词》,自认与海士在族国主义问题上的看法大同小异。要言之,蒋廷黻翻译此书,就是试图在族国主义与国际主义之间找到一条中和的道路,既要不使族国主义偏狂,又要不使国际主义流于虚浮。他的方向与海士是相同的。但是海士的侧重点显然是在如何消除族国主义的副作用;蒋廷黻作为了解世界历史发展趋势而又密切关注自己国家前途命运的具有政治头脑的学者,更希望中国尽快经历族国主义的洗礼,尽快成为一个能够独立自主的、拥有近代化基础的国家。这点就显得难能可贵了。而且出乎译者意料的,"该译本相当畅销"。②

再其次,在日本历史著作翻译方面,1932年长沙人陈公培(1901~1968)翻译了日本佐野学所著《物观日本史》,神州国光社出版。该书共6章:应如何理解日本历史;为日本历史之起点的农业共产社会时代;神权族长的奴隶国家之成立;封建国家组织之端绪;封建国家的成立及其发展;封建国家的烂熟及其崩溃。最后为结论部分——明治维新。全书有附录两个:《古代日本之奴隶制度》和《日本之资本主义与帝国主义》。

民国时期,湘潭人方壮猷(1902~1970)在东胡史翻译方面也有一些突破。东胡是我国古代北方少数民族之一,与匈奴同时兴起于战国末期(公元前三世纪),至汉初(公元前206年)被匈奴冒顿单于(前234~前174)击破,部众逃散,其中主要的两支分别逃至乌桓山和鲜卑山,从此便以乌桓族和鲜卑族出现于史册,而东胡之名遂湮没无闻。由于当时留存下来的东胡文献史料奇缺,故而历来研究东胡的学者多从乌桓鲜卑开始,对东胡早期的历史,即被匈奴击破以前的历史,均难于详述。为此,1934年,方壮猷翻译了日本著名史学家白鸟库吉(1865~1942)著《东胡民族考》,商务印书馆出版。早在1929年,方壮猷赴日留学,师从东京大学白鸟库吉教授研究东方民

---

① [美]海士:《中文译本特序》,《族国主义论丛》,第4页。
② 蒋廷黻:《蒋廷黻回忆录》(增补版),长沙:岳麓书社,2017年,第91页。

族史。白鸟库吉是日本东洋史学界泰斗,日本东洋史学东京文献学派创始人,北方民族、西域史、朝鲜史、中国神话研究的开拓者。他一生在人种、言语、宗教、历史、民俗、神话、传说、考古等领域贡献颇多,有日本近代东洋史学界的"太阳"尊称。他精通多种中国古代民族语言和欧洲语言,为日本西域史研究第一人。他的研究特点是受西方实证史学影响,采用近代历史研究法研究亚洲史,运用比较语言学方法辨析民族语言,特别是中亚细亚、满、蒙各民族的历史和语言,结合语言比较(对音)之法考掘中国北部边疆民族史地及中外交通问题,富有独创性。由方壮猷翻译的这部书虽包罗甚广,但内容并非叙述东胡各族的史事,而是用比较语言学的方法考订东胡各族中的族名、地名、人名、称谓及其他术语等,实际上是一本"东胡民族语言考"。方壮猷翻译这部书籍,与他在"九一八事变"参与由傅斯年发起撰写《东北史纲》的用意大致相同,那就是还历史以本来面目。不过,与前项工作不同的是,此书系日本学者所著,且使用了较先进的研究方法,讨论中国东胡民族语言问题,具有很高的信史成分,因而他便将它翻译过来,其意义就显得不同一般了。

值得指出的是,《东胡民族考》这部翻译著作后来也成了译者自己一些重要论文的理论依据之一,尽管近年来也有学者认为此举涉嫌抄袭。[①] 方壮猷曾于1930年12月以个人名义在《燕京学报》第8期发表了《匈奴王号考》和《鲜卑语言考》两文,其中后者是根据白鸟库吉的《东胡民族考》编译的。当时作者宣称:

> 《匈奴王号考》一文,其主旨在说明冒顿以后匈奴模仿秦制之一点,虽取材有借镜之处,而文旨则系个人年来研讨较久所发见者。至《鲜卑语言考》一文,多取材于白鸟博士所著《东胡民族考》之前部,复因他事未及终篇,仓卒加以头尾而发表之。虽于绪论及结论中已略叙其原委,而语焉不详。原拟俟下篇完成时补叙,以琐事匆匆,久未如愿。[②]

多年之后,牟润孙曾提及此事,说:

> 有位清华国学研究院出身的某君,将日本白鸟库吉在日本《史学杂

---

① 胡文辉:《现代学人涉嫌抄袭举例》,《文汇报》(2010年8月8日)。
② 《燕京学报编辑委员会启事》,《燕京学报》1931年第9期。

志》发表的《东胡民族考》译为汉文，分成《鲜卑民族考》《契丹民族考》若干篇，署了自己的名字，送给援老[陈垣]看。援老认为他不仅通德、日语，又通蒙古、满洲、契丹语文，真是了不起，就介绍给《燕京学报》发表。后来为人揭穿，他固然十分狼狈，援老也受了连累，被指摘为粗心大意。①

这里说得再明确不过，他编译此文就是为了还历史之本来面貌。尽管其署名方式有欠妥之处，但这篇文章的价值还是不容否认的。

1943年，著名历史学家、衡阳人陈致平（1908～2002）翻译了日本作家菊池宽（1888～1948）著《新日本外史》，由广州中日文化协会广东省分会出版。全书共368页，各章分别为：上古时代，天孙降临，神武天皇，祭政一致，日本武尊，神功皇后，圣德太子，中大兄皇子与藤原镰足，奈良平安时代之文化与人物，奈良时代之文化，和气清麻吕，坂上田村麻吕，空海，管原道具，藤原时代之，镰仓幕府开始，源平二氏之盛衰，源赖朝源氏再兴，木会义仲之活跃，源郎义经，击退元兵，吉野朝时代，楠木正成，菊池武时之美举，贼臣足利尊氏，北晶视房之神皇正统记，菊池一族，战国时代，足利幕府，群雄上洛，上杉谦信与武田信玄，农臣时代，秀吉定海内，伊达政宗来降，信长、秀吉、家康、倭寇、朝鲜征伐、锁国，秀吉之死，德川时代，秀吉死后之家康与三成，关夕原会战，大阪之役，德川幕府之组织与制度，德川幕府完成期，德川幕府前期之思潮，国学之兴隆，德川幕府之中兴期，德川幕府之全盛期，德川幕府之衰亡期，水户学之精神，会泽伯民与新论，藤田东湖之国体观，攘夷至开国论，尊皇与攘夷，平野二郎国臣，萨长同盟与板本龙为，维新史中之国体观念，明治新政府之确立，废藩置县，大久保利通与富国强兵，立宪政治，自山党与改进党，宪法宣布与伊藤博文，日清日俄战争时代，日清战争，日俄战争，明治天皇与日俄战争，二千六百年私感，等等。该书时间跨度大，前后约2600年，史料详实，通俗易懂。因所选材料为非官方渠道，且以描写人物为主，故

---

① 牟润孙：《发展学术与延揽人才——陈援庵先生的学人丰度》，载牟润孙：《海遗杂著》，香港：香港中文大学出版社，1990年；另见胡文辉：《现代学人涉嫌抄袭举例》，《文汇报》（2010年8月8日）。

曰外史。加之该书又是作家出身的菊池宽所写,可读性强,对于了解日本历史是一部分很好的入门书籍。

最后,有关印度史学的译介方面,湘乡人陈友生做出了不少努力。正如谭平山所言:"远稽世界历史,近察世界大势;世界各国与中国文化关系之最密切而且最重大者,实无过于印度。"① 中国与印度是世界上历史最悠久、开化最早、文化最丰富的国家之一,中印两国文化对人类之贡献非同寻常。这些自然引起了陈友生的关注。早在1933年6月,陈友生就撰写了《印度劳工概况(附表)》,刊载于《新亚细亚》第5卷第6期。1935年,他撰写了《诗人之学校》,介绍印度诗哲泰戈尔创办的印度国际大学,连载于《肇和》第3、10、11期。同年11月,他译述了《印度新志》,商务印书馆出版,收入"史地小丛书"。本书汇集十篇关于印度研究的文章,分别是甘地的《印度之非武运动与民众》、罗兰尔特舍的《印度之宪政发展》、亚尔特伽的《印度教之阶级制度》、李顿的《印回二教之联络》、克褆马汉沈的《印度宗教与中印沟通》、安亚尔的《印度之陆海军》、安得生的《印度之铁路交通》、闵亡的《印度之农业》、太果尔的《印度需要之教育》、克拉那普屈拉的《印度之土邦》;另有附录5个:《巴特拿见甘地》《西天朝佛地》《印度之华侨》《印度劳工概况》《印度国际大学素描》。全书将印度的政治、经济、社会、教育诸内容备述无遗。所译文章均系译述者亲历考察,毫不苟且,由此可以概览印度近代之历史演变。

关于此书的价值与意义,正如谭平山在《序》中所说:"今日之西洋文化,非由东方文化以药治之与改造之不可。换言之,即非舍弃西洋文化之途径转向东方文化之途径不可。所谓东方文化者何?即中国与印度之文化也。"② 在此,谭氏认为西方文化已经到了山穷水尽之绝境,进而他为世界文化的出路开出良方,那就是将希望寄托于东方文化,尤其是中国与印度。因此,我们应该首先求得中印两国民族的相互了解,并对两国国情作互相研究。本书便是汇集编译者近年已发表或未发表的译作,而且编译者曾讲学于印度泰戈尔

---

① 谭平山:《印度新志序》,上海:商务印书馆,1935年,第1页。
② 谭平山:《印度新志序》,上海:商务印书馆,1935年,第2~3页。

所创办的国际大学,并从事中印文化沟通活动,对印度文化深有了解。由陈友生编译的书籍能让读者对印度有大概的了解,可以当信史参考。该书2016年10月由河南人民出版社再版,收入周蓓主编的"民国专题史丛书"。

除此之外,民国时期从事史学翻译的还有:李达等翻译《世界史大纲》(笔耕堂书店1932—1937年版);长沙人谭健常(即谭惕吾,1902～1997)翻译布渥尔(Raymond Leslie Buell)的《欧洲战后十年史》(商务印书馆1934年版);新化人成绍宗翻译法国当代作家阿丽丝·迦皮特(Alice Gabeaud)著《音乐史》(开明书店1935年版);浏阳人李旭翻译《古代中国文化》(北平史地教材编译社1936年版);等等。另外,1948年上海大孚出版公司出版了刘启戈译自美国哥伦比亚大学海思(C. J. H. Hayes)、穆恩(Parker Thomas Moon)和麦迪逊学院威兰(John W. Wayland)合著的《世界通史》,书前就有著名湘籍史学家翦伯赞写的一篇序言,高度评价了这部新史学著作。

总的来说,民国时期湖南人翻译的史学著作较多,其中不少历史学大家,如杨东莼、向达、杨人楩、龚德柏、蒋廷黻等都参与其事,这样的学养背景能保证其翻译的质量,这些译著在当时的社会产生了较大的影响。这批湘籍史学家兼译家的翻译大大开阔了国人的眼界,这是他们的一大贡献。同时,他们又能将西方人的治史方法运用于各自的史学研究中,特别是那些西方汉学家撰写的有关中国史学的引入,对于中国长年停留在传统的用本国古籍来校订古籍的方法,是一种很大的冲击,由此给中国史学界带来了新的活力。正是上述湘籍译家兼史学家的不懈努力,把我国现代史学研究在民国时期推到了一个较高的水平。

第三节　民国时期湖南的哲学与伦理学翻译

湖南学术固然是以经世务实为主要特征,但它也特别重视心性之说。自胡宏的性本论,张栻"天、性、心'同体异取'",上接二程之理,下启陆王之心,直至曾国藩、刘蓉、郭嵩焘倡汉宋之理学于洞庭之滨,湘水之侧,亦视心性为根本。尽管现代时期中国哲学正处于巨大的转型时期,西洋哲学、伦理学等给中国哲学带来了巨大的冲击,众多译家试图通过翻译的途径将西方现代哲学译介进来,借此丰富本国的哲学体系。由于湖南学术传统的积淀作用,决定了此间众多译家会将注意力集中在心性哲学和伦理学等著作的翻译上,并出现了杨昌济、徐诗荃、杨东莼等数位大家。他们的译作在当时均产生了较大的影响。

一、杨昌济与伦理教育学著作翻译

现能见到杨昌济最早的译文,是1913年他发表在《湖南教育杂志》上的《〈教育学讲义〉附录》10余篇,其中包括他译《苏格兰小学规约》《休日殖民》(沟渊进马述)、《林间学校》(乙竹岩造述)、《孤儿院》(沟渊进马述)、《特别教育》(沟渊进马述)、《单级学校》(黑田定治著)、《两部教授及半日学校》(黑田定治著)、《学校园》(棚桥源太郎著)、《运动会》(野田千代郎著)、《远足》(相田龟三郎著)、《修学旅行》(万福直清著)、《学艺会》(相岛龟三郎著)、《父兄恳谈会》(相田龟三郎著)和《学校仪式》(相田龟三郎著)。通过这些译述文章,译者表达了自己对社会的教育作用、德智体的全面发展、课程设置、教学方法和人才培养等问题的看法。

1914年初,杨昌济与方维夏、黎锦熙等创办宏文图书社,设立编译所,致力于翻译东西论著,以求刷新社会,挽救民族危亡。[①]同年,杨昌济又撰写了《劝学篇》,提出"合东西两洋之文明一炉而冶之","以破思想界之沉寂,期于万派争流,统归大海。"[②]不过,这项工程的前提是翻译外国书籍,其中就包括杨昌济等人对外国哲学和心理学著作的翻译,而他本人着手翻译的便是英国哲学方面的著作。

从早年杨昌济所译哲学著作来看,他是从翻译英国著名哲学家和社会学家斯宾塞(Herbert Spencer)的著作入手的。斯宾塞是社会进化论和社会超级有机体论的代表人物,曾提出一套学说,把进化论中"适者生存"的理论应

[①] 林增平、范忠程主编:《湖南近现代史(1840—1949)》,长沙:湖南师范大学出版社,1991年,第402页。

[②] 《公言》第1卷第1号(1914年10月)。

用在社会学之上，尤其是教育及阶级斗争中，故而又被称作"社会达尔文主义之父"。杨昌济踏上英国国土的时候，斯宾塞去世还不到六年。他在英国悉心研读哲学、伦理学和教育学理论，并阅读了斯宾塞的《伦理学原理》等书籍，接受了斯宾塞著作的熏陶。在教育学方面，斯宾塞宣扬个人主义和功利主义，主张建立"实科中学"。斯宾塞重视学生智、德、体的全面发展，为此，他还专门写了《论教育——智育、德育、体育》一书。而此书连同洛克（John Locke）的《有关教育的思考》（又译《教育漫话》）、罗素的《艾米莉》被列为杨昌济在阿伯丁大学第二学期的学习教科书。早在杨昌济之前，当年留学英国的严复，深受斯宾塞的影响，曾把其《论教育——智育、德育、体育》一书第一、二章翻译过来，题为《劝学论》，严复也因此成为我国传播德、智、体三育并重教育的思想家。此间，杨昌济则仿此撰写了《劝学篇》，发表在1914年10月长沙出版的《公言》杂志第1卷第1期。此后，他又不断地通读斯宾塞的《感情论》，并将它翻译过来。此外他还阅读了斯宾塞的《心理学》一书，这里所说的《心理学》，即斯宾塞的名著《心理学原理》，这是他的《综合哲学》（十卷）全书中的一部分。该书与贝恩（Alexander Bain）的《感觉与理智》同年出版，其第二版（1870～1872）的影响更大。作为进化联想主义心理学的创始人，斯宾塞是将进化观引入心理学的第一位学者，其做法是用生物进化的观点解释心理现象的本质，将研究重心从机械构造的有机体转移到有机体同环境适应的关系。关于这篇文章的翻译过程，杨昌济在同期的《日记》中就有过一些记载，如他在1915年3月24日的《日记》中写道："今日读斯宾塞尔《心理学》之论情感者，颇感趣味，较胜于日本人所著心理学。"① 同月26日的《日记》又说："昨日又读斯宾塞尔《感情论》，英文书字小，有伤目力，惟白昼光明时乃读之，晚间只能读中国书。余思当务为急，余现在教授心理学，则多读此种书，乃于余之职务有益者，当少看他书，而以全副精神注之于此。"② 4月5日的《日记》又说："今日译斯宾塞尔《感情论》，因熊生光楚之言有感。""此为余译英文之始。输入文明，乃通晓西文者之责

---

① 杨昌济著、王兴国编注：《杨昌济集》第1册，长沙：湖南教育出版社，2008年，第637页。
② 杨昌济著、王兴国编注：《杨昌济集》第1册，第638页。

任,此后当屏除他事,努力为之。多出一部书,即为社会增一分精神之财产。"并说"昨译《儿童侦探》,今译斯宾塞尔《感情论》。"① 需要补充的一点,这里提到的《儿童侦探》一篇后来未见发表,它讲的是"英国某殖民地为土人所围,儿童亦能助战。此儿童侦探所以当豫教之平日也。"② 换言之,即便是这类作品的翻译,他也是将其与中国的教育振兴事业联系在一起。

杨昌济较为系统的翻译始于1915年,这点从他同一时期的《日记》中可以得知。1915年4月5日,杨昌济开始翻译威斯达马克(Edward Westermarck,今译韦斯特马克)的《结婚论》(直译作《道德观念之起源与发展》)。③ 早在1914年8月5日的《日记》中就记载有他对婚姻问题的思考,此次读到西方哲人的此类文章,自然能引起共鸣,故而选择将它翻译过来。如果算上他早年那些编译讲义以及《日记》和论文中的摘译,这肯定就不是他的第一篇译作了。但正是从这篇译文开始,杨昌济的翻译活动逐渐变得更为正式、更为系统,也更具目的性。

1915年4月24日,杨昌济在《日记》中写道:"《道德哲学》中论欲望、志向、目的、理想者,可译作《心理学附录》。"④ 同月26日,他又写道:"看《道德哲学》,译其紧要之句。又译《道德观念之起源及发达》中论结婚者三段。"⑤ 5月,他又续译《结婚论》;同月11日,他开始翻译心理学著作,据当日《日记》称:"昨日看福来友吉《心理学要义》与《心理学精义》之论意志者,拟以两星期专译之。"⑥ 福来友吉(1869~1952)是日本心灵学研究的创始人,他因发现心灵摄影而闻名于世。在本月22日以后的《日记》中,连续有三处关于翻译心理学著作的记录。7月27日《日记》中有载:"《谦谟文集》中涉及中国事情者,共有数处,拟一一译之,以资国人之反观借证。"⑦ 谦谟,即休谟(David Hume),苏格兰不可知论哲学家、经济学家、历史学家,被视为苏

---

① 杨昌济著、王兴国编注:《杨昌济集》第1册,第644页。
② 杨昌济著、王兴国编注:《杨昌济集》第1册,第638页。
③ 杨译《结婚论》后作为附录收入黄新民编译《结婚制度》(光华书店1927年7月初版)
④ 杨昌济著、王兴国编注:《杨昌济集》第1册,第650页。
⑤ 同上。
⑥ 杨昌济著、王兴国编注:《杨昌济集》第1册,第652页。
⑦ 杨昌济著、王兴国编注:《杨昌济集》第1册,第662页。

格兰启蒙运动以及西方哲学历史中最重要的人物之一。8月,他开始翻译日本人吉田静致(1872~1945)所著《西洋伦理学史》。次年,他在《东方杂志》上发表了《各种伦理主义之略述及概评》,介绍西方伦理学史上各种流派,并予以较系统的评论。1920年至1921年间,杨昌济在长沙出版的《民声杂志》第2卷第2至5期发表了《哲学上各种理论之略述》,系统地介绍了西方哲学史上各种流派,并逐一予以评价。

1915年前后,随着反对袁世凯尊孔复古、复辟帝制斗争的展开,国内新文化运动蓬勃兴起。对于此间的情形,杨昌济在1919年10月19日《日记》中这样写道:"新文化之运动起于各地,新出之报章杂志,新译新著之书籍,新组织之团体,逐日增加,于是有新思想之传播,新生活之实现。此诚大可欣幸之事也。"[1]1915年9月,陈独秀主编的《新青年》杂志创刊就是重要的标志。对于《新青年》的出版,杨昌济满腔热情地予以支持,并成了它在湖南最早的宣传者。他不仅个人私订数份,分赠进步学生,同时还精心地为这个刊物撰写稿件,提供译文,以示对该刊的支持。

1916年,《东方杂志》第13卷第2、3、4号连载了杨昌济的《各种伦理主义之略述及概评》,后收入《东方文库》第35种,书名改为《西洋伦理主义述评》,1923年12月由商务印书馆出版发行;1925年6月推出第3版,封面署"杨昌济译述",全文约1.5万字。这是译者从日文翻译的,原文已不可得见,作者署名深井安文。[2] 由杨昌济译述的这本《西洋伦理主义述评》共分六部分:禁欲主义;快乐主义;个人快乐主义;公众快乐主义;进化论的快乐主义;自我实现主义。每个部分都是介绍所述"主义"的要旨,各种流派学说的古希腊创始者与18、19世纪代表人物的发展,然后对各派学说进行评价。其介绍简明扼要,评述观点鲜明,除对同一"主义"的各流派分别介绍和评论外,还对同一"主义"的各流派做比较性评价。书前有杨昌济按语,书末附有善斋译述的《西洋立身篇》,内分失败与成功、说运、职业、体育、专心、独立、决断、风采等八部分。

---

[1] 杨昌济著、王兴国编注:《杨昌济集》第1册,第671页。
[2] 疑为深作安文(1874~1962),伦理学家,1900年东京帝国大学哲学科毕业,后为东京帝国大学教授。

自 1918 年下半年至 1919 年上半年，杨昌济在北京大学讲授两门课程，一门是"伦理学"，这是本科生的必修课；一门是"伦理学史"，这是选修课。他讲授伦理学时，用的教材便是德国人利勃斯（Theodor Lipps，今译利普斯）写的《伦理学之根本问题》，这是杨昌济从日本著名的哲学家和美学家阿部次郎（1883～1959）的日译本转译的。这里所说的利勃斯是德国心理学家、哲学家、美学家，以美学理论特别是以"神人"概念而闻名。《伦理学之根本问题》一书共 9 万余字，除《序》外，全书共 9 章，分别为：序论—利己主义与利他主义；道德上之根本动机与恶；行为与心情（幸福主义与功利主义）；服从与道德之自由（自律与他律）；道德之心情（义务与倾向性）；一般之道［德］律与良心；目的之体系；社会之有机体（家族与国家）；意志之自由与责任。在原书《凡例》中，阿部次郎称利勃斯是"现代哲学家中在思想上给予自己影响最多的人"，是"自己哲学上的'老师'"。杨昌济翻译该书之目的非常明确，就是希望通过自己的翻译能够有助于日本的思想界"整理混乱的概念，唤醒昏睡的良心，驱逐物质的功利的打算，唤起对人格的威严与崇高的热情"。用他在《人格主义·序》中的话来说，《伦理学之根本问题》是对利勃斯伦理学之"缩译"。他在缩译本的《凡例》中说，这个缩译本虽然不是表述自己的个人见解，但也是通过利勃斯说出自己想说的东西。他说，在这个意义上，该书也是他自己的伦理学。《伦理学之根本问题》一书的中译本于 1919 年出版，1920 年再版。正文前有简单的序文，提到"日本阿部次郎有译本，为岩波书店所发行哲学丛书中之一种"。利勃斯的伦理学说，比较强调动机与效果的统一、利己与利他的结合，这些均与杨昌济的主张比较接近。正因它是"缩译"本，便于用作上课的讲义，杨昌济就将它翻译过来。

另外，杨昌济讲授"伦理学史"时，主要是用日本伦理学家、高等师范学校吉田静致（1872～1945）教授的《西洋伦理学史》。[①] 杨昌济早在执教湖南高等师范学校时，就曾将其译成中文作为授课的讲义，但未译完。到北京后，又稍做补充，遂于 1919 年 11 月由北京大学出版部出版，"然尚未能全，他日有暇日，尚当补足之也。"次年 9 月，该书的下卷连同《伦理学之根本问题》，

---

① 原书题作《倫理學講義》，大正二年七月五日东京宝文馆藏版；昭和五年七月十五日第廿七版。

亦由北京大学出版部出版。据说"学者尊重其书"。① 不过，也有人批评他的翻译"语意多不明了"。②

杨昌济所译吉田静致的《西洋伦理学史》上卷共分四篇：希腊及罗马之伦理学；基督教之伦理；近世伦理学；十九世纪以后之伦理说。全书上起诡辩学者之前的伦理说，下至斯宾塞尔，共14万余字。1920年杨昌济逝世以后，该书又得以再版。在"五四"运动前后，用近代西方方法研究伦理学的中国学者甚少，能够在大学讲坛上系统地讲授伦理学的人就更少。杨昌济毕生致力于伦理学的研究，对伦理学的基本理论和中西伦理学史都有很深的造诣，同时他大胆地将这些伦理学著作翻译过来。1919年，杨昌济在译出《西洋伦理学史》的一部分后，又在《民铎》杂志第6号发表一篇《西洋伦理学史之摘录》。这是作者在翻译这部伦理学史的基础上，考虑到原书"篇章颇繁，一时亦难于遍读"，便从中摘译出精要数条，以供读者了解该书的概貌。在这篇文章里，作者介绍了西方近代民主思想和卢梭的社会契约说、康德的人格论、孔特的人道说、诗来尔马哈（即施莱尔玛赫）的宗教论，这样的内容在当时的中国无疑是少见的。由于杨昌济把译介的内容应用于自己的教学活动中，这些译作在社会上产生了广泛的影响。1921年4月毛泽东撰写了《文化书社社务报告》第二期，介绍文化书社开业七个月以来销售的"重要的书"名录及数目，其中杨译《西洋伦理学史》一书销售40部，《伦理学之根本问题》50部。

总的来说，杨昌济的翻译主要侧重于伦理学、教育心理学和哲学等方面，而且他也是中国最早全面系统地向国人介绍西方伦理、哲学、教育和心理学说的人。他的这些译作最初多是为了自己上课之需而推出的，也有一部分是针对身旁年轻人的教育而翻译的，带有启迪民智的性质，因而有着明确的目的性。他提倡的伦理思想"并非仅仅局限于个人感情、认知的培养，而是以培养和提高个人的伦理修养作为起点，在此基础上服务于挽救国家民族之危

---

① 李肖聃：《杨怀中先生遗事》，《湖南教育月刊》第1卷第5号（1920年）。
② 1919年9月28日吴虞在《日记》中记有："阅杨昌济译《伦理学根本问题》，语意多不明了，交少荆还岳安。"吴虞著，中国国家博物馆整理，荣孟源审校：《吴虞日记》，成都：四川人民出版社，1984年，第488页。

亡。"[1] 正是这些翻译作品，"开启湖湘文化一代学风"，在带动近现代时期湖湘文化实现现代化转型做出了贡献，由此也成就了"中国近代哲学史、伦理思想史承上启下的重要人物"。[2]

二、徐诗荃与尼采著作翻译

尼采（Friedrich Nietzsche）在近代西方哲学史和文学史上都有着举足轻重的地位，他一生离群索居，与世暌隔，著作滞销。直到20世纪来临之际，他在"天才之痛苦"中发狂而死，这才声名日隆；但又因"超人""权力意志""非道德主义""善恶之彼岸""价值的重估"之名的传播，而"臭名昭著"。[3]

在中国，最早系统地译介尼采著作的是徐梵澄（1909～2000）。1932年，徐梵澄自德国归来，带回一套《尼采全集》。自1935年起，他从这套德文版《全集》中翻译了尼采的几部著作，分别是《尼采自传》（1935）、《朝霞》（1935）、《苏鲁支语录》（1936）、《快乐的智识》（1939），以及尼采的两篇长文《启蒙艺术家与文学者的灵魂》（1935）和《宗教生活》（1935）；另外还有歌德的《歌德论自著〈浮士德〉》等，译者均署名"徐诗荃"，他也因此成为中国最早的尼采研究专家。可以说，中国人对德国哲人尼采之全面了解最初得益于徐梵澄的译介，不过此事的动因又起源于鲁迅先生。在鲁迅先生晚年的日记和书信中，时有徐诗荃这个名字，其中很多时候讨论的是翻译问题。要不是诗人冯至透露，后来恐怕绝少有人知道徐诗荃就是当年的徐梵澄。同时，这位曾经出于鲁迅先生门下，"钦慕尼采，颇效其风度"的年轻时的徐梵澄，当年在郑振铎看来，"他的译笔和尼采的作品是那样的相同"。[4]

徐梵澄翻译的《尼采自传》是中国出版的第一部从德文直接译出的尼采原著。尼采原书"成于他绝笔之年，是他生命之回光一道极澄明的返照，

---

[1] 黄亦君：《中西之间：杨昌济的伦理世界及其对西方的认知——以〈各种伦理主义之略述及概评〉为例》，《贵州文史丛刊》2012年第2期，第39页。
[2] 同上。
[3] ［美］雷纳·韦勒克：《近代文学批评史》（第4卷），杨自伍译，上海：上海译文出版社，1997年，第390页。
[4] 郑振铎：《苏鲁支语录序言》，北京：商务印书馆，1992年，第2页。

显示着全部思想的纲领，映现其各种著作之成因。"它原题为"Ecce Homo"（《瞧，这个人》），是披那妥斯指耶稣而说的一句话。徐梵澄将它改题《尼采自传》，并第一次署上"梵澄"这个笔名。全书除绪言外，各章分别是：为什么我这般明哲；为什么我这么颖悟；为什么我著出这么好的书；悲剧之产生；非时；人间的，太人间的；朝霞；快乐之科学；苏鲁支如是说；善与恶之彼面；伦理传统说；偶像的没落；瓦格勒之衰落；为什么我便是运命。

在译者《序》中，徐梵澄就盛赞尼采其人其书。同时徐梵澄的译笔也堪称优美。试看全书的结尾：

　　在将来之树上建筑我们巢；苍鹰将啄我们孤独者之粮食！
　　然哉！这里没有不洁者所共食的食粮！他们将吃着火焰，自焚其喙。
　　然哉！这里没有预备给不洁者的栖宿，置其体与灵于冰窟中，乃我辈之愿！
　　鹰之友，雪之邻，日之彦！我们如狂风居于一切之上：祝狂风长生！
　　如长风，我将吹到渠们中间；以我之魂，卷去渠们魂灵之噓吸：这成为我的将来。
　　诚然，苏鲁支为扫荡一切卑贱的狂风：于他的唾沫的仇雠和一切，给出如此之贡献：留心！逆风吐着唾沫呵！……

其译文既富哲理，又文笔优美，深得原作之风貌，堪称一篇上佳的散文诗。此译本为原著首个中译本，徐梵澄翻译此书，除原书的文采外，更看重的是尼采的思想。他相信"这些书是必为国之思想界所需要的。也希望有在此致力的人。"1935年2月15日，该书由良友印刷公司付排，4月1日出版。

在中国，尼采被介绍过来已有三十年，但那时尚未有过一部完整的翻译著作，故而鲁迅先生对徐梵澄的这部译作特别重视，先生亲自向出版公司推荐该书。1934年11月下旬，鲁迅先生在内山书店会见了郑伯奇和赵家璧，二人约请他担任《中国新文学大系·小说二集》的编选者。那次谈话中，鲁迅先生向二人介绍了徐诗荃，说他手头正有一部《尼采自传》的译稿，"约计字数，不到六万，用中等大的本子，四号字印来，也不过二百面左右。"他询问此书是否可由良友公司替他出版，而且他专门交代："最好能够给他独立出版，因为此公似乎颇有尼采气，不喜欢混入任何"丛"中，销路多少，倒在所不问。"①

郑、赵二人非常重视，回去商量后，于11月28日共同署名给鲁迅先生复信，要求他把译稿寄来。为了落实这本《自传》的出版，鲁迅先生曾给赵家璧写过好几封信，并在百忙中挤出时间为徐梵澄修改译文。其中在1934年12月12日的信中，鲁迅先生对该书印刷的字体大小、书的式样等都作了具体说明，最后特别谈道："译者说是愿意自己校对，不过我觉得不大妥，因为他不明白印刷情形，有些意见是未必能照办的。所以不如由我校对，比较的便当。但如先生愿意结识天下各种古怪之英雄，那我也可以由他自己出马。"②

后来排印稿送到鲁迅先生处，徐梵澄好久不来，先生又"不知道他的住址，非等他来找不可。"不得已，先生只得在百忙中挤出时间为之代校，校对清楚后再将排印稿寄给赵家璧，还附上一张"可用于《自传》上"的尼采像（系铜刻版）。寄出后不到两个月，这部饱含着徐梵澄和鲁迅先生二人心血的《尼采自传》终于问世了，而且是在译者首肯之下收入《良友文库》第4种。书出后，徐梵澄也没有忘记给先生寄上一本，此点在《鲁迅日记》中就有过记载。

就在《尼采自传》出版的同时，鲁迅先生建议徐梵澄继续翻译尼采的《苏鲁支语录》（今译《查拉图斯特拉如是说》），并建议他将四卷全部译出。这部书原名 Also Sprach Zarathustra，初版于1884年，尼采以富有诗趣的散文写出他的"哲学"。尼采自称它在其著作中占有特殊的地位。书中这位查拉图斯特拉是波斯的一位圣人。我国宋人笔记有"察拉图斯德拉"，而"苏鲁支"（或称琐罗亚斯德）一名便取自宋朝姚宽的《西溪丛语》（卷下），他是古代波斯拜火教（又称袄教）之教主。早在翻译《尼采自传》时，徐梵澄曾用过"苏鲁支"这一译名。尼采之"惊天地、震古今"的超人"哲学"，"不过利用其悠远，幽微，自说其教言，与此历史人物了无关系。以教主身份而出现的人，在尼采是以之与耶稣相比。"

对于中国读者来说，这部书的意义，就像徐梵澄在《译者序言》中所说的：

---

① 鲁迅：《鲁迅全集》（第12卷），北京：人民文学出版社，2017年，第616页。
② 《鲁迅全集》（第12卷），第597页。

细想此书对于我们的意义，一方面固然可以使我们稍懂得一点文学生活宗教生活，可以不迷；另一方面则当能使我们因此更为"真理""真知"奋斗；正如在旅行的长途中偶尔发现一两片小标志，指示前人曾此经过，则当能更有勇力前行，而且突过以往的限度。①

尼采是世人推许的"诗人-哲学家"，这部书更是一篇富于诗趣的散文——以苏鲁支向他的门徒和人民讲述富有智慧的话，宣传他的"超人哲学"。原文虽多为短章，但文字朴茂，且多为散行，几乎每一句表一真理，每一语成一格言，富于阳刚之美，表达了这位热烈的改革家的思想。同时，在这部散文诗中还吸收了古希腊、罗马辩士和文章家的技巧，其文辞之充沛，"有时真如长江大河，雄伟而深密，是为可惊。"而且，"我国古之游说士和文章家，多用此术。"②这也是徐梵澄推崇此书的原因。早在徐梵澄之前，也有一些人陆续对这本书做过一些节译。③但就像鲁迅先生感叹的："中国曾经大谈达尔文，大谈尼采，到欧战时候，则大骂了他们一通，但达尔文的著作的译本，至今只有一种，尼采的则只有半部。"④而他鼓励有留学德国背景的徐梵澄来翻译此书，又可见其用心之良苦。

在翻译尼采这部巨著的过程中，徐梵澄丝毫不敢怠慢。即便自己和尼采一样同具诗人气质，而且当时"着眼在绍介西洋思想入中国，只求大旨明确，不必计较文字细微"，⑤但他每天还是从早到晚坐在窗下用毛笔佳纸写正楷小字，慢慢地一字一句译出，很少涂改，不再誊抄。一部译完了，检查一番，便

---

① 徐梵澄著、孙波编著：《徐梵澄文集》第4卷，第8～9页。
② 徐梵澄：《缀言》，《苏鲁支语录》，北京：商务印书馆，1992年，第6页。
③ 早在徐梵澄之前节译过尼采该书的有：1918年鲁迅以文言体译出《察罗堵斯德罗绪言》第一至三节，但未正式发表；1919年沈雁冰在《解放与改造》杂志第1卷第6、7期发表译自该书最富有批评性的两章《新偶像》和《市场之蝇》，这也是最早出现的汉译文；1920年6月1日，鲁迅用"唐俟"笔名在《新潮》第2卷第5期发表用白话译出的《察拉图斯忒拉的序言》十节，并有译者附记介绍该书；同年8月，张叔丹译《查拉图斯特拉》一书的绪言，刊《民铎》第2卷第1号；1922年署名"梅"节译《匝拉杜斯特拉这样说》，连载于《国风》副刊《学汇》第1至104期；1923年郭沫若翻译《查拉图司屈拉钞》第一部全部和第二部第一部分，题为《查拉图司屈拉之狮子吼》，分39期连载于《创造周报》。1928年6月15日创造社出版部初版两千册，列入"世界名著选"。
④ 鲁迅：《"硬译"与"文学的阶级性"》，《萌芽月刊》第1卷第3期（1930年3月）。
⑤ 徐梵澄：《缀言》，《苏鲁支语录》，北京：商务印书馆，1992年，第2页。

将定稿寄出。不到半年，便全部译完。译者于1935年12月至1936年4月把它连载于《世界文库》第8、9、11、12辑。而此前该《文库》第6、7辑曾登有徐译尼采的两篇长文：《启蒙艺术家与文学者的灵魂》(1935)和《宗教生活》(1935)，这两篇文章分别是尼采的《人间的，太人间的》一书第三、第四部分，其译文为直译，可以算得上是散文中的神品。1936年9月，生活书店出版了这部定名《苏鲁支语录》的译本，收入《世界文库》。这也是尼采该书首次以完整面貌呈现在中国读者的面前，郑振铎曾亲自为之作序，说"这部译文是梵澄先生从德文本译出的"，同时称赞徐梵澄的"译笔和尼采的作风是那样的相同，我们似不必再多加赞美"，对原著的准确翻译，正可借以挽救当时介绍西洋哲学的空疏浅薄之失。正因有了徐梵澄这样优秀的译本，于是楚曾的另一种全译本自然就不能在生活书店刊出了，而且只能向他"谨致敬意和歉忱"。[1]

据1937年版《生活书店图书目录》介绍：

……这是尼采的一部震撼世人耳目的大著。作者尼采借了波斯圣者苏鲁支向其门徒演讲的口，来说出他的哲学思想。……这虽是一部阐述哲理的巨著，但同时却又是充满了热情的与诗的散文。是一部值得研究的哲学书，同时也是一部值得细读的文艺作品。梵澄先生直接从德文译出，实在是一件伟大的翻译工程。[2]

非常有趣的是，20世纪30年代《苏鲁支语录》在重庆出版后，有人在报纸上写文章，指责其译错处，于是冯至站出来同他理论，笔墨官司打了半年，最终以冯至的胜利而告终。当时徐梵澄正在乡下，对此一无所知，待他回到重庆，此事已成陈案。后来他得闻此事，感慨道："此即朋友之为朋友也。"[3] 现已查得，在《苏鲁支语录》一书出版后就有过批评文章。其中之一便是君度的《关于〈苏鲁支语录〉》，刊1936年12月30日《中流》第1卷第8期，这位"君度"显然系化名。其二是1939年4月16日《今日评论》有林同济的《尼采〈萨拉图斯达〉的两个译本》，林文结合徐译以及商务印书馆1936

---

[1] 尼采：《苏鲁支语录》，梵澄译，上海：生活书店，1936年，第1页。
[2] 《生活书店图书目录》，汉口：生活书店汉口分店，1937年，第15页。
[3] 杨之水、陆灏：《梵澄先生》，上海：上海书店出版社，2009年，第77～78页。

年 3 月出版的萧赣所译《扎拉图士特拉如是说》,对徐译提出了严厉的批评。冯至的文章则有《谈读尼采(一封信)》和《萨拉图斯特拉的文体》,分别刊 1939 年《今日评论》第 1 卷第 7 期和第 24 期。在《萨拉图斯特拉的文体》一文中,冯至就说到自己近来与友人讨论翻译问题。在分析尼采于这篇文章中遣词用字的特点后,他说:"意义上没有错误,并不能说是对萨拉图斯特拉译者最后的要求;把他特殊的文体,下一番文字上的工夫,重新表现出来,才算是我们理想的译品。"[①] 冯至提到的这本书的译者,正是青年时期的徐诗荃。尽管后来又有人翻译过尼采的这部著作,但读者界普遍认为,徐诗荃的这个译本不仅受到哲学界的肯定,"直至今日,仍为尼采研究者和翻译界视为最具尼采文风的佳品。"[②] 正因如此,商务印书馆接下来又出版了徐梵澄的其他几部译作。

1936 年,徐梵澄又译出德国悲观主义哲学家叔本华的《宗教论》。叔本华的宗教观,在他的全部著作中只有两处:一是《宗教论》,一是见于《意志与想像的世界》一书中第二卷第十七章。《宗教论》在欧洲近代思想界占有很重要的地位,它以希腊式的辩论,展示出叔本华的悲观主义思想。由于种种原因,这部译稿至今仍未出版。当年徐梵澄寄给鲁迅先生的那部译稿现存北京鲁迅博物馆。

三、杨东莼与狄慈根哲学著作翻译

杨东莼翻译哲学著作是从约瑟夫·狄慈根的作品入手的。

狄慈根(Joseph Dietzgen, 1828～1888),生于德国科伦,在美国逝世。他一生只受过中等教育,既是一位制革工人,同时也是一位自学成功的哲学家。他是在马克思和恩格斯的关怀下成长起来的,被马克思誉为"社会主义哲学家"。在马克思主义哲学史上,狄慈根又是直接探讨辩证法、认识论、逻辑学三者一致原理的先驱者。1927 年冬,杨东莼在东京买到一部欧根·狄慈

[①] 1939 年《今日评论》第 1 卷第 24 期。
[②] 詹志芳:《圣哲徐梵澄》,《人物》第 11 期(2000 年 11 月)。

根（Eugen Dietzgen）于1911年出版他父亲的《狄慈根全集》，并在三个月时间内通读全书，然后便着手翻译。1929年，杨东莼从《狄慈根全集》中选译了两篇，分别题为《辩证法的唯物观》和《人脑活动的本质》，同年由昆仑书店出版。他选译这两本书，与马克思、恩格斯、列宁等无产阶级革命家对狄慈根的关注是分不开的。

1929年9月，杨东莼翻译了《新唯物论的认识论》，昆仑书店出版。该书译自狄慈根的《一个社会主义者在认识领域中之征服》，共5章：被创造的精神不能透入自然之内部；绝对的真理和它的自然的对象；反唯物论的唯物论；达尔文与黑智儿（现译黑格尔）；认识之光。此书所讨论的认识论是论述人们头脑中思维工具的性质问题。我们每个人为了判断、区别和认识周围的自然环境和人类环境，必须使用这一工具，因而认识论也是民主主义的工具。智力是人类所具有的，因此它是与集体和社会有关的事，是一个社会民主主义的工具，是一个与社会民主主义有关的事情。凡是想做一名真正的社会民主主义者的人，就必须改变他的思维方法。这点，马克思和恩格斯已经做出了榜样。

同年，杨东莼又译出狄慈根的另一部作品——《人脑活动的本质》。原书于1869年9月由汉堡梅斯纳尔书店发行，最初名为《一个工人所述的人脑活动的本质：纯粹与实践理性的再批判》，其序言署名"制革工人约瑟夫·狄慈根"。杨东莼是从英文本译出的。在这部书中，狄慈根着重研究了辩证唯物主义认识论，指出思维是人脑的机能，一切事物是思维的对象，它们都是可以被认识的。他认为，人的认识和认识的对象只是近似的一致，因而人们认识真理的过程是从相对真理走向绝对真理的无限深化的过程。狄慈根完全赞同马克思、恩格斯创立的唯物史观。他认为，人类的存在不应当由人类的意识来说明，而应当由经济状况、谋生的方式和方法来说明。狄慈根是一个彻底的无神论者，他反对调和科学和宗教。从这部译稿中，我们可以看出当年狄慈根是如何得到马克思和恩格斯的关怀和帮助的。

当时杨东莼选译《人脑活动的本质》，还在于马克思、恩格斯和列宁这些无产阶级伟大导师早年都非常重视这部著作。1868年9月12日，狄慈根从圣彼得堡把他写的《人脑活动的本质》手稿寄给马克思，请求指教。马克思看完手稿后,立刻把它寄给恩格斯,请他提出意见。同年11月7日,马克思写信对恩格斯说:"狄慈根的论述,除去费尔巴哈等人的东西,一句话,除去他的那些来源之外,我认为完全是他的独立劳动。"① 恩格斯则指出:"不仅我们发现了这个多年来已成为我们最好的劳动工具和最锐利的武器的唯物主义辩证法,而且德国工人约瑟夫·狄慈根不依靠我们,甚至不依靠黑格尔也发现了他。"② 从这些文字中我们可以看出马克思、恩格斯对狄慈根的高度评价以及狄慈根的不足之处。

除了马克思和恩格斯之外,当年列宁为捍卫狄慈根免遭形形色色论敌的歪曲,对狄慈根的著作也钻研得很深。在《唯物主义和经验批判主义》一书中,列宁再三引证狄慈根的话来痛斥经验批判主义。他对狄慈根的评价同样甚高,说"他九成是唯物主义者,他从来没有妄自标新立异,企图建立不同于唯物主义的特殊哲学",他是各种唯心主义如僧侣主义、神秘主义、信仰主义、新康德主义、不可知论、马赫主义以及机械唯物主义的敌人;同时也指出狄慈根的缺点是"表达不正确"。不过列宁客观评价了作为工人出身的哲学家狄慈根,同时也郑重地指出马克思、恩格斯哲学的党派性和科学性的高度统一。由杨东莼翻译的狄慈根这部著作出版后,立刻在中国学术界和文化界获得广泛好评。1958年7月,生活·读书·新知三联书店又推出《人脑活动的本质》修订本,这次杨东莼是根据1930年柏林出版的《狄慈根全集》第1卷德文原著重新翻译的。

四、湘籍译家与杜威哲学翻译

实用主义哲学最早介绍到中国是在20世纪初叶。1906年,张东荪和蓝公武等人在《教育》杂志创刊号上译载了詹姆士(William James)的《心理学悬论》(即《心理学原理》),该杂志第2期又刊登了张东荪的《真理论》,介绍詹姆士等实用主义哲学家的观点,这是中国学者最早译介实用主义。不过

---

① 《马克思恩格斯全集》(第32卷),北京:人民出版社,1973年,第185页。
② 《路德维希·费尔巴哈和德国古典哲学的终结》,《马克思恩格斯全集》(第4卷),第239页。

到 1919 年以前，实用主义哲学在中国并未掀起多大的波澜，只是随着杜威来华讲学，中国学界才对实用主义集中关注，并出现了一个热潮。

杜威是美国著名哲学家、教育家。他涉猎甚广，著述颇丰，共出版 30 多本著作，近千篇论文，涉及哲学、教育学、心理学、社会学、政治学、美学等诸多领域，在每一领域都有创见。他在这些领域的理论都曾为中国学者所研究和介绍，也都发生过较大的影响。他的实用主义哲学观念继承了 19 世纪黑格尔学派的部分观点，但因受到进化论的影响，最终转向了实用主义。作为哲学家，他是实用主义哲学的代表人物，也是继皮尔士（Charles Sanders Pierce）、詹姆士之后美国实用主义哲学最重要的代表人物。他的哲学兼具现代西方人本主义思潮和科学主义思潮的特点，他的全部哲学是以经验、生活、行为、实践为出发点的。

1919 年 4 月 30 日，杜威应北大、尚志会、北大新学会、南京高师与江苏省教育会等邀请到达上海，开始他在中国的讲学活动，直到 1921 年 7 月 11 日离去，前后在中国停留两年零两个多月。期间，他的足迹遍及中国 14 个省市，演讲 200 次以上，受到中国知识界的热烈欢迎。接下来，中国学界对杜威有了更多的关注，并做了较集中的译介。这中间就有湖南人的一份贡献。

准确地说，湖南译家对杜威的译介是在他来湘讲学开始的。1920 年 10 月 25 日，杜威应邀到长沙并做学术演讲八场，包括《教育哲学》六讲，《学生自治》和《教员是领袖或指导者》各一讲，这些演讲的中文译稿均刊登在当时的《大公报增刊名人讲演录》。

《教育哲学》之演讲集中地反映了杜威的教育思想，而这些思想也是杜威实用主义哲学的展现形式，涉及教育的意义、性质、儿童教育、学校教育、社会教育、课程教育、教学方法、教材等。杜威指出，在教育过程中，小孩、学校本身、学校的环象（即社会上的一切状态情形）这三者应该融为一体，"无相冲突"。其中小孩是教育的基础，青年是教育的起点。教师应当把学生在校内和校外的生活联系起来。教育之目的"在于发展人的个性"，因此教育的方针"当以学生的性质为中心点"。[①]学校的组织管理，不能采取压制、

[①] 杜威：《教育哲学》，《大公报增刊名人演讲录》第 6 号（1920 年 11 月 1 日）。

束缚的方式,因为学生乃是将来预备的公民。杜威大力宣传平民教育,他提出平民教育"是治国的利器",办教育必须把求学者和社会生活联系起来。杜威重视身体健康和学校体育,他说:"教育的根本目的,乃训练肢体的能力活泼",身体智力并非两途,"训练肢体,即可以训练智力"。① 此外,他还讲到科学在近代教育的位置,指出"科学是文化的中心点,所以在学校也应当重要"。学校应当教学生运用自然物质的能力以服务于人,同时也应当注重信仰的培养,"以使社会的进步为可能。"总的来说,在《教育哲学》中,杜威反复强调三点:一、教育即是生活,这是杜威教育哲学的出发点,同时也是其教育原则的重要体现;二、教育即是生长,这是杜威从教育改造的意义上提出的论断;三、学校即是社会,二者虽有区别,杜威认为学校是社会生活的一部分,要使学生对将来能过社会的生活,必须将学校变成社会。学校在对学生进行教育的过程中,要使学生培养人品,能对社会有益,成为社会有用的一分子。学校教育不仅要使学生懂得学到知识对社会的重要,还要使学生学到的知识能增进社会的团结,使学生得到训练,具有参与社会生活的实践能力。

《学生自治》之演讲特别强调青年在未来的重要作用。杜威指出:"现在学生的自治,就是将来的国民的自治,现在都能作一个真正自治的学生,将来就会造成一个真正自由的国家",但"莫单把学生的自治,看作干事的机会,应该把这个当作一种重大的责任"。"自治必须有法律",不能触犯相关规定和权限。杜威在演讲中还特别提到湖南省府废止考试制度一事,认为它兼有利弊,考试制度不是消极的破坏办法所能解决的,"倘若不用相当的制度来代替它,单说把它废止,是万万不可的。"②

《教员是领袖或指导者》之演讲提出应当把教员当作领袖看,即做智识、个人和社会这三者的指导者。杜威认为,作为教员应当不断学习,提高自身知识水平,并注重"研究学生各人的个性"。③ 在三种指导者当中,"做智识或个人的都好,但最好还是做社会的指导者,然而苟能尽前两种指导者的职,

---

① 杜威:《教育哲学》,《大公报增刊名人演讲录》第4号(1920年10月30日)。
② 杜威:《学生自治》,《大公报增刊名人演讲录》第2号(1920年10月28日)。
③ 杜威:《教员是领袖或指导者》,《大公报增刊名人演讲录》第9号(1920年11月4日)。

同时是改良社会的基础,其效力比立法行政远得多。"①

总的来看,杜威此次演讲中谈得最多的还是民主主义和社会改良主义,这又与当时新文化运动的主题相吻合,且这些演讲都结合教育问题展开,因此有着明显的科学性和实用性,比之当时湖南的教育思想和教育状况都是先进的。正因如此,他的这些思想对现代湖南教育产生了广泛而深远的影响。②

1923 年 6 月,益阳人周谷城(1898～1996)编译了杜威与塔夫特(James Heyden Tufts)合著的《实验主义伦理学》,由商务印书馆出版,为师范学校用书。该书是根据二人合著《伦理学》一书第二部编译的,原书出版于 1908 年。周译该书为 136 页,32 开,全书共 10 章,分别对传统伦理学上许多疑难问题,如动机与效果、个人与集团、为我与兼爱、经验与理性等的矛盾冲突,都以实验主义提出的生长、改造、重新组织、重新适应等观念加以解释,并对道德上的诸问题、学说、行为与品性,以及幸福与公共之目的,理性、本务、自我在道德上之位置等均加以论述。在伦理学上,杜威认为思想并不是一种消极的活动,不是从一些没有问题的绝对真理去作推论,而是一个有效的工具与方法,用以解决疑难,用以克服我们日常生活中所遇到的一些困难。思想总是起于一种疑惑与困难的情境;接着就是研究事实的真相,并提出种种可能的假定以解决起初的疑难;最后,用种种方法证明或证实哪一种假设能够圆满地解决或应付原先激发我们思想的那个疑难问题或疑难的情境。这便是杜威的思想。该书 1931 年 7 月推出第 1 版,1933 年 9 月国难后 1 版。③

正如有人指出的:以杜威来华为契机,湖南人也加入到译介杜威哲学的行列中来,这样促成实用主义在中国的传播成为西方哲学东渐的一个热点,"既反映了中国思想界对科学、民主价值理想与伦理精神的追求,也体现了中国文化界放眼世界、广纳新知、全面吸收人类先进文化的开放精神。传播过

---

① 杜威:《教员是领袖或指导者》,《大公报增刊名人演讲录》第 10 号(1920 年 11 月 5 日)。
② 正如有人指出的,杜威在湘讲学对湖南教育界产生了相当大的影响,这种影响一则表现在它推动了湖南教育思想的革新,二则表现在进一步推进了湖南平民教育的发展,三则表现在有力推动了湖南的教育改革,同时还体现在教学方法的传授、学生行为的引导、学术交流的加强、师生眼界的开阔等方面。详见易锐:《杜威来湘讲学与五四时期的湖南教育界》,《湖湘文化与湖南精神》,第 176～177 页。
③ 此书 1935 年 6 月又由亚东图书馆出版余家菊译本,题作《道德学》。

程中出现的热烈景象,以及它对当时思想界的影响,都成为新文化运动的有机组成部分。"①

五、湘籍译家与罗素哲学翻译

湘人对罗素哲学的译介与杜威的哲学译介大致同步,也是随着他来湘讲学而全面铺开的。

罗素是英国著名的哲学家、数学家、社会学家和教育家,早年就读于剑桥大学,学习数学和哲学。他在哲学领域的主要贡献是积极提倡逻辑分析方法在哲学研究中的运用,由此开创了分析哲学的传统。然而,他的学术研究并不局限于数学和哲学,他在科学、政治、教育、道德、宗教等领域亦有不少著述,并取得了许多重要的成果。在纳粹兴盛之前,罗素曾是一个热诚的和平主义者,晚年他积极从事反对帝国主义战争的社会活动。他是一位具有世界级影响的人物。

1920 年 10 月 12 日,罗素应尚志会、北大新学会、中国公学等机构之邀来到中国,开始他在华数月的巡回演说之行。罗素来华之前,国内众多报纸和刊物如《申报》《新青年》《改造》《民铎》《东方杂志》《新潮》等都以醒目的标题纷纷报道他的此行。自此,国内译家也将注意力集中到罗素身上。当年 7 月 11 日《申报》称罗素为当今世界的四大哲学家之一;10 月《新青年》第 8 卷第 2 号除登出罗素 1914 年的肖像外,还特别注明他是"就快来到中国的世界的大哲学家"。同年,国内其他一些重要刊物大量地介绍罗素的生平与思想,刊出他不少的被译成中文的论著,包括《哲学问题》《政治理想》《自由之路》等。② 特别是张崧年(申府)的三篇罗素传略,介绍了罗素为和

---

① 黄见德:《西方哲学东渐史》(上),第 407 页。
② 分别有徐彦之译:《哲学问题》,《新潮》第 1 卷第 4 期(1919 年 4 月 1 日);张东荪:《罗素的"政治思想"》,《解放与改造》第 1 卷第 1 号(1919 年 9 月 1 日);沈雁冰:《罗塞尔"到自由的几条拟径"》,《解放与改造》第 1 卷第 7 号(1919 年 12 月 1 日);张崧年:《罗素与人口问题》,《新青年》第 7 卷第 4 号;高一涵:《罗素的社会哲学》,《新青年》第 7 卷第 5 号;余家菊译:《社会改造原理》,《晨报》(1920 年 4 月 5 日—8 月 13 日)。

平和进步事业奋斗的事迹以及他的十余部著作的梗概,[①]以及杜威在1920年3月间所作《现代三个哲学家》演讲中对罗素的介绍,[②]大大提高了罗素的声望。在中国知识分子的心目中,罗素具有非常高尚的人格,他仿佛成了主持公道而反对帝国主义侵略政策的旗手,成了光明磊落的根本改造论者和世界改造的指导者,同时也是现代世界一位伟大的数理哲学家。罗素在华的几个月内,其足迹遍及上海、南京、杭州、北京、保定、长沙等城市。他分别就哲学问题、心的分析、物的分析、数学逻辑、社会结构等五大论题做了系列演讲。

1920年10月12日,罗素与女友勃拉克抵达上海,26日在汉口登岸,换乘火车抵达长沙。当时陪同他来湘兼任翻译的就有湘人杨端六等人。原本打算在长沙讲学一周的日程,结果只在长沙演讲一天。为了报答湖南东道主的盛情,罗素在10月26日下午、晚上和27日上、下午连作四场演讲,题目是"布尔札维克(布尔什维克)与世界政治"。27日晚,湖南省长谭延闿亲自出面宴请罗素、杜威和蔡元培等,席间谭延闿又再三挽留罗素。现场翻译分别是杨端六和赵元任。罗素和女友勃拉克于27日晚乘火车北上,匆匆结束了他的长沙之旅。

《布尔什维克与世界政治》之演讲开宗明义地向听众介绍了流行于欧洲的布尔什维克情形,以供中国人运用和抉择。罗素自称信仰共产主义,对苏联模式有褒有贬。他称赞苏俄的共产主义理想,但反对苏俄目前政治体制中的专制。他提出苏联共产党的目的是共产主义,这种伟大的理想是他所赞成的,但以共产主义为目的,而要以专制为手段,使自由丧尽,是他所不赞成的。他说:"布尔什维克可以从两方面来观察:自内部看,很像一种军国主义;自国际方面看来,可以煽动人心。就军国主义一方面看来,或失败或成功,尚不可知。就煽动人心一方面说来,有极大的势力,正像法国的革命一样。""俄之少数专制,决不能使共产主义成功,必须使多数人信此主义,才

[①] 三篇文字分别是:一是张崧年的《男女问题》一文之后所附罗素简介,刊《新青年》第6卷第3号;二是张崧年附于译文《独立精神宣言》之后的罗素介绍;三是张崧年撰《致罗素》,《晨报》(1919年12月1日),又附《罗素著作目录》,刊《新青年》第8卷第3号和《东方杂志》第17卷第18号。

[②] 《民国日报》(1920年3月22日—27日)。

有成功的希望。但俄人现在反对这主义,以为这主义与他们的本性不相容。"针对中国的具体情形,他指出要想共产主义成功,第一要件即要工业自给自足与粮食自给,如果一国粮食不能自给,必需品也不能自给,这国的共产主义一定失败。因此,"我觉得共产主义在五十年内没有实现的希望,如想成功,必须美国变为共产主义,或美国不反对共产主义。但在美国暂时看来,恐怕是很难做到的。"至于中国,他说:中国的工业还是幼稚时代,恐怕多不知道共产主义的坏处。"在共[工]业没发达的国家内,只有实行科学的共产主义,才能使人民享受幸福。俄国没有实行科学的共产主义,所以归于失败。"因此,他主张用教育的方法使有产阶级觉悟,教育是根本问题,没有教育,则人人不肯牺牲自己为共产主义做事。① 总之,罗素的观点反映了一战后西方哲学对资本主义的失望和对共产主义的向往。

众所周知,1920年5月11日至6月16日罗素随英国工党代表团访问了苏联。回国后通过讲演和文章,介绍了他对苏联革命的观感。其中有他对俄国"十月革命"进步意义的肯定,也有对它的批评;批评中暴露了他的改良主义思想与列宁领导下俄国革命实践的冲突。如他反对暴力革命,认为在苏维埃制度下,没有民主,没有自由,没有独立思想等。而且,这些看法在中国讲学的过程中也不同程度地流露过,因而受到中国一些接受了马克思唯物史观的中国人的批评。其中杨端六就认为,罗素"讲教育,讲哲学,讲社会原理,无处不以启发人类的自由思想为职务。譬如他论道各国的社会改造,都不甚满意。这并不是他只喜欢英国的办法,实在是他酷好自由,所以对于拘束自由的手段,总是不赞成的。"②

如果说杜威的演讲主要影响了教育界,那么罗素的演讲则主要影响了那些特别关注国家政治命运的人士,这与杜威、罗素当时在湖南演讲的内容有关。对于上述演讲,《国民日报》摘要指出,罗素肯定了布尔什维克是顺应世界潮流的产物,也指出布尔什维克在工业落后国家领导了社会主义革命,其主要弊病是对外招致世界各国的反对,对内采取强制手段压制人民。所以劳

---

① [英]罗素:《布尔札维克与世界政治》,《大公报增刊名人讲演录》第1至8号,长沙《大公报》(1920年10月27日至11月3日)。
② 杨端六:《和罗素先生的谈话(在长沙演讲)》,《东方杂志》第17卷第22号(1920年11月)。

农专政虽以马克思主义为宗,但并没有实行"科学的共产主义"。①北京《晨报》发表评论说,"[罗素]先生以英国自由主义的眼光批评俄国布尔失委克(即布尔什维克),而归结于共产主义之必应促使实现,见解颇与时流异趣。"②而时任湖南第一师范附小主事、担任《和罗素先生的谈话》讲演记录的毛泽东则受杨端六所谓罗素"反对布尔失委克"一说的影响,把罗素批评民主专制的一些弊端以及共产主义的一些缺点,视为反对劳农专政。在1920年12月1日复信留法新民学会会友时,毛泽东借用罗素演讲主张,明确表示了他本人对法国蒙达尼会议上的两种态度,其中说道:

> 我对于子昇、和笙两人的意见(用平和的手段,谋全体的幸福),在真理上是赞成的,但在事实上认为做不到。……我对于罗素的主张,有两句评语:就是"理论上说得通,事实上做不到"。罗素和子昇主张的要点,是"用教育的方法",但教育一要有钱,二要有人,三要有机关。③

这其中就包含了对罗素主张的片面理解和误解成分。④事实上,1921年7月,罗素在离开中国前又做了题为《中国到自由之路》之临别演讲,其中就明确提出中国效法苏俄实行国家社会主义的改造纲领。值得指出的是,罗素发表临别赠言之时,李大钊、陈独秀等人正在积极筹建中国共产党。中国应走俄国道路及"要一万个彻底的人"的建议对于中国早期的共产主义者无疑起到了巨大的鼓舞作用。一句话,罗素最终对于中国发展道路选择的建议,无疑直接影响到中国革命的最初发展。

杨端六在从事翻译之余,对罗素的哲学做过深入研究,并撰写了《罗素之哲学研究法》。文中把罗素主张以科学方法研究哲学的理由,以及这个方法的大旨做出了如下概括:

> 科学所以较为有进步者,以其所得真理为一部分的而不必为全体的,

---

① [英]罗素:《布尔札维克与世界政治》,《民国日报》(1920年11月3日)。
② 湘江少年记:《罗素在长沙讲演》,《晨报》(1920年11月1日)。
③ 中国革命博物馆等编:《新民学会资料》,北京:人民出版社,1980年,第147~148页。
④ 毛泽东的两句"理论上说得通,事实上做不到"评语,又成为后来研究者评判罗素讲演反对共产主义、污蔑布尔什维克主义、宣传资产阶级改良主义的主要依据。参见莫志斌:《罗素来湘讲学与青年毛泽东》,《湖湘文化与近代中国》,北京:中华书局,2006年;李锐:《毛泽东的早期革命活动》,长沙:湖南人民出版社,1980年;等等。

是以后之学者能以此一部分之真理为基础，再进而研究之。哲学在今日以前则不然，其研究所得之结果大都构成一束，非全体正确，则全体不正确，由是后之人欲研究哲学，非每次从新做起不可，盖前人之事业毫无所裨故也。科学的哲学，即在仿照各种科学之法，一部一部证明其确实。而其研究之法，为分析而非统合。①

然而，这个"分析而非统合"的方法，究竟是什么方法，杨端六的文章并未做进一步的交待。实际上，罗素在哲学上是以数理为根据，应用科学方法于哲学研究之中，这样常能发人所未发。

民国时期，一些湘籍译家还推出过几部罗素文集。1923年11月，东方杂志社编、杨端六与张闻天、愈之等合译《罗素论文集》（上下册），由商务印书馆出版；1924年再版；1925年6月第3版，系《东方文库》第四十四种（东方杂志二十周年纪念刊物）。该文集收录罗素的论文7篇，分别是：《未开发国之工业》（杨端六译）、《现今混乱状态之原因》（昔尘译）、《中国国民性的几个特点》（愈之译）、《中国之国际的地位》（张闻天译）、《社会制度论》（朱朴译）、《社会主义与自由主义》（愈之译）、《俄国革命的理论及实际》（愈之译）。这些文字分别论述了社会问题和中国问题，其中的各位译者均在罗素访华期间为其担任过翻译。

据杨端六之女杨静远回忆：

  1920年10月，也就是他[杨端六]五月回国后在商务任职期间，北大"讲学社"与上海龚雪联合组织罗素、杜威来华讲学团。罗素的陪同及翻译由杨端六和赵元任一南一北担任。父亲在1920年10月陪罗素到长沙后，为罗素做过一次翻译，自己做过三次演讲。看来是对罗素有研究的。在他的著作中有一本与张闻天合编的《罗素论文集》（二册，商务印书馆1930年版。）

杨静远的回忆大体上是准确的，除了《罗素论文集》出版的时间是应为1923年，而非1930年。有关罗素在长沙讲学及杨端六为其充当翻译之事，在1920年10月的长沙《大公报》上均能找到记载。

---

① 《东方杂志》第17卷第20号（1920年10月）。

罗素对教育哲学问题有浓厚的兴趣并有深入研究，他除了亲自开办学校，实验他的教育理论外，还著书立说，阐述和宣传自己的教育哲学思想，共有教育哲学著作两部，分别是《教育与美好生活》(1926)和《教育与社会秩序》(1932)。

1928年7月，武冈人李大年翻译了罗素的《教育与人生》，启智书局出版，[①]这是罗素教育经验和教育理念之融汇。原书于1926年在纽约博奈与利莱特公司出版。全书共三编(19章)：第一编教育与人生；第二编德育(性质教育)；第三编智育(智慧教育)。作者认为：教育的目的是品格的形成，而"活力、勇气、敏感和智慧"是形成理想品格的基础。儿童生来的本能和反射条件是在环境的影响下发展成特定的习惯，并因此而成为特定的品性，因此品性教育应从幼小的时代开始，也就是从最有希望养成品性的时代开始。他认为，这一时期教育的责任是使儿童养成一种和谐的品性，即是建设性的，而不是破坏性的；是富于感情的，而不是阴险冷酷的；是有勇气的、坦白的，同时又是聪明的。他强调这一责任要由能对儿童实施正当养育的场所来承担。总之，罗素对他所主张的教育理想表示充分的信心，认为实现了上述教育理想，就可以培养出健康、幸福、自由、亲切、聪明的一代新人。最后，他强调爱在整个教育过程中的作用。他认为，要实现上述教育理想，没有爱是不行的。他说，由爱所支配的知识是教育所必需的，是为他的学生所应获得的。该书从婴儿教育论述到大学教育，内容详实，是家庭教育和学校教育的良好参考书。1927年，李大年曾将该书的部分章节翻译过来并连载于《民铎》杂志第9卷第1、2期。该书后来于1929年10月推出了第2版。

1947年2月，中华书局推出了平江人李季翻译罗素的另一部著作《心之分析》，218页，24开，系大学用书。这也是西方早期分析哲学史上一部经典之作。早在1920年下半年，新青年社推出的那套"新青年丛书"中，除了有李季与黄天俊、雁冰合译罗素的《到自由之路》("新青年丛书"第五种)外，另有罗素的《哲学问题》("新青年丛书"第三种)，后者由北大高材生、无政府主义者黄凌霜译出。黄凌霜，也就是李季所说的黄兼生，"兼生"是

---

① 另有柳其伟译本，题作《罗素论教育》，1931年9月商务印书馆出版，收入"师范丛书"。

其笔名。在 1920 年 10 月 3 日写给胡适的信中，李季就谈道："生所担任之部分，约占全书二分之一，现已译就寄交申甫兄了。"[①] 时距上信不过一月出头，罗素此书约 210 页，李季一月之内译成 100 来页，足显其翻译速度之快。1920 年 11 月 1 日，他将所译《到自由之路》第 8 章发表在《新青年》第 8 卷第 3 号，题作《能够造成的世界》，译文末标注张崧年 10 月 17 日的说明：本文是经过他修改的，"所以与原译文有些不一样"。而当时这两本书的出版，无疑是为了赶上罗素来华的热潮。由于罗素是世界名人，又倾向于社会主义，所翻译出版的罗素著作自然也成了"左转"的青年首选的阅读对象。《心之分析》这部书的写作开始于 1918 年，那时罗素因反对英国政府参与第一次世界大战而被关押在狱。罗素于当年 5 月入狱，9 月出狱。出狱后于 1920 年 5 月访问苏联。1920 年 10 月至 1921 年 7 月，罗素应梁启超等人之请来到中国作系列讲演，其中在北京大学作了一系列关于"心的分析"之讲演，最终在中国完成了此书的写作，应该是罗素"哲学问题"系列讲座的专题性深入。该书旨在汇合 20 世纪现代科学中两种对立的倾向，即源自于行为主义的现代心理学和以相对论为代表的现代物理学，进而对传统意义上的"心"做出新的诠释。该书首次系统地阐释了罗素的中立一元论思想，体现了罗素哲学思想的一次重要转变。作者认为心理学者大多倾向于唯物主义，即依赖生理学的外部观察，而现代物理学相对论认为物不是物质，世界是由"事情"组合而成的，"物"不过是一种逻辑构造。此书就是要调和这两种相反的倾向，来讨论心理学的问题。全书除序言外，共十五讲，分别对意识、习惯、感情、内省、知觉、意象、记忆、言语与意义等作了分析。在此，罗素首先将"意识"拉下王位，论证它不足以充当"心"的特征，不足以描述"心"的基本概念。而为了证明意识不是心的特别的地方，罗素还着重介绍佛洛伊德（即弗洛伊德）和荣格等人的心灵解析（即精神分析），重点论述精神分析方法在研究"无意识"方面的突破。接着，他阐述宇宙构成不外乎三种截然不同的成分：感觉、想象和物理界的单件的事物归在一起所成为的物质，而这三者中间，"感觉的地位"特别突出。在他的知识体系中，正是以"感觉"或"感觉材料"为

---

① 耿云志编：《胡适遗稿及秘藏书信》第 28 册，第 61 页。

基石。他给"感觉"下的定义是：从知觉中除去记忆现象的成分，所剩下的成分便是感觉。而"知觉"只是人类结合以往的经验对眼前事物所产生的综合印象。一旦从"知觉"中剔除了"记忆现象"，剩下的便只是外界事物与人的感官交互作用所形成的"纯粹感觉"。这种"纯粹感觉"不能归入"心"或"意识"，而且必定是正确无误的。就像有学者指出的：在罗素论述的诸概念中，他的"关于本能、习惯、欲念、感情、记忆、想象等范畴的阐释，在现代社会科学尚处于萌芽状态的中国，有其特别的意义，但它们从严格意义上说并不是哲学论题，而是属于心理学。"[①]而且读者不难发现，罗素的一个显著特点就是能把哲学问题与当时的科学发展过程中取得的最新成就联系起来，他在本书中结合心理学，主要是将弗洛依德的精神分析学说的成果与相关的哲学范畴结合起来进行分析和论述，"罗素算是在中国系统介绍佛洛伊德学说的第一人"[②]。罗素在中国作完"心的分析"的讲演后，讲稿很快由记录者孙伏庐整理出来并出版，其中就有1921年10月北京大学新知书社出版的《心之分析》(The Analysis of Mind)，还有1921年7月惟一日报社出版的《(罗素讲演)心的分析》(宗锡钧和李小峰记录)。但是，当时根据对现场的中文翻译所作的记录而整理出来的文字，与罗素后来在英国出版的这部著作的英文原文相比，有相当大的出入。为了准确地再现罗素原作的本来面貌，李季根据英文版进行了重新翻译，该英文版于1921年作为"缪尔赫哲学丛书"的一部分，由乔治·艾伦-昂温公司在英国出版。相对于前面两种译文，李季的译本更为准确。尽管罗素在论述中提出的一些观点有进一步讨论的空间，但他对"心"的哲学分析对于中国思想界正在进行的科学启蒙运动，是有推动作用的，故而李季在翻译中投入很大的精力。李译该书1958年3月由中华书局新版(第4版)，题作《心的分析》，共印1次，印数5600册；1963年9月改由商务印书馆出版新1版。

除此之外，湖南译家对罗素的著作还有一些零星的译介。如在1920年，李石岑翻译了《罗素之科学的哲学与社会论》，刊《民铎》杂志第2卷第3期；

---

① 冯崇义：《罗素与中国——西方思想在中国的一次经历》，北京：三联书店，1994年，第124页。
② 冯崇义：《罗素与中国——西方思想在中国的一次经历》，第126页。

同年 11 月 1 日，李季翻译了罗素的《能够造成的世界》（译自《到自由之路》第八章），刊《新青年》第 8 卷第 3 号；①1929 年 3 月 16 日，湘乡人傅任敢在《认识周报》第 1 卷第 9 期发表了所译《罗素〈怀疑论丛〉选译》；同月，傅任敢又署名"傅举丰"在《学衡》杂志第 68 期发表了 2 篇译文：《罗素东西幸福观论》和《罗素未来世纪观》，分别译自罗素的《怀疑论丛》第 8 章和第 17 章。同年 5 月，该刊又登有他译《罗素论机械与情绪》，译自《怀疑论丛》第 6 章；5 月，《民铎》第 10 卷第 3 号收有他译《罗素论怀疑论之价值》。这里需要补充的是，傅任敢以"傅举丰"之名在《学衡》杂志上发表的 3 篇译文，均译自罗素的《怀疑论丛》一书。原书于 1928 年在纽约诺顿书店出版，共收文 17 篇，它们"评述现今世界政治社会学术思想生活之短长及其将来之趋势，深澈透辟，颇具卓见。"②其实早在这之前，傅任敢曾从该书中译出数篇，发表在天津《大公报·文学副刊》第 81 期和 82 期。而《学衡》杂志第 68 期刊登的两篇分别译自原书第八章"东西幸福观念论"和第十七章"未来世界观"；第 69 期的一篇译自原书第六章"罗素论机械与情感"。

特别值得指出的是，在《学衡》杂志第 68 期所登傅任敢的两篇译文后面，附有《赵景深君至大公报文学副刊函》，信中对傅任敢译文提出了商榷意见，从中颇能见到民国时期学风之一斑。赵景深是一位优秀的翻译家和严谨的学者，事实上，从这封信中就可以看出其严谨态度，而且他的批评也十分中肯到位。在傅任敢的译文中，仅仅是一个"不"字位置的误植，就使译文意思出现了这样大的偏差，可见在翻译中译者须处处小心。正是有了这样的批评，后来傅任敢也从中吸取了教训。此后，他推出译作时往往会一改再改，即便已经出版，也会借重版之际，不断地修改和完善，直到自己满意为止。

六、傅统先与欧美哲学翻译

民国时期，常德人傅统先（1910～1985）在欧美哲学研究方面下过一番

---

① 该文末有张崧年的说明："这种稿子本是吾友李懋猷所译，经吾对原文草草改了一过，所以与原译有些不一样。说明，以明责任。"
② 《编者识》，《学衡》第 68 期（1929 年 3 月）。

功夫，并做了一些译介工作。

1931年，傅统先就读上海圣约翰大学四年级，被选为该校学报《约翰声》(The St. John's Echo)中文版主编与英文版编辑。次年，他在中文版上发表了所译第一篇作品，即哈佛大学迪摩斯教授的《柏拉图哲学》。1933年，他又根据一本英文原著编写了一部《知识论纲要》，华丰印刷铸字所印行。该书名为编写，实为编译加改写而成。

1932年，傅统先翻译了英国亨黎（R. F. Alfred Hoernlé，又译赫恩利，或侯恩雷）所著《唯心哲学》，1940年8月中华书局初版，系"大学用书"。该书论述唯心论的基本特点和各种形态。全书分导论、小引、精神多元论、精神一元论、批判唯心论、绝对唯心论等11章。书前有译者序、作者序，书末附参考文献。鉴于"许多唯物论的甚至把'唯心论'当做骂人的字眼，当做打倒对方的罪状"，傅统先在《译者序》中道明了他翻译该书的两个动机：

> 第一，一般的中国人，尤其是青年们，每易迷信唯物论的学说而轻视唯心派的哲学，我想力矫此弊。第二，我个人非常喜欢这本书，它有一般哲学书所没有的特色，我极愿把它公诸同好。……这本《唯心哲学》虽然是讨论许多很深奥的问题，但是笔调的流畅，叙述的明晓，风格的引人入胜，在在都使人爱不忍释。①

该书1941年8月又由中华书局印行，亦标"大学用书"，分精装和平装两种。

1933年，傅统先在中国哲学会主编的《哲学评论》杂志第4卷第3、4期合刊发表所译美国人写的一篇《实证逻辑》的文章。1936年，他又花了一年多的时间阅读了国内外出版的科学书籍，根据学习心得体会，写出一部名叫《现代哲学之科学基础》的书，商务印书馆出版。②

1936年，傅统先翻译了亨黎所撰《辩证法与绝对》，刊《文哲月刊》第1卷第5期；1939年9月，他编译了《逻辑纲要》，系编译者自刊，该书分三章介绍了传统逻辑（概念、判断和推理）、符号逻辑（类演算和命题演算）以及科学方法论（科学描述、因果与米耳法规及概然统计法等）。

---

① 傅统先：《译者序》，亨黎著：《唯心哲学》，傅统先译，上海：中华书局，1941年，第1页。
② 1972年12月，该书又由台湾商务印书馆推出台二版。

1937年3月,傅统先还翻译了《自然与生命》一书,商务印书馆出版,作者是英国数学家、哲学家、教育理论家、"过程哲学"的创始人怀特海(Alfred North Whitehead)。原书初版于1934年,是作者1933年在芝加哥大学所作讲演的记录。傅译此书共50页,32开,收入"自然科学小丛书",为《万有文库》第2集第187种。书前有长达16页的《译者序》,阐明了此书的主旨:

> 这本书包括怀特海教授在芝加哥大学所说的两篇讲稿。……全篇大意就是主张:自然界不可以静止的,死板的单独事物视之;自然界乃是一种生命的历程与活动;宇宙是一个创进不已的历程,它有意向与价值为其指导力。此书一扫以前他所保持的实在论的残余。……本书内容分上下两讲。第一讲可算是讨论自然界。第二讲是生命在自然中。前一讲注重于批评。……后一讲偏向于创造。……在本书中他又充分地表示了诗人的情感,宗教家的直觉。[1]

全书分自然与生命两部分,前者论述了"空洞"的空间、自然即历程、自然界事物之型式、"格局"的概念;后者论述了两重质体论、生命之概念、官感知觉、自然与"意向"、身心问题、哲学的工作、内在论、自我、自然及其内容。原书虽然只有薄薄的50页,却概括了怀特海的主要哲学思想,"是他所有全部作品中的一个导言"。[2] 这也是怀特海著作在中国较早的译介。1978年9月,该书由台湾商务印书馆再版,收入王云五主编的《人人文库》。

七、李立三与日丹诺夫哲学翻译

1945年,苏共中央宣传部部长亚历山大洛夫出版了《西方哲学史》(又译《西欧哲学史》),次年再版,这是他根据自己1933年以来多次讲授的讲稿写成的。它的出版得到了包括苏共中央机关刊物《布尔什维克》在内的官方理论刊物的热烈赞颂,随即被苏联高等教育部审定为大学和高等学校人文科

---

[1] 傅统先:《译者序》,怀海特著:《自然与生命》,统宪译,上海:商务印书馆,1937年,第4页。
[2] 傅统先:《译者序》,怀海特著:《自然与生命》,第4页。

学系的教科书,并由苏联部长会议决议推荐为斯大林奖金的候选图书。[①] 然而,这本书被视作哲学领域存在自由化的表征,很快成了苏联官方注意和批判的对象。

1947年6月16日至25日,苏共中央召开会议,审查亚历山大洛夫的《西方哲学史》。苏共中央委员、斯大林等都参加了会议。6月24日,时任苏共中央书记、负责意识形态工作的日丹诺夫作了总结性发言,其中对《西方哲学史》进行了政治定调,全面深刻地批判了此书的缺点。他以党和国家的名义从五个方面为哲学史研究确定了要求:一、哲学史必须有统一的对象和确切的定义;二、哲学史必须以辩证唯物主义和历史唯物主义的当代成就为基础;三、哲学史的叙述应当是创造性的,而不应是繁琐哲学式的,它必须与当前的政治任务直接联系,以便说明这些任务,并指出哲学继续发展的前途;四、哲学史撰写引用的文献应当是经过审查的,是完全可靠和适当的;五、叙述的文字应当是明确易懂、使人信服的。这个发言除了定下关于哲学研究的基调外,最主要的还有两点:一、现代资产阶级变成反动阶级,现代资产阶级哲学与以往哲学发展断绝了关系,成为资本主义制度的辩护者和社会主义哲学的反对者,只能批判;二、以往的一切哲学,都要以其在多少方面多大程度上与马克思主义哲学相结合,来决定其在哲学上的地位。换言之,一切哲学只能处于比马克思主义哲学低下的地位。接着,日丹诺夫对亚历山大洛夫之书的缺点和苏联哲学界存在的问题进行了批评。随后亚历山大洛夫上台发言并表示,今后一定要坚定地沿着斯大林同志和日丹诺夫同志指明的正确方向前进。就像有人评价的:"日丹诺夫其实是在用政治权力的逻辑去规范哲学史研究,目的是让本应客观公正的哲学史研究成为政治权力的顺从婢女。在这个意义上,亚历山大洛夫的屈服是一种象征,它意味着真正意义上的哲学史研究在斯大林时代的彻底死亡。"[②]

---

① [苏]威特尔:《辩证唯物主义:苏联哲学之历史的和系统的概观》,周辅成等译,北京:商务印书馆,1963年,第212~214页。
② 张亮:《政治的逻辑与哲学史——重读日丹诺夫1947年6月24日的讲话》,《学术界》第3期(2006年),第150页。

当时中国理论界对日丹诺夫的讲话是极其重视的，反应也是异常地迅速。同年11月之前，李立三便将《在〈西欧哲学史〉一书讨论会上的发言》译毕，次年初开始在解放社出版发行。仅在新中国成立之前，该书就印刷了8次，版本及发行情况如下：

《论哲学史诸问题及目前哲学战线的任务》，日丹诺夫著，立三译，[平山]新华书店1948年1月出版，无印数，有《编者前记》；

《苏联哲学问题》，立三译，[菏泽]山东新华书店1948年印行，无《前记》，无印数；

《日丹诺夫同志关于西方哲学史的发言》(1947年6月20日)，日丹诺夫著，李立三译，[佳木斯]东北书店1948年1月印行，无《前记》，印数3000册；

《论哲学史诸问题及目前哲学战线的任务》，日丹诺夫著，立三译，[平山]华北新华书店1948年1月印行，无《前记》，无印数；

《苏联哲学问题》，立三译，[张家口]晋察冀新华书店1948年2月印行，无"前记"，印数5000册；

《苏联哲学问题：日丹诺夫在〈西方哲学史〉讨论会上的发言》，立三译，[张家口]张家口晋察冀新华书店1948年2月印行，无《前记》，印数5000册；

《论哲学史诸问题及目前哲学战线的任务》，日丹诺夫著，立三译，华东新华书店1948年4月印行，有《前记》，印数3000册；1948年10月华东新华书店再版。

《苏联哲学问题——在〈西方哲学史〉讨论会上的发言》，日丹诺夫著，立三译，中原新华书店1949年3月印行，有《前记》，印书3000册。

随着李译《讲话》在各解放区广泛传播，接着又在解放后的知识分子思想改造中和《联共(布)党史简明教程》一起成为中国哲学家的必读书目，深刻地改变、重塑了那一代中国人的历史观念。至1950年、1954年，李立三译本分别由新华书店和北京人民出版社出版，题作《苏联哲学问题》和《在关于日丹诺夫著〈西方哲学史〉一书讨论会上的发言》。该书印数之多，发行之广，在同期中国出版界是罕见的，它的出版对中国哲学界影响巨大。值得指出的是，中华人民共和国成立后不久，即在1950年2月至3月，中国哲学家们在北京大学子民堂举行讨论会，集中学习和体会了日丹诺夫精神，会上马特（原名梁笃文，1910～1968）和艾思奇（1910～1966）的发言，代表了对日丹诺夫思想的中国阐释：强调哲学的阶级性，指出唯物/唯心是阶级斗争在哲学上的反映，哲学的党性表现在唯物/唯心不可调和的斗争，唯物/唯心的斗争代表着先进/落后或反动阶级的利益。二人的发言也代表了中国哲学在哲学研究和哲学史上应走的新方向。受此影响，自20世纪60年代起，"脱胎换骨的中国哲学家们创作和出版了多种《西方哲学史》和《中国哲学史》，这些著作的文字是中国的，但它们的灵魂却是苏联的。日丹诺夫在中国复活！"[1]

客观地说，用今天的眼光来看，这个讲话已有诸多的不足和缺陷，正如后人总结的：

> 这篇两个多小时的发言几个月后就传入中国，由解放区而至全国，强有力地改变并重新塑造了一代中国人的哲学史观念。即便在没有多少人知道的这篇讲话的今天，它的精神依旧梦魇般地束缚着当代人，成为束缚我们真实面对哲学的历史、思想的历史的僵化教条。[2]

究其实，这也是时代局限造成的。由于主流意识形态的集中作用，特别是政治因素的干涉，该作在中国产生了巨大影响。至于其留下的负面影响，可能是当时译者未曾料到的。

八、其他湘籍译家与外国哲学、伦理学著作翻译

除了上面这些较为集中的译介外，民国时期湖湘译家在哲学、伦理学译介方面也做出过一些努力。

首先，在海外中国哲学史译介方面，有醴陵人刘侃如的贡献。1926年9月，刘侃元翻译了日本渡边秀方（1867～1933）著《中国哲学史概论》，商务

---

[1] 张亮：《政治的逻辑与哲学史——重读日丹诺夫1947年6月24日的讲话》，《学术界》第3期（2006年），第150页。
[2] 张亮：《政治的逻辑与哲学史——重读日丹诺夫1947年6月24日的讲话》，《学术界》第3期（2006年），第146页。

印书馆出版。该书根据英文版译出，收入"哲学丛书"，内分上世哲学、中世哲学和近世哲学三部分。其中上世哲学分六编：老孔以前的哲学、儒家、道家、墨家、名家、法家；中世哲学分三编：汉代哲学、六朝哲学、唐代哲学；近世哲学分四编：北宋哲学、南宋哲学附元朝哲学、明代哲学、清代哲学。书前有著者《序》和《译者序》。该书1928年6月再版；2015年12月由山西人民出版社又版，上下册，收入郑培凯主编"近代海外汉学名著丛刊"。该丛刊收1949年后未刊行之近代海外汉学作品，所选之作在相关领域具有一定的代表性，在学术研究方向、方法上独具特色。①

其次，在欧洲古典哲学译介方面，益阳人周谷城对黑格尔的逻辑哲学著作译介倾注了较多精力。1930年春，周谷城到中山大学任教后，出于研究中国社会历史与革命理论的需要，促使他从《资本论》的学习上溯到黑格尔逻辑问题的研究。为此，他开始研究黑格尔的著作。一段时间里，他先后读过文德尔班（Wihelm Windeband）的《哲学史教程》（全称《哲学史教程——特别关于哲学问题和哲学概念的形成和发展》，1891），该书主要解剖19世纪德国哲学的历史发展。他认为"其中述黑格尔哲学较详"；② 他又读过瓦拉士（William Wallace）英译《黑格尔逻辑大纲》，即《小逻辑》，深为黑格尔的辩证法所吸引；还浏览过麦塔加（John Ellis McTaggart）的《黑格尔辩证法研究》和《黑格尔逻辑述评》，感到文字简明流畅，曾想选择其中一本译成中文。但后来他又认为，"译他人的研究之作，远不如译黑格尔本人之作重要。"③ 于是他在1933年翻译了黑格尔的《逻辑学大纲》和《小逻辑》（一部分）等书。据译者回忆：

  在中山大学教书时译了黑格尔逻辑大纲全文及小逻辑的一版外，没有译过什么书了。逻辑大纲最初用英汉对照印出过，后又由商务印书馆印了单行本；小逻辑译稿颁布曾请艾思奇同志在他主办的《思维月刊》

---

① 《出版说明》，[日]渡边秀方著：《中国哲学史概论》，刘侃元译，太原：山西人民出版社，2015年，卷首。
② 周谷城、贺麟：《序》，《现代西方哲学讲演集》，上海：上海人民出版社，1984年，第2页。
③ 同上。

上发表；但《思维月刊》只出两期就被反动派压迫停刊，我的译稿还未印出就随着丧失了。①

据考证，这部英汉对照的《逻辑学大纲》，于1934年1月由正理报社出版，是我国翻译黑格尔《逻辑学》最早的本子。全书分导言、第一篇"有"（质、量）、第二篇"内蕴"（自身内蕴之决定印象、实在）、第三篇"会通"（会通、最后原因、理念）。书前有译者的《黑格尔逻辑大纲》一文，由哈里士的英译本 Science of Logic 转译，全文用中英文对照排印。书中的一些观点后来为他所吸收，并体现在其创作中。

众所周知，周谷城是"历史完形论"的提出者，而他的这一理论提出，又与他广泛涉猎西方科学知识，特别是西方现代整体思想有关，更与中国史学的传统观念，特别是20世纪30年代中国史学研究的偏向有着紧密联系，其理论来源之一便是他译介过的黑格尔的《逻辑学大纲》。在《历史完形论》一文中，周谷城曾用黑格尔的话指出事物的诸部分以及部分与整体之间的关系。"现象世界中诸现象之彼此独立，实即构成一个全体，且完全存在于诸现象自己相关的关系中。""无间的关系即全体与部分的关系：存在之内容为全体，且系由部分构成的。部分即形式，即全体之反对。诸部分是彼此不同的，且各有其存在。但是诸部分之所以为部分，只在其彼此相关的统一关系之内；换言之，只在其彼此一块儿构成全体。然此'一块儿'（Zusammen）却正是部分之反对和否定。"②

与此同时，周谷城还在报纸杂志上撰文介绍黑格尔哲学，其中就有《黑格尔的逻辑大纲》③《黑格尔逻辑中之"质量"论》④《黑格尔逻辑引端》，⑤ 等等。1951年6月，他又根据哈里士英译本重译了《黑格尔逻辑大纲》，商务印书馆出版，足见他对此书的重视程度。

---

① 《周谷城自略》，晋阳学刊编辑部编：《中国当代社会科学家传略》第1辑，太原：山西人民出版社，1982年，第242页。
② 周谷城：《历史完形论》，《中国通史》，上海：开明书局，1939年3月。
③ 载1933年《正理报》第1期。
④ 载1934年《时代公论》第11期。
⑤ 1933年《新中华》1卷18期。

事实上，古希腊哲学在中国新文化运动及之前曾有过零星的介绍。到了20世纪30年代，在部分中国哲学家的努力下，翻译和传播希腊哲学原著和研究方面有了一定的进展，这当中又有湖南译家的部分功绩。典型的包括1933年1月溆浦人向达和夏崇璞合译亚里士多德的《亚里士多德伦理学》，商务印书馆出版，为精装本，收入"哲学丛书"；同年12月又由该社出版，收入王云五主编的《万有文库》第1集第87册"汉译世界名著丛书"。本来，亚里士多德的伦理学著作流传下来的有三种：一是大伦理学（Great Ethics），共两卷，仅为提要，是为初学者所作；二是尤明伦理学（Endemiam Ethics），共十卷，为亚里士多德弟子尤明所编；三是尼各马克伦理学（Nicomachean Ethics），共十卷，为亚里士多德弟子尼各马克所编。后两种是为具有较高哲学修养的人所作。向、夏二人译本选择的是第二种。据吴宓说，在这几本《伦理学》中，"据近人考证，较第二种为确实，亚氏于他书中常引用之。其行文体裁，既为一种笔记，故常杂乱无统系，然细读之，则条理井然，义均有归。"[①]这是在吴宓和汤用彤二人指导下翻译的。译者根据英国韦尔敦（J. E. Welldon）的英译本 Ethics 转译，而且是在1923年受吴宓之托而翻译的。夏崇璞只译得其中的第二、四、六卷，其他各卷均为向达所译。初稿最初连载于1923至1926年《学衡》杂志"述学"栏，题作《亚里士多德伦理学》，[②]译文由汤用彤润色，间夹小注则为吴宓所增。

可以说，在向达所译亚里士多德的原著中，《伦理学》和《政治学》是两部比较重要的原著。据译者考证：

> 亚氏之学传入中国，盖在三百年前，西洋耶稣会士东来之后。……光启与利玛窦译《几何原本》诸书。之藻于形数之外，并与傅汎际迻译关于亚里士多德之书：谈名理者有《名理探》十卷，论物性者有《寰有诠》六卷。形数之学，觉罗氏一朝，颇有所昌明，唯之藻所介亚氏说，则身殁而后，即趋式微。之藻卒于明崇祯三年，至今三百年不唯亚氏之学不显，

---

① 吴宓：《校者识》，[古希腊]亚里士多德著：《亚里士多德伦理学》，向达、夏崇璞译，上海：商务印书馆，1933年，卷首。
② 其中卷一见《学衡》杂志第13期，卷二见第14期，卷三见第16期，卷四、五见第20期，卷六见第30期，卷七见第32期，卷八见第50期，卷九见第59期。

《名理探》、《寰有诠》二书亦复传者甚少。方今士大夫知之藻书者固寥寥可数,即亚里士多德之名,且有闻而掩耳却走者,可慨也夫!①

该书于 20 年代既已译成,是为纪念"西洋大哲之学传入中土,及中国西学先进逝世三百年"②而翻译的,因取"所译自校一过",然后交由商务印书馆出版。全书除正文外,译本前有吴宓的《校者识》,提纲挈领地概括和论述了亚里士多德伦理学的主旨和内容;卷末附汤用彤译英人华莱士(Edwin Wallace)的《亚里士多德哲学大纲》,对于亚里士多德哲学全体之认识,颇有裨益,可以成为引导读者接受亚里士多德伦理学说的阶梯。本书与次年商务印书馆推出的由吴颂皋、吴旭初译的《政治学》相配套,算是此次纪念活动的最佳礼物。

再其次,在新康德主义哲学译介方面,著名编辑、哲学和心理学教授李石岑(1892～1934)做出了不小的贡献。

李石岑,湖南醴陵人,原名邦藩,字石岑。1912 年东渡日本留学,1920 年毕业于东京高等师范学校。回国后在上海主编《时事新报》副刊《学灯》,并同时主编《民铎》杂志。1921 年进入商务印书馆任编辑,与周予同主编革新后的《教育杂志》,并在东南大学等多所大学讲学。1928 年辞去商务印书馆的职务,再度出国留学,在法、德等国研究哲学两年多。1930 年底回国,担任中国公学、暨南大学等校教授。他一生的学术活动主要在哲学和教育两个方面,尤其热心于在中国传播西方哲学,曾著有《希腊三大哲学家》等。

1936 年 8 月,李石岑生前与郭大力合译德国朗格(Friedrich Albert Lange)的《朗格唯物论史》,由中华书局出版。这是研究唯物主义历史的一部巨著,它试图对唯物主义和唯心主义这两种形态的哲学做出一种公允的评判。《朗格唯物论史》一书共分上、下两卷,各为四篇。上卷为古代的唯物论、过渡时期、17 世纪的唯物论、18 世纪的唯物论;下卷为近世哲学、自然科学、人与心(自然科学之续)、伦理的唯物论与宗教。书前有郭大力的《译者序》《朗格小传》《原著者第二版序》。

朗格是早期新康德主义的创始人,马堡大学教授。他在其《唯物主义史》

---

① 向达:《译者序》,[古希腊]亚里士多德著:《亚里士多德伦理学》,第 1～2 页。
② 向达:《译者序》,[古希腊]亚里士多德著:《亚里士多德伦理学》,第 2 页。

中表现了康德的基本哲学倾向，同时对康德哲学做了重要改造。首先，他抓住康德哲学关于主体与客体、精神和物质关系问题的关键，认为康德哲学的最大贡献在于超越了在主体以外设定一个自在实体的学说，尤其超越了传统的唯物主义。"我们可以把康德哲学的整个体系看作是永远消除唯物主义而又不陷入怀疑论的光辉尝试。"哲学没有否认唯物主义的合理性及其对现代自然科学的价值。他认为，就精确地认识现象世界来说，唯物主义还是保有自己存在的权利。但是，他认为唯物主义企图用物质的运动来说明意识、认为主观必须符合客观、意识必然依赖于物质，这是错误的，因为无法说明。"不管怎样明确地指出意识完全依赖物质的变化，外部运动对感觉的关系仍然是无法理解的。对此作的说明越多，所暴露出的矛盾也越多。"朗格认为，康德以前以及以后的唯心主义也有一个根本性错误，就是把意识本身当作纯粹存在或绝对原则，由此出发建立起整个世界，这样势必把意识和物质、主体和客体以及现象与自在之物看作是同一的。这些观点基本上再现了康德的观点。但是，朗格进一步用19世纪上半期生理学唯心主义作为"科学材料"来论证这些哲学观点，并进一步否定了康德"自在之物"的客观存在。新康德主义马堡学派利用19世纪下半期以后的数学和物理学等自然科学的最新材料，来进一步论证和发挥康德哲学。马堡学派对康德哲学改造的主要表现，是撇开康德哲学中的先验心理倾向，发挥其先验逻辑倾向。在对康德关于理论理性的解释上存在着先验心理和先验逻辑两种倾向，朗格代表了早期新康德主义主张的一种倾向（另一种倾向的代表是马堡学派），其哲学思想在19世纪后半叶的德国深深影响了尼采、胡塞尔和海德格尔。

自"五四"以来，李石岑一直从事把尼采开创的新浪漫主义哲学，即非理性哲学输入中国。非理性主义认为"生命居于第一位，世间一切居于第二位，充实生命是第一目的，充实世间乃是手段。神是人造的，国是人造的，科学也是人造的。"[①]这种哲学引入中国后，"伴随着五四运动以来的民族自觉运动，引出了一种个人自觉的运动。"[②]而在《希腊三大哲学家》中，李石岑就指

---

① 郭大力：《序言》，李石岑：《希腊三大哲学家》，上海：商务印书馆，1931年，第7页。
② 郭大力：《序言》，李石岑：《希腊三大哲学家》，第8页。

出：翻看以往的西方哲学史著作，尽是记载着一些哲学家的问题，很少记载有人的问题。但是，哲学的发展却总是朝着人的问题的方向发展。所谓哲学家的问题，是指本体、实体及其他如天赋观念、抽象观念等。所谓人的问题，是指一切与我们生活上发生关系的东西，都是属于人的范围之内，而本书便是从人的问题出发研究哲学史的典型代表。为了给中国思想界启蒙，"使全中国人都兴奋起来，都认识生命的价值，都成为有力量的人"，[①]这项工作具有十分重要的意义，故而他选择将此书翻译过来。该书的翻译始于1930年冬，时值李石岑从欧洲归来，但只译完其中一部分即病逝，余稿由其弟子郭大力完成，并由舒新城征得陆费逵同意，得以在中华书局出版；1941年再版。2016年4月又由河南大学出版社出版，收入"民国专题史丛书"。

在俄苏哲学译介方面还有一位值得注意的人，他就是湘潭人萧敏颂(1914～1957)。1941年8月，萧敏颂翻译了俄国哲学家赫克(Julius F. Hecker)写于20世纪30年代初期的英文著作《哲学对话》(直译作《莫斯科对话：论红色哲学》)，由新知书店出版，重庆、桂林、香港同时印刷。作者赫克出生于俄国，后长期定居美国，主要从事社会和文学工作。俄国革命后，以赈灾会会员资格回国。萧敏颂翻译此书开始于1936年冬季在北平时期，可惜译成的部分稿件在长沙大火中付之一炬，后来他到桂林后继续完成未竟之业。全书有《译者序》、约翰·麦克穆莱(John Macmurray)《序》及《原序》，正文除引言和收场白外，从"一群美国的知识分子与一个俄国的共产党员开始一个关于哲学的讨论"，到"世界革命的哲学"止，共分二十个部分。

据《原著者序》称：

> 本书的目的是想把共产主义哲学的发展和当前的诸问题，用一种明白而有趣的体裁表现出来。……我之所以选择这种体裁，倒不是为了模仿老式的古典哲学。它毋宁是由于我在莫斯科的多年的居住当中，来自海外的无数英语朋友们曾来拜访我，并和讨论革命哲学问题的这种实际经验所触发的。[②]

[①] 郭大力：《序言》，李石岑：《希腊三大哲学家》，第12页。
[②] 赫克：《原著者序》，赫克著：《哲学对话》，第10页。

就像译者所说的,赫克的这部著作的"目的是想供给英美的读者一种入门的书籍",它"虽然出版的时间是在数年以前,没有能够把苏联哲学发展史上的最新成果包括进去,不免稍嫌陈旧,但这只是一点美中不足","但在文化水准相对低落的中国,内容当然还是不够通俗,只能作为一种中级读物看待。"① 尤其是其"文笔生动活泼,不晦涩枯燥;内容广泛丰富,不艰深偏枯;能使初学者对于新哲学的各种基本知识和重要问题,获得一个全面的轮廓的认识,而看起来又津津有味。"② 该书译出后,由杨东莼校阅,并在重庆和香港等地同时发行。它的出版对于抗战时期文化宣传曾经起到过非常重要的作用。

此外,1949 年 9 月,岳阳人阮有秋翻译了《资产阶级的唯物论与辩证法唯物论》,由北京中华书局出版,收入"新时代小丛书"。全书 38 页,分两部分:资产阶级的唯物论;辩证法唯物论。该书论述了勃兴时期的资产阶级的唯物论,它的种类与特征,以及辩证法唯物论区别于资产阶级唯物论的特点。

零星的还有翦伯赞翻译苏联唯物主义理论家弗·维·阿多拉茨基(Vladimir Viktorovich Adoratsky,又译亚多拉斯基)著《自然与人类知识的辩证法》,③ 刊 1937 年 4 月 1 日《世界文化》第 1 卷第 10 期,等等。

总的来看,民国时期湖南人翻译的哲学、伦理学著作数量不是太多,但所选作品本身多是在世界范围内有重要的影响。而从译者群来看,这批译者大多是这些领域的大家,他们在翻译中又能本着极度认真的态度,这样就保证了其译作较高的质量,并在当时和后来产生广泛的影响。尽管部分作品受时代的局限,对于后来中国思想界产生了某些负面影响,一度成了束缚人们去真实面对哲学史、思想史的僵化教条,但这点不能否认现代时期湖南译家翻译的哲学、伦理学的重要价值。

---

① 萧敏颂:《译者序》,赫克著:《哲学对话》,萧敏颂译、杨东莼校,桂林:新知书店,1941 年,第 3 页。
② 萧敏颂:《译者序》,赫克著:《哲学对话》,第 3 页。
③ 摘译自 V. Adoratsky, *Dialectical Materialism: The Theoretical Foundation of Marxism-Leninism*, New York: International Publishers, 1934/1936。

第四节 民国时期湖南的教育学和心理学翻译

"五四"运动之后,"民主与科学"的口号深入人心,西方科学知识在中国传播的规模扩大了。通过以留学海外学子为主干的一批教育学和心理学工作者的努力,大量的西方教育学和心理学著作被翻译过来,使国人耳目为之一新,教育学和心理学成为"热门"的知识领域。其原因就像有人总结的:"社会改造首先是国民性的改造,而国民性改造归根结底还是国民的心理改造。"[1] 正如当代学者刘禾在她勾勒的"翻译生成的现代性"中主张从"国民性"剖析入手,而素以"敢为天下先"闻名的湖南人自然会将兴趣放到国民的思想与心理的改造上。于是,我们可以发现此间湘籍学人中又涌现出一批优秀的译家,如傅任敢、舒新城、陈奎生、李季、肖孝嵘、傅统先、胡迈、熊子容等便是其中杰出的代表,他们在引进西方教育学和心理学方面做出的贡献不容忽视。

一、傅任敢与教育学名著翻译

民国时期,湖湘学人翻译外国教育学著作影响最大的是傅任敢。由他翻译的又多系世界名著,尤其是他首译的《大教学论》,在中国教育界产生了深远的影响。

傅任敢(1905～1982),湖南湘乡人,原名傅举丰,笔名举丰、苕年等。1929年毕业于清华大学教育心理系,1930年至1933年在长沙明德中学任教务主任,1938年至1950年主办重庆清华中学,长期从事教育工作,在教育理论和实践方面做出了巨大贡献。傅任敢的翻译活动始于20世纪20年代末,这也正是他就读清华大学时期。作为早期中国为数不多具有启蒙意识的

---

[1] 邹振环:《疏通知译史:中国近代的翻译出版》,上海:上海人民出版社,2012年,第56页。

先觉者，傅任敢选择从教育的角度去正视"民族的复生"问题，从而构成了其教育核心价值的根本导向。因此，我们可以发现他那时的翻译多是关于教育学和心理学方面的著作。

1928年至1930年间，傅任敢比较集中地推出一系列教育学和心理学译文。1928年，他相继写出《介绍心理学论著提要》和《赫德主编之心理学撰著提要》，刊《清华周刊》第29卷第1号和《教育杂志》第20卷第3号；同年4月4日至7日，他在《晨报副刊》发表《苏俄的实验学校》；5月和8月，他先后翻译了《释行为主义》和《情感与理智》，刊《教育杂志》第20卷第5号和第8号；1929年1月19日，他在《认识周报》1卷3期发表《苏俄党争文件英译》；1月20日，他在《教育杂志》第21卷第1号"世界教育新潮栏"发表所译《苏俄职业教育之近况（国际劳工月刊）》；同年3月16日，他在《认识周报》第1卷第9期发表所译《罗素怀疑论丛》；同月30日，《认识周刊》第1卷第11期刊登他的《蜗逊心理保育论》；同月，《学衡》杂志第68期刊登了他的两篇译文：《罗素东西幸福观念论》和《罗素未来世界观》，分别译自罗素的《怀疑论丛》第八章、第十七章，译者均署"傅举丰"；《学衡》第69期又刊他译《罗素论机械与情绪》（署名傅举丰）；同年5月，《民铎》第10卷第3号刊有他译《罗素怀疑之价值》；1930年3月和5月，《安徽教育》第1卷第8期和第12期分别刊他译《桑戴克论教育的领域》和《文明变迁下的教育》；同年6月，《教育杂志》第22卷第6号又刊他的3篇译介西方教育的文章：《法国中等教育之演变》《英国中等教育之鸟瞰》和《美国教师专业概况》，等等。通过这些著译文章，傅任敢将当时国外最时兴的一批教育学家和心理学家的理论介绍到中国，这样无疑开阔了国人的眼界，从中也让人们体察到早年他对前沿学术的敏感程度。

1935年和1936年，傅任敢又推出两篇与中国教育相关的译文。其一是他翻译的介绍中国早期教育的文章，即奈特·毕乃德（Knight Biggerstaff）所撰《同文馆考》，译文最初刊1935年《中华教育界》第23卷第2期。该译文自1934—1935年刊载于英文刊物 Chinese Social and Political Science Review（《中国社会及政治学报》第18卷第3期）。作者毕乃德是美国康奈尔大学中国史教授、亚洲和中国现代化问题研究专家，他"不仅最早将'现代化'理论用于研究中国近代史,也用于他的教学之中"。[1] 同文馆是清末在北京开办的采用班级授课制的第一所洋务学堂,它开始是一所教授外语的学校,但在其后的四十年中,它的主要功能则是用现代教育方法为清政府培养翻译和外交官。这段历史非常值得探讨。本文是他在北京进修期间发表的第一篇高水平的英文论文,全文共分七部分:一、同文馆的前身(从明代四夷馆到清代的俄罗斯文馆);二、同文馆的建立;三、同文馆教学内容的扩大(从外语扩大到西学);四、同文馆的管理;五、同文馆毕业生的去向与活动;六、上海和广州的同类学校;七、同文馆的终结。由于同文馆在中国近代教育发展史上具有重要地位,加之毕乃德运用西方人独特的眼光来考量中国早期的教育问题,其方法比较新颖,傅任敢便将这篇由西方人撰写的考证历史沿革的文章翻译出来。后来该文长期被学界所沿用。

其二是他选译《雍正年间意大利的中国学院》,刊 1936 年 3 月《中华教育界》第 23 卷第 9 期。这是傅任敢从清华图书馆善本书库里偶尔看到一些记载,得知清雍正年间意大利那不勒斯曾有一位传教士设立过一所中国学院,专门训练从中国去的青年,予以宗教熏陶,然后派往中国传教。据译者说,这篇文章实际上是根据福尔图纳托·普兰迪(Fortunato Prandi)选译的《利拔神甫供职清宫记》,而此记选译的蓝本则为道光十二年(1832)出版、利拔神甫用意大利文自著的《中国学院史》,英文题作 History of the Chinese College。意文原本注重的是中国学院的情形,而英文选本选译部分则更注重利拔来华的经过。傅任敢称自己"不明意文,只能根据英文本作本篇提要式的述略,这是一件深为抱憾的事。"[2] 尽管如此,我们还是能够看到他是如何将这所中国学院的面貌较为清晰地展现出来。这两篇文章对于了解中国早期教育与西方人的参与活动之状况不无参考价值。

1937 年 4 月,傅任敢节译了美国传教士丁韪良(William. A. P. Martin)的《花甲忆记》,题为《同文馆记》,刊《教育杂志》第 27 卷第 4 号。《花甲忆记》是一部自传体作品,它详实地记录了作者丁韪良在华生活 47 年的感受和

---

[1] 顾钧:《美国第一批留学生在北京》,郑州:大象出版社,2015 年,第 61 页。
[2] 傅任敢:《雍正年间意大利的中国学院》,《中华教育界》第 22 卷第 9 期(1936 年 3 月);《傅任敢教育文选》,北京:教育科学出版社,1990 年,第 29 页。

所观察到的中国社会之方方面面。由于其独特的在华生活经历，丁韪良在漫长的岁月里扮演了各种不同的角色，接触到中国社会各阶层的成员，亲自参与或见证了中国近代史上一些重大的历史事件。尤其是他长期担任同文馆总教习一职，跟总理衙门大臣们毗邻而居，朝夕相处，从内部观察到中国的官场，因此对于大清王朝的腐朽和中国社会的落后有比较深刻的认识和批判。傅任敢译出的是《花甲忆记》原书第二部分第六章和第七章这两个讲述同文馆历史的章节，这与他早前翻译毕乃德的《同文馆考》构成一个有机的整体，从而将同文馆的面貌更为完整地展现给当时的读者。

到了20世纪30、40年代，特别是自1933年至1938年傅任敢在清华大学工作的五年间，他有感于"五四"以后启蒙时期的教育理论多借鉴于西方，但西方教育经典著作却极少有中文本的情况，因此他"有一个热切的企图，希望异域的教育上的经典都能译成中文！"[①] 他更加勤奋地从事翻译工作，着力向国人推介西方教育思想著作，以利于学习交流，革新中国的教育现状，达到洋为中用之目的。此间，他先后翻译出版了裴斯泰洛齐的《贤伉俪》、阿德勒的《生活的科学》、[②] 洛克的《教育漫话》、夸美纽斯的《大教学论》，并辑译了色洛芬、卢梭、福禄倍尔三人论文摘录合成的《莉娜及其他》等五部著作，均由商务印书馆出版。这些译著影响之大，发行之广，在中国现代人文著作翻译史上实属罕见。同时，他还编写了一部《近代教育人物像传》，以此来配合这些西方教育思想的宣传。这中间有三部译著特别值得一提。

1935年，傅任敢翻译了瑞士裴斯泰洛齐（Johan Heinrich Pestalozzi）的《林哈德和葛笃德》，这是他个人推出的教育名著系列的第一部。该书根据英文本节译，译文最初连载于1935年1月至1936年2月《教育杂志》第25卷第1、2、4、6号至第11号和第26卷第1、2号，题为《贤伉俪》。后于1937年1月商务印书馆出版单行本，234页，32开，收入"汉译世界名著丛书"。作者裴斯泰洛齐（又译佩斯塔洛奇）是18世纪末、19世纪初瑞士著名的民主主义教育家，1746年1月12日生于苏黎世，其父为医生，在他五岁

---

① 傅任敢：《前言》，《教育漫话》，上海：商务印书馆，1937年，第1页。
② 1937年2月《书人》月刊1卷2期上有顾良的一篇《傅任敢译："生活的科学"》评介该书。

时去世，母亲和忠实的女仆巴比丽抚养和教育他，女仆的自我牺牲精神使他终生难忘。他幼时曾住在外祖父的村庄里，目睹了农村破产的境况和农民的悲惨遭遇，从小就对农民的疾苦深为同情。在卡罗林学院学习期间，他受到卢梭的《爱弥儿》和《社会契约论》的深刻影响，民主主义思想倾向得以强化。1774年，他在涅伊果夫创办了一所孤儿院，收容50多个贫苦儿童，亲自教他们读、写、算的初步知识，同时让几个工匠教他们纺纱织布。虽然这次实验在1780年失败，但为《林哈德和葛笃德》的创作奠定了实践基础。1781年2月，教育小说《林哈德和葛笃德》第一部问世，随即被誉为与卢梭的《爱弥尔》齐名的"千古不朽之作"。小说通过女主人公葛笃德的言行以及她对儿童教育的活动、县长亚尔纳对教育的关心和支持、坡那镇学校校长格吕菲对教育的改革与探索等的描写，表达了裴斯泰洛齐的教育倾向和理想，也为他赢得了国际声誉。法兰西共和国立法会议曾因此书于1792年授予裴斯泰洛齐"法兰西共和国公民"，称赞裴斯泰洛齐在教育史上的显著功绩，创立了一个新的教育理论体系，特别是初等教育理论，并在实践中予以贯彻。他关于教育的最基本要素理论，奠定了初等学校各科教学法的基础。此外，他在家庭教育方面也有许多很好的见解。裴斯泰洛齐的教育思想对英、法、德、美等国的影响甚大。裴氏的教育思想是在清末年间逐渐传入中国的。早在1905年，王国维曾将该书作过节译（罗振玉审订），题为《醉人妻》，以"教育小说"的名目连载于他主编的《教育世界》，前后连载近一年，其目的就像《译者序》中所说的："全篇宗旨，首在改良社会。借一村落为世界之缩影，而谓改良之道，必由家庭以推及学校。"① 不过，王译是根据日译本转译的，而且采用的是文言文。非常有趣的是，这篇译述却对旧中国的初等教育有相当大的影响。此次傅任敢又将它从英文节译过来，这对于国人进一步认识裴斯泰洛齐其人及其教育思想有很大的帮助，况且他使用的又是通俗、浅近的白话，这样更方便于读者阅读。

1936年，傅任敢翻译了约翰·洛克（John Locke）的《教育漫话》，次年12月商务印书馆出版，1940年5月长沙商务印书馆再版。该书由时任湖南

---

① 《教育世界》第97号（1905年4月）。

省教育厅厅长的朱经农（1887～1951）作序，收入"汉译世界名著丛书"，并多次再版。这是一本关于英国中世纪晚期教育思想的通俗读物，同时也是近代资产阶级教育理论中的一部名著，主要讲述儿童保健、德育、智育等内容。傅任敢的译本推出后，在中国教育界产生了广泛的影响，而且有如人言：到目前为止，"至少已有三代人读到他译的书，从中得到教益"。[①] 洛克的这部作品，"与其说是一篇公诸于众的论文，不如说是一段朋友间的私人谈话"，它集中反映了17世纪英国著名哲学家、政治思想家和教育家约翰·洛克的绅士教育思想体系，也是洛克主要教育思想的体现。在此，洛克比较系统地提出了如下一些教育思想：一、教育的作用、目的和途径；二、绅士教育的内容与方法——体育、德育、智育及锻炼法。从其对绅士教育目的理解出发，洛克将绅士教育的内容划分为体育、智育和德育三方面，并把着眼于实际的锻炼法分别贯彻于"三育"之中。在此过程中，他特别重视早期教育的关键作用，一是因为儿童少年时的可塑性最大；二是因为幼时的印象"有极长远的影响"，像水源一样，稍加引导，"便可以把它导入他途，使河流的方向根本改变"。而且，他还根据自己的哲学观点特别指出：儿童就像"一张白纸或一块蜡，是可以随心所欲地做成什么样的"。在《教育漫话》中，洛克所表述的教育思想，是在概括并总结自文艺复兴以来在英国业已形成的绅士教育实践的基础上提出来的。所谓绅士，乃是"有德行、有用、能干的人"，这实际上反映了英国贵族——资产阶级对自己子弟的要求。"绅士是英国未来的管理者，一旦绅士受到教育，上了正轨，其他的人自然就都上了正轨了。"[②] 不过，在洛克看来，对绅士的教育不是在学校里进行的，而是在家庭里由父母或聘请家庭教师来培养青年绅士。他的这种思想较之我们后面将要涉及的夸美纽斯那部宗教色彩十分浓厚的古代教育理论之代表作《大教学论》，更富有时代感和现实意义，更适合当时英国资产阶级新贵族对绅士培养的需求，因此，《教育漫话》在近代教育史上占有重要的地位，并对后来资产阶级各国教育实践和教育理论的发展有着极大的影响。而当时怀着强烈使命感的傅任

---

① 周智佑编：《傅任敢校长纪念文集》，内部发行，1998年，第77页。
② 魏泽馨选编：《傅任敢教育译著选集〈教育漫话〉》，长沙：湖南教育出版社，1983年，第301页。

敢，读到这部著作时，很快就被其中的内容所吸引，于是将它翻译过来。读者从中无疑可以看出他当时的理想寄托所在。不仅如此，在译完全书之后，他还撰写了《洛克和他的教育漫话》一文，全面介绍了洛克的教育思想。这些在今天仍然有着现实意义。

1939年5月，傅任敢译述了夸美纽斯（John A. Comenius，一译克绵斯基）的《大教授学》（今译《大教学论》），由长沙商务印书馆出版，收入"汉译世界名著"丛书。[①] 夸美纽斯是17世纪捷克伟大的教育家，著名教育理论家，近现代教育、教学理论最伟大的奠基者。他继承了培根的唯物观点，在教育思想和教学理论上做出了划时代的贡献。该书的宗旨体现在其副标题："把一切事物教给一切人类的全部艺术"。原书最初为捷克语，1635～1638年间由作者本人译成拉丁文，并做了修改和补充。1657年，他将该书列为《教育论著全集》的首卷首篇公开发表。正是以这本书的出版为标志，教育学开始发展成独立学科。夸美纽斯坚信教育的力量，认为没有教不好的儿童。他重视教学方法，重视师范教育，主张设立一个"学校之学校"或"教学法学院"。在《大教学论》中，他重点阐释了教学理论问题，认为教学论是教学的艺术，"大教学论"就是要"把一切事物教给一切人类的全部艺术"，这是一种"教起来准有把握""教起来使人感到愉快""教得彻底"的艺术。书中明确提出并详细论证了一系列教学原则、规则以及各种教学方法（包括一般的和分科的教学方法），拟订了各级学校的课程设置，确立了学校教学工作的基本组织形式，制订了编写教科书的原则要求，甚至对教师如何上好每一堂课也做了具体的规定。《大教学论》还论述了道德教育、宗教教育，艺术教育和体育等。《大教学论》广泛深入地探讨了教育工作中方方面面的问题，总结和继承了捷克人民自文艺复兴以来的进步文化教育传统，饱含着民主的热情和教育家的睿智，是西方近代最早有系统的教育学著作，为近代教育学的建立打下了基础，尤其是奠定了当今分科教学法的基础，在教育思想和教学理论上做出了划时代的贡献。为此，夸美纽斯也被誉为"教育学上的哥白尼"，由此足见夸美纽斯其人及其著作在西方的地位。20世纪初，中国学者王国维最

---

① 书前题"谨以此译纪念故爱弟傅举益君"。

早对它的内容做过简要介绍,而傅任敢译本则是第一个汉语译本。

自1939年出版后,此书在社会上一直反映良好。1955年5月华中师范学院出版,收入"汉译世界名著"丛书;1957年人民教育出版社推出新1版,改题为《大教学论》。译者去世前又将译本做了较大的修改,1984年12月人民教育出版社推出新2版,以后又多次再版和重印。傅任敢翻译的这部《大教学论》,也是几十年来在中国发行最多、流传最广、影响颇大的一部教育学译著,是师范院校师生重要的教学参考书,也是所有教育工作者提高教育理论素养的一本必读书。

二、舒新城与教育心理学翻译

民国时期,湘籍学人中译介教育学和心理学影响较大的还有舒新城。

舒新城(1893～1960),原名玉群,学名维周,字心怡,号畅吾庐,湖南溆浦人。1917年毕业于湖南高等师范学校,曾在长沙兑泽中学、省立一中及福湘女学、中国公学中学部、成都高等师范部任教,后任职于中华书局。纵观其一生,大致以1930年为界,前期主要致力于教学实践和对中国近代教育史的整理,同时也致力于教育研究工作,特别是对国外道尔顿制的译介和宣传,成绩斐然。

在翻译方面,1922年12月,舒新城翻译了美国著名心理学家爱德华·桑戴克(Edward Lee Thorndike)的代表作《个性论》,同年12月中华书局出版,收入"教育丛书"。桑戴克是美国心理学行为主义代表人物,长期执教于哥伦比亚大学教育学院,早期主要从事动物心理学研究,后从事教育心理学、成人学习、实验教育学、阅读心理学等方面的研究,被认为是教育心理学的奠基人。他把教育心理学的对象确定为研究人的本性及其改变规律,它由人的本性、学习心理学和个别差异三部分组成。他认为人性知识为教育提供了出发点,教育的真正任务是根据人的需要来逐渐改变人性。原书曾收入华盛顿大学校长史沙乐(Henry Suzzalo)主编的"河畔教育小丛书"。该书探讨了个性差异的程度与原因,分别讨论了个性差异之本质、原因和旨趣三方面内容,约二万余字。舒新城的译本前有长篇《译者叙言》,说明翻译此书的原因，并摘述其学说及他的生平与著作；另有编者序言。在《译者叙言》中，舒新城说：

> 我最喜欢读桑戴克先生的书：先生的重要著作如《大教育心理学》《教育心理学简本》《教育学》《教学原理》《动物智慧》《心理学要义》以及与 Strayer 合著之《教育行政》等都购备得有。每得一卷即反复不舍。前年在湖南第一师范教书，曾根据先生的《教育学》及《教育心理学》，编《教育心理学纲要》（由商务印书馆发行）及《教育学》（尚未付印）二书，并译其《大教育心理学》第一本（共三大本）之五分之四（因出版苦难未续译）。……这三本书中所讨论所研究的，各有它自己的范围，彼此不相混杂，但有一条基本原则，就是刺激反应说（Situation-Response Theory）……人类的一切行动，都是由刺激与反应的联合所产生的。……桑戴克先生这本小册子虽只有五十二面，但把他《大教育学》第三本第二部的重要原则原理都简约在一起，所以文字含义甚富，译成中文很难明瞭，勉强可读原文者仍以读原文为好——并希望有多人研究他的学理。[1]

正因如此，译者倾注了较大的精力去翻译，译毕后，又校阅三遍，然后请刘建阳校阅一次，修改数处，由此足见他的认真态度。[2] 该书出版后，"深受读者欢迎"。[3] 1929 年第 7 版，1932 年 11 月第 8 版，1938 年第 9 版。

1923 年 12 月，舒新城编译了美国莫尔（Jared Sparks Moore）著《现代心理学之趋势》，1924 年 10 月中华书局出版，列入"新文化丛书"；1925 年 10 月再版，1928 年 4 月第 3 版，1929 年 11 月第 4 版。该书译自美国凯斯西储大学哲学副教授莫尔的 *The Foundations of Psychology*（直译作《心理学基础》），其所讨论之心理学派别、心理学范围及心理学臆说三个问题，当时都是在心理学上亟需解决而未解决的重要问题。由于书中所述特别注重于现代心理学诸方面，故翻译过来时易名《现代心理学之趋势》出版。

1925 年 9 月 19 日，《现代评论》第 2 卷第 41 期刊登的、中华书局发行

---

[1] 舒新城：《译者叙言》，《个性论》，上海：中华书局，1922 年，第 1 页、第 4 页。
[2] 舒新城：《我和教育》（下），台北：龙文出版社股份有限公司，1990 年，第 332～333 页。
[3] 邹振环：《疏通知译史：中国近代的翻译出版》，第 54 页。

的哲学用书清单中有该书之广告:"中国心理学的书籍,虽已不少,但系统的述各派心理学之内容而溯其起源以评其得失者,尚不多见,本书于此三致意焉。"

原书于1921年由美国普林斯顿大学部发行,随即在美国心理学界引起广泛的关注。全书共15万余字,分三编:心理学之派别;科学心理学的范围;心理学的臆说。舒新城的译本前有译者《序》,附表甚多,是极好的研究哲学及心理学的通俗读物。译者认为:"现在各国心理学大概都趋重于实验方面,莫尔此书则完全从理论上立言。"[1]作者认为,现代心理学的动机派、构造派、自我派各有所偏,提出心理学是一门独立而完全的科学,一面应脱离玄学,一面应脱离生理学。第二编讲哲学与科学的关系,第三编虽然名曰讲臆说的问题,却大半是哲学及科学的常识。莫尔著书本意是对各派别做综合研究,并调和各方面的意见,但明显地看得出他偏重于机能观方面,书中以维护机能派者的地方甚多,对于行动派与自我派的批评较严格。值得指出的是,1923年舒新城在江苏一中教人生哲学及在东大附中教心理学时,均取其一部分作为参考材料,而将其大意写出。"后来因其可为一般人研究心理学哲学等之参考乃全部写出,但非逐句对译,只就其大意述之而已。其第三编之一部分,并系由我(舒新城)口述,余盖君代为写下。写毕又曾交友人杨效春君校阅一过。"[2]

与此同时,舒新城撰写了一系列介绍性文章,介绍外国教育状况。如1927年1月20日,他撰写了《德可乐利教育法》,刊《教育杂志》第19卷第1号,介绍比利时教育家、科学教育思想的主要人物德可乐利(De Croly);同年3月20日,该刊第19卷第3号刊载他撰写的《克伯屈的教学法要义》,介绍杜威的弟子、美国进步主义教育家威廉·赫德·克伯屈(William Heard Kilpatrick)的教育思想;1928年5月20日,该刊第20卷第5号刊载他撰写的《芬德雷的教育原理第一册》。这些实则是他根据当时最新的外文资料编译的。

---

[1] 舒新城:《序》,莫尔著:《现代心理学之趋势》,舒新城译,上海:中华书局,1924年,第1页。
[2] 舒新城:《我和教育》(下),第336页。

正如舒新城自己所说:"道尔顿制四字使我成名,使我跻于所谓'教育家'之列,使我在中国教育方法史中占一个姓名,使我借以生活若干时。"① 所谓道尔顿制,是教学的一种组织形式和方法,又称"契约式教育",全称道尔顿实验室计划,它是由美国柏克赫斯特女士(Miss Helen Parkhurst)于 1920 年 2 月在马萨诸塞州道尔顿中学所创而得名。在柏克赫斯特看来,教育最重要的任务,就是利用环境来扩充学生的经验。为此,她确立了三项原则:一、自由,即必须让学生自由学习,允许学生按自己的速度做出学习的安排,支配自己,而不是利用课程限制学生;二、合作,即学校应该成为实际生活的社会组织,学生应互相交往,互相帮助,共同自由生活;三、时间预算,即让学生明确应该做的事情后,使他们在规定的时间内,自己做出计划。为此,必须有三个实施条件,即按分科设立的实验室,制定作业(或称学习工约)和成绩记录表。这种教学模式一经产生,就在美国产生了影响,并在同年传到英国,在两千多所学校实施,德国、法国、日本也纷纷仿效。② 道尔顿制的实施在弥补班级教学制度的不足、发展学生个性、培养学生独立学习的能力等方面有一定的积极作用,并对程序教学、个别指导教育等曾发生过影响。而在舒新城的翻译生涯中最值得注意的又是他对道尔顿制的译介。江苏人鲍德澄曾于 1922 年 6 月在《教育杂志》第 14 卷第 6 期发表《道尔顿实验室计划》,最早向中国教育界介绍这种制度。在读了该文之后,舒新城对道尔顿制产生了浓厚的兴趣,先后与杜威夫人以及柏克赫斯特女士取得联系,并在上海吴淞中学开始试行。此后,他相继在《教育杂志》《中华教育界》《新教育》等刊物发表了十多篇有关道尔顿制的专论,又著成《道尔顿制概观》(1923 年 5 月)、《道尔顿制讨论集》(1924 年 3 月)、《道尔顿制研究集》(1924 年 6 月)、《道尔顿制浅说》(1924 年 6 月)、《道尔顿制概要》(1925 年 7 月)。尽管舒新城曾自谦:"关于道尔顿制的四本书,在我的教育著述以至于一般著述中都不占很重要的位置","我编著关于道尔顿制的四本书,不过应'时势之要求'而已,并无何种深意。"③ 但它们曾经在中国教育界产生过较大的影响却是不

---

① 舒新城:《舒新城自述》,合肥:安徽文艺出版社,2013 年,第 309 页。
② 崔运武:《舒新城教育思想研究》,沈阳:辽宁教育出版社,1994 年,第 97 页。
③ 舒新城:《舒新城自述》,第 309 页。

争的事实。

1923年7月14日至16日，舒新城翻译了《道尔顿制的心理》，刊载于《学灯》；1925年8月8日至9日，他译述了英国西青学校校长林勤（Albert John Lynch，今译艾伯特·约翰·林奇）所著《个别教学与道尔顿制》，连载于《晨报副刊》"道尔顿制研究号"。

1926年9月，舒新城翻译了英国林勤（A. J. Lynch）的《个别作业与道尔顿制》，中华书局出版，1931年11月再版，收入"教育丛书"。原书初版于1924年，分别讨论了道尔顿制在初等学校如何实施以及个别教学在道尔顿制教学中的实际应用问题，并针对在初等学校实施道尔顿制教育时面临的诸多实际困难提出了相应的解决方案。书前有《译者短语》《著者自叙》和纳恩（T. P. Nunn）的《序》。据译者说，当时国内专论道尔顿制的中文书籍大小已有十一种，但"除少数外，大概为彼此互抄，量与质不为正比例之进步"。① 故而他决定重译此书。同时，译者为"求其便于阅读，译述只以达意为主，未能逐字逐句直译"。这样便于将它作为普通参考书使用，进而扩大其传播范围。

可以说，正是由于舒新城的集中著述和译介，他也成为当年中国教育界宣传道尔顿制的名人大家。这种学制一度在我国的上海、北京、南京、开封等地进行实验，"在中国当时教育改革中产生很大影响"。② 然而，就连舒新城自己也说："道尔顿制本是一种教育方法，并无很深的学理待研究"。③ 由于这种制度有偏重学习学科知识，过分强调个性差异，忽视班集体作用以及德育的倾向，故而在推行时往往出现了教学上的放任自流现象。因此，自20世纪30年代后，采用此制者日渐减少。

三、陈奎生与体育健康著作翻译

民国时期，陈奎生的翻译成就主要体现在体育健康著作方面。

陈奎生（1891～1984），湖南长沙人，著名体育专家。早年考入湖南中

---

① 舒新城：《译者短语》，《个别作业与道尔顿制》，上海：中华书局，1926年，第2页。
② 袁宝华、翟泰丰主编：《中国改革大词典》，海口：海南出版社，1992年，第3072页。
③ 舒新城：《舒新城自述》，第309页。

路师范学堂（后改为湖南省立第一师范），1913年毕业后留该校附小任教。曾与毛泽东共事，朝夕相处，共同切磋。三年后转入湖南常德省立第二师范任教两年。在近五年的教学生活中，他受新思潮的影响，目睹欧美列强称霸于世、国内军阀混战、民不聊生，中国人被辱为"东亚病夫"的状况，决心以教育救国，复兴民族为己任。他竭力提倡体育运动从学校走向社会，积极主张广泛开展各级体育运动竞赛。民国时期，他是湖南参加全国运动会体育代表团的组织者和领导人之一，并多次被聘为全运会总记录，是华中运动会的发起人和组织者之一，也是建国前湖南全省运动会主要筹备者和业务骨干。[1]

1932年10月，陈奎生与著名体育教育家金兆均合译了哈特维尼逊氏（Hartvig Nissens）著《实用按摩术与改正体操》，勤奋书局出版，收入"体育丛书"。作者哈特维尼逊氏是美国著名的按摩术和改正体操专家。该书是作者"本其四十五年之研究经验及实习编著而成，在美国医术家及体育界，均认为极有价值之著述。"[2]是作者"终身事业之结晶，极希望称道此小册有实用按摩术之价值焉"。[3]全书计388页，共28章。书前有张伯苓的《教育丛书序》、本书译者陈奎生先生像、《陈奎生先生小史》、金兆均先生像、《金兆均先生小史》。该书的部分章节曾以"按摩术之释义及历史"为题，于1924年发表在申报馆主办、陈奎生任特约撰述员的《教育与人生》第33期。

陈、金二人翻译此书，是"因见吾国缺乏此种专门科学之书籍，故特行译出，藉供国人研究参考及实习之用"。[4]关于此书的作用，正如中华全国体育协进会会长张伯苓的《体育丛书序言》所言：

> 中国称病夫，久矣！……鄙人前此赴日参与第九届远东运动会事，目睹彼族对体育进步，真足惊人，迥非吾族一蹴可能几及。……当为今后吾国体育改进，拟有治标治本二法。治本即自中小学起施行强迫体育教育，养成青年体育之爱好；治标即当与本国或外国队作长时间多次数之比赛，藉增经验，而免怯阵。二者并进，再益以精良训练，将来自不无

---

[1] 黄萃炎：《体坛元老陈奎生》，《体育文化导报》1983年第3期。
[2] 陈奎生：《编者例言》，《实用按摩术与改正体操》，上海：勤奋书局，1932年，1页。
[3] 《原书初版序焉》，《实用按摩术与改正体操》，第6页。
[4] 陈奎生：《编辑例言》，《实用按摩术与改正体操》，第1页。

成效可言。兹之体育丛书所载,皆不啻吾药笼中物,治标治本,随在可以取材者也。有功于体育前途之发达,之改进,为益甚大,故乐为之序,一为吾国关心体育者正告焉![1]

该书能收入"体育丛书",一方面有其质量保证,另一方面它符合其选材宗旨:那就是根本治本,能够有功于体育事业之发达与改进。译者曾将译稿在湖南岳云学校及国立中央大学体育科试用,连续使用四次,学生普遍反响良好。

1933 年,陈奎生与江孝贤、傅廷栋合译了美国沙井特(W. R. Sargent)著《健康学》,中华书局出版。全书共 20 章,论述了关于身体健康的学说,分别讨论了身体用否之结果、运动与身体、职业与身体、体育之重要、徒手之运动、儿童体育、青年体育、少女体育、妇女体育、中年体育、老年体育、新鲜空气与呼吸运动,以及饮食、肥瘦、沐浴、衣服、休息睡眠、家庭体育与健康的关系。书前有作者的《原书初版叙文》和《原书再版导言》,译者的《沙井特博士事略》,郭秉文的《译本初版郭序》,以及陈奎生的《译本三版序言》。书末另附"运动五十六则 姿势照片一百十八"。

在《译本三版序言》中,陈奎生介绍了他翻译此书的背景和动机:

美国沙井特博士,世界新体育之先导师也。……诚所谓学术界之泰山北斗欤。曩者余肆业南京,辄于课暇,取氏所著之 Health, Strength, and Power 一书,与同学江傅两君,合事迻译,初版行世,意欲介绍氏之学说主张于吾国体育界人士,俾资参考,共谋体育之改进也。转瞬三年,译本行将三版,于以见沙氏著作之价值矣。……

很显然,陈奎生等翻译这本健康教育类用书,就是要介绍沙氏之主张于国内体育界人士,"共谋体育之改进",其意义可见一斑。

四、杨树达、肖孝嵘、傅统先等与心理学翻译

民国时期,在心理学著作翻译方面,除了李季翻译了罗素的《心的分析》

---

[1] 张伯苓:《体育丛书序言》,《实用按摩术与改正体操》,上海:勤奋书局,1932 年,卷首。

(1947)之外，还有杨树达、肖孝嵘、傅统先等参与了翻译。

　　1913年，长沙人杨树达(1885～1956)从日语翻译了大川義行著《儿童个性之研究》，长沙湖南图书编译局出版。该书分别论述了儿童个性及其与教育之关系、关于个性的一般研究、论操行检查等3篇。书前有胡适序。1920年北京新中国杂志社再版。译者杨树达1905年留学日本，在日本的五年里，他攻读的是以"新知"为主，所学包括日文、英语、算学，并且攻读了一些教育学、心理学著作。① 此书便是他从日本留学归来后翻译的，也是他在日本阅读过的杰出教育心理学著作。

　　1914年，杨树达还补订了湘潭人黎锦熙(1890～1978)编述日本教育家小泉又一(1865～1916)所著《教育学讲义》，长沙宏文图书社出版。②

　　此后，在心理学翻译方面成就较突出者还有萧孝嵘和傅统先。

　　萧孝嵘(1897～1963)，衡阳人，早年曾就读于上海圣约翰大学，1919年大学毕业后回湖南，一度从事中学教学工作，并应聘去衡阳船山大学任教。1926年留学美国，入读哥伦比亚大学研究心理学，1927年6月获硕士学位，旋赴德国柏林大学研究格式塔心理学。1928年8月再度去美国，入加利福尼亚大学继续研究，1930年6月获哲学博士学位，随即赴英、法、德等国心理研究所进行博士后心理学调查研究工作。在美国留学期间曾任研究助理和儿童福利研究所研究员，在美国心理学刊物上发表论文多篇，并荣获美国"科学荣誉学会"和"心理学荣誉学会"金钥匙。1931年夏回国，曾任南京中央大学教授、心理系主任、心理研究所所长等职，先后历十余年。1949年任上海复旦大学教授、教育系主任。萧孝嵘最大的贡献是对格式塔心理学的译介。

　　1933年，萧孝嵘翻译了库尔特·考夫卡(Kurt Koffka)著《格式塔心理学原理》，次年1月由南京国立编译馆出版，122页，22开，精装本，有插图及图解。该书又称《完形心理学原理》，作者考夫卡为美籍德裔心理学家、格式塔心理学的代表人物之一。"格式塔"(Gestalt)这个术语是奥地利哲学家艾伦费尔斯(Christian von Ehrenfels)在1890年提出的，指的是整体性的"形"(完形)。因为不好翻译，各国几乎都直接用德语原文Gestalt。作为一

---

① [韩国]韩宗完：《日记里的杨树达》，《人物》杂志2003年第11期。
② 许莉：《民国时期湖南新书业的发展概况述评》，《高校图书馆工作》2015年第1期。

门学科,格式塔心理学诞生于1912年,创始人是韦特墨(Max Wertheimer)、考夫卡和苛勒(Wolfgang Köhler)。它强调经验和行为的整体性,反对当时流行的构造主义元素学说和行为主义"刺激—反应"公式,认为整体不等于部分之和,意识不等于感觉元素的集合,行为不等于反射弧的循环。"格式塔"一词具有两重涵义:一是指形状或形式,亦即物体的性质;一是指一个具体的实体和它具有一种特殊形状或形式的特征。在这本书中,考夫卡采纳并坚持两个重要的概念:心物场和同型论。他认为,我们自然而然地观察到的经验都带有格式塔的特点,它们均属于心物场和同型论。以心物场和同型论为格式塔的总纲,由此派生出若干亚原则,称作组织律。在考夫卡看来,每一个人,包括儿童和未开化的人,都是依照组织律的经验到有意义的知觉场的。格式塔学说在心理学史上留有不可磨灭的痕迹,它向旧的传统进行了挑战,给整个心理学以推动和促进,它向当时存在的诸种心理学体系提出了中肯而坚决的批评,对人们深入思考各种对立的观点具有启迪意义。它的主要学说极大地影响了知觉领域,从而在某种程度上影响了学习理论,致使后人在撰写各种心理学教科书时不得不正视该学派的理论。它使心理学研究人员不再固守于构造主义的元素学说,而是从另一角度去研究意识经验,为后来的认知心理学埋下了伏笔,直至今日仍有影响。萧译《格式塔心理学原理》共分7章,论述了格式塔心理学的起源、内涵与外延、形基现象之分析、格式塔与内省派、行为派的关系、与革那齿派、奈卜齐派的关系等。

在这部译著的《缘起》中,肖孝嵘说:

著者在美国的时候,因为心理学界对于格式塔心理学有种种的误解,偶作简单的介绍。后来研究此派之学说者与预备博士考试者皆视为重要的参考,且哈佛大学心理系主任白林(Boring)教授及其他心理学者亦对于拙著与[予]以满意的批评。……本书专论格式塔心理学之原理。这些原理系散见于各种著作中,而在德国亦尚未有系统的介绍。从这方面看来,本书实为最初之尝试。[1]

---

[1] 肖孝嵘:《缘起》,[美]库尔特·考夫卡著:《格式塔心理学原理》,肖孝嵘译,南京:国立编译馆,1934年,第1页。

当时美国对格式塔心理学的研究也不多，考夫卡在美国也属领先介绍者之一。对我国来说，是萧孝嵘首先把格式塔心理学介绍到国内的，"格式塔"一词也是由他首先译出的，现已在国内通用。此外，他还对桑戴克的"学习原则"给予适当的批评，这些早已引起时人的关注。[①]

与此同时，萧孝嵘还有一些零星的教育类译文发表，其中又以《教育杂志》所登译文最多，这些均收入该刊"世界著名教育杂志摘要"栏。主要包括他摘译维特斯（Josef O. Vertes）的《一种环境心理学之大纲》和胡特（V. Albert Huth）的《人格评定的基础》（第 27 卷第 3 号），科特萨克（Hans Kortschak）的《耶纳方法》和克罗（Oswald Kroh）的《辅助民族教育之教育》（第 27 卷第 4 号），里赫特（H. Richter）的《各种人格型及青年发展期各阶段中的适应进程》（第 27 卷第 5 号），格兰威（Herbert Graewe）的《关于国家政治课程之要点》和舒维里克（Schuweraek）的《德国中等学校国家政治课程的编制》（第 27 卷第 6 号），布勒（C. Bulher）的《儿童心理学在理论上的基本问题》（第 27 卷第 7 号），舒尔茨（L. Shulz）的《害思型及其在完整型学中之位置》（第 27 卷第 8 期），瓦德海姆（O. S. Waldheim）的《少年罪犯之职业指导》（第 27 卷第 11、12 号合刊），特拉普尼（Karl Trapny）的《对于盲目儿童的兴趣之研究》（第 28 卷第 1 号），霍夫曼（A. Hoffmann）的《应如何使从事教育获得心理学上之训练》和马赫（L. Mach）的《常态儿童在阅读与书写能力上之缺陷》（第 28 卷第 2 号），哈克（H. J. Hacker）的《儿童对于其思想工作的可靠性及其世界的公律之信仰》（第 28 卷第 3 号），等等。

其次就是傅统先。20 世纪 30 年代，商务印书馆出版了湘籍学人兼译家傅统先的两部心理学译著，其中之一便是他译自美国库尔特·考夫卡的《格式心理学原理》。1932 年，傅统先自圣约翰大学哲学系毕业后，因病在家休养三年，期间翻译了 50 多万字的《格式塔心理学原理》和《心理学——一本根据事实的课本》等书。1937 年傅译《格式心理学原理》由商务印书馆出版，上下二册，收入"大学丛书"。早在 1934 年萧孝嵘曾翻译出版过此书，但不是全译。鉴于它的重要性，傅统先还是重译此书。全书下分：为何研究心理

[①] 高觉傅主编：《中国心理学史》，北京：人民教育出版社，1985 年，第 378 页。

学、行为及场、环境场、动作、记忆、学习与其他记忆机能、社会与人格、结论等 15 章，书前有译者序与作者序。该书 1939 年于长沙再版。由傅统先翻译的这本书出版后，据译者四十五年后再版修订时说：他早年"基本上是意译的，读起来倒流畅易懂，但一对校原书，就觉得问题不少"。①有鉴于此，后来他在修订时有意识地采取介于直译与意译的策略，其译文读起来"跟中文一样流畅易懂，而不像按照外文语法的结构直译的译文那样难读而不易理解了"。②

另一部著作是 1939 年他译自美国波林（Edwin G. Boring）、兰费德（Herbert S. Langfeld）、卫尔德（Harry P. Weld）等人合著的《心理学》（原书成于 1935 年），长沙商务印书馆出版，收入丁燮林等主编的"大学丛书"；1947 年再版。除了译者序和原著者序外，全书共 19 章，分别讨论了心理学的性质、反应的机构、心理测量法、视觉、听觉、味觉与嗅觉、体觉、强度、空间的知觉、时间知觉、运动知觉、知觉、学习、意象、愉快与不愉快、情绪、动作、思想和人格等问题，每章后附有原文参考书名。傅统先翻译此书，是有鉴于"十几年前中国学者就开始注意到心理学，到现在一般的中国人对于心理学更有普遍的兴趣。可是我们对于这种兴趣并没有加倍的培植。至今我们还没有一本比较完善的心理学入门的书"。因此，"一本内容丰满材料结实的课本来做初学心理学的引导，这在中国非常有这种需要。我以为本书的译本足以担当这个工作。"③阅读这部著作，我们会发现各章内容分布极不均衡，这点并不能归咎于作者，而是"因为心理学的知识在某一方面极为丰富，而在另一方面又非常感觉缺乏"。④正如该书的副标题所示："一本根据事实的心理学教材"，这本书的特点就是所用材料均经过专家选择，且是经过试验而来。就此，译者说道："本书里面有许多新的材料术语是一般心理学教本中所找不到的；有许多近来实验所得的结果也没有人这样有系统的归纳起

---

① 傅统先：《关于翻译的点滴》，载巴金等著：《当代文学翻译翻译家谈》，北京：北京大学出版社，1989 年，第 814 页。
② 傅统先：《关于翻译的点滴》，载巴金等著：《当代文学翻译翻译家谈》，第 815～816 页。
③ 傅统先：《译者序》，波林、兰费德、卫尔德著：《〈心理学〉原著者序》，第 1 页。
④ ［美］波林、兰费德、卫尔德著：《〈心理学〉原著者序》，第 1 页。

来过",所以他"决意把这本书介绍到中国来"。① 在翻译的过程中,其"译文力求忠实简洁,不失原文精神"。② 而且难能可贵的是,尽管原书是由十九位作者合力写作的,"各人自有其笔调语气",译者在翻译中认真地做了处理,做到前后一贯,这点着实不易。

除了这两部译著外,傅统先在心理学方面还有一些零星的译介。1935年10月10日,他在《教育杂志》第25卷第10号发表了一篇介绍性文章《考夫卡著:格式塔心理学原理》;1936年4月10日,该刊第26卷第4号又有他译沃斯伯恩(J. N. Washburne)《学习之电化基础》;1938年8月10日,该刊第29卷第8号还有他摘译列文(Kurt Lewin)的《风气对于个人行为的影响》;1940年,他翻译了欧沃斯崔(H. A. Overstreet)所著《人类行为心理》,刊《西书精华》第2期;1941年,他还翻译了麦克米兰(M. A. Macmillan)所著《精神之领域》,刊《西洋文学》第10期;等等。

可以说,由于傅统先的集中翻译,他也成为民国时期著名的心理学家和翻译家,这点对于一位穆斯林学者而言尤其难能可贵。

五、胡迈、胡毅、李大年、熊崇煦、熊子容等与教育学翻译

民国初年在对日本教育学著作进行翻译方面,首先值得一提的是湘潭人胡迈(1883～1960)。1913年,时任明德中学专科部主任、湖南省参议员的胡迈翻译了日本相岛龟三郎著《少仪教授书》,商务印书馆出版。该书为修身教育类用书,系小学教育参考书。全书共18章,计328页,各章分别是:第一 居常之心得;第二 姿势;第三 起坐;第四 敬礼;第五 步行;第六 扉户窗门之关闭;第七 语言应对;第八 访问迎接;第九 祝贺慰问吊唁祭忌;第十 招待;第十一 告别送别及送迎;第十二 赠物;第十三 授受进撤;第十四 食事;第十五 集会;第十六 祝祭日仪式;第十七 关于船车之心得;第十八 物品之贷借。另有附录:第一 天皇行幸时学生生徒敬礼法;第二 文官

---

① 傅统先:《译者序》,波林、兰费德、卫尔德著:《〈心理学〉原著者序》,第1页。
② 傅统先:《译者序》,波林、兰费德、卫尔德著:《〈心理学〉原著者序》,第2页。

拜谒敬礼式。书中涉及的内容详尽,对于青少年是一部很好的修身教科书。

在英美教育学著作翻译方面值得留意的是著名教育心理学家、长沙人胡毅(1904~1994)。1923年,胡毅节译了19世纪后期英国著名哲学家、社会学家和教育思想家赫伯特·斯宾塞(Herbert Spencer)的《教育论》第一、二篇,商务印书馆出版。《教育论》本系斯宾塞早期发表的四篇教育论文《智育》《德育》《体育》和《什么知识最有价值》之结集。1860年,《教育论》在美国出版,次年在英国面世。19世纪50、60年代,英国教育正处在走向古典人文主义教育还是科学教育的十字路口,20年代业已出现的"人文"与"科学"之争此时又趋高潮,呈现出各家学说蜂起的白热化局面。在这种情况下,斯宾塞的《教育论》高举着鲜明的科学教育大旗登上历史舞台,力倡以科学教育取代古典教学,推动英国的教育改革。《教育论》因此成为当时高倡科学教育的最坚定的宣言书,对世界近代教育也有着较大的影响,该书出版后不久,即先后被译成十三种文字流布于世界主要资本主义国家。在我国,早在1897年6月至1898年2月《湘学报》第8至28册曾连载过颜永京(1839~1898)的文言译本,题作《史学新学记》,可惜影响不大。而此次胡毅用白话进行翻译,使《教育论》得以在我国广为传播;1962年北京人民教育出版社再版;2004年该书作为上篇收入北京人民文学出版社推出的《斯宾塞教育论著选》,译文由王承绪作了修订,并增加了一些注释。

1939年10月,胡毅翻译了美国邓禄普(Knight Dunlap,今译邓拉普)著《习惯论》(直译作《习惯,其养成及其破坏》),商务印书馆出版,收入"师范丛书"。奈特·邓禄普是美国著名哲学家、心理学家,美国霍普金斯大学实验心理学教授。他对心理学的贡献表现在对麦独孤和桑戴克的批评上,并证明了时间效应的客观存在。他为J.华生创立行为主义心理学打下了基础。胡译根据1932年纽约立务来书局版译出。该书论述了习惯的养成及破除的心理过程,共分12章,分别是:习惯与学习之各问题;习惯之基本原则;顺意与逆意的动作;学习之生理方面理论;学习中之程序;有效率学习之条件;保持回忆及重习;记忆与遗忘;个人及社会之适应;特殊坏习惯之破除;情绪反应之习惯;学习能力与智慧。另有附录三个:历史方面的补注;各章中诸问题之参考及补注;汉英英汉译名对照表。书前有《译者自序》和《原著者自序》。该书前8章重在理论，后4章重在实际应用，"最富趣味"。所有案例均为真实的诊断案例，但都经过作者和他的同事处理过。而且考虑到读者的接受，尽量少用专有名词。正如胡毅在《译者自序》中所言：

> 其中所论列之问题，与所得之结论，均与常见之教育心理学各书略有出入。译者本人虽未见全盘赞同其各项推论及主张，但深觉其独有见地，有介绍及研究之价值。原著说理精明，行文简畅；译者力求信达，除特殊声明之数点外概未加省略。间有改用本国例证之处，亦均不失原意。[①]

这样的评论是相当公允的。鉴于每章未分段，于是译者"擅以己意加入了若干眉目"，又增添了一些注释；篇末另附汉英英汉译名对照表，方便读者查阅。

1933年，胡毅还翻译了美国桑戴克的《人类的学习》，民智书局出版，系"国立中山大学教育学研究所丛书23"。全书共12讲，分别讲述了人类学习的性质和进化的事实与理论，学习的规律和教育心理学问题。书前有庄泽宣序、著者序及译者序。

除了亲自翻译外，胡毅还为同仁的译著作序。1940年3月彭宏议编译了美国惠提（H. G. Wheat）著《小学各科教学之基础》，长沙商务印书馆出版。该书论述学与教、各级儿童的心理，以及语言、算术、读书、书法、笔顺、社会、历史、地理等教学的基础问题。书前有胡毅的序文一篇。该书1944年9月渝1版；1948年1月沪再版。

另一位欧美教育学翻译家是李大年（1893～?），湖南武冈人，早年留学日本，曾任国民政府行政院参事。1924年，李大年翻译了一篇《自由思想》，刊《民铎杂志》第5卷第2期；1925年4月，他翻译了美国罗曼（F. W. Roman）著《欧洲新教育》，商务印书馆出版，收入"师范丛书"。此书共四篇，内容为大不列颠及爱尔兰、法国、德国的教育状况，以及各国教育发展的比较；1933年2月国难后第1版。同在1925年3月、4月，他还翻译了美国世界幼稚园联合会起草的《幼稚园之课程》，连载于《教育杂志》第17卷第3、4期；同年12月，他又翻译了列文（S. M. Levin）的《美国中等学校教授社会科学最近的趋势》，载该刊第17卷第12期"世界教育新潮"栏。

[①] 胡毅：《译者自序》，《习惯论》，第1页。

民国时期，在教育学著作译介方面还有一位重要的湘籍译家是熊崇煦（1873～1960），湖南南县人，曾留学日本，毕业于日本早稻田大学。1920年9月任教育部编审兼任北京女子高等师范学校校长。1924年11月，被中东铁路学务处任命为许公纪念学校校长，参与学校的筹备工作，学校成立后主持学校工作，1928年离任。1933年2月至1938年12月任湖南省立长沙女子中学校长。后任教育部编审员、佥事，湖北教育厅长等职。他在学术方面也颇有建树。1914～1915年间，他与黎锦熙等人主张改"国文"为"国语"。1940年代，发起成立知新学会，与柳午亭、刘腴深、姜运开、王啸苏、刘朴、陈友古、王舒、阎金锷、刘永湘、罗章龙、李祖荫等知名教授研讨中外各项新学。曾编著《东北县治纪要》。

在翻译方面，熊崇煦除了与章勤士合译过《经济学概论》（黎杰德逊·伊利著，商务印书馆1913年版）外，还翻译了两部教育学著作：《小学各科实际教授法》和《职业技师养成法》，均由日本人所著。

《小学各科实际教授法》，田中广吉著，1913年5月湖南图书编译局印行，系小学教育参考书之一。该书是介绍教育方法实际案例的书籍，"以现行小学校为经，以国定教科书为纬"，各种教学法分总论和分论二种。作者认为："儿童之理解应用，发源于直观。故本书以直观的方法为基础，然决非直观万能主义，必进而讲求理解应用之方法。"[①] 译者则认为"学术人心之根本之至计，则小学教育应为之先焉。改良教授法，又其最先之根本计划。"虽然这本书的前半部分是讲日语的假名，但是，"他皆吾国固有之汉字汉学，以供参考研论，较之取途欧美，则有事半功倍者也。"[②] 因此，译者建议读者有选择地加以利用。

《职业技师养成法》，秋保治安著，原名《工业教育与职工养成》，1919年12月商务印书馆出版。该书内分四编：概论、工业教育各论、职工养成各论、职工教育与补习教育。版权页署"教育部编审处处译述"；1922年再版。该书为当时有影响的职业教育学著作，对于早期中国职业学科建设起到了一

---

① ［日］田中广吉：《绪言》，《小学各科实际教授法》，长沙：湖南图书编译局，1913年，第1页。
② 《译者识》，田中广吉著：《小学各科实际教授法》，第2页。

定的推动作用。

另外还有一位译介外国教育学的湘籍译家吴家镇（1895～1986），湘乡人。1924年，他曾著有《世界各国学制考》，商务印书馆出版。1935年9月，他与戴景曦合译日本小原国芳的《日本教育史》，商务印书馆出版，收入"师范小丛书"，1993年商务印书馆重印。该书追溯了日本教育近代化的发展历程，分别讲述了日本古代初期、中期、末期，以及中世、近世、现代等各个时期的教育思想。书前有序论和本论，书末另附"日本教育年表"。原书是教育学领域的一本权威性著作，是作者在东洋文化大学针对外国人讲授日本教育的讲义改写的。正如《原序》中所说的：本书"从新的观点去叙述日本教育史，以及发现宝贵的日本的民族精神，是有价值的事情。"① 正因为这本书叙述视角新颖，对于正求奋进中的中国同行具有借鉴价值，故而译者选择将它翻译过来。

1933年10月，湘阴人熊子容（1886～1968）翻译了美国桑戴克和盖次（Arthur Irving Gates）合著的《教育学原理》，新世界书局出版。译者署名"美国教育学硕士、复旦大学教授熊子容"。该书原文题名 Elementary Principles of Education。② 全书共14章，包括教育的领域、教育的最终极目的、教育的当前需要、人类天性、学习的主要特征、知识的涉猎与思考的能力、筋肉活动的道德及欣赏的各种反应之习得、学科与活动选择、人类各年期于心身发育成熟的影响、个性差异、各种教学办法等。正如作者在《原序》中所言：

> ……本书的主要目的，在建设教育的健全原理，作为教师教学工作的领导，所以本书的主要节目，则为（一）教育的主要目标；（二）现代教育最急切的需要；（三）学校的特殊功用；（四）人自坠地至身心发育成熟，其间各年期的特征；（五）学习原则，教学原则，课程编制原则。③

译者熊子容早年曾与毛泽东一起就读于湖南第一师范，后受毛泽东之邀，与蔡和森、张昆弟、陈书农、周庭藩等加入新民学会。他深谙中国陈旧落后的

---

① [日]小原国芳：《原序》，《日本教育史》，吴家镇、戴景曦译，上海：商务印书馆，1935年，第3页。
② 1934年雷通群译作《新教育的基本原理》（新亚书店版）。
③ [美]桑戴克、盖茨：《原序》，《教育学原理》，熊子容译述，世界出版合作社，1933年，第1页。

教育现状,曾远渡重洋,赴美国深造,1928年美国西雅图华盛顿大学教育学院研究生班肄业,回国后一直致力于课程与教学研究领域。由他推出的这部译本一直成为我国大学教育学系的重要参考书。该书1934年10月再版。

1943年4月,熊子容翻译了美国巴比特(John Franklin Babbit,又译巴璧德或波比忒)著《课程编制》,重庆商务印书馆出版。原书出版于1918年,"为普通教育自小学至前期大学教育历程的一综合的专门研究"。[①] 全书共18章,分别讨论了普通教育、社会研究、自然科学、现代语等。该书把教育思潮、教学法原则、学科心理等应用于课程编制。封面由顾孟余题鉴,书前有巴比特的《原序》、常道直的《序》和《译者序言》。巴比特为美国芝加哥大学课程论教授。他的课程开发思想是在20世纪初美国工业界盛行"科学管理的原理"影响下产生的,其课程理论的主要特点是强调课程目标,强调目标应当来自社会。在巴比特看来,最科学的方法是通过对人类社会活动的分析,发现社会所需要的知识、技能、能力和态度等,以此作为课程的基础。这种把人类活动分析成具体的、特定的行为单位的方法,就是著名的"活动分析法"。这种活动分析法为后来盛行的课程目标模式提供了方法论的依据。本书便是作者为展示当时在美国洛杉矶城所进行的课程改革之成果。据《译者序言》介绍:

> 原著昭示吾们普通教育历程课程编制,为教育实施一项艰巨工作,随时随地有精细而容易忽视的问题在,著者在每章里都暗示或明白地说出:所给示的理论与事实,只是编制工作的启示,而不是教人应用的法宝。不过话虽如此,著者却把课程编制所涉各学程内专门问题,有条举目张的鸟瞰,这些专门问题有些是当今的教育思潮,有些是教学法原理,有些是学科心理,所以原著这本书,可以说把当代教育科学的表现,综合应用于课程编制范围内。[②]

事实上,早在20世纪20年代美国课程编制运动就已波及中国,可惜始终只限于少数教育学者之倡导讨论,至于绝大多数的教师显然没有受到任何

---

① 熊子容:《译者序言》,《课程编制》,熊子容译,重庆:商务印书馆,1943年,第1页。
② 同上。

影响。原书早年在中国和日本的一些大学,"或者采为是科的教本,或者用为是科的参考书。"① 该书从翻译到出版历时多年。熊子容早年曾将原书用在复旦大学、湖南大学、云南大学的课程论班上使用,曾试着让学生节译了部分内容。1934 年他在商务印书馆出版了《课程编制原理》,积极推介课程编制。1936 年他又试译了第一章,到次年译成后交商务印书馆出版,但因抗战爆发而未果。直到 1941 年春才全部完稿,1943 年在渝正式出版。因此,就像中山大学常道直教授所说的:"同事熊子容教授所译巴壁德氏课程编制一书之刊行,不惟满足了教育学术界一种久已感觉到的需要,而且必然赋予我国课程编制运动以新的活力。"②

最后在苏联教育学著作翻译方面,1949 年 6 月汝城人郭力军与金诗伯、吴富恒、朱维基合译了 G. R. 阿尔纳乌托夫编写的《苏联学生的思想政治教育:一九四七年四月十七到十九日俄罗斯联邦教育部专门委员会会议的纪录》,山东新华书店出版。该书内收《列宁格勒学校的思想教育工作》《关于学校思想教育工作的一些问题》《在教第十年级文学时期的思想教育》等 21 篇。

六、刘炳藜、吴景鸿、曾宝荪与心理学翻译

到了 20 世纪 20、30 年代,参与教育心理学翻译的湘籍译家更多。典型的有:1923 年,岳阳人刘炳藜(1900～1958)将记录张耀翔口译的麦柯尔(W. A. Mocall)的演讲《心理学家目中之教育哲学》刊载于《教育丛刊》第 4 卷第 2 期;1924 年,他译述了一篇《析心术与教育》,刊载于《教育周报》第 11 期;同年,他译述了《自我的测验》,连载于《教育与人生》第 24、25 期;1925 年 9 月,他翻译了德利维(J. Drever)的《社会的团体:在教育心理学中的研究》,连载于《京报副刊》第 260、262、263、278、279 期;同年,他译堪德尔(I. L. Kandel)的《今日欧洲教育的概观与趋势》和维勒(R. H. Wheeler)的《系统心理学的牢固的问题:一个哲学的遗传》,分别连载于《京报副刊》第 340、

---

① 熊子容:《译者序言》,《课程编制》,第 1 页。
② 常道直:《常序》,《课程编制》,第 3 页。

341、342期和第363、371、373期；1926年5月20日，他译罗斯曼（John G. Rossman）的《格里（Gary）学校之一瞥》，刊载于《教育杂志》第18卷第5号"世界教育新潮"栏；同年12月2日，他从美国查特斯（Werret Charters）的《课程构造》一书节译了一章，题为《理想与课程构造》，刊载于《晨报副刊》。

1936年5月，时任国立上海商学院商业心理学教授的刘炳藜编译了美国西北大学著名心理学教授斯诺（A. J. Snow）著《商业心理学》，中华书局出版。全书共五编31章，410页。五编分别是：消费者之心理；市场心理；广告心理；售卖心理；雇用心理。据《编译者序》称：

> Psychology in Business Relation 一书，在美国曾风行一时，美国各大学商学院及商业学校曾用为教科书。笔者因事实需要，汰繁就简，将三十余万字之英文名著，改为十七八万言之中装，节目仍旧，要点备存，不惟丝毫未损原著之精华，且益增其清明简要。笔者曾数度用此书稿本为讲义，颇得学者欢迎，今特再四修改，贡献于读者之前。[①]

此外，民国时期刘炳藜还翻译了英国沃伦汀（Charles Wilfried Valentine）所著《美之实验心理学》，全书约七万余字。译稿曾由范源廉推荐给商务印书馆王云五出版，可惜后无下文。

1933年4月，桃源人吴景鸿（1876～1939）译述了日本寺田精一的《犯罪心理学》，法学编辑社出版发行，收入"法学丛书"。这也是作为大学用书出版的。全书共12章，包括犯罪的发生；本能、社会适应性与环境；恶性的遗传；知能、感情、意志、性欲之异常；模仿与犯罪；群众与犯罪；年龄、气候与犯罪；伴随犯罪行为之经验等内容。[②] 该书实际上是译者在翻译日本著名犯罪学家寺田精一所著《犯罪心理学》的基础上，增加了自己新的见解和研究成果，拓展了原书仅限于犯罪心理学的内容，提出社会因素对犯罪发生的重要作用而推出的。尽管中国历史上早就有关于犯罪心理的探讨，犯罪心理研究的历史比国外要早得多，内容也更为丰富，但并未形成系统的学术思

[①] 刘炳藜：《编译者序》，[美]斯诺著：《商业心理学》，刘炳藜编译，中华书局，1936年，第1页。
[②] 《民国时期总书目》称吴景鸿译本是"据日本寺田精一《犯罪心理学》一书译述，内容与原著有很大不同"。这显然是将此译本与张廷健编译本混淆所导致的错误。参见北京图书馆编：《民国时期总书目（1911—1949）·法律》，北京：书目文献出版社，1990年，第245页。

想和体系。直至20世纪20年代前后，国外的犯罪心理学开始传入中国。尽管早在1927年商务印书馆曾推出过张廷健翻译寺田精一的《犯罪心理学》，但是吴景鸿的重译本能收入中华法学编辑社推出的"法学丛书"，且作为大学用书，其意义就显得不同一般了。这类著作对中国读者来说无疑是相当新鲜的，尤其是译者还添加了若干本土化元素，这对于中国读者更有现实针对意义，对于中国法学思想和体系的建设具有重要的参考价值。

1934年7月，湘乡人曾宝荪翻译了美国查斯特罗博士（Joseph Jastrow）著《日常心理漫谈》，生活书店印行。查斯特罗是美国现代著名心理学家，出生于波兰，青年时移居美国，1886年在约翰·霍普金斯大学获博士学位，这是该校授予的第一个心理学博士学位。他长期担任威斯康星大学心理学教授，曾被选为美国心理学会会长，并任《纽约晚报》及其他报纸之日常心理指导编辑，由此可见他在美国心理学界的地位以及受欢迎的程度。全书共10篇：如何保持快乐；如何培植儿童的心理；几个不容易答复的问题；心智的巧妙；怪特的性情；美的神秘；游戏的心理；人格的查看和批评；职业的选择和保持；几个可以代表多数人的问题。书前有《译者赘言》称："本书以浅近之文字，轻快的笔墨，漫谈一般人种种日常心理，如'快乐的艺术'、'你怕什么'、'假如你是一个犯人'、'你讨人厌么'，等等，趣味浓厚而切实，可为一般人日常生活之指导，非其他玄奥枯燥之心理理论书籍可比。"[①] 曾宝荪长期从事教育，关心学生成长，此书内容通俗易懂，对于广大青年读者和教育工作者尤为适合，是一部非常有价值的心理学通俗读物。

民国时期，湖南人中还有一些零星的外国教育学译文发表，其中就包括1928年4月20日周谷城翻译美国尼亚林与哈代所作《苏俄最近之工艺教育》，刊《教育杂志》第20卷第4期，等等。

总之，湖南人历来就重视教育，而且湖南不乏教育学和心理学大家。到了民国时期，由湖南走出去的教育心理学大家众多，知名者有傅任敢、舒新城、陈奎生、熊崇煦、胡毅等。为了推进中国教育改革步伐，他们将视野投向了国外，他们普遍重视外国先进教育思想的引进，并做了较多的译介。这中间不乏教育学名篇，各译家的学养背景也能确保其翻译质量。另外，他们大

---

① 曾宝荪：《译者赘言》，《日常心理漫谈》，上海：生活书店，1934年，卷首。

多任职于高等院校或大型出版机构,尤其是一些译家还能在译作中融入一些中国元素,这样就更有现实针对性,自然也有助于其作品的接受。许多译作多次再版,惠及几代学子。可以说,他们的翻译作品在中国现代时期都产生了重要影响,对于湖南乃至中国教育现代化转型起到了不小作用,故而显得尤为珍贵。

第五节　民国时期湖南的经济学翻译

由于特殊的历史文化沿革,长期以来湖南士子有忽视经济学思想的局限性。自清末开始,虽然有不少湖南人开始关注经济问题,关心外国经济学动向,并陆续有了一些译介,但毕竟是少数,更欠系统性。随着中国民族资本主义兴起,民族工商业和城乡经济不断发展,特别是中国与外国接触日益增多,人们对现代经济学有了更多的了解,于是,到了民国时期,湖南人力图扭转此局面,并做出一些有益的尝试,其中之一便是译介外国经济学思想。因此,我们可以发现,一方面是清末时期出版的一些经济学著作得以再版,另一方面是众译家又推出一批新译。这中间,除了前面提到的李达等人翻译的马列主义经济学著作外,还有杨端六、刘秉麟、陈家瓒、李季、陈清华、侯哲庵、刘炳藜、龚心印、潘源来、吴应图、阮有秋等均做过一些努力,力图摆脱湖南人不以经济学著述见长的尴尬局面。这些人中很多有留学国外的经历,对西方现代经济学理论均有较深刻的理解,且在选材上针对性强,目标明确。虽然翻译的数量不是太多,其价值却不容忽略。

一、刘秉麟与英美经济学翻译

民国时期,在经济学领域,长沙人刘秉麟(1891～1956)有两点值得注意。首先,作为一位重要的赞助人,他与何秉松共同主编了三套大型的学术丛书:《社会科学名著选读丛书》《社会科学小丛书》和《社会科学丛书》,其中收入不少同仁的经济学译著,在中国经济学界影响甚大;其次,作为一位优秀的翻译家,他推出了两部重要的经济学译著,堪称是名家名译。

刘秉麟于1913年入北京大学经济系,1917年毕业后回湖南高等商业学校任教。1919年任中国公学大学部教务长。1920年出国留学,先后在英国伦敦大学经济系研究生班、德国柏林大学经济研究员班毕业,1925年回国后长期致力于经济学教学与研究工作。自20世纪20年代起,刘秉麟因有感于国内经济学教科书不足,乃"欲集合世界经济学者之名著,广为迻译,并附以己意,以供学子之用。原订计划,汇为五帙",但因"频年荒废,仅成二书。"①

1921年3月,时在伦敦大学研究生班就读的刘秉麟翻译了美国19世纪末著名财政学家亚当士(Henry C. Adams)的《财政学大纲》,即通称的《亚当士财政学大纲》,商务印书馆出版。在英文中,"财政学"有两种说法:一是Public Finance,二是Science of Finance,前者用以区别于私财政,如农业财政、工业财政等;后者则有一定进步,有一定范围,有一定原则。亚当士之书即采用后者。原书出版于1898年,"然以其所论重在学理而不重在事实,故至今犹为斯学之名著,欧美学者莫不宗之。"②全书共两部分,第一部分为国家支出之原理、预算及关于预算上之立法,第二部分为直接收入、租税、公债,书末附《中国租税史略》一文。该书被列入"大学丛书",为新学制高级高校教科书,同时也是当年商务印书馆非常有名的大学教材之一。译者尝试着对原作体例编排做了一定的修改,并加了导言,摘录其他著作中的要义,叙述财政学成立以来的发展过程。由于原书"详于美制,而忽于东方制度",于是译者为教学之需要,参考东籍,略加日本事实,译述出该书。同时,译者还结合中国实际撰写了《中国租税史略》一卷附于书后,概述自唐虞三代开始的中国租税发展的历史,为研究中国古代赋税制度提供了很好的参考资料,有利于对比研究中西方经济制度史,也有助于学生理解。该书于1924年3月推出第3版,其中正文154页,附录69页;1934年、1937年又版;1946年12月再版,计263页,收入《新中学文库》。由此足见社会上对这部教材的需求情况。

---

① 刘秉麟:《序》,[美]亚当士著:《亚当士财政学大纲》,刘秉麟译,上海:商务印书馆,1921年,第2页。

② 刘秉麟:《序》,[美]亚当士著:《亚当士财政学大纲》,第1页。

1922年3月,刘秉麟翻译了英国马沙(Alfred Marshall,今通译阿尔弗雷德·马歇尔)著《分配论》(又题《公有收入分配论》),商务印书馆出版,长沙等分馆分售,收入共学社"社会经济丛书"。该书根据马沙《经济学原理》第六部分译出。作者马沙是近代英国著名的经济学家,新古典学派的创始人,剑桥大学经济学教授,19世纪末和20世纪初英国经济学界最重要的人物,在英伦被奉为泰斗式人物。他花了十年时间写就《经济学原理》,出版于1890年。

关于本书的结构与第六部分之特点以及译者翻译此书的缘由,刘秉麟在《导言》中有概述:

> 其书分六部,第一部概论,第二部经济学上几点根本观念,第三部研究欲望与满足,第四部生产论,第五部价值论,第六部分配论,其中价值论与分配论,占全书三分之二,……然以过于艰深之故,而其中批评他人者多,思想之密,措辞之工,诚非浅学如仆者所能尽悟,一年以来,旋译旋辍。继而思之,此中哲理名言,所影响于改变人生观者至切,……。①

该书的翻译开始于刘秉麟在赴英伦留学的船上。到英伦后,他又得到师友的指导,最终将其中的第六部分选译出来。此部分专论分配理论,内容包括:分配之概测、人工之应得、资本之息、资本与营业力之利、地租、土地之使用、分配论之普通观等11章。该书系统地阐述了均衡价格论,把传统的生产费用、供求论同边际效用结合在一起,提出了需求价格、需求规律、需求曲线、供给价格、供给规律、供给曲线、边际效用等概念,分析了均衡价格的短期均衡和长期均衡等问题。在分配理论方面,他把均衡价格理论应用到每一生产要素的价格决定上,并接受了三位一体公式:"劳动-工资""土地-地租""资本-利息",不过把生产三要素改为四要素,把三位一体公式改为四位一体公式,增加了"组织-利润"一项。这样,马沙在二元论的供求均衡原理的框架内,融合了所有的庸俗论点,构成分配理论,完成了他的经济学说整个体系。该书被公认为马沙最伟大的著作,西方经济学界公认为划时代的

---

① 刘秉麟:《导言》,[英]马沙著:《分配论》,刘秉麟译,上海:商务印书馆,1922年,第3~4页。

著作，也是继亚当·斯密的《国富论》之后最伟大的经济学著作。不仅如此，该书还成功地建立了静态经济学，它阐述的经济学说被看作是英国古典经济学的继续与发展。刘译该书于 1925 年 12 月再版。

  1925 年至 1932 年间，刘秉麟在商务印书馆编译所任职。最初，他在编译所的法制经济部做编辑，前后在商务印书馆干了七八年。在职期间，他又根据一些外文资料编写了一部与俄国经济相关的作品，即 1925 年 7 月编译的《俄罗斯经济状况》，商务印书馆出版。该书版权页印有英文标题 *Economic Russia*，实则是根据苏俄莫洛托夫所撰而编译的。① 全书共 7 章，介绍了俄国各大经济区、富源、交通、国外贸易、工业和财富等方面情况。

  总之，民国时期，刘秉麟为介绍外国的经济学和社会学理论，开拓中国的社会经济研究，尤其是宣传马克思主义的唯物史观、阶级斗争、剩余价值理论和国际无产阶级运动史做出了贡献。值得指出的是，作为我国著名的财政学家，刘秉麟先后著有《经济学原理》(1919)、《中国租税史略》(1921)、《经济学》(1925)、《中国财政小史》(1931)，另有经济学家研究著作三部：《李士特经济学说与传记》(1925)、《亚丹斯密》(1926)、《理嘉图》(1926)。其中像《经济学原理》一书就综合了西方资产阶级的经济思想，吸取了亚当·斯密和大卫·李嘉图的经济学观点，进而分析了中国社会不发达、分配不平等的原因在于没有西方国家那样的"竞争自由"。可以说，他的经济学思想的形成与自己早年的阅读和翻译经历有着不可割舍的联系，他为西方经济学的中国化做出了重要贡献。更为重要的是，他在接受历史学派理论后，提醒中国学者不能盲目地相信西方经济学家"所设定的永久不变的公理"，而要"用历史的方法，去打破以前抽象的方法"。② 这些都是真知灼见，值得今人借鉴。

二、周佛海与经济学著作翻译

  民国时期，沅陵人周佛海翻译了一系列外国经济学著作，这些著作又多是他在东京帝国大学时受那位讲授财政学课程的小川乡太郎（1876～1945）

---

① 刘继德：《湖南刘氏源流史》（卷 2），天津：天津科学技术出版社，2012 年，第 95 页。
② 刘秉麟：《自跋》，《李嘉图》，上海：商务印书馆，1926 年，第 2 页。

影响而翻译的。

周佛海早年毕业于东京帝国大学经济学系，在他从政以前，对经济学是下过一番功夫的。而他的研究又是结合经济学著作翻译进行的，有些则是他应梁启超、张东荪主持的共进会之邀翻译的，且这些翻译几乎都集中于20世纪20年代。除了前面提到的《马克思经济学原理》(1923)之外，他还翻译了其他几部外国经济学著作，在当时的经济学界影响甚大。

早在1920年12月，周佛海翻译了日本生田长江、本间久雄合著的《社会问题概观》，由中华书局出版，收入"新文化丛书"。接下来，他又翻译了好几部经济学著作，多由商务印书馆出版。其中包括1924年3月他译美国菲士克（G. M. Fisk）著《国际商业政策》（为新学制高级商业学校教科书，1928年11月第4版），1924年11月他译日本北泽新次郎著《经济学史概论》，1926年7月他译日本饭岛幡司著《金融经济概论》，1927年他译俄国波格达诺夫（Alexander Bogdanoff，今译波格丹诺夫）著《经济科学概论》，1928年他与郭心崧合译日本户田海市著《商业经济概论》，等等。另外，1929年他参与校订了日本野村兼太郎等人合著的《各国经济史》（新生命书局出版）。这其中有几部特别值得一提。

《社会问题概观》，日本生田长江、本间久雄合著，1920年12月中华书局出版，收入"新文化丛书"；1921年3月再版，1922年8月第4版，至1930年第10版。全书约7万字，包括人类解放运动的法国革命、产业革命与劳动阶级之发生、资本主义的解剖、空想的社会主义和科学的社会主义、马克思主义的概观、德谟克拉西的研究等12章，其文笔流畅，颇能打动人。"五四"时期周佛海曾积极参与中国思想界关于"社会改造"问题的讨论，明确主张用阶级斗争的方法改造旧社会，建立社会主义的新社会。此间，他曾翻译了日本室伏信高的《社会主义与劳动组合》《工行社会主义之国家观》等论文。而本书应该也是这场讨论的产物。总的来看，周佛海这个时期"对社会的认识，尽管显得薄弱，甚至有些观点是错误的，但可以看出他在宣传科学社会主义方面抱着很高的热情的"。[1] 本书对于社会主义的认识尽管还显

---

[1] 鞠健、曹前发：《周佛海》，《中共党史人物传》第83卷，北京：中央文献出版社，2002年，第410～411页。

粗浅，但在当时对于中国读者却是新鲜的，其价值不可否认。

《金融经济概论》，日本饭岛幡司著，1926年7月商务印书馆出版，长沙、常德、衡州、成都等分售处销售。这是一本普及性的经济学读物，全书共12章，分别介绍通货供求、通货与物价、利息、国家资金流动、支付平衡、外汇、银行经营等，以普及经济学常识。这些都是当时社会普遍关心的问题，深受读者欢迎。该书于1928年6月12日经大学院审定，领到第四十七号执照，确立为新学制高级商业学校教科书。1931年第2版，1933年1月国难后1版。

《经济科学概论》，俄国波格达诺夫著，1927年1月商务印书馆出版，收入"经济丛书"。全书共10章，分别讨论了自给自足社会、商业社会、奴隶制度、商业资本主义、工业资本主义和社会主义社会等方面内容；书末另附《经济学的新生命》。[①] 在《译者序》中，译者首先从正名上进行阐述，说明这本书叫作"经济科学"，而不叫"经济学"，也不叫"经济原理"，就表明他们的内容是有差异的。这部书卷帙浩繁，"综合了西方古典经济学和马克思主义经济学等诸多流派，提倡从社会角度来全面认识经济问题。"周佛海精心选择这本书，还特意加了一个适合中国学生的附录，"可以看出他这一路接受左翼经济学教育的学者的'经济科学观'。"[②] 该书于1933年6月和1935年2月分别推出国难后1、2版，由此可见当时的社会对此书的需求情况。

《商业经济概论》，日本户田海市著，周佛海与郭心崧合译，1928年商务印书馆出版，收入"现代商业丛书"；1932年11月国难后1版。商业经济学是专门研究商业部门的经济关系及其发展规律的学科，作为部门经济学的商业经济学，是20世纪俄国"十月革命"后在苏联的社会主义建设过程中创建起来的。20世纪20、30年代，关于商业经济学基础理论方面，上海出版了约二十本书，其中有三本分别译自日本、英国和美国学者的著作，这中间就包括1928年周佛海与郭心崧合译的《商业经济概论》。该书是研究资本主义国家经济运作的早期学说，它除总论外，分设二篇：一篇为"内国商业"，另一篇为"外国贸易"，各占一半篇幅。内国商业篇下设5章，分别论述批发商

[①] 该篇曾转载于北京国立大学《社会科学季刊》第2卷第2号。
[②] 梁捷：《周佛海的"经济科学律"》，《万科》编辑部主编：《白领2007》，广州：广东旅游出版社，2007年，第189页。

业、零售商业、日用品市场、投机商业和不正当竞争。他们的译介，对于商业经济学在中国的建立起到了巨大的推进作用。

总的来看，民国时期周佛海在经济学译介方面倾注了大量的精力，虽然其翻译仍欠系统，但他选取的都是国内读者普遍关心的内容，有时还不失时宜地添加一些中国元素，便于国内读者理解和接受；且所译多是普及型读物，加之这些译著都不是太厚，也不艰深，便于流传，大多一版再版，在当时的社会产生了广泛的影响。

三、陈家瓒与现代经济学翻译

民国时期，长沙人陈家瓒对中国经济学的主要贡献是为中国经济学界带来了大量"日本造"的经济学术语，把工业革命后世界先进的文化和思想介绍给中国读者，为中国的经济、工商业、银行业等专业领域和学科发展做出了启蒙性的贡献。

陈家瓒（1870～1945），别名子美，经济学家、翻译家。1903年与杨昌济、黄兴等人东渡日本留学，习法政科。早年陈家瓒、陈家灿[①]兄弟等在日本东京创办"群益书社"，后在长沙创办"集益书社"（后更名"群益图书社"）；1907年，陈氏兄弟又在上海开设群益分社，出版《新青年》和各类教科书等读物。1908年陈家瓒授法政科举人，1910年任邮传部员外郎，1911年任湖南都督府财政次长（副厅长），1916年任湖南实业科科长。1933～1941年任私立厚生讲习所首任所长，兼任行政财务、经济学、统计学等课程教师，期间他与进步人士共同创办刊物，传播西方新思想，致力于社会改革；同时，他翻译西方书籍，举办教育活动，传播西方经济学说，试图促进经济思想的革新，使国家提高经济能力，改变落后的经济面貌。

陈家瓒曾于清末推出过《货币论》（日本河津暹著，群益书社1907年版）等几部经济学译著，民国时期，先与李达合译了日本河田嗣郎所著的《土地

---

① 陈家灿系《最新化学教科书》（龟高德平著，群益书社1908年6月）之译述者，1915年9月《青年杂志》第1卷第1号广告栏有他译述此书之介绍。

经济论》(商务印书馆，1930年10月，收入"经济丛书"；1933年国难后1版)，后陆续经由日语译出几部经济学著作。

1913年，陈家瓒译述了日本金井延（1865～1933）著《社会经济学》，群益书社再版。该书初版于1908年4月5日，1912年底发行第3版。其中上卷二篇，计8章，除绪论、总论外，分别讨论了欲望、财货、财产及富、价值、经济、经济的活动之前提、经济学之定义及其分科；下卷题为"纯正经济学"，分"财货之生产""财货之循环""财货之分配"三篇，分别讨论了生产、消费的意义、生产的三要素及其法则、货币、信用、价格的标准及物价、银行、商业、所得、利息、劳银等问题。

1917年1月《新青年》第2卷第5号有陈译该书之广告称："涵泓浩瀚，包举众长，固有非他书所可及者也。"作者金井延系东京大学首任经济学部部长，他以将德国历史学派的经济学说和社会政策学介绍到日本而著称，著有《社会政策泛论》《社会问题》《社会经济学》等。其中《社会经济学》书成于陈家瓒留学日本期间，且"专治经济学"已达六年之久。期间，他以金井延博士为师，是留学生中研究经济学"得之最深者"。书前有作者《原序》、向瑞琨序以及译者《弁言》。作者认为经济学是"攻究人类社会极复杂之现象者，其决非容易之业"，然而当时市场上有人冒名将他在东京帝国大学及其他学校教学的经济学著作擅自出版，其中谬误曲解之处甚多，流毒甚广。为了正本清源，作者撰写此书，目的是"务使学者知了经济学之大意而止"。在撰写过程中，作者"务避繁冗"，仅摘述欧美著作之大意，对其中细密观点多加省略，对疑难之处亦不暇详细论究，让读者自己根据所开列征引的欧美参考书来深入研究那些"详密精确之理论"。他希望此书能作为国民教育中普及经济学之用。这样的书籍自然吸引了陈家瓒的注意。正如向瑞琨在为该译本作的《序》中所说："世界之经济竞争急，其中心遂集注于吾国。故吾国经济问题，即吾国存亡之问题。"[1]他还将我国的经济学与欧洲经济学的发展做了对比，认为先秦孔孟儒家论国计民生和公利，与欧洲古代经济学说"多相合"。而最近日本学者"积极鼓吹德国学说"，也评论其不足，以金井延的著作"折

---

[1] 向瑞琨：《序》，［日］金井延著：《社会经济学》，陈家瓒译，上海：群益书社，1908年，第1页。

衷为较当"。像陈家瓒的译书那样,致力于输入欧美经济学说,将收"作始简而终巨"之效。他在《弁言》中就有感于我国"经济思想之缺乏而经济能力之薄弱"。在他看来,经济竞争中的"竞争"观念,"不独为社会上最上之法则,又是宇宙间最上之法则"。因此,今日的经济竞争,"鉴于宇宙之大势,万无可避之公理",尤以经济竞争更是世界上种种竞争的"中坚"。这就促使我们必须"急起直追以谋抵抗列强之力量"。继而他勉励国人一定要"上下一心,循途而进,用其所长,去其所短,各鼓其坚忍不拔之气,共励其百折不回之心",如此虽然前途辽远,但终将"人定胜天"。最后,他满怀信心地说:"安见二十世纪之舞台,遂不容我国国民争妍斗巧于其间也。西谚有言曰:天助自助者,是在我国民之各自奋勉而已矣。"总之,本书的翻译与出版对中国近现代社会经济学制的初建起到了"启蒙性的贡献"。[①]

自民国元年起,湖南高等学校有半数以上开设了商业、经济、会计等系科,教育部门对会计教育日益重视。1913年1月,北京政府教育部对国立大学系科进行了明确规定,强调大学分设文、理、法、商、医、农、工七科,其中商科下的银行学设有商业簿记学三科,保险学、外贸学、领事学、关税仓库学以及交通学也分别开设簿记学课程。受西方复式簿记引入中国以及当时正推行的簿记方法改革运动的影响,湖南省内高等院校凡开设商业、经济、银行(金融)等专业的,都开设有会计、统计及相关课程,所授课程内容均为新的复式簿记方法,所用教材多系英文原版或自编教材。然而原版教材对学生外语基础要求甚高。与此同时,湖南还有众多的商业职业教育学校,无论是公立还是私立,其会计职业教育中均开设簿记及会计课程。这就对相关教材的需求日益迫切。[②] 有鉴于此,1924年1月,陈家瓒翻译了日本吉田良三的《工业簿记》,商务印书馆出版。这是一本职业学校教科书,介绍了西方工业簿记(即工业会计学的前身)的知识。簿记是为了管理经济主体因经济交易而产生的资产、负债、资本的增减,以及记录在一定期间内的收益和费用的记账方式。本书的特点是以货币为主要量度,对工业企业的经济活动及其结

---

① 谭汝谦:《近代中日文化关系研究》,香港:日本研究所,1988年,第124页。
② 陈敏、廖一波、杨安娜:《民国时期湖南会计教育发展探析》,《会计通讯》2019年第13期。

果连续地、系统地进行核算,并利用核算资料进行分析和检查,以反映工业企业生产经营的全过程。全书共10章,内含绪论、成本构成要素及成本之种类、直接费、间接费、成本会计制度、书式、会计科目之分类、账簿、决算、记账练习例题等,为新学制高工用书。该书于1932年再版;1938年10月长沙商务印书馆推出国难后7版;1939年8月商务印书馆推出国难后8版。陈家瓒翻译的这部《工业簿记》是最早在中国介绍工业会计学知识的书籍,该书充实了本门学科的内容。民国时期,湖南省内许多公办会计教育、私立会计学校、会计职业学校有不少就采用了该教材,典型的有"厚生会计讲习所曾用教材《工业簿记》就是校长陈家瓒翻译的日本会计学家吉田良三的著作,内容是完整的西方复式簿记理论与方法介绍"。①

1928年9月,陈家瓒翻译了日本津村秀松著《商业政策》,商务印书馆出版。作者是日本法学博士,经济学界巨擘,有"资本家御用学者"之称。②全书分三编20章。首编论述国际贸易政策学说及政策的发展,如自由贸易主义与贸易保护主义等;次编介绍国际贸易政策手段,如关税、通商条约、最惠国条款、设立自由港及保税仓库等;末编分析国际贸易列强的现在与将来,着重剖析英、美两国的经济实力与外贸政策,最后探讨德国的发展与世界政策、日本的外贸发展方向与国策。此外,1929年3月,商务印书馆出版"经济名著丛书",收入津村秀松著、陈家瓒译《商业政策》;1934年3月,该书推出国难后1版,分上、中、下三册。

1928年9月,陈家瓒还译述了日本法学博士堀江归一(1876～1927)著《国际经济问题》,商务印书馆出版,收入"经济丛书";1933年1月再版。作者堀江归一为日本应庆大学教授,历任理财科主任、经济学部长等职。他一生著述颇多,广泛涉及银行学、货币学、财政学、金融学和国际经济、劳工问题等领域。1917年10月至12月曾应梁启超、张嘉璈等人之邀访华,前后25天,在财政金融学会演讲22次,并参与《中国银行则例》之改订,拟订货币制度改革草案等,对中国经济学界影响较大。大正十六年(1927年)因脑

---

① 陈敏、廖一波、杨安娜:《民国时期湖南会计教育发展探析》,《会计通讯》2019年第13期,第126页。
② 陈伯康:《日本研究》,上海:青年书店,1939年,第23页。

溢血逝世。1928 年至 1929 年东京改造社出版了《堀江归一全集》，涉及银行学、货币学、财政学、金融学和国际经济、劳工问题等诸多领域。《国际经济问题》一书由作者的一些讲演稿和论文汇编而成，按内容分为 10 章：世界和平与国民经济并国际经济；从世界经济上所见之日内瓦会议；对外债务废弃问题；欧洲经济复兴问题；世界和平与对华经济政策；欧洲战后之银行合并；国民经济与财政之交涉；坏市面与国民经济；经济政策上之退缩与进取；日本税法上之问题。该书关于各国对华政策、对外债务废弃、欧洲经济复兴等重要问题，均有精辟之讨论。该书原名《国际经济与国民经济》，因所讨论者多为战后之国际经济问题，故易为今名。1929 年 3 月，商务印书馆再次出版"经济名著丛书"，收入堀江归一著、陈家瓒译《国际经济问题》。陈家瓒选择在堀江归一逝世后一年多内推出此译本，算得上是对作者最好的纪念。

1930 年 12 月，陈家瓒重译了日本福田德三、坂西由藏泽合著的《经济学原理：总论及生产篇》，晓星书店出版。全书共 3 册，计 863 页，书前有序。第一册为总论（原名国民经济讲话），第二册为生产篇上（原名劳动经济讲话），第三册为生产篇下（原名资本经济讲话），分别论述了生产、劳动、资本及资本的组织等。书末附作者著述目录。该书于 1931 年 9 月再版；1931 年 12 月群益书社又版，计一册。作者福田德三系日本经济学界之翘楚，著作等身，风行一时，其《经济学原理》一书，堪称杰作。正如《序言》所写："陈君家瓒，慨我国经济学之落后与经济学识之急需，毅然迻译。伏读之下，既敬佩福田氏之能以流畅之笔述奥衍之理，复敬服陈君之忠实精勤，惠此国民。"而向瑞琨在为《社会经济学》译本所作序中评价道：此书译者陈家瓒在日本留学期间，"专治经济学"已达六年之久，以金井延博士（日本学士院会员［院士］）为师，是留日学生中研究经济学"得之最深者"。

这里特别值得指出的是，1933 年，陈家瓒根据日本福田德三和坂西由藏泽合著的《经济学原理》一书编写了《生聚经济学》，将福田德三的经济学思想进行了发挥。全书分三编，共 15 章。首编概述经济的基础观念、个人经济、国家经济和国民经济，以及国民经济的发达等；次编论述与生产有关的生产要素、企业、土地、劳动、资本等问题；末编述及与流通有关的货币、信用、价格、所得等问题。这样的书籍在当时的中国无疑是有见地的，而且结合中国的实际,它对于中国经济学界的影响也是深远的。

除此之外,1933年,陈家瓒还与李达合译了日本河田嗣郎的《土地经济论》,刊《地政杂志》第1卷第7期。

可以说,在清末民初,陈家瓒翻译日本经济学著作众多,由于他在经济学界和教育界的特殊地位,加之他的翻译针对性强,他的译作均产生了较大的影响,对于推动湖南经济结构的现代化转型起到了重要作用。

四、李季与经济学著作翻译

自1929年起,平江人李季在推出一系列社会学著作的同时,也翻译了两部重要的经济学著作。李季早年留学德国,于1922年下半年入读法兰克福大学政治经济科,开始系统地学习西方经济学,对德国经济学名著有较深的研究,同时"以科学的社会主义的著作为主要的对象",[1]并思考选定数本进行翻译,以介绍给国内的同行。

1929年可以说是亚东图书馆出版社会科学新书较多的一年。据当时的一个广告称:"我们已经感觉到现代青年的要求,已由一般的学术的涵养进而为社会科学之具体的探讨。"为满足"读者急切之望","已约定海内外专家从事翻译"云云。[2]这一年,亚东图书馆共出版书籍25种,其中有李季译著一种。这年6月,李季与王冰合译了德国社会民主党党员W.莱姆斯(Wilhelm Reimes)的《社会经济发展史》(直译作《经济史一览》)。

据1936年版《亚东图书馆书目》介绍:"本书是世界经济史中的别开生面者:它根据唯物史观的理论,将自古至今的八类经济生活依次叙述出来。不论对于经济科学有无研究的人,皆可以读。"[3]全书共六讲,从劳动是人类社会的基础观念入手,依次讨论了从原始共产主义到古代日耳曼的马克经济、古代社会的奴隶经济、中古时代的地主经济、城市及城市手工业的发达,以及协作、工厂手工业和机器业的资本主义生产、大资本主义及其达到社会

---

[1] 李季:《我的生平》,第316页。
[2] 汪原放著:《回忆亚东图书馆》,上海:学林出版社,1983年,第139页。
[3] 《亚东图书馆书目》,上海:亚东图书馆,1936,第331页。

主义的固有倾向等问题。本书最大的特点是不带有浓厚的政党宣传色彩,且通俗易懂,适合于一般工人阅读。

就像译者说的,该书"是世界各国经济史中的别开生面者;它根据唯物史观的理论,将自古至今的人类经济生活依次叙述出来,不独纲举而目张,并且浅显而畅达。不论对于经济科学有无研究的人都可用此书作读物,因为它不独在文化落后的中国是一部唯一无二的完备的简明经济史,即在学术发达的德国也是如此。"① 鉴于本书既非一部铺叙事实的史书,也非政治宣传品,但因它"又为我国目前万分需要的书",故而译者选择将它翻译过来。该书被列为当时学校教材补充读物及参考书,并于1932年再版,1938年5月第3版,1949年7月第4版。由此可见社会对它的需求情况。

1936年8月、1937年5月,李季署名"季子"翻译了德国维尔纳·桑巴特(Werner Sombart)著《现代资本主义》,中山文化教育馆编辑、商务印书馆出版,收入《中山文库》。作者桑巴特为德国社会学家、思想家、经济学家,早年有改良主义倾向,晚年则公开拥护法西斯。原书写于1902年,并于1916年、1929年前后做过两次修改和增订,保留了初版材料不到十分之一,增加了许多篇幅,可以说是彻底的修改。全书共三卷六巨册,李季中译本据第3版译出,但只译得前两卷。本书系统地论述了从法兰克王国加洛林王朝起到第一次世界大战时期为止的整个欧洲经济发展史,主要是欧洲资本主义的发展史。作者桑巴特早年曾倾向于马克思主义,后受到韦伯和历史主义的影响。他认为,社会学是一门有着明确内容和特殊方法的独立学科,其任务在于提出有关精神领域的社会联系的理论。他反对人文学科中的价值取向,主张价值中立。他对社会学理论的贡献,主要集中在经济社会学和宗教社会学领域。他借用马克思的观点分析了资本主义社会的历史、社会结构,特别是阶级结构和资本主义精神,并把资本主义发展大致划分为早、中、晚三个阶段。在探寻资本主义发生的原因时,他认为对资本主义发展起着重要作用的新教伦理其实来源于犹太教,他还考察了犹太文化的诸多方面。在解释社会历史发展的原因时,桑巴特常常摇摆于物质和精神因素之间。

---

① 李季:《译者序言》,《社会经济发展史》,第1页。

在李季看来，此书的一个根本缺点是："他为着替资本主义辩护，竟不惜硬拉马克思做同志，《资本论》做先驱，他的议论是何等令人难于置信！不过经济史毕竟是以叙述事实为骨干，我们如果把《现代资本主义》看作经济史料，它当然不失为一部具有相当价值的书。"① 尽管桑巴特站在唯心主义立场上否定马克思的世界观，但李季认为此书还是颇有价值的。正如他在《译者序言》中所言："欧洲各国关于经济史的著作虽应有尽有，但以全欧现代经济生活为对象而综合叙述的，始终当推德国桑巴特的《现代资本主义》为巨擘。是书规模的宏大，取材的丰富，叙述的周详，条理的明晰，在在超人一等。"② 李季选译此书，也许是因为桑巴特自命为马克思的继承者，且作者自认为此书是使《资本论》得以进一步完善的著作，是"马克思的著作的一个续篇。在某种意义上并且是他的著作的完成"。又说："凡我的著作中稍微好一点的东西，都是受了马克思的精神之赐。"③ 故而李季选择将此书翻译过来。译者对正文以外的文字采取删繁就简策略，删去书中许多文献、注释和书籍题解等，这样使得全书更加言简意赅，增强了可读性。由李季翻译的这本书后于1958年10月、1959年7月重印，印数3500册，可惜没有出全。

民国时期，李季先后翻译了一系列德国经济学著作，但正如他自己所说，当年他在德国选修经济学时，"感觉不满"，就在于"资产阶级教授们的观点完全不正确，不独牵强附会，矫揉造作，而且抹杀事实，一味说谎"。④ 这也能解释后来他为什么没有翻译更多的外国经济学著作。

五、彭师勤与合作经济学著作翻译

民国时期，彭师勤在研究、翻译西方合作经济理论方面做出了较多的努力，并致力于推行合作经济思想，因而影响较大。

---

① 李季：《译者序言》，[德]桑巴特著：《现代资本主义》，李季译，上海：商务印书馆，1936年，第3页。
② 李季：《译者前言》，[德]桑巴特著：《现代资本主义》，第1页。
③ 李季：《译者前言》，[德]桑巴特著：《现代资本主义》，第2页。
④ 李季：《我的生平》，第316页。

彭师勤(1901～1971),别号吉人,又名补拙,湖南茶陵人。1917年入读长沙长郡中学,1921年考入广东农业专科学校森林科。嗣后广东农业专科学校并入广东大学,再嗣后广东大学更名国立中山大学。1925年他以优异成绩毕业于中山大学,同年公费选拔留学法国里昂大学。1930年入巴黎大学法兰西研究院任研究员,在查理·季特(Charles Gide)教授的指导下研究合作经济理论,对农业经济、合作经济学说很有研究。1932年受中国合作学会委托,赴德国、比利时、荷兰、瑞士、意大利等国考察合作事业。1934年回国,先后任教于浙江大学、中央政治大学合作学院、中山大学、重庆中央大学、湖南大学。主要著述有《季特评传》《连锁论》《工业合作社经营论》《银行合作社经营论》《建国经济制度与合作运动》等。曾撰文《孙文学说与合作制度》在上海《大众公报》发表,影响甚大。曾担任中央合作金库辅导处处长和中央设计局专门委员,是我国著名的农业经济学家和杰出的合作经济理论学者。

彭师勤的翻译始于1928年,当时他来到巴黎,人生地不熟,又找不到合适的工作,只得翻译文章和撰写稿子,投到国内的刊物上发表,但仍难维持生计。"从1929年3月起,他不再向杂志投稿,而是专心于书籍的著译。他先后翻译了法国著名经济学家、合作理论权威季特教授的名著《农业合作》《合作主义纲领》《欧洲农地改革》等书,分别由中国合作学会、商务印书馆出版,以上各书,对我国科学研究及社会改造均有重要的参考价值。"[①] 其实远不止这些。

《农业合作》,查理·季特著,彭补拙译,1930年3月中国合作学社印行,收入"合作丛书合作名著"。卷首附有译后、译本著者序及译者序。全书共分8章:农业合作的种类、农业同业组合、互助信用社会、贩卖合作、生产合作会社、耕种的完全会社、农业合作社与消费合作社的关系、农业会社与农地问题。

《欧洲农地改革》,何推士(A. Wauters)著,彭补拙译,1933年1月商

---

① 尹烈承:《著名合作经济专家彭师勤》,《茶陵文史·茶陵籍当代人物》第17辑,北京:中国文史出版社,2005年,第281页。

务印书馆出版，收入"新时代史地丛书"。全书共分4章，第一章总括农地改革的原因；第二章介绍农地法与应用及欧洲14国农地改革之情况；第三章分析农地改革的几个形态；第四章论述农地改革和学说。

《合作原理比较研究》，查理·季特著，1935年中华书局出版，收入"社会科学丛书"。卷首有"中译本著者新序（附原文）"及"再版著者引言"。全书共8编，内分合作主义纲领、经济学家、社会主义者、同业组合主义者、宗教社会主义、工钱制问题、国际商业问题、合作社与政府的关系。该书概述合作主义的原理与现行的资本主义制度、社会主义制度的比较。各编之末附有参考书目，卷末有"本书译者其它译著"。该书译于巴黎，这是译者得知国内合作学会应运而兴翻译的。"译稿送请著作本人审问时，季氏甚表满意，乃与彭合影刊于书首。"[①]

《连锁论》，标有原著者为法国巴黎大学教授查理·季德，1937年2月初版，正中书局印行，收入"合作丛书（合作学院丛书）"，作为该丛书的理论部分书籍之一。除中央政治学校合作学院寿勉成序及原序外，全书共9章，分别为连锁观念的甦生、连锁一词的历史和意义、连锁的面面观、连锁的面面观（续）、遗传中的连锁、连锁-社会债务、连锁与经济学家、连锁与伦理、连锁或慈善。1947年11月发行沪1版。

《合作经济论 上 通论之部》，佛格（G. Fanquet）著，1942年9月中国合作事业协会云南省分会出版，标"合作专刊之三十四"。全篇共5节，内分绪言、工种合作社之共同特征、合作社之完整化、个人独立与集体行动、国营主义与合作。

《合作经济论 下 注释之部》，佛格著，1942年9月中国合作事业协会云南省分会出版，标"合作专刊之三十四"。全篇共3节：合作制度之两个要素、论合作法则之应用、单位利润与全部利润。

《班色论合作主义》，法国班色（Achille Daudé-Bancel）著，1943年6月合作与农村出版社出版。作者早年就读于一所药剂师专门学校，毕业后开

[①] 谭物宝:《彭师勤教授生平简介》，下东志编委会编:《下东志》，长沙：湖南师范大学出版社,2017年，第516页。

始专攻经济问题,受季特影响颇深。早在1912年前,法国消费合作运动分裂成两派,一为尼墨派所领导,一为社会主义者所领导,经过季特和班色的共同努力,于1912年才成立统一的消费合作全国联合会,班色任该会总秘书长,多年来致力于合作主义的宣传工作。本书共4章,分别论述合作主义及其渊源、消费合作、生产合作及其他各种合作运动的意义和形式。

《合作思想史》,姆拉德拉兹(G. Mlademmaty)著,1944年中国合作学社出版,收入"世界合作名著译丛"。全书共6章。前两章概述布罗波爱(Plockboy)、贝勒斯(Bellers)、欧文、傅立叶、毕雪、路易·布朗等古典先驱者的学说;第三章介绍合作的"实行家",其中提到罗虚戴尔诸先驱,许尔慈制度和雷发巽制度,哈斯、吕查蒂、伍仑堡等,丹麦的合作制度,法国农业合作组织与农会;最后三章谈国际合作组织,并对合作诸学说和各种重要思潮加以比较,如自由主义、结社社会主义、连锁主义的哲学、近代工团主义、基尔特社会主义等。1947年12月由中国经济书刊生产合作社发行改订译本初版,书名为《合作经济思想史》。

《罗虚戴尔先驱公平社概史》,英国霍利约克(G. Holyoake)著,1944年12月全国合作社物品供销处出版,收入"中国合作事业协会丛书"。全书共16章。1844年英国曼彻斯特附近罗虚戴尔镇28个纺织工人组织消费合作社,此为该社简史。

《高夫曼论合作诸类型及其关系》,原著者德国高夫曼(H.Kaufmann),1944年由合作与农村出版社出版。卷前有侯哲莽序,共28页。

《穆勒论合作的中立性问题》,德国穆勒(A. Müller)著,1944年由中国合作学社附设中国合作通讯社出版,为6页、32开的小册子。

总之,早年彭师勤从事翻译,一方面是为了解决个人生计,另一方面是为了向国人宣传合作主义思想,而且在译书的过程中,他与法国名流学者的联系也密切了。正如有人总结的,"他的译本在国内出版发行时,不但逐渐提高了他本人的知名度,而且在推动我国新兴而起的合作事业上,既有重要的理论依据,又起到了国际交流的借鉴作用。"[1]

---

[1] 谭物宝:《彭师勤教授生平简介》,下东志编委会编:《下东志》,第516页。

六、潘源来与经济学著作翻译

民国时期，浏阳人潘源来（1903～1968）先后翻译了两部重要的英美经济学著作，并在经济学界产生了较大的影响。

1930年潘源来毕业于国立东南大学，获经济学学士学位，同年任教于国立武汉大学法学院，此后又留学英国伦敦大学政治经济学院研修经济学。与此同时，他也致力于西方经济学著作的翻译。1934年6月，他翻译了美国古柏逊（William Smith Culbertson）著《国际经济政策》，商务印书馆出版，收入"大学丛书"；1935年6月再版。古柏逊系耶鲁大学博士，后在德国做研究多年，1915年至1916年前往南美各国考察商务及关税情况，曾任美国关税委员会委员，驻罗马尼亚、智利大使。本书共13章，书前有原序和译序。自导言一章以后，依次讨论了影响各国直接商业关系及谈判的各种因素，包括关税商订的原则及方法、大英帝国内之保护及特惠、门户关闭、美国殖民之经验、门户开放、原料及燃料、国外放款及投资、国际商业上之竞争和合并、影响船舶之商业政策，以及近代世界之近况等。另有附录9个：1.1922年关税法等317节；2.英帝国公共契约上之特惠；3.外国公债票之发行；4.从事商业之原则；5.1815年至1830年英美间关于西印度群岛贸易之争执；6.与德国订立之商约；7.巴拿马运河通过税；8.影响交通之商业政策；9.会议—有弹性的方法—系依照美国先例者。卷末附英文标题索引，各章后有注释。原书在美国大学多采用为教材或参考书。该书大部分取材于作者在佐治敦大学外交训练学员夜校之演讲，其他则是1922年、1923年、1924年在马萨诸塞州威廉城政治学会会议任主席时之演说词，同时采用了他自己在美国政治及社会科学会出版的《各国商业政策中的原材料和食品》中的许多材料。

正如作者所言，本书的目的是"在指明各国及那指导国外利益的人们应当如何的计划方法以控制那影响国运之经济利益"。[①] 本书对于各种理论与事实叙述极为详细，篇末归结世界和平，首在铲除经济冲突因素，尤为语意

---

① ［美］古柏逊著：《国际经济政策·原序》，潘源来译，上海：商务印书馆，1934年，第2页。

深长。译者之所以翻译此书,在于"立国于今日之世界,殊不能漠视一切国际关系;而今日大部分国际关系,多不免受经济因素的影响;故对于国际的经济因素,尤其各国所采用之各种经济政策及因此产生之结果,实有特别注意之必要。"① 该书 2016 年 4 月由上海社会科学院再版,收入"民国西学要籍汉译文献·经济学"第三辑。

1937 年 1 月,潘源来翻译了英国阚南(Edwin Cannan,今译埃德温·坎南)的《经济学说评论》,商务印书馆出版,收入"经济丛书"。阚南是伦敦学派的主要代表人物,曾任英国皇家经济学会会长,主要贡献是编校了亚当·斯密的有关著作,并产生了较大影响。他曾以当时正统的新古典经济思想在伦敦经济学院培养了一批学者,成为伦敦学派的奠基者和领袖。他的主要经济思想是信奉自由主义,主张奉行古典的自由放任政策,认为经济危机的主要原因是工会那样的垄断组织妨碍了市场的自动调节机制,同时还提出恢复金本位,借以稳定经济的主张。这些观点与凯恩斯提出的通货管理的理论和政策是完全相反的。全书共 14 章。前六章论述西方经济理论的源流、经济学的名称与内涵、人口及社会分工、智识财富的积累对生产和产品的影响;后八章主要论述价值、收入、分配等经济学理论。卷首有《译序》《导言》和《原序》。正文内有参考书目,各章末附注释。潘源来选译阚南的这部著作,原因在于:"氏治经济学之方法有二点值得吾人注意:一即视经济学为普通常识,二即以历史的方法去治经济学。……致氏采用历史方法系欲将经济理论与当时经济情形之彼此间关系表示出来而求出真相。"② 在翻译过程中,译者曾发出过"译书难,译理论书尤难"的感叹。不过,他又宣称:"为求忠实起见,译本系照原本逐句译出,所有脚注,原本系以每页为单位而分为前后次序,译本为印刷便利计,则以每章为单位而分为前后次序,故通章虽数字不同,而次序则一。"③ 该书的翻译曾得到任凯南、时昭瀛的指点,并得到其同学伍启元、李铁铮的帮助,这样也保障了译作的质量。

---

① 潘源来:《译序》,古柏逊:《国际经济政策》,第 1 页。
② 潘源来:《导言》,阚南著:《经济学说评论》,潘源来译,上海:商务印书馆,1937 年,第 2 页。
③ 潘源来:《译序》,阚南著:《经济学说评论》,潘源来译,第 1 页。

七、其他湘籍译家与金融、经济学著作翻译

除了前面提到的这些译介外，民国时期在金融与经济学译著出版方面出现了一大现象，那就是清末一批由湘籍译家推出的汉译经济学著作先后得以再版，这其中包括1913年4月再版南县人熊崇煦与章勤士合译美国经济学家黎查德逊·伊利著《经济学概论》（商务印书馆）；1917年2月再版宋教仁译日本小林丑三郎著《比较财政学》（上、下卷，商务印书馆）；1917年11月再版杨端六译日本卫士林著《支那货币论》（泰东书局）；等等。

与此同时，湘籍译家在各国经济学著作译介方面又取得一些新成绩。首先，在外国经济学著作编译方面，1925年1月，邵阳人吴应图（1885～1925）有"中国审计拓荒者"之称。1925年1月，他编译《审计学》（又名《会计监察》），商务印书馆出版。为会计审查新学制高级商业学校教科书。全书共五编：总论、账簿检查、贷借对照表监查、损益科目监察、监察人。编译者吴应图青年时曾留学日本山口高等商业学校，专攻商贸一科，1914年毕业回国，1920年代初，获北京政府授予的会计师证书，嗣后在上海开设吴应图会计师事务所，并兼任上海几所高校的经济学与会计学教授。1925年3月，他发起成立上海市中华民国会计师公会（1927年更名为上海会计师公会），并当选为理事。1926年2月，他生前译述的美国著名社会心理学家司各特（Walter Dill Scott, 1869～1955）著的《广告心理学》由商务印书馆出版。全书共17章，讲述了商品流通与市场中的广告学的理论与应用问题。早在1901年，司各特在美国西北大学作报告，首次提出在广告宣传上应用心理学理论，而本书很好地践行了他的这一理念。它对于当时中国经济学界无疑是新鲜的，同时也有值得借鉴的价值。

1933年10月，刘炳藜与赵演编译了美国柯尔文·胡佛（Calvin B. Hoover）著《苏俄经济生活》，中华书局出版，收入"国际丛书"。原书出版于1931年，共13章，分别介绍了苏联经济的一般特征及苏联工业、农业、贸易、银行、货币、合作制度、劳动、保险、计划经济等方面的内容。胡佛系美国社会科学研究会会员，该书是1929年至1930年他到俄国实地考察后的报告。

其中第 2、3、5、6、7 各章以及第 8 章第一部分为刘炳藜所译,其余则由赵演翻译,并由赵演总校阅一次。因应出版社之请对原书篇幅做了删减,"但于原书并无损伤,不过译文侧重意译,故字句之间不免略有出入处。""本书的出版,于增加国人的对外情势,尤其对于苏俄的经济生活的了解,或者不无相当的裨益罢。"①

在美国经济学著作译介方面,1933 年 10 月,长沙人张素民与伍康成合译了美国卡佛尔·汤摩斯尼克生(Thomas Nixon Carver,又译卡尔维尔)著《分配论》,黎明书局出版,收入孙寒冰主编的"社会科学名著译丛"。原书出版于 1904 年,为资产阶级边际生产力论分配学说代表著作之一。本书的中心理论即报酬渐减说。全书共 7 章:价值、报酬递减律、财富与所得的形式、工资、地租、利息、利润。书前有《张序》和卡佛尔《原序》。译者张素民系美国华盛顿大学学士,威斯康星大学经济科硕士,宾夕法尼亚大学经济科博士,对西方现代经济学有很深的认识和研究。该书最初是 1932 年春张素民在光华大学任教时由三年级学生伍康成所译,后来张素民受黎明书局之托审校修订,署二人合译出版。张、伍二人翻译此书原本是为了用作教材,故而对于各大学将该书作为"价值论及分配论"课程之教材使用时,译者还建议"上学期应讲价值论,下学期应讲分配论"。②

除此之外,张素民还翻译了克拉克的一系列论文,包括《统制经济之基本概念》《经济统制的历史之回顾》和《企业的性质与经济统制》,分别刊于《复兴月刊》第 2 卷第 1、2、4 期。中国人所说的统制经济,是日本人对欧美所说的"计划经济"(Planned Economy,或 Economic Planning)一种译称。③它指的是在资本主义生产关系的前提下,国家为服从战争需要,依靠行政的法律手段,直接干预或管制生产、流通、分配等社会再生产的各个环节和国民经济各个部分。它是一种高度专断集权的资本主义战时经济模式。张素民翻译这些理论文章是在"九一八"事变发生后的第二年,其用意是希望中国

---

① 刘炳藜:《译序》,柯尔文·胡佛著:《苏俄经济生活》,刘炳藜、赵演编译,中华书局出版,1933 年,第 2 页。
② 张素民:《张序》,卡佛尔著:《分配论》,上海:黎明书局,1933 年,第 2 页。
③ 马寅初:《中国经济改造》,上海:商务印书馆,1935 年,第 193 页。

能采取这种统制经济,以适应战时的需要。事实上,抗战全面爆发后,国民政府推行的正是这种统制经济制度,一切以服务全面抗战为宗旨。

在英国经济学著作译介方面,以长沙人杨端六对西方货币理论的译介特别引人注目。自19世纪中叶以来,由于鸦片和其他工业品的输入,一方面是白银大量外流,另一方面是外国的钱币如鹰洋等也在市面流通,中国一直为货币问题所困扰。20世纪伊始,首先从日本引进一些现代货币学知识,当时进行币制改革,使得理论研究更加有的放矢。20年代末,国民政府从垄断金融入手,为对付世界经济危机造成的又一次白银外流,取消金银本位制,发行不兑换的法币,30年代末至40年代的战时物价波动一直暴涨,都使经济学家关注货币问题的讨论,这是杨端六所遇到的时代热点之一。早年杨端六考入著名经济学家皮锡瑞主持的善化学堂,后在黄兴的资助下留学英国,进入英国伦敦大学政治经济学院攻读货币银行专业。在英国留学七年后,回国进入商务印书馆,因推行新的会计制,从而使商务印书馆的财务扭亏为赢,被誉为商务的"金柜子"。早在1917年,他发表论文《商业与会计》,第一次把现代会计原理介绍给中国商界,开始在会计领域展露个人才华。同时他对货币银行金融财会的研究很深,其研究具有开拓性。同年11月,他还翻译了荷兰卫士林博士(Dr. Gerard Vissering)著《卫士林支那货币论》,泰东图书局出版,译者自署"杨冕"。该书论述中国币制改革的方法和步骤,建议采用"金汇兑本位制",并介绍该制在印度、菲律宾等国实行的实例。书末有附录三个:1、支那货币现状;2、支那银行现状;3、爪哇银行总裁卫士林博士致法国驻巴达维亚领事书。早在1911年,清政府向英、美、法四国银行借款一千万磅,以七百万磅充币制整顿之用,聘前爪哇银行总裁卫士林为名誉顾问。1912年7月,卫士林出版了《中国币制改革刍议》,并呈交给币制委员会。卫士林建议中国实行金币汇兑本位制,并暂时用金汇兑本位及银本位二制。方法是先定一新金单位,并发行一种代表新金单位的兑换券,可在国外兑取金币,以五万单位起兑。原银、铜币及生银仍照习惯使用,至数年后有禁止伪造货币的能力时,再定金银比价为1∶21,铸造代表金单位的银币,实行纯粹的金汇兑本位制。1912年中国币制委员会成立,同年11月聘卫士林为名誉顾问。受聘之后,卫士林来到北京和币制委员会讨论币制改革问题。

他的著作对当时的中国影响甚大。1913 年春，币制委员会详细讨论币制改革方案，最后还是将金汇兑本位制列为首选，弊多利少的银本位制则废置一旁。如果再联系到当时中国货币学的现状，只有李翰章与李克谦合译了日文的《货币论》（堀江归一著，日本早稻田大学中华研学社 1917 年版），此后要到 20 年代才有其他译作陆续问世。而在 1923 年 1 月，杨端六又出版了《货币浅说》，介绍货币的起源、种类和作用，批判了当时有人主张废除货币的论点。虽然这是一本小册子，却是国人自撰的最早的货币学著作，杨端六也因此成为中国货币银行学开拓者，被誉为"我国现代货币金融学的奠基人"。[①]

1930 年 9 月，湘乡人陈友生翻译了英国拉斯金（John Ruskin）著《给那后来的：经济学的第一原理》，开明书店出版。拉斯金是英国著名的美术批评家和社会批评家。全书计 138 页，32 开，共收论文四篇：《荣誉的根源》《富的矿脉》《人间的审判者啊》和《按照价值》。书名下题："经济学的第一原理"，附录《关于拉斯金与本书》。1936 年 7 月开明书店《分类书目》介绍该书如下："作者以艺术、人道之立场，向资本主义经济学宣战，战术与马克斯不同。而本书之发表文字，则早于马克斯《资本论》有七年。"[②] 作者在书中表达了这样一种观点：财富是转瞬即逝的，只有生命才是永恒的。生命包括所有的爱、快乐和赞美的力量。如果一个国家养育了无数心地善良且幸福快乐的人，那么这个国家就是最富有的；如果一个人，在竭尽全力使自己的一生得以完美展现之后，还能利用自己的财富为其他人的生活提供无限的支持与帮助，那么他同样也是最富有的。而且也像译者所说的：同样是对资本主义经济学挑战之作，拉斯金的这四篇论文发表在马克思的《资本论》第一卷之前七年，"由年月的先后说，拉斯金是向资本主义经济学宣战的第一人。"[③]

1931 年 2 月，祁阳人陈清华（1894～1978）翻译了英国克胥（Cecil H. Kisch）、爱尔金（W. A. Elkin）合著的《中央银行概论》，由商务印书馆出版，收入"中国经济学社丛书"。译者陈清华早年毕业于美国加利福尼亚大学，获商学学士。回国后任中国银行、中央银行总稽核，曾任中正大学文学院院

---

① 彭国梁：《星城旧事：民国名人在长沙》，长沙：湖南大学出版社，2016 年，第 211 页。
② 开明书店：《分类书目·社会科学类》，上海：开明书店，1936 年 7 月，第 21 页。
③ 陈友生：《译者序》，拉斯金著：《给那后来的》，第 v 页。

长、经济思想史教授,对外国经济学说史的研究颇有成就,且为财政金融专家,著有《国外汇率》,由商务印书馆选入《万有文库》。《中央银行概论》是世界上第一部专论中央银行的著作,得到曾任英格兰银行总裁诺曼的推荐。原书1925年出版。它论述了国家与中央银行的关系、纸币的发行、中央银行的组织管理、资本盈余分配,以及与商业银行、金融市场的关系等,并对欧、美、澳等29个国家的中央银行的条例和规章作了介绍。附录有各国中央银行条例规章、1914年英国泉币及银行纸币条例、1928年泉币及银行纸币条例等30种。值得指出的是,中央银行这门学科在20世纪初已初步建立,它是以研究应用货币政策和货币政策工具来调节社会总需求,加强金融宏观管理,以实现经济协调发展和经济结构合理化为目的的一门学科。随着南京国民政府成立,西方中央银行思想得到重点快速传播。此间,国内相继出版了几本有关中央银行的译著,其中就包括陈清华译《中央银行概论》。"该书的出版被人认为中央银行理论开始从一般银行理论中独立出来。"[1]"这部专著在当时中国的银行学界影响很大,很多国人自著的银行学著作中有关中央银行的部分,大都或多或少引用了该著作中的观点。"[2]

在奥地利经济学译介方面,1934年3月,陈清华翻译了奥地利史盘(Othmar Spann,今译奥特马尔·施潘)所著《经济学说史》,商务印书馆出版,收入"大学丛书";1947年6月第4版。史盘是20世纪初期奥地利法西斯经济学家、德国全体主义倡导者。全书共12章,分别是:重商主义以前之经济学说;重商主义;个人主义之天赋人权说;社会学根本问题之导言——个人主义与全体主义;重农主义以前之过渡;重农主义;极端发达之个人主义或古典派经济学;德国之经济学;揆立乐观主义及欧洲大陆之附和者;社会主义之演化;历史学派社会改革边际效用之理论;近代经济科学;结论 各学派及各趋势之比较。另有"附录一 参考书籍"和"附录二 如何研究经济学"。该书的特点是按哲学和社会学观念,将各派经济学说分类为个人主义及全体主义两种。前者包括重农学派、古典学派及边际效用学派,后者包括重商主

---

[1] 曾康霖、刘锡良、缪明扬主编:《百年中国金融思想学说史》第3卷,下册,北京:中国金融出版社,2018年,第620页。
[2] 李昌宝主编:《近代中央银行思想变迁研究》,北京:中国商业出版社,2012年,第117页。

义、德国亚当·缪勒、李斯特及历史学派；而马克思和其他社会主义学派则居于二者之间。总之，该书完全由其浪漫主义的奇特成见编织而成，宣扬法西斯主义观点。这样一本书居然在中国出了多个中译本，而且长期被列为中文欧美经济学史参考书，其是否产生了消极影响就不得而知了。

在法国经济学著作译介方面，长沙人侯哲荛（1905～1992）于1923年10月翻译了法国查理·季特的《季特经济学纲要》，[①]太平洋书店出版。本书旨在阐述一些政治经济学的要旨，分生产、流通、分配、消费四类，详细阐述了资本循环过程中各环节的理论问题。全书共7章：欲望与工作；交换与价值；货币；财产与遗产；地租与利息；工资与利润；竞争与合作。季特的立论多注重生产力与经济相关之道德哲学及经济学制派别，而供需竞争之说则略而不详，由此可见其著书之旨趣。该著作自出版后风行天下，欧美各国均有译本。季特在理论上和实务上对合作经济都有相当大的贡献。众所周知，19世纪末和20世纪初，英国著名的"费边社"就支持合作运动，这是属于政府与社会学性质的。季特则属于另一群重要的合作经济推广者，他是当时国际上相当闻名的经济学家，他的《政治经济学原理》《经济学纲要》和《经济思想史》被译成十多国文字，出过十多版。他对合作经济的分析与推广更是满怀热忱，他的主要合作经济著作在1949年以前均有中译本。本书对当时社会研究经济发展提供了重要的参考资料。2016年4月上海社会科学院出版社再版，收入李天纲主编的"民国西学要籍汉译文献·经济学"第五辑。

在日本经济学、财政、税收、会计学译介方面，清末民初湘人先后翻译了两本与预算有关的书籍。继1911年9月长沙人易应缃翻译了日本工藤重义著《最近预算决算论》（群益书社）之后，1912年9月长沙人李犹龙又翻译了工藤重义著《各国预算制度论》，也由群益书社出版。作者工藤重义为日本法学博士。《最近预算决算论》为23开，248页，1932年3月15日增订再版。《各国预算制度论》为23开，299页，精装，全书共三编：预算准备上之问题；预算提出上之问题；预算定义上之问题。两本书自成体系，可配套使用。

[①] 此书1930年光华书店版题作《现代经济学的基本知识》。

1926年9月，吴应图生前译述的日本会计学家吉田良三(1878～1943)所著的《会计学》[1]由商务印书馆出版，为新学制高级商业学校教科书。吉田良三为日本著名会计学家，曾任早稻田大学、东京商科大学、中央大学教授，参与创立了日本会计学会，并创办了《会计》杂志，有论著多种，其中《会计学》与《早期商业簿记》为全国商业学校作为标准教材采用。他的会计学理论与思想，对日本会计的发展具有深刻影响。本书共16章，分别讨论了借贷对照表、资产负债之种类、单会计法与复会计法、资本的支持与收益的支出、财产评论法、填补减价、损益计算、公积金、减价基金、原价计算、关于商品之问题等。它全面介绍了近代西方会计的理论与方法，是民国时期学习和推行西式簿记不可多得的一部教科书，同时在民国初年的会计学界产生了较大影响。该书1931年3月4版，203页；1932年12月国难后2版，241页；1971年台北商务印书馆再版。可惜作者未能见到这部译著的正式出版。

1928年4月，汝城人朱应祺、朱应会兄弟合译了日本北泽新次郎著《劳动经济论》，泰东图书局出版，南京、长沙分局发行。全书共7章：劳动问题之发生及其特征；关于工资在之各种问题；工会；劳动争议解决之诸制度；工厂法；劳动问题之诸思潮。书前有刘剑农的序、译者序、原序，书末有参考书籍，并附各种劳动法规及其他要项。关于此书的特点，《译者序》(1927年孟冬识于申江)有介绍："本书著者颜曰《劳动经济论》，而精要则在钻研劳动问题，层次井然，辞详意丰，志在以和平方法解决劳动问题，非欲以激烈手段，而扰乱社会秩序也。"[2]译者认为，"此篇议论平允旨趣公正，可为解决劳动问题者之龟鉴，可为研究劳动问题者之臂助，故不揣冒昧，移译成篇，以飨当世之读者。"他们翻译此书，就像刘剑农所说的"朱君兄弟译这本书的意思，就是要提倡我国的青年去找寻平坦的道路。"[3]

1929年5月，武冈人李大年翻译了日本安倍浩著《经济思想十二讲》，启智书局出版，收入"社会科学丛书"。全书共分上下册，分别简述了古代和

---

[1] 另有张永宣译本，题作《会计学》(1917年)；陈家瓒译本，题作《工业簿记》(1934年)。
[2] 《译者序》，[日]北泽新次郎：《劳动经济论》，朱应祺、朱应会译，上海：泰东图书局，1928年，卷首。
[3] 刘剑农：《劳动经济论序》，[日]北泽新次郎：《劳动经济论》，第1页。

中世纪的经济思想、重商主义、重农主义、亚丹·斯密士的《国富论》、马尔萨斯的人口论、李嘉图的经济学原理、李士特的保护贸易论等。1935年4月再版，1945年又版。

1930年3月，醴陵人刘侃元译述了《苏俄的合作社》，太平洋书店印行。该书译自日本南满铁道会社附设东亚经济调查局发行的《经济资料》第14卷第7号，计252页。它论述了苏俄合作社历史的意义及变革、战时共产主义时代的协同组合政策、新经济政策下的协同组合、国民经济上的协同组合之地位等。刘侃元1925年在北平参与"联俄或仇俄"的理论之争，曾在《京报》发表多篇文章驳斥仇俄论者。他这种宣传苏俄的书籍选择在大革命失败三年后翻译出版，其勇气可见一斑。

1931年5月，岳阳人阮有秋翻译了日本增地庸治郎著《经营经济学引论》，商务印书馆出版，收入"社会科学丛书"，该书是年底译者受商务印书馆之托开始翻译的。全书共5章，分别是：经营经济学之名称；经营经济学之发达；经营经济学之人物；经营经济学之问题和分科；经营经济学之研究方法。另有附录1个：经营经济学之发达（《斯特龙教授七十纪念论文集》介绍）。《译者弁言》交待了译此书原因："中国现在经济学界进展的大势，或者比日本还要迟一步，……所以在中国方面局部的研究，现在还正需要我们殚精竭虑去努力才行。……增地先生这部著作，在经营经济学之综合研究上，是很能给我们一些学理上的指针的。"①

20世纪30年代，由于日本帝国主义积极在华进行经济侵略和军事侵略，当时国人对于日本经济的复兴比较关注。1935年至1936年间，从日本留学归来的长沙育才中学校长、益阳人龚心印（1893～1958）翻译了《日本复兴农村经济计划与新生活运动》，连载于《民鸣周刊》，1936年译文由湖南长沙育才中学单行本发行，收入"湖南育才中学丛书"。该书译自日本《改造》杂志，内含12个问题。卷末附：竹田村复兴计划中的农、林、渔业五年计划；

---

① 阮有秋：《译者弁言》，[日]增地庸治郎著：《经营经济学引论》，阮有秋译，上海：商务印书馆，1931年，第1～2页。

五年计划实施后该村产业与教育、精神复兴计划。同年3月，龚心印还印行了译自日本水岛穗一的《非常时期之统制经济论》，亦收入"湖南育才中学丛书"，内分两编：世界非常时期开展；非常时期的产业统制。该书分析了第二次世界大战前夕世界的政治、经济形势及其对日本的影响，日本应持的立场、态度，并评述了当时美国和德国的产业统制政策计划和措施；另附美国陆军重要官员D. F. 跌威斯的《战时工业动员诉诸美国国民》一文。该书对于民国政府推行统制经济即计划经济起到了助力作用。

另外，民国时期还有一些零星的翻译。典型的有萧敏颂译华尔嘉（E. Varga）的《二十年来的资本主义与社会主义经济》，刊1938年《中苏半月刊》第2卷第2期。文中介绍了俄国"十月革命"胜利以来的经济，表明社会主义比资本主义经济制度更为优越，这样就从实践上证明了马克思主义学说的正确性。

最后值得一提的是，1914年著名护国军将领、湖南安福县人林修梅（1880～1921）在流亡日本期间曾译有《欧洲财政经济》等书，但这些译著因经年战乱，均已散失。[①]

可以说，现代时期的湘籍译家在谋求现代化的过程中，本着开放求实的态度，以追求国富民强为宗旨，翻译了一批外国经济学著作，其中不乏经济学名著，不少译著在当时的经济学界产生了较大的影响，这是他们的贡献。然而，如果我们带着现代经济学的模式去审视他们的这些译著，仍然有欠系统，无论是涉及的问题还是表达的方式，都与今天主流的经济学理论截然不同。不管怎样，这批译者针对中国的实际问题出发，从社会制度大变革的背景下来译介国外经济学思想，这种态度对于后来中国经济学范式尤其是马克思主义经济学范式的产生无疑有着深远的影响。

总的来看，民国时期"经世致用"文风的盛行使得湖南的翻译出版物呈现出如下特点：第一，新兴的人文社会科学抬头，这是新兴阶级抬头的必然反映，表现在出版领域，此类著作有较多的翻译；第二，关于马克思主义，尤

[①] 阮观荣、凌晋良、黎兴中：《林修梅生平事迹》，《湖南文史资料选辑》第18辑（1984年10月）。

其是唯物辩证法这一类书籍较为流行；第三，关于经济学（包括马克思主义经济学）的书籍占了很大部分；第四，关于苏联的研究书籍和关于帝国主义的书籍，占了不少数量；第五，关于历史方面的，如经济史、革命史、经济学史及社会思想史等，占了相当的数目；第六，翻译中质量上乘者不乏其数，但粗制滥造的现象也难免存在。这是新兴社会科学运动初期必然出现的现象，随着对这类书籍的批评逐渐出现，这一局面在慢慢地扭转。

另一方面，相对于近代时期，现代时期的湖南译家在翻译人文和社会科学著作方面的成绩更为卓著。这一则表现在参与的人数更多，涉及的领域更广泛；另则众译家在外国语言的准备上更加充分，这就确保了很多人能从源语进行直接翻译，而不像近代时期主要借助日语的途径来了解和学习西方；再则这些译家大多有自己的术业专攻，这就注定他们的选材更为精当，这样的选材对于社会的需求更有针对性，加之他们又能不失时机地针对国内读者的需求在翻译中增添了若干中国元素，这样有助于更好地发挥其译作的"文以载道"的功能，即直接将这些翻译作品用于主体国的政治、经济、文化、教育、思想、法律、道德的建设当中，更好地启迪民智和造福国民。无论如何，这批翻译书籍在中国谋求现代化的过程中不同程度地发挥了各自的作用，其意义是相当深远的。

第六章　民国时期湘籍译家与外国文学翻译

当代以色列文化批评家和翻译理论家伊文-佐哈尔（Evan-Zohar）提出了多元系统理论，从异质文化关系的角度分析了翻译文学在译入语多元系统内的地位，指出它占据中心位置的三种情况：一是当译入语文学处于发轫期；二是当译入语文学处于边缘或弱势阶段；三是当译入语文学处于危机（crisis）或转型时期（turning points）。[①] 不过总体而言，翻译在主体国文学多元系统内通常处于边缘位置，这点尤其表现在那些有着悠久历史和自足文化传统中，而湖南无疑就是这样一个有着悠久历史和人文传统的省份。历年来，湖南在文学方面人才辈出，文学创作成就更是突出。然而近现代以来，湖南文学也经历了一个像伊文-佐哈所说的危机或转型期，这点表现在那些旧有的文言创作已经失去生机和活力，白话文学正处于萌发阶段，此刻翻译文学开始乘虚而入，迅速在主体文学多元系统中发挥作用。鉴于翻译文学与文学的多元系统之间关系是可变的，此刻在湖南，就像在全国一样，翻译文学开始由边缘走向中心，进而在现代湖南文学多元系统中发挥积极的作用，并为主体文学体系输入众多新鲜血液，为其带来新的生机。

在文学翻译领域里，自"五四"以后涌现出众多杰出的湘籍翻译家，他们先后开展了一系列的翻译活动，提出了种种翻译思想，推出了众多翻译作品，为民国时期文学翻译事业的繁荣做出了巨大贡献。究其实，他们的种种做法又与"五四"时期鲁迅先生等提倡的"别求新声于异邦"的时代精神有着不可割舍的关系，也与湖湘文化传统中"经世致用"和"文以载道"的文艺追求紧密相连，也就是选择与时代话语体系相关的素材进行翻译，进而通过文学翻

[①] Itamar Even-Zohar. "Papers in Historical Poetics". In Benjamin Hrushovski & Itamar Even-Zohar (eds.). *Papers on Poetics and Semiotics* 8. Tel Aviv: University Publishing Projects, 1978.

译来催人向上，改造社会。

第一节 现代湘籍译家与法国文学翻译

法国文学在中国译介的时间不是太长，1898年林纾与王寿昌合译了小仲马的《巴黎茶花女遗事》，是为译介到中国的第一部法国小说。此后，也有湘人加入到译介法国文学的行列中来。相对于其他外国文学，湘人在法国文学译介方面成绩更为突出。

民国时期湘籍译家投入法国文学翻译的人数不多，却涌现出几位翻译大家，李青崖、黎烈文、成绍宗等就是其中杰出的代表，他们将众多的法国文学优秀作品译介到中国，且以小说翻译为主（诗歌、散文和戏剧甚少），其中不少堪称名家名译之作。历年来，这些在中国现代翻译文学界有着较高的地位。同时，作为一些重要刊物的编辑，他们在赞助和发表同仁翻译作品方面亦做出了巨大贡献。

一、萧三与《国际歌》歌词翻译

萧三（1896～1983）翻译外国文学作品众多，而且大多产生了广泛的影响，这中间最重要的则是他对《国际歌》歌词的翻译。

《国际歌》的歌词是由法国工人诗人欧仁·鲍狄埃（Eugène Edine Pottier）于1871年6月巴黎公社遭到残酷镇压的时刻在地下室写出的，17年后即1888年，杰出的工人音乐家皮埃尔·狄盖特（Pierre Degeyter）在地窖里创作了曲谱。从此，它便成为国际社会主义运动中最著名的一首歌，也是世界上被最广泛传唱的歌曲之一。一百多年来，《国际歌》被译成多种文字，响彻寰宇。

这首被誉为"全世界无产阶级战歌"的《国际歌》，萧三、陈乔年是中文版的最早译者之一。萧三，湖南省湘乡人，原名萧子暲（一作子嶂，字子暲），笔名有天光、埃弥·萧、爱梅等。曾就读于长沙湖南第一师范，与毛泽东同学。他和哥哥萧子升以及毛泽东、蔡和森一起创建了"新民学会"。1920年到法国勤工俭学，1922年，他同赵世炎、周恩来等发起组织"少年中国共产党"。陈乔年（1902～1928），安徽怀宁人，他与陈延年同系陈独秀之子，同时他们也是反对陈独秀"右倾"机会主义路线的战士。陈乔年回国后任北方区党委组织部部长。党的"五大"后当选为中央委员，曾任中央代组织部部长，后调至上海任江苏省委组织部长，1928年陈乔年被捕，6月6日惨遭杀害。此后，萧三尽了毕生心血不断地修订和完善他们的译作。虽然，半个多世纪以来，《国际歌》的译词几经重译、修改，但当时由萧三最初翻译的副歌歌词，"这是最后的斗争，团结起来到明天，英特纳雄耐尔就一定要实现"，一直传唱至今（其中的"英特纳雄耐尔"是沿用瞿秋白的译法）。

　　事实上，早在萧三和瞿秋白二人之前，《国际歌》歌词在中国就有了译介。1919年10月10日，广东共产主义小组创办的周刊《劳动者》第2号刊有列悲译《劳动歌》，译文出自法文，为《国际歌》第一节。同年10月26日、31日和11月5日，该刊第4、5、6号刊有其他几节译文，这样前后共登完6节，为《国际歌》全译。由于《劳动者》周刊发行量只有二、三千份，而且刊行时间较短，加之《劳动歌》译文较为粗糙，所以流传不广。1920年11月，留法勤工俭学学生主办的《华工旬刊》第5号发表了署名"张逃狱"的译文，但他只译出第1、3、6节，而非全译，这一译文流传更为有限。1921年9月，《小说月报》第12卷号外"俄国文学研究专号"刊登了耿济之口述、郑振铎笔述的《第三国际党的颂歌》，即《国际歌》歌词，译自俄文。该作曾于1921年5月27日在《民国日报》副刊《觉悟》发表过，译者署名C.Z和C.T，而且当时译者不知道《国际歌》歌词为法国欧仁·鲍狄埃所作，只是当作俄国革命作品从海参崴《全俄劳工党》的第十四种出版物《赤色的诗歌》之诗集中翻译过来。遗憾的是，他们的译文较为生硬且欠准确，加之只有歌词而没有曲谱，其影响力很有限。总的来看，这些翻译只有译文，都未配曲歌唱。瞿秋白和萧、陈二人的两种译文则是最先配曲歌唱的《国际歌》译词。不足的是，瞿秋白根据俄译再意译为汉语文言文，而且唱起来很不顺口。据说当年瞿秋白家中有一架风琴，他一边弹奏风琴，一边反复吟唱译词，不断地斟酌修改，直到大致能唱。但译完后总有不尽如人意的感觉，故而他在译文发表时还加有附语:"但愿内行的新音乐家,矫正译者的误点,——令中国受压迫的劳动平民,也能和世界的无产阶级得以'同声相息'。再则法文原稿,本有六节,然各国通行歌唱的只有三节,中国译文亦暂限于此。"① 换言之,尽管瞿秋白的译文能唱,但仍不全,而且他也意识到译曲的传唱性不佳,故而盼望"内行的新音乐家"来"矫正"它。事实上,瞿秋白的译词并未传开,这便促成萧三去继续翻译。

1920年5月,萧三到《国际歌》的创作地法国勤工俭学,当时在法国工人的集会和游行队伍里第一次听到"原汁原味"的法语《国际歌》,就被它深深地感染。它那悲壮激昂的旋律,不时地震撼着萧三的心,随即他学会了唱《国际歌》。后来,他从一个名叫西居的法国青年那里弄到一本法文油印小册子,里面有《国际歌》歌词。虽然萧三早已学会唱颂这支无产阶级的战歌,但歌词还是第一次看到,便萌生把它译成中文的念头。随后他把这一想法告诉了陈乔年。由于当时条件有限,未能如愿进行。这个愿望直到他来到莫斯科之后才得以实现。

1922年冬,萧三从巴黎来到莫斯科,此刻他已熟练掌握了法语和德语,但俄语只学会了一些单词,会话还很不熟练。到了俄国之后,他猛攻俄语,进步神速。第二年夏季,萧三和中国班的同学到莫斯科附近瓦西钦诺村苏维埃农场消暑,这次他再次向陈乔年谈起把《国际歌》歌词译成中文的愿望。陈乔年立即表示赞成,并愿意和他一起完成这一任务。他们的这种想法也得到旅莫支部的同意。鉴于鲍狄埃的诗作是巴黎公社诗歌的代表,巴黎公社的诗人又十分重视民歌创作,而且他们有些诗歌简直就是利用传统流行的调子,然后再填上新内容的词。这点从《国际歌》中可以明显地看出,它采用的正是民歌的"复唱"形式,其语言通俗明快,比喻恰当。此外,全诗音律整齐,音调激越昂扬,风格刚健豪放,如战鼓紧催,似号角震鸣,很好地表达了无产者的战斗激情。事实上,当年的德文、英文、俄文译本都充分考虑到这一特点,其译文大多押韵整齐、韵律感强,读起来铿锵有力。萧三和陈乔年的翻译方案商定后,他们便在紧张的农事和学习之余,根据法文歌词,同时参照俄文译词,本着通俗易懂、押韵上口和便于演唱的原则进行翻译。他们一边

---

① 瞿秋白:《附语》,《新青年》季刊第1期"共产国际"号(1923年6月15日)。

翻译，一边演唱，一边修改，经过反复推敲，终于在那个假期里完成具有历史意义的使命，把《国际歌》歌词译成了中文。其译文的开头是这样的："起来！饥寒交迫的奴隶，/起来！全世界的罪人。满腔的热血沸腾起来了，/拼命作一最后的战争。/旧世界破坏一个彻底，/新社会创造得光明。/我们一钱不值，我们要做天下的主人。"① 由于曲调大家早已熟悉，加之萧、陈二人在翻译时尽量做到通俗易懂、押韵上口，所以大家很快就会唱了，以至到新学期开始后，常能听到中国班的同学在东大校园里用中文歌唱《国际歌》。不久，有几位同学奉调回国工作，便把萧三与陈乔年合译的《国际歌》歌词带回国内。1925年3月广州出版的《工人读本》第36至38课和《中国青年》第93、94期以及同年9月广州、香港工人为支援"五卅"运动、在政治大罢工中创办的月刊《工人之路》第18期等，都登有萧三与陈乔年合译的《国际歌》中文歌词。他们翻译的《国际歌》之旋律也传遍了中国大江南北。但是，当年人们在传唱时一般只唱第一章，第二章、第三章就很少有人知道了。再则，他们当时因缺乏音乐常识而翻译得不太周密，有些地方配得不妥。

1939年，时值庆祝"十月革命"22周年之际，刚回国的萧三特地将从前译出的三章歌词全部按照原文做了修改和重译。据1939年1月15日他在《中国青年》第2卷第3期的《国际歌歌词修改说明》一文中说：因为第一章已唱出，所以很少再做变更。"现在特将从前三章歌词重新按照原文修改一遍。"在修改过程中，他先后得到曾在延安鲁艺音乐系任教过的著名音乐家吕骥、冼星海，以及在歌词创作方面很有经验的塞克之帮助。"希望国人全部的、一致的唱出来！"

修改后的歌词是这样的：

起来，饥寒交迫的奴隶！/起来，全世界的罪人！/满腔的热血已经沸腾，/做一次最后的斗争。/旧世界打个落花流水！/莫要说我们一钱不值，/我们是新社会的主人！//从来就没有什么救星，/不是那神仙（和）皇帝，/也不是那些英雄豪杰：/全靠自己救自己。要夺取平等自由

---

① 高陶：《〈国际歌〉是怎样翻译过来的》，《萧三佚事逸品》，北京：文化艺术出版社，2010年，第204页。

幸福，/要消灭剥削压迫，/快把那炉火吹得通红，/你要打铁就得要趁热。//我们是世界的创造者，/劳动的工农群众。/一切是生产者所有，/哪能容纳寄生虫！/我们（的）血流了不知多少，/和那强盗（们）战斗；/一旦把他们消灭干净，/鲜红的太阳照遍全球！//这是最后的斗争，/团结起来！到明天，/英特纳雄那尔就一定要实现！/这是最后的斗争，/团结起来到明天，/英特纳雄那尔就一定要实现！[①]

在萧三翻译的这首《国际歌》歌词中，我们明显地可以看出他在创作中坚持劳伦斯·韦奴蒂所说的归化(domestication)的做法[②]——做到译诗语言的民族化、大众化、通俗化。如在法语原文中，"没有什么最高的拯救者，非上帝、非罗马皇帝、亦非护民官，生产者们，我们自己救自己。"俄文译文的原意为："谁也不能把我们拯救，无论是上帝、沙皇，还是英雄，我们争取解放要自己动手。"换言之，西方有罗马皇帝或沙皇，而中国人有过"皇帝"，至于"护民官"或"保民官"，则是古罗马时代的官职，中国人根本不懂。于是，萧三反复推敲，使它符合中国的民族特点，让它能被中国老百姓接受，改成"从来就没有什么救星，不是那神仙（和）皇帝，也不是那些英雄豪杰：全靠自己救自己。"延安版的《国际歌》一直传唱至20世纪60年代初。此后，萧三仍不断地对《国际歌》歌词进行修改，力求进一步完善。换言之，一首歌词经过了那么多人翻译，尤其是萧三数十年来不断地修订和完善自己的译词，仍有不尽如人意的地方，这也充分印证了诗歌翻译之难或诗歌翻译中的不可译思想。

二、李青崖与莫泊桑等法国作家作品翻译

"五四"以后，在留法学生中翻译法国文学作品最多的当推李青崖，而且他又以翻译莫泊桑(Guy de Maupassant)的作品而取得的成就最大。

李青崖(1884～1967)，原名李允，青崖、瞻果孙为其笔名，出生于湖南

[①] 萧三：《"国际歌"歌词修改说明》，《中国青年》2卷3期(1939年1月15日)。
[②] Lawrence Venuti. *The Translator's Invisibility: A History of Translaion.* London and New York: Routledge, 1995, p. 20.

湘阴。1907年肄业于上海复旦大学,同年赴比利时烈日大学理工学院学习,同时利用业余时间努力钻研法国文学。1912年毕业,随即回国。次年到湖南高等商校及湖南楚怡工业学校任教。1921年参加文学研究会,在长沙组织湖光文学社,出版《湖光》半月刊,从此致力于法国文学的翻译和介绍,他是中国较早的法国文学的直接介绍者之一。

莫泊桑的作品最早译介到中国是在1904年。是年,冷血(陈景韩)翻译了他的《义勇军》,刊《新新小说》第2期;1909年,周作人翻译了他的《月夜》,收入《域外小说集》。到了"五四"前后,莫泊桑作品的汉译大量出现在当时各种报纸杂志上。到了20世纪20年代,莫泊桑也成了被译介得最多的法国作家,他的全部短篇小说、散文、诗歌都得到了翻译。"莫泊桑小说的主要译者李青崖是这一时期最为突出的法国文学翻译家之一。"[①]事实上,在李青崖的整个翻译中,最重要的自然也是他对法国作家莫泊桑作品的翻译,而正是由于他长年致力于译介莫泊桑,使得莫泊桑的作品在中国不断地得以经典化。

青年时代的莫泊桑曾在福楼拜(Gustave Flaubert)的直接指导下进行创作,同时又深受屠格涅夫(Ivan S. Turgenev)和左拉(Émile Zola)的影响,其作品有着明显的自然主义风格。在他生活和创作的19世纪70、80年代,正是法国社会经济高度发展的时期;伴随着经济的突飞猛进,法国社会内部的各种矛盾日益尖锐。作为一个以追求"真实"为目的的批判现实主义作家,莫泊桑全方位地展示了法国中、上层人士的生活。他曾以普法战争为题材,出版了《梅塘之夜》短篇小说集,《羊脂球》便是其中的杰出之作。此后,莫泊桑写作并发表了大量短篇小说,并陆续结集出版;同时开始创作长篇小说。1883年他发表了《一生》,后来陆续发表了《漂亮的朋友》(又译《俊友》,或《美男子》)、《温泉》《皮埃尔和让》(又译《两兄弟》,或《笔尔和哲安》)、《我们的心》(又译《人心》)等。在这些作品中,莫泊桑通过对那些人性扭曲的"文明人"的描绘,无情地揭露了当时社会中金钱的罪恶,表现了作

[①] 袁筱一、王静:《中国外国文学研究的学术历程·第6卷·法国文学研究的学术历程》,重庆:重庆出版社,2016年,第27页。

者对现实的失望,体现了他的民主思想和人道主义精神。在中国,莫泊桑早在"五四"之前就备受青睐。从世纪初的鸳鸯蝴蝶派,到"五四"时期新文学界以及30、40年代,均对他赞赏有加。此间正是中国社会风雨如磐的时期,民族矛盾、阶级矛盾相互迭起,水灾、旱灾、战争搅得中国社会人心惶惶。"在这种疮痍满目、脓血淋漓的社会里,莫泊桑那种对以'文明人'为主体的社会的无情嘲讽与抨击的文本",[1]极易引起中国译家在心理上的共鸣,故而得到较为集中的译介。仅1926年结集出版的莫泊桑小说翻译集就有6部,[2]而在短篇小说翻译方面,则以李青崖用力最勤。

1923年至1924年,商务印书馆推出一套"文学研究会丛书",其中就收有李青崖译《莫泊桑短篇小说集》,共三册。第一册(1923年11月)书前有杨树达的《序》(1922年7月14日作于长沙),收入《一个疯子》《我的舒尔叔叔》《保卫者》《散步》《拔荔士夫人》《雨伞》《隐者》《旅行中》《孤儿》《勋章到手了》《杀人者》《押发长针》《疯婆子》《父亲》《饮者》《珠宝》等16个短篇小说,该书于1926年5月出第3版,1932年国难后1版;[3]第二册(1924年11月)收有《马丹拔蒂士》《施乃甫的冒险》《莫兰这公猪》《许丽乐曼》《手》《回顾》《悔悟》《寂寞》《无益的容貌》《鬼神出没》《负贩者》《柴》《残废的人》《一场夜宴》《客车之内》《密语》《一座小像》等16个短篇小说,该书于1927年9月出第3版,1932年国难后1版;1924年11月出版的第三册收有《羊脂球》《雏之媚》《软顶圈》《战栗》《离婚》《床边的协定》《政变的一幕》《一个失业的人》《归来亡妇》《伯爵夫人的轶事》《新年的赠品》《娜莎丽》等12篇。

杨树达在《序》中极力推荐此书,文章最后写道:"我还希望青崖出版这册子以后,还继续不断地将莫泊桑的著作都翻译出来,使国中有文学兴味的人,个个都能饱饱地领略莫泊桑著作的风味,那就是很有贡献的工作了。"该书于1926年、1931年、1932年重版。这是李青崖一生中最重要的一部译作,

---

[1] 范伯群、朱栋霖主编:《1898—1949中外文学比较史》(下卷),第700页。
[2] 钱林森:《法国作家与中国》,福州:福建教育出版社,1995年,第354页。
[3] 1928年2月5日,李青崖曾在《文学周报》第302期发表《在校订〈莫泊桑短篇小说集·一〉以后》。

在读者中产生了很大的影响。[①]

事实上，李青崖没有辜负同乡的期望。接下来，他又有更多的作品陆续发表在各种文学刊物上。自1923年起，李青崖先后在《小说月报》发表了所译莫泊桑的一些作品，包括1月10日他译莫泊桑的小说《政变的一幕》，刊《小说月报》第14卷第1号；2月10日，该刊第14卷第2号又刊有他译莫泊桑的《床边的协定》；6月10日第14卷第6号刊有他译莫泊桑的《一个失业的人》；1924年2月10日第15卷第2号和7月10日第15卷第7号分别刊有他译莫泊桑的小说《离婚》和《战栗》；同一时期，他还在其他杂志上发表一些所译莫泊桑的作品，如1923年2月至10月，他先后在《东方杂志》第21卷第4、8、18号和第19号发表所译莫泊桑的小说《亡妇》《娜莎丽》《伯爵夫人的轶事》和《归来》。另外，1924年11月，他译莫泊桑的短篇小说集《髭须及其他》，由霜枫社出版、朴社印行，列入俞平伯所编文艺小丛书"霜枫"之三。书中除俞平伯的作品9篇外，收有李译小说6篇，分别是《髭须》《呢喃》《窗前的失败》《代理人》《林中》和《波宜发司式的命案》；[②]1928年10月28日，他在《文学周报》第340、341期合刊上发表所译莫泊桑的《牧童坡》；1929年1月20日，他又在该刊第354期发表所译莫泊桑的《马尔德茵》。

20世纪30、40年代，李青崖对莫泊桑作品译介的热情有增无减。1930年8月15日，《长风》半月刊在南京创办，由本社编辑，时事月报社发行。该刊"负载有两个重大使命：一是介绍世界学术，二是发扬民族精神"。所以，不管是"专论"栏，还是"文艺"栏，都刊载不少翻译作品。李青崖从一开始就与丁夷（华鼎彝）、徐志摩等成为该刊的主要译者。除创刊号上刊有他与吴且岗合译伊巴桌兹所作《玛丁纳兹将军的叛乱》和9月15日第3期刊有他译朵儿日雷司的《龙王洲的麻风病人》，9月1日第2期还刊有他译莫泊桑的《一场报复》和10月15日第5期"青年问题号"刊有他译莫泊桑的《瑞恩》。同年12月15日，《文艺月刊》第1卷第5期刊有他译莫泊桑的《那一

[①] 1926年5月29日，冀桂馥撰写书评《无益的容貌——莫泊桑〈短篇小说集〉（李青崖译）》，载《现代评论》第3卷第77期。同年7月7日，李青崖在读到该文后撰写了《答冀桂馥君的书评》，发表在该刊第4卷第84期。
[②] 姜德明：《俞平伯编："霜枫丛书"》，载姜德明：《余时书话》，成都：四川文艺出版社，1992年。

场洗礼》；1931年1月10日，他译莫泊桑的《米龙老丈》，刊《前锋月刊》第1卷第4期；同年4月10日，该刊第1卷第7期发表他译莫泊桑的《一场决斗》；1932年1月，他译莫泊桑的《一个疯子》和《床边的协定》收入周缦云编《现代世界小说选》（亚细亚书局）；①同年，开明书店出版了《俘虏（法国短篇敌忾小说集）》，"本书内有短篇小说十三篇，系于西历一八九〇年普法战争后法国人之激愤与哀痛、自卫与抗战之作品，读之令人兴感。"②其中收有李青崖译莫泊桑的《两个朋友》《米龙老丈》《一场决斗》《俘虏》和《哼哼小姐》；1933年1月31日，他译莫泊桑的《那只兔子》，刊《文艺茶话》第1卷第6期；1935年5月10日，他译莫泊桑的《那一绺头发》，刊《新文学》第1卷第2号"翻译专刊"；1935年，他译莫泊桑的《一个谨慎的人》，刊《论语》第86期；同年，《礼拜六》第657期刊有他译莫泊桑的《诺尔曼第式的玩笑》（上）；1936年6月1日和16日，他译莫泊桑的《拉丁文问题》，连载于《论语》第89、90期；7月16日，该刊第92期又刊有他译莫泊桑的《养花的暖房》；同年，商务印书馆出版了《法兰西短篇小说集》（上、中、下），其中收有李青崖译莫泊桑的《骑马》《霜奴》《野人老娘》和《首饰》；1937年5月，他译莫泊桑的《我的叙尔叔叔》，收入张曰瑞选辑的《翻译短篇小说选》（商务印书馆）；同年，他译莫泊桑的《床边的协定》，收入陈陟编辑的《世界名著杰作选》（二集，经纬书局版）。1945年11月10日，他译莫泊桑的《第二十九号病床》，刊《宇宙》月刊创刊号（该篇又载1946年《战斗中国》第1卷第6期）；1946年12月16日，他译莫泊桑的《古文问题》，刊《论语》第119期；1947年2月1日，该刊又登有他译莫泊桑的《拔荔思夫人》；同年2月25日，他译莫泊桑的《得救了》，刊《幸福》月刊第1卷第6期；7月1日，他译莫泊桑的《嬷嬷的二十五个法郎》，刊《巨型》月刊创刊号；11月1日，他译莫泊桑的《古物》，刊《文潮月刊》第4卷第1期。另外，自1947年起，《京沪周刊》刊登了他译莫泊桑的小说数篇，其中8月31日第1卷第35期刊有他译的《某夫

---

① 该书被收入亚细亚书局推出的"文学基本丛书"第11种；1936年中国文化服务社又版；1947年1月百新书店又版。
② 《开明书店分类书目》，上海：开明书店，1936年7月，第92页。

人的忏悔》；9月21日第1卷第37期刊有他译的《罗杰的方法》；10月12日第1卷第40期刊有他译的《父亲》。1948年8月1日、9月1日，他译莫泊桑的《谁知道》，刊《春秋》第5年第3期和第4期。

当然，在李青崖所有译作中最值得留意的还是他翻译的数部莫泊桑小说集。1929年至1931年间，李青崖共推出莫泊桑小说集9种，分别是：

《苡威荻集》，小说集，1929年4月北新书局出版，系"莫泊桑全集"之三，内收《苡威荻》《绳子》《西孟的爸爸》《两个朋友》和《首饰》等5篇小说。该书于1930年8月再版。

《哼哼小姐》，1929年5月北新书局出版。该集子1928年10月7日于吴淞译完，系"莫泊桑全集"之二，内收《哼哼小姐》《玛珞伽》《安德雷的疼痛》《霍尔德司王后》《我的舅舅索士登》《潭》《邂逅》《髭鬓》《牧童坡》《父》《水上》《一夕的盛会》和《休矣》等短篇小说13篇。

《鹧鸪集》，1929年6月北新书局出版。该书系"莫泊桑集"之三，内收《鹧鸪》《莫兰这公猪》《那个保护人》《波宜发司老爹式的命案》《拔蒂士特夫人》等小说17篇。

《羊脂球集》，1929年6月北新书局出版。该书系"莫泊桑集"之四，内收《羊脂球》《那只破船》《发现》《密约》《庞拔尔》《恶面包》《木鞋》《那块柴》《磁感作用》《离婚》和《一个弑父母者》等小说11篇。正文后有一段《附识》："此篇依原文直译，与安徽胡适之君的意译本，语句自不能一律；至于字面——尤其是某几个实体物的字面——亦有不同，则或因所据的原本彼此互异的原故。译者虽未知胡君所据何本，然其译本固与法文原本不甚吻合，却是一件可以证明的事。"据《北新书局图书目录》介绍："《羊脂球集》，李青崖译，实价六角半。这是莫泊桑短篇小说全集的第四卷，收有《羊脂球》及其他共十一篇。《羊脂球》是作者因以成名的处女作，尤不可不看。"该书1940年7月由三通书局再版。

《霍多父子集》，1929年7月商务印书馆出版，系"莫泊桑集"之五，内收《霍多父子》《精神上瘘痹》《在春光里》《负贩者》《圣安端》《窗子》《面具》《圣米奢尔屿》《初雪》《情语》《归来》《悔悟》和《我的舒尔叔》等13篇小说。

《遗产集》，1929年9月商务印馆出版，无序跋，内收《遗产》《小花脸》《萨波的》等短篇小说6篇。

《珍珠小姐集》，1930年5月商务印馆出版，系"莫泊桑全集"之七，内收《珍珍小姐》《友人约瑟》《骇人听闻的事》《离婚的一格》《船埠》《我们的书信》《魔鬼》《惊醒》《必定如意》《许丽乐曼》《一家人》《自杀事件》《爱情》《堂倌，来一杯黄酒》等短篇小说14篇。

《蔷薇集》，1931年7月商务印馆出版，系"莫泊桑全集"之八。

《绳子姑娘》，1931年9月商务印书馆出版，系"莫泊桑全集"之九，内收《绳子姑娘》《梦》《那一场洗礼》《短小的士兵》等小说16篇。

到了20世纪40年代初，李青崖又推出两部莫泊桑翻译集。其一是1940年三通书局出版的《羊脂球》和《软项圈》(又译《项链》)，启明出版社出版，列入"三通小丛书"；其二是1941年长沙商务印书馆出版的《橄榄田集》(收入短篇小说11篇)和《天外集》(收入短篇小说12篇)。

这样，在十年左右的时间内，李青崖共译出莫泊桑小说119篇，几乎涵盖了莫氏的全部作品，这在当时的中国可谓前所未有。总的来说，莫泊桑作品的语言非常"纯正"，已经成为法语文学的典范性语言：既通俗、准确，又清晰明澈，富有感染力。这样的语言翻译起来难度固然不大，但是要传达莫泊桑作品中的细微之处的韵味并非易事。这点在李青崖的笔下就得到了圆满解决。而且，从他所选用的策略来看，往往是异化中又有归化的痕迹，这样在传递原作新鲜表达的同时，又能照顾到读者的接受，并赢得人们的好评。

多年来，李青崖一直致力于莫泊桑作品的翻译，其译文又多次再版，而且在再版的过程中，他不断地斟酌和修改，从而表现出一位著名翻译家严谨与精益求精的态度。由他翻译的许多作品堪称名家名译，历年来为中国新文学界所称道。正是由于他多年系统的译介工作，莫泊桑也成了中国读者熟悉的经典作家。这样，莫泊桑这位作家经过李青崖堪称经典的翻译和不断完善而进入中国，此点也印证了当代西方学人劳伦斯·韦努蒂所说的"经典的准确性既具文化独特，又具历史可变性"。[①]

[①] Lawrence Venuti, *The Translator's Invisibility*. London and New York: Routledge, 1995, p.37.

除了译介莫泊桑作品之外，李青崖还翻译了不少其他法国作家的作品。自1923年1月10日《小说月报》第14卷第1号至1930年7月10日第21卷第7号，李青崖先后在该刊发表了所译其他法国作家的一些作品，其中包括他译巴比塞（Henri Barbusse）的小说《廊门》（第15卷第8号）和《炮战——火线之下二十四篇之一》（与罗黑芷合译，有青崖"附识"，第16卷第7号），朵尔惹雷司（Roland Dorgelès）的《得胜了——木十字墓碑十七章之一》、项伯（Pierre Hamp）的《那个问题》（与吴目罔合译，第21卷第7号）；另外，该刊还有他撰写的几篇有关法国文学的论文，分别是《几本谈大战的法国小说》（第15卷第7号）、《现代法国文坛的鸟瞰》（第20卷第8号）、《现代法国文学鸟瞰》（第21卷第5号）等。

自20世纪20年代起，"文学研究会丛书"陆续推出，其中收入李青崖不少的翻译作品，如他译福楼拜的《波华荔夫人》、莫泊桑的《莫泊桑短篇小说集》、法朗士的《波纳尔之罪》《艺术史》以及雷里（Maxime Léry）与安瑞（André-Paul Antonie）合著的《木马》等，这些作品也如他译的莫泊桑作品一样，堪称法国文学汉译中的精华，一直在读者中产生很大的影响，多年来重印不断。

这中间首先值得一提的是他翻译雷里与安瑞的剧作《木马》。译文曾于1924年连载于《妇女杂志》第10卷第10至12期，1925年4月商务印书馆推出单行本，收入"文学研究会丛书"。原剧于1922年11月28日在巴黎拉波第臬尔戏院首次上演，深得观众欢迎。李青崖根据1923年巴黎发行的《自由作品》（Les Ouevres Libres）第27期译出。译文以直译为主，稍经改动，就能直接用于表演。这点在《译者附记》中有交待："内容几不带地方色彩，即在中国表演亦不自觉其枯燥的问题剧；惟译文词句全采直译方法，倘演时能略行斟酌的更换，则观者兴味愈佳。海内艺术家如欲表演此剧，祈先期向译者函询（由文学研究会转交）同意为荷。"[1]

其次是他译介法朗士的作品。1921年，法国作家法朗士（Anatole

---

[1] 李青崖：《译者附识》，[法]雷里、安瑞著：《木马》，李青崖译，上海：商务印书馆，1925年，第2页。

France)荣膺诺贝尔文学奖,确立了他在世界文坛上的伟大地位,吸引了全世界的目光。20 世纪 20、30 年代,在中国兴起了一小股译介法国作家的热潮,这当中除文学的原因外,还因"法朗士作为一个激进的人道主义者,一个进步的同情社会主义、被压迫民族的作家代表",[①] 这点对于当时中国的社会与文化语境、与新文学革命的需求有着直接的联系。

自 1925 年起,李青崖开始陆续翻译法朗士的一些作品。是年,他节译了《艺林外史》(Le Chat Maigre,原名《瘦猫馆》),连载于《东方杂志》22 卷第 1 至 3 号,共 14 章。1930 年 3 月商务印书馆又推出了该书的单行本,收入"文学研究会丛书",1933 年 3 月国难后 1 版。

1926 年,《东方杂志》第 23 卷第 13 号刊登了他译法朗士的《波纳尔之罪》;该作同年亦刊于《小说月报》第 23 卷第 13 号。同年 6 月 10 日,他还在《文学周报》第 230 期发表《〈波纳尔之罪〉的汉译本的引言》,专门介绍法朗士的这部作品。

1928 年,商务印书馆推出他译《波纳尔之罪》的单行本,收入"文学研究会丛书"。全书除《译者的引言》和《波纳尔之罪》外,另收《第一部柴》(内有 14 则)、《第二部约翰妮亚历桑德尔》(内有 27 则)和《最后一叶》。

1931 年 3 月 30 日,李青崖翻译了佛朗士的《一个学下检察官》,刊《文艺月刊》第 2 卷第 3 号。

可以说,李青崖的译文堪称得心应手,文笔美妙,受到读者的热烈欢迎。由于有了他这样优秀的译家之译介工作,在很大程度上"保证了法朗士的翻译质量,为中国读者走近法朗士提供了很好的基础"。[②]

1927 年 6 月,李青崖翻译了法国自然主义作家弗罗贝尔(Gustave Flaubert,今译福楼拜)的长篇小说《波华荔夫人传》(今译《包法利夫人》),商务印书馆出版,收入"文学研究会丛书"。早在 1925 年,李劼人曾翻译过此书,题为《马丹波娃利》,1936 年重译,亦由商务印书馆出版;1947 年再译,重庆作家书屋出版。这部小说传入中国时,其所代表的现实主义文学风

---

① 钱林森:《法国作家与中国》,第 508 页。
② 许钧、宋学智:《20 世纪法国文学在中国的译介与接受》,武汉:湖北教育出版社,2007 年,第 183 页。

格,以及那位在平庸生活与欲望激情间挣扎的女主人公,曾引起读者极大的兴趣与关注。原书出版于 1856 年,正是以该书的出版为标志,"将福楼拜列入世界文豪大家的行列中。"① 小说一经发表,立即引起强烈的反响。圣伯甫从中看出"新的文学的标志",左拉称"新的艺术法典写出来了"。尽管连载时已有删节,这部作品还是引起一些严厉批判,甚至有人提起公诉,指控福楼拜以此书负有败坏功德、败坏宗教道德,后因判决罪名不足以成立而最终撤销公诉。② 李青崖的译文清澈、流畅,很好地再现了原作的神韵。1934 年10 月 1 日,李青崖又将所撰《关于波华荔夫人传》的介绍文章发表于《世界文学》第 1 卷第 1 期;1935 年 1 月和 1937 年 4 月李译《波华荔夫人传》推出国难后第 1、2 版。多年来,中国读者对它的持久阅读热情,与李青崖忠实地传递原作及其优美的译笔有着很大关系。当年新文学界许多作家也非常喜爱这部作品,湘籍作家丁玲在《包法利夫人》译介到中国后,"至少看过这本书十遍","她喜欢那个女人,她喜欢那个号称出自最细心谨慎与文体组织与故事结构的法国作家笔下写出的女人,那个面影与灵魂,她仿佛皆十分熟悉"。她从这部书"学了许多"。③ 事实上,丁玲的创作(如《莎菲女士的日记》《阿毛姑娘》等)就深受福楼拜的《包法利夫人》影响。④

　　1930 年 7 月 16 日,李青崖翻译了法国著名小说家大仲马(Alexandre Dumas Père, 1802 ~ 1870)的散文《诺洁的砲厂里的客厅》,刊《真美善》杂志第 6 卷第 3 号"法国浪漫运动百年纪念号"。文中的砲厂是法国 16、17 世纪大政治家诺洁的故居,后成为图书馆。诺洁本来是浪漫派文学的动议者之一,身任砲厂图书馆长之职,他的客厅为作家聚会的场所,在法国文学史上占有一席之地。大仲马的这篇回忆给人们描绘了当时的取向和人材,是谈论浪漫主义应知的感性材料。这个散文的刊载标志着大仲马在中国小说流变历程中又一新形象的树立:由一个通俗的历史小说家到高超的浪漫主义作家,新的认识更接近他的本质。可以说,由于李青崖这样优秀的小说翻译家的译

---

① 沈雁冰:《佛罗贝尔》,《小说月报》第 13 卷号外(1922 年)。
② 李健吾:《包法利夫人》之附录,上海:文化生活出版社,1948 年。
③ 沈从文:《记丁玲女士》,《国闻周报》第 10 卷第 32 期(1933 年 8 月 14 日)。
④ 钱荫愉:《丁玲的〈阿毛姑娘〉与福楼拜的〈包法利夫人〉》,《山东大学学报》1982 年第 3 期。

介,大仲马的形象也得以提升了。①

自1931年起,李青崖还翻译了法国贝尔讷尔(Jean-Jacques Bernard)的几篇作品。这年1月30日,他翻译了贝尔讷尔的《一个十八岁的儿子》,刊《文艺月刊》第2卷第1号;同年,他署名"青崖"译出贝尔讷尔的独幕剧《求婚者》和《一部在努力著作中的剧本》,分别刊《新月》第3卷第5、6期和《青年界》第1卷第3期;1933年4月16日,他翻译了贝尔讷尔的《专门医生》,刊《论语》第15期。

20世纪20、30年代,李青崖还有不少的零星翻译作品散见于国内各种刊物上。如1929年7月1日,他与吴且冈合译法朗士的《基梅的那个歌者》,刊《北新》第3卷第12期;1930年7月16日,他与陈定深合译杜哈美尔(G. Duhamel)的《调节运输的车站》,刊《现代文艺》第1卷第1期;1931年7月15日,他译郭季叶(T. Gautier)的《近水楼台》,刊《文艺月刊》第2卷第7号;同年11月10日,他译法国自然主义作家左拉的《安琪玲》,刊《小说月报》第22卷第11号。同年12月31日,他译都德的《官迷的梦》,刊《文艺月刊》第2卷第11、12号合刊;同年,他译法雷尔(C. Fariere)的《最伟大的女子:为我的母亲而作》,刊《学友》第1卷第3期;1932年3月31日,该刊第3卷第3号刊他译诺尔哈克(Pierre de Nolhac)的《长夏中的某一天》;1932年12月20日,他还与陈定生合译巴比塞的《流血的煤油矿》,刊《青年界》第2卷第5号。另外,《新月》第3卷第11期又刊他译伏尔戴尔(即伏尔泰)的《白与黑》;第3卷第12号刊他译诺洁(C. Nodier)的《蓝袜弗朗朔》;第4卷第1期刊他译马玙丽德(Marguerite d'Angoulême)的《一个卡司第人的意见》;等等。

1932年1月,李青崖又推出一部重要的翻译小说集,即他译法国自然主义作家左拉与都德等人的短篇小说集《俘房》,为法国短篇小说"敌忾小说集",开明书局出版。内收都德作品7篇:《最后一课》《陪审团的梦》《小奸细》《柏林之围》《不争气的儿子》《掌旗官》《那一局台球》;莫泊桑作品5篇:《两个朋友》《米龙老丈》《一场决斗》《俘房》《哼哼小姐》;左拉作品1

---

① 钱树森:《法国作家与中国》,第183~184页。

篇:《水磨之战》。这些均系反映 1870 年普法战争的作品,且为法国短篇小说中的名篇。卷首有译者的《写在〈俘虏〉的前面》。该书于 1936 年 4 月再版。李青崖翻译的这些作品,又以他译都德的作品最具特色。"九一八"事变之后,国人饱受战争之苦。战争的惨痛,中国将如何面对外来入侵,无疑都是中国读者想从都德等人小说中寻找的答案和寄托。像其中的《柏林之围》通过怀着法兰西荣誉感的儒勒上校从幻想坠入现实的巨大眩晕,传达催人泪下的爱国情绪;《小间谍》鞭挞了叛变者的可鄙,赞美了爱国者杀身成仁的义举;《最后一课》则尤其感人至深。正如邵燕祥所说的:"都德的作品最能触发我们偷生于日本占领下的亡国之痛了。"① 本来,自然主义对于一个喜爱感伤情调和道德说教、耽于幻想的民族来说,不啻是一剂难以咽下的苦药,中国读者一方面希望自然主义能救治中国文学的痼疾,另一方面对其赤裸裸的写实表示反感,期待一种综合自然主义与理想主义为一体的宁馨儿出现。正是在这种矛盾心理下,以李青崖为代表的中国译家,"发现了既属于自然主义阵营,又与自然主义有着诸多不同的都德,在他那种夹杂着理想、感伤情调的写实性中","找到了心理平衡,于是乎都德作品一时间成为完美无缺的典范之作"。而该集子取名"敌忾小说集"也正反映出当时中国读者对左拉、都德等人接受的方向和特征。

在零星的作品翻译方面,1932 年 6 月,李青崖翻译法国诺尔哈克的小说《教皇的遥夜》,刊《现代》第 1 卷第 2 期;同年 11 月 30 日,他译保禄布尔惹(Paul Bourget)的《鳌妇的长子》,刊《文艺茶话》第 1 卷第 4 期。1933 年 11 月 1 日,他译左拉的《"溃灭"的一脔》,刊《文艺月刊》第 4 卷第 5 号;1934 年 8 月至 12 月,该刊第 6 卷第 2 号至第 5、6 号合刊又刊他译斐礼伯(Charles-Louis Philippe)的《巴黎贫女记》;1934 年 4 月 5 日,他译法国金艾玛(Emma Goldman)女士的《俄国的写真》,刊《人间世》创刊号;1936 年 1 月 1 日,他译米尔波(Octave Mirbeau)的一篇幽默作品《治安法庭》,刊《论语》第 79 号;1937 年 6 月 15 日,他译都日雷司(Roland Dorgeles)的《深夜的散步者》,刊《中国文艺》第 1 卷第 2 期;1946 年 12 月 1 日该刊复刊号第

---

① 邵燕祥:《伴我少年时》,《外国文学评论》1992 年第 2 期。

118 期刊有他译波地（F. Boutet）的《美国人的杀人罪》。而早在 1937 年 5 月 15 日，他曾以"青崖"为名发表了他译法国萨尔都（Victorien Sardou）的小说《炮弹》，刊登在《中国文艺》创刊号。

20 世纪 30 年代，李青崖在翻译集的推出方面又有新进展，1936 年 3 月，他选译了法国马玑丽德等著《法兰西短篇小说集》（上、中、下），商务印书馆出版，内收各个流派 16 位作家的作品 19 篇，包括浪漫主义以前的 2 篇，介于浪漫主义与写实主义之间的 1 篇，写实主义和自然主义的 8 篇，反自然主义的 3 篇，现代主义的 4 篇。具体作品分别是：马玑丽德的《一个卡司第人的意见》，伏尔泰的《白与黑》，郭季叶的《近水楼台》，梅礼美的《蔚蓝的屋子》，巴尔扎克的《恐怖时代的一篇记载》，左拉的《闹鬼的房子》，都德的《柯尼尔老爹的秘密》，莫泊桑的《骑马》《孀妇》《野人老狼》①《首饰》，柯贝的《一个脚本的材料》，韦礼乙的《西华蓓》，法朗士的《一个学习检查官》，施我伯的《蓝国》，莫洛瓦的《一个画家的诞生》，穆朗的《俞先生》②，盖塞尔的《两个疯子》，诺辣克（又译诺尔哈克）的《教皇的长夜》。该集子于 1939 年 9 月推出简编版，共三册，收入王云五主编的《万有文库》。

1936 年 8 月，商务印书馆推出李青崖翻译法国伏尔泰等著《法兰西短篇小说集》，内收 16 位作家的 19 篇作品。该集子后于 1937 年 5 月和 1947 年 3 月分别由商务印书馆在长沙和上海再版，1969 年台湾商务印书馆又版。

20 世纪 40 年代，除了 1945 年 7 月重庆世界编译所出版的李青崖译法国讷闪（John Nash）著《戴高乐将军传》之外，他还有不少的翻译作品散见于各种刊物上，其中就有 1944 年 9 月他译杜哈美尔（Georges Duhamel）的散文《我们见天儿的面包》，刊《抗战文艺》第 9 卷第 3、4 期合刊；1945 年 7 月 5 日，他译华克洛德（Claude Ros）的《解放巴黎的目击》，刊《文哨》第 1 卷第 2 期"欧洲胜利纪念特辑之一——战时法兰西文艺"栏；等等。

1945 年 12 月，徐仲年主编的《法国文学》杂志在重庆创刊。这份杂志主要向中国人介绍法国文学，其内容涉及法国文学名著翻译，研究法国文

---

① 该作品后收入艾芜选注《翻译小说选》（桂林：文化供应社，1942 年 11 月；1947 年 9 月港 1 版"中学生略读文库"）。
② 该篇亦载 1929 年 1 月 16 日《北新》第 3 卷第 2 期。

学名著及作家介绍、文学史料等。自创刊以来，李青崖就不断地有译作发表，其中主要包括第 1 卷第 1 期刊载他译盖塞尔（Joseph Kessel）的《被枪决者》，1946 年 2 月 28 日第 1 卷第 2 期刊载他译奥地利作家茨外格（Stephan Zweig）的《在我少年时代的巴黎》和达胡兄弟（Jérôme Tharaud & Jean Tharaud）的《记波斯旧京的古董商》，4 月 31 日第 1 卷第 4 期刊载他译伐勒利拉它（Pasteur Vallery-Radot）的《法国的声光》和艾司荣（Luc Estang）的《哈如曩昔面目的波德莱尔》，等等。

"抗战"后期，中国的一些文艺杂志及其副刊成立了介绍象征主义思潮的重要刊物。这时，李青崖也参与对法国象征主义作家的译介，其中就有他译《恰如本身所示的波德兰尔》，刊《文迅月刊》1946 年 9 月 15 日第 6 卷第 6 期。除了象征派作家的翻译外，他还翻译了其他不少作家的作品，其中就有 1947 年 1 月 1 日他译蒲兑（F. Bontet）的《曾经疯过的人》，刊《论语》第 120 期；同年 11 月，大地书局推出他译法国左拉的长篇小说《饕餮的巴黎》，收入"世界文学名著"丛书，译者署"青厓"；1949 年国际文化服务社重版（1951 年、1954 年再版）。1947 年 8 月 10 日至 24 日，他翻译了法国诺白勒（Emmanuel Nobles）的《寄书人》，刊《京沪周刊》第 1 卷第 31 至 33 期；1948 年 1 月至 2 月该刊第 2 卷第 1 至 4 期和第 6 至 10 期刊载他译法国蒲代（Bodet）的《海心镜影记》[①]。同年 6 月，重庆正风出版社再版的《世界短篇小说精华》亦收他译安德烈·莫洛瓦（André Maurois）的《一个名画家的诞生》；9 月 1 日，他译蒲兑的小说《忘恩岛》，刊《文潮》月刊第 5 卷第 5 期；等等。

可以说，民国时期李青崖在翻译法国文学方面倾注了巨大精力，他翻译的作品数量之多，涉及法国现当代作家之众，在同期的法国文学翻译界是罕见的，且译作质量上乘，尤其是系统地译介莫泊桑的作品，一直受到评论界好评，进而使莫泊桑的作品在中国得以经典化。正因如此，李青崖被视为民国时期一位优秀的文学翻译家。

[①] 1947 年 6 月 15 日《京沪周报》第 1 卷第 23 期刊登的《一位小学教师》（巴尔布斯作），7 月 20 日的第 1 卷 28 期与 7 月 27 日的第 1 卷 29 期刊登的《中学校里的死神威胁》（英国莫里哀作），均标"青厓译"。"青厓"疑为"李青崖"。

三、黎烈文与法国文学翻译

1927年至1932年是黎烈文留学法国的五年,期间,他怀着文学救国,服务社会之抱负,先后翻译了大量的外国文学作品,为祖国的文化事业做了大量的工作。与早年不同的是,此间黎烈文主要是系统地从事法国文学翻译。

1929年9月,黎烈文在地城大学翻译了法国现代沉默派领袖倍尔纳(Jean-Jacques Bernard,又译倍尔讷)的剧本《亚尔维的秘密》。所谓沉默派,可以说是比写实主义更进一步的写实主义。沉默派的目的只在单纯而确切地描写日常茶饭的生活,从这种生活见出真正的人生。沉默派的特殊功绩在于发现"沉默"的价值,它主张舞台的言语回复到普通人的言语,不教俳优说出现实所不说的话。在沉默派创作中,沉默的颤动,感情的激发,不完全依赖直接的言语去表现,而努力于想念的唤起,把沉默和言语一样用作一种方法,诉诸我们的感觉。由黎烈文翻译的这部短剧《亚尔维的秘密》,以浪漫派运动史中的异端逸话作题材,描写诗人亚尔维对当时文坛一方之雄罗帝叶的女儿玛丽的秘密之爱。篇中引用的许多人物大多在世界文学史上或法国文学史中具有相当高的地位,当时都出入罗帝叶氏之门。这部短剧也和倍尔纳的其他作品一样,充满着一种细腻的敏感,一种动人的淡淡哀愁。译者之所以选译这个短剧,"并不是觉得这篇短剧可以代表倍尔纳氏的作品,这只是因为我对于诗人亚尔维的个性的一种偏颇的爱好。"正因自己特别爱好,故而他在翻译中也倾注了更多的心血。译文寄回国后,发表于1931年7月《小说月报》第22卷第7期。标题下有译者注:"本译为我最爱的Y君纪念。"译文前另有一篇黎烈文所撰《倍尔纳与沉默派戏剧》,对剧作家进行了全面介绍。值得指出的是,该剧创作于1926年,在不到三年的时间就被翻译过来,可谓十分及时,这无疑可以开阔国人的视野。1945年8月又版,收入福建永安改进社出版的戏剧集《亚尔维的秘密》,列入"现代文艺丛刊"第四辑之一。

1931年1月,黎烈文在巴黎译出倍尔纳的另一部戏剧《妒误》,该剧原名《重燃坏了的火》,1933年12月商务印书馆出版,收入"世界文学名著"

丛书。书出后，译者曾赠送鲁迅先生一本。1934年1月17日，鲁迅先生在收到赠书后给黎烈文回信，说道："书已读讫，译文如瓶泻水，快甚；剧情亦殊紧张，使读者非终卷不可，法国文人似尤长于写家庭夫妇间之纠葛也。"[①]该书1935年再版，收入戏剧集《亚尔维的秘密》。

黎烈文一生中最光彩的时期是他28岁时主持《申报·自由谈》。他主持副刊期间，使这份平庸的刊物焕发出生机。他对《自由谈》所作革新也是中国报纸副刊史上重要的一章。《自由谈》也十分重视外国文艺的输入。在黎烈文主持副刊期间，首先是他本人挥笔上阵，先后发表一系列译作。如在1932年，他翻译了法国作家巴比塞的《他们的路》，发表在同年12月15日至16日《自由谈》。1933年4月，他以"林取"之名发表了所译法国小说家赖纳（Jules Renard，今译列那尔）的小说《红萝卜须》，连载于4月23日至7月3日《自由谈》；同时在4月23日《自由谈》还有他撰写的介绍文章《介绍赖纳和他的〈红萝卜须〉》。同年7月29日，鲁迅先生在致黎烈文的信中就提到他的这一译作，认为它"实胜澹果孙［李青崖］先生的作品也"。[②]1933年，黎烈文翻译了莫泊桑的长篇小说《两兄弟》，连载于10月18日至10月31日《自由谈》。这是"莫泊桑所著少数长篇小说中最有研究价值的一部；尤其是书前的一篇代序——《论小说》可以看出莫氏对于文艺，特别是对于小说的见解"，"的确算得上是近代文学史上一个重要的文献。"这次，译者"为了读者易于接受起见，用了一个意译的名称：'两兄弟'。"1935年商务印书馆将该书出版，编入文学研究会"世界文学名著丛书"，不过此次"改照原名音译为《笔尔和哲安》"；1936年3月再版。但据译者说，该书销路并不好，对此中的缘由他在1944年重庆文化生活出版社以《两兄弟》为书名再版时有过分析。他说："无论从内容方面说，或从技巧方面说，用了一个音译的名称《笔尔和哲安》，这两个外国音译的人名不能感到趣味当也是原因之一。"因此，此次他从商务印书馆收回了版权，并在文化生活出版社重译时恢复了此译本在报上发表的名称《两兄弟》，后来证明其效果相当不错。该书后于

---

① 《鲁迅全集》（第12卷），第324页。
② 《鲁迅全集》（第12卷），第203页。

1949年再版，1952年11月第5版，收入"译文丛书"。

1933年11月，商务印书馆推出黎烈文翻译的一部重要剧本，即法国洛曼（Jules Romains, 1885~1972，今译儒勒·罗曼）的三幕剧《医学的胜利》，收入"世界文学名著"丛书，这也是该剧的首个汉译本。洛曼原名路易花哥尔，巴黎师范大学哲学系出身，曾任哲学教授多年，是著名的"僧院"诗人之一，曾发表过诗集《一致的生活》，被人看作是这一派的领袖，同时有小说《某人之死》《律襄勒》《戏剧城里的军队》《克洛麦德尔的旧村》等。他不仅是现代法国戏剧界最权威的作家之一，也是有声电影狂潮中支持舞台剧的中流砥柱。不过，直到1922年他的戏剧《医学的胜利》上演并大获成功，才使他下定决心在戏剧的道路上发展。这部剧本第一次上演时，连续演出五百场次，观众仍然不减；直到七、八年以后，每次上演，还是同样受人欢迎。在接下的十年里，他不断有新作发表。仅1930年冬，巴黎有四个剧院同时演出他的剧本，他在当时法国戏剧界的活跃情况可见一斑。《医学的胜利》是一部三幕剧，描写一个不懂医学却懂得群众心理的医生，怎样打着科学的招牌，威吓群众，获得成功。一句话，这是一部和现代医学开玩笑的讽刺剧，既借着克洛克的名字把现在一帮无知的、敛财害人的医生加以痛切的鞭笞，同时又将群众的愚昧与卑怯活灵活现地展现在读者眼前。该书出版后，黎烈文及时赠送鲁迅先生一本。在1933年12月24日寄给黎烈文的信中，鲁迅先生曾提到此书，并表示谢意。针对当时社会上有人贬低这部古典名著价值的做法，鲁迅反驳道："这类的书籍，其实中国还是需要的，虽是古典的作品，也还要。我们要保存清故宫，不过不将它当作皇宫，却是作为历史上的古迹看。然而现在的出版界和读者，却不足以语此。"[①] 从而肯定了黎烈文这部译作的价值。

另外，1934年黎烈文还在《文学》月刊发表过一些译作，其中包括这年3月1日他翻译罗曼·罗兰的《反抗》，刊载于《文学》第2卷第3期；12月16日，他又在《文学》季刊第1卷第4期发表了所译左拉的《血》。

1934年4月，生活书店还推出了黎烈文的一部重要译作，即他译自法国

---

① 《鲁迅全集》（第12卷），第305页。

小说家赖纳(Jules Renard,今译列那尔)的《红萝卜须》,收入《翻译文库》。赖纳是一位现实主义作家,初期曾受过自然主义和颓废主义影响。赖纳的主要著作有《红萝卜须》《寄生虫》《海蟑螂》《日记》《书简》等。《红萝卜须》出版于1894年,这部书"说它是小说,却没有故事;说是散文,却有一个中心人物",似乎可以命名为小说体的散文。书中的"红萝卜须"是一个小孩的绰号,相当于中国的"萝卜头"。该书最初在法国出版,曾"名震一时。这部小说后来曾编成剧本,在舞台上又获得极大的成功(最近并已制成电影)。红萝卜须在法国,正如中国的阿Q一样,成为一种尽人皆知的人物。"[1] 黎烈文所译书名题作《红萝卜须》,除了译者撰写的《略谈赖纳和他的〈红萝卜须〉》和附录《果尔门论赖纳》[2]外,内收作品包括《鸡》《竹鸟》《梦厌》《对不起了》《尿钵》《鸡嘴锄》《猎枪》《鼹鼠》等48篇,全书分30节,计335页。书前另有赖纳的肖像,书末有《革命文豪高尔基》(韬奋鲁编译,修正第3版)以及另外8种书籍的广告,其中有鲁迅译《桃色的云》和《小约翰》等。鲁迅先生在读完这些译文后,曾感叹道:"《红萝卜须》实胜澹果孙[李青崖]先生作品也。"[3] 译者却说,这些故事"因最初是给《自由谈》登载,随写随译,译得非常匆促,译者虽自信已在'信''达'两字上尽了最大的努力,但小疵还是有的。"由于赖纳也是鲁迅先生喜爱的法国作家,而且黎烈文于翻译作品中对"信""达"的追求以及对作者的介绍,又与鲁迅先生"宁信而不顺""翻译的路要放宽,批评的工作要着重"等主张有共通之处,这个译本受到鲁迅先生的赞赏绝非偶然。在出书之前,鲁迅先生还提供赖纳照片一张,供印刷时使用。这张照片就收在该译本中。这里需要说明的是,生活书店是1932年7月成立于上海的一家新书店,不过它又是在中华职业教育社1925年10月创办的《生活》周刊社基础上建立的,它以出版一些进步书刊和马克思主义的经典译本在读者中享有盛誉。黎烈文选择在该社出版此书,可以看出他当时的心境和价值取向。该书1938年再版,收入《翻译文库》第1种。

---

[1] 黎烈文:《略论赖纳和他的〈红萝卜须〉》,《红萝卜须》,上海:上海生活书店,1934年,第2页。
[2] 果尔门(Remy de Gourmont, 1858—1915),今译果尔蒙,法国象征派作家。
[3] 《鲁迅全集》(第13卷),第203页。另外,叶文菲也于1941年5月5日在《中国文艺》第4卷第3期发表《红萝卜须》,评介黎译该书。

1934年6月9日,黎烈文与茅盾等赴鲁迅先生宴,商谈创办《译文》杂志事宜。黎烈文的中国文学根基厚实,又通晓几种语言,擅长翻译;加之此时正值坎坷,宏图未展,便欣然同意,并建议该杂志取名"译文"二字。随后在茅盾、黄源等人的参与下,他们研究决定组织"译文社",出版《译文丛书》。作为该刊的主持人之一,黎烈文可以在上面发表作品,事实上,几乎每期都有黎烈文的译著。通过这份刊物,他先后把普希金、罗曼·罗兰、左拉、梅里美、纪德、卢那察尔斯基等人介绍给中国读者。这些译文大多缜密严谨,优美简洁,忠实流畅,同时又以法国文学译介为重点。

1934年9月16日,《译文》杂志创刊号上有黎烈文的译文两篇,即他译法国梅里美小说《玛特渥·法尔哥勒》和F.科佩的《名誉是保全了》;10月16日第1卷第2期除了有他译俄国A.普式庚(即普希金)的《波希米人》外,另有他译法国作品两篇,分别是波德莱尔的《散文诗抄》(8首)和A.纪德的《论古典主义》,其中后一篇是应鲁迅先生之请翻译的,原因是,此前《译文》上所登论文甚少;11月16日第1卷第3期有他的译文两篇,即他译纪德的《今年不曾有过春天》和梅里美的《西班牙书简》(连载至第5期);12月16日第1卷第4期有他译苏联爱伦堡的《论超现实主义派》;第1卷第5期有他译意大利M.梭勃里洛的《美貌奖品》和梅里美的《西班牙书简(第三信)》;2月16日第1卷第6期有他译C.亚波黎奈的《动物寓言诗四首》;1935年3月16日第2卷第1期有他译I.爱伦堡的《论莫洛亚及其他》和A.莫洛亚的《故事十篇》;同年,该刊第2卷第2期登有他译法国V.渥哲狄的《左拉》和左拉的《大密殊》;9月16日终刊号亦登有他译J.赖纳的《客》和I.爱伦堡的《纪德之路》。

1936年3月,《译文》复刊后,黎烈文继续在该刊发表译作。其中3月16日新第1卷第1期有他译M.梅特林的《歌两首》(另有他译苏联卢那察尔斯基的《佛郎士论》);同年4月16日第1卷第2期有他译J.R.布洛克的《法兰西与罗曼罗兰的新遇合》和A.纪德的《诗》一首。5月16日第1卷第3期有他的译文两篇,即梅里美的小说《查利十一的幻觉》和苏联卢那察尔斯基的《一个停滞时期的天才梅里美》;同年6月16日第1卷第4期有他译意大利B.西哥涅尼作的《客人》;8月16日新第1卷第6期有他译法国罗曼·罗兰的《和高尔基告别》和 J. J. 倍尔纳的小说《一个现代孩子的梦》；1937 年 1 月第 2 卷第 5 期有他译西班牙 A. 阿拉贡的《西班牙的爱国者》；等等。另外，1936 年 9 月 16 日，黎烈文在编完《译文》新第 2 卷第 1 期的"高尔基逝世纪念特辑"（三）之后，特地写了一篇《错译在〈光明〉不在〈译文〉》，作为附录。

在黎烈文翻译的这些作品中，以纪德、卢那察尔斯基、布洛克、梅里美影响较大。特别是他译梅里美的几篇著名短篇小说，如《玛特渥·法尔哥勒》《查理十一世的幻觉》《方形堡的攻克》《塔莽戈》《埃律利花瓶》《掷骰戏》和《西班牙书简》等。普鲁斯贝·梅里美是 19 世纪法国著名小说家，毕业于巴黎法科大学，但对法律不感兴趣，却学了不少文学，以写短篇小说闻名。他是法国浪漫主义时代作品较少但取得成就最大的一位作家，曾写过历史剧、诗歌，但为他赢得小说大师和世界声誉的是十余部中短篇小说。他的小说显露出批判复辟王朝、反对教会的思想锋芒。他的短篇小说有着非常坚实、精细的结构，用笔经济而不事铺张，属于"一种精致的小型浮雕的艺术"，这方面达到了前人从未达到的高度。像他的朋友司汤达一样，他喜欢从社会纪实或通过直接观察去找题材；他选择那些有刺激的、特殊的或是可怕的题材，并努力使自己的小说留给读者一种恐怖或神秘的印象。值得指出的是，除了从事文学创作外，梅里美本人也是一位优秀的翻译家，他曾翻译过俄国普希金和果戈理诸人的小说。当时法国人对俄罗斯的文学知之甚少，由于梅里美良好的翻译，大家便渐渐注意到新兴的俄国文学，以后屠格涅夫、陀斯托耶夫斯基和托尔斯泰诸人的作品，能在法国风行一时，得归功于梅里美对俄国文学的最早介绍。可以说，梅里美的身世和作品都深深地影响了黎烈文，故而引起他向中国青年介绍梅里美小说的热情。由于梅里美这类作品正好满足了当年处于学习写作阶段的青年作家之需求，加之黎烈文以优美的文笔将原作风韵充分地传达出来，并深深地感染读者，故而后来王西彦通过这些文字表达出自己的感激之情。

除了《译文》杂志外，此间黎烈文还参与其他一些刊物的创办，并时常有译作发表。1934 年 9 月，《太白》小品文半月刊创刊于上海，由陈望道任主编，黎烈文等任编辑。1935 年，黎烈文与鲁迅、茅盾、黄源等组织译文社，从事外国文学的翻译与介绍工作。自 1936 年起，黎烈文开始主编《中流》半月刊,这是一本侧重于杂文随笔,兼及其他文艺品种的杂志。在这份刊物上,他就编入过鲁迅先生给其捷克文译本《短篇小说集》写的一篇序文。另外,该刊第 2 卷第 9 至 10 期收有他译自法国巴比塞的《战地家书》。1936 年 2 月,萧乾赴上海筹备沪版《大公报》,继续主编副刊《文艺》,他时常在大东茶室与黎烈文、巴金等聚会,互相交换意见和稿件。不久后,《中流》又与《文学》《文季》《译文》四家联合出版《呐喊》(第 3 期起改名《烽火》),至同年 12 期停刊。期间,黎烈文均参与了编辑活动。

与此同时,在译文发表方面,黎烈文也丝毫未曾怠慢过。1929 年 5 月 19 日,他翻译了腓力普的《访问》,刊《文学周报》第 371 期;同年 12 月 15 日,该报第 379 期又刊登他译顾尔特林的《菲利克司先生》;1934 年 3 月 1 日,他在《文学月报》发表了两篇译文,分别是他译纪德的《田园交响曲》和罗曼·罗兰的《反抗》;1935 年 3 月 16 日该刊第 2 卷第 1 期又登有他译德国威丁柏克的《像》;1936 年 6 月 15 日,《作家》第 1 卷第 3 期收有他译法国 J. 布洛克的论文《活的过去》;[①] 等等。

1935 年号称中国的"翻译年",这年翻译界空前繁荣,译作层出不穷,这点在上海的译坛尤其如此。是年 9 月,商务印书馆出版了黎烈文翻译诺贝尔奖得主、法国作家法朗士的《企鹅岛》(*L'Ile des Pingouins*),收入《万有文库》"世界文学名著丛书"。该书除译有基柏龙的《序》外,正文共八篇 62 章,各篇分别是《起源》8 章、《古代》13 章、《中世及文艺复兴》7 章、《近代 特兰哥》3 章、《近代 摄梯融》7 章、《近代 八万束干草的事件》11 章、《近代 塞莱斯夫人》9 章、《未来 永远的历史》4 章。书出版后,黎烈文不忘赠送鲁迅先生一本。在 1936 年 2 月 1 日给他的信中,鲁迅先生除了表示感谢外,还说:"法朗士之作,精博锋利,而中国人向不注意,服尔德[伏尔泰]的作品,译出的也很少,大约对于讽刺文学,中国人其实是不大欢迎的。"[②] 当年鲁迅以写杂文和讽刺小品而著称于中国文坛,由黎烈文翻译的这类作品文笔精到,较好地传达出原作的精神,故而能够引起鲁迅先生的共鸣,只可惜黎烈

---

① 1936 年 9 月 5 日《中流》创刊号有郑伯奇的专论《读了布洛克的〈活的过去〉》评论黎译该文。
② 《鲁迅全集》(第 13 卷),第 298 页。

文在这方面的译作太少。

同年,文化生活出版社又推出黎烈文译梅里美的短篇小说集《梅里美选集》。该书 1975 年 10 月台北长歌出版社又版,收入"长歌世界名著丛刊"之 3。书前增加了 1947 年中秋节黎烈文于台北撰写的《梅里美评传》。

1936 年 1 月 20 日,黎烈文又与鲁迅、聂甘弩等创办《海燕》杂志。该刊因反映国内广大人民群众的救亡运动,对外屈膝投降的无耻行径,所以为当局所忌恨和惧怕,仅出两期便被查封。2 月 20 日《海燕》第 2 期收有黎烈文的译文两篇,即纪德(A. Gide)的《"邂逅"草》和马尔罗(André Malreux)的《纪德的〈新的粮食〉》。

1936 年 3 月,商务印书馆推出黎烈文翻译的作品两部:《笔尔和哲学》和《法国短篇小说集》。

《笔尔和哲学》,法国莫泊桑著,收入文学研究会"世界文学名著丛书";同年 9 月再版,318 页,42 开。该书后于 1943 年 3 月和 1946 年 10 月由重庆文化生活出版社再版,易名为《两兄弟》,收入"译文丛书";1948 年、1949 年、1952 年几次再版。这篇小说是莫泊桑作品中的"心理小说",不仅写了兄弟间的"嫉妒",也写了母亲罗兰太太的"情感教育"。除小说《两兄弟》外,内收译者的《两兄弟再版记》、基德·莫泊桑的《论小说》。黎译该书明晰而细致,读者可以从中充分读出那种平静之下潜伏着的情感暗流的感受。1936 年 5 月 24 日《独立评论》第 203 号有该书之广告:"本书叙兄弟两人因财产失和的故事,系一纯粹的心理分析小说,在莫氏有数的长篇制作中特负盛名。译笔忠实流丽,不负原作。附译莫氏'论小说'长文一篇于后。"

《法国短篇小说集》,收入"文学研究会丛书"。除译者序外,收有梅里美的《埃特律利花瓶》、左拉的《大密殊》和《血》、科佩的《名誉是保全的了》、雷希拉的《未婚夫》、奈尼叶的《信》、赖纳的《客》、罗曼·罗兰的《反抗》、李奈良的《晚风》、纪德的《田园交响乐》、波尔多的《堇色的辰光》、巴比塞的《他们的路》、莫洛亚的《一个大师的出处》和《故事十则》、哲恩·哥茫的《热情的小孩》。1936 年 5 月 24 日《独立评论》第 202 号有该书广告:"本书包含译者近年所译法国短篇小说十五篇,内有左拉、罗曼罗兰、巴比塞、纪德诸人作品,均系一时之选。每篇后面附有关于作者之简略的介绍。"

1936年6月,黎烈文开始翻译一部非常重要的作品,即法国作家司汤达(Stendhal,又译斯丹达尔)的长篇小说《红与黑》。在中国,最早介绍司汤达的文字是1926年孙俍工撰写的《司汤达》一文,收入《世界文学家列传》一书中。此后对他的介绍也是寥若晨星。直到20世纪30年代才陆续有翻译介绍,但仅限于短篇。黎烈文则是最早尝试对其长篇小说进行翻译的人。翻译《红与黑》历时长久,前后达30年之久,直到他居台期间最终得以出版。

自1936年3月至1937年5月,生活书店出版了黎烈文译作3部:《冰岛渔夫》《弱小民族小说集》和《邂逅草》。

《冰岛渔夫》,法国罗逖(Pierre Loti)的小说,收入《世界文库》第一集,1935年5月出版。据1937年2月版《生活书店图书目录》介绍:"罗逖以描写异国情调著称,文章是隽丽而飘逸的。冰岛渔夫尤为他平生杰作。译笔忠实流畅。附插图多幅,栩栩如生,相得益彰。"①该书1942年12月再版,1943年第3版,1946年7月4版,1949年2月5版;台北志文出版社1979年12月又版。广东人民出版社1981年6月又版。

《弱小民族小说集》,捷克作家加伯克(Karel Čapek,又译恰彼克)等人著,黎烈文、茅盾等人译,生活书店发行,生活印书所印刷,收入世界知识社编辑的"世界知识丛书"之二。

《邂逅草》,杂集,法国纪德等人著,1937年5月生活出版社出版。该书除有《前记》外,还有法国布洛克的《活着》《法兰西与罗曼罗兰的新遇合》和纪德的《论古典主义》等论文9篇,俄国普希金的《波希米人》和美国玛可·段恩的《一篇中世纪的小说》等小说11篇,法国倍尔纳的《亚尔维的秘密》《一个现代孩子的梦》等戏剧3篇,法国罗曼·罗兰的《和高尔基告别》、纪德的《一件调查的材料》和巴比塞的《战地家书》等书简和杂文5篇。

在上述三部作品中,又以《冰岛渔夫》尤为重要。这部书最初收入郑振铎主持的《世界文库》,这套《文库》是20世纪20、30年代世界文学名著翻译丛书中最有系统、有计划地介绍古今中外文学译著的大型丛书。第一集刊行62种,每月发刊1册,每册大约40万字,从埃及、印度、中国、希腊、罗

---

① 《生活书店图书目录》,汉口:生活书店汉口分店,1937年,第37页。

马,到现代欧美、日本,凡第一流的名著,多收入其中。当时,生活书店推出这个文库,是由于中国"译介外国文学的工作,虽然已有三四十年的历史,却不曾有过计划的介绍;有的译者很盲目地去译一些二三流的作品。"而该《文库》收入的外国名著,"都是经过好几次讨论和商榷后才开始翻译的。对每一个作者,译者都将给予详细的介绍,译文在必要的时候还加以注释。"[①] 历年来,黎烈文在法国文学翻译方面做出的成绩显著,他的这部译作能够作为《文库》的首部推出,足见丛书主持人对他的重视。事实上,当年这部译作一经出版,立刻受到众多读者的关注。多年来,这部译作一直被视为翻译文学中的珍品,他为读者提供了一个了解世界名著的范本。《冰岛渔夫》是罗逖36岁时出版的,可以算是罗逖艺术和思想最成熟期的产物,而且与他的其他著作不同,这不是作者的自传和日记,而是一部注重情节和客观描写的真实的小说。这里面有着以生命来争取生活的壮烈战斗,有着青年男女的天真恋情,有着被命运压坏了的妇女悲叹。故事展开的地方也变化不定:忽而在愁云惨雾的北极,忽而在炎暑逼人的热带,忽而又回到荒凉冷落的法兰西北部海岸。在这部译作之前,译者写有一篇《小引》,介绍了罗逖和他的作品特色。这篇《小引》渲染了小说的特色,特别是它迷人的描写,加上其散文化的笔法,简直是蛊惑读者非去读它不可。黎烈文认为:"罗逖的笔调本来以轻快、细腻见称,而《冰岛渔夫》的文章尤其饶有绘画与音乐的魅力。"这样的介绍很生动,很有特点。

尽管如此,译者却说:"这样的书,要译得像样,实在不是易事。我这译本,只求少有重大的错误,漂亮二字自然是完全谈不到的。但倘有细心的读者,仍能从这样拙劣的译本中,找到一点新鲜的东西,那真是译者最大的安慰了。"这完全是译者的自谦之辞。事实上,有了他的这些介绍文字,再加上其优美的译笔,不知感动了多少读者。难怪当年读过这部译作的青年作家王西彦这样说:

> 出现在《冰岛渔夫》里面的那一个家庭的悲剧命运,再加上出于原作者手笔的对变化无常的、既温柔而残酷的大海的出色描写,把我们带

[①] 陈玉刚:《中国翻译文学史稿》,北京:中国对外翻译出版公司,1989年,第284页。

入一个充满异域情调的艺术世界。当时我已经到故都北平读大学，正以初生之犊的勇气，开始学习写作；因此，对国外思潮和世界文学名著怀有一种似饥若渴的热情和热望。

而黎烈文对罗逖这部书的译介，正好满足了王西彦这批年轻人的迫切需求。从他的这番话中，我们可以看出他对黎烈文介绍这部书的感激之情。1981年6月，该书由广东人民出版社重印，据说这是"根据《世界文库》连载的译文重排出版"。除了小说外，书前"有译者撰写的《小引》将有助于读者了解这部作品和它的作者。著名作家即巴金的散文《怀念黎烈文》，对译者作了朴实的介绍"，这些亦被收入书中。

在黎烈文翻译《邂逅草》之前，苏联和日本签订了"苏日中立协定"，黎烈文对于苏联这种机会主义的外交策略表示不满，于是他借着对纪德作品之翻译，宣泄自己对"苏日中立协定"的不满情绪。纪德曾经一度倾心于新制度的苏联，满怀热情地访问了这个国家，可是他的苏联之行却使他于1936年发表《从苏联归来》一书，对苏联持批评态度；接着又于次年发表《从苏联归来的修订》一书，坚持并重申这种态度。因此，他遭到包括罗曼·罗兰等作家的激烈攻击甚至辱骂。在黎烈文出版的这个翻译集子里，不仅收入好几篇纪德的作品，而且借用这位作家著作的名字《邂逅草》来作书名。我们从这个译本《前记》中可以看出，在当时那种情况下，黎烈文称纪德是"忠于自己良心的老人"，并表示自己不愿为此"而失去对他的钦敬"，就明显地表露出他那种具有独立思想的知识分子的立场。

1936年6月1日，黎烈文翻译了路易·基约的独幕剧《酒杯》，刊《文季月刊》创刊号；同年7月1日，他翻译了安德烈·李沃尔（André Rivore）的《泪》，刊《文学丛报》第4期；1937年1月15日和2月10日，他翻译了巴比塞的《战地家书》，刊《中流》第1卷第9至10号；同年7月1日，他又翻译了勒美脱尔的《莫里哀在商波》，刊《文学月刊》第9卷第1号。

1937年12月，黎烈文完成了巴尔扎克（Honoré de Balzac）的长篇小说《乡下医生》之翻译，长沙商务印书馆出版，收入"世界文学名著丛书"。这部作品的翻译开始于黎烈文丧妻之后，复杂的个人心情，加之他对当时周遭社会现状的特殊感受，促成他选译这部作品。这是一部有着较深刻社会思想的小说，共 5 章，分别是地与人、陇亩之间、民众的拿破仑、乡下医生的自白和挽歌。这是作者针对"七月王朝"腐败的现实而创作的小说。在这部小说中，巴尔扎克全面提出自己的乌托邦理想和政治主张。针对贫富悬殊的现象，他提出人人劳动、人人富足的理想；针对人民的疾苦，他主张改善人民生活；针对大资产阶级对中小资产阶级的排斥，他主张让有志者和有能力者有"崭露头角"的机会；针对金融贵族对经济命脉的控制，他认为"竞争是实业的生命"；针对金钱的腐蚀力量，他希望"金钱一方面使人安居乐业，一方面还使人得着健康、富足的快乐"；针对社会的停滞不前，他主张发展资本主义工商业；针对"人欲横流"的恶疾，他主张以宗教感情来"压制坏倾向，发扬好倾向"；针对政府的无能，他主张实行强权政治……《乡下医生》中的医生的思想和理想，可以说正是黎烈文想要有所作为的。所以他特别向读者指出：《乡下医生》所展示的思想，在今天"仍不乏参考研究之价值，尤其对于尚待开发的乡村地方建设，特别具有可资借鉴之处。"黎烈文选择这样的作品来翻译，多少可以看作是他对当时中国社会现实的回应。值得一提的是，该书出版时，卷首曾有"吁嗟伤心人，唯有幽与静"两句题词，后来黎烈文觉得自己译得不妥当，但书已经出版上市，十分悔恨、自责。于是他便自印一个更正的小纸条，把改进出版社营业所代售的几十本，请人一一贴上。用他自己的话来说，是"尽尽人事！覆贴一本是一本！"很明显，因为这个题词翻译欠妥，他那翻译家的良心正受着谴责。这正是一个严肃翻译家的态度。

自 1938 年起，黎烈文当上改进社社长、编辑部主任兼省政府参议。在接下来的八年里，他开始了艰苦的抗战文化工作，编辑适应抗战需要的杂志和丛书，直至 1946 年他辞去社长一职。期间，他先后编辑的刊物有 6 种：《改进》半月刊、《现代儿童》月刊、《现代青年》月刊、《战时民众》半月刊、《战时木刻画报》半月刊、《现代文艺》月刊；出版丛书有"改进文萃""现代文艺丛刊""现代儿童小丛书""世界名著译丛""建设丛刊"等，这其中的不少便是翻译作品。同时，为了支持自己手下的几份刊物和丛书，1940 年黎烈文又翻译了几篇小说发表在这些刊物上。这其中包括他根据法文转译奥地利流亡作家霍尔发斯（Odon de Horvath）的《第三帝国的兵士》，自该年 3 月至 1941 年在他与王西彦合办的《现代文艺》第 2 卷第 2 期至第 6 期连载；1941

年福建改进社以专书出版；1943年再版；1949年8月文化生活出版社又版；1953年4月第3版。除此之外，他还翻译了法国约佛勒的《德国战争的目的》，刊《改进》杂志第3卷第6期。1940年，该刊第4卷第3期登有他译意大利C.哲曼勒托的短篇小说《手迹的故事》。同年5月25日，他又在《现代文艺》第1卷第2期发表所译法国梅里美的著名短篇小说《掷骰戏》。

1941年到1948年间，借助于自己主持的出版阵地，黎烈文先后在永安改进社出版了几部翻译作品，均收入"现代文艺丛刊"。它们分别是匈牙利霍尔发斯的长篇小说《第三帝国的兵士》(1941年3月)、苏联中篇小说《苏联的建设》(与周学普等合作编译)、苏联F.克洛勒的小说《伟大的命运》(1945)、梭尔齐瓦等人的小说集《最高勋章》(1945年11月)、法国倍尔纳的小说集《亚尔维的秘密》(含《亚尔维的秘密》《妒误》和《一个现代孩子的梦》，1945年8月)以及梅里美的小说《投骰戏》等；译文有《暴风雨下的亚洲》等。

除了在改进社和他自己主持的刊物发表译作外，此间黎烈文还加入文化生活出版社的"译文丛书"计划。该译丛由黄源主编，自1935年11月开始，是20世纪30、40年代比较著名的翻译丛书。黄源当年曾主持过《译文》杂志，与黎烈文过从甚密。这套丛书先后收入他的翻译作品有：罗逖的小说《冰岛的渔夫》，莫泊桑的小说《两兄弟》，梅里美的《伊勒的维纳斯像》。其中《冰岛的渔夫》于1942年12月出版，1946年7月再版。该作被称为一时的名作佳译；《两兄弟》出版于1944年；《伊勒的维纳斯像》出版于1948年2月。

《伊勒的维纳斯像》(又名《伊尔的美神》)是梅里美的中篇杰作之一，写于1836年，这部小说集中体现了作家的艺术风格。在这部小说里，维纳斯铜像是一个具有象征意蕴的形象，作者借助幻想使她物化为真实的形象。古老艺术的美，同现实生活的美，互相映照、冲突。在奇特怪异的情节设置中，在浪漫主义色彩和幻想、神秘的氛围中，在浓墨重彩的描绘中，人物的悲剧及其内在的意蕴，得到了动人心曲的展现。1948年2月，黎烈文翻译的这部小说又更名为《伊尔的美神》出版，收入"译文丛书"《梅里美选集》；同年11月再版。该选集收入短篇小说8篇：《玛特渥·法尔哥勒》《查理十一世的幻觉》《方形堡的攻克》《塔莽戈》《托勒得的真珠》《掷骰戏》《埃特律利花瓶》《伊尔的美神》；西班牙书简3篇：《斗牛》《死刑》《强盗》；戏剧1篇《献花记》。书前有译者撰于1947年中秋的《梅里美评传》，[①]书末附卢那察尔斯基的《一个停滞时期的天才——梅里美》译文及译者的《后记》。本来梅里美的这篇小说一直被视为西方文学中的一件珍品，而黎烈文翻译的这本书也堪称精彩，多年来一直被视为汉译法国文学的杰作。

与此同时，黎烈文还有一些零星的作品发表在一些刊物上。如1943年5月，桂林远东书局出版的苏望曙所编《幽会及其他》收有黎烈文译作两篇，分别是左拉的《血》和梅里美的《掷骰戏》；同年12月，黎烈文又翻译了皮埃尔·密尔（Pierie Millet）的短篇小说《失鸣鸟》，发表在《文艺杂志》第3卷第1期。

抗战胜利后，陈仪被委任为光复后台湾省第一任行政长官公署首脑。不久，黎烈文接到他的电召，随即携全家去了台湾。为了谋生，黎烈文还将自己早年在大陆翻译法国作家罗逖的小说《冰岛渔夫》在台湾出了三种不同的版本。

1948年2月15日，黎烈文翻译了梅里美的短篇小说《渥班神父》，刊《文艺春秋》第6卷第2期。同月，黎烈文还翻译了梅里美的短篇小说集——《伊尔的美神》，收入巴金主编的"译文丛书"，由文化生活出版社出版。书前有译者于1947年写的《梅里美评传》，内收小说《玛特渥·法尔歌勒》《查理十一世的幻觉》《方形堡的攻克》《塔莽戈》《托勒得的真珍》《掷骰戏》《埃特律利花瓶》《伊的美神》，[②]书简"西班牙书简"3篇：《斗牛》《死刑》和《强盗》，以及《戏剧献车记》。另有附录：《一个停滞时期的天才》（梅里美）和译者《后记》。

这里特别需要提及的是该书所附《梅里美评传》。这篇评传并不是人们印象中的那种满篇名词概念的评论文，而是以地道的散文写的人物传记。读到这样朴实而流畅的传记，既可以让人了解到这位法国作家艰辛而收获满满的一生，还可以享受到散文艺术之美。这也是黎烈文所写的唯一一部人物传

---

① 该文曾载1947年11月15日《文艺春秋》5卷5期。
② 1928年真善美书店推出的虚白译本题作《神秘的恋神》。

记。为了推介这部小说,黎烈文于 1947 年 12 月在《文艺丛刊》第三集《边地》发表《关于〈伊尔的美神〉》一文,详细介绍该作的来龙去脉和艺术特色,由此足见他的认真态度。

与此同时,黎烈文还翻译过 19 世纪法国批判现实主义作家埃米利·梭维斯特(Emiles Souterstre)的一些作品。1948 年 10 月 15 日,《文艺春秋》刊有黎烈文译梭维斯特的散文《祖国》;同年,他还翻译了梭维斯特的《楼顶间的礼物》,刊《中学生》杂志第 199 期。同年 10 月,台北公论报社出版了黎烈文译梭维斯特的小说集《爱的哲学》,收入"公论报丛书",除序言外,内收《楼顶间的年礼》《谢肉节》《窗前随感》《互爱颂》《补偿》《莫利斯叔叔》《名势篇》《厌于侮》《米雪尔的家庭》《祖国》《炉边漫忆》和《岁抄》,另有《后记》一篇。

同样在 1948 年 10 月,黎烈文翻译了梭维斯特的短篇小说集《屋顶间的哲学家》,文化生活出版社推出,收入"公论报丛书"。这是梭维斯特的代表作,集子包括前后相续的短篇故事 12 篇,另附《译者序言》和《原序》。其中《屋顶间的哲学家》讲述的是一个住在巴黎"屋顶间"(一种贫民窟)的哲学家,从他高踞在上的"屋顶间",俯视下界蝇营狗苟的众生。该书出版后不久,便得到法国学士院的褒奖;法国有些学校至今还将其采用作教材或指定为课外阅读的书籍。这部作品所描写的理想社会,也可以说就是当时译者所向往的社会图景,但这种"图景"在当时的中国,显然是一种脱离社会实际的乌托邦思想。这部作品的法文题名直译应为《屋顶下的哲学家》,意译可作《阁楼里的哲学家》,但是此两种译法都欠妥。在《译者序言》中,黎烈文就这样说道:"译者因此不揣浅陋,……除开头三篇的标题,照原文直译稍觉见晦,不得不采用比较自由的意译或体会原文通篇意义而径为别立一名外,……力求忠实。"当时黎烈文翻译该书,是"因为这部书对于我们做人的修养上能够有所帮助,能使我们学会反省、容忍、牺牲……尤其是任何时代的人类都不能缺少的两种基本德性:爱与同情。"[①] 其中的一些段落语句,他一生中就多次引用过,可见他受其影响极深。该书于 1974 年 8 月由台北志文社又版;同年

---

① 黎烈文:《屋顶间的哲学家·译者序言》。

12月再版。

总之，作为一位作家兼翻译家，黎烈文的文笔优美，他的许多译作同样如此，故而长期为人所喜爱。同时，作为一位出版社社长兼数份杂志主编，他又很好地充当了翻译赞助者的角色，在出版自己和同仁的翻译作品方面做出了不小贡献。所有这些均值得铭记。

四、成绍宗与法国小说翻译

民国时期，成绍宗除了在科普翻译方面有不俗的表现外，在法国文学翻译方面也有不少的译作，而且他的翻译都是直接译自法语原文。

成绍宗（？～1970），湖南新化人，成仿吾的侄子，人称创造社的"小伙计"。在法国小说翻译方面，成绍宗的译作被收入光华书店出版的"欧罗巴文艺丛书"有3部：《地狱》（巴比塞著，1930）、《漫郎摄实戈》（卜赫佛著，1929）和《血爱》（苏德曼著，1933）。另有《磨坊文札》（创造社出版部1927年版）、《波儿与薇姑》（法逊·培雷著，现代书局1929年版）、《猫路》（支那书店1930年版）、《我的生活》（特罗斯基著，春秋书店1930年版）、《家畜的故事》（法布尔著，开明书店1936年版、1949年再版）、《法国童话集》（神州国光出版社1931年版）、《青年化学家》（北新书局1936年版），等等。这其中影响较大的有如下几本。

《磨坊文札》，都德著，成绍宗与张人权合译，1927年3月1日创造社出版部出版。该书作为创造社"世界名著选"丛书第二种，首印2000册。该书实为19世纪后半叶法国自然主义作家都德的短篇小说集，[①] 是以作者童年时代在法国南部生活过的普罗旺斯为背景，着重描述了南方的自然风光、生活习俗以及一些民间传说，同时对教会里的一些腐朽习俗和教徒的荒唐行径进行了揭露和讽刺。小说发表后，都德一举成名。由成、张二人推出的译本是1921年至1928年散见在一些刊物上的都德作品之结集。全书除《序文》外，共24章，每章节均有小标题，扉页前有作者都德的肖像，书末有"注释

[①] 龚灿光：《评〈磨坊文札〉译本》，《重庆师范学院学报》（哲学社会科学版）1984年第1期。

表",对一些难懂的名词进行解释,这点在同期的文学翻译中极为罕见。此举一如既往地体现了成绍宗对读者负责的态度。当年《创造月刊》《洪水》等创造社刊物都有相应的记载,如1927年4月1日出版的第30期《洪水》有两处介绍了《磨坊文札》,其中一则广告云:"都德的短篇,是世界文学史上最美丽的一种。这一册《磨坊文札》,就是他在磨坊中写下来的诗的散文,散文的诗。文笔之美,堪与《少年维特》相比。每册售洋六角,股东购读只须四角二分。"

《洪水》第34期曾以两个页面列出《创造社丛书纲目》(包括[Ⅰ]创造社丛书、[Ⅱ]世界名著选、[Ⅲ]明日小丛书),成绍宗、张人权合译《磨坊文札》被列为"丛书纲目"中"世界名著选"的第二种。而在1928年10月出版的《创造月刊》第2卷第3期刊出的重新编号《创造社丛书目录》中,成、张合译《磨坊文札》又被列为第39种。由于都德这种诗情小说的巨大魅力,译本一经出现,立即引起了巨大反响。《磨坊文札》初版4个月之后的当年8月即再版,又印2000册,1927年、1931年、1935年乐华图书公司、大光华书局四次重版,列入创造社"幻洲丛书",其影响亦不小。总的来说,都德的作品最突出的特点是语言简洁、明快、文笔清新、流畅,没有堆砌的词语,没有烦琐的描述,没有空泛的议论,这些地方与梅里美的作品非常相似。然而,就像有批评者指出的:这部译作比较粗糙,误译多处,语句也显得诘屈聱牙,有时难以卒读;另外就是译文有时显得过于拘泥,有时也有望文生义之处。[①]这主要是囿于译者中、法文水平。然而,成、张合译本毕竟是该书的第一个中译本,直到20世纪40年代,贾芝在延安根据伦敦出版的法英对照选本重译了《磨坊文札》下篇,题作《磨坊书简》,1950年由文化工作社发行。然而贾译毕竟是一个节译本。可以说,在"五四"时期,都德也和莫泊桑一样,主要是作为一位短篇小说家而受到中国读者的欢迎,这自然要得益于成绍宗等人的译介。

《波儿与薇姑》,法国圣比尔(Jacques-Henri Bernardin de Saint-Pierre)著,1929年7月1日现代书局出版,收入"世界文艺名著"丛书。据1932

---

① 钱树森:《法国作家与中国》,第342页。

年版《现代书局出版目录》介绍:"这是法国的一部杰作小说,写波儿与薇姑都是只知有母,而不知有父的一对可怜异性,经成绍宗先生译成中文,文笔动人,趣味浓厚,为翻译小说不可多得之作。"① 故事发生于18世纪,地点是法属殖民地一个人烟稀少的非洲小岛,小说揭示了包办婚姻和门第观念的后果,制造出两代人爱情的悲剧。此故事冲击了当时中华民族那种父母之命、媒妁之言的婚嫁旧俗。这对于当年提倡自由恋爱、婚姻自主的新思潮的中国,实具教育意义。

《漫郎摄实戈》,法国卜赫佛(Antonie Francoise Prévost,今译伯雷华斯德)著,1929年7月光华书局出版,收入"世界名著选"丛书,包括《卜赫佛》《漫郎摄实戈研究》《作者序》《漫郎摄实戈》(第一部、第二部)。据《作者序》称:

> 我是在描写一个盲目青年抛撒了幸福不享,甘愿投奔到不幸的末路上去;他于各种的品格上都可使他成为一个显者,但他宁愿舍弃他天资与家业所赋予他的种种好处而选取一种黑暗而下流的生涯,他明知其为不幸而不欲退避;他既已感觉到不幸,已为不幸所迫,他人虽屡屡献上随时阻止其不幸的药石,而他则不欲利用此机宜;我要表现的背景便是这个样子。

1935年11月,该书又改名《漫郎之爱》,大光书局出第2版,收入"欧罗巴文艺丛书"。

另外,成绍宗对巴比塞的译介也值得注意。法国作家亨利·巴比塞在20世纪30年代的中国备受瞩目,主要是因他在1919年创立了作家进步组织光明社,1923年加入了法国共产党,1927年发起组织了"世界反帝大同盟",曾参加法共组织的各项活动,同情支持"十月革命"和苏联。总之,"他是从一个理想主义者、人道主义者和和平主义者一步步迈向战士和思想家的"。②因此,他是作为一个进步作家而为中国读者接受的。

1929年12月15日,《现代小说》第3卷第3期刊登了成绍宗翻译的巴

---

① 《现代书局出版目录》,上海:现代书局,1932年,第39页。
② 钱树森:《法国作家与中国》,第538页。

比塞小说《暴风雨》(系《光明》之片断)。1930年4月,成绍宗又译出巴比塞的《地狱》,光华书局出版,收入"欧罗巴文艺丛书"。这是继作者出版诗集《哭泣》之后的第一名著。据1937年4月版《大光书局本版图书提要》介绍:"这是法国名作家巴比塞的成名之作,大胆的描写肉的丑恶,又赤裸又深刻,在法国竟重版数百次之多。现在由成绍宗先生将本书译成了中文,成先生的译笔忠实流利,有如创作一般的传达了原著者的作风。"[1]这部小说里描写肉的丑恶是赤裸而深刻的,远胜过因"肉感,有伤风化"而被法庭检举的福楼拜的"包法利"。所以它在法国赢得了许多读者,在短短的时间内重印了200多次,世界各国竞相翻译,巴比塞的文名从此闻名世界。该书1931年再版;1935年第4版;1936年大光书局版。成绍宗也因此成为中国较早译介巴比塞的译家之一。[2]

值得指出的是,1933年,巴比塞与罗曼•罗兰,还有爱因斯坦、萧伯纳、高尔基等人受国际反帝非战大同盟的委托,来中国调查日帝践踏下的东北与华北的真相,此举是这个进步组织对国际联盟"李顿调查团"中国之行不信任所采取的重大举措。消息传开后,举国上下又一次掀起介绍巴比塞的高潮。由于种种原因,巴比塞并未完成他的中国之行,便于1935年病逝。消息传来后,中国许多刊物都有专栏悼念这位杰出作家。成绍宗对巴比塞的译介无疑可以看成是对他的最好纪念,故而他的译著又多次再版。

1930年4月,成绍宗还翻译了法国马丁奈(Marcel Martinet)的五幕剧《夜》,沪滨书局出版。该剧以"一战"为背景,作者用强烈而自由的想象,描写了革命的发动和失败,全剧充满了深刻的政治意识。这是一个只需稍微"剪裁"就可以上演的剧本。书前有王独清的《序》,其中说道:

> 像这样在目前世界可称为最少数的,难得脚本,若借这个翻译,能得到中国实演的机会,而且只要一般人能够了解时,那一定会发生一些很有意义的影响。……我对于这剧本译者绍宗的译文表示非常满意。绍宗是运用了他法语很好的理解力把原作所具的精神和形式用心地再现

---

[1] 《大光书局图书总目》,上海:大光书局,1937年,第35页。
[2] 同年敬隐渔译出巴氏的《光明》,现代书局出版。

着。我相信上演时除了在特殊要求观众了解的部分或者稍加一剪裁而外，这个译本是很够适用的。

1931 年 2 月，该书被国民党政府列为查禁书籍，理由是宣传"普罗文艺"。①

1933 年，成绍宗翻译了德国苏德曼（Hermann Sudermann）的《血爱》，大光书局出版，收入"欧罗巴文艺丛书"。据 1937 年 4 月版《大光书局本版图书提要》介绍："本书是德国苏德曼的名著，内容描写年轻人情欲与理智的纠纷。全书组织极好，故事穿插动人，各样人物说明，使人极其感动。"②

与此同时，成绍宗还有一些零星的作品发表，除了前面提到的法布尔的作品外，其他包括 1928 年 5 月 30 日他译巴比塞的《文学家与乌托邦》，刊《畸形》半月刊创刊号；1929 年他译法国小说家迪内尔的（Marcelle Tinayre）的《归来》（又译《回家》），刊《现代小说》第 2 卷第 5 期；同年 11 月 15 日，该刊第 3 卷第 2 期刊登了他译柏纳（Tristan Bernard）小说《爱特蒙》；12 月 15 日，该刊第 3 卷第 3 期登他译巴比塞小说《暴风雨》；1931 年，他译巴比塞的《地狱》，刊《文学杂志》第 1 卷第 1 期。另外，他还有一些译作发表在创造社所属刊物上，其中包括他译波德莱尔的诗歌《情人之死》和《情人之酒》，载 1926 年 12 月 1 日《洪水周年增刊》等。

五、石民与法国文学翻译

民国期间，著名象征派诗人兼译家石民也翻译了一些法国文学作品，涉及小说、诗歌等文类，尤其以翻译法国象征派诗歌创始人波德莱尔的作品而颇为知名。

石民，全名胡石民（1901～1941），字影清，湖南邵阳人。他学生时代即开始诗歌写作和翻译，1930 年前后，在文坛尤为活跃，不少诗歌、翻译作品

---

① 张克明辑录：《第二次国内革命战争时期国民党政府查禁书刊目录（1927.8—1937.6）》，《出版史料》第 3 辑（1984 年），第 118 页。
② 《大光书局图书总目》，上海：大光书局，1937 年，第 36～37 页。

发表在《语丝》《骆驼草》《文学杂志》等报刊,与废名、梁遇春齐名,人称"骆驼草三子"。1936年,他到武汉大学任教,1938年随校内迁四川乐山,不久因肺病加剧而告假,回原籍医治,1941年初病逝。由他翻译的法国文学作品主要是通过英文转译的。

在小说译介方面,1929年4月20日石民与昔日同窗张友松根据英文转译了法国卜莱佛(Antonie Francoise Prévost)的长篇浪漫小说《曼侬》,春潮书局出版,收入林语堂主编"现代读者丛书"第4种。书前有《作者传略》《译者的话》和《作者附记》。该书即前面提到的成绍宗所译卜莱佛的《漫郎摄实戈》,描写的是一位容貌美丽但脾气不好的姑娘曼侬择偶的曲折经历。据《译者的话》称:"我们翻译这部书是根据Modern Library(《现代文库》)的英译本,不过,英译中间有不甚明白的地方,便参照原本,虽则我们的法文程度很可怜。我们共同译完之后,将全部的译稿(一至五章张译,六至十三章石译)共同看过一遍,互相校正,觉得两人的译笔尚能一致。但是我们都很少'推敲'的余裕,难免仍有些译得不甚好或竟不对的地方,如果有人愿意作'不要钱的教师',那倒是很欢迎的。"[①]书末附有书籍广告26种,其中介绍《曼侬》一书的广告称:"在茶花女的开场里,作者叙述他著作这部书的来由是因了另一部爱情小说曼侬的介绍之机缘,曼侬是被认为法国小说中第一部正正堂堂以爱情为神髓的。这里面浸满了冲决一切藩篱的热情,全篇都是热情生活的翻腾潦倒。"1929年8月15日《春潮》第1卷第8期亦有广告称该书是"与《茶花女》齐名的法国爱情小说",并说:"出世二百年后的现代,这书还保留着十二分新鲜,迸发着热爱的奇香,其价值之非凡,不难想见了。译文忠实流畅,为译述界所罕见。"石、张二人的译本于1930年中华书局再版,收入"现代文学丛刊";1935年4月又版。[②]

1929年10月27日,石民翻译了夏尔·波德莱尔(Charles Baudelaire)的《"散文小说"选译》,刊《语丝》第5卷第32期刊;1941年他与张友松将早先所译卜莱佛神父的小说《曼侬》部分章节发表于《法文研究》第2卷第

---

① 石民:《译者的话》,卜莱佛著:《曼侬》,石民、张友松译,上海:春潮书局,1929年,第3页。
② 眉睫:《诗人、翻译家石民小传》,《译林》2006年第6期。

6期。

在诗歌翻译方面，石民主要集中对波德莱尔等象征派诗人的译介，而且接下的几部集子均由他所任职的北新书局出版。早在1921年湘人田汉曾在《少年中国》第3卷第4、5期发表过《恶魔诗人波陀雷尔百年祭》及其续篇，对象征派诗人波德莱尔做过介绍。众所周知，波德莱尔的功绩在于："一方面破坏了传统的价值观念，'发掘恶中之美'，另一方面是提出了'契合论'的主张，把自然界的万事万物看成是向人们发出信息的'象征的森林'，通过对客观事物的描绘来暗示自我。"① 他是以忧郁的目光打量巴黎这座美丽又昏暗、繁华又贫穷的城市，因而忧郁成了他作品的基调。不过，这忧郁并不单纯，它交织着难以说清的爱和恨，以及人生的孤独和失落感，浪漫主义诗人的激情消隐了，懒散浪漫的心迹表明了诗人心灵的疲惫，诗中那层神秘朦胧所裹藏的正是他难言的悲哀，这正显出一位现代主义诗人心灵的色彩和深度。正如有人所言："石民'偏嗜'波特莱尔，他的诗受法国象征派的影响。"② 因此，这类作品自然深深地打动了诗人石民，并做了一些翻译，这些诗歌多是在鲁迅先生任编辑期间的《语丝》刊出，或是在鲁迅先生编的《莽原》和《奔流》发表，可见当时鲁迅先生对他的关怀。

这些单篇的译诗分别是：1928年7月9日发表《译Baudelaire散文诗二首》："圆光之失却"和"Any Where Out of the World"，③ 刊《语丝》第4卷第28期；同月16日该刊第4卷第29期又刊他译波德莱尔诗歌一首"愉快的死者"；1929年9月30日，该刊第5卷第31期刊有他的《译诗一首——恶之花第四十三》；1930年1月6日《奔流》第5卷43期刊有他译波德莱尔的"老浪人及其他"；1929年8月15日，他在《春潮》第1卷第8期发表所译波德莱尔的散文诗3首；同年9月15日，该刊第1卷第9期刊有他译波德莱尔的"登临"；1930年8月16日，他译波德莱尔的"孤独及其它"（包括"孤独""诱惑：色情、黄金、荣誉""黄昏""射手"和"镜子"共5首），刊《现

---

① 范伯群、朱栋霖：《1898—1949中外文学比较史》(下卷)，第833～834页。
② 公木主编：《新诗鉴赏辞典》，上海：上海辞书出版社，1991年，第274页。
③ 此散文诗译后收入《良夜与恶》诗集，1935年又收入《巴黎之烦恼》，不过此次石民采用了离骚体译出，译诗字字铿锵，情绪激昂，较好地再现了原诗的主题。

代文学》第 1 卷第 2 号。值得指出的是,石民翻译波德莱尔的这些象征派诗歌,正值以追求"纯诗"为宗旨的中国现代派诗处于发轫期,它们对于中国现代派诗歌的产生或多或少起到了推动作用。

除了译介波德莱尔的作品外,石民还翻译了其他一些法国文学作品,其中包括 1929 年 1 月 30 日他译象征派诗人保尔·福尔(Paul Fort)的"初次的约会及其他",刊《奔流》第 1 卷第 8 期;1929 年 8 月 15 日,他还在《春潮》第 1 卷第 8 期发表所译列尔贝尔克(Charles Van Lerberghe)的诗歌 1 首;1930 年 1 月 20 日他译瑞格尼尔(Henri De Regnier)的诗 2 首,刊《语丝》第 5 卷第 45 期;等等。

1929 年 1 月,石民推出一部诗集《良夜与恶梦》,北新书局出版,初版印 2000 册。该集所表达的是一种不可排遣的忧郁情调,一种"沉痛的哀音"。除了短诗 21 首、散文诗 8 首外,其中夹有他的译诗几首。衬页上有"花丛中的裸女"图案,后有罗丹的雕塑。除了那些英语国家诗歌外,所译波德莱尔的诗歌包括"愉快的死者""秋之诗""圆光之失却"和"Any Where Out of The World"。这些均是他在北京读书期间的作品。仅从诗集题目上看,《良夜与恶梦》有几分类似于波德莱尔的《恶之花》,且诗集的扉页上也引出《恶之花》初版第六首"灯塔"之末节,可见其译诗之一斑:"因为这,实在地,这便是最确切的证明 / 我们所能表达者,主呵,足证我们的诚信;/ 这沉痛的哀音!——它,随着时代之流波,/ 流转复流转,直至泯没于'劫海'之终尽!"

1931 年 3 月,石民根据英文译注了波德莱尔的《散文诗选》,北新书局出版,收入"英文小丛书"。上下两册,英汉对照,上册卷首有译者《小引》,内收"外方人""老妇人之失望""戏谑者""疯人与维娜斯""狗与瓶""倒霉的玻璃匠""早上一点钟""老浪人""糕""时计""穷孩子的玩具""仙女们的礼物""伪币""宿缘""醉"等 22 篇。据《北新书局图书目录》介绍:"这里所选的一些散文诗是从他的名著《巴黎之烦恼》里精选出来的,其文章的精炼,深刻而冷静,实属不可多得。英译者西蒙思、汉译者石民之译此,是费了许多的心血呵。"[①] 早年这些译诗曾在《语丝》《莽原》《春潮》《文学》等

---

① 刘洪权编:《民国时期出版书目汇编》第 8 册,第 615～616 页。

刊物上连载。此次结集出版，使他成为中国早期最系统地译介波德莱尔散文诗的译家。

1935年4月，石民根据西蒙斯的英译本转译了波德莱尔的《巴黎之烦恼》（又译《巴黎的忧郁》），生活书店出版，收入《翻译文库》第2种。该书的出版曾得到鲁迅先生的帮助。据1937年版《生活书店图书目录》介绍："作者是法国著名的散文诗家，他的作品以精湛、深刻、锐利著称。本书几十篇精警的散文选里，可以看出他的心情，诚为深夜伤狼的长嗥，令人战栗。"[①] 原书1927年由乔治·波什（George Both）编纂，巴黎拉鲁斯出版社出版。石民译本前有《译者小言》，正文除结尾外，内收"方外人""老妇人之失望""艺术家的忏词""戏谑者""二重房""各人都有他的吉默拿""讽人与维娜丝""狗与瓶""倒霉的玻璃匠""早上一点钟""野蛮妇与妖娇女""人众""寡妇""老浪人""糕""时计"等散文诗50首。在这些作品中，读者能够看到诗人是如何用超度的浪漫来显示自己的似醉实醒，表现出在摆脱世纪末资本主义社会中沉重负荷所作的挣扎，在历尽坎坷后的绝望与空虚，在故作狂言中寄寓着不可名状的详细思绪，这样就在作品的风格上染上了一层朦胧、神秘的色彩。这些在石民的笔下均得到较成功的再现。本来在20世纪的20、30年代，那些"以爱情和人生感喟为基本内容的民歌、抒情诗和含有社会性、进步倾向的抒情诗"，[②] 是当时中国读书大众的兴趣中心。不过，由于石民等人的译介，也将读者吸引到唯美主义诗人和象征派诗人的作品，为中国新文学运动提供了一个新的参照体系。这点在一个以"言志"和"缘情"诗学观占主导地位的社会，就显得难能可贵了。

石民自己也创作诗歌，他早期的诗歌创作深受法国象征派诗人波德莱尔的影响，以抒写直觉为主，诗意朦胧，语言晦涩，注重暗示和隐喻，充满想象的跳跃，被归入象征诗派。难怪沈从文在《我们怎样去读新诗》中也说："石民的《良夜与恶梦》，在李金发的比拟想象上，也有相似处，然而调子，却在冯至、韦从芜两人之间，可以求得那愠郁处。"[③]

---

① 《生活书店图书目录》，汉口：生活书店汉口分店，1937年，第45页。
② 范伯群、朱栋霖主编：《1898—1949中外文学比较史》（上），第415页。
③ 《现代文学》创刊号（1930年10月）。

六、田汉与《卡门》之编译

20世纪30年代是中国饱经忧患的年代，民族和阶级矛盾日益激化，使这一时期中国话剧转向对现实主义的侧重。此间，长沙人田汉通过改编一部外国话剧而在中国剧坛影响巨大，这便是1930年6月11日至13日南国社在中央大戏院演出他根据法国现实主义作家普罗佩斯·梅里美（Prospér Merimée）同名小说改编的六幕话剧《卡门》，扮演者有金焰、孙师殿、吴似鸿等名家。

梅里美的小说《卡门》（Carmen，又译《嘉尔曼》）出版于1845年，它通过一个考古学家和小说主人公唐何塞的交往而引出故事，故事以第一人称方式叙述。后来法国作曲家乔治·比才（Georges Bizet）将小说改编成一部大型四幕歌剧。由于该剧广泛地展示了社会底层人民的生活画面，刻画了卡门热爱真实、追求自己的精神境界和不受约束、粗犷刚毅的性格特征，突出了她反抗意志和不屈不挠的精神，表现了蕴藏在下层人民内心的革命力量。这样的题材自然引起了田汉的共鸣，于是将它改编为一部六幕话剧。而他的改编又有着明确的政治目的，即"借外国故事来发挥革命感情影响中国社会"[1]，同时也是他由"小剧场的实验室里"，"杀到大剧场去"[2]的一次尝试。另一个原因是他不满意1928年上海夏令配克影戏院上演德尔·里奥（Del Rio）主演的《卡门》，广告上称此为"世界唯一浪漫哀艳巨片"，剧名下还注明"即荡妇心"，并说"剧情浪荡风骚，表演出神入化，为从来银幕所未曾有，真是不可不看"。[3]田汉很喜欢梅里美的作品，但看了电影后感到它歪曲了原作的精神，于是决定将它改编出来。

田汉的改编剧仅在1930年5月20日《南国月刊》第2卷第2、3期发表了一至三幕。同年现代书局出了单行本，列入"现代戏剧丛书"之七。不久，一份特务小报就出来公开告密，指责"田汉所写的Carmen，与电影有所

---

[1] 田汉：《〈卡门〉后记》，[法]梅里美著：《卡门》，田汉译，北京：艺术出版社，1955年，第83页。
[2] 田汉：《临着南国第三期第一次公演》，《南国周刊》第16期（1930年6月11日）。
[3] 《申报》"本埠增刊"上的《卡门》广告（1928年6月10日）。

出入,含反动言词,请当局注意云云。"① 为此,田汉特意在《编辑后记》中进行驳斥,表示自己如流水一样终将"朝着广大的革命之海的。我们没有对自己失望,更没有对群众失望"。② 由于改编者借该剧对人民革命发出热烈的呼唤,演出后第三天,即被国民党反动派会同租界当局禁演,所加的取缔罪名是"鼓吹阶级斗争,宣传赤化"。也许是由于改编者"将现代西班牙的革命运动反映了一些进去",③ 令当局惶惶不安。此点正足以说明剧本具有强烈的革命鼓舞作用。

可以说,田汉改编《卡门》是希望通过外国故事来抒发革命情怀,并向群众宣传。但从剧中隐现的"灵""肉"表现模式不难看出西方新浪漫主义的影响犹存,因此演出后并未获得左翼作家的赞许与肯定,这可是田汉未曾预料到的。这也促使田汉最终写下《我们的自己批评》的原因之一。④

同年9月,就在《卡门》的演出产生重大社会影响之时,南国社也因此被查封。田汉幸亏得到鲁迅先生的警告才免于入狱。尽管如此,该剧还是流行上演了多年,成为中国戏剧界的保留佳作。1941年2月该剧单行本改由现代戏剧书店出版,收入"现代戏剧丛书"。1955年10月该书由北京艺术出版社再版。

七、袁昌英、成仿吾与法国文学翻译

醴陵人袁昌英(1894～1973)民国时期曾留学英、法,主攻法国文学、欧美文学,是一位杰出的学者、作家兼翻译家,有珞珈山"三女杰"⑤之称。为了配合自己的教学需要,她翻译了一系列法国文学作品。

首先在零星的译作发表方面,1922年12月,袁昌英署名"杨润余"翻

---

① 《编辑后记》,《南国》月刊第2卷第2、3期(1930年3月20日)。
② 同上。
③ 同上。
④ 《南国》月刊第2卷第1期(1929年5月)。
⑤ 另外两位系苏雪林、凌叔华。袁是经济学家兼翻译家湘人杨端六之夫人,其创作以戏剧和散文为主,有戏剧集《孔雀东南飞》及其他独幕剧、剧本《饮马长城窟》、散文集《山居散记》和《行年四十》等。参见杨静远:《回忆我的母亲袁昌英教授》,《湖南文史》1991年第41辑。

译了法国作家都德(A. Daudet)的《两老》，刊《太平洋》杂志第3卷第8号，该文1921年5月译于里昂。译文前有她写于1921年7月1日的《两老·引论》（署"杨袁昌英"），介绍都德其人及其创作特点；1923年12月5日，她又在该刊第4卷第4号发表所译法兰士(Anatole France)的《灵魂之探险》，自署"杨袁昌英"；1927年1月1日，她翻译了贝尔丁(Georges E. Bertin)的小说《一只手》，刊《现代评论》第2周年增刊；1928年5月，她翻译了法朗士的短篇小说《红蛋》和《红蛋（二续）》，刊《中央日报·文艺思想特刊》第4卷第21、22期；1928年9月29日第8卷第199期至10月27日第203期，该刊又连载了她译雷诺曼(E. H. R. Lenormand)的剧本《时间是梦幻》（第1至5幕）。

其次在译著推出方面，1930年8月，袁昌英译述了法国现代剧作家班拿(Jean-Jacques Bernard，今译让·雅克·贝尔纳)等著《玛婷·痛苦的灵魂》，商务印书馆出版，计235页，32开，收入"现代文艺丛书"。该书除收有保罗·伯郎夏著《约翰·夏克·班拿传》外，还收入班拿的剧本两部：五幕剧《玛婷》、三幕剧《痛苦的灵魂》。

《约翰·夏克·班拿传》中说道：

> 在今日的戏剧作家中，约翰·夏克·班拿是这代子孙的一位，而其特点又远出他人之上。……班拿的作品之所以占据很高的位置的缘故是：他的写作与他所受"因斯披力纯"的计划几乎完全相谐和而甚至于整部工作的成功。并且为欲提高这种常是过于平庸的剧派的价值，《玛婷》的作者利用了一种极丰富的艺术程序——我们不能想到许多班拿的题目在另一支笔下要成为一种什么！
>
> 在创作光荣的《玛婷》以前，《玛婷》一出，他青年的声名即刻转为隆盛，而《玛婷》亦即成为一种模范的剧本。

正因如此，这也成了袁昌英选译班拿剧作的最直接的动机。由于袁昌英早年曾留学欧洲，入读法国巴黎大学研究院，进修法国文学和近代欧洲文学，回国后又讲授法国文学，她的法国文学功底深厚，曾著有《法兰西文学》（署名"杨袁昌英"，商务印书馆，1923年1月初版，1923年10月再版，1926年8月3版）、《法国文学》（重庆商务印书馆，1944年8月初版，1945年5月再版，1946年3月商务印书馆又版）等。同时，为了满足教学的需要，她先后翻译了一些法国文学作品，其数量虽然不多，但质量上乘，显得难能可贵。

民国时期，著名文学家成仿吾也翻译了一些法国文学作品，其中又以诗歌为主。早在1915年成仿吾就开始了诗歌翻译，这年，他根据德国诗人戴美尔的译诗《明月》（法国诗人魏尔伦原作），译成汉文诗一首，这也是他翻译的最后一首诗，后收入《论译诗》一文。[①]1923年6月3日，成仿吾又在《创造周报》第4号发表所译罗曼·罗兰的《〈裴多汶传〉序文》，所有这些翻译多是经由其他语言转译的。

总的来说，民国时期湘籍译家翻译法国文学数量不在少数，而且涉及作家之多、体裁之广，为同期国内译坛所罕见。在这些译家中也涌现出黎烈文、李青崖、成绍宗、石民、袁昌英这样的几位大家，他们以其优美的文笔，将一批优秀的法国文学作品译介进来，给中国文坛带来一股新风。同时，这些作品多系从法语直接译得，这在当年中国译坛盛行转译之风的时代显得尤其可贵。可以说，他们在中国现代翻译史上留下了厚重的一笔财富，这些译家及其译作至今仍为人们所称道。

第二节　现代湘籍译家与英语文学翻译

民国时期，英美文学在中国备受重视，并有大量的译介。[②]然而相对于全国其他各地，湖南人译介英语国家文学数量不是太多，却不乏一些重要的译家，包括田汉、钱歌川、张友松、刘大杰、朱湘、石民等。这些译家虽然不以译作数量取胜，却以各自优良的翻译质量赢得了声誉。这些译家同时也是创作者，他们多能将自己从翻译中获得的经验以不同的方式用于各自的创作实践，这也成了他们的共同特点。

[①] 《创造周报》第18期（1923年9月9日）。
[②] 据人统计，仅1911年至1949年，中国翻译出版的英国文学作品就有739种，在数量上仅次于俄苏文学作品（1051种）。谢天振：《译介学》，上海：上海外语教育出版社，1999年，第87页。

一、田汉与英国戏剧翻译

1916 年,田汉赴日留学,选择戏剧文学作为主要研究对象。他的这种研究又是伴随着翻译外国戏剧等进行的,因为外国戏剧可以成为他借鉴的参照物甚至标志物。田汉对欧美文学的译介,前期主要从唯美主义和悲剧意识出发选择作品,后期更多关注的是社会问题。

田汉的外国文学翻译活动始于 1919 年,不过他最早却是从诗歌翻译入手的。这年 7 月 15 日,他在《少年中国》创刊号发表《平民诗人惠特曼的百年祭》,这是中国最早的评介惠特曼(Walt Whitman)的文章。在这篇长文中,他不仅介绍了惠特曼的生平、创作,而且论述了惠特曼的自由民主思想、灵肉调和观念及艺术观点,开创了全面介绍外国诗人的先河。很显然,此时田汉是把惠特曼作为美国精神的化身,把惠特曼作为自己的榜样,要像惠特曼一样高唱"民主主义"的战歌,夺取民主在中国的胜利!最值得注意的是,在这篇文章中,田汉还节译《草叶集》中《自我之歌》的一个片段。这也是国内较早译介惠特曼的诗作。"因此,不妨说,田汉是中国翻译惠特曼的最早的译者之一,更是中国全面介绍惠特曼的第一人。"[1]

1919 年 8 月 15 日,田汉翻译了苏崔的《古战场》一诗,刊《少年中国》第 2 卷第 2 期。这首诗通过一位老人之口,控诉了 18 世纪英法争夺西班牙王位继承权的战争给当地村庄造成的苦难;1920 年 6 月,他又在《少年中国》第 1 卷第 12 期发表《新罗曼主义及其他》,文中译出威廉·布莱克(William Blake)意味深长的几句话:"一沙一世界,一花一天国。君掌盛无边,刹那含永劫。"此即节译自布莱克著名的 "A Grain of Sand"。不过后来他主要翻译的还是戏剧作品。

正如作家茅盾所言:"在中国早期戏剧界,《莎乐美》是第一部从内容到形式产生了广泛的影响,并有实质性借鉴的戏剧作品。"[2] 英国唯美主义作家

---

[1] 查明建、谢天振:《中国 20 世纪外国文学翻译史》(上卷),第 179 页。
[2] 沈雁冰:《近代文学的反流——爱尔兰的新文学》,《东方杂志》第 17 卷第 6 号(1920 年 3 月)。

王尔德(Oscar Wilde)的独幕剧《莎乐美》常被奉为唯美主义的代表作,其故事源自基督教《圣经》和英国民间传说。它是王尔德受到攻击和批评最多,同时也是获得声誉最大的一部悲剧作品。它讲述的是古代犹太王的女儿莎乐美为了想吻不爱自己的先知约翰,引诱希律王杀死了约翰,然后抱着被砍下的约翰的头深情地吻着。希律王不能忍受这种场景。最终莎乐美得到了与圣人相同的命运,被处以死刑。这一意在宣扬宗教教义、谴责淫乱邪恶的血淋淋的故事,却在王尔德的笔下成了宣扬病态美和追求肉欲的主题,反映了王尔德的唯美和颓废的思想。

在中国,接受者都将王尔德视为"为艺术而艺术"的代表,尽管事实上,王尔德不是"为艺术而艺术"的首倡者。1915年7月,陈独秀在为苏曼殊《绛纱记》写的序言中,最早向中国读者介绍王尔德及其《莎乐美》等剧作,并称该剧为"爱情者生活之本源",且"写死与爱,可谓淋漓尽致"。[①] 同年11月,陈独秀在《新青年》第1卷第3号撰文论及王尔德,还将他与易卜生、屠格涅夫、梅特林克并列为"近代四大代表作家"。[②] 此后,人们关注王尔德也更多。

在中国,最早译介《莎乐美》的是陆恩安和裴配岳合译,题作《萨洛姆》,连载于1920年3月27日至4月1日《国民日报》复刊《觉悟》。此后,在中国先后出现了多种译本,其中包括田汉译本(1921年、1923年),桂裕、徐名骥译本(1933年),徐培仁译本(1927年),徐葆炎、钟霖译本(1934年),汪宏声译本(1937年),沈佩秋译本(1937年),胡双歌译本(1946年)等,他们普遍把该剧视为唯美主义代表作。田汉也是该剧较早的一位译者,他翻译此书就是想让剧中体现的"美的艺术"和"真的精神"传播给中国读者,使中国人"能够从这朵'美丽的花上'嗅到艺术美的芬芳"。[③]

1920年11月5日,田汉翻译了王尔德的《沙乐美》(即《莎乐美》),刊载于1921年3月15日《少年中国》第2卷第9期,[④] 1923年1月中华书局出

---

① 陈独秀:《绛沙记序》《曼殊小说集》,上海:上海光华书局,1928年,卷首。
② 陈独秀:《现代欧洲文艺谈》,《新青年》第1卷第3号(1915年11月15日)。
③ 肖同庆:《世纪末思潮与中国现代文学》,合肥:安徽教育出版社,2001年,第94页。
④ 民国时期,《莎乐美》共有6种汉译本,分别是桂裕、徐名骥、徐葆炎、汪宏声、胡双歌等人的译本,田汉译本是继陆思安和裴配岳合译本(1920年4月载《民国日报》副刊,题为《萨洛姆》)之后的第二个译本。

单行本，收入"少年中国学会丛书"。书前另有郭沫若的诗歌《密桑索罗普之夜歌》。同年，《学生杂志》第 10 卷第 6 期"书报介绍"栏有介绍。次年 2 月再版时，《学衡》第 26 期有该书之广告称：

> 本书为王尔德之代表作，今年在巴黎逝世之法国大女优莎拉伯纳德夫人，访伦敦特将演此剧以英国政府干涉而罢。嗣后风行全世界。田汉君译为国语以精图，出版以来文坛欣赏。现已订正再版。

1924 年 10 月，《学衡》第 34 期"少年中国学会丛书"介绍该书之广告称：

> 本剧为王尔德（Wilde）的代表作，王氏卒后此剧风行全世界，Nazimava 夫人演为电影，亦曾两演于上海。田君此译，附有 Beardslev 的插图，益臻完美。田汉译。

当时田汉看重这部独幕剧，显然是受到王尔德等唯心主义文学理论的影响，而且他从王尔德的剧作中看到了自己的创作主张，即一方面主张文学艺术应该把人生的黑暗暴露出来，另一方面认为应当把人生美化，使人们忘掉现实生活中的痛苦。当时他对王尔德的作品总是爱不释手，几乎读完了能够找到的所有著作，甚至将他的另一部名剧《狱中记》作为教授妻子易漱瑜学习英语的教材。田汉十分欣赏王尔德在剧本中所表现的"以全生命求其所爱，殉其所爱"的执着精神。他说："叙利亚少年，沙乐美，约翰，这三个人，虽然一个爱沙乐美，一个爱上帝，但他们的精神是一样的，就是目无旁听，以全生命求其所爱，殉其所爱！"[①]

众所周知，王尔德的戏剧语言为现代派语言艺术开了先河，他不尊重传统文学的叙事性结构，不注重语言的表义能力，而是强调语言的声音，以图引起读者或观众的感觉效应。为此，他大量地运用头韵、叠句和排比等，同时刻意追求文词的雕琢句法，大量地运用比喻对照，以及连珠的妙语和谐谑、讽刺等修辞手法，因而他的英文也被视为英文中最好的韵文之一。田汉对《沙乐美》情有独钟，他以诗人的才气和敏感很快牢牢地把握了这部诗剧的语言风格，然后用近乎完美的汉语白话将其翻译出来，不仅保留了原剧的形式，而且传递了原作的语言魅力。读者从他的译文中，一方面能感受到那种优

[①] 田汉：《我们的自己批判》，《南国》月刊第 2 卷第 1 期（1930 年 3 月 20 日）。

雅、抒情、极富节奏的语言，另一方面能发现他极好地保留了原文的句法结构，称得上是形式与内容完美统一的范本。田汉译本出版后，也有人对它提出了批评，其中就有《京报》所刊王宗藩的《沙乐美评》。为此，1925年10月24日，田汉撰写了《"自作聪明"的〈沙乐美评〉——答王宗藩的"翻译真难"》，对其批评提出了反驳，说："我每译一脚本无论成绩如何，总经过相当的研究，总是参考许多同样的本子，看过多次的戏，才敢动手译。"[①]

　　正因如此，广大读者对他的这部译本反映基本良好。民国时期，《莎乐美》剧本虽然有多种译本，但田汉译本始终被认为是最好的，且传播最广。1927年秋后，田汉吸引了大批文艺界知名人士，如郁达夫、徐志摩、欧阳予倩、洪深、徐悲鸿、周信芳等，共同倡导"在野的戏剧"，并为《莎乐美》的演出配备了最强阵容，以至于到1928年，中国又出现一个译介和传播欧洲唯美主义的鼎盛时期。此间，田汉从日本回到国内，为了使这部译作能够搬上中国的舞台费尽了心机，在挑选演员和道具布景方面，他都亲力亲为，不辞劳苦。1928年冬至1929年底，田汉亲率南国社，先后在上海、杭州、南京、无锡等地巡回演出，使得该剧以及作家王尔德在中国的名声大噪。[②] 此后，王尔德的其他作品也纷纷被译成中文，甚至搬上舞台，由此引发了对王尔德及其唯美主义的大讨论。其中最引人注目的是田汉与梁实秋围绕《莎乐美》的上演爆发的一场争论，那场争论无疑激发了读书界对唯美主义文学的兴趣。1930年，田汉写出《我的自我批判》这篇评论文章，分析了《莎乐美》，认为莎乐美的精神是"目无旁观，耳无旁听，以全生命求其所爱，殉其所爱"，"这种专一的大无畏精神"是《莎乐美》中"最贵重的养料"。[③] 这部戏剧对于中国早期"爱与死"的悲剧模式的奠定起到了重要影响，许多描写死亡的剧作，就多次出现了《莎乐美》剧中的死亡意象"死神的翅膀"。其中田汉的《古谭的声音》、苏雪林的《鸠那罗的眼睛》、陈楚淮的《骷髅的迷恋者》、袁昌英的《孔雀东南飞》、向培良的《暗嫩》、王统照的《死后之胜利》、欧阳予倩的《潘金

---

① 《醒狮周报·南国周刊》第9号（1925年10月）。作者署名"寿昌"。
② 1929年《摩登》第1卷第1期还有"南国社第二次大公演剧本介绍"，就田汉这部翻译剧进行了介绍。
③ 《南国周刊》第2卷第1期（1930年3月）。

莲》等，这些剧作所出现的叠句、拟人比喻等修辞手法，就明显地有《莎乐美》影响的痕迹。更为重要的是，自此之后，田汉对外国文学名著的改编，如《卡门》《迷娘》《复活》等，都选择了女性的主题，这点无疑有王尔德影响的痕迹。在田汉后来的作品中，如魏莲姑的反抗、白薇的自杀、美瑛的投潭、春姑的出走等，都让人看到莎乐美那不屈的身影。

田汉所译《莎乐美》于1930年3月推出第5版，1939年8月推出第7版，卷首有郭沫若呈作者、译者的诗一首——《"密桑索罗普"之夜歌》，副标题为："此诗呈Salome之作者与寿昌"，该诗最初发表在1921年3月15日《少年中国》第2卷第9期。"密桑索罗普"是Misangthrope的音译，即厌世者的意思。整首诗缥缈神秘，运用了人鱼哭泣、眼泪化珠的传说，彰显的是奔向光明和自由的个体精神，具有唯美的艺术风格，这很显然是受了《莎乐美》的影响。难怪张闻天说："郭沫若君序《莎乐美》的诗，我们以为真懂得王尔德的。"[①] 这样的诗歌配在田译《莎乐美》的前面十分适合。

除了这些翻译活动外，田汉有时还应友人之邀为其译本作序。如1922年5月13日，张闻天致信田汉，请为所译《狱中记》作序，6月2日，田汉写出《致张闻天兄书——序他和汪馥泉译的王尔德〈狱中记〉》，该文收入当年7月商务印书馆出版的《狱中记》一书的最前面。

当然，在田汉的戏剧翻译中最值得留意的还是他对莎士比亚剧作的译介。1903年，首部莎士比亚的汉译作品《澥外奇谭》由达文书社出版，译者不详；次年林纾译《吟边燕语》由商务印书馆出版，这些根据的都是兰姆的改编本，且系文言译作，完整的莎剧却未见出版。在中国，尝试以较完整的戏剧形式对莎剧进行翻译，是在"五四"新文学运动以后。田汉是最早尝试以完整的白话剧本形式移译莎剧的翻译家，尽管他并非专攻英文，却成为20世纪20、30年代中国翻译莎剧最具代表性的人物之一（还有一位是梁实秋），以至于后来鲁迅先生也说："连介绍最大的'已经闻名'的莎士比亚的几篇剧本的，也有待于并不专攻英文的田汉。"[②] 当时，田汉以建设新文化为己任，致力

---

① 张闻天：《王尔德的介绍》，《狱中记》，上海：商务印书馆，1922年；张闻天选集传记组等编：《张闻天早期文集》，北京：中共党史出版社，1999年，第138页。
② 鲁迅：《"题未定"草（一至三）》，《文学》月刊第5卷第1号（1935年7月）。

于翻译世界各国的优秀文学作品,他曾计划用三四年时间,完成一套含二十多种译作的丛书,其中英美文学方面就包括莎士比亚的剧作。

在戏剧翻译方面,首先有田汉翻译莎士比亚的《哈孟雷特》(今通译《哈姆莱特》),这与他们那代戏剧人期望从西方现代话剧中引入悲剧观念的宗旨紧密相关。早在日本攻读英文时,田汉就迷上了莎士比亚的戏剧,并立志创作出像莎翁那样"心中所理想的戏剧"。在一封致宗白华的信中,田汉详述了自己打算用三四年之力完成莎翁十部杰作的计划:第一《哈孟雷特》、第二《奥赛罗》、第三《里亚王》、第四《马克卑斯》、第五《周礼亚斯·凯撒》、第六《罗密欧与朱丽叶》、第七《安罗尼与克柳巴脱拉》、第八《仲夏夜之梦》、第九《威尼斯的商人》、第十《暴风雨》。他认为:"莎翁的作者生涯可分为四期:(一)习作期、(二)戏剧期)、(三)悲剧期、(四)老成期。"据田汉说:他读《哈孟雷特》原书是在民国七年(1918年)陪伴亲舅舅梅园先生旅居东京时,当时"颇有迻译之志,梅舅亦多所勉励,望其有成"。① 其实,他翻译这个剧本,还有一个原因,那就是他有感于当时某莎翁学者拿莎士比亚所描写的人物与易卜生所描写的相比较,认为"莎翁的人物远观之则风貌宛然,近视之则是笔痕狼藉,好像油画一样;易氏的人物则鬼斧神斤毫发逼肖,然使人疑其不类生人,至少也仅是人类某一时期中的姿态,好像大理石的雕像一样。"②

田汉认为:"现在中国的美术馆里大理石雕像可搬来不少了。那么再陈列一些油画不更丰富些吗?"更何况"《哈孟雷特》一剧尤沉痛悲怆为莎翁四大悲剧之冠","读 Hamlet 的独白","不啻读屈子《离骚》"。③ 由此引发了他翻译莎翁此剧的愿望。1920 年 12 月 25 日,田汉和未婚妻易漱瑜当时都在日本学习,易的父亲易象时任湖南政务厅长,他在前往参加赵恒惕主持的讨论湘军应孙中山之命出兵援桂的军事会议时,被反动军阀发动政变杀害。次年正月中旬,田汉"闻变后哀愤填膺。待稍稍平静,则取莎翁《哈孟雷特》

---

① 田汉:《译叙》,莎士比亚著:《哈孟雷特》,田汉译,上海:中华书局,1922 年,第 2 页。值得指出的是,田汉这里选用的一些莎剧译本后来就为朱生豪等所沿用。
② 田汉:《译叙》,莎士比亚著:《哈孟雷特》,第 1 页。
③ 同上。

(Hamlet)一剧,译之以寄其情",而且他在"译此剧时,态度颇严肃而慎重"。①他把哈姆雷特哀悼父王的一段台词用作译本的《代序》:"我近来——也不知道为着什么缘故——把我一切的欢乐都失掉了,把我一切游艺的习惯都忘记了……——第二幕第二场。"这样的文字确实可以寄托田汉的悲愤。田汉翻译的《哈孟莱特》完成于1921年4月16日,同年6月15日《少年中国》杂志第2卷第12期发表了第一幕第一至三场(附译叙、代序),这也是该作在中国的第一个汉译本。译文发表时,他特意在为该剧撰写的《译叙》中,对剧中的有关生存与死亡进行了评点,并就莎剧人物与易卜生剧中人物进行了比较。1922年11月,该译文由中华书局推出单行本,作为《莎翁杰作集》第一种编入"少年中国学会文学研究丛书",封面署"试译者田汉"。书前有《译叙》,另有《莎翁的婴儿时代》、第三幕第二场之插图两幅。1924年2月,《学衡》第26期有该书之广告称"即莎翁剧入中国之始。谈剧文学者必读之古典也。"1924年10月,《学衡》第34期"少年中国学会丛书"介绍该书之广告称"此书为研究者必读之古典。"

  莎翁原剧是以诗体形式出现的,诗剧的魅力就在于其诗一般的语言,独白式的沉吟,史诗般的感叹,结构中的大起大落被作者转换成心灵的大悲大喜,而这种诗的抒情氛围就注定能够使田汉这类散体译本中所缺乏的再现出来。田汉的译文基本上是采取逐字逐句翻译的策略,他常常将英文句式结构直接移植过来,这样就大大降低了其译文的可读性,从而减弱其艺术魅力。尽管如此,译者曾一度将它用作课堂上的讲授。② 该书后于1923年11月再版,同年《学生杂志》第10卷第3期"书报介绍"栏就该译本进行了介绍。该书到1936年3月出了第8版,收入"少年中国学会丛书"。③ 全书除有译叙、代序和所译《哈孟莱特》外,书末附有莎士比亚诗剧目录,即译者"以自己的好尚为标准草拟的莎士比亚十种杰作集的选题"。

  田汉翻译的《哈孟莱特》出版后也引起了评论界的关注,其中梁实秋在《莎剧名著〈哈姆雷特〉的两种译本》中认为田汉译本"亦有可议之处",他"觉

---

① 田汉:《译叙》,莎士比亚著:《哈孟雷特》,第2页。
② 孔另镜:《从南国诗人到民主斗士的田汉》,《上海文化》第9期(1946年10月)。
③ 北塔:《论〈哈姆莱特〉剧本的汉译》,《英语研究》2008年第3期。

得田君对原剧的大意和精神大概都能体会,但对于'莎士比亚'的英文怕是外行"。他特别指出译文中错认曲解之处,例如"叫那些肺里吸了笑","你对于丹麦王说有理由的话的时候,不可含默","他横卧在凶兆的马上的时候","半个是可以演的",等等。这其中,有些错误"固是由于疏忽,或是由于大胆,若肯多翻字典,多参考注释,自然可以相当的进步。"尽管如此,与此前被收入王云五主编的《万有文库》中的邵挺译本相比较,他认为是"可不能同年而语了"。"田译的好处人人可以看得出。我以上批评的几点或者无伤大雅。""田汉先生是当代很有才气的作家,对于戏剧富有研究,所以他译的《哈姆雷特》,大致是很可读的。"① 另外,像江绍原、李慕韩等,亦对田汉译本进行了评价。为此,田汉也作了回应。② 而今人在评价田汉的译文时指出:他贯彻了其一贯的主张,"文体完全是言文一致,第一次实现了戏曲对白的口语化,其贡献是极大的。这对于总结前译时期的滥译乱译,促进翻译剧走向正轨,乃至创作剧的实现现代化,无疑起着不容忽视的重大的历史作用的。"③ 而今人周兆祥一方面总结了田译《哈孟雷特》的问题是字数多,译词不译意,曲解错译,句子奇长,不知所云,不适合舞台表演等,另一方面又做出相当公允的评价。④

当年田汉翻译《哈孟雷特》时还只有23岁,他在艺术方面还不太成熟,对语言的驾驭也还不娴熟,从而用这种逐字译的生硬做法就不难理解了。⑤ 这些说法均与事实不符,此点已有人做过澄清。⑥

---

① 《图书评论》第1卷第2期(1932年10月)。
② 关于此译本的讨论,参见江绍原《难译≠必译不好——评〈莎翁杰作〉第一种〈哈孟莱特〉》,《现代评论》第1卷第24期(1925年5月23日);田汉:《论翻译答江绍原先生》,《现代评论》第2卷第30期(1925年7月4日)。1936年,李慕韩也在《国闻周报》第13卷第41期发表了《评田汉译哈孟雷特》;等等。另外,就该译本是否可以适合于民间表演问题,青萍在《幻洲》第1卷第12期(1927年9月)"街谈巷议"栏发表了《可怜田汉到不了民间》一文。就此,田汉在《幻洲》第2卷第2期(1927年10月16日)发表《关于〈哈孟雷特〉与〈到民间去〉——致〈幻洲〉杂志记者》一文予以回应;文后另附汉年的《复田汉先生》。
③ 唐月梅:《日本戏剧史》,北京:昆山出版社,2008年,第40页。
④ 周兆祥:《汉译〈哈姆雷特〉研究》,香港:香港中文大学出版社,1981年,第355~356页。
⑤ 孙大雨:《莎士比亚的戏剧是话剧还是诗剧?》,《外国语》1987年第2期,第2页;杨义、李宪瑜:《二十世纪中国翻译文学史·三四十年代·英法美卷》,天津:百花文艺出版社,2009年;陈启明:《莎剧〈哈姆莱特〉在中国的译介和研究》,《文教资料》2008年第13期,第23页。
⑥ 刘瑞:《〈哈孟雷特〉翻译——从田汉译莎的日本转译之争谈起》,《东方翻译》2016年第2期。

1922年3月,《少年中国》第4卷第1期开始连载田汉翻译莎士比亚的《罗密欧与朱丽叶》,到第4卷第5期结束,而此前第3期曾登有田汉的《附言》,对此剧本作了简要说明。据译者自己说:"译完后细细阅一过,发现错处不少",^①后经细心订正,完整的译作于1924年4月中华书局铅印本印行,收入"少年中国学会丛书"。书前另有莎士比亚画像、罗密欧与朱丽叶画像两幅。1924年2月,《学衡》第26期有该书预告之广告称"莎翁诸作中最哀艳之神品也。"1924年10月,《学衡》第34期"少年中国学会丛书"介绍该书之广告称:"此篇为莎氏初期的悲剧。述意国威挪拉市一段殉情的惨史。全剧仅一星期间事,而有超绝恩仇的定情与此恨绵绵的格局。莎氏剧中最哀艳之作业。田汉译。"该书1925年第2版,1928年4月第3版,1930年5月第4版,到1937年2月已出第6版,这也使他成为最早向中国读者介绍莎翁剧作的译者之一。"田汉戏剧译本的出现标志着中国莎士比亚译介进入一个新的发展阶段。"[②]

田汉曾计划翻译莎剧十种,但遗憾的是,只译出了上述两种,这两种戏剧后来均在南国社等处公演过多次。其中1937年6月4日上海实验剧团公演的《罗米欧与朱丽叶》便是由章泯导演,著名演员赵丹扮演罗米欧,俞佩珊扮演朱丽叶。演出前夕,田汉还与阳翰笙特地从南京联名致电祝贺。就在公演的首日,"左联"作家何家槐在《申报》上发表了《关于〈罗密欧与朱丽叶〉》,其中透露了实验剧团对此剧的态度:

>……至于演这个戏,在我们今天当然是很有意义的,因为第一,我们中国现在还不断地发生着这种悲剧,还牢固地存在着这种悲剧不断地发生的社会根源;第二,我们的戏剧界——甚至整个的艺术,都得学习莎士比亚的伟大的写实主义。……

在此,作者将《罗密欧与朱丽叶》悲剧发生的原因归咎于"贵族社会的野蛮和封建家庭的黑暗",并指出在中国产生这类悲剧的"社会根源确实存在"。换言之,他将这部剧作视为一部反封建的剧作,这样就以意识形态规

---

① 田汉:《哈孟雷特·译序》,第2页。
② 谢天振、查明建主编:《中国现代翻译文学史(1898—1949)》,上海:上海外语教育出版社,2004年,第274页。

范凌驾于诗学规范之上，突出作品的道德教化功能，从而导致演出的失败。正如时人评论的："《罗密欧与朱丽叶》的演出，一般认为是失败的，笼统地说起来，我也是承认的。"加之改编后的剧本过于强调剧中的反封建思想，与此无关的部分则被删除，结果导致剧本整体氛围受到影响。"结果，从这次演出中所看到的罗密欧与朱丽叶，就成了一个'五四精神'的——为恋爱而意识地反封建的剧本，而莎士比亚的世界观也成了'五四青年'的世界观了。"①也许最为根本的是，"《罗密欧与朱丽叶》一来是翻译剧本，二则对白太深，一般的观众确还不能百分之百的接受。"②或者如有人所说：当时的观众还不具备欣赏《罗密欧与朱丽叶》的水准。③而同期公演的原创话剧《武则天》的"演出的效果，以及演技之水准看，它比'罗密欧与朱丽叶'好多了"。④

尽管如此，由田汉发起的对莎剧和王尔德戏剧中国化的改编，既是英国戏剧传播的一种特殊方式，同时也可以看成是中国戏剧创作的一种尝试。而他这种将莎剧等内容作"中国化"改编给人的启示是：剧本既要符合中国观众的审美习惯，也要符合当时主流意识形态的需求。可以说，早年田汉的这些翻译和改编虽有欠成熟，但对于中国现代话剧这种新的文学形式的出现和成熟起到了重要作用。

除了亲自翻译莎翁剧作外，田汉还就莎翁作品的推介做出了一些努力。1941年10月10日，"为纪念莎士比亚逝世三二五年"，由田汉任主编在桂林编辑出版的《戏剧春秋》第1卷第5期刊出"莎士比亚纪念辑"，其中就登有莎剧评论译文两篇。

尽管田汉未能实现其拟定的"莎士比亚杰作集"全部翻译之理想，但他别开生面的译作，他系统详尽的介绍，以及其独具慧眼的评论，都已在他本人的创作及"五四"戏剧创作中留下了痕迹。⑤这点从1926年尹孚在《洪水》第1卷第9号发表的《评田汉君的莎译〈罗米欧与朱丽叶〉》一文就可以略知

---

① 张庚：《关于〈罗密欧与朱丽叶〉——"业余实验剧团"演出》，《戏剧时代》第5期（1937年）。
② ［日］濑户宏著：《莎士比亚在中国：中国人的莎士比亚接受史》，陈凌虹译，广州：广东人民出版社，2017年，第150页。
③ 无名氏：《公演中的〈武则天〉赵慧深临时饰中宗》，《申报》（1937年6月21日）。
④ 台生：《对于〈武则天〉的意见》，《申报》（1937年6月19日）。
⑤ 范伯群、朱栋霖主编：《1898—1949中外文学比较史》（上），第500页。

一二，在田汉早期的创作中也能见到这些翻译作品对他的影响，例如他曾经追求王尔德的唯美主义境界，所谓"永劫的美境"，"把人生美化，使人家忘记掉现实生活的痛苦，而入于一种陶醉法悦浑然一致之境。"① 不过，现实本身很快就告诉田汉，人生的黑暗与痛苦是无法超脱和忘怀的。而他从翻译莎剧中所学得的创作手法，又在《获虎之夜》中表现得比较明显。田汉在戏剧结构上之所以比较接近莎士比亚，是因为他认为，莎士比亚的戏剧结构与中国古典戏剧有许多相似之处。田汉称莎士比亚的戏剧结构为"逐叙式"，这种结构往往从主人公落笔，"悠悠写去，欠火候情节，了于贯珠。"② 这样，田汉在汲取了中国古典戏剧营养的基础上，也借鉴了莎剧运用传奇事件来推动剧情发展，形成戏剧跳跃跌宕的情势的特点，既适合中国传统的审美习惯，又增强了戏剧的节奏感和戏剧冲突。事实上，由他翻译的这几部戏剧在中国文坛产生过广泛的影响。如著名剧作家、翻译家、新中国戏剧事业的开拓者和奠基人之一的葛一虹（原名葛曾济，1913～2005）回忆自己读中学时，"偶然读到他［田汉］翻译的莎翁的杰作，眼界为之一开，使得我开始认识到外国戏剧里竟有如此美妙的事物。"③

田汉一生酷爱莎士比亚戏剧，同时也倾心于王尔德戏剧，不断地吸收、融合，形成自己独特的风格。田汉学习，首先最根本的是学习莎翁的现实主义精神。生活在旧中国的田汉，目睹了许许多多的人间戏剧，由此产生了强烈的悲剧意识，这些又从其所译莎剧和王尔德戏剧那里找到了共鸣。这也能解释早期他缘何较多地创作悲剧作品。④

二、钱歌川与英美文学翻译

民国时期的英美文学翻译界，钱歌川无疑是一位举足轻重的人物，尽管

---

① 自《三叶草》。"法悦"应作"怡悦"。
② 刘珏：《田汉：新剧之诞》，曾逸主编：《走向世界文学——中国现代作家与外国文学》，长沙：湖南人民出版社，1986年，第600页。
③ 葛一虹：《田与外国戏剧》，《外国戏剧资料》1979年第3期。
④ 关于田汉作品所受莎翁之影响的论述，参见范伯群、朱栋霖主编：《1898—1949中外文学比较史》，第1130～1132页。

他所译并非都是英美世界里的一流作品。至于他的翻译动机,"并非一律,有时是为自己的趣味,有时是为编者的需求,有时甚至是为朋友的告贷"。[1]但这些均为他所喜爱,而且在翻译前都有认真的研究,这也注定他的译作很有特色,并在当时产生了较大的影响。

1929年5月19日,钱歌川译注了托马斯·哈代(Thomas Hardy)的中篇小说《娱妻记》,开明书店出版,收入"英汉译注丛书",又入《英汉对照名著选》(合订本);1931年10月开明书店再版,美成印刷公司印行普及本;1932年4月又版。哈代的这篇小说出自《人生小讽刺》,这也是中国翻译较多的哈代作品。"本书描写两个女子之遭遇。哈代以生华之妙笔,写出人生之命运,恋爱之真谛,以及妇女之虚荣,字字珠玑,读之足令人忘倦。"[2] 早在1921年11月该作品已由理白译出,题作《娱他的妻》,刊《小说月报》第12卷第11期;1929年4月该作又由木野译出,刊《北新》第3卷第6号。[3]6月16日,钱歌川翻译了爱伦坡的小说《红死之假面》,刊《文学周报》第375期;同年,真善美书店出版了曾虚白翻译的哈代短篇小说集《人生小讽刺》,内中亦收该小说,题作《取媚他的妻子》。钱歌川重译此作,一则有感于曾虚白译文存在问题,另则由于自己钟爱这篇小说,便在未参见他人译文的情形下将其重译出来,然后再由丰子恺介绍到开明书店出版。在排版时,丰子恺亲任校对,并为他的译文润色不少。这里需要说明的是,像《娱妻记》以及后来推出的《英美小说选》等,采取的均为这种英汉对照形式,这样一方面可以帮助读者理解原文,另一方面可以检验译文是否忠实。事实上,钱歌川对待翻译的态度始终是非常严肃和认真的,他认为译文应该忠实于原文,"不仅意思不能走一点,甚至文字都要照原作者所用的逐一翻出来。"[4] 而翻译的先决条件是译者必须彻底理解原文,然后找到相当的文字移译。作为翻译家和散文家的钱歌川,一开始从事翻译就采取这种态度,后来他翻译的作品众多,从

---

[1] 钱歌川:《译者的话》,《热恋》,上海:中华书局,1935年12月版。
[2] 开明书店编:《分类书目》,上海:开明书店,1937年,第88页。
[3] 此后还有伍光建译本(黎明书局1929、1933)、曾虚白译本(1937、1941)、钟宪民译本(重庆万光书局1944、1945)等。
[4] 钱歌川:《卖文生活》,《钱歌川文集》(第1卷),沈阳:辽宁大学出版社,1988年,第202页。

中多能见到这种严谨的作风。他的译文往往展现出高超的技巧和对中西文字驾驭的能力。多年来，钱歌川的这部译作一直被视作翻译文学中的名作。

20世纪20、30年代，厄普顿·辛克莱（Upton Sinclair）是最受中国人欢迎的美国作家。[①] 辛克莱的作品最早被译介成中文是冯乃超摘译其文艺批评著作《拜金的艺术——艺术之经济学的研究》，刊1928年2月15日《文化批评》第2号。随即他的小说、剧本、论著和介绍等在中国同时被翻译和介绍。此间，钱歌川也加入到此译介行列中来。辛克莱是美国杰出的社会主义作家，他的批评痛斥了美国万恶的社会，在文坛上大放异彩；但他的小说决不弱于他的批评。他在1906年发表了一篇小说《人间地狱》，中国易坎人（即郭沫若）有译本名《屠场》（南强书局1929年版），于是他也和拜伦一样，一夜博得世界声名，从此确立了他在小说界的地位。形成他的思想最有力的三人是耶稣、哈姆莱特和雪莱，另外，左拉给他的影响也不小。可以说，"中国文学界对辛克莱的译介从一开始就是与国内大力提倡阶级革命文学的运动密切相连的。"[②]

1930年5月，钱歌川翻译了辛克莱的诗剧《地狱》（又译《阴间》），开明书店出版。本书是钱歌川花了四个月的功夫译成的。译者称"这算是在我那汗牛充栋的想译想写的书中，一部有幸运的书了"。[③] 这部四幕剧最初发表于1923年，是辛克莱"有数的戏曲中，可以代表他最近的思想倾向的一部东西"。全篇用无韵体写成，诗剧中辛氏"不用难解的典雅词语，而用平易的日常语，自由地织出一种诗来，也就把他的诗人的本分发挥尽致了"。而且译者又说，由于"中国无所谓无韵诗，加之译者又薄学无文，所以只好把他译成散文了"。[④] 他选译辛克莱的这部书，是因为他在研究了辛克莱及其作品之后，发现辛氏专门暴露美国社会的黑暗，而且攻击资本主义的专横和欺骗，谩骂得痛快淋漓，描写得无微不至。在翻译这部书之前，他还循规蹈矩，特意致函原作者请求授予翻译权，很快就得到辛克莱的慷慨允诺，而且作者表示不

---

① 邓啸林：《鲁迅与美国作家及其作品》，《外国文学研究》第4期（1980年）。
② 查明建、谢天振：《中国20世纪外国文学翻译史》（上卷），第174页。
③ 钱歌川：《序言》，辛克莱·刘易斯著：《地狱》，钱歌川译，上海：开明书店，1930年，第1页。
④ 钱歌川：《序引》，辛克莱·刘易斯著：《地狱》，第2页。

必付他版税，同时还寄上一张一英尺大的照片。后来这封信及照片就被收入他的译作中。同年 8 月 16 日，他翻译了辛克莱的小说《向金性》（又译《钱魔》或《财阀》），刊《现代文学》第 1 卷第 2 号。

1932 年 7 月，钱歌川翻译了辛克莱的《现代恋爱批评》（又译《爱的批判》），神州国光出版社出版。这是一部非小说作品，原书共 4 部分，分别是心、身、恋爱和社会。1929 年 10 月，傅东华曾翻译过原作的前两部分，分两编："心鉴"和"身鉴"，收入《人生鉴》，由世界书局出版；钱歌川此书则根据原书第三部译出，为 179 页，32 开，分 20 章。书前有《献辞》："献给现正在恋爱中而希望其热度永远不减的，曾热烈地恋爱过而现在已冷淡了的，未尝恋爱过而正在追求着爱的，一切的青年男女，和有痛爱的儿女且愿他们能幸福地结婚的天下的父母。"卷首另有《译者赘言》，宣称："自从本书的作者辛克莱，把现代恋爱的黑幕揭开以后，我们恋爱的前途，才有了光明。他不仅把现代恋爱的破绽，一一指摘出来，而且还为我们指示了一条光明的路。"①这是一本针对青年男女和父母必读的书籍，译者认为"这实在是一部人人必读的恋爱的圣经。"②1941 年 2 月言行社出版此书时题作《人生与恋爱》，收入"新青年修养丛书"，删去了出版时的献辞，《译者赘言》亦有删减。

《译者赘言》对本书大加推崇，认为"这是辛克莱对于人生四大福音之一"。当时王礼锡掌舵神州国光社编译所，国光社原是一个专门出版中国艺术书籍的店家，自从王礼锡进去后，大事革新，不仅大力出版新学书，而且都是带有革命性的，而正因如此，钱歌川的这部带有进步性的译作得以在此出版。

此后，钱歌川又把辛克莱所著《钱说话》书中的一些短篇小品译载于上海各刊物。另外，他还译有《一百巴仙》的一部分，准备给中华书局，可惜因出国而没有译完。

1933 年，尽管在中国译介辛克莱进入一个低谷，钱歌川却翻译了辛克莱的 4 篇小说，即《小鱼与梭鱼》《成名》《大众所要求的》和《坐下找工作》，

---

① 钱歌川：《译者赘言》，[美]辛克莱：《人生与恋爱》，上海：言行社，1941 年，第 1 页。
② 钱歌川：《译者赘言》，[美]辛克莱：《人生与恋爱》，第 1 页。

分别刊于《青年界》第 3 卷第 1、2、3、5 期。这是本年度国内仅有的对辛克莱的译介，而且，"这也是当时各种意识形态争斗的必然结果"。①因为这年 10 月 30 日教育部发出密令禁止普罗文艺作品，"盖此辈普罗作家，能本无产阶级之情绪，运用新写实派之技术，虽煽动无产阶级斗争，非难现在经济制度，攻击本党主义……据此，查普罗文学全系挑拨阶级感情，企图煽动斗争，以推翻现有一切制度，其为祸之烈，不可言喻。"②正因如此，钱歌川的翻译更加显得难能可贵了。

与此同时，钱歌川还译介了几位诺贝尔文学奖得主的作品。自 1931 年起，钱歌川对 1930 年度美国首位诺贝尔文学奖得主辛克莱·刘易士（Sinclair Lewis）做了译介，并陆续在《青年界》发表了一系列他译自刘易士的文章。这年 3 月 30 日，他在《青年界》创刊号"作家介绍——辛克莱·刘易士"栏发表译文两篇，即他译日本宫岛新三郎撰《刘易士在美国文坛的地位》和刘易士的小说《马车夫》，该期另有他撰《刘易士小论》和《一九三〇年诺贝尔文学奖奖金》的介绍文章；5 月 10 日，该刊第 1 卷第 3 号刊有他译介美国现代小说家戴尔的文章《友情的勉力》。1933 年 3 月 5 日，该刊第 3 卷第 1 期刊有他译《小鱼和梭鱼》；4 月 5 日第 3 卷第 2 期刊有他译《成名》；5 月 5 日第 3 卷第 3 期刊有他译《大众所要求的》；7 月 5 日第 3 卷第 5 期刊有他译《坐下的工作》。

接下来，钱歌川又译介了另一位美国剧作家即 1936 年度诺贝尔奖得主尤金·奥尼尔（Eugene O'Neill）。奥尼尔长达三十年（1913～1943）的戏剧创作生涯留下 50 余部剧作，题材广泛，形式多样，包含了他对美国社会和生活的长期观察和思索，也是他在艺术上大胆尝试与革新的结晶。他娴熟地运用现实主义戏剧创作方法描写人生，又尝试运用意识流手法、人格分裂、内心独白、面具、两个角色表现一个人物以及精神分析学、表现主义、象征主义等艺术手法来探索和表现人生，表达了他对生活与人生的思考。他曾四度荣

---

① 江宁康、金衡山、查明建：《美国文学研究的学术历程》，济南：山东大学出版社，2016 年，第 42 页。
② 《教育部查禁普罗文艺密令》，汪耀华编著：《中国近现代出版法规章则大全》，上海：上海书店出版社，2018 年，第 166 页。

获"普利策奖",被文学史家认为是美国现代戏剧的奠基人。在中国,1922年5月沈雁冰在《小说月报》第13卷第5号"海外文坛消息"栏《美国文坛近况》中最早提到奥尼尔。1928年11月,奥尼尔怀着对东方古老文明的仰慕和憧憬访问了中国,可他一踏上中国国土,上海那"十里洋场"的景况使他失望,于是他"闷着一肚子气离开上海"。不过,此行却促动了中国文坛对他的译介,随即出现一个"奥尼尔译介热"。[①] 中国文坛关注奥尼尔主要是基于三点:一、奥尼尔戏剧反映了社会底层人民对生活的追求;二、奥尼尔戏剧的独特艺术魅力;三、奥尼尔独特的悲剧让中国戏剧界感到新奇。此间,钱歌川也加入到奥尼尔作品译介中来。

1931年8月10日,钱歌川翻译了奥尼尔的独幕剧《卡利浦之月》,刊《现代文学评论》第2卷第1、2期,钱歌川特意为译文撰写了《译者冗言》和《奥尼尔评传》。在《奥尼尔评传》中,钱歌川从奥尼尔剧作特色与作者生活经历的关系、奥尼尔海上剧作的语言特色、奥尼尔多样化的戏剧艺术三个方面,对其戏剧作了全面评介。1935年4月,钱歌川译注的《卡利浦之月》单行本,又由中华书局出版,收入"英汉对照文学丛书";1940年10月昆明再版。

据中华书局发行之广告称:

……这本《卡利浦之月》是他初期的一篇得意杰作,剧中充满着诗意,批评家说作者得诗人的天赋极厚,这书便是表现他天赋才能的代表作。全剧以俚语写成,本书除就原文对译之外,又加详细注解,使读者得以完全了解。倘能把这书玩索吟味,则不仅对于戏曲可由此入门,即美国流行的俚语俗句,也可以通晓了。[②]

接下来,钱歌川又对1926年度诺贝尔文学奖得主、爱尔兰剧作家萧伯纳(Bernard Shaw)和1932年度诺贝尔奖获得者英国作家高尔斯华绥(John Galsworthy)作了译介。

1933年2月,萧伯纳访问了中国,在当时中国知识界和"上层"社会引起了不小的轰动,自此他也成了中国文化界和文学翻译界译介的热点人物。

---

① 查明建、谢天振:《中国20世纪外国文学翻译史》(上卷),第181页。
② 高尔斯华绥著:《舞女》,钱歌川译注,上海:中华书局,1935年,卷末。

这年 3 月,《新中华》第 1 卷第 3 期就收有钱歌川译萧伯纳的《黑女》。

1933 年 1 月 10 日、2 月 10 日,《新中华》第 1 卷第 1、3 号分别收有他译高尔斯华绥的《舞女》和"译诗五首"。《舞女》亦收入张梦麟等译《战争小说集》(中华书局 1935 年 3 月版)。

1934 年 12 月,中华书局推出了钱歌川与杨维铨编译的戏剧集《黑女》,系"新中华丛书·文艺汇刊之一",收入钱歌川译萧伯纳的《黑女》(该剧 1933 年汪倜然译作《黑女寻神记》,读书界书店印行),同时还收有钱歌川和杨维铨译高尔斯华绥的《败北》、杨维铨译爱尔兰邓塞尼(Dunsany)的《阿拉伯人的天幕》和意大利比兰台罗(Luigi Pirandello,今译皮蓝德娄)的《成名以后》,另有钱歌川自己创作的《搜索》等 5 个短剧,以首篇萧伯纳的《黑女》为书名。该集也是《新中华》创刊两年来所发表的短剧之总集。与他合作的杨维铨早年曾留学日本,1925 年回国,1928 年开始发表作品,1930 年加入"左联",1932 年参与发起成立中国诗歌会,是小泉八云所著《心》的译者。此人后来任福建文化界救亡协会理事,又参加了重庆中华全国文艺界抗敌协会,1941 年赴印尼,任雅加达《生活报》总编辑兼副社长。当时由于他与钱歌川关系密切,故而钱氏选择将二人的译作结集出版。

除此之外,钱歌川还翻译了其他一些重要作家的作品。1931 年 5 月 10 日,钱歌川翻译了拉斯基(Harold Laski)的《英国文坛四画像》(分别指吉卜林、威尔斯、萧伯纳和高尔斯华绥),刊《现代文学评论》第 1 卷第 2 期。

1932 年 10 月 2 日,钱歌川翻译了英国哈提(Thomas Hardy,今译哈代)的《去留》,刊《海潮》周刊第 3 期;同月 16 日该刊第 5 期又刊他译西门芝的《病了的心》;11 月 6 日和 13 日的第 8 期和第 9 期连载他译安得生的《牛奶瓶》;11 月 20 日第 10 期"高士华绥专号"刊有他译高尔斯华绥的《特质》;12 月 4 日的第 12 期又刊有他译戴维司的诗歌《少女之歌》;1933 年 8 月 1 日,他译英国詹洛梦的《穷困》,刊《现代》第 3 卷第 4 期。

1934 年 7 月 10 日,《新中华》第 2 卷第 13 期收有钱歌川译高尔斯华绥的小说《重游》;同年 12 月,中华书局还推出张伯符等译英国赫克胥黎(Aldous Huxley,今译赫胥黎)等著《现代随笔集》,其中收有钱歌川译米尔恩的《性格的象征》。

1935年是钱歌川推出译作较多的一年,而且这些大多属于欧美现代作品,其中出版集子3部,均由中华书局出版。

《青春之恋》,英国赫胥黎(Aldous Huxley)等著,1935年2月出版,收入中华书局"新中华丛书:文艺汇刊之一"。这是一本欧美小说集,计104页,除有署名"歌川"写于1934年11月的《序》外,收入短篇小说7篇,分别是赫胥黎的《青春之恋》、高尔斯华绥的《重游》、苏德曼的《除夕的告白》、腓力普的《单身汉》、席伦的《金杯》、安德生的《神力》、亚伦坡的《黑猫》,该书以首篇赫胥黎的《青春之恋》作为书名。

《黑猫》,短篇小说集,美国爱伦坡(Edgar Allan Poe)著,1935年3月出版,收入"英汉对照文学丛书"。据中华书局发行之广告称:"本书为世界名著之一,……本集选了他的三篇短篇小说的代表作,译成汉文,加以注释;译笔信达,注释详明,实为研究亚伦坡小说的最好的入门书,同时也用来学英文,尤为无上善本。"[①] 这部集子翻译的时间较早。在《译者的话》(1929年2月)中,钱歌川说:"他[爱伦坡]的诗是独步的,而他的散文,却是独创的。"这表明他对爱伦坡的认识是相当独到的。众所周知,爱伦坡的闻名于世得益于法国波德莱尔的翻译,波德莱尔把爱伦坡那些离奇古怪的模范短篇小说,用最优美的文笔,译成法文发表,得到文坛最大的赞赏,从此爱伦坡成为世界级作家,并引起众多文人的模仿,其中就包括英国的王尔德、西班牙的伊巴涅斯(Vicente Biasco Ibanez)等。[②] 不过当时爱伦坡的作品在中国还很少有人介绍过。正因自己看重爱氏的作品,钱歌川倾注了较多的时间来翻译,他曾说:"我虽然从1923年以来,就有意移译,可是因为自己的疏懒,又加以原文的难解,就一直拖到现在。"这部集子依次收有《红死病的假面》《黑猫》和《椭圆形的肖像》三篇小说,同样以英汉对照本形式推出,而且详加注解,可用作一本研究爱伦坡的入门书。

《热恋》,短篇小说集,英国作家罗棱斯(D. H. Lawrence,今译劳伦斯)等著,1935年12月出版,收入"现代文学丛刊";1940年11月再版。卷首有《译者的话》,内收欧美作家短篇小说14篇。这是译者从最近五年来所译

---

① 高尔斯华绥著:《舞女》,卷末。
② 钱歌川:《译者的话》,爱伦坡著:《黑猫》,钱歌川译,上海:中华书局,1929年,第1~2页。

近 30 篇欧美作家小说中精选的，分别是左琴科（Michael Zoschenko）的《航空捐》、希米诺夫（S. T. Semyonov）的《失业者》、高尔斯华绥的《败北》、劳伦斯的《热恋》、刘易斯的《马车夫》、马克·吐温的《吃人会议》、爱伦坡的《跳蛙》、芬克斯坦（Anne Finkalstein）的《御夫术》、海伊（Ian Hay）的《养鸡的老人》、西伦（Märta Sillén）的《金环》、曼胡德（Martin Armstrong Manhood）的《苹果》、安德森（Sherwood Anderson）的《母亲》、赫胥黎的《青春之恋》、卡尔曼（Mikszath Kalman）的《苍蝇》。据译者说，他翻译这些作品，有时是为自己的趣味，有时是为编者的需求，有时是为朋友的告贷。但所选作品"都是趣味永隽而有文学价值的作品，任何一篇，只要我们仔细去吟味，都有它的特色，可供消闲者之娱乐，文学青年之模范的。"[①] 这中间除了功利性因素外，更多着眼的还是作品的文学价值，并为文学青年提供典范。

1936 年 9 月，钱歌川译注了英国作家高尔斯华绥的短篇小说集《舞女》，中华书局出版，收入"英汉对照文学丛书"，书前有《桑塔露琪亚》（"Santa Lucia"）歌谱，内收《重游》《败北》《特质》《舞女》4 篇小说。此前，中国曾有人介绍和翻译过高尔斯华绥的戏剧，以致许多人认为他是戏剧家，而忽视他的小说，"这实在是错误的"。他的小说，除了代表作《福尔赛世家》系列外，短篇小说也有很多佳作。本书所收 4 篇均译自《沙漠旅行队》（1925）自选集。这部杰作集是他从 1923 年以前刊行的七部短篇小说集里精选的。钱歌川认为这是高尔斯华绥最好的短篇小说集。这四篇译文都发表过，《重游》和《舞女》发于《新中华》，《败北》刊《申报月刊》，《特质》刊《海潮》，此次除加注外，并对本文彻底修正，刊此成集。该书于 1940 年 10 月再版。其中《舞女》一篇曾收入沈起予等著译的《战争小说集》（中华书局 1934 年 3 月版）。

1937 年 4 月，他翻译了美国安德森的短篇小说集《母亲》，中华书局出版，收入"英汉对照文学丛书"，内收《母亲》《哲学家》等 4 个短篇小说，1940 年 10 月再版。

上述这些作品的译文忠实于原文，充分再现了原作之精神，读来给人一

---

① 钱歌川：《译者的话》，《热恋》，上海：中华书局，1935 年，第 1 页。

种美的享受。而英汉对照的形式又能让读者在学习英文的同时欣赏其优美的译文，对于英文初学者的帮助是巨大的，也便于其作品的普及和接受。

1938年，留学期满的钱歌川冒着战火从欧洲奔回祖国。1941年12月，太平洋战争爆发，中国战场作为抗日主战场之一，有效地牵制了日军主力。1942年是中国抗战最艰难的一年，华北、华中相继沦陷，而世界反法西斯浪潮也是一浪高过一浪。这年8月，经王云槐教授介绍，钱歌川辗转至重庆英国新闻处主编《世说》周刊，从事抗战宣传，同时兼任东吴、沪江、元江联合大学教席。除了教书、编辑刊物外，钱歌川将较多精力投入到外国文学作品翻译上来。

1942年，钱歌川翻译了英国吉布斯（Philip Gibbs）爵士的《疲劳轰炸》，按期在《世说》周刊连载。

1943年，钱歌川译出美国作家斯坦贝克（John Steinbeck）的战争小说《月落乌啼霜满天》（又译《月落》或《月亮又下去了》），译者套用的书名是中国唐代诗人张继的《枫桥夜泊》中的一句，最初由他一章章地翻，同时在重庆复刊的《新中华》杂志一期期地连载，[①]最后全部译完，才结集成书。该书于1943年8月由中华书局出版，署"斯坦培克著、秦戈船译"。"秦戈船"即钱歌川的谐音。这是一部剧本小说，它描写了处于沦陷中的挪威人民在极端困苦的环境中反抗德国法西斯侵略者的抗战故事，是"一个被征服而不屈服的故事"。作者用简单朴实的词汇、简短又频繁的对话描写，使读者能深刻体会到侵略者的残酷和人民的辛酸，同时也让读者投身到当时的情境中，继而亲身体会到战争局面和人民生活状态的变化。这样一部作品，对正遭受日本帝国主义残暴的中国人来说，更有着感同身受的教育意义。钱歌川选择此书来翻译，既是个人的选择，也是时代的选择。赵家璧甚至觉得"这本书写的就是我们沦陷区的故事"。[②]胡仲持则说："作者所以不定名的用意是在用这一个可歌可泣的故事来象征现今侵略者魔掌下的一切沦陷区里无数可歌可

---

① 分别刊1937年6月5日第5卷第12期，1943年5月复刊第1卷第5期、6月第6期、7月第7期，1944年3月复刊第2卷第3号。
② 赵家璧：《〈月亮下去了〉译者的话》，上海：良友复兴图书印刷公司，1943年，第7页。

泣的故事。"① 由于原书出版于美国加入"二战"后不久,故而引起了极大的关注,它的出版是"美国文坛的一件大事","据六月份《读者文摘》所载,这部长篇小说在纽约出版,不到一个月就销掉了五十万部光景。美国各大日报和杂志又都一致有着推荐和称誉的书评。不消说,自从太平洋战争爆发以来,这是美国风头最健的一部新书了。"②

这部书在美国出版后,立刻在中国引起众译家的广泛注意。据钱歌川说,在他之前,"中文一共已有了五个译本",③译者包括刘尊棋(1943)、胡仲持(1943)、赵家璧(1943)等。钱歌川采取的主要是归化的翻译策略,也就是在充分考虑读者接受的同时,将原文中的词句尽量处理成中国读者习惯的表达,拉近原作与读者间的距离,故而反响良好,吸引了众多的读者。总之,在当时的情形下,钱歌川翻译此书,无疑是进步的、爱国的举措,它激励了中国人民反抗日本帝国主义侵略暴行的热忱,同时也表明了全世界反法西斯人民的信心,以及正义终将战胜邪恶的信念。该书于1944年3月再版。

1944年1月,钱歌川译注了英国卢卡斯(Edward Verall Lucus)的《现代英文选》,重庆文津社出版。该书1946年12月中华书局又版,收入"英汉对照文学丛书",内收《旅伴》《说穷》《闲中趣》《黄金果》《送行》等短篇散文10篇,有汉文注释。

"抗日"战争期间,钱歌川也有翻译作品零星地发表在其他一些杂志或收录在别人主编的文集里,其中包括他所译柯尼(Fay Kanin)的《帽癖》(刊1943年7月15日桂林《新文学》第1卷第1期)和《康克刚雷的遗产》(刊1944年2月1日第1卷第3期);英国希亚的《说不得》(刊1943年5月15日《时与潮文艺》第3卷第3期);等等。

"抗战"胜利后,钱歌川又推出几部译注作品,其中包括1946年12月所译欧兹(Susan Ertz)著《房客》、1948年4月所译威尔斯(Herbert George Wells)等著《爱珠》,中华书局出版,收入"英汉对照文学丛书"。

---

① 胡仲持:《〈月亮下去了〉前记》,上海:开明书店,1943年,第1页。
② 同上。
③ 秦戈船:《〈月落乌啼霜满天〉译者序》,上海:中华书局,1943年,第2页。

除此之外，1948年10月，他还翻译了瓦内德（Sylvia Townsend Warned）的《饿鬼》，收入中华书局推出荒芜等编译的《沉默的人》（列入新中华丛书"文艺汇刊"）。

除了从事翻译、注释工作外，民国时期钱歌川还为中华书局主编过两套丛书，分别是1932年编行的"现代文学丛刊"和1934年编行的"世界文学全集"，出版书籍40余种。这中间翻译文学占了很大的比重，其中包括他自己的一些译作。不仅如此，他还为中华书局编了两种杂志，即1933年1月创刊的《新中华》（重庆版，周宪文、钱歌川、倪文宇编，1944年1月创刊）和《中华英语》（重庆版，钱歌川编），前者收有不少翻译类作品。可以说，钱歌川利用自己主编的身份，积极推进同仁的译作出版，从而很好地发挥了翻译赞助人的作用。

三、张友松与英美小说翻译

民国时期，张友松在英美文学翻译方面做出了不小的努力，并有不俗的表现，其成就却常常为人所忽略。

首先在英国文学翻译方面，1928年1月、7月，他翻译了1907年度诺贝尔文学奖得主、英国作家吉卜林（Joseph R. Kipling）的《犀牛的皮是怎么长成的》和《独自行走的猫》，刊《新女性》第3卷第1期和第7期。同年3月10日，张友松翻译了英国格斯克尔夫人（Elizabeth Gaskell）的小说《教堂杂务员口中的英雄》，刊《东方杂志》第25卷第5号。

1929年11月，张友松翻译了吉卜林的童话集《如此如此》（今译《远古传奇》），开明书店出版，收入"世界少儿文学丛刊·童话"之六。原书共12篇，本书选译其中的《鲸鱼的喉咙是怎么长成的》《骆驼的驼背是怎么长成的》《犀牛的皮是怎样长成的》《豹子皮上的斑纹是怎么来的》《象儿子》《犰狳是什么东西变成的》《最初的一封信是怎么写的》《拿海作游戏的盘蟹》《独自行走的猫》和《蝴蝶顿脚的故事》等10篇。这些故事按照主题和描述的环境，从动物讲到字母的起源，从史前山洞讲到非洲热带丛林。正如《译者的话》所言："本书作者因儿童求知欲的旺盛，每遇新奇事物，辄问究竟，特依科学原理,用最巧妙最合事实之神话解答,读之深感趣味。"① 该书中的每个故事都称得上是吉卜林的代表作,作者对动物的热爱仿佛与生俱来,并从中获得巨大的灵感。这也是吉卜林作品在中国较早的翻译。"其销数是惊人的"。② 卷首有丛刊编者的《付印题记》,对张友松的译笔给予很高评价:"对于译文我们可以不用说什么话,只要读过张友松先生的译作的人,总会相信得过来的。"

1931 年 10 月,张友松翻译了英国作家高尔斯华绥著《希奇的事情》,北新书局出版,英汉对照,收入"英文小丛书",内收《希奇的事情》和《两种神色》两篇小说。据《北新书局图书目录》介绍:"这里所译注的一篇,叙述一个被弃的妇人,陈述她惨淡的身世,在私生的女儿出嫁的一天,只在窗口偷看一眼便走开了,是富有凄凉情调的作品。"③

1948 年 9 月,张友松与陈启明合译了英国小说家兼诗人金斯利(Charles Kingsley, 1819~1875)著《英雄故事》,大东书局出版,英汉对照,收入《伯修士》和《德修士》两篇小说。原书是作者根据古代希腊故事改写的。这种文学作品,其原作早年就被列入教会在中国学生中的英文读物,它隐含了对西方生活的思考、价值取向和特定的意识形态,对于当时读者思想的形成曾产生过影响。

其次在美国文学翻译方面,1928 年 3 月,张友松翻译了美国作家得利赛(Theodore Dreiser,今译德莱塞)的短篇小说集《婚后》,北新书局出版,收入"欧美名家小说丛刊"。内收《婚后》《老罗干和他的特丽沙》和《失恋后的择偶》三篇小说。"它们所描写的是青年男女间的关系的三个时期:一是求偶时期,一是恋爱时期,一是婚后时期,都写得非常生动。"④ 该书于 1929 年再版。这也是在中国最早译介的德莱塞作品。

1931 年 7 月,张友松译注了美国小说家欧·亨利(O. Henry)的短篇小说集《最后的残叶》,⑤ 北新书局出版。张译全书共 75 页,32 开,为英汉对

---

① 刘洪权编:《民国时期出版书目汇编》第 7 册,第 360 页、第 474 页。
② 贺玉波:《译者的话》,吉卜林著:《野兽世界》(上册),上海:商务印书馆,1946 年,第 1~2 页。
③ 刘洪权编:《民国时期出版书目汇编》第 8 册,第 620~621 页。
④ 《北新书局图书目录》,《北新书目》,上海:北新书局,1933 年,第 156~157 页。
⑤ 1932 年 6 月上海湖风书局推出的许子由译本题作《最后的一叶》。

照本，收入"英文小丛书"，内收《经纪先生的恋爱》和《最后的残叶》两个短篇。书前有作者小传。

1934年12月1日，张友松翻译了美国尤斯坦斯（Cecil John Eustance）的短篇小说《魔力》，刊《诗歌文学》第1卷第2期。

1943年11月，张友松分别译注了美国霍桑（Nathanial Hawthorne）的《野心客》和爱伦·坡（Edgar Allan Poe）的《惹祸的心》两篇小说，以《野心客》为书名，重庆晨光书局出版，收入"晨光英汉对照丛书"甲级。书前有《致读者》，讲述如何用英汉对照的书学习英文。1946年8月，《野心客》又以英汉对照形式在现代英语社出版。该书封底有广告，对该丛书的特点进行了介绍："本丛书甲级均系欧美名家杰作，精译详注，极合课余业余自修之用。欣赏名著，研究英语，学习翻译，一举三得。出版以后，读者早已公认为对照书中最令人满意的读物。"

收入该丛书甲级的主要有《旅伴》（高尔基著、张镜潭译）、《泼姑娘》（海泽著、高殿森译）以及张友松译注的《野心客》《二十六男和一女》《爱》《活动者》（未见出版）、《荒漠艳遇》《当代名著捃华》（未见出版）、《近代散文选粹》（未见出版）。乙级排印中的有张友松译注美国鲍德温（James Baldwin）著《林肯传》和《富兰克林传》。正式出版时，《林肯传》改由何公超译注，《富兰克林》改由张镜潭译注。而在1947年3月，张友松译注美国鲍德温著《美国三大伟人传》由晨光书局出版，内收《华盛顿传》《富兰克林传》和《林肯传》。

总的来说，民国时期张友松的英美文学翻译以中短篇为主，其选择多是现代文学中的名篇，加之其文笔优美，故而能引起国内读者的强烈兴趣。

四、刘大杰与英美小说翻译

民国时期，刘大杰在英美文学翻译方面也做出了一些努力，先后推出过好几部译作。

在单篇作品翻译方面，刘大杰1925年翻译了英国诗人柯勒律治（Samuel Coleridge）的诗歌《无望的工作》，刊《晨报副刊：艺林旬刊》第9期。1930

年他翻译了美国作家欧·亨利的《二十年后》,刊《现代学生》创刊号。1932年9月1日他翻译了汤谟司哈代(今译托马斯·哈代)的诗歌《罕普公爵夫人》,刊《新月》第4卷第2期;同年11月20日,他翻译了英国高尔斯华绥的《罗威尔百年祭演辞》,刊《申江日报》副刊《海潮》第10期"高士华绥专号"。1933年6月1日,他翻译了欧·亨利的小说《约会》,刊大夏大学学生刊物《大夏周刊》第9卷第28期。1934年,他翻译了英国作家高尔斯华绥的讲座《诗人罗威尔与美国》,刊南京《时代公论》第112期。

在长篇著作翻译方面,刘大杰先后推出了两部英美小说集。1930年3月,他翻译了英国著名儿童文学家柏涅特夫人(Frances Hodgson Burnett)的长篇小说《孩子的心》,北新书局出版。据《北新书局图书目录》介绍:"这是一本儿童文学的杰作。柏涅特夫人是一个精于描写儿童心理的女作家,这本书在日本中小学生界的风行,远在爱的教育以上。现在日译已有六种,连菊池宽也是其中译者之一。"① 书前有1929年12月他写于日本海边的《译者的话》,全书15章节,计302页,32开,内收《一件很惊奇的故事》《徐特立克的朋友》《离家》《到了英国》《城中》《伯爵与孙儿》《在教堂里》《学骑马》《贫穷的村舍》《伯爵的惊骇》《在美国的朋友忧虑》《竞争者》《推克的救援》《败露》和《八岁的生辰》。据《译者的话》称:

> 在少年文学中,这本《孩子的心》,可以说是一本最好的书罢。读了,可以有两种好处,第一,因为本书的故事很有趣味,可以引起儿童读书的兴趣;第二,在有趣味的读物里,还充满着一种引导儿童向光明向微笑向正直的快乐的路上走的力量。在作者的笔下,把一个孩子的清冰玉洁的心,战胜种种阴谋黑暗的环境,那种曲折的描写,就是大人,也应当虚心地读一遍罢。

因为童心的世界里处处是光明、幸福、微笑与正直,而随着岁月的增长,这些正在丧失,故而译者翻译此书,其唯美追求实属难得。该书于1933年2月第4版,1937年10月第5版。

1935年2月,刘大杰与张梦麟合译了美国杰克·伦敦(Jack London)的

---

① 刘洪权编:《民国时期出版书目汇编》第8册,第592页。

小说集《野性的呼唤》，中华书局出版，收入"世界文学全集"。该书为中、短篇小说合集，除有署名"刘大杰"撰《关于〈野性的呼唤〉》和厨川白村撰《贾克·伦敦的小说》外，另收中短篇小说3篇，分别是：《野性的呼唤》《猪仔》和《老拳师》。其中《野性的呼唤》前几章为刘大杰译，后二章为张梦麟译，其他两个短篇亦为张译。该书于1938年10月再版。

在翻译这部书的过程中，刘大杰这样评价该小说：

> 这是一本小说，同时又是一本圣书，同时又是一本社会演进和人类斗争的历史。也可以说是一本哲学，是一本达尔文学说的哲学。……本书的作者杰克·伦敦（Jack London），……他有极其丰富的想像，同时对于下层社会又有极其高尚的同情。因此，读他的作品，比起读那些自然派诸家的作品，要有趣味得多。他自己宣言他是一个社会主义者，在他的作品里，却不是宣传式的喊口号，喊革命，他只忠实地锋利地暴露着资本家的专横和罪恶，对于无产阶级泄露着优美的同情。……尤其从《野性的呼唤》为压卷的名篇。在这篇里极端地表现了他的浪漫性和写实性。……种种的好材料，织成了一首极其鲜艳的诗。[①]

在这里，刘大杰从达尔文的弱肉强食之说不断地联系到当时日本侵华的形势，也可以视为当时知识者对民族"蛮性"的"呼唤"。该书翻译曾得到钱歌川的帮助，《野性的呼唤》之篇名翻译亦曾请教过郁达夫和徐志摩。[②]1935年7月，国际文化服务社推出刘译《野性的呼唤》单行本，列为"古典文学名著选译第十五种"，此次，译者对译文又做了修订，由此足见译者的认真态度。

五、朱湘与英美文学翻译

自1924年起，沅陵人朱湘（1904～1933）开始陆续在各种刊物上发表所译英美文学作品，涉及小说和诗歌，而且他的翻译目的性非常明确，就是

---

① 刘大杰：《关于野性的呼唤》，杰克·伦敦著：《野性的呼唤》，刘大杰、张梦麟合译，上海：中华书局，1935年。
② 1935年2月上海商务印书馆也出版了《野性的呼唤》，译者是谷风、欧阳山，系该社"世界文学名著丛书"一种。

借助翻译来改造主体文学诗学体系。

首先在小说翻译方面,1924年10月10日,朱湘翻译了英国怀特(William Hale White)的小说《卫推克君的退役》,刊《小说月报》第15卷第10号;12月10日第15卷第12号登有他译英国史蒂文生(Robert Louis Stevenson)的小说《马克汉》;4月10日第16卷第4号登有他译英国加涅忒(Richard Garnett)的小说《哑的神判》。1929年,朱湘将他当年所译英国小说作品结集,题为《英国近代短篇小说集》,北新书局出版。1933年版《北新书局图书目录》曾有一个非常诱人的介绍:"英国文学,富于隽永的风味,如橄榄,使读者寻味不穷。这里所收的几篇,都是英国近代作家的代表作,更具有这种风格的。读者爱吃橄榄的,请来尝一尝这味儿吧。"[1] 该集子共收短篇小说10篇,分别是:怀特的《卫推克君的退役》、加涅忒的《哑的神判》、史提文生的《马克汉》、吉辛的《一个穷的绅士》、雅考布斯的《猴爪》、莫里士的《楼梯上》、阑白恩女士的《圣诞节的礼物》、摩亨的《大班》、布拉玛的《孙衡的磨练》和艾尔文的《稳当》。朱译此书是现代中国较早的一部英国短篇小说翻译集,书前印有"此书呈与我的嫂嫂,薛琪瑛女士,奖助我读英文的人。"可见他是献给自己最敬重和感激的人,故而他的翻译态度是非常认真的,这一则表现在对原作的版本选择上,另则表现在对作者信息的考察。更重要的是,他十分注重原作的体裁和价值,这也能解释为何他翻译的小说质量与他翻译的诗歌质量一样高,从中也让我们看到了一位唯美作家的价值取向和成就。

不过,朱湘在诗歌翻译领域的成就更大,这不仅在他翻译的数量相对较多,诗体形式丰富,而且翻译质量上乘,在现代文学翻译史上早已占据相当重要的地位。民国时期,这位有"中国济慈"之称的诗人翻译了众多的英美诗歌。自1924年10月10日,他译英国丁尼生(Alfred Tennyson)的诗歌《夏夜》、白朗宁的《异域思乡》,刊《小说月报》第15卷第10号;1925年12月10日起,《小说月报》第16卷第12号刊有他译济慈的诗歌《秋曲》;1925年1月10日第17卷1号登有他译济慈的诗歌《无情的女郎》、费兹基洛的

---

[1] 《北新书目》,上海:北新书局,1933年,第82页。

诗歌《往日之歌》和黎理的诗歌《恳求》；2月10日第17卷第2号刊有他自英文本转译的欧洲中古时代诗歌《行乐》；6月10日第17卷第6号登有他译英诗5首，即郎德尔的《多西》和《终》、夏士坡（即莎士比亚）的《归来》和《海挽歌》，薛悝（即雪莱）的诗歌《爱》。此外，他还有众多的翻译作品发表在其他一些刊物上，其中包括1924年10月20日《文学周报》第144期刊有他译金斯雷的诗歌《地侬的沙滩》。显然，由朱湘翻译的这些诗歌大多集中于英国浪漫主义和维多利亚时代的作品。

1936年3月，朱湘的译诗集《番石榴集》由商务印书馆正式出版，收入"文学研究会世界文学名著丛书"（1947年3月重版，收入《新中学文库》）。[①] 这是在译者生前的友人多方努力下才得以出版的。全书共分上、中、下3部，计453页，收诗101首，其中英语诗歌39首，占其中的1/3强。从朱湘所选这些诗歌来看，均为英国（包括英格兰、苏格兰和北爱尔兰）诗人的作品，涉及诗人23位。他们代表了不同的流派——从最早的盎格鲁-撒克逊时代（或称古英语时期）一直到19世纪浪漫主义时期，历时千余年，不过明显地看得出偏重浪漫主义时期的作品。

相对早期那些翻译的罗马尼亚民歌，朱湘早年所译的英语诗歌，虽然还有形式放纵的痕迹，却更加注重唯美追求，因而开创了一种凝练的白话体译诗风格，如他译济慈的诗歌是地道的现代汉语，只是未用韵。而且读者不难发现，相对于他早年转译的那些罗马尼亚民歌，一些功能性语汇明显地减少。因考虑到诗体的形式整饬，这样译诗的语言更为凝练，这种经过提炼的诗性语汇，其诗行更显紧凑，诗句的张力也随之扩大，更具表意上的含蓄和暗示的诗学特质。后期由于他与闻一多等人的接触，他的译诗也更为整饬，更注意奉行新格律派标举的"三美说"——音乐美、绘画美和建筑美的特质，由此而在中国翻译诗歌史上占有独特的地位。

[①] 1936年5月24日，《独立评论》刊登了文学研究会"世界文学名著丛书"广告，其中《番石榴集》（翻译各国诗集）朱湘译，实价一元。内称："此书为朱君一生译诗的总集，范围极广，从埃及的死书直到近代诗人的作品，皆被择要包罗在内。无一首不出之以仔细的研究，期不失原诗的神韵。朱君手编此集后不久，便投江以死。"

六、余楠秋等与莎剧翻译

在中国尝试用韵文体翻译莎剧的不是太多,主要有:1928 年,邓以蛰翻译了《若邈玖瑰新弹词》,新阅书店出版,此即莎剧《罗密欧与朱丽叶》中的一个片段;1931 年 1 月 20 日、10 月 5 日,孙大雨节译了《李尔王》和《罕姆莱德》片段,刊《诗刊》第 2、3 期;朱维之翻译了《乌赛罗》,刊 1929 年《金屋月刊》和 1933 年《诗篇》月刊;徐志摩节译了《罗米欧与朱丽叶》,刊《诗刊》和《新月》。这些均为诗译莎剧做出了可贵的尝试和努力。然而,上述译本均为节译,余楠秋的译本则是中国第一个诗体全译本。

1935 年 4 月,余楠秋与王淑瑛合译了莎士比亚的名剧《暴风雨》,英汉对照,黎明书局出版,收入伍蠡甫主编"英汉对照西洋文学名著译丛"之八。这也是莎翁该剧当年在中国出现的三个译本之一。[①] 全书 148 页,32 开,卷首有余楠秋、王淑瑛的《译者序》。

据书末所登《丛书》广告称:"本丛书精选西洋文学杰作,由海内名译家分别担任,每种除英汉对照外,并将作家思想,时代背景,全书涵义等,撰为长序,作极为深刻之剖解。读者手此一编,既可增加阅读英文之能力,又可养成文学之嗜好。"[②]

莎剧《暴风雨》原剧为无韵体(blank verse)写成,余、王二人选用的主要是五言体。试看第一幕第一节末尾冈札罗所说的一段:

冈:目前我宁愿/弃千里泽国/易一席瘠地:/荒原满荆棘,/蔓草及藤葛。/虽然是天意/这般地注定;/然我愿饿毙,/死于大陆地。[③]

不过遇到剧中歌词时,译者也尝试用四言来移译,如第五幕:

蜜蜂吮处,/我其吸撮,/莲华钟里,/我其躺歇;/夜莺啼时,/我其藏伏,/蝙蝠背上,/我其追逐,/融融夏日/欢乐乐乐!/满树鲜花,/我其居处。[④]

---

① 其他两种分别是蒋镇译本(上海启明书局)和余上沅译本,且后者采取了隔行用韵的形式。
② [英]莎士比亚著:《暴风雨》,余楠秋、王淑瑛合译,上海:黎明书局,1935 年,卷末。
③ [英]莎士比亚著:《暴风雨》,余楠秋、王淑瑛合译,第 91 页。
④ [英]莎士比亚著:《暴风雨》,余楠秋、王淑瑛合译,第 141 页。

这节四言诗很有《诗经》体的味道。关于此点，译者在《译者序》中有说明：

> 这本书的译成，也许是一个大错？同时我们亦觉无限惭愧，为因顾虑到"忠实"问题，原剧乃用"Blank Verse"写成，故斗胆用五言试译。……根本"Blank Verse"，是否可用五言体译；而且音调及格式两方面，彼此有无恰可互换的地方？在译者尚只是抱一种尝试的态度，不敢毅然肯定。……记得孙大雨先生曾经主张用"气译"的方法去译"Hamlet"。散文才应该讲究气魄，古人韩退之也曾有这么样的主张；至于诗词，首重韵味，才不致失去妩媚的好看。与其说用"豪气"去吹涨一个汉蒙特，倒不如宁肯用"韵味"去活化出一位波斯披阿，这比较好，这是译者根本的主张。

在此，译者为求"达"起见，提出了用五言体来移译无韵体，并进而提出了"韵味"的传达问题，这些都是真知灼见。另外，他们在文辞上也颇有讲究，因为"莎氏剧的特长，专门是善于'Character'的描绘，每人有每人的口吻和神气。译者因力求保持原书这种美点，故于译文撰辞时，均十分审慎。如本剧中凡崔蔻萝、时蒂芬及开里本三人的对话，原文均十分粗俗，求合贱奴的口吻；译者于此亦不惜采用俚语粗言，俾达原意。此点尚希读者明白。"这种出发点的好处是抓住了戏剧语言的通俗易懂的特点，这种处理办法一方面照顾到了原文，另一方面拉近了与读者距离。然而，处在当时的白话语境中，广大读者以阅读白话文、欣赏话剧为时尚，他们这种以五言体来翻译无韵体的做法，不啻是莎剧翻译史上一种有益的尝试，也透露了译者的种种唯美追求，但他们这种做法与时代诗学追求的有点"隔"，虽说不是"一个大错"，但其影响不大。

七、其他湘籍译家与英美文学翻译

除了上述几位大家外，民国时期还有其他一些湘籍译家翻译了不少的英美文学作品，主要表现在如下方面。

首先，在英文小说、散文、传记翻译方面，1915年5月17日和1916年

11月20日，长沙人孝宗分别翻译了英国查理士兰伯的小说《黑夜深林之下女郎》和美国霍爽（今译霍桑）的小说《奇瓶》，刊于《时报》。

1916年2月26日，《礼拜六》第91期刊登了衡山人聂慎除译的英国人美德（Elizabeth T. Meade）和哈立法（Clifford Halifax）合著的侦探小说《医人奇遇记》（Story from a Doctor's Diary）。1919年1月25日，《小说月报》第10卷第1期至第11卷第1期连载了长沙人瞿宜颖翻译的英国人滑忒（Frederick M. White）所著侦探小说《偶屋》（The Corner House），后于1920年在商务印书馆出版成书。

1917年7月，长沙人丁宗一与南通人陈坚编译了美国亚塞李芙（Arthur B. Reeve，今译亚瑟·瑞福）著《怪手印》，商务印书馆出版，收入"说部丛书"第3集第21编；1921年5月第4版。原作选自 The Exploits of Elaine（1915，又译《伊莲的故事》）。① 全书分上下册，共14章：怪手；昏睡；失宝；冻箱；毒室；吮血；双阱；潜声；死光；电疗；三时；血晶；魔教；辨奸。作者是美国著名的侦探小说家，他在18部侦探小说中塑造了有时被称为"美国福尔摩斯"的系列作品主人公克雷格·肯尼迪（Craig Kennedy）教授以及担任记者的类似于华生大夫的陪衬性人物瓦尔特·詹姆逊（Walter Jameson），因此而闻名于世。

1917年，常德人胡善恒翻译了史密斯（Sydney Smith）的《智乐篇》（中英对照），刊《新青年》第3卷第5期。

1919年7月至1920年，汉寿人易家钺翻译了美国作家杰克·伦敦的小说《野犬呼声》（现通译《野性的呼唤》），连载于《少年中国》第1卷第1至3期和第5至7期。这也是该书最早的一个汉译本。

1924年4月5日、6月5日，醴陵人袁昌英翻译了英国作家史蒂文生（Robert Louis Stevenson）的《磨坊里的威罗》，刊《太平洋杂志》第4卷第6、7号，自署"杨袁昌英"；1935年7月5日，她又翻译了英国作家曼胡德（Harold Alfred Manhood）的小说《苹果妇人》，刊《武汉日报·现代文艺》第21期。

---

① 1917年6月中华书局出版的周瘦鹃译本，题作《怪手》。

1925年，湘潭人黎锦明先后翻译了美国欧·亨利的《一个参将的故事》《踌躇》和《猜文》，刊《晨报副刊·文学旬刊》第73、78、79期；1946年9月20日，他还翻译了富兰克林的《惜阴》和樊达克的《著作家的工作》，以及无名氏作品《艺术》《行为》和《依样的面相》，刊《青年界》新第2卷第1期"珍言选萃"栏；10月20日，该刊新第2卷第2号刊有他译杨格的《纯洁的女人》。

鉴于民国政府"训政伊始，经济建设，万端待举，博采周咨，允为要务"，[①]孙科提议聘福特（Henry Ford）等工商巨子为名誉经济顾问。为了让国人对福特其人其事有更多的了解，1928年12月陈家瓒翻译了《福特传》，群益书社出版。全书共3篇，分别是：亨利福特之为人；企业家的亨利福特；经济家的福特；代结论。另有插图3幅：亨利福特肖像；停放职工自有汽车的一部分；福特工场职工往银行存款时的光景。不仅如此，编译者还在书前引用了《孙中山先生对于福特的赞词》《我国民政府聘为顾问的福特》《吴稚晖先生对于福特的赞词》和《苏俄的政府对于福特的赞词》。该书名为一部人物传记，但涉及面甚广，尤其是美国经济和实业界现状，称得上是一部指导国民建设的实业宝典。

1929年，醴陵人杨人楩翻译了英国作家爱德华·鲍沃尔-李敦（Edward Bulwer-Lytton）的《夜探魔室记》，连载于《策进》第2卷第28至31期。

1928年11月5日，邵阳人石民翻译了《两篇演说》（分别为普鲁塔斯和安东尼的演说），节译自莎士比亚的戏剧《凯撒王》（Julius Caesar）第三幕第二场，刊《语丝》杂志第4卷第43期。1929年6月3日，他翻译了美国门肯（H. J. Mencken）的《摘刺》，刊《语丝》第5卷第10期；同年12月9日，他翻译了《济慈的三封信》，刊《策进》第5卷第39期；1930年9月10日，他翻译了英国高尔斯华绥的小说《妒》，刊《文艺月刊》第2卷第9号。1930年，他译注了《英国文人尺牍选》（英汉对照），北新书局出版。该书内收18世纪初至19世纪末英国15位文人的书信共17篇，包括司各德（今译司各特）、兰姆、拜伦、雪莱、济慈等名家；1931年2月又版。据1933年版《北新书目》

[①] 孙科：《我国民政府聘为顾问的福特》，《申报》（1928年1月19日）。

介绍:"本书选取司各德、兰姆、拜伦、雪莱、济慈等文人的书信,其中有诙谐,有讥刺,有文谈,有逸事,都足以供读者欣赏。我们可以从这些书信里看到各作家的性格生平,一方面可以增进译文,一方面又可以增加英文文学常识。"① 书出版后,石民曾赠挚友、著名翻译家兼散文家梁遇春。后者在收到赠书后,复信石民并高度评价其译文:

> 前天收到你的书,读你的译文,仿佛同读你的信一样,你的 Style 多少跑到里面去了。据我看,好译文是总带些译者的情调,若使译者个人没有跑到作品里去,他决不能传神阿堵,既是走进去了,译者出来当然具有译者色彩,Fitzgerald 的 Omar 就是如此。还有你遣使文言,颇有"神差鬼使"之妙。②

梁遇春因介绍英国查尔斯·兰姆的散文到中国而颇有盛名,算得上是一位兰姆研究的大家,故而他的评判也颇具权威性。石民在翻译中充分发挥了自己运用文言文的本领,其译文总体上流畅优美,但也有失欠准确的地方。这点在梁遇春一封注明"十二月六日"的信中就有道及。③

1930 年,石民与傅东华译注美国霍桑所著《返老还童》,北新书局出版,英汉对照本,内收《返老还童》《美人、黄金、权威》两个短篇,收入北新书局"英文小丛书"。

除此之外,石民生前还翻译过托马斯·哈代的《忧郁的裘德》(今译《无名的裘德》)。1941 年,石民逝世后,其妻严蕴唯寄信桂林胡风,请他帮忙出版。胡风将图书交与三户图书出版公司。④ 该书后于 1942 年出版。

1931 年 6 月,澧县人贺玉波(1906~1982)翻译了美国作家霍桑的中篇小说《龙齿》,北新书局出版,收入"英文小丛书",英汉对照,书前有作者简介。⑤ 译者贺玉波,原名贺家春,笔名兰城、蕊珠等,1926 年就读于北京师范大学,1928 年曾任职湖南津市《通俗日报》报馆,1928 年至 1935 年在开

---

① 《北新书目》,上海:北新书局,1933 年,第 138 页。
② 《梁遇春致石民四十一封·二十二》,《新文学史料》1995 年第 4 期,第 146 页。
③ 《梁遇春致石民四十一封·二十五》,《新文学史料》1995 年第 4 期,第 147 页。
④ 梅志:《有关石民情况的两封信》,《新文学史料》1995 年第 4 期。
⑤ 收入该"丛书"的还有傅东华译霍桑的另一部作品《返老还童》。

明书局和光华书局任编辑,1931年组织中国普罗文艺社,先后出版短篇小说集《她的消息》(1930)和长篇小说《残缺的爱》(1931)等。

1946年2月,贺玉波翻译了英国作家吉卜林的《野兽世界》,重庆和上海商务印书馆出版,收入"世界儿童文学丛书",全书分上下册。上册收故事3篇:《狼孩子的故事》《蟒蛇的胜利》和《捕虎》;下册收故事4篇:《白海豹》《猫鼬》《象的朋友》和《女皇的仆人》。书前有《译者的话》称:这是作者在美国创作的脍炙人口的故事,它讲述了人类的孩子毛克利在森林里受到老虎的追逐,父母逃散,他误入狼穴,被母狼收养,成为狼中的一员。后来他长大成为一个勇武又聪慧的少年。他的朋友有慈祥的狼妈妈,忠诚的狼兄弟,以及足智多谋的黑豹,憨厚的老熊等,它们教给他生活的智慧、谋生的本领和丛林的法则。毛克利的故事,使人对大自然产生了一种敬畏之情,拉近了人与大自然的距离,曾经轰动英美文坛。

1932年4月,益阳人周起应(即周扬)推出了他译美国犹太裔作家果尔德(Michael Gold,又译柯尔德、戈尔特或高尔特)的《果尔德短篇杰作选》,辛垦书店出版。该书译自《一亿二千万》。作者本名 Itzok Issac Granick,为美国共产党人、左翼犹太小说家、评论家,曾任《群众》《解放者》《新群众》等刊物的编辑,曾在《新群众》杂志发表声明,支持中国左翼文艺运动。他的短篇小说集《一亿二千万》影响很大,在我国就有凌黛译本(金屋出版社1929年版)。另外他的自传体长篇小说《没有钱的犹太人》在中国也有杨骚译本(南强书局1931年11月版)和杨昌溪译本(现代书局1931年2月版)。周译该书除《著作自传》和《原序》外,选收短篇小说7篇:《可恶的煽动家》《黑人之死》《释放》[①]《两个墨西哥》《垃圾堆上的恋爱》《再快些亚美利加,再快些》和《大约尔的生日》;另有朗诵剧2篇:群众朗读剧《工人》和工人朗读剧《死囚牢中的樊宰特》,以及诗1首:《一亿二千万》。1933年5月,该书被国民党政府列为查禁书籍,理由是宣传"普罗文艺"。[②] 由此可见周扬所译这部作品的性质。

---

① 该篇曾载1929年9月1日《乐群》第2卷第9期,译者署名"起应"。
② 张克明辑录:《第二次国内革命战争时期国民党政府查禁书刊目录(1927.8—1937.6)》,《出版史料》第3辑(1984年),第131页。

1932年12月16日，时值英国作家威廉·哈兹里特（William Hazlitt）百年忌，周扬翻译了《夏士勒德百年忌》，刊在《现代文学》第1卷第6号"世界文学家纪念号"。

1935年2月7日至11日，益阳人周立波署名"立波"翻译了美国马克特温（Mark Twain，今译马克·吐温）的小说《驰名的跳蛙》，连载于《申报》副刊《自由谈》。同年8月9日，他以"张一柯"之名在《大晚报》副刊《火炬》上发表评介文章《马克特温的读者》，继续向国人介绍这位美国作家；9月17日至23日，他以"立波"之名翻译了爱尔兰著名小说家詹姆斯·乔易斯（James Joyce）的小说《寄宿舍》（选自短篇小说集《都柏林人》），连载于《申报》副刊《自由谈》；11月8日，他署名"一柯"翻译了美国作家辛克莱（Upton Sinclair）的书信《上书罗斯福总统》，刊《大晚报》副刊《火炬》；1936年8月25日，他翻译了美国约翰·多斯·柏索斯（John Dos Passos）的散文《西班牙游记》，刊《光明》半月刊第1卷第6号；1939年，他先后在桂林《救亡日报》发表两篇译文，即8月20日的《为什么莎士比亚为苏联人民所珍爱》和11月9日的《亚美尼亚的绘画》。1940年，周立波署名"立波"翻译了美国哥尔德的《一个琴师的故事》，于9月15日和12月7日先后刊载于中华全国文艺界抗敌协会延安分会会刊《大众文艺》月刊第1卷第6期和桂林《救亡日报》副刊《文化岗位》。

1936年10月20日，李青崖翻译了美国海军军官罗蛊·高文记录的《马尾观战记》，刊《逸经》杂志第16期。

1943年12月，湘潭人萧敏颂（1914～1957）翻译了美国著名心理学家、人际关系学家台尔·卡乃荃（Dale Carnegie，今译戴尔·卡耐基）的传纪类作品《巨人细事》（又名《大人物小故事》），由桂林文化供应社出版，收入该社推出的《青年文库》。该书主要针对青年读者，介绍了30位欧美名人的轶闻趣事。1948年，该书又以《大人物小故事》为书名，由文化供应社出版。

此外，民国时期湘籍译家翻译英美文学的还有衡阳人王祉翻译的《乡村韵事》（特罗洛普著），出版时间和地点不详，等等。

其次在英美诗歌翻译方面，民国时期首先有成仿吾在创造社刊物上发表的一些译诗作品，包括1923年他在《创造》第3期发表所译英国浪漫派诗人华兹华斯的《牧羊者哀歌》，第 19 期刊有他译英国诗人道生（Ernest Dowson）的《无望的希望》，第 32 期刊有他译华兹华斯的《孤寂的高原刈稻者》，①第 82 期刊有他译诗《少年与磨坊的小溪》；同年 12 月 30 日《创造周报》第 34 期登有他译霍尔登（Edward S. Holden）的介绍文章《莪默伽亚谟新研究》；1923 年 2 月《创造季刊》第 1 卷第 4 期以及 1926 年《洪水》半月刊第 1 卷第 7 期分别刊有他译雪莱的《哀歌》；②1928 年《流沙》半月刊第 2 期刊有他译美国诗人马克汉姆（Edwin Markham）的诗歌《倚锄的人》；等等。总的来说，成仿吾的诗歌造诣颇深，同时译诗又具有理论自觉，他的译诗数量虽然不多，而且也如他的创作一样，偏重于浪漫主义文学流派，以幽婉风格作品为主，但这些译诗质量精湛，成为译诗的精品。更为难得的是，他还能在译诗的基础上形成自己的诗歌翻译理论，并写出《论译诗》（1923）这样的专文，在中国诗歌翻译理论史上早已成为经典。

此间，邵阳人石民也翻译了一些英美诗歌，其中包括 1926 年 9 月 10 日他译布莱克的《野花之歌》，刊《莽原》第 17 期；1928 年 10 月 16 日，他译美国爱伦坡的《惹祸的心》，刊《北新》第 2 卷第 23 期；同月 30 日，他译西蒙斯诗一首，刊《奔流》杂志第 1 卷第 6 期；1931 年 3 月 30 日，他翻译了《朗费罗诗二首》，发表在《青年界》创刊号；7 月 10 日，该刊第 1 卷第 5 号登有他译布莱克诗二首。

除此之外，1929 年，石民又在北新书局出版了诗集《良夜与恶梦》，其中除收入西蒙斯一首译诗外，封面设计中亦印有四行英文诗，下有译文：

  因为这，是在地，这便是最确切的证明
  我们所能表达者，主呵，是证我们的诚信：
  这沉痛的哀音！一个了一它，随着时代之波流，
  流转复流传，直至泯没于"劫海"之终尽！

值得指出的是，石民在任职北新书局期间，除了推出自己的几部诗歌译作外，还参与了北新书局推出的《英文自修丛书》《英译韩文名著选》《自修

---

① 1923 年 2 月出版的《创造》第 1 卷第 4 期所登成仿吾的评论《〈沉沦〉的批评》中亦附有这首译诗。
② 同时登出的还有焦尹孚和沈家骏两家译文，分别题作《悲歌》和《薤露之歌》。

英文丛刊》等丛书译注工作，以及中学教科书的出版工作，从而很好地扮演了翻译赞助人的角色。①

1941 年 1 月，章士钊也翻译了一组英美诗歌，刊《文史杂志》创刊号，包括爱伦坡的《李安诗》、丁尼生的《磨坊女》、摆伦（即拜伦）的《别》、何德的《死》、华滋华斯的《露西》、侯仁的《田家词》、苏哲的《书斋》、萨拉柯立芝的《睡睡好孩子》、康贝的《英伦水手歌》、谢梨的《恨词》、蓝们的《熟面人》、柯林的《勇士眠何似》、杞慈的《苦乐诗人》、萨拉·劳登的《我说不爱你》、伯郎宁的《琵琶词》、金斯烈的《鞑河沙词》、罗先悌的《无题》、蒲乐的《都娜词》、汤姆森的《火车歌》、皮青的《两轮车儿童歌》、易慈的《书生吟》等。1945 年，《海光》杂志第 9 卷第 9 期刊登了章士钊译英国勃朗宁的诗歌《伯郎宁琵琶词》；次年，第 10 卷第 2、3 期又刊有他译英国拜伦的诗歌《别：别时惨无言》。

1942 年，安化人吴奔星翻译了爱尔兰诗人、青年爱尔兰运动的组织者戴维斯（Thomas Davis）的诗歌《我的祖国》（又译《我的土地》），刊《诗创作》第 10 期。

除了上述这些翻译外，民国时期一些湘籍译家还能利用各种途径为翻译作品的刊登提供便利，从而扮演了翻译家兼赞助人的角色。如 20 世纪 40 年代在革命中心延安曾出了一份刊物——《中国文艺》，该月刊由周扬主编，仅出过一期，但在这一期上发表了惠特曼两首诗的中译文，即曹葆华译《走过的道路的回顾》和天蓝译《欧洲》，足见惠特曼受欢迎的程度。另外值得一提的是，自 1941 年起，惠特曼开始在中国有更多的介绍，应当归功于湘籍译家萧三从苏联把 1936 年版的《草叶集》俄文版带回延安，这个俄译本先在延安传播开来，接着带动了许多诗人翻译惠特曼的诗作。

在英美戏剧翻译方面，首先值得注意的是醴陵人袁昌英。1921 年 7 月，袁昌英以论文《哈姆莱特》在英国爱丁堡大学获文学硕士学位，她也是获得

---

① 1933 年 8 月，石民从北新书局离职后，到武汉大学任文学院外文系助教。在武大，石民为外文系讲授必修课程"翻译"，每周二小时，一年授完，授课指导书要去"本学程研究翻译之方法，多作翻译之练习，间及译本之校对与批评。"期间，他还与陈源教授合编了《翻译》教程，供上课使用。

英国文学硕士学位的第一位中国女性。自此之后，她长期关注欧美戏剧，并有过一些译介。1926年5月10日，袁昌英翻译了英国剧作家勃拉得霍士（Harold Brighouse）的《寂寥似的》，刊《东方杂志》第23卷第9号。这是一个描写纱厂工人生活的独幕剧。在该剧的《引言》中，她有一段话强调了先进的文艺家应当"实地研究我国下层社会的悲苦或慰安的情形，来多创造维新戏剧，有生命的戏剧。因之可以影响及于改良社会，改良生活"。这便是袁昌英的文艺思想的写照。在译者《前言》中，袁昌英十分赞赏该作品从"工业集中的灰色地点与灰色生活中，找出戏剧材料"，"眼泪与微笑杂然毕露的，读下去，令人特别心酸，然而又特别愉畅。"译者希望"我们先进的文艺家，读了此篇之后也会感动，越发去实地研究我国下层社会的悲苦或慰安的情形，来多多创造维新戏剧，有生命的戏剧，因之可以影响及于改良社会，改良生活。"由此可见她的翻译诗学观，这也是她从事外国戏剧翻译的动力，即通过翻译外国戏剧来影响和改良社会、改良生活。

　　1934年10月1日，袁昌英翻译了美国剧作家攸勤·奥尼尔（Eugene O'Neil，今译尤金·奥尼尔）的戏剧《绳子》，刊《现代》第5卷第6期"现代美国文学专号"。这是一出仅五个角色的独幕剧。该剧主要讲述农场主本特利老人有一双儿女，其子鲁克早年偷了钱离家出走。老人大怒，在自己仓库顶棚悬一绳圈，声称若儿子回来，一定要把他绳之以法。该剧题材并不出奇，无非金钱的魅力盖过亲情，不肖浪子虐待老父而已。然而这个话题在奥尼尔的笔下却营造出强烈的戏剧效果，成了兼具观赏性和思想性，足以震撼人们灵魂的佳作。故而袁昌英将这部美国最新的现代派作品翻译出来，而且译作又刊登在施蛰存和杜衡主编的《现代》杂志"现代美国文学专号"，其本身就说明该刊对这部译作的重视。诚如"专号"《导言》所言：这部作品"正是那种不学人的，创造的，自由的精神"。这种文学作品代表了一种新传统，这种区别于英国传统的美国新传统，能够带动世界文学发展。可见，当年袁昌英选译此作，表明了她的眼界和学识水准。

　　1935年8月23日、30日，袁昌英还翻译了英国康士坦茨·霍尔姆（Constance Holme）的剧本《意中的家》，连载于《武汉日报·现代文艺》第28、29期。

益阳人周扬对美国犹太裔作家果尔德进行了译介。1930 年 1 月 15 日，周扬署名"周起应"翻译了果尔德的群众朗读剧《美国：罢工》，刊《现代小说》第 3 卷第 4 期；同期还登有他署名"起应"译《果尔德自传》；1931 年 3 月 10 日，他又以"周起应"之名在《小说月报》第 22 卷第 3 号发表了所译高尔特（即果尔德）的剧本《钱》。

1935 年，黔阳人向培良（1901～1961）翻译了克莱门（C. C. Clements）的独幕剧《围攻》，刊《经理月刊》第 1 卷第 1 期；1931 年 6 月 30 日，上海劳动大学那波剧社演出了美国剧作家奥尼尔的《战线内》，该剧本便是由邵惟、向培良翻译的；1936 年，向培良还翻译了奥尼尔的独幕剧《捕鲸传》，刊《农村合作月报》第 2 卷第 5 期；1937 年 2 月，他翻译了英国高斯华绥（即高尔斯华绥）的戏剧《逃亡》，商务印书馆出版，收入"世界文学名著"丛书，书前有他写的《译序》，称"这个剧本，介绍到我国来，也许可以给剧作者一点新的刺激罢。这里开展了一个新的园地。"该剧分序幕、第一部（1 至 3 折）和第二部（4 至 6 折）；同年 6 月 15 日，他翻译了爱尔兰作家枴塞尼（E. Dunsany，今译邓塞尼）的作品 4 篇：《爱与死》《飓风》《原野》和《南风》，刊中国文艺协会在上海主办的《中国文艺》第 1 卷第 2 期。

1936 年，邵阳人唐麟（1911～1968）翻译了美国犹太裔作家阿胥（Sholem Asch）的剧本《复仇神》，商务印书馆出版，收入"世界文学名著丛书"。

最后需要指出的是，20 世纪 30、40 年代，中国戏剧界盛行改译、改编现象，这中间的一些作品也在湖南印刷发行，其中就有 1937 年 12 月王思曾根据英国女作家丹尼（Clemence Dane，今译戴恩）原著 *Shivering Shocks* 改编的独幕剧《炸药》，长沙国立戏剧学校出版，收入"国立戏剧学校战时戏剧小丛书第 1 种"。该剧曾与《欲魔》（欧阳予倩根据托尔斯泰《黑暗之力量》改编）、《杀人》（刘念渠根据美国杰克·伦敦原著改编）、《催眠曲》（包起权根据阿恩斯坦原著改编）、《造谣的人们》（阎哲吾根据爱尔兰格雷戈里夫人的原作 *Spreading the News*［《道听途说》］改编）4 部改编本一同刊于 1937 年 5 月《文艺月刊》第 10 卷第 4、5 号合刊。这些改编者本人也是剧作者，这种双重身份式的改编自然能产生很好的接受效果。

总的来看，民国时期湖南译家在英美文学译介方面，数量不是太多，但涉及了小说、诗歌、散文和戏剧各种主要文类，且以小说为主；同时在戏剧方面尤其是莎剧翻译上也有不俗的表现，尤其像田汉、向培良等人本身就是优秀的戏剧家，他们的翻译对于其戏剧理论形成和戏剧创作均产生了重要的影响。

第三节　现代湘籍译家与日本文学翻译

诚如日本学者实藤惠秀概括的："大体说来，过去一千多年的日本文学都受中国文学的影响。从1894—1895年的中日甲午战争以后到1937年的卢沟桥事变开始以前这一段，无论从哪一方面说，是日本文学影响中国文学的时代。"① 这种影响首先表现在翻译领域，也就是国人比较注重对日本文学的翻译。仔细检视近现代时期湖南人的翻译状况，我们发现众译家对日本文学译介与实藤惠秀所总结的时间段大致吻合。

如果从民国以后中国译介日本文学的整体状况来看，"明治以来的作家大都被译介过来，有十种中译本以上的作家，包括夏目漱石、芥川龙之介、志贺直哉、武者小路实笃、小林多喜二、川端康成、山岛由纪夫、松本清张、井上靖等数十人。"② 同一时期湘籍译家译介日本文学与此既有重叠，也有差异。此间湘人中曾涌现出几位日本文学翻译大家，著名的有田汉、刘大杰、黎烈文等，他们的翻译多集中于新理智派作家，涉及菊池宽、厨川白村、芥川龙之介等人的一些名篇。尽管相对于法国文学和英国文学的翻译，湘籍译家翻译日本文学作品不是太多，但正是他们为这些日本作家及作品在中国实现经典化做出了贡献。

一、田汉与日本戏剧翻译

田汉早年有过留学日本的经历，这就注定他除了从事英美文学翻译外，

---

① ［日］实藤惠秀：《日本和中国的文学交流》，《日本文学》第2期(1984年2月)。
② 谭汝谦：《近代中日文化关系研究》，第34页。

自然会对日本文学有所关注,并有过一些译介,且集中于戏剧和小说方面。事实上,他选译的戏剧更多关注作品的艺术性和社会问题,小说则集中于对日本唯美派作品的译介。由于他译介的时间相对较早,他也因此成为"五四"新文化运动时期日本文学译介的先驱。

至 20 世纪 20 年代末,田汉共翻译了七位日本剧作家的十个剧本,集成三部戏剧集。如果从翻译方式来看,作为一位戏剧家兼译者,田汉翻译的日本戏剧作品又可分为两类:一是对剧本进行编译,即在对原剧本翻译的同时,根据中国观众(读者)的喜好进行改编;一是对原剧本做直接翻译,甚少做改编。正如他在翻译日本著名新剧运动大家小山内薰(1881～1928)的戏剧论文《日本新剧运动的经路》之《译后附言》所说的:"中国戏剧运动方在萌芽,读此可当他山之石",故翻译这些作品"用以自勉"。①

田汉对日本文学翻译最初集中在新理智派作家。新理智派,又称新技巧派、新现实主义,是 1916 年至 1927 年间活跃在日本近代文学中的重要流派,他们既反对自然主义纯客观的描写方法,又怀疑白桦派文学的理想主义,也不同于唯美派或颓废派,而是追求真善美的统一,其作品的基本特征是冷峻的写实手法与深刻的理性分析相结合。主要代表作家有菊池宽(1888～1948)、芥川龙之介(1892～1927)、久米正雄(1891～1952)、山本友三(1887～1974)等。菊池宽是该派的一个重要代表,他与芥川龙之介一起构成新理智派作家两个重镇。早年将菊池宽的作品介绍给中国读者,当推田汉的功劳最大。田汉非常喜欢菊池宽这位"日本文坛太上皇"的作品,认为菊池宽"有着异常纤细的神经,异常敏锐的感受性。"同时,他还表示自己"因为爱菊池宽氏的艺术中那种明慧的理智,所以介绍他的作品……。"②因此,田汉也成了菊池宽剧作选集的第一个编译者;同时,菊池宽也是被田汉译过戏剧集的仅有的一位外国剧作家。

早在 1922 年 6 月 1 日,田汉翻译了菊池宽的《海之勇者》,刊《少年中国》第 3 卷第 11 期;同年 7 月 1 日,他翻译了菊池宽的《屋人的狂人》(又译

---

① 田汉:《日本新剧运动的经路·续完·附言》《南国》周刊第 2 期(1929 年 8 月)。
② 田汉:《菊池宽剧选序》,《日本现代剧选》(第 1 集),上海:中华书局,1924 年,第 28 页。

《屋顶狂人》),刊《少年中国》第3卷第12期;1924年12月,他将早先译出的数部戏剧结集题为《日本现代剧选·第1集·菊池宽剧选》,中华书局出版发行,收入"少年中国学会丛书",1925年11月再版,1928年11月第4版,1930年9月第5版。这个集子选收《父归》①(方光焘题作《父之回家》)《屋上的狂人》《海之勇者》和《温泉场小景》四个独幕剧,书前有1924年7月30日田汉撰写长达30页的《译者序》。在这篇译序中,译者回忆了三年前初遇菊池宽的情形,说菊池宽的作品"于艺术固有的价值以外,必赋予一种社会的价值",并说:"菊池与芥川交往最密,而性情和主张却不一致。芥川承夏目漱石的遗绪,其艺术近于艺术至上主义。菊池为日本艺术家中有数的moralist[道德说教者],其艺术于艺术固有的价值以外,必赋予一种社会的价值。"②

所以,他表示更"尊敬"菊池宽。他的《菊池宽剧选》选译的四个剧本,大都是作者早期的代表作,具有浓厚的现实生活气息。其中《父归》写的是父子关系;《屋上的狂人》写的是兄弟之爱;《海之勇者》写的是邻人之爱;《温泉场小景》写的是"恋爱"或是"恋爱的余波"。这些描写内容贴近生活,都具有"震撼人们心理"的魅力,尤其是独幕剧《父归》占有最重要的地位。

《父归》发表于1917年,三年后由春秋座上演,引起了强烈反响,是菊池宽戏剧中的杰作。它写的是恣意寻欢作乐的宗太郎,抛下贤妻和三个孩子,偕情妇放荡江湖。长子贤一郎与母亲在绝望中自杀未遂,终于历尽艰辛,把弟妹供养成人,过上了温饱生活。二十年后,宗太郎老态龙钟,穷困潦倒,怀着愧疚,鼓足勇气返回家中,恳请收留。长子贤一郎历数父亲罪状,严正拒绝。于是父亲绝望地走出家门。但是,当父亲走出家门之后,硬心肠的儿子贤一郎马上软了下来,转而跑出去寻找父亲。田汉认为,《父归》是菊池宽出色表现理智与情感的好例。他曾感叹道:"贤一郎对于他多年在外游荡,老后始归的态度是何等理智的。但结果依然把父亲喊回,是何等人情的!"③田汉很喜欢这个剧本,把它译出来,并多次搬上舞台演出。但田汉对这个剧

---

① 1931年北平文化学社出版肇洛编《近代独幕剧选》亦收入该剧。
② 田汉:《〈菊池宽剧选〉序》,《日本现代剧选》(第1集),第5页。
③ 田汉:《〈菊池宽剧选〉序》,《日本现代剧选》(第1集),第6页。

本评论中所表现出的所谓"小资产阶级的温情"也持批判态度。基于这样一种认识,当田汉把《父归》再次搬上舞台时,便对原作的结尾做了修改——没有让儿子跑出去找回父亲。据后来田汉回忆:"上演的结果,同情大儿子的态度的甚少,而大部分观众都随着父亲伤感沉痛的台词泣不可抑。"①这表明,田汉对原作的改动是不成功的。但这一举动却清楚地表明了当时田汉试图以理智来克服所谓"小资产阶级的温情"所做的尝试和努力。后来,这部翻译剧再度被搬上舞台,演出非常成功。当时,菊池宽正好来中国访问,顺便观看了南国社演出该剧本。演出结束后,菊池宽非常感激地说:"谢谢你们,你们的演出是非常精彩的,你们的演出可以说比我们日本人还要演得好",②由此可见其效果之一斑。此后田汉对菊池宽在中国的译介继续做了一些工作。

除了翻译菊池宽的作品外,田汉还翻译了其他一些日本剧作家的作品,如1923年8月,他翻译了日本著名推理小说家、翻译家小酒井不木(1890～1929,原名小酒井光次)的《学者气质》,刊《少年中国》第4卷第6期。这是作者于1921年起在东京《日日新闻》连载专栏"学者气质"发表的评论文章,可惜未能刊完。译者选译此作,是有感于自己归国后发现"当今中国之学者"与真正的学者气质"不尽吻合",故取"小酒井之旧书新译之","以与我少年中国少年共策勉"。③

接下来,田汉翻译了白桦派代表作家武者小路实笃(1885～1976)的两部借用中国古代题材创作的剧本。1924年,他翻译了武者小路实笃的三幕剧《桃花源》,连载于11月8日、15日、22日《醒狮周报》副刊《文艺特刊》第5、6、7号;1931年又刊《民众教育通讯》第1卷第6期。武者小路实笃是日本现代著名小说家、剧作家、画家,为白桦派的代表作家之一,早年醉心于托尔斯泰,提倡人道主义,后期倾向于空想社会主义、互助论和泛劳动主义,提出新村主义,宣扬乌托邦思想和人类之爱。在《桃花源》这部剧作中,作者试图在中国古代历史传说中寻找寄托自己的社会政治理想人物和故事,借中

---

① 田汉:《我们的自己批判》,《田汉文集》第14卷,第314页。
② 田洪:《天涯谁人不识君》,中国人民政协会议全国委员会文史资料研究委员会编:《田汉——回忆田汉专辑》,北京:文史资料出版社,1985年,第119页。
③ 田汉:《附言》,《少年中国》第4卷第6号(1923年8月)。

国题材表达"新村"思想。然而正如有人所说,《桃花源》一剧,"作者的目的,自然是要反映他的人道观,并从他的人道的立场反对暴力。"这点就为阿英(钱杏村)所不认同,他在看了田汉译小路实笃的三幕剧《桃花源》之后发出了这样的感叹,并且指出它"所写事实,也有许多地方,不大切合今日的中国"。① 故而他后来又以同名创作了话剧《桃花源》(亚星书店1940年版)。

1925年10月10日和17日,《文艺特刊》第53、54号刊登了田汉译武者小路实笃的三幕剧《佛陀与孙悟空》。该剧由佛陀与孙悟空两个人物的对话构成,似乎是在讲个人与宇宙、与天地自然的关系,表现的却是作者的人格理想。"佛陀代表的是天地自然,孙悟空代表的是个人。个人无论如何,其能力都是有限度的,因此,要有一个健全的人格和良好的修养,就必须意识到自己的局限和不足之处。"② 总体而言,该剧和《桃花源》一样,都有很明显的"道德说教"气息。

正如有人指出的,"20世纪二三十年代,是中国的日本文学翻译史上对日本左翼文学理论和左翼文学作品翻译的全盛时代。"③ 此间,田汉"把注意力转向了更带社会倾向性的日本剧作家,如山本有三、中村吉藏、秋田羽雀、金子洋文等人"。④

1929年8月,田汉辑译了秋田雨雀(1883～1962)等人的戏剧集《围着棺的人们》,金屋书店出版,内含两个独幕剧——秋田雨雀的《围着棺材的人们》和金子洋文(1894～1985)的《理发师》。秋田雨雀是日本著名剧作家,老资格的左翼作家,在日本戏剧史上具有重要地位。1900年他开始发表剧作,早期作品具有强烈的表现主义戏剧的特征,后期倾向于左翼文学,并加入了日本共产党。主要作品有《被葬送了的春天》(1913)、《三个灵魂》(1918)、《国境之夜》(1920)、《骷髅的跳舞》(1924)等。《围着棺材的人们》是一部表现主义的剧本,剧本很短,写的是一群人围着一口棺材,其中

---

① 鹰準(阿英):《桃花源·跋》,上海:风雨书屋,1938年,卷末。
② 王向远:《中国题材日本文学史》,上海:上海古籍出版社,2007年,第134页。
③ 于丽萍:《中日翻译文化交流史》,沈阳:辽宁大学出版社,2016年,第198页。
④ 王向远:《王向远著作集·第5卷·中日现代文学比较论》,银川:宁夏人民出版社,2007年,第269页。

有死者的母亲和一个"女人",棺材里面的死者是一个因贫穷而夭折的孩子。母亲在棺材前诉说孩子如何死亡,那个女人则在棺材前自杀身亡。接着出来一些"兵士"要把棺材抬走,并把棺材打开。里面的死者站了起来,那是一个美少年,他让自杀的女人也站起来,然后舞台上大放光明,于是全剧在音乐声中闭幕。这个剧本没有什么通常的情节,它采取了象征的手法来描写人物,台词也极具象征性,充满了对未来的展望。该剧原本是一篇表现主义的作品,却被出版商当成了一篇"无产文学"的代表,其中存在一种理解的偏差。不过当时出版社愿意出版日本共产党人的作品,算得上是一种大胆举措。田译《围着棺材的人们》也是该书的首个中译本。

金子洋文则属于典型的无产阶级作家的代表,早年曾为电器店伙计,后加入劳农艺术家联盟。在风格上,他受西方作家的影响很深,其语言特点很类似西方作家,甚至和翻译风格没有多大区别;在主题上,其作品多有一种描写无产者的纯情苦恼和斗争的抒情倾向。他的剧本《理发师》同样表现的是尖锐的社会问题,故而引起了田汉的共鸣,并得以翻译过来。

1929年9月,田汉还翻译了《日本现代剧三种》,东南书店印行、启智书局总代售,印2000册,初版无序跋。内收三个独幕剧:山本有三的《婴儿杀戮》、①中村吉藏的《无籍者》和小山内薰的《男人》。②据胡适说,这些译文总体上"很可读"。③这个译本"无论在选题上,还是在翻译上,都体现了当时日本戏剧文学翻译的一流水平。"④而且就像有人所说的,"田汉在创作中或多或少地对这些剧作有所借鉴。如他的《垃圾桶》(1929)与山本有三的《婴儿杀戮》在题材和构思上,就颇有相似之处。"⑤

---

① 该剧后收入舒湮编《世界名剧精选》(第1集),上海:光明书店,1939年2月初版;1941年1月再版;1948年3月4版。
② 1930年《新声月刊》第2卷第2期有晴光的评论《"日本现代剧三种":田汉译》。而在1929年10月22日,田汉还有署名"明高"在《南国周刊》第8期发表的《日本"演剧实验室"六周年之回顾》一文,谈日本小山内薰领导的筑地小剧场,并图文并茂地介绍他们上演的一些名剧。
③ 1930年8月13日胡适在《日记》中记有:"田汉译的日本现代剧三种,其中《婴孩杀戮》(山本有三)与《男人》(小山内薰)两种很可读。"胡适著,曹伯言整理:《胡适日记全编》(5),合肥:安徽教育出版社,2001年,第757页。
④ 王向远:《日本文学汉译史》,银川:宁夏人民出版社,2007年,第52页。
⑤ 王向远:《王向远著作集·第5卷·中日现代文学比较论》,第269页。

与此同时，田汉还对日本唯美主义作家谷畸润一郎（1886～1965）做了较为集中的译介。谷崎润一郎早期代表作《文身》《麒麟》《恶鬼》等受到永井荷风的极力推崇，从而一举成名。他的作品兼备新浪漫派以后的一切特色。他取材于江户时代，讴歌美者战胜强者的胜利，由此可以看出他的唯美的、享乐的、颓废的特色。在谷崎润一郎的作品中，"善"与"恶"，"道德"与"美"始终是不断斗争着的，而且时常是"善"与"美"的胜利。"看《麒麟》中的孔子与南子，《人面疮》中的丑花郎与名妓菖蒲太夫，《前科犯》中的K男爵与画家，特别是长篇《神与人间》中的穗积与添田，可以概其凡。这自然是 Allan Poe（爱伦坡）、Baudelaire（波德莱尔）们在近代文学上所投的阴影。"① 因此他也被称为"恶魔主义者"。另外，谷崎氏对中国亦有着深厚的兴趣，1918年、1926年，他曾前后两次到过中国，尤其是后一次来到上海，与郭沫若、田汉、欧阳予倩等人结识，期间田汉几乎每天带领谷崎到处游玩，谷崎还观看了田汉的话剧《获虎之夜》。谷崎回国后就写下《上海交游记》，其中皆谈及他与田汉等人的交往。然而，谷崎氏"这个特异的天才作家的艺术，直到最近才渐得我国青年的欣赏。这自然是我国文艺界落后的结果。"②

1926年，田汉翻译了谷崎的戏剧《正因为爱》。1927年，他又在随笔《银色的梦·白昼的梦》中引用谷崎的评论《映画杂感》，③介绍谷崎的艺术观，并且高度评价其电影《业余爱好者俱乐部》和《蛇性之淫》。1929年10月，他翻译了谷崎润一郎的短篇小说《人面疮》，连载于《南国周刊》第6至8期。1930年10月，他翻译了谷琦润一郎的短篇小说《麒麟》，作为附录收入太平洋书店出版的陈子展所著《孔子与戏剧》。这是一篇充满中国趣味的短篇小说，原作发表于1910年，它"以中国古典《论语》《史记》《诗经》《列子》等为依据，以独特的构思来编辑内容，获得日本文坛的高度评价。"④1934年10月，田汉署名"李漱泉"翻译了谷崎润一郎著《神与人之间》，中华书局出版，

---

① 田汉：《神与人之间·译者叙》，《田汉全集·文论》第14卷，石家庄：花山文艺出版社，2000年，第409页。
② 田汉：《神与人之间·译者叙》，卷首。
③ 田汉本人所引指《艺术一家言》，有误，实为《映画杂感》。
④ 郭立欣：《谷崎润一郎的"中国趣味"与苏州考察》，《人文国际》第10辑（2017年8月），第132页。

收入"世界文学全集"丛书。这是由他新近翻译与自己有着"相当深厚的交情"的谷崎氏的中篇小说《神与人之间》和短篇小说《前科犯》，加上旧译短篇小说《麒麟》《人面疮》和独幕剧《御国与五平》编集而成。另有一篇洋洋洒洒 66 页的《谷崎润一郎评传——他的三个作品的研究》，详细论述了谷崎的影响、社会观、艺术观等，并配以《译者叙》和《谷崎润一郎年表》。在《译者序》中，田汉介绍道："谷崎氏在日本近代文坛建筑的金字塔是巍然在东岛的朝日夕烧中放着特异的光彩的。他的艺术的评价虽因着时代的进展而有变迁，但因为他捉住了近代日本青年的心灵深处的某点，所以始终还是受着他们的宝爱与渴仰的。"①

尽管这里所选作品算不上谷崎润一郎的代表作，但田汉还是将该书译出，以期中国文学界对这位作家"有更亲切的理解"。由于田汉与谷崎个人交往密切，并且有集中的译介，他早期的作品从艺术观到创作手法都受到谷崎的影响。田汉在《影视追怀录》中说道："我个人长期受日本谷崎润一郎氏的艺术影响。"②另外，他也说："我受过一些日本唯美派作家如谷崎润一郎的影响。"③这种影响分别体现在以下几方面：首先，田汉将非功利的文艺思想直接用于创作中，形成其早期唯美倾向，如《环球璘与蔷薇》《古潭的声音》《湖上的悲剧》《名优之死》《苏州夜话》等戏剧都不同程度具有谷崎文学非功利的特点；④其次，田汉也接受谷崎润一郎式的颓废，并借此来反对当时的中国现实社会，如《古潭声音》就是很好的明证；⑤最后，田汉话剧唯美主义中的以官能美和女性崇拜为中心，特别是在恋脚倾向和女性形象的塑造上，也明显地受到谷崎润一郎文学的影响。⑥

田汉还集中译介了佐藤春夫（1892～1964）及其作品。佐藤春夫是活跃于日本大正、昭和时期著名的诗人、小说家、评论家，以艳美清朗的诗歌和

---

① 田汉：《神与人之间·译者叙》，上海：中华书局，1934 年，卷首。
② 田汉：《关于〈湖边春梦〉》，《田汉文集》第 11 卷，北京：中国戏剧出版社，1983 年，第 533 页。
③ 田汉：《一个未完成的银色的梦——〈到民间去〉》，《田汉文集》第 11 卷，第 450 页。
④ 张能泉：《谷崎润一郎短篇小说艺术研究》，北京：中国社会科学出版社，2017 年，第 194 页。
⑤ 张能泉：《谷崎润一郎短篇小说艺术研究》，第 198 页。
⑥ 张冲：《田汉早期话剧对谷崎润一郎唯美主义的接受研究》，王菊丽主编：《语言·文学·翻译研究专辑》，成都：西南交通大学出版社，2016 年，第 98～109 页。

倦怠、忧郁的小说而知名。1916年佐藤氏与唯美主义作家谷崎润一郎成为好友，但几年后因卷入和谷崎妻子千代子的恋情当中，这一友情便宣告结束。他的第一部单独的诗集《殉情诗集》便是1921年因为他们分手的悲哀而写的。1927年佐藤氏第二次访问中国，期间他曾与田汉、郁达夫等一批创造社作家交往。1928年2月9日，田汉发表了《佐藤春夫的殉情诗集》，刊《中央日报·摩登》第5号，文中述及同佐藤春夫的一些交往；同时他将所译佐藤春夫的《殉情诗集·自序》及诗《琴诗》《与某君》《再与某君》《海滨之恋》一并刊于同一期的《摩登》。

1934年7月，田汉（署名"李漱泉"）翻译了佐藤春夫著《田园之忧郁》，中华书局出版，收入"世界文学全集"丛书，内收小说《田园之忧郁》《阿娟和她的兄弟》以及《殉情诗集》并原序，另有田汉撰《佐藤春夫评传》（附《年谱》）。在《评传》中，田汉指出：佐藤春夫是一位"很病的、颓废的"作家，但他有的作品还是充满着"少壮的、现实的精神！尽管他的出发点是个人主义的，但少壮的现实的精神，在一切新兴的阶级都用得着"。田汉还说，"每一个作家总是那一个时代的代言人，就是莎士比亚那样的称为'超时代的大作家'"，表现的也是"那一个时代的人对于世界对于人生是怎样的看，怎样的想，怎样的感受应付的"，因此"我们对于他的尊敬和兴味""是历史的"，对于佐藤春夫也如此。最后，他提出：新兴的中国作家"得竭力地从那些'与我们自己没有关系的古时候的事'里解放出来，我们应该来赞美从封建的剥削与帝国主义的侵略下的朽木上长出来的崭新的东西！"① 由此道出了他选译该作品的动机。

1938年3月，田汉与夏衍合作编译了《敌兵阵中的日记》，广州离骚出版社推出铅印本。该书主要篇幅是从日军角度看待淞沪会战中前线的作战见闻，收入的两篇日记是在当时上海战场上缴获的，日记的作者估计已在战场上战死，其两名日兵皆隶属"上海派遣军"，其中《东战场敌兵手记》作者为永松永八，时间段为1927年8月27日至10月15日。该日记一方面描述了

---

① 田汉：《佐藤春夫评传》，[日]佐藤春夫著：《田园之忧郁》，田汉译，上海：中华书局，1934年，卷首。

侵华战场的情况，另一方面也流露了对战争的厌倦情绪。"这类文字，虽不算是什么文学作品，但却有一定的文学价值和抗战宣传价值。"[1]1941年3月，该书被国民党政府图审会列为查禁书籍。[2]2015年该书收入国家图书馆出版社出版的《抗日战争史料丛编：第二集》第16册。

除此之外，田汉还不时地为友人的译本写序或推荐其发表，从而充当了当代西方学者所说的翻译赞助人角色，正是因为他的"干预"和评介，"决定文本的形式，或确保文本的理解方式符合文化的'主流'"，从而促进了文学作品的阅读与接受。[3]如1921年11月，田汉为方光焘所译菊池宽的独幕剧《父之回家》（即《回归》）写《附记》，认为"此剧有介绍于中国剧坛之必要"，并说：译者此次看出此前自己曾修改其中"译语之未妥者"，希望菊池宽"能努力建设东方的舞台艺术。并望'少年中国'的艺术家把笔群起，与之争雄长"。[4]1923年，田汉还将夏衍在日本翻译后寄来的菊池宽的《戏曲论》书稿，推荐给良友图书公司出版。[5]

总的来说，民国时期，田汉对日本戏剧倾注了较大的精力，并做了较为集中的译介，而且他翻译的这些剧本大多产生了较大的影响，这点尤其表现在对创造社浪漫主义戏剧家的身上。他几乎是有意识地将日本戏剧的发展作为中国戏剧运动的借鉴，并创作了一批非常优秀的戏剧作品。[6]

二、刘大杰与新理智派作品译介

民国时期，在翻译菊池宽、厨川白村等新理智派作家方面还有一位大家，那就是岳阳人刘大杰（1904～1977），他的翻译主要涉及文学理论、小说、戏

---

[1] 王向远：《日本文学汉译史》，第165页。
[2] 张克明辑录：《抗日战争时期国民党政府查禁书刊目录（三）（1938.3—1945.8）》，《出版史料》第6辑（1986年），第144页。
[3] André Lefevere. *Translation, Rewriting, and the Manipulation of Literary Fame*, p. 15.
[4] 田汉：《父之回家·中译本后记》，《少年中国》第3卷第3期。
[5] 夏衍：《悼念田汉同志》，《收获》1979年第4期。
[6] 除了田汉之外，中国浪漫主义戏剧家如郭沫若、郁达夫、王独清、张资平、孙百刚、杨骚等都曾译介过日本戏剧。至20世纪20年代末，收编成集的日本戏剧集有14部，其中又以田汉的翻译显得最为抢眼。

剧等。

　　首先是他对菊池宽的译介，开始于他留学日本期间。1927 年 6 月 17 日，他翻译了菊池宽的独幕剧《舆论》，刊《北新》第 1 卷 38 期；同年 7 月 15 日，他又在该刊第 1 卷第 39、40 期发表所译菊池宽的戏剧《妻》。

　　1927 年 9 月，刘大杰翻译了菊池宽的《恋爱病患者》，北新书局出版，这是继胡仲持翻译《藤十郎的恋》（现代书局 1929 年版）之后在中国翻译出版的第三部菊池宽的剧作集。据《北新书局图书目录》介绍："菊池宽的戏剧，在日本文坛上，占了很重要的地位。他的作品，有好几种，译成各国的文字。本书包含五篇戏剧，而最值得介绍的是《恋爱病患者》和《时间与恋爱》两篇。"①

　　这个集子除了《译者序》外，还选收了菊池宽的 5 个剧本，包括《恋爱病患者》《舆论》《妻》《时间与恋爱》和《模仿》，大都以家庭、婚姻问题为题材。在《译者序》中，刘大杰说："里面五篇戏剧，最值得介绍的，是《恋爱病患者》与《时间与恋爱》两篇。这两篇里，很明显地表现菊池氏特有的作风。"② 所谓"特有的作风"，大概是指菊池宽对于恋爱婚姻问题冷静的理智分析的态度吧。《恋爱病患者》是独幕剧，反映的是在恋爱婚姻问题上父子两代的冲突。《时间与恋爱》是两场话剧，为刘大杰的友人文运翻译，刘大杰"只稍微修改了一下"。③ 第一幕：成田伸一和美津子旅行结婚，甜美无比；第二幕：两年后，伸一、美津子夫妇发生口角，美津子抱怨丈夫"厌倦"了她。该剧有点儿喜剧色彩，仍然是作者对于恋爱婚姻问题，对"时间与恋爱"问题的冷静的理智分析的态度。《恋爱病患者》和《时间与恋爱》这两部剧表明，"菊池宽的理智主义的写作模式，已经向市民社会的趣味性倾斜了。"④ 总之，这些作品不仅通过典型人物的塑造来剖析专制社会里人性的缺损这种症状，而且通过群体的表现来批判这种国民性的弱点。刘大杰翻译这类作品，无疑是出

---

① 刘洪权编：《民国时期出版书目汇编》第 8 册，第 574 页。
② 刘大杰：《恋爱病患者·再版记》，[日]菊池宽著：《恋爱病患者》，刘大杰译，上海：北新书局，1929 年，卷首。
③ 同上。
④ 王向远：《日本文学汉译史》，第 92 页。

于对这一主题的认同。1929 年 7 月,该书得以再版,这可是译者"没有想到的事"。①借此机会,他又仔细地修改了一些不妥之处,认为作者还有几篇优秀的短篇,也是自己很爱读的,希望在推出第三版时补充进去。

除了新感觉派作品外,刘大杰还翻译了其他一些零星日本文学作品,首先是对芥川龙之介的译介。芥川龙之介是日本现代文学史上一个重要流派——新理智派(又称"新思潮派"、"新现实主义")的三柱(另两位是菊池宽和久米正雄)。他一生鼓吹艺术至上主义,堪称日本近代文学中几位一流作家之一,也是现代世界短篇小说的巨匠。1929 年,刘大杰翻译了芥川的小说《蜘蛛的丝》,刊《长风》第 1 期;1932 年,他翻译了芥川的《一个精神的风景画》,刊《现代学生》第 2 卷第 5 期;同年 10 月 30 日,他又翻译了芥川的小说《第四个丈夫的信》,发表在他任编辑的《申江日报》副刊《海潮》第 7 期,署"大杰";1935 年,他翻译了芥川的《蜘蛛的丝》,刊《滇声》第 2 期。

其次是对小泉八云(1850～1904)的译介。小泉八云系爱尔兰裔日本作家,原名拉夫卡迪奥·赫恩(Lafcadio Hearn)。他写过不少向西方介绍日本和日本文化的书,是近代史上有名的日本通,现代怪谈文学的鼻祖。1929 年,刘大杰翻译了小泉八云的小说《青柳》,刊《北新》第 3 卷第 13 期;1931 年,他又翻译了小泉八云的《日本文化的真髓》,连载于《现代学生》第 1 卷第 5 至 6 期。

再次是对生田春月的译介。1930 年 9 月 16 日,他翻译了生田春月的《我的苦闷:一个怀疑主义者的告白》,刊《现代文学》第 1 卷第 3 号;1932 年 12 月 11 日,他翻译了生田春月的《爱的断想》,刊《申江日报》副刊《海潮》第 13 期。

除此之外,1930 年 4 月 10 日,他还翻译了新感觉派文艺理论的旗手片冈铁兵(1894~1944)的《女人的背影》,刊《新月》第 3 卷第 2 期;1931 年 6 月 10 日,他翻译了著名作家兼翻译家成赖无极(1885～1958)的《霍甫特曼的〈热情之书〉》,刊《现代文学评论》第 1 卷第 3 期;等等。

---

① 刘大杰:《恋爱病患者·再版记》,第 2 页。

三、黎烈文与芥川龙之介作品的翻译

民国时期湘籍译家在日本文学方面的著名译者还有黎烈文。黎烈文最初留学的国家是日本,这也能解释他的翻译会从日本文学开始。他最初的译稿常投到文学研究会创办的《文学周报》上发表。在黎烈文的求学生涯中,日本作家芥川龙之介一直是不可回避的人物。事实上,黎烈文的翻译也是从芥川龙之介的作品开始的。

芥川龙之介是黎烈文最景仰的作家。1927年8月,他在《文学周报》第279期发表了《海上哀音——闻芥川龙之介自杀》,文中介绍了芥川龙之介及其作品,也寄托了他对芥川龙之介的悼念。可以说,早年黎烈文也成了中国文学家介绍芥川龙之介并给予最高评价的一位。

20世纪20年代后期至30年代的十余年间,中国曾出现了一个译介芥川龙之介作品的小高潮。1921年5月11日至13日,鲁迅在《晨报副镌》上发表了一篇题为《鼻子》的译文,这是中国翻译芥川龙之介的第一篇小说,也是他最精彩的作品之一。同年,鲁迅译出《罗生门》,发表在6月14日至17日的《晨报副镌》。了解到鲁迅对日本文学的热心介绍后,作者十分感动。1925年,芥川写了一篇题为《日本小说的中国译本》的短文,谈道:"至于翻译水平,以我的作品为证,译得十分准确,且地名、官名和器具的名称等,都认真地附有注释。"芥川认为:"这本小说集比之目前日本流行的西方文艺译著,也绝不逊色。"[1]鲁迅这两篇译文后被收入他的《现代日本小说集》(商务印书馆1923年版)。

自鲁迅先生译出芥川的两篇小说之后,一直到1927年,中国翻译界一度中断了对芥川龙之介作品的译介。1927年,芥川龙之介自杀,对日本文坛造成了剧烈的冲击,中国文坛亦受到震动,人们似乎此时才认识到芥川龙之介的价值,这便成为以后几年间中国大量翻译芥川作品的契机。

1927年9月10日,《小说月报》第18卷第9号开设了"芥川龙之介专

---

[1] [日]芥川龙之介:《芥川龙之介全集》(第3集),济南:山东文艺出版社,2005年,第440页。

辑",收入芥川龙之介的照片、家庭介绍、遗墨、年表、小品4篇、杂著2种,同时选译了"芥川的创作十篇",其中之一便是黎烈文翻译的《河童》。此卷《小说月报》的译者阵容庞大,分别有江炼白、郑南心、梁希杰、顾寿白、谢六逸、胡可章、周颂久、夏韫玉、夏丏尊、切生、宏徒等,其翻译水平相对较高。可以说,"芥川龙之介专辑"的推出,一定程度上带动了芥川在中国的大规模译介。该专辑选题更是精严,尤其是《河童》(第10号续完)[1]等几篇,是芥川的珍品。

《河童》是芥川的一部中篇寓言体小说,是一个精神病患者口述自己在河中坠入"河童"(一种水生动物)王国后的见闻,以河童国影射现代资本主义社会,尖锐地讽刺和否定了社会的各个方面——政治、经济、法律、文艺、哲学宗教、风俗习惯,表明了芥川对社会现实的绝望。译文前有译者《题解》:

"河童"(Kappa)亦作"水虎",其性质形状与我国俗说的落水鬼极相似。不过落水鬼在我国是一种幽灵,而河童在日本是一种生物——一种想像上的生物而已。据金泽博士在《广辞林》上的解释:这生物是水陆共栖的,形似三四岁的童子,其面如虎,嘴稍尖,身有鳞,头发很少,顶凹下成皿状,能贮少许之水。此少许之水存在时,虽在陆上也有强力可把别的生物拉入水中而吸其血。俗说小孩子溺死河中就是这东西作祟的。[2]

透过日本作家芥川龙之介的生花妙笔,河童已不再是可怕的水鬼形象,反过来成为一个幽默风趣的典型人物,能够引领人们进入神奇的乌托邦世界。如果说来到河童国象征着人类的觉悟和精神力量的超升,那么回到人类世界就等于是一种自甘堕落的行为,终究造成悲剧,因为这样的人注定不可能在现实世界里继续生存下去,或许这就是作者芥川龙之介最后会选择自杀来终结自己生命的主要原因。这篇小说是芥川龙之介作品中为数很少的具有强烈社会批评意识的小说。在黎烈文看来,"芥川氏创作很谨严,在日本现代一般作家中,从量的方面说,芥川氏要比较算少的,但是,他的作品偏偏都是有价值的,简直有世界的价值。他不像菊池宽一样滥造出许多无聊的通俗

---

[1] 该刊直到第18卷第10号续完。
[2] 《小说月报》第18卷第9号(1927年)。

的长篇，这是他的幸事，同时也愈成其伟大。"①

　　黎烈文对这篇小说格外重视，在小说发表不久后就开始翻译，而且是在他留学日本因太用功而"患神经衰弱症"休假期间。据说他当时已经译出六、七页原稿，不幸这些译文遗落在东京，正想写信托东京的朋友寻出寄来，此时，36岁的作家自杀的噩耗突然传到了这个偏僻的海隅。"啊啊，这凄凉的从海上传来的哀音，它是如何亲切而又沉重地打动了（他）脆弱的心啊！"②芥川龙之介是新思潮派的三柱中他最敬仰也是最爱阅读的日本现代作家，为此他撰写了《海上哀音》一文，以示悼念。

　　1928年7月1日，黎烈文翻译了永见德太郎的《芥川龙之介与河童》，刊《文学周报》第322期；同年10月，《河童》又以单行本形式由商务印书馆出版，收入"文学研究会丛书"。该译本除有中篇小说《河童》外，还收有他译的短篇小说《蜘蛛之丝》。书前有芥川龙之介的照片、芥川氏家庭照和三幅芥川氏的遗墨以及译者的代序《海上哀音——闻芥川龙之介之死》。③书末附永见德太郎的《芥川龙之介与河童》一文，另有译者说明："一九二九年耶稣节后两日译毕于巴黎金星旅馆。"

　　1934年，黎烈文将《河童》交由文化生活出版社再版。1936年9月生活书店又出版了黎烈文等人翻译的小说集《河童》，收入陆懿、吴朗西主编的"现代日本文学丛刊52"。此版有别于1928年的商务版，它除了收入《河童》外，还有短篇小说《罗生门》《鼻子》和《蜘蛛之丝》，少了黎烈文的《海上哀音——闻芥川龙之介之死》一文，增加的《罗生门》与《鼻子》两篇系鲁迅所译。书后附永见德太郎的《芥川龙之介与河童》一文及编者《后记》。据《后记》称："这位被称为日本文坛的鬼才的芥川龙之介的作品，无论在日本或在中国都是有着多数的读者的。对于他，聪明的读者自然可以在这集子里看出他的思想、见解和幽默的态度，想无须编者在这里多所啰嗦了。"④

---

① 黎烈文：《海上哀音（代序）》，《河童》，上海：生活书店，1934年，第2页。
② 黎烈文：《海上哀音》，1927年《文学周报》第5卷合订本。
③ 早在1927年8月21日《文学周报》第278期曾刊登过黎烈文所撰《海上哀音——闻芥川龙之介之死》和所译芥川龙之介的《蜘蛛之丝》。
④ 编者：《后记》，[日]芥川龙之介著：《河童》，黎烈文等译，上海：文化生活出版社，1936年，卷末。

1936年10月，黎烈文又以《河童及其他》为书名，交由新月书店出版；1941年三通书局重版。译者反复地再版这部《河童》，足见他对该作的重视程度。

　　这一时期，黎烈文除了译介芥川龙之介的作品外，还翻译了其他一些日本作家的作品。这些包括：1927年10月9日，他在《文学周报》第285期发表了所译岛崎藤村（1872～1943）的散文《给儿童》；同月16日，该刊第286、287期（第5卷第11、12期合刊）刊载了他译日本自然主义作家国木田独步（1871～1908）的散文《沙漠之雨》；1928年4月15日，该刊第312期（第6卷第12期）刊他译吉田弦二郎（1886～1956）的《驴马似的人》；而在1927年12月，《东方杂志》第24卷第24号还刊登了他译加藤武雄（1888～1956）的小说《祭野的意外》；1928年7月，该刊25卷13号又刊载他译加能作次郎（1885～1941）的小说《甘酒》；1945年《文艺杂志》第3卷第5期刊有他译国木田独步的散文《二老人》；等等。

四、其他湘籍译家与日本文学翻译

　　除了前面主要的几位，民国时期湖南译家在日本文学方面努力较多的还有钱歌川，而他的翻译又是侧重于那些无产阶级作家的作品。

　　20世纪20、30年代随着日本无产阶级运动的高涨和无产阶级走上政治舞台，革命文学创作和组织活动日趋繁荣，他们高举反对资本主义的旗帜，揭发了资本家残酷的剥削，表现了工人群众愤怒的自发反抗，先后结成了日本无产阶级文艺联盟（简称普罗艺）、工农艺术家联盟（简称劳艺）、前卫艺术家同盟（简称前艺），一度形成了普罗艺、劳艺、前艺三足鼎立的局面。主要代表作家有金子洋文、平林初之辅、江口涣、叶山嘉树、小林多喜二等，他们创作的小说或戏剧，受到工农读者的欢迎，同时引起日本军国主义者的仇视。这其中的一些作家作品就曾引起钱歌川的关注，他做了较集中的译介。

　　1930年3月1日，钱歌川翻译了日本无产阶级文学作家前田河广一郎（1888～1957）的独幕剧《贼》，刊《北新》第4卷第5期；同年6月，他推出两部所译日本小说家江口涣（1887～1975）的作品，一是长篇小说《恋爱与牢狱》，二是《爱情与缧绁》，均由北新书局出版。这其中的《恋爱与牢狱》是经朋友介绍为北新书局翻译的，尽管译者自谦"对于这本书的翻译，因匆促执笔，或译得过于率真，因词害意，或出于一时疏忽，有所错误，都是在所不免的事，其有失原文精彩之处，都是应归译者负责。"① 不过出版社对该译本的评价还是挺高的。据《北新书局图书目录》对《恋爱与牢狱》介绍："这是日本作家江口涣的长篇小说，写日本社会主义运动者在帝国主义之下的活动情形，描写极其细腻，藉此可以知道日本帝国主义的走狗，是何等的精强而卖力，译笔亦极为流畅。"②

江口涣曾是日本"白桦派"重要作家，日本普罗文化领导者之一，早年曾参加日本社会主义同盟，任中央执行委员；后又组织无产派文艺同盟，并加入日本无产者艺术联盟（纳普），积极从事无产阶级文艺运动，是20世纪20、30年代日本著名的无产阶级作家。由于钱歌川的集中译介，国内读者对这位无产阶级作家有了更进一步的认识。

除此之外，1930年8月16日，钱歌川还翻译了日本早期无产阶级文学运动的积极倡导者平林初之辅（1892～1931）的《商品化的近代小说》，刊《北新》第4卷第16期；1931年，他翻译了宫岛新三郎（1892～1934）的《作家介绍：刘易士》，刊《青年界》第1卷第1期；1937年1月1日，他翻译了昇曙梦（1878～1958）的《恋与歌的人群》，刊成都《前进》半月刊第5期。

零星的还有：1920年，易家钺翻译了日本三田隆吉的《游伊豆的共产村记》，刊《民国日报·批评》第5期"新村号"专刊，该文是"五四"时期引进新村主义的重要译文，它在当时中国思想界产生了深远的影响；1928年4月15日，张友松翻译了日本吉田弦二郎（1886～1956）的小说《驴马似的人》，刊《文学周报》312期；等等。

另外，在"五四时期"，中国文坛曾有一段时期热衷于提倡自然主义文学，特别是以沈雁冰主持的《小说月报》杂志为中心，曾大力鼓吹自然主义，并刊登了系列介绍日本自然主义文学的译文，《小说月报》也因此成为当时国

---

① 钱歌川：《序》，[日]江口涣著：《恋爱与牢狱》，第3页。
② 《北新书局图书目录》，《北新书目》，上海：北新书局，1933年，第88页。

内唯一一家大力宣传提倡自然主义的杂志。在所刊登的这些译文中，就有李达翻译日本学者宫岛新三郎(1892～1934)撰写的《日本文坛之现状》，载1921年4月10日《小说月报》第12卷第4号，并收入同年11月商务印书馆初版《日本的诗歌》(小说月报丛刊之一)。这篇文章重点介绍了日本的自然主义文学，以及当时十分活跃的中坚作家、翻译家和新近出现的作家，并对自然主义在日本文坛的地位和影响做了很高的评价。

总之，民国时期湖南人留学日本者众多，然而非常奇怪的是，相对于其他各国的文学，他们翻译日本文学作品数量不多。而且不难发现，他们翻译的都是现代日本文学作品，主要关注的又是新理智派和自然主义的作品，对于新感觉派作品涉猎甚少。尽管如此，其价值不容忽视。在从事日本文学翻译的湖南人中不乏翻译大家，如田汉、黎烈文、刘大杰、钱歌川等，这些人在中国文坛上声名显赫，且他们对所译作品研究颇深，翻译的质量精良，许多都产生了较大的影响。正因为他们的译介，一些重要的日本作家像菊池宽、芥川龙之介、厨川白村等人的作品在中国得以广泛传播并进一步实现经典化。

第四节　现代湘籍译家与德语文学翻译

所谓德语文学，通常是指德国、奥地利、瑞士等地用德语写的文学作品，但不包括"二战"以后的奥地利文学和瑞士文学。由于历史和文化的密切联系，使得这些国家、地区的作家相互影响和融合，形成了内容丰富的德语文学。

因受所掌握语言的限制，民国时期湖南译家翻译德语文学数量相对较少。早年除了徐凡澄、成仿吾、萧三等少数几位能够直接从德文翻译外，其他译家多是从别的语言转译，但他们还是留下了一批优秀的翻译名篇。

一、张友松与《茵梦湖》翻译

民国时期，张友松对德国文学译介主要集中在施笃姆(Theoder W.

Storm，又译施笃谟、施托姆）的短篇小说集《茵梦湖》，该作也是在中国"流传最广、影响最深的德国作品"[①]之一。

1930年9月，张友松转译并注释了德国施笃姆著《茵梦湖》，北新书局出版，英汉对照，收入"世界文学名著"丛书。据《北新书局图书目录》称："译文忠实雅洁，注释偏重习语，读者只要一面对照译文看下去，一面留意注解，用心读完这本书，定能于文学上得益不少。"[②]除《译者序》外，内收《老人》《儿时》《林中》《小姑娘站在路旁》《回家》《一封信》《茵梦湖》《阿娘有严命》《伊丽沙白》《老人》等10个短篇小说。这是译者根据英文本转译的，同时参照了朱偰从德文原本译出的中文本，不过他发现"朱君疏忽了许多微妙的地方，而没有发现意思根本不符的词句"。[③]

施笃姆是德国19世纪著名的诗人和小说家，是一位带有浓厚浪漫派气息的现实主义作家，是诗意现实主义的杰出代表，是举世公认的中短篇小说大师，也是自"五四"以来最受中国读者喜爱和最富影响力的外国作家之一。他的小说具有浓厚的抒情气息，被称为"散文艺术"，可以说是其抒情诗的延伸。《茵梦湖》是施笃姆青年时期写的最成功的一部中篇小说，写于1849年，最初收入《夏天的故事和歌集》，于1851年出版，先后在许多国家出过译本，一直流传至今，始终受到广大读者的喜爱。小说的主题是婚姻悲剧，它采取倒叙的艺术手法，仅仅选取主人公莱茵哈特对童年和青年时代几个富有浓郁感情色彩的片断之回忆，把莱茵哈特和伊丽莎白之间坎坷的爱情悲剧，有声有色、有起有伏地展现在读者面前。男、女主人公莱茵哈特和伊丽莎白青梅竹马自幼相爱，但伊丽莎白的母亲却因贪图钱财，把女儿嫁给了埃利希，因为埃利希继承了他父亲在茵梦湖上的第二个庄园，有极丰厚的遗产。于是伊丽莎白抱恨终生，莱茵哈特也一生埋首业务而终生未娶。小说通过这个恋爱悲剧，揭露了资产阶级自由平等的虚伪及金钱决定一切的罪恶。该小说笔调优美，风格清丽，故事生动，对人物的心理描写细腻，给人留下了深刻的印象。

早在1916年9月，中华书局发行的《留美学生季报》第3卷第3期就刊

[①] 杨武能：《席勒与中国》，成都：四川文艺出版社，1989年，第38页。
[②] 刘洪权编：《民国时期出版书目汇编》第8册，第611页。
[③] 张友松：《译者序》，施笃谟著：《茵梦湖》，张友松译著，上海：北新书局，1930年，第2页。

登了之盎翻译的《隐媚湖》,不过这只是对施笃姆的《茵梦湖》之摘(编)译。这一涉及婚姻自由的社会问题,同《玩偶之家》一样,很快在"五四运动"时期引起中国青年的强烈兴趣,并有众多的译家对其进行翻译。其中包括郭沫若、钱君胥合译本(《茵梦湖》,泰东图书局1921年版)、唐性天译本(《意门湖》,商务印书馆1922年版)、朱契译本(《漪溟湖》,开明书店1927年版)、罗牧译本(《茵梦湖》,北新书局1931年版)、孙锡鸿译本(《茵梦湖》,寒微社1932年版)、王翔译本(《茵梦湖》,世界书局1933年版)、施瑛译本(《茵梦湖》,启明书局1936年版)、梁遇春译本(《青春》,北新书局1940年版);巴金译本(《蜂湖》,载《迟开的蔷薇》,文化生活出版社1943年版)等,在1949年之前就有12种译本,[①] 从而促成它成为当时在中国流传最广、影响最深的德国短篇小说,施笃姆也因此成为中国译介的最多和最受欢迎的德国作家之一。正如有人分析的:"为什么中国会有这么多的作家翻译施笃姆的《茵梦湖》呢?除了因为小说反映的主题在当时能激起青年读者共鸣外,作者所具有的秀丽抒情的文笔,凝练细腻的风格,也不失为使他具有强烈吸引力的原因。"[②]

《茵梦湖》最早是由郭沫若翻译的,因"茵梦湖"三字"富有诗意,且切合故事中的意境",[③] 故而为张友松等所沿用。张友松的译本是译注本,英汉对照,其注解主要偏重习语这一方面。他之所以重译这部作品,一方面是他看重其高超的艺术表现力,另一方面是小说所包含的较普遍的反封建意义。这种以极短的篇幅、白描的手法刻画出的这场悲剧,以及整篇小说所充满的深沉、忧郁的抒情氛围和委婉动人的悲剧感,使面临着反封建、争独立的张友松产生了极大的共鸣,同时也使他漾起如梦般的涟漪。通过这部具有独特

[①] [德]台奥多尔·施托姆著:《茵梦湖 原始版》,梁民基译,北京:知识产权出版社,2014年,第126~127页。另据罗章龙回忆:早年他在北大就读期间翻译过施笃姆的《绮梦思》(即《茵梦湖》)和歌德的《浮士德》,"因人事殷繁,均未及整理出版"。参见罗章龙:《逐臣自述——罗章龙回忆统稿》(上册),台北:九歌书坊,2015年,第39页。

[②] 丁言昭:《读〈茵梦湖〉》,《文史知识》编辑部编:《名作评介》(一),北京:中华书局,1985年,第49页。

[③] 张友松:《再版前言》,[德]施笃谟著:《茵梦湖》,张友松译注,北京:商务印书馆,1981年,第i页。

艺术美的诗篇小说之翻译，译者也充分表达了自己的心声。胡林声认为："该书行文清爽流畅，传神有味，颇吸引人。"① 曾伯炎则说："我少年时读的第一本翻译著作便是他［张友松］译的施笃姆的《茵梦湖》，青年时读的马克·吐温小说，也出自他的译笔，译得清爽流畅，传神有味，很受文惠。"②

张译《茵梦湖》于同年 12 月再版；1933 年 2 月第 4 版；1933 年 11 月第 6 版；1943 年 6 月蓉版；1948 年 3 月再版。1981 年 7 月商务印书馆重新修订再版，英汉对照，收入"英语世界文学注释丛书"。在《再版前言》（1981 年 6 月写于北京）中，张友松介绍说：此次重新校定，"也参照另一种译文，稍有几处小小的改动"，"书中有些诗歌，过去的对照本诗用新诗体译的。现在因为考虑到英译本译出了韵律，汉译也应该顾到这一点，所以改成旧体诗。这只是译者的一种尝试。"③ 1982 年 2 月张译《茵梦湖》又收入白嗣宏主编的《茵梦湖》（外国抒情小说宝库，安徽文艺出版社）；1999 年 9 月湖南文艺出版社再版，英汉对照，收入"花季英语丛书"。由此足见广大读者对他的译文之青睐程度。

二、萧三与德语戏剧翻译

民国时期，萧三的翻译固然是以俄苏文学为主，不过他也翻译过两部非常重要的德国戏剧，即华尔夫（Friedrich Wolf，今译沃尔夫）的剧本《马门教授》和《新木马计》，这两部戏剧分别于 1942 年 4 月和 7 月由重庆文林出版社出版。

费雷德里希·沃尔夫是德国著名的剧作家和小说家，也是一位坚强勇敢的反法西斯战士。他曾以反法西斯斗争为主要创作主题，写有几个剧本，他的几个反法西斯题材的剧本《马门教授》《福劳利德镇》《新木马计》都是在流亡期间写成的。

---

① 胡林声：《不该留下的悲叹》，《深圳晚报》（1999 年 1 月 8 日）。
② 曾伯炎：《翻译家张友松穷死成都》，《鲁迅研究月刊》1998 年第 6 期，第 57 页。
③ 张友松：《再版前言》，［德］施笃谟著：《茵梦湖》，张友松译注，北京：商务印书馆，1981 年，第 i 页。

早在1930年，萧三在莫斯科东方大学任文学教授时，沃尔夫曾约请萧三面谈。谈话中，萧三告诉沃尔夫，说自己曾在莫斯科大戏院看过他的话剧《卡塔罗的水兵》。这个剧本是由苏联著名剧作家维斯聂夫斯基翻译的。1937年，由沃尔夫担任编剧的反法西斯影片《马姆洛克教授》（又译《马门教授》）在苏联上演，引起了很大的反响。

《马门教授》是沃尔夫流亡时期的第一部剧作，也是一部享有世界声誉的作品。这部四幕剧写的是德国国会纵火案之后的1935年，揭露了当时知识分子的思想转变过程。全剧以两条线索展开：一条是马门教授与助理医生、纳粹分子希尔巴赫之间的矛盾冲突；一条是马门教授与他的儿子、共产党员罗尔夫之间的矛盾冲突。马门教授企图在两种政治势力斗争中寻找第三条道路。该剧的主题不在揭露法西斯的排犹罪恶，而是要促使马门这样糊里糊涂的知识分子在政治上觉醒。对法西斯统治盲从意味着给自己带来灾难，对法西斯犯罪旁观或不闻不问实质上意味着自己也参与了犯罪。这曲戏在苏联上演时，其生动的政治内容和精湛的编剧艺术，曾使萧三赞叹不已。随后他便萌生了翻译该剧本的想法。其实早在他之前，1936年7月新路出版社曾推出过洪为济、陈非璜根据日文转译的《马汉姆教授》，扉页有副题"西欧德谟拉克拉西的悲剧"。1939年海潮锋出版社出版了该书的另一版本，书名改为《希特勒的"杰作"》，扉页注明："反法西斯世界名著"，系吴天、陈非璜译。到了1940年，根据国内革命斗争形势的需要，萧三便在延安从德语原文直接翻译了沃尔夫的这部剧本。该剧后由延安马列主义学院在延安演出，由陈波儿导演，演员有王大化、陈振球等。同年秋，该剧又在香港旅港剧人协会上演，演出时更名为《希特勒的杰作》，导演则是当年萧三介绍入党的章泯。剧中由金山饰演马门教授，舒强饰演纳粹党徒，在排练的过程中曾得到宋庆龄和不少外国友人的帮助。同年10月12日，以保卫中国大同盟的名义首次演出，随即在香港形成了反法西斯统一战线的大示威。当时，正是日本法西斯在太平洋周边地区步步紧逼的时候，这个演出有着重大的政治意义。在艺术成就上，《希特勒的杰作》可以说是香港话剧演出中最受国际友人注意也是最受称赞的一出戏。演出以后，中外报纸一致推崇，有些外文报纸评说这个演出非常认真，揭露了希特勒摧残文化、教育和科学的野蛮行径。剧评还说，不仅剧本写得好，更重要的是，导演和演员展示了具有说服力的表演。[1] 1942年4月，该剧由重庆文林出版社正式出版，印5000册。

接下来，萧三又翻译了沃尔夫的四幕剧《新木马计》（今译《特洛伊木马记》），[2] 1942年7月重庆文林出版社出版，发行人方学武。[3] 全书131页，无序跋。正如陈亦所言："如果说，《马门教授》是表现马门洛克这一性格的话，那么《新木马计》则表现了一群人的性格，一个共同的反希特勒的性格和意志"。"全剧看不到那种勾心斗角的个性描写，人与人之间私生活的刻画，这里却有着一个集体个性的描写，一群人的欲望之刻画，这个集体的个性和欲望，便是在敌人高压下斗争下去，打入敌人的营垒，为了人类的抬头去作长期的血的斗争。"[4] 该剧沿用了古希腊人为了夺取美人海伦向城中特洛伊发动战争的典故：战争进行了十年，特洛伊城久攻不下，于是希腊人设计了一个"木马计"。沃尔夫这个剧本描写一些德国青年采取打进敌人内部去破坏的策略，进行秘密的反法西斯斗争，故称之为"新木马计"。该剧完成于1936年（当时希特勒已上台四年），曾于"二战"期间在苏联上演，引起巨大的轰动。尤其是那种在最残酷、最凶狠的特务监视之下开展秘密工作的方式方法和坚定决心，对于同处于抗战中的中国革命工作者也是一种有益的启发。由萧三译出的这个剧本后由延安文化俱乐部业余剧团演出，公演的时间是1941年10月25日至30日，亦由陈波儿导演，王易成负责舞台设计，插曲为杜矢甲，演员有金紫光、陈振球、汪鹏等。而在公演前的10月20日，陈亦发表了《论〈新木马计〉》，指出："尤其当德国法西斯疯狂地向苏联进攻的今天，这戏的演出是有重大的意义的。而那种在最严密、最凶狠的特务之下的秘密工作的方法和坚决，却实在是我们今天革命工作者的一种有力的教育。"[5] 10月23日，成思发表剧评《介绍〈新木马计〉》，说道："这个剧本给我们以丰富的斗

---

[1] 司徒慧敏：《旅港剧人协会与香港话剧运动》，载《中国话剧运动五十年史料集》（第3辑），北京：中国戏剧出版社，1963年。
[2] 该书版权页上印有："重庆市图书杂志审查委员会审查证图字二五三八号"的字样。
[3] 1942年文林出版社《马门教授》初版无序跋，作品共4篇。1996年10月由北京图书馆出版社推出的《萧三诗文集·译文篇》中收录的《新木马计》便是该版本。
[4] 陈亦：《论〈新木马计〉》，《解放日报》（1941年10月20日）。
[5] 《解放日报》（1941年10月20日）。

争经验和多种多样的斗争方法,以及变化无穷的秘密工作方式,……这是一个不仅给人以兴奋,而且给人以现实的教育的剧本,……对于沃尔夫这个剧本在延安的演出,我们以此向战斗中的德国工人阶级兄弟,作无限亲热的、友爱的致意。"① 同月27日丁玲发表《〈新木马计〉演出前有感》,指出:"在这一次戏剧节的演出中,《新木马计》可能是一个比较好的节目"。② 总之,人们一致肯定和赞扬这个戏的演出。

当时毛泽东也看了这个戏,后来在文章和讲话中也曾谈到《新木马计》,认为它对我们具有重要的现实意义。③ 1942年11月12日,他在西北局高干会上逐条讲解斯大林关于布尔什维克化的12条,其中的第7条主要是讲革命性和灵活性的结合,他由此联系到我们党的统一战线,联系到要善于合法的秘密的斗争策略,其中提到中国的三打祝家庄和国外的新木马计,指出单单采取合法斗争这一形式就不行,堡垒最容易从内部攻破。我们对敌人如此,敌人对我们也是如此。④ 总之,此次演出获得了一致的好评,由此足见萧三翻译的质量。

三、田汉与德语戏剧之编译

田汉在德语文学译介方面的主要成就是他对德语戏剧的改编。1928年11月9日,田汉主持召开了改组后的"新南国成立大会",决定于12月15日至17日在上海方浜路的黎园公所举行戏剧公演。演出期间,田汉根据歌德的小说《威廉·麦斯特的学习时代》中描写的一位吉卜赛女郎迷娘被人骗去卖艺,屡遭折磨,后被她哥哥救出的情节为线索改编成独幕剧《眉娘》,在南国社演出。原小说是德国"成长小说"的巅峰之作。身为商人之子的威廉·麦斯特是个满怀理想、充满朝气的热血青年,他不满于市民阶层的平庸和唯利是图,寄希望于通过戏剧艺术和美育来改造社会,但混沌污浊的戏剧

---

① 《解放日报》(1941年10月23日)。
② 《解放日报》(1941年10月27日)。
③ 王巨才主编:《延安戏剧·第4册·延安戏剧组织》,西安:太白文艺出版社,2015年,第572页。
④ 陈晋:《毛泽东与文艺传统》,北京:中央文献出版社,1992年,第161~162页。

界，令他的奋斗陷入迷惘。威廉四处漂泊，接触种种世态，最终结识了由开明贵族组成的高尚团体，成为不断追求人性完善和崇高社会理想的探求者。威廉最初寻求戏剧艺术，而最终得到了人生艺术。剧本《眉娘》讲述的是一家农民在地主残酷压榨下破产，逃亡异乡，迫不得已把女儿眉娘卖给一个卖艺的老头。老头十分凶狠，经常逼迫眉娘忍饥挨饿进行演出，致使眉娘在一次演出中当场昏厥。狠心的老头毫不怜惜，用鞭子抽打眉娘，逼迫其继续演出。这曲戏对当时的观众冲击很大。

"抗战"前期，田汉又与陈鲤庭等在《眉娘》的基础上，根据歌德的小说《威廉·麦斯特的学习时代》改译而成独幕剧《放下你的鞭子》。经田汉等改译的这部独幕剧讲述了从中国东北沦陷区逃出来的一对父女流离失所、以卖唱为生的故事。一日，女儿香姐正要提嗓，却唱不上去，老父举起鞭子就打她，一名青年工人大声高呼："放下你的鞭子!"香姐诉说了日本侵华、家乡沦陷等辛酸，激起观众的抗日救国情绪。"九一八"事变后，该剧又被陈鲤庭、崔巍等先后做了中国化和现代化处理，变成了抗日战争时期在各地广泛演出的著名街头剧《放下你的鞭子》。从迷娘的故事到独幕剧《眉娘》，再到街头剧《放下你的鞭子》，这中间屡经改动，但基本剧情中的迷娘故事的脉络，在其主要人物身上窥见了迷娘等人的影子。在《眉娘》中，原本是一个幼年时被人拐到德国后流落在一个马戏班里的意大利少女，在改译的《放下你的鞭子》剧中演变成了卖艺汉父亲假称"从苏州买来的"卖唱女子香姐。《放下你的鞭子》表现了卖艺父女二人因家乡遭日寇占领、离乡背井的痛苦经历。显然，改译者选择这类题材是意在唤起人们抗战。该剧成为30年代"国防戏剧"的代表作，它与《三江好》《最后一计》一起，被当时的戏剧界合称为"好一计鞭子"，曾演遍大江南北，对宣传、推动"抗日"救亡运动产生了积极的影响，从而"成为中国人民抗日战争的精神原子弹。"[1] 值得指出的是，1939年秋，戏剧家金山与王莹带领抗战剧团在新加坡演出《放下你的鞭子》，在当地亦引起了强烈的震撼。著名画家徐悲鸿、司徒乔在现场观看演出后深受感动，各以此剧为题材创作了同名油画作品《放下你的鞭子》。虽然这两幅油

---

[1] 李波：《谈〈放下你的鞭子〉的创作与演出》，《电影评论》2007年第12期。

画的人物形态和构图风格迥异，但都突出地体现了该剧所独有的内涵神韵。

1941年12月"太平洋战争"爆发后，王莹等多位留美的中国艺术家开始通过文艺节目向全世界宣传中国人民正在进行的艰苦卓绝的抗日战争，他们用英语演出街头剧《放下你的鞭子》，引起美国人民和当地华人华侨的强烈共鸣。1943年春天，应美国总统罗斯福的邀请，王莹主演的《放下你的鞭子》登上美国白宫的舞台，中国艺术家的精彩表演受到罗斯福总统夫妇、各国驻美大使和夫人及在场观众的高度赞赏。[1] 可以说，"抗战不仅'激活'了改译者的写作激情，也'激活'了某些英语戏剧的原作。"[2] 正是经过这种翻译、改编和演出的过程，歌德的原作在异国不断地经过本土化和现代化改造，进而实现了作品的经典化，这可是原作者创作时未曾预料到的。

四、成仿吾、成绍宗与德语文学翻译

首先是早期创造社成员成仿吾在翻译德语文学方面做了一些努力，而且集中在诗歌方面。正如有人所说的，他是"一位既有诗的素养，又有译诗的理论的诗歌翻译家"。[3]

1923年，成仿吾翻译了海涅（Heinrich Heine）的诗歌《幻景》，刊《创造日》第89期。该诗为《梦影》第二首，共22段，诗歌译得委婉缠绵，很有原诗的韵味。

1927年10月15日，成仿吾与郭沫若翻译了歌德、海涅等人合著的《德国诗选：歌德席勒海涅施笃谟列瑙希莱选集》，由创造社出版部出版；1928年3月15日第2版，收入"世界名著选"丛书第六种，亦列为"成仿吾郭沫若合著合译的书"第二种。该集子内收六位诗人的诗作22首，分别是：歌德诗14章，席勒诗1首，海涅诗5章，施笃谟（即施笃姆）诗1章，列瑙诗1章，

---

[1] 王巨才主编：《延安文艺档案·延安戏剧：延安戏剧作品·话剧》（一），西安：太白出版社，2015年，第9页。
[2] 安凌：《重写与归化——英语戏剧在现代中国的改译和演出（1907—1949）》，广州：暨南大学出版社，2015年，第6页。
[3] 王秉钦：《20世纪中国翻译思想史》，天津：南开大学出版社，2009年，第179页。

也包括歌德的《少年与磨坊的小溪》、海涅的《幻景》等。另外还有成仿吾译诗7首，分别是：《湖上》《牧羊者的哀歌》《弹竖琴者》《少年与磨坊的小溪》《幻景》《秋》和《秋的哀词》。

成、郭二人的译诗各有千秋，尽管都是采用白话，成译的诗体形式相对整饬，郭译倒是较为流畅，但总体而言，二人的白话文运用并不完善，译诗并不太完美。诚然，这部合译的《德国诗选》是中国新文学史上第一部翻译的德国诗选，而且也是一部标榜"名著"观念的外国诗集，然而，其编选并未严格遵循名家名作的文学学科观念，有较大的随意性和主观性，因此并没有树立起德国诗歌的形象，也没有促进德国诗歌的经典化，故而很快就被后来的《沫若译诗集》取代。[①]

1923年，成仿吾撰写《牧羊者的哀歌》一文，此文通过讨论译诗问题而重申了"翻译事业总以根据原文为佳"的看法。据此，作者又将歌德的德文原诗做了翻译，郭沫若也作了译诗，刊登于同年7月25日《创造日》第3期；同年10月6日，《创造日》第74期刊登成仿吾译德国施笃姆的诗歌《秋》；同月14日该刊第82期刊登他译歌德的诗歌《少年与磨坊的小孩》；同月15日该刊第83期又刊登他译海涅的诗歌《幻景》；等等。

总的来说，成仿吾"译诗具有理论的自觉性，他有一套完整的译诗理论"。[②] 他倡导"以诗译诗"，他在诗歌翻译中力求接受原诗作者悟性和灵感的熏陶，以期引起自己的共鸣。综观成仿吾的译诗，他不是以单纯的译者身份在翻译，因此，他的德文译诗与他的创作诗一样，数量虽然不多，但都达到了一个很高水平，常被后人所论及。

其次是后期创造社成员成绍宗在德语文学翻译方面亦有不俗表现。1930年4月，成绍宗重译了苏德曼（Hermann Sudermann）的《猫路》（又译《卖国奴》或《猫桥》），支那书店出版。作者苏德曼（又译苏特们、苏台尔曼、苏德蒙）是德国著名小说家、剧作家，自然主义巨擘，也是近现代第一位较完整地被译介到中国的德语作家。1928年苏德曼去世时，中国不少报纸杂志对此有报

[①] 彭建华：《经典化视野下郭译〈德国诗选〉分析》，《长沙理工大学学报》（社会科学版），2017年第4期。
[②] 王秉钦：《20世纪中国翻译思想史》，第179页。

道，并把他与霍普特曼（Gerhart Hauptmann）并称为现代德国剧坛的两大明星。原作初版于 1889 年，1894 年英文版推出时题作 *Regina, or the Sins of the Fathers*（直译作《瑞加娜或父辈之罪》），译者为碧翠丝·马歇尔（Beatrice Marshall）。小说描写的是德国人反对拿破仑的斗争。早在 1904 年，吴梼就将此书译成汉语，题作《卖国奴》，并于同年 8 月至次年 4 月 15 日连载于《绣像小说》；1913 年又出单行本。1933 年 11 月，成绍宗译本由光华书局再版时，更名为《血爱》，收入"欧罗巴文艺丛书"。原作是苏德曼最知名的长篇小说之一，而译者一方面爱好这部作品，另一方面对其不乏自己的批评，可见他对该作品有非常深刻的认识，其批评也相当中肯。

1934 年，成绍宗重译了埃里希·凯斯特纳（Erich Kästner，今译克斯特纳）的著名儿童文学作品《小侦探》，北新书局出版。原书 1929 年在柏林的威廉出版社出版。作者是战后德国的儿童文学之父，在世界各地，提到德国儿童文学，埃里希·凯斯特纳的名字总是与格林兄弟的名字相提并论。该小说写的是一个名叫埃米尔的小学生，他在去柏林的火车上睡着了，醒来一看，放在胸口衣袋里的钱被偷了。他马上进行追捕，在柏林小朋友的帮助下，终于抓到了小偷。这是作者的第一本儿童书籍，由瓦尔特·特里尔插图，出版后立刻轰动世界，遂使凯斯特纳一举成为名扬国内外的儿童文学作家。该书曾有多种中文译本，分别是林雪清译《爱弥尔捕盗记》（儿童书局 1934 年版；1939 年第 6 版）、林俊千译述《小学生捕盗记》（北新书局 1940 年版）、程小青译《学生捕盗记》（桂林南光书店 1943 年版）。这样一本书在短短十年内就有四种中译本，可见它在中国广大少年儿童中受欢迎的程度。

五、向培良与《威廉·退尔》之改译

黔阳人向培良（1905～1961）是现代中国戏剧史上长期被忽略的一位重要人物，主要是因为他作为"狂飙社"的重要成员与鲁迅先生决裂，又因他创作过歌颂蒋介石"新生活运动"的话剧《彪炳千秋》，还因他在评价同时代戏剧作家和作品时一贬到底且语言尖刻。然而，他早期的创作与外国文学作品翻译有着不可割舍的联系。

早年向培良曾就读于长沙一中，1923年未毕业即前往北大做旁听生，后考入北京私立中国大学就读，再转入北京世界语专门学校，在此结识了鲁迅先生，并很快得到鲁迅先生的青睐。1926年，他推出《中国戏剧概评》，这是中国第一部戏剧评论专著，也是最早的一部专门的话剧断代史。1936年8月1日，他翻译了歌德的《小诗：在那边的山岭上……》，刊《诗之叶》第3卷第1期。

在戏剧翻译方面最值得一提的是他根据18世纪德国伟大诗人和戏剧家弗里德里希·席勒的最后一部重要剧作《威廉·退尔》改译的《民族战》，1939年4月由重庆华中图书公司出版。

《威廉·退尔》原作以14世纪瑞士农民团结起来反抗奥地利暴政的故事为题材，歌颂了瑞士人民反抗异族压迫、争取民族独立的英勇斗争精神。剧中把1307年冬瑞士人民结盟推翻奥皇统治的史实和瑞士民间关于退尔的英雄传说结合起来，塑造出一个反抗异族统治和封建统治、进行解放斗争的典型。它是席勒呕心沥血的一部作品。该剧于1804年3月在魏玛和莱比锡演出时，受到群众热烈欢迎，被看成是一部有高度现实主义的爱国剧，是唤起人民民族意识和反抗外侮的有力呼声。

早在向培良之前，在中国曾有一些人翻译过此剧本。1915年马君武翻译的《威廉·退尔》，在《大中华杂志》上连载，1925年中华书局推出单行本，至1941年出第4版；1926年杨丙辰所译该剧由北新书局以《强盗》和《讨暴虐者》为书名同时出版；1936年项子和重译该剧由开明书店出版。在改编方面，1938年，戏剧家宋之的与陈白尘合作将《威廉·退尔》改编为反映我国东北各阶层人民不堪日本帝国主义蹂躏、奋起反抗的多幕剧《民族万岁》。该剧比原剧少了四场戏，删去原剧中的第一幕第二场、第二幕第一场、第四幕第二场和第五幕第二场。

鉴于当时抗战剧中大规模的长篇剧作还比较少的现状，时任国民政府教育组第一巡回戏剧教育队队长的向培良推出了自己的改编本《民族战》。这是一部完整的五幕剧，而且原作的基本情节均被保留了下来。正因《威廉·退尔》"为民争自由"的主题与当时整个中华民族抗战的时代氛围相当吻合，而且表现形式有许多可借鉴之处，于是他选择席勒的这个剧本进行改编。向培良的《民族战》最早发表于湖南的《力报》,1938年6月12日又经仔细校阅,由最初的五幕七场改为完全的五幕剧,而且也"保存原剧精彩",尤其是"略能保存原剧为民族争自由的热情"。鉴于"席勒写古代的的异国争自由的故事,而我们却不能不写眼前的所看见的血与泪,炮和火光,以及父老兄弟姊妹的流亡死丧。"为了适应抗战的需要,他在翻译的同时做了改编,而且"改编时不能不大加变动",进而推出了一部适合中国国情的《民族战》,由华中图书公司出版。向培良推出他的改编本的时间是在1939年,此刻中国正处于全面抗战之中,他选择这类抗战题材进行改译,显然是意在唤起人们团结起来抗击日本帝国主义的侵略。

六、刘大杰、袁昌英与斯尼支勒翻译

民国期间,德语作家阿尔图尔·斯尼支勒(Arthur Schnitzler,又译显尼支勒、显尼茨勒或施尼茨乐)是中国译家关注较多的一位。斯尼支勒出生于奥地利的一个犹太家庭,1879年进入维也纳大学学医,1893年开办私人诊所,后弃医从文。他是奥地利享有世界声誉的戏剧作家、小说家和卷帙浩繁的日记撰写家,戏剧创作是斯氏文学创作的核心,小说是核心的衍生,他的小说大都表现出对人的持久的执着兴趣。爱情与死亡构成了其创作题材之基调,他常以强有力的形象语言、细腻分明的感受和鲜明的价值对比,展现了多愁善感的主人公的回忆、预感和梦境。

首先在戏剧方面,早在1919年和1920年,文学研究会的主要发起人茅盾率先翻译过斯尼支勒的成名剧组《阿那托尔》中的两个独幕剧《界石》与《结婚日的早晨》,发表时均署笔名"冰"。后来他委托文学研究会的另一重要成员郭绍虞翻译了整部剧本,题作《阿那托尔》,1922年由商务印书馆出版,郑振铎作序,列入"文学研究会丛书"。这是我国出版的最早的德语戏剧作品单行本之一。

其次在小说方面,民国时期对斯尼支勒小说汉译呈现出罕见的繁荣。事实上,郁达夫在《歌德以后的德国文学举目》(1931)一文中,所列当时计划翻译介绍的德语文学清单就包括了斯尼支勒的小说《贝尔达·茄兰夫人》

（即刘大杰翻译的《苦恋》）。① 然而，对斯尼支勒小说的译介却始于20世纪30年代初，1930年11月，段可情最早将斯氏小说《死》翻译成中文，现代书局出版；接下来就有刘大杰的译介。

1932年7月，刘大杰翻译了斯尼支勒的《两兄弟》，连载于《现代学生》第2卷第2、3期；同年6月30日，他又翻译了斯尼支勒的《独身者之死》（又译《单身汉之死》），连载于《文艺月刊》第3卷第5、6号。

1932年，刘大杰还翻译了斯尼支勒的《苦恋》（又译《贝尔塔·嘉兰夫人》），中华书局出版，收入"现代文学丛刊"。此即施蛰存所译《蓓尔达·迦兰》之异名。1934年中华书局曾推出李志萃的节译本，亦题作《苦恋》。而刘译为全译本，该书除正文外，内含《译者的话》和《斯尼支勒与维也纳文学》，并附显尼支勒著作年表；书前有"斯尼支勒像及自署"。这部长篇小说是根据英文本转译的，它讲述的是维也纳远郊小镇上的年轻富妇蓓尔达·迦兰的故事。

作者斯尼支勒堪称维也纳文学的骁将，一方面，他曾深受心理分析学家弗洛伊德的影响，他的作品特别注重心理的描写，带有非常浓厚的现代风味，另一方面，他的小说或是采用内心独白的方法，直接描绘人物内心活动不加任何客观描写，或是在描绘人物心理活动的同时，描写人物在心理支配下的某些动作，但这些动作又不构成环境或社会背景。这点又有别于后来典型的意识流小说。《苦恋》这部作品在现实故事情节和内心独白衔接上尝试了一种新方法，那就是以第三人称的角度来描写人物对于事件的内心反应，并时时自然地过渡到内心独白上去。这种方法后来也为中国作家施蛰存等现代派作家所借鉴。而在西方，英国作家詹姆斯·乔伊斯在创作《尤利西斯》时沿用了意识流手法，据说就是从斯尼支勒作品中获得的启示。1940年11月刘译该书由昆明中华书局推出第3版。

民国时期，醴陵人袁昌英也译介过斯尼支勒。1925年7月10日，袁昌英翻译了斯尼支勒的独幕剧《生存的时间》，刊《东方杂志》第22卷第13期；同年12月25日，该刊第22卷第24号又刊她译斯尼支勒的独幕剧《最后的

---

① 1932年7月还有施蛰存译本，题作《蓓尔达·迦兰》（中华书局版）。

假面孔》，这也是在中国较早译介斯尼支勒的戏剧作品。这种翻译经验对袁昌英的创作产生了一定的影响，后来她创作的剧本《孔雀东南飞》（商务印书馆1929年版）便是一部借鉴心理分析审视的成功佳例，该剧就能在她所译斯尼支勒的两部剧本中找到原型。《生存的时间》中的母子之恋与《孔雀东南飞》相似；《最后的假面》所表现的那种人与人之间无法沟通，人永远生活在孤独寂寞中的境况，在《孔雀东南飞》中得到了发展。[1]这些都是翻译影响创作之明证。

七、其他湘籍译家与德语文学翻译

民国时期，湘籍译家在翻译德语文学方面做过努力的，除了前面提到的徐诗荃（梵澄）翻译《尼采自传》（上海良友印刷公司1935年版）、章士钊翻译《萨罗乙德叙传》（上海商务印书馆1930年版）、刘侃元翻译《马克思恩格斯传》（上海春秋书店1930年版）等一些人物传记外，他们还翻译了一些其他类型的德语文学作品。

在长篇小说翻译方面，1940年黎烈文自法文转译了奥地利流亡作家霍尔发斯（Odon de Hovath，今译霍尔法特）的长篇小说《第三帝国的士兵》。译文先由《现代文艺》杂志连载（自1940年6月第1卷第3期至1941年3月第2卷第6期），后由福建永安改进社出版，1943年生活出版社再版，它是最早一部揭露纳粹罪恶的小说。全书以第一人称方式，通过一个德国士兵的自述，描写正在欧洲耀武扬威的希特勒，怎样把青年引上一条悲剧的道路。抗战胜利后，译者因生活拮据，致信巴金希望再版此书。[2]后来文化生活社又将《第三帝国的兵士》列入巴金主编的"文化生活丛刊"第46种，于1949年8月初版，以后分别于1952年9月、1953年4月出版了第2、3版。

在零星的译作发表方面，1929年1月1日，石民翻译了海涅诗歌3首：《我愿我能倾吐我一切的悲苦》《我的歌儿满含剧毒》《亲爱的，试把你的手儿

---

[1] 范伯群、朱栋霖主编：《1898—1949中外文学比较史》（上），第530页。
[2] 周立民：《友情的故事依旧流传——谈巴金与黎烈文夫妇的交往》，《上海鲁迅研究》2014年第1期。

放在我这颗心上》，刊《北新》第3卷第1期；1933年2月12日，刘大杰翻译了魏特夫（Karl August Wittfogel）的《德国尉特格甫》，刊《申江日报》副刊《海潮》周刊第21期"萧伯纳专号"；1935年3月16日，黎烈文翻译了威丁柏克的《像》，刊《文学季刊》第2卷第1期；等等。

总的来说，民国时期湖南译家翻译德语文学作品数量不多，除了徐梵澄、成仿吾等少数几位能够直接从德语翻译外，其他人多是采取转译的策略，其所译的不乏德语文学名著。由于特殊的时代需求，尤其是服务于抗战之宣传，像田汉、萧三、向培良等则采取编译的方式，或是在其中添加了若干中国元素。这些经由他们改编的作品却在中国舞台上取得了异样的效果，这也构成早期湖南译家在德语文学译介方面一道靓丽的风景，值得我们加以重新审视。

第五节　现代湘籍译家与俄苏文学翻译

民国时期，当中国人把目光投向世界时，俄苏文学就一直不断地被译介到中国。"左联"成立和革命文学兴起以后，中国文学中的翻译趋向发生了明显的变化，那就是对苏联的文艺作品尤其偏重，乃至成为文学翻译的主流，这种趋势一直到20世纪50年代末期始终未变。而在这一翻译潮流中，一批敢为人先的湖南译家又做出不小的贡献，其中比较突出的就有张友松、刘大杰、周扬、周立波、田汉、萧三、彭慧等人。

一、张友松与俄国文学翻译

张友松译介的俄国作家主要有几位，分别是契诃夫、屠格涅夫、陀思妥耶夫斯基和高尔基等，这其中又以他译契诃夫的作品为最早。

安东・契诃夫（Anton Chekhov，又译柴霍甫）是俄罗斯白银时代的重要作家，常被誉为"俄国最伟大短篇小说家"和"俄国的莫泊桑"。[①] 契诃夫是

---

① 张友松：《译者序言》，[俄]契诃夫著：《三年》，张友松译，上海：北新书局，1926年，第1页。

中国读者喜爱的作家。1907年，吴梼曾翻译了契诃夫的小说《黑衣教士》，商务印书馆出版，这是契诃夫作品最早进入中国的标志。1916年，陈家麟、陈大镫译述了契诃夫的短篇小说集《风俗闲评》，中华书局出版。到了1918年，宋春舫在《新青年》第5卷第4号发表《近世名剧百种目》，推介契诃夫4部名剧：《海鸥》《万尼亚舅舅》《三姊妹》和《樱桃园》；1921年，这4部剧本的中译本问世，收入商务印书馆出版的《俄罗斯戏剧集》。"五四运动"时期，在中国的报纸杂志以及出版社推出的译作中，契诃夫作品出现的数量不在少数，甚至超过了托尔斯泰。而在众多翻译家中，又以湘人张友松翻译契诃夫作品显得尤为抢眼。

张友松翻译契诃夫的作品均系从英文转译。他的一些单篇译作最初发表在一些杂志上，1926年10月10日，《小说月报》第17卷第10号刊登了张友松翻译俄国柴霍甫（即契诃夫）的小说《笛声》和《爱》，由此开始了他翻译俄国文学的活动；1927年6月10日、25日，他翻译了契诃夫的小说《农夫》，刊《东方杂志》第24卷第11至12号。不过，他更多的译作还是以书的形式推出，这主要得益于他任职的北新书局的赞助。

1926年12月，张友松根据英文转译了契诃夫的中篇小说《三年》，北新书局出版，收入"近代世界名家小说"丛书；1927年3月再版，收入"欧美名家小说丛刊"。①在《译者序》中，张友松极力为契诃夫辩护。②至于《三年》这篇小说"也许大家认为是最琐碎，最带灰色的。然而《三年》也正在这点足以代表作者的长处。"③故而译者将其慎重地推介给中国读者。

1927年4月，张友松译《契诃夫短篇小说集》（上卷），北新书局出版，收入"欧美名家小说丛刊"；同年6月再版。该集是译者根据Mrs Constance Garnett，R. E. C. Long 和 Thomas Seltzer 三种不同的英文版本选译的。原计划要译短篇小说9篇，计划分上、下册出版，但因各种原因，下册（其中含

---

① 该丛刊销路很好，译者均为当时翻译界名流，有张采真、徐冰铉、李青崖、徐志摩、朱溪、梁遇春、钟宪民、韦丛芜等。不过其中所收徐志摩译《曼殊斐尔小说集》，后来就遭张友松严厉批评。
② 张友松：《译者序言》，[俄]契诃夫著：《三年》，第1~2页。
③ 张友松：《译者序言》，[俄]契诃夫著：《三年》，第2页。

《凡卡》)未见出版。上册除《译者的序》外,内含《两出悲剧》《阿丽亚登尼》《哥萨克兵》《蚱蜢》四篇小说。《译者的序》交待了缘何会选译契诃夫的短篇小说:

  ……这部集子里的小说的作者契诃夫便是最能代表俄国短篇小说之特长的一个作家。……凡是知道他的作品所表现的人生方面之多,凡是领略到他所写的人生之真实的,想必没有人不承认他这种特殊的地位。我们与其说他的作品是描写人生,还不如说它们就是人生本身,更为确切的。他对于人和事物的了解似乎是无限的,他的了解之深实在是无以复加。①

由于张友松不通俄文,只得通过英文重译,故而他对自己译文失去了许多原作的风味而表示无奈。

1929年4月,北新书局再版了张友松和朱溪根据英译本转译契诃夫的小说集《决斗》,收入北新书局"欧美名家小说丛刊"。全书390页,由上下两卷组成,上卷收张友松译《猎人》②《凡卡》(今译《万卡》)《一个没有结局的故事》《一件事情》③《活动产》五篇小说;下卷有朱溪翻译的中篇小说《决斗》。该书1929年7月再版。④

自20世纪30年代起,张友松译注了数种契诃夫的翻译集,均为英汉对照形式,这其中包括:

《歌女》,契诃夫著,张友松译注,1931年3月北新书局出版,中英对照,收入"英文小丛书",内收《歌女》《药剂师的妻》,两篇均属于作者后期的作品。据1933年版《北新书局图书目录》介绍:与他早期的诙谐小说不一样的,"在每一篇柴霍甫的后期作品当中,都可以看出一种共同的要旨,即人与人之间的隔膜与不能互相了解。譬如,读了《歌女》,谁能够不起这种感觉呢?"⑤

《盗马贼》,契诃夫著,张友松翻译,1931年10月北新书局出版,中英

---

① [俄]契诃夫著:《契诃夫短篇小说集》(上卷),张友松译,上海:北新书局,1927年,第1~2页。
② 译文最初刊1926年3月7日《晨报副刊》。
③ 译文最初刊1926年4月24日、26日《晨报副刊》。
④ 朱溪是《裁判官的威严》(法朗士等著)和《草原上》(高尔基著)的译者,曾与章衣萍合译过《契诃夫随笔》。散文创作集有《天鹅集》(人间书店,1928)。
⑤ 《北新书局书目》,上海:北新书局,1933年,第145~146页。

对照,收入"英文小丛书"。

《爱》,契诃夫著,张友松翻译,1943年重庆晨光书局出版。该书于1946年8月又以英汉对照的形式在现代英语社出版。

《活动产》,契诃夫著,张友松译注,1945年11月重庆晨光书局出版;1947年1月沪初版,125页,32开,收入"晨光英汉对照丛书"。

像这样集中地翻译契诃夫作品在同期的中国译坛是罕见的。如果放眼30年代中国文坛,讽刺文学开始步入相对繁荣局面,这一方面是由于中国都市生活给中国现代文学提供了素材,另一方面则与契诃夫、果戈理等讽刺大师的影响有很大的关系,而张友松对契诃夫的译介又加深了这种纽带关系。

众所周知,在近代俄国文学史上,屠格涅夫、陀思妥耶夫斯基、托尔斯泰有三大文豪之称,这些作家自然也引起了张友松的关注。民国初年张友松就翻译了屠格涅夫的一些作品。屠格涅夫是19世纪俄国具有世界声誉的现实主义艺术大师,他最早被译介到中国是在1915年。是年7月1日刘半农以文言翻译的4首散文诗发表于《中华小说界》杂志。译者在《前言》中将他与托尔斯泰并提,指出他在俄国文学史上的重要地位。此后屠格涅夫的小说、散文、戏剧也被陆续译介过来。

正如人言:"从1915年屠格涅夫作品首次译成中文至1949年这35年间,极大部分的屠氏作品都是从英译本(主要是英国翻译家康斯坦斯·加内特的译本)转译的,少数还从日译本、德译本、法译本转译的,……这不能不影响汉译本的准确度,从而给忠实、正确译介屠氏原作带来一定的损失。"[①] 仔细检视张友松译屠氏作品,自然也带有这些性质。

1927年至1936年的十年间,屠格涅夫的中短篇小说大量地被介绍到中国,而这一时期又以张友松的翻译显得特别突出。1927年4月,张友松翻译了屠格涅夫的小说《薄命女》(又译《不幸的姑娘》),北新书局出版,收入"欧美名家小说丛刊";同年6月再版。据1933年版《北新书局图书目录》介绍:"英国有一位女小说家说,艺术若不能增加人们的同情,便算不能有道德上的

[①] 谢天振、查明建主编:《中国现代文学史(1898—1949)》,上海:上海外语教育出版社,2004年,第175页。

贡献。《薄命女》这部悲惨的小说，便能使我们在作者的指挥之下发生快乐和悲哀，还能借此发泄无限的伏在内心的悲感：这便是你所能得的最后的愉快。"① 值得指出的是，张友松翻译的《薄命女》曾对一批关注妇女悲惨遭遇的中国作家产生过深刻的影响，如柔石从屠格涅夫笔下的苏散纳联想到他周围那些受苦的薄命女，并接受了屠格涅夫等现实主义作家的影响，用自己的笔为改变妇女的命运而抗战。从三姐妹到文嫂，从阿宝娘到春宝娘，柔石为读者展示了一幕又一幕妇女生活的人间悲剧。②

1927 年至 1936 年是我国译介屠格涅夫的一个高潮，而 1928 年是 20 世纪 20 年代上半期翻译屠格涅夫作品最多的一年，当年共有 8 种译作面世。③ 这年 6 月，张友松翻译了屠格涅夫的小说《春潮》，商务印书馆出版，④ 收入"文学研究会丛书"；同月又收入北新书局"欧美名家小说丛刊"；1933 年 5 月 4 版。据《北新书局图书目录》介绍："读了这部动人的小说，我们便可以知道如何自爱、如何宝贵的青春，如何避免那永不能磨灭的创伤。"⑤

《春潮》是一部中篇小说，写于 1871 年。它没有表现重大的社会政治问题，从情节看似乎只是一个感人的爱情故事，描写的是俄国贵族青年萨宁与意大利女子吉玛的恋爱，以及他们的婚姻遭到一个年轻的俄国贵族夫人破坏的故事。无论杰玛这个从外表到内心都很美丽的少女形象，还是萨宁这个青年贵族的多余人的虚弱性格，甚至波洛索夫太太这个外表华美内心丑恶的坏女人形象，都刻画得极为成功。尽管《春潮》发表后受到广泛欢迎，被译成多种文字在国外出版，俄国评论界的反应则褒贬不一，后来的文学史家和传记作者在论及屠格涅夫创作时对它较少提及或几乎不提。究其原因，大概在于该小说不像作者其他许多小说那样总是反映重大社会政治问题。本来在"五四"运动期间，中国曾兴起一个译介屠格涅夫小说的热潮，因为屠格涅夫笔下的那种浪漫主义的伤感情调投合了他们的心机，他们愿意在罗曼蒂克的

---

① 《北新书局书目》，上海：北新书局，1933 年，第 62 页。
② 郑择魁、黄昌勇、彭耀春：《左联五烈士评传》，重庆：重庆出版社，1995 年，第 342～343 页。
③ 查明建、谢天振：《中国 20 世纪外国文学翻译史》（上卷），第 107 页。
④ 早年陈嘏曾译了屠格涅夫的《春潮》，刊 1915 年 9 月 15 日《青年杂志》第 1 卷第 1 号。
⑤ 《北新书局书目》，上海：北新书局，1933 年，第 61 页。

忆恋和回思中赏玩自己内心的孤独感和失落感，尤其是屠格涅夫作品向中国人展示"多余人"的心境苦涩和醇美引起了他们浓厚的兴趣，并对其《前夜》《父与子》《多于人日记》①等作品展开比较集中的译介。张友松选译屠格涅夫的《春潮》，在于该小说不像作者其他许多小说那样总是反映重大社会政治问题，而在其经久不衰的艺术魅力；而且打动译者的也许是这类作品展现的那种浪漫主义的感伤、忧郁和孤独。后来，张友松还创办了春潮书局和《春潮》月刊，其名称应该与译作题名有很大联系。

接下来是对俄国近代大文豪陀思妥耶夫斯基的小说《诚实的贼》（今译《罪与罚》）的译介。1920 年 5 月 26 日至 29 日，《民国日报》副刊《觉悟》首次刊登乔辛英翻译的陀思妥耶夫斯基的《贼》（今译《诚实的小偷》），这是陀氏作品最早进入中国；次年 6 月 1 日至 13 日，《晨报》副刊刊登了文农译的小说《贼》，署名"俄国陀思妥夫思基作"，这实际上是《诚实的小偷》的另一个译本。到 30 年代，陀氏"在他故国失掉地位",②陀氏作品的汉译却方兴未艾。1931 年 2 月，张友松译注了陀思妥耶夫斯基的小说《诚实的贼》，北新书局初版；1931 年 6 月再版，为英汉对照本，收入"英文小丛书"。据 1933 年版《北新书局图书目录》介绍："杜思退益夫斯基〔陀思妥耶夫斯基〕在近代文学上的地位比托尔斯泰更重要，因为近代的心理学都受他一点影响。……读了这篇《诚实的贼》，可以窥见他的艺术的一生。"③该书是根据英国著名的俄罗斯古典文学翻译家康斯坦斯·加内特的英译本转译的，她的俄国文学译著一向以忠实原著、文笔流畅著称。此英译本也是公认的最佳的英译本。

在译介俄罗斯经典作家的同时，新生的苏维埃文学，即当时所称的"新俄文学"也引起张友松的注意，并陆续有了一些译介。

1929 年 6 月 25 日，张松友出于对苏联社会主义革命和建设的兴趣，与

---

① 早在 1921 年商务印书馆就推出过《前夜》的译本，而樊仲云所译《多余人日记》（当时译作《畸零人日记》）则在《文学周报》第 4 卷开始连载。这期间，屠格涅夫大量的小说、散文、散文诗被翻译过来。

② 杜若：《关于道斯退易夫斯基幼年的一部重要著作》，《东方杂志》第 28 卷第 20 号（1931 年 10 月 25 日）。

③ 《北新书局书目》，上海：北新书局，1933 年，第 145 页。

林语堂合译了根据俄裔英籍作家韦斯（Alexender Werth，今译亚历山大·沃思）英译本转译的俄国作家欧格涅夫（N. Ogneov）著《新俄学生日记》（直译作《共产主义学生日记》），春潮书局出版，收入林语堂主编的"现代读者丛书"之三；1930年再版。原俄文版出版于1923年，是一部伪托的大学生日记。张译是欧格涅夫的《柯斯提亚·利亚卓夫的日记》之上部，[①]书前有作者肖像，内含"本书作者传略""序"（林语堂）、"第一学期""第二学期"和"第三学期"。

据林语堂《序》交待："我想这就是这本书的趣味——使我们能窥见苏俄日常生活之一部（学校生活）。但是另一方面讲，我感觉这部'日记'也有它自身的趣味。他描写一位稚气未脱喜欢捣乱而又未尝不可以有为的青年，也很值得一读。"[②] 同年8月15日，《新潮》第1卷第8期有该书的广告，内称"此书经林先生和张先生译了出来，译文之忠实流畅，谅为读书界所共知。排印时又经译者亲自细心校对，加以印刷精美，实为最满意之版本。"

本书最初拟由林语堂一人译完，后因意外事故，未能完稿，又不便稽延搁起，所以自第三学期（暑季）起，请张友松代为译完。在林、张二人合译本推出之后，国内又出版有江绍原等人的译本。江绍原在翻译过程中反复参照他们的译本，并写信给张友松指出其中存在的许多错误。为此，张友松撰写了《关于〈新俄学生日记〉中译本的几句申明》，刊1929年8月15日《春潮》杂志第1卷第8期。文中批评胡适、徐志摩等对于译文错误的遮掩、放任态度，同时还回应了江绍原对该译本的指正，表示虚心接受批评。张友松的此文又引来1929年9月15日《春潮》第1卷第9期江绍原和吕仰山分别撰写的《关于〈新俄大学生日记〉》和《来信一封——关于〈新俄大学生日记〉》。不过，吕仰山在指出其译文中"美玉的微疵"之同时，也强调："《新俄学生日记》的中译本，我已看过三种，觉得最好的是贵店出版的一本。林张两君的

[①] 同年还有丹芩（《新俄学生日记》，光华书局）、查士骥两家译本；同时江绍原也译出了《新俄大学生日记》（上海春潮书局1929年版）之下部，译自 N. Ognyov: *The Diary of a Communist Undergraduate*. Trans. Alex Werth, London: Victor Gollancz Ltd, 1929。

[②] 林语堂:《序》,《新俄学生日记》，上海：春潮书局，1929年，第 vi-vii 页。

译文,除信、达外,还能保留着原作的风趣,这是不易得的。"同年 10 月 10 日,《科学月刊》第 1 卷第 9 期封底刊登了春潮书局广告:"研究科学的人——也应阅览文学书——以调剂精神上的枯燥",列出 11 部书所的佳评,其中说《新俄大学生日记》:"这本日记描写的这样周到与深刻,使我看了,宛如亲自到俄国大学访问了一遭。"(江绍源);再版《新俄学生日记》,"细心从头到尾一阅本书,可得不可磨灭的印象。"(林语堂)。

同年 6 月 15 日,张友松还翻译了新俄作家安得列夫(Andreyev,又译安德烈耶夫)著《俄王》,刊《春潮》月刊第 1 卷第 7 期。

在俄国文学史上,高尔基最早对陀思妥耶夫斯基的"驯服"观进行了批评,正是基于此,张友松接下来又对俄国大文豪高尔基做了译介。高尔基的小说最早被译成中文是在 1907 年《东方杂志》上刊出的《忧患余生》。此后他的小说、诗歌、戏剧、散文被大量地翻译过来,到了 30 年代更是达到了高潮。1933 年 11 月,前锋出版社推出的"青年文学自学丛书"之一便是黄源编译的《高尔基代表作》,收入张友松译《二十六个男子和一个少女》;1935 年,经纬书店出版了《俄罗斯短篇小说精选》(1、2 集),其中又收张友松译高尔基的这篇小说。1943 年 11 月,张友松译注了高尔基著《二十六男和一女》,重庆晨光书局出版。原书初版于 1899 年。张译该书是英汉对照,收入"晨光英汉对照丛书"甲级,书前有晨光书局编辑部的"致读者"以及作者简介;1946 年沪初版;1948 年 11 月第 3 版,晨光书局发行,现代外国语出版社总经销。

除此之外,1927 年 3 月 26 日,《北新》第 1 卷第 31 期刊登书讯,介绍张友松新译苏联杜洛次基的《英国的前途》,后来未见出版。不过 1929 年 4 月 3 日,张友松主持的春潮书局出版了《英帝国主义的前途》,作者为苏联托罗斯基,译者为张太白,不知二者之间是否有何种联系。

总的来看,张友松翻译的几位俄国文学家都是伟大的作家,由于所受外语的限制,他只能通过英译本转译,这样自然会影响到其转译中的准确性。但是,他十分忠实作品的艺术性,由他翻译的俄国文学作品有其独特的艺术魅力,这也是不争的事实。

二、刘大杰与俄苏小说翻译

在俄苏等欧洲国家文学的翻译方面，刘大杰也有不俗的表现，他的翻译主要针对的是俄罗斯早期的几位大家，包括托尔斯泰、屠格涅夫、果戈理等人。

首先是译介托尔斯泰。早在1928年刘大杰就撰写过一部《托尔斯泰研究》（商务印书馆1930年版）。1930年1月，刘大杰又根据英文转译了列夫·托尔斯泰的短篇小说集《高加索的囚人》，上海棋盘街中华书局印行，141页，32开。这本书收有短篇小说5篇：《高加索和囚人》《最后的审判》《爱的神即在》《巴霍曼的死》和《克利萨斯与沙伦》，分别译自朵尔和毛德夫妇的英译本。所收5篇小说"均为托氏短篇说集中之精华。译笔亦流畅优美，在文学译著中，难得之作也"。[1] 书前有托尔斯泰背着行囊的肖像一幅，书末有《序》一篇。在译者《序》中，刘大杰这样写道：

> 关于托尔斯泰氏的思想、艺术与生活，国内介绍的人很多，现在无须再说了。我们都知道托氏一生为创作忙以外，还有一个为教育事业尽力的时期。他在那时为孩子们编纂读本，对于东西的传说语言，曾热心地研究过。……然而在托氏的思想上，为一般人所重视的，还是《爱在神即在》那篇。在那篇里，我们完全知道了托氏主张"爱"即是宗教的见解。一个"爱"字，是这几篇东西的中心。我觉得可以当童话读，可以当小说读，也可以当圣书读。我仅把这本小书献给还未失去童心的男女。

其次是译介屠格涅夫。1930年2月，刘大杰翻译了俄国屠格涅夫著《一个不幸的少女》，启智书局出版。同年4月，他又翻译了屠格涅夫的中篇小说《两朋友》（又译《普宁与巴布林》），亚东书局出版；该书1931年7月再版。据1936年版《亚东图书馆书目》介绍："本书是著者晚年在巴黎所作，是一个中篇。篇中以自传的要素含得最多，除开艺术外，作者的思想和当时的俄

---

[1] 《中华书局图书目录·新出图书汇刊》，上海：中华书局，1930年，第1页。

国社会情形，亦表现得非常明显，研究屠氏作品的人皆有一读的必要。"① 书前有《译者序》称：

> ……这篇作品，是自传的要素，含得最多的，不用说，白狄亚这人，就是作者自己。我们都知道作者的家庭，与这书里所描写的家庭状况，是很相同。读过的人，就会知道。这虽是一个中篇，然而比起《薄幸女》《初恋》来，是稍异其趣的。……这书虽是五十五年前的作品，就是在今日革命热潮的中国，就是在高呼妇女解放的中国，不限定有一个像巴波林那样的革命者，不限定有一个像杜沙那样的独断独行的女子。②

1934年9月，刘大杰根据英文并参照日译本转译了俄国列夫·托尔斯泰等人的中篇小说集《迷途》，中华书局出版，③ 收入"现代文学丛刊"。除《小序》外，另收托尔斯泰的《迷途》、库卜林的《柘榴石的手钏》和果戈理的《五月之夜》。《小序》中透露了译者选材的唯美动机：

> 这本书里面所收的三篇小说，无论哪一篇，都是代表那个作家的个性和他的作风。《五月之夜》里面所表现的讽刺，正是哥果尔笔下特有的讽刺。在《迷途》里是充满了托尔斯泰的人生哲学和艺术哲学的。……至于库卜林，凡读过他的《决斗》《生命之河》《神圣的恋》的人，都知道他是一个热情的赞美者。而他这一篇《柘榴石的手钏》，尤为讴歌空想的热情的恋爱的模范。……所以在库卜林的《神圣的恋》，《电信师》，《奇妙的机会》，《犹太女》等作中的主人公，都是一些神秘的空想的恋爱家。像《柘榴石的手钏》这一类的东西，在俄国作家的作品里是很少见的。《俄国文学史》的作者山内封介氏，曾举这一篇为库卜林短篇小说中的代表作。他那种哀艳的细致的写法，确是很能打动读者的心灵。……④

再次是译介契诃夫。1931年5月10日，刘大杰翻译了《柴霍甫的书信》，刊《青年界》第1卷第3期；同年，该刊1卷5期又收有他译"柴霍甫的书信"

---

① 《亚东图书馆书目·翻译小说》，上海：亚东图书馆，1936年，第L3页。
② 刘大杰：《译者序》，[俄]屠格涅夫著：《两朋友》，上海：亚东书局，1931年，第1～3页。
③ 据译者《小序》交待：此译本分别译自C. Field 的英文本、万人丛书本和 Leo Pasvolsky 的英译本。
④ 刘大杰：《小序》，[俄]托尔斯泰等著：《迷途》，上海：中华书局，1934年，第1～2页。

两封:《寄齐塞利哦甫夫人》和《寄兄尼可拉》;5月15日,他翻译了《柴霍甫的书信》,刊《当代文艺》第1卷第5期。

再其次,在果戈理小说译介方面,早在1933年刘大杰翻译的《五月之夜》曾收入《她病了》(青光书局)。1940年11月,他与别人合译了俄国果戈理等人的小说集,题作《五月之夜》,三通书局出版,收入"三通小丛书",内收果戈理的《五月之夜》等。

1934年,刘大杰翻译了苏联库普林(A. Kuprin)的短篇小说《柘榴石的手钏》,[①]1940年11月三通书局出版,收入"三通小丛书"。库普林是俄国批评现实主义的最后代表之一,受到托尔斯泰、契诃夫和高尔基文学思想的影响,其作品多以亲身经历为题材,以现实主义笔法揭示沙皇军队的腐败和资本主义社会的罪恶。他善于通过细腻的心理描写,塑造鲜明的人物性格,解释社会矛盾,烘托环境气氛。这部小说写的是小职员的爱情悲剧,其格调哀婉,富有诗意。正是由于刘大杰的翻译,库普林这位俄国文坛的巨擘之作品也陆续进入了中国。

除此之外,早在1928年1月15日,刘大杰还翻译了《狐医生——俄国民间故事》,刊《文学周报》第299期"世界民间故事号";1929年,刘大杰翻译了俄国作家索多伯格(H. Soderberg)的小说《皮外套》,刊《长风》杂志第6期。

三、周扬与俄苏文学翻译

民国时期,在俄苏文学译介方面,周扬(周起应)自然是一位非常重要的译家,而且他翻译的又是俄罗斯文学史上举足轻重人物的作品。

1931年7月10日,《青年界》第1卷第5号为纪念陀思妥耶夫斯基逝世50周年,开辟专栏,发表了"作家介绍:杜思退益夫斯基",其中有郑慎斋作《杜思退益夫斯基像》(彩像)、适夷译《杜思退益夫斯基》(脱拉耶夫斯基著)、傅玉符译《杜思退益夫斯基年表》(依Y. Tchechichin氏原编),另外还

---

① 江森译作《绿宝石手镯》(名山书局1948年版)。

特别发表了周扬署名"周起应"节译陀思妥耶夫斯基的《大宗教裁判官》(即《卡拉马佐夫兄弟》中的最重要的篇章——《宗教大法官》),这是陀氏一生中思想与艺术的总结性作品。书中"宗教大法官"一章最为出彩。从表面看,这个故事游离于小说基本情节之外,却是全书的关键部分,表明作者本人对这个世界以及宗教的批判和对于人类前途的看法,哲学意味深刻,也是区别于一般通俗小说的关键所在。周译可以说是国内较早译介的陀思妥耶夫斯基作品,也是首次翻译陀思妥耶夫斯基的这部作品。陀思妥耶夫斯基此作品直到26年后(即1947年)才有耿济之的四卷全译本(题作《卡拉马助夫兄弟们》,晨光出版公司版)。

20世纪20、30年代之交,中国出版界掀起了一股红色出版潮。此间,周扬先后翻译了一系列俄苏文学作品,从而成为这一潮流的积极推进者。1928年,周扬大学毕业后东渡日本留学。1930年,他回国居住上海,从事写作和翻译,这年6月,他翻译了亚历山德拉·柯仑泰(A. M. Kollontai)著《伟大的恋爱》,水沫书店出版,署名"周起应";全书分14章,无序跋。作者柯仑泰出身于一个沙俄将军家庭,但很早已信奉马克思主义,曾经加入社会民主党,致力于社会改革,后加入布尔什维克(列宁亦很器重她,认为她是一位杰出的演说家和政论家),"十月革命"后曾任社会保障人民委员,后长期在外交部门任职,出任过几个国家的大使,是苏联第一位女外交家,也是世界上第一位女大使。她的作品以表现性解放为主题,其本人对待性关系也持自由态度,是"一杯水主义"的倡导者,因而在苏联受到正统批评界的攻击,1927年以后,她的小说便不再出版。有意思的是,她的书在苏联成为禁书之后,在中国却大行其道,流行一时。仅这部《伟大的恋爱》,同年还由李兰(蔡咏裳)译出,亦题名《伟大的恋爱》,收入《姊妹》和《三代的恋爱》合编,1930年10月现代书局出版;而早在1928年10月,沈端先(夏衍)也翻译了她的中篇小说《三代的恋爱》和《姊妹》,合编为《恋爱之路》。她的长篇小说《赤恋》1929年7月亦由杨骚译出;同年,杨骚又根据日文本重译。周扬所译是柯仑泰恋爱三部曲中的第三部。这部小说反映了苏联初期人们的生活,而这也正是各国人民很想了解的。同时,"革命加恋爱在那个时代又是很走俏的题材,这就是柯伦泰的恋爱三部曲何以会有许多国家的译本和在中国有多种中译本的缘由"。①值得指出的是，1934年2月，周译该书被国民党政府列为查禁书籍，理由是宣扬"普罗文艺"。②

周扬从20世纪30年代就开始向我国文艺界介绍马克思主义文艺理论，他在1932年11月号《现代》杂志第4卷第1期发表的《关于社会主义现实主义和革命浪漫主义》就是把当时苏联社会主义现实主义创作方法介绍到中国来的最早的一篇文章。文中还向中国作家介绍了1932年举行的苏联作家同盟组织委员会第一次大会的盛况，批评了"拉普"提出的"唯物辩证法的创作方法"的口号，阐释了苏联文艺界新提出的"社会主义现实主义"的口号的基本内涵。与此同时，周扬还对苏联文学做了较为集中的译介。

20世纪30年代初期，周扬首先就翻译作品发表过一些评论。如在1931年，曹靖华翻译了苏联作家绥拉菲摩维奇的《铁流》（三味书屋版），在鲁迅的亲切关怀和帮助下得以出版。此时，周扬以"起应"笔名撰写了《绥拉菲莫维奇——〈铁流〉的作者》，文中强调，对这篇小说的正确解读应该是作者"很精彩地表现了群众的光荣的斗争生活，书中的英雄也只是这群众的集团的希望和毅志的表现而已"。他称颂作者"在普洛文学建设的途上筑了世界史的纪念碑"。③由于周扬等人的推介，该作也引起"左联"领导的普遍重视，从而使《铁流》"成为中国左翼文学的一个范本"。④

1932年是周扬译作出版的一个丰收年。这年1月10日，周扬与在上海北四川路邻近的周立波合译了苏联顾米列夫斯基（Lev Goomilevsky）著《大学生私生活》（原名《狗胡同》），上海现代书局出版；除《译者的话》外，内收"第一部，九点钟以后""第二部，聪明的人们"和"第三部，始末"。它反映了苏联早期学生、教师和社会其他阶层的生活，但过多地写青年人的性生活。当年生活书店是将此书与《初恋》（高尔基著、穆木天译）、《伟大的恋爱》（柯伦泰夫人著、李兰译）、《没有樱花》（罗曼诺夫著、蓬子译）一起，作为新性恋爱问题的四部名著出版的。

---

① 倪墨炎：《周扬早期的译著》，《现代文坛内外》，上海：汉语大词典出版社，1998年，第112页。
② 张克明辑录：《第二次国内革命战争时期国民党政府查禁书刊目录（1927.8—1937.6）》，《出版史料》第3辑（1984年），第134页。
③ 《文艺新闻》第31号（1931年10月）。
④ 李今：《二十世纪中国翻译文学史·三四十年代·俄苏卷》，第168页。

该书是他们根据美国先锋出版社出版的雷杜（N. P. Wredeu）英文本转译的，并参照了黑田辰男（1902～？）的日译本。"遇着两种译文略有出入之处，则全依英译；只有每章的标题是依照日译的，因为日译比较醒目一点。"小说讲述革命过程中的许多"苦恼"：粗浅的唯物论的见解，对于很复杂的人际关系和心理的动物学解释，以及"直接法的恋爱"的横行，让主人公卷入了不幸的爱恋旋涡之中，最终酿成堕胎和枪杀的悲剧。在这期间，隐含着热情与憎恨，秘密的烦恼与个人的野心。因这部小说有点儿歪曲苏联当年的生活，描写青年大学生不去关心热火朝天的革命和建设，不去勤奋学习，而是沉溺在淫乱之中，所以译者在《译者的话》中说："书中的人物卷入了爱欲的漩涡，终而至于酿成堕胎的枪杀的惨剧。这种现象虽是发生于苏俄的新会的一隅，但是这只是新兴文化的过渡期的现象；这是一部分的，而不是普遍的；这是革命的过程中的许多的'苦恼'之一，而绝不是革命的归结和理想。"当年《现代》创刊号曾刊出该书的广告，称它为"新性恋爱问题的伟大名著"，其中说道，"这是一部标识最高急进的性道德的小说。在这里面，有淫荡炽烈的爱欲描写，大胆赤裸的闺房光景的可惊的展开，而谋害自杀的悲剧结果，而最后指示出一种健全的同志结合为基础的恋爱理论。意识正确，风格新颖，译笔亦忠实流畅。"该书1932年10月再版，1933年3月10日第3版，三个版次共印4000册。2018年11月北京三联书店再版。

1934年7月10日，周扬翻译了伊连科夫的《焦炭，人们和火砖》，以"周起应"之名刊《文学月报》第2号。

1934年8月1日，周扬还翻译了奥列沙的《樱桃》，以"周笕"之名刊《文学月报》第3卷第2号；1935年9月，生活书店编译所编辑了《二十六个和一个》，生活书店出版，收入"文学翻译小说选"，其中收有"周笕"译莱莫诺夫著《伊凡的不幸》。

1935年至1936年，周杨对伊扎克·巴别尔（Issac Babel）的作品进行了一系列翻译。巴别尔是俄国犹太裔小说家、戏剧家，曾被高尔基称作"俄国当代最杰出作家"。1935年3月1日周扬翻译了穆布里特（G. Munblit）的《巴别尔论》及巴别尔的《路》，刊《文学》月刊第4卷第3号；1935年8月，周扬根据英文版辑译了以巴别尔这部同名小说命名的小说集《路》，重庆文学出版社出版，生活书店总经销，收入《小型文库》。这是一部苏联现代短篇小说集，内收莱奥洛夫的《伊凡的不幸》、巴别尔的《路》、塞尔吉夫晋斯基的《爱情》、奥列沙的《樱桃》、皮涅克的《结晶》、潘菲洛夫的《焦灰，人们和火砖》、卡维林的《启耳基兹人的归来》和埃尔特堡的《我们在铸着刀子》。正如该书《后记》所说:"这里收集的都是现代苏联作家的作品，它们的主题的内容是复杂多歧的，作者们的描写的手法也是各式各样，但是全体地说来它们都是立在相当高的艺术水准上的东西。"①

这其中，莱奥诺夫（L. Leonov）的《不幸的伊凡》继承了作者爱写"小人物"的一贯作风，展现了小人物是如何被历史车轮所压碎的悲剧；巴别尔的《路》是一篇技巧十分优秀的内战时代的故事，其主题反映的是一位柔弱的戴眼镜的知识分子与一群野蛮粗暴的士兵之间的冲突；塞尔吉夫普斯基（S. Sergeiv-Tesensky）的《爱情》的优点在于很巧妙地描写了主人公的寂寞的心理；奥列沙（I. Olesha）的《樱桃》显示出作者的艺术才能和别致的风格；皮涅克（B. Pilnyak）的《结晶》是一篇以集体农庄突击队为题材的速写之作；潘菲洛夫（I. Panfilov）和伊连珂夫（V. Ilienkov）合著的《焦煤，人们和火砖》写的是突击队为建筑焦炉而斗争的故事；卡维林（V. Kaverin）的《启耳基兹人的归来》写的是落后民族在社会主义建设中的发展；屈莱迪珂夫（Tretiakov）的《我们的铸着刀子》选自《中国的故事》，这部集子写出了具有各种社会矛盾的现代中国的真相，曾博得罗曼·罗兰的深深赞许。总之，"它们的主题的内容是复杂多歧的，作者们的描写的手法是各式各样的"，并体现了"相当高的艺术水准"。② 这样的介绍自然使中国读者读来更感亲切。该书1941年再版。

1936年，时任"文委"书记的周扬，为了生计，接受了生活书店郑振铎主编的《世界文库》之邀，开始翻译列夫·托尔斯泰小说艺术的巅峰之作——《安娜·卡列尼娜》。早在周扬之前，1917年，中华书局曾经出版过陈家麟、陈大镫翻译的《婀娜小史》，后被归入"言情小说"，收入"小说汇刊"，分四

---

① 周扬:《后记》,[苏]巴别尔著:《路》,周扬译,重庆:文学出版社,1936年,第126页。
② 周扬:《〈路〉后记》(1941),载缪俊杰、蒋荫安编:《周扬序跋集》,长沙:湖南人民出版社,1985年,第7页。

编八册。这个版本到1930年已经出了四版，是20世纪30年代之前流行的译本，可惜这个版本是文言译文。因此，出版白话新译本可以说是一项填补空白或带有革命性的工作。自从"两个口号"争论结束之后（1935年底，中共中央制定了抗日民族统一战线方针，以上海为中心的党所领导的革命文艺界曾就如何建立文艺界抗日民族统一战线问题展开过一次争论，即"国防文学"与"民族革命战争的大众文学"两个口号的争论，周扬正是"国防文学"口号的首倡者。①）周扬不再担任"文委"书记，这使他能够有充分宽裕的时间来从事翻译。很快，上册（第1至4部）于1937年3月由桂林文学出版社出版，署名"周筧"；该书同时由生活书店出版，署"周筧、罗稷南译"。②1946年11月由生活书店出版，译者署"周筧、罗稷南"，标五幕剧；1947年1月生活书店胜利后1版。可惜的是，周扬仅译完下册的第6部第3节，抗日战争就爆发了，不久，他便带着家人去了延安，而使《安娜·卡列尼娜》下册的出版搁浅。此书虽然仅出上册，但对于中国读者的影响却很大，翘望下册面世的不知有多少读者。为了酬答读者，《文艺生活》编者司马文森还特约宗玮将小说描写安娜最后的悲剧性结局部分，即第7部的最后9章译出，题为"安娜·卡列尼娜之死"，刊《文艺生活》1942年的第2卷第2期。1943年战时桂林出版了宗玮译本上、中、下三册，后来生活书店又约请罗稷南（1898～1971）接着周扬续译完《安娜·卡列尼娜》，所以下册由周筧和罗稷南共同署名。1947年3月，生活书店胜利后二版，上、下册。当初周扬翻译时，根据的是加内特和毛德两种英文译本转译的，他的译文既忠实于原著，又相当流畅，明显地高于30、40年代的中译本。而罗稷南或许是因为依据的版本不同，或许是翻译风格不同，与原作颇有出入。所以，1956年12月人民文学出版社再版此书时，不仅约请周扬做了一些修改，还请谢素台从第2册第6部第4节至全书结束重新译出。人民文学出版社出版的《列夫·托尔斯泰文集》第9、10卷收入的就是周扬与谢素台的译本，并由磊然根据莫斯科

---

① 中国社会科学院文学研究所现代文学研究室编：《中国文学史资料全编现代卷46"两个口号"论争资料选编上》，北京：知识产权出版社，2010年，第1页。
② 罗稷南（1898～1971），云南顺宁人，1923年毕业于北京大学哲学系。他是《马克思传》的译者，还翻译过高尔基的《四十年间》《没落》和《狗胡同》（改名为《大学生私生活》）。

国家文学出版社《列·托尔斯泰二十卷》第8、9卷做了细致的校订。这个版本以后多次重印。

1936年6月10日,周扬还翻译了苏联潘菲洛夫的《田野的姑娘》,刊《光明》半月刊第1卷第1期。

此后,时任边区教育厅厅长、延安大学校长的周扬,按照党中央的批示,于1945年底、1946年初带领延安大学全校师生到东北解放区工作。周扬此时被任命为华北联大副校长,随后又任晋察冀中央局宣传部长。他从张家口前往北平,在文化界开展统战工作。延安文艺座谈会以后,周扬一直在"努力使自己做毛泽东文艺思想、文艺政策之宣传者、解说者、应用者",形势的发展,使他迫切地感到有必要把这些创作成果集中起来,向全国予以介绍。于是在1945年4月,周扬在工作之余,以"周筧"署名,根据英文转译了高尔基的长篇小说《奥罗夫夫妇》,生活书店推出复兴1版,为《高尔基选集》之七,计131页,印1000册。全书共9个章节,无序跋;1946年6月同书改名为周扬译,生活书店出版,162页;1947年4月再版,87页。

最后值得一提的是,除了从事翻译活动外,周扬还对赞助翻译事业做出了贡献。典型的是1939年2月16日由他担任主编在延安创办了《文艺战线》杂志,该刊虽然只出了6期,其中就有4期刊登过译文,而且又以俄苏文学为主,分别是沙克夫译爱伦堡的《在法西斯蒂西班牙》《真理》和 G. 勃洛甫曼的《苏联文学当前的几个问题》,周而复译《一个美国记者论中国未来的战争小说》,以及温钊汉译艾利赫·卫乃特的《巴萨那之夜》,等等。

四、周立波与俄苏小说翻译

民国时期,益阳人周立波在从事文学理论批评的同时,对译介外国文学作品也抱着很大的兴趣,而且他的译介又有着明确的目的。他认为:"在目前的中国,用世界的优秀作品,尤其是苏联的制作,来使我们文艺的土壤更加肥沃的工作,十分必要。"[①] 换言之,周立波当时译介外国文学作品,就是要为

[①] 周立波:《一九三五年的中国文坛回顾》,《周立波三十年代文学评论集》,上海:上海文艺出版社,1984年。

中国现实的文艺思想和革命文学运动提供可资借鉴的文学资料和创作经验，借以促进中外文化交流。

自 20 世纪 20 年代起，周立波开始从事文学翻译活动，而且又是从俄苏文学翻译入手的。1928 年 3 月，周立波随同乡周起应夫妇来到上海，投身上海工人运动和左翼文艺运动。是年秋，他考入湘人易培基任校长的上海劳动大学就读，期间，他以"周绍仪"之名从英文本转译了苏联皮尔尼阿克的小说《北极光》，刊《摩登月刊》第 1 期。此外，除了前面提到的他与周扬合译的《狗胡同》（又名《大学生私生活》）外，还先后翻译过苏俄作家肖洛霍夫、普希金等人的作品，同时也翻译了其他国家一些作家的作品。仅 1934 年至 1937 年，他参加"左联"活动的两年多时间，除了在报刊上发表了大量阐述文学理论问题和评介中国左翼作家及作品、外国作家及其作品的文章外，还翻译了近百万字的外国文学作品。自 1937 年他离开上海，到 1939 年底去延安这两年间，他还为美国进步作家史沫特莱和美国驻华使馆参赞卡尔逊做翻译，并担任战地记者，后任鲁迅艺术学院编译处处长，被誉为"青年翻译家"。[①] 由于周立波并不懂俄文，他在翻译俄苏文学作品时，主要是依据英文，同时参照日文本，但这种转译并不影响他翻译的质量。

1930 年，周立波根据英文与周扬合作转译了苏联作家顾米列夫斯基（C. Goomilevsky）的长篇小说《大学生私生活》，题作《狗胡同》，署名之一是"立波"。这是翻译家兼作家周立波第一次使用"立波"的笔名，是英文"liberty"（自由）的音译。该书于 1932 年 1 月 10 日现代书局印行。1932 年，周立波在上海参加了罢工领导工作，在张贴传单时被捕。在经过两年半的铁窗生活之后，他更感到自由的可贵，更坚定了为自由而战斗的决心。他于 1934 年出狱后参加了"左联"，并加入了中国共产党。此后，为了配合中国共产党的文艺宣传活动，他将很大一部分精力投入到外国文学翻译上来。

总的来说，在周立波的翻译生涯中最重要的一部作品是他译梭罗诃夫

[①] 1945 年日本投降后，周立波于次年奉延安新华社电令，赴汉口做新华社驻汉口记者，兼做翻译工作。后来他被派到北平、承德等地任军调部我方代表团英文翻译等职。参见邹理：《周立波传略与生平大事记》，邹理、姚时珍：《百年周立波》，第 2、9 页。

(M. A. Sholokhov，今译肖洛霍夫)的名著《被开垦的处女地》，而且该作所体现的苏联社会主义现实主义精神对解放区产生了最直接的影响。1936年11月，周立波翻译的《被开垦的处女地》由生活书店出版，收入"世界文学名著译丛"，译者署"立波"。这部译著充分体现了译者对自由和民主的追求。据1937年版《生活书店图书目录》介绍该书时称："这是苏联社会主义建设的期间的一首伟大的叙事诗。……这书不但像拉狄克所说的是苏维埃文学的一个胜利，同时也是现代世界文学的一种优异成功。"[1]

1930年，苏联人民开始农村的社会主义改造，消灭富农阶级，全盘集体化在农村迅捷而猛烈的展开，肖洛霍夫亲身投入这场运动，踏着这些事件的鲜明足迹，迅速地写下《被开垦的处女地》第一部，不久后又完成第二部，随即在苏联产生广泛的社会影响。《被开垦的处女地》讲述的是顿河流域的土地改革和集体化运动，原来的革命水手、列宁格勒梯洛夫工厂五金工人、共产党员达维多夫，受党的委派来到格内米雅其帮助消灭富农，纠正执行政策的错误，发动群众，识别暗藏在革命队伍中的富农，整肃纪律，健全了集体农庄。它展现的是苏联农村社会主义改造的场面，比中国的土地改革早了10年，合作化早了15年。而此间中国百姓还生活在"'含泪'的'过去'。"作者文采绚丽，修养深厚，是当时苏联重要的作家之一，获得过斯大林文学奖。翻译这部让译者"时常感到它有一种温味的和谐的微笑"，是"一种尽心尽力的生活的欢愉"[2]的书，显得不合时宜。但是，因受"左联"成员"见到是苏联的作品就翻译"[3]的影响，同时在"左联"领导的鼓励和帮助下，周立波便于1935年开始翻译这部书。由于他不懂俄语原文，只能靠英文本转译，再参照日文本。最初他所依据的英译本是莫斯科"苏联外国工人合作出版社"出版的本子，日译本是上田进(1907～1947)译本，这两个译本其实都不理想。1936年，他得到《世界文库》的赞助，又找到加里(Stephen Carry)新的英译本和米川正夫(1891～1965)的日译本这两种比较完善的译本，便开始重新

---

[1] 《生活书店图书目录》，汉口：生活书店汉口分店，1937年，第36页。
[2] 立波：《〈被开垦的处女地〉译后附记》，上海：生活书店，1936年，第325～326页。
[3] 周扬：《关于周立波同志的一些情况》，李华盛、胡光凡编：《周立波研究资料》，长沙：湖南人民出版社，1983年，第99页。

翻译，同时还参考了莫斯科的英译本。经过四个月的紧张翻译，终于译出这部 30 多万字的小说。在翻译过程中，他先后得到周扬、杨骚和林淙等人的许多帮助，这些友人或是为其校阅，或是帮助其赶译，特别是周扬对全书从头到尾校阅一遍，这样就使这部书更快更好地得以出版。该书于当年 11 月由生活书店出版，为精装本，这也是肖氏该书的第一个中文译本。虽然数日前曾有另一译本——《开拓了的处女地》（李虹霓译，太平洋印刷公司版）问世，但其影响远不及周立波译本。周译该书后于 1937 年再版，1943 年桂林文学出版社出版，1946 年 4 月推出抗战胜利后第 1 版，1947 年由冀中新华书店翻印，1948 年生活书店重印。周译文笔清丽流畅，既是翻译，又是再创作，是意译的成功范本，为中国广大读者提供了一部苏联农村实现农业集体化过程的形象史，使大家看到了顿河地区千百万农民经过农村社会改造后在生活方式、思想和心理方面所发生的异常深刻的变化，从而激发起人们对中国革命美好前景的向往和追求。周立波的这篇《附记》可以说是代表了中国人民的这种心声，"这部长篇小说的结构和情节模式，成为经历了与苏联相似的农村大变革运动的解放区作家最现成的范式"。[①]身为译者，周立波明显地受到了这部作品的影响，无论是反映东北地区轰轰烈烈的土地改革运动的《暴风骤雨》（1948），还是反映湖南乡村在合作化运动中发生深刻变化的《山乡巨变》（1960），其主题都与《被开垦的处女地》相似。《暴风骤雨》俄译本的译者之一 B. 卢德曼娜认为，周立波对肖洛霍夫的《被开垦的处女地》之翻译，"给作家以后的全部的创作产生了巨大的影响"；她特别指出，"作者有意识地给他们中的若干人赋予了肖洛霍夫的主人公的特征。"[②]而在解放区，另一位湖南作家丁玲的《桑干河上》亦深受《被开垦的处女地》的影响，这点已得到人们的证实。[③]1954 年，周译该书又经译者重校后，由作家出版社出版。而在 1949 年 4 月，周立波还翻译了苏联列兹内夫所作《梭罗柯夫论》，发表在沈阳《文学战线》月刊第 2 卷第 2 期，向国人继续介绍肖洛霍夫的思想及

---

① 李今：《二十世纪中国翻译文学史·三四十年代卷·俄苏卷》，第 199 页。
② B. 卢得曼娜：《〈暴风骤雨〉俄译本第一版前言》，参见胡光凡编：《周立波研究资料》，长沙：湖南人民出版社，1983 年，第 360～362 页。
③ 有关论述参见范伯群、朱栋霖主编：《1898—1949 中文文学比较史》，第 1173～1178 页。

其创作。

　　除了翻译肖洛霍夫的作品外，周立波还翻译了俄国另一位重要作家的作品，那便是著名诗人、小说家及现代俄国文学的创始人普希金。1937年是普希金逝世一百周年的纪念年，普希金也因此在中国获得广泛的传播，用罗果夫的话来说，从这一年起，"这位诗人的节日才初次被广泛地纪念着"，[①]出版了一批纪念专刊和作品集。这年2月，周立波以"立波"之名从英文翻译了普式庚（即普希金）的中篇小说《复仇艳遇》（又名《杜布罗夫斯基》），生活书店出版。这是此次百年纪念活动的产物，这是周立波在1935年前后应《世界文学》主编郑振铎之约从英文本转译的，但因《世界文学》改变计划，这部书的译稿一直搁着，直到普希金逝世一百周年才由生活书店初版。周立波曾撰写一篇较长的译者序言，对普希金的文学成就和创作思想作了相当全面的介绍和评论。《复仇艳遇》写的是一个破落贵族出身的青年侠盗在复仇的过程中充满浪漫主义色彩的爱情故事。近卫军少尉杜布罗夫斯基的父亲得罪了退役上将特罗耶库洛夫而家道中落，杜在父亲病故后，出走他乡，落草为寇，劫富济贫。后来他却爱上了仇人的女儿玛莎，于是"为了爱，他原谅了他的家仇和情敌，而且停止了反对不正的社会的腐败和地主制度的斗争"。由于玛莎被迫嫁与他人，心灰意冷的杜解散了部属，只身离开俄国。周立波对这个典型人物的社会意义作了精辟的分析："安那基式的反叛，化为了爱情无上的容忍。这是普式庚时代解决社会矛盾的方式，而这方式是多少带着一种黑暗时代的凄凉的。"这篇序言以"普式庚的百年祭"为题，同时发表在1937年2月1日《现世界》半月刊第1卷第12期，是周立波当时研究外国作家作品的一篇力作。该书1940年重庆生活书店再版；1946年4月生活书店胜利后第1版，更名为《杜布罗夫斯基》；1950年、1981年分别由三联书店和群众出版社重印。

　　除此之外，周立波还有一些零星的俄苏文学翻译作品发表，其中包括：1930年他署名"周绍秋"翻译皮尔尼阿克的小说《北极光》，刊《摩登月刊》

[①] 罗果夫：《普希金纪念碑在上海》，罗果夫主编：《普希金文集》，上海：时代书版出版社，1947年，第351页。

第 1 期；1936 年 3 月 24 日，他署名"立波"翻译 V. 吉尔波丁所作《多勃洛留波夫诞生百年纪念》，①刊《时事新报》副刊《每周文学》；1938 年 11 月 1 日他以"立波"之名翻译柯尔佐夫的《意大利法西斯蒂在瓜达拉哈拉的遭遇》，刊于同月 5 日武汉中华全国文艺界抗敌协会创办的《抗战文艺》第 2 卷第 9 期；1939 年 7 月 31 日，他又以"立波"之名翻译高尔基、阿·托尔斯泰等所作《河上》，刊于桂林《工作与学习·漫画与木刻》第 5 期；同年 8 月 17 日，他翻译亚历山德洛夫的散文《歌曲在苏联红军中》，刊于重庆《新华日报》；1940 年，周立波署名"立波"翻译《萨尔托克夫·西溪德林》，刊于桂林《抗战文艺》第 1 卷第 1 期；等等。

1939 年，时值周立波在桂林编辑《救亡日报》期间，他还译毕早在武汉就开始翻译的苏联报告文学集《白海运河》一书，可惜译稿在桂林毁于日寇的炸弹，未能出版传世。②

五、田汉与《复活》之编译

在俄苏文学翻译方面，田汉也有不俗的表现。首先是他对俄国盲诗人、童话作家爱华希理·爱罗先珂（Vasili Eroshenko）的译介。爱罗先珂童年时因病双目失明，曾先后到过日本、泰国、缅甸、印度，1921 年在日本因参加"五四运动"游行被驱逐出境，后辗转到中国。早在 1921 年 8 月中旬，田汉翻译了爱罗先珂的童话作品《狭的笼》，该作是《天明前之歌》中的首篇，写的是一只不愿做笼中奴隶的老虎，为同类获得自由而奋斗的故事，它表达了作者追求自由、渴望解放的思想。这是作者漂流印度时的感想和愤激之结果，据作者自己说：这是一篇用血和泪写就的作品，其目的是要把作者的生活艺术"介绍给国中有血有泪之少年"。这比鲁迅同年 9 月 16 日翻译该作又早了一个月。③该作后来收入 1922 年 5 月泰东图书局推出的《蔷薇之路》。

---

① 多勃洛留波夫（N. A. Dobrolynbov），现通译杜波罗留波夫，系 19 世纪俄国文艺评论家和革命思想家。
② 姚时珍：《暮春时节访桂林》，《百年周立波》，第 196 页。
③ 鲁译刊《新青年》第 9 卷第 4 号（1921 年 10 月）。

1932年，为了纪念高尔基创作40周年，田汉根据他的同名小说改编创作了独幕话剧《母亲》，发表于1935年8月北京《晨报》副刊第341期。原作出版于1906年，是高尔基最优秀的作品之一。它描写的是老钳工伊尔·弗拉索夫的一生及其儿子巴维尔的变化，通过这一家的遭遇表现了工人阶级如何从自发走向自觉的过程，其中母亲尼洛夫娜的觉醒过程充分表现了广大群众在党的教育下必然走向革命道路的历史趋势。该作第一次塑造了具有社会主义觉悟的无产阶级英雄的形象，是苏联社会主义现实主义文学奠基之作。这样的作品对于正处于革命低潮的中国无疑具有鼓舞斗志的作用，故而田汉把它翻译过来，其目的显然是在唤起人民觉醒。

当然，田汉在俄苏文学编译和改编方面最值得一提的是他把俄国伟大作家列夫·托尔斯泰的著名长篇小说《复活》改编成剧本，该剧本在中国曾不止一次被搬上舞台，影响持久。

田汉改编的多幕剧《复活》，自1933年6月30日起在《晨报·晨曦》开始连载，剧名下署"六幕社会剧"，仅发表第一幕及第二幕一部分，于8月2日后停载。[①] 1936年4月12日，田汉发表了《我为什么改编〈复活〉》一文，简述了改编此剧的经历。在改编过程中，他并没有原封不动地照着托翁的思想去搬演《复活》，而是"批判地去介绍"托尔斯泰。他从人们咒骂的托尔斯泰的人道主义中发现了托翁的"伟大的良心"，他认为还很少有人能像托尔斯泰那样有"这样深厚切至"的"对于不正的憎恶感和对于不幸者的同情心"，他"虽然不甚理解革命，但他却是那样热心追求社会恶的来源"，"因此，托尔斯泰的艺术，如若能够多少扬弃其原始基督的封建残余，以及贵族残余缺点，对于我们仍是极有益的精神食粮"。从田汉这篇文章中，我们可得知，他当时还从事过其他几部俄苏文学作品的改编工作，因为他说过：如可能的话，自己想继续"完成着手过的高尔基的《母亲》和雨果的《哀史》，陶斯杜耶夫斯基[陀思妥耶夫斯基]的《罪与罚》的改编工作"。[②] 总之，田汉改编此剧，就是要寄寓反抗黑暗统治的思想和情绪，倾泻内心的革命感情，

---

① 亦载1936年1月12日和20、22日《新民报·新园地》。
② 《新民报》副刊《戏剧与电影》（1936年4月12日）。

并激励人民群众投身民族救亡运动的热忱，这样通过剧本将个人的命运与全民族的命运联系起来，从而突出了只有通过斗争才能获得自由、解放的主题。在改编过程中，田汉本着"保存其中的优点而扬弃其缺点"的宗旨，同时也充分体现改编者自己的创作风格。剧中通过涅赫留道夫的描写强调了贵族阶级的忏悔精神，通过对卡秋沙的描写强调了妇女解放自己的重要性，通过有意识地突出几位波兰爱国青年的形象，着力歌颂他们崇高的爱国主义精神和为反抗俄国占领者而英勇不屈斗争的高贵品质，从而赋予了该剧以浓厚的时代气息。1936年1月，在纪念托尔斯泰逝世25周年之际，田汉在南京确定将《复活》作为中国舞台协会第三次公演的剧目，于是着手继续进行几年前业已开始的改编工作。期间，田汉对剧本的立意有了新的考虑，便又"从头写过"。[①] 这一工作于当月完成，当月12日南京《新民报》开始连载他改编的《复活》。4月17日，中国舞台协会在南京世界大戏院首次上演他改编的《复活》，这是继他将《卡门》搬上舞台后又一次"藉外国故事来发挥革命感情影响中国现实"。[②] 改编者借剧中人物之口，传达出他抨击国民党的反动统治，要求每一个人拿出良心来救国的心声，正如他自己所说："这个戏的演出目的不只在于纪念托尔斯泰，而在于通过或假借托尔斯泰的人物说出我们要说的话。在白色恐怖严重的日子里，写外国故事的戏跟写历史剧有同一战斗作用。"[③] 这部戏的上演，在当时产生过较好的社会影响，社会反响十分强烈，[④] 其演出收入也最终帮助中国舞台协会偿还了以往积欠的债务。同年9月，该剧由杂志有限公司以铅印本正式出版；1957年1月，该剧又由中国戏剧出版社出版了单行本。夏衍后来称赞它"是非常成功了的剧本"；[⑤] 当年杂志无限公司在《廉价书目》推荐中也介绍过此书：

  田汉新编《复活》（六幕剧），实价五角。田汉先生是中国戏剧界的

---

① 张向华：《谈田汉改编的〈复活〉》，《上海戏剧》1983年第2期。
② 田汉：《卡门·后记》，《卡门》，北京：艺术出版社，1955年，卷末。
③ 田汉：《复活·后记》，《田汉全集》编委会编：《田汉全集·文论》第16卷，2000年，第360页。
④ 关于该剧改编情况，参见倪蕊琴：《从托尔斯泰的长篇小说〈复活〉到田汉、夏衍的同名剧本》，载《列夫·托尔斯泰比较研究》，上海：华东师范大学出版社，1989年。
⑤ 夏衍：《改编〈复活〉后记》，刘厚生、陈坚编：《夏衍全集·戏剧剧本》上册，杭州：浙江文艺出版社，2005年，第73页。

权威之一。他的作品《田汉戏曲集》五集,①曾经销行过二十万部。近年来不多著作,今春始应中国舞台协会之请,编制托尔斯泰的《复活》,在南京演出,连演十日,均告满座,其价值已可想见矣。兹将本剧重加修订,由本公司刊行,俾全国从事戏剧运动者得一读其剧词为快也。②

除了改编《复活》之外,田汉还翻译了《托尔斯泰年谱》,连载于1936年2月14日和15日《新民报·新园地》;同年3月30、31日和4月1、2日,该刊分别刊登了他为话剧《复活》写的插曲歌词《怨别离》《莫提起》《望乡曲》和《喀瞿沙》;同年9月16日,插曲《怨别离》(贺渌汀作曲)又刊《明星半月刊》第6卷第3期;1948年8月1日,《新文苑》第5期《海内外》第2期还刊登了《德米特里》(《复活》之插曲),由田汉译词,张定和谱曲。

六、萧三与俄苏文学翻译

现能考证到萧三翻译的俄苏文学第一篇作品是在1923年他进入莫斯科大学中国班之后,这年,他与谢文锦合作翻译了一首苏联革命歌曲《光明赞》。而他较为集中地推出翻译作品是在延安时期,那时候,他除了经常担任口译工作外,还凭借自己的俄语优势,比较集中地投入到俄苏文学作品的译介。

首先是对马列主义文艺理论的译介。1940年8月25日,萧三翻译了加里宁(M. Kalinin)的讲座文章《论艺术工作者应学习马列主义——列宁主义》,刊载于延安《中国文化》第1卷第6期。

1941年是延安文化界意义非同平凡的一年。经过数年的酝酿,延安文化界达至极盛,这不仅表现在政策层面,亦体现于日常生活之中。至此,大批文化名人先后进入或保持了自己在文艺创作、文化活动中的丰收阶段,日后这些在共和国的历史上影响至深。此间萧三自然也积极地投身于这一活动

---

① 1934年2月,该集曾被国民党政府列为查禁书籍,理由是宣传"普罗文艺"。参见张克明辑录:《第二次国内革命战争时期国民党政府查禁书刊目录(1927.8—1937.6)》,《出版史料》第3辑(1984年),第134页。
② 《上海杂志无限公司第二度邮市廉价书目》,上海杂志无限公司邮购信托部编印,1936年,第4页。

中，他不但创作了一系列的诗歌，而且还有翻译作品发表。鉴于"马列主义关于文化艺术问题的理论的书在中国有系统地介绍以及出版的还很少"，这年5月20日，萧三编译了《列宁论文化与艺术》，刊《中国文化》第2卷第6期。该文是"根据《列宁论文化与艺术》书中内容及伏莱德金纳原序译作"，原作于1938年由苏联国立艺术出版社编印；1943年4月，该译作的上册由重庆读书出版社出版；1947年5月东安东北书店再版；1949年6月山东新华书店初版；1949年9月苏南新华书店出版。全书共10万余字，是译者根据1938年莫斯科艺术出版社编印的同名论文集编译的，内收列宁关于文化艺术问题的言论文章，分为"论文化与文化遗产"和"艺术底阶级性和党性"两部分，包括以下各章：列宁论文化与文化遗产；列宁论艺术的阶级性及党性；列宁关于文化艺术建设的指令及指示；附录"列宁与艺术"包括几篇回忆：高尔基的《V. I. 列宁》、克鲁普斯卡雅的《列宁喜欢的文学作品》、V. 卢那察尔斯基的《列宁论纪念碑的宣传》《关于列宁的回忆》《和列宁谈电影》、蔡特金的《回忆列宁》、彭茨·普列维尺的《列宁与电影》。附录中还摘译了卢那察尔斯基的《列宁与文学论》一书的论述。其中《托尔斯泰像俄国革命的一面镜子》一文为瞿秋白早年所译，曾见于1936年5月鲁迅在瞿秋白被国民党杀害后为他编辑出版的译文集《海上述林》，此次萧三将它直接收入该集，不做重新翻译。另外，书前有萧三所撰《译者的话》以及苏联评论家伏莱德金纳写的《序言》，概述了列宁关于文化艺术的观点。

与此同时，萧三还节译了原书的引言作为本书的序言，这说明他对"引言"的认同。该"引言"阐述了列宁关于文艺的一些思想，从中我们可看到列宁是如何运用经济基础与上层建筑的理论来说明文化的形成、发展及其历史继承性；如何全面论述了社会主义文化的内容、实质及其与文化传统的关系；如何尖锐批评割裂历史的观点，高度评价托尔斯泰等一大批古代文学家；如何热心帮助文艺家，肯定其成就，同时无情批判有害的观点和作品；此外，还对现实主义电影、艺术的阶级性、党性等进行了阐述。

其次是对诗人马雅科夫斯基（V. Mayakovsky）的译介。1940年10月14日，时值马雅科夫斯基逝世10周年，萧三撰写了《正确地认识马雅科夫斯基》这一长篇纪念文章。为了让中国读者更好地了解玛雅科夫斯基，萧三还翻译了马雅科夫斯基歌颂"十月革命"的诗篇:《左的进行曲》《同列宁同志谈话》等,刊于延安《大众文艺》创刊号。短诗《同列宁同志谈话》原作是在1929年列宁逝世5周年的纪念日子里写成发表的,该诗是萧三与李又然合译的。《左的进行曲》则是在苏联"十月革命"后、国内战争开始不久写的,最初发表于1918年;同年12月17日在列宁格勒水手剧场首次公开朗诵,反应十分强烈,随即在广大群众中间传诵一时。他的这一号召,受到保卫社会主义祖国、反抗外国武装干涉者以及白党的革命者的欢迎。1940年4月15日,也就是马雅科夫斯基忌辰的后一日,萧三将该诗发表在《大众文艺》创刊号"马雅科夫斯基逝世十周年纪念特辑"上,并以注释形式就翻译诗歌问题写下一段很有道理的话,"翻译外国诗成中文本是最不容易的事,比译散文体小说困难得多,如果认真,不仅意译,而且求其合于原诗的音韵、拍子、色彩等的话。有些严格的人说,诗根本不能译成外国文,无论怎样译得好,总要'走味'的。这话也有几分真理。"[①]可以说,萧三在译介"苏维埃最有才华的诗人"马雅科夫斯基方面是不遗余力的。

众所周知,马雅科夫斯基早年就支持中国革命,早在1924年,当帝国主义威胁中国革命时,他就写了《不准干涉中国》,对中国人民伸出了声援之手。正因如此,他也赢得了中国人民的好感。1942年8月15日,萧三又以"萧爱梅"之名在延安《文艺月报》第16期发表所译马雅科夫斯基的《最好的诗》,这首诗歌是1927年上海工人在周恩来领导下举行武装起义时特意献给中国人民的。

1942年9月,正值国民党加强对陕甘宁边区实施军事、政治和文化封锁之际,萧三将所译马雅科夫斯基的《怎样作诗》一文由延安寄至桂林的"诗创造社"。原作曾见于1926年《列宁格勒真理报》《东方曙光报》《红色处女地》《新世界》等杂志,是马雅科夫斯基文学批评活动的独特总结,他曾用它来反对诗歌和文学批评中的陈规旧套。这篇文章的一些原理,马雅科夫斯基在同期其他一些文章里还反复提到。当时萧三看到这份杂志将出"诗理论专

[①] 萧三著,陈冰夷、王政明编辑整理:《萧三诗文集·译文篇》,北京:北京图书馆出版社,1996年,第39页。

号"的广告,于是就想到要把这位"我们时代最优秀的诗人"的论文介绍出去。后来"专号"出来了,却未登出这篇译文,觉得很是奇怪。时隔半年后,他接到肤施(即延安)邮局的一封公函,才恍然大悟,原来那篇译稿在西安被扣留了。[①] 众所周知,萧三主张写诗要有相当整齐的节奏和韵律;为了更进一步地说服当时延安诗坛的诗歌工作者和诗歌爱好者,他便将马雅科夫斯基的一些诗篇和谈写诗经验的文章翻译出来,作为借鉴向大家宣讲。这篇译稿后经萧三重新修改,在1959年《世界文学》第4、5期连载完毕;1961年又收入《马雅科夫斯基选集》第5卷。

再次是对苏联戏剧的译介。延安时期,萧三虽身兼数职,但他还是利用业余时间完成了苏联剧作家的几个名剧翻译,包括科尔内楚克(即柯涅楚克)的《前线》、古燮夫的三幕八场诗剧《光荣》等反映苏联卫国战争的作品,这些先后在延安舞台上演出,给广大干部和群众留下了深刻印象。其中影响最大的自然是柯涅楚克的剧本《前线》。

柯涅楚克(A. E. Koniechuke)是苏联乌克兰著名的剧作家,出身于车工家庭,少年时代在铁路上工作过。1929年,他于基辅国民教育学院毕业。1925年起,他开始从事文学创作,一生创作了10多部剧本,除个别采自历史题材外,反映的都是当代的现实题材。《前线》剧本创作于1942年,曾经过斯大林亲自审阅修改,在《真理报》上连载并在舞台上公演,轰动一时,获得了巨大的成功,第二年获斯大林奖。苏联《真理报》《消息报》和《共青团真理报》在同年9月29日同时联合发表以"斯大林奖金获得剧本柯涅楚克的《前线》"为题的社论。剧本尖锐地批判了军事指挥员的保守与宣传报道上的浮夸,塑造了有主见、有干劲的青年指挥员的形象。剧本中讽刺手法的成功运用,给柯涅楚克的创作增添了新的色彩。尤其是剧中人物将军戈尔洛夫和记者客里空的名字,长期以来被人们用来讽刺那些思想僵化、编造故事、阻扰改革之人的代名词。苏联在卫国战争初期吸取了军事上失利的教训,对

[①] 萧三:《马雅可夫斯基在"中国之命运"》,《解放日报》(1943年8月13日);《埃弥·肖致米·雅·阿波列金》(十四),《萧三与米·雅·阿波列金的通信》,《新文学史料》第1期(1994年),第30页。

红军高级指挥员做了较大的调整，据说剧本《前线》对此起到了不小的作用。当时萧三翻译这部剧本，一则看重其文学价值，另则看重其政治价值。由他译的《前线》剧本，于1944年5月19日至26日分8天在延安《解放日报》上连载发表。同年6月1日毛泽东指示《解放日报》发表了一篇题为《我们从柯涅楚克的〈前线〉里可以学到些什么？》的社论，文章高度赞扬剧本"以直接的尖锐的批评来指摘实际"的教育目的。在党中央机关报上专门为一部话剧剧本发表社论，这是相当罕见的，由此足见主流意识形态对它的重视程度。与此同时，电台也向各解放区播发，各地再分别付印，这样就使《前线》成为解放区影响最大的作品。另外，该报还转载了苏联《真理报》《消息报》和《共青团真理报》联合发表的社论的中译文。这些同样在解放区产生了广泛的影响。1944年6月，《前线》在延安新华书店出版了单行本，译文刊出后，受到延安根据地的读者称赞，甚至毛泽东也充分肯定了这个剧本的现实意义。这年7月28日，毛泽东在为中宣部起草的给各地各级党委电报中，郑重地要求把《解放日报》发表的一篇文章，"连同《前线》剧本一道，作为各地党校、军校、训练班、整风班及普通中学以上学校的教材"。① 萧三在翻译《前线》时，十分了解翻译和介绍外国文学作品为工人、农民和战士服务的重大意义，后来延安和各个解放区都拿这个剧本作为整风运动的学习资料。加之《前线》的译文十分通顺、流畅，这也易于为解放区广大读者所接受。为了使读者能够把握剧本的内容，萧三还在译文前加了简单的按语，扼要地说明了故事的梗概。1946年6月，新华书店晋察冀分店又推出修订本。民国时期，柯涅楚克的《前线》先后有过三种译本（另两种分别是林陵[即姜椿芳]译本和刘廖译本），但这中间却以萧三译本流传最广，影响最大。1954年9月，萧三再次对《前线》中译本做了校订修改，并写了《中译本第三版序》，同时将当年延安《解放日报》发表的社论以及转载的苏联《真理报》等三大报的中文译文作为《附录》编排在剧本正文之后，由人民文学社重新排印出版，以期让我们的干部，特别是高级干部从中学到一些东西。

《光荣》剧本的作者是维克多·古燮夫（B. Gucef，今译维克多·古谢夫

---

① 陈晋主编：《毛泽东读书笔记精讲·文学卷》第3卷，南宁：广西人民出版社，2017年，第405页。

或古舍夫),是苏联著名的诗人和剧作家,早年创作诗歌和歌词,出版过几本诗集,颇受读者欢迎。自1935年起,他开始创作戏剧作品,主要诗剧有《光荣》(1936)、喜剧《莫斯科的春天》(1941)等;此外,他还编过喜剧《友谊》(1938)、《莫斯科女人》(1942)、《你的歌曲》(1942)等;同时,他还创作过一些电影脚本,其中最受观众欢迎的有《养猪女和牧人》(1941)和《战后晚上六点钟》(1944)。这些都曾获得过苏联国家奖,1949年后也都曾在中国公映。《光荣》这部诗剧真实而艺术地反映了苏联人民在和平建设时期表现出的高尚社会主义道德和英雄主义气概。苏联许多剧场都上演过这个剧本,不少业余剧团也纷纷排演,上座率一直很高。萧三的翻译始于1939年,译本刊登在1940年10月1日《中苏文艺》第7卷第4期和1943年《学习生活》第4卷第2期;1942年7月重庆文林出版社出版,为中苏文化协会编的"苏联文学丛书"之一;1949年10月天下图书公司重印。

除此之外,1942年4月15日,萧三还以"埃弥"之名翻译了普式庚(即普希金)的《论条虫》,刊于延安《谷雨》第1卷第4期;同期还收有他写的一篇《抗战中苏文艺动态一瞥》。1943年,在得知苏联作家和记者叶甫盖尼·彼德罗夫(真姓卡塔耶夫)牺牲的消息后,他又翻译了一篇特写《什么叫幸福》,刊于《幸福报》。[1]

1946年7月,桂林文学连丛社再版了萧三和周扬等著《高尔基的二三事》,内收《关于学究》(高尔基著,陈适五译)、《关于高尔基的二三事》(萧三)、《一段亲笔题字的故事》([意]麦健多尔著,又燃译)、《重逢》(比萨拉比亚·苏桑娜龙姆著,山屋译)、《大角色》(舒群)、《太阳》(刘白羽)、《郭沫若和他的〈女神〉》(周扬)、《忆东平》(奚如)、《过同蒲路》(何其芳)、《平静早已过去了》(黄钢)等小说、诗歌、散文,共计13篇。

可以说,多年来,萧三对俄苏文学情有独钟,推出了不少有份量的译作,并且都产生了相当大的影响,他也因此在中国现代翻译史上拥有相当重要的地位。

---

[1] 《埃弥·肖致米·雅·阿波列金》(十四),《萧三与米·雅·阿波列金的通信》,《新文学史料》第1期(1994年),第31页。

七、彭慧与俄苏文学翻译

民国时期,在湘籍译家中翻译俄苏文学相对较多的还是著名女作家兼翻译家彭慧(1907～1968),①而且她"也是我国最早直接从俄文翻译俄苏文学的译者之一"。②

据彭慧回忆,自20世纪30年代起,她就开始"读俄国古典作品,涅克拉索夫的诗和柴霍夫的小说是我所爱好的。因而在读得特别高兴时,就把它翻译出来",发表在当时的《文学》月刊、《文学季刊》等杂志上,"这是我的翻译工作的开始"。③那段时期,她和丈夫穆木天"全部摒弃了外边的一切任何职责,专读书译书","而我们以后的能特具兴趣于翻译介绍工作,还是那时奠定的基础。"④1937年8月1日,她翻译了屠格涅夫的小说《海上的火灾》,刊《文学》月刊第9卷第2号;1937年8月,她翻译了俄国解放运动第二阶段最著名的诗人、最杰出的革命民主主义歌手涅克拉索夫(H. Nekrasov)的诗歌《故乡》,收入诗歌丛刊社推出的高寒、覃子豪等著译《开拓者》;1938年12月,她翻译了涅克粒[拉]索夫所作《自由》,发表在昆明的诗歌杂志《战歌》第1卷第4期。抗战开始后,"再也守不住那平静的译读生活了",⑤她的翻译活动也一度被迫停止。

20世纪40年代,彭慧在桂林师范学院教书之余,"恢复译作生活"。这段时期,她的翻译作品也相对较多,一年间,她先后"译了托尔斯泰和柴霍夫[契诃夫]的作品约三十万字的光景",⑥并陆续将一些中短篇发表在杂志上。

---

① 彭慧系中国现代诗人、翻译家穆木天的夫人。彭慧之兄杨德豫、杨德庆都从事英语翻译,杨德豫是以译英语诗歌为主,杨德庆主要是翻译史蒂文生的小说等;其妹夫(即彭淑端之夫)楚图南亦为大翻译家,译有惠特曼诗集《草叶集选》、涅克拉索夫的诗选《在俄罗斯谁能快乐而幸福》、尼采《查拉斯图如是说》以及自传体的《看哪,这人》《希腊神话与传说》等。
② 吴泽霖、邹红:《白桦树·编者按》,吴泽霖、邹红主编:《彭慧先生百年诞辰纪念文集》,北京:北京师范大学出版社,2009年,第349页。
③ 彭慧:《简单的自传》,吴泽霖、邹红主编:《彭慧先生百年诞辰纪念文集》,第11页。
④ 同上。
⑤ 同上。
⑥ 同上。

首先是翻译潘捷列耶夫(L. Panteleev)的作品。潘捷列耶夫是苏联儿童文学作家，也是一位深受俄罗斯儿童喜爱的作家，他的许多作品已成为俄罗斯儿童文学的经典之作，哺育了一代又一代的儿童。1940年4月15日，彭慧翻译了阿舍也夫所作《怎样读玛雅可夫斯基的诗》，刊《文学月报》第1卷第4期；1942年6月15日，她翻译了潘捷列耶夫的童话《致胡佛总统的一封信》，刊《文艺生活》第2卷第4期；同年10月5日，她翻译了潘捷列耶夫的童话《卡尔卢什迦的戏法》，刊《中学生》半月刊第59期；1943年5月15日，她翻译了潘捷列耶夫的报告文学《死胡同里的一所房子》，刊桂林《青年文艺》第1卷第5期；同年，她翻译了潘捷列耶夫的《小姑娘们》，刊桂林《文学译报》第1卷第5、6期合刊。

其次是翻译契诃夫的作品。1943年3月15日，她翻译了契诃夫的短篇小说《想睡觉》，刊桂林《文艺杂志》第2卷第3期；7月15日，她翻译了契诃夫的《山谷中》，刊《文艺生活》第3卷第6期；同年，桂林《新文学》第1期刊登她译契诃夫的《在磨坊》；同年，桂林《艺丛》第1卷第2期刊登了她译契诃夫的《卢笛》；1947年6月15日，她又翻译了契诃夫的小说《可爱的姑娘》，刊《文讯》第7卷第1期。

此外，1943年，她还翻译了托尔斯泰的《哥萨克》，连载于桂林《人世间》第1卷第5至6期；1947年10月15日，该刊7卷4期又刊有她译毕里文采夫的小说《瓦里卡》；1948年该刊第9卷第1期"文艺专号"刊有她译薇拉·英倍尔的《在克隆斯达特前线》；等等。

与此同时，彭慧还翻译了几部长篇著作，其中包括契诃夫的《草原》和托尔斯泰的《哥萨克》。

《草原》，柴霍夫（即契诃夫）著，1942年7月、10月桂林新光书局；读书生活出版社，1947年5月重庆与上海两次重印，收入"文学月报丛书"。本书有一副标题"一个旅途的故事"。这是契诃夫的第一部中篇小说，也是他所有作品中的一个异类。它不像一部中篇小说，倒更像一部长篇散文，写景和抒情成为作品的基调。作者向来惜墨如金，无论是叙述故事或是交代背景，都是点到即止，简练而含蓄。而在《草原》中，他把抒情性、象征性、人物心理描写融为一体，努力创造出一种"抒情心理小说"的新样式，将人物、故事、场景串联起来的。《草原》虽算不上是契诃夫作品中最优秀的,但它应该是最独特的。正因如此,该作引起了彭慧的注意,并决定把它译介过来。她的翻译始于30年代初,"从动笔到完工,竟延续至十个月之久",期间她经历了种种艰辛。"《草原》刚翻译完,'八一三'抗战的大炮就轰响起来了。"①

《哥萨克——一个高加索的故事》,列夫·托尔斯泰著,1948年6月贵阳文通书局出版。这是一部中篇小说,通过对文明之子奥列宁与自然之女玛莉安卡之间的爱情悲剧,揭示了文明与自然的冲突,凸显了自然作为人类理想精神家园的特质,批评了现代都市文明对人性的扭曲与破坏。小说体现出一定的超前意识。该书1948年9月上海第1版;1949年5月上海第2版。

自1947年到1949年,彭慧又陆续翻译了苏联女作家薇拉·英倍尔的《列宁格勒日记》和托尔斯泰的《爱自由的山人》两部长篇小说。

《列宁格勒日记》,原名《将近三年》,1949年9月国际文化服务社初版,收入"苏联文学名著选译"第一种;1953年6月第9版。该书介绍了苏联卫国战争时期列宁格勒人在德寇将近三年包围中,不畏艰苦,不怕牺牲,坚守岗位的革命英雄主义精神。原作曾获斯大林奖金。

《爱自由的山人》,译稿完成于1949年3月间,后又经修改,1952年北京师范大学出版部出版。这是在19世纪俄国历史上一个真实故事的基础上加工的,作者从接触题材、酝酿故事到认真动笔,前后凡四十多年,称得上是一部心得之作。故事发生地点是格鲁吉亚,时间是在1851年到1852年之间。该书歌颂了高加索山区的非俄罗斯民族在反抗沙皇统治时所表现的不自由勿宁死的精神;同时对包括尼古拉一世本人在内的沙俄上流社会的荒淫无耻进行了无情的揭露和嘲讽。与托尔斯泰其他宣扬不抵抗主义的小说不同,作者在此塑造了一位不可征服的爱自由的山人的形象。正因如此,这部小说受到了苏联文学批评家的高度赞扬,甚至被高尔基称之为批评现实主义的最高成就的艺术作品。该书原名《哈泽·牟拉特》,因为"'哈泽·牟拉特'这个题目对于中国读众来说,实在太生涩,念起来不顺嘴,而不明白它的意义,所以改用今名"。②彭慧很推崇这部作品,认为它是托尔斯泰批判现实主义的最高

---

① 彭慧:《简单的自传》,吴泽霖、邹红主编:《彭慧先生百年诞辰纪念文集》,第11页。
② 彭慧:《译者的话》,[俄]托尔斯泰著:《爱自由的山人》,第1页。

表现，故而把它翻译了过来。

由于彭慧精通俄语，又对俄苏文学有很深的研究，她翻译的俄苏文学作品既有很强的思想性，折射出了俄国社会的变迁历程，又具有很高的艺术性，被人们当作优美的艺术珍品来阅读和欣赏，故而具有很高的价值。

八、其他湘籍译家与俄苏文学翻译

除了上述几位译家外，民国时期还有一批湘籍译家从事过俄苏文学的翻译，这中间除个别能直接从俄文翻译外，其他几乎都是采取转译方式。

首先是张西曼。张西曼精通俄语，他是民国时期为数不多的能直接从俄语进行翻译的湘籍译家。而此间最值得一提的是他对普希金的译介，早在1920年3月，他就发表了《俄国诗豪朴思硆传》，刊《少年中国》第1卷第9期"诗学研究号"。"朴思硆"即普希金，这是我国最早评介普希金的专文。1937年是普希金逝世100周年，这一年，中国文化界举行了声势浩大的纪念活动，翻译界也掀起了译介普希金的热潮，被称作"普希金年"。是年初，张西曼较为集中地翻译了普希金的一些作品。年初，《中苏文化杂志》第2卷第2期开辟"普世庚逝世百周年纪念号"特辑，该期除了评介文字外，另有张西曼译普希金诗歌4首；同年2月5日，张西曼还译有普希金的诗歌《囚人》，刊《逸经》第23期；同年，该刊第33期刊张西曼所译普希金的诗歌《哥萨儿行》；① 同年2月，商务印书馆出版了中苏文化协会上海分会主编、丰悫编辑的《普式庚逝世百周年纪念集》，其中收入张西曼译《酒神祭歌》等诗；同年，《南通学院院刊》第2期亦登有他和王任叔的"普世庚名诗二译"之一：《给查阿达也夫》；这年《世界文学》第1卷第7、8期分别刊有他的一些译作，分别是所译普希金的《司天喀·拉斤》3首和其他诗歌6首：《致查阿达也夫》《囚徒》《致巴赫戚沙拉宫的喷泉》《酒神祭歌》《致西比利亚》《诗八节》；第8期还有他译《伟大诗人普希金的司天喀·拉斤歌书后：附图》；此后，在1942年10月8日和1943年3月7日的《新华日报》上分别登有他试译普希金的《冬天的道路》和《寄巴赫奇沙拉的喷泉》。

---

① 该诗又载1937年《世界文化》第2卷第1期。

除了翻译普希金之外，张西曼还翻译了其他苏联作家的一些作品，其中包括 1934 年他选译的俄罗斯童话《顶细的线》和《网里群鸟的》，刊《儿童良友》第 1 卷第 3 期；1939 年 6 月 16 日他翻译的高尔基的《海燕歌》发表在《中苏文化》第 3 卷第 12 期"高尔基逝世三周年纪念专号"；1941 年 5 月 20 日他译 A. 斐夫拉尔斯基的《玛耶可夫斯基和戏剧的年表》，刊《中苏文化杂志》第 8 卷第 5 期"玛耶可夫斯基逝世十一周年纪念特辑"；同期还刊有他译《高尔基论来来主义》；同年，该刊第 9 卷第 2、3 期刊有他译自 1941 年 7 月 5 日《真理报》的苏联陆军少将 M. 霍斤撰写的《论骄敌的妄想》；等等。

其次是向培良。1925 年 10 月 23 日，向培良以"培良"之名翻译了俄国 19 世纪末 20 世纪初"最具独特个性的作家"安特莱夫（L. Andreyev，又译安德列耶夫）的《在小火车站上》，刊《莽原》第 27 期；1926 年，他又以"培良"之名从英译本译出安德列耶夫所作《警钟》，刊《狂飙》半月刊第 6 期；1927 年 1 月 10 日，他翻译了俄国皮涅克（B. Pilniak）的小说《雪风》，刊《小说月报》第 18 卷第 1 号；2 月 10 日的第 18 卷第 2 号又刊有他译皮涅克的小说《临谷》。

再次是李青崖。1928 年 4 月 22 日，李青崖翻译了契诃夫的《翻云覆雨》，刊《文学周报》第 313 期；1943 年，他在桂林《新文学》杂志第 1、2 期上发表了几篇译作，其中就有他译高尔基的《一个自感惶惑的作家》（第 1 期），另有他译 E. 彼得生（E. Peterson）的《谁请了你们来》。

再其次是石民。1928 年 11 月 16 日，石民根据加内特的英译本转译了《屠格涅夫散文诗抄》，刊《北新》第 2 卷第 24 期，共收散文诗 7 首，分别是《祷告》《明天呀！明天呀！》《最后的会晤》《小丑》《一个得意的人》《访员》和《是多么美艳，多么清新呵！这些蔷薇》。1930 年 4 月 1 日，该刊第 4 卷第 7 期又刊他撰《关于〈屠格涅夫散文诗〉》，对诗人的作品进行了较为全面的评述；同年 8 月 1 日，该刊第 4 卷第 16 期刊登了他译苏联诗人喀斯特夫的《我们于钢铁中生长出来》；同年 7 月 14 日，他译出苏联诗人莱芒托夫（M. Lemontov）的《孤帆》，刊《骆驼草》第 10 期；9 月 15 日，该刊还登有他译《回魂》；9 月 16 日，他翻译的"玛耶阔夫司基（即马雅可夫斯基）的两首诗"，刊《现代文学》第 1 卷第 4 期；1931 年 10 月 30 日，他翻译了契诃夫的《泥泞》，刊《文艺月刊》第 2 卷第 10 期。

再其次是成绍宗。1930年1月15日，成绍宗翻译了苏联华西里（Artiom Vessioly，又译维肖雷，或维西奥里）的《海面掠夺》（附图），刊在《现代文学》第3卷第4期；同年3月，他翻译了莱迪阿·雪妇丽娜（Lydia Seifoullina）等著《新俄短篇小说集》，支那书店出版，收入"研新社丛书"，内收雪妇丽娜的《两朋友》、维西奥里（即华西里）的《海面掠夺》、卡塔耶夫的《火》、阿·托尔斯泰的《浮华盗》等小说4篇。

另外还有一些零星的译介。1934年11月10日，钱歌川翻译了俄国西米奥诺夫（C. Simionov）的《失业者》，刊《新中华》第2卷第21期。1937年2月，黎烈文翻译了普希金的《波西米人》，收入A.亚尼克斯德等著、茅盾等译《普式庚研究》（生活书店版）；[①] 黎译用的是散文体，未能完好地再现原作的风格，故而其译作后来未曾流传开来，但其努力还是不容忽视的。1941年《时代文学》第1卷第2至3期连载了萧敏颂译苏联批评家和文艺学家吉尔波丁著《普希金生平》（又译《普式庚传》），而正是由于湘籍译家较为集中的译介，普希金因此成为受到较多关注的一位俄国诗人。

总的来看，民国时期湖南译家顺应时代的大潮，对俄苏文学做了一些译介，这其中像萧三、彭慧、张西曼等都精通俄语，能够直接翻译俄苏文学中的优秀作品；不过其他人多是经由其他语言转译，这样多少限制了其选材的范围，只能从已有英文本或日文本转译，这样多少会影响到其传递的准确性。从他们选译的作家来看，既有普希金、屠格涅夫、契诃夫、托尔斯泰、陀思妥耶夫斯基这些古典文学作家，也有高尔基、肖洛霍夫、柯涅楚柯、马雅可夫斯基、古燮夫、英培尔这批新俄作家。由他们翻译的一些作品还被搬上舞台演出，在当时的文坛产生了巨大的影响。

第六节　现代湘籍译家与其他国家文学翻译

在非主流国家文学翻译方面，除了前面提到的向达翻译的《甘地自传》

---

① 当时由中国的"中苏文化协会"发起"普式庚逝世一百周年纪念会"，此书是纪念活动的一本书。

(中华书局 1933 年版)、李季翻译的《马克波罗游记》(亚东图书馆 1936 年版)外，在外国文学翻译方面以朱湘、周立波、田汉、刘大杰、张友松、黎锦明等人成就为最大。他们多属于早期文学研究会或左翼作家协会成员，而他们选择一些非主流国家文学作品来翻译，应该与学会当年提倡译介弱小民族文学这一宗旨有关。至于他们的生成方式和在主体文学体系重构过程中所发挥的作用，更值得我们加以重新审视。

一、朱湘与外国诗歌翻译

除了英美文学外，朱湘对欧美其他国家文学译介主要是在诗歌方面。他最早的译诗应为罗马尼亚哀阑拿·伐佳列斯珂（Hélèna Vacaresco）编的《丹波危查的歌者》（诗集中的两首短诗:《疯》和《月亮》），译文最初发表在 1922 年 10 月 10 日《小说月报》第 13 卷第 10 号，他是根据卡尔门·西尔瓦（Carmen Sylva）和阿尔玛·斯特里特尔（Alma Strettell）合译、1891 年伦敦奥斯古德公司出版的英文本转译的。这些民歌是伐佳列斯珂费尽心血在丹波危查县从农民的口中采集而来，它们"所靠的不是人为的格律，却是天然的音节"。[1] 该书原系法文本，曾获法兰西学院奖，朱湘从中选译了《干姊妹相和歌》等几首，陆续发表在《小说月报》上。

1924 年 3 月，朱湘将上述零散的译诗共计 14 首编入集子，增添了序跋，题名为《路曼尼亚民歌一斑》，商务印书馆出版，收入"文学研究会丛书"。这是一本连同序跋共计 66 页的小薄本，除序外，内收《无儿》《母亲悼子歌》《花孩子》《孤女》《咒语》《干姊妹相和歌》《纺纱歌》《月亮》《吉卜西的歌》《军人的歌》《疯》《独居》《被诅咒的歌》《未亡人》等，另有注释及重译者跋。

外国民歌数量极丰，朱湘却刻意选择罗马尼亚这一被压迫的"弱小民族"诗歌来翻译，这与译者所属赞助团体文学研究会有关，该学会提出"介绍世

---

[1] 朱湘:《序》,《路曼尼亚民歌一斑》，朱湘译，上海：商务印书馆，1924 年，第 1 页。

界文学，整理中国旧文学，创造新文学为宗旨";① 这与该学会所属刊物《小说月报》提倡翻译介绍弱小民族文学这一宗旨也有关。不过朱湘又能一定程度地游离于主流意识形态的操纵范围之外，更多地着眼于"文学的因缘"，而选择那种音乐成分浓厚的外国民歌来翻译，这与他个人的诗学追求和价值取向有着密切的关系。如果再往前追溯，还可能与当时刘半农等为代表的那一群学者兼诗人提倡从民歌中汲取素养，并通过翻译外国诗歌，特别是凭借外国民歌这股外力来为本民族诗歌"增多诗体"这些主张多少有点儿渊源。在译者后来的自传性文章《我的童年》(1934)中，他曾叙述过自己当年如何受到刘半农影响的经历。②

朱湘虽有122首译诗，但他生前发表的译诗数量并不太多。除了早年他创办的专登自己译文和创作的杂志《新文》刊登过2首译诗外，其他作品多发表在其所属文学团体的刊物上，如文学研究会的《小说月报》《文学旬刊》《文学周报》等，或经友人推荐直接刊登在他们负责编辑的杂志上，这类刊物比较典型的就有上海的《青年界》、天津的《人生与文学》等数种，其中又以《小说月报》刊登的译作为最多。至于整本译诗集的出版却历经坎坷，据朱湘自己的通信以及友人回忆：他在留美期间(1927年8月～1929年9月)译诗为最多，且选译的均为世界名作，那时他"诗的材料、诗的感情一点没有"，故而闷时"常可以译些诗"。1930年初，朱湘曾辑得《若木华集》一部，书名取"日起扶桑，日落若木"之意。本书以短诗为主，预计编入《新文》丛书第二种，可惜未能出版；尔后又译得19世纪时期英文长篇叙事诗3首：《迈克》《老舟子行》和《圣亚尼节之夕》，曾一度合成《三星集》，采用自定的标点，还找友人唐仲明设计了封面。这个诗集曾寄给开明书店，但未被接受，岐山书店接受了，却未能印成。诗人逝世后，由赵景深负责整理编辑，商务印书馆才将《三星集》连同后来他翻译安诺德的《索赫拉与鲁斯通》附入原来的《番石榴集》。"番石榴"译自希腊文"myrsine"，即外国的、外族的石榴，相传古希腊人在进餐和饮酒的时候互相传递这种植物的枝条，以确定由谁来传

---

① 《文学研究会章程》，《小说月报》第12卷第1期(1921年1月10日)。
② 朱湘：《中书集》，上海：上海书店，1934年，第151页。

唱一段诗。朱湘在此借用它来比喻外国的诗歌。1936年3月，这部《番石榴集》由商务印书馆正式出版，收入文学研究会的"世界文学名著丛书"（1947年3月重版，收入《新中学文库》）。这也是在译者生前友人多方努力下才得以出版的。全书共分上、中、下三部，计453页，收诗101首，涉及欧西多国诗人数十人。尽管译者自谦"这里面的数目并非以优逊为标准，不过哪方面多看过些书，就多译点。"该诗集确实是译者刻意用放眼世界的目光结成的，同时也是我国首部西诗中译集大成之作，也是"中国介绍、翻译西洋诗以来第一部有系统而且有成绩的集子"。另外，1986年5月由湖南人民出版社推出的"诗苑译林"中亦列有《朱湘译诗集》，除选入译者生前出版的两部诗集的全部译诗外，还收有零星译作5首，共辑得译诗119首。然而这些绝非穷尽了朱湘的全部译作。

值得指出的是，作为20世纪20、30年代一位重要的新格律派诗人，朱湘在翻译中最彻底地贯彻了"理性节制情感"的美学原则和闻一多提出的诗歌的"三美说"，他特别注重诗歌的音乐美（音节）、绘画美（词藻）和建筑美（节的匀称和句的均齐）。在诗歌形式的实验上，朱湘的译诗首先是从诗歌与音乐的关系探索入手。他的许多译诗，常能通过律动的节奏和形式以及多样的谐韵手段构织出上佳的音乐效果，这些又是现代众多翻译诗歌所缺乏的。正是这种言语的音乐美，成了文学作品中诗歌语言区别于散文语言的关键。除了译诗中追求"音乐美"效果外，朱湘在翻译时还非常重视"建筑美"效果之营构。《番石榴集》的全部百余首译诗里，诗人有针对地分别实验了各种长短不一的诗行，以求产生异样的建筑效果。在这些译诗中，做到各行字数整齐或基本整齐的占绝大部分。新格律派译诗家普遍追求译诗字数的相对整饬，而整饬的诗行能够营造"均齐"的建筑效果，这已成为不争的事实。但这种关于诗行字数相对整齐的理念，又以朱湘贯彻得最为彻底。当然，朱湘的译诗距今毕竟已有半个多世纪，而且当年他还处在摸索阶段，当时的语言习惯与今天存在着不小的差别；他译格律诗尽依原诗，每行字数相等，节句均齐，免不了要影响诗的思想内容和其他成分；他强调译者在枝节上有充分的自由，有时增添，有时省略，和原诗相去较远的地方也是存在的；为了音韵等方面的原因，有时也使用一些生僻的字词等——这些均应看成是前辈诗人探索的足迹,它们无损于朱湘的译诗成就和贡献。其实,朱湘后期的一些译诗,如果不一味地死抠字数,视情况稍作增减,就不失原诗的行文凝炼、音调和谐,也可避免中文里的生涩、拗口现象。假如他再多活几年,假如他肯多听取别人的一些中肯意见,后人也许能够欣赏到这位唯美诗人更多、更好的作品。

除了诗集外,朱湘还有一些零星的译作发表在各种杂志上,其中包括1929年3月10日他翻译的《克里斯托弗生》,刊《人间》第3期;同年4月10日,该刊又有他译《达甫尼士的死——西奥克立特的田园诗》。[①]

值得指出的是,朱湘对希腊悲剧是非常喜爱的,也是非常熟知的,不但曾经为《小说月报》"希腊文学研究专号"译过几种悲剧,还译有柏拉图的对话《会饮篇》,而且创作了两首十四行体的英文诗,一首是致荷马,一首是致埃斯库罗斯。"希腊文学研究专号"由于种种原因而未能面世,朱湘写于1925年6月24日的十四行英文诗《致埃斯库罗斯》却由柳无忌保留下来,并译成了中文,这不能不说是一件幸事。十四行诗相对难写,朱湘的原诗采用莎士比亚十四行诗体,格律是一轻一重,每行五音步。前三节四行诗,隔行押韵,最后两行同韵。当时年轻的朱湘能写出这样的十四行诗,而且还用上如此多的典故,着实不易。柳无忌的译诗也是"将大意译出"。[②]

二、周立波与报告文学翻译

民国时期,在报告文学译介方面成绩较大者有湘籍作家兼译家周立波,而他的翻译又多与自己所属团体"左联"有着密切的关系。就像有人评论的,"他不仅翻译外国的报告文学作品、研究报告文学理论,而且也从事报告文学的创作。虽然报告文学的创作在他的整个创作生涯里只占一小部分,可以说那只是他的一个副业,但他对报告文学的译介与创作却对中国报告文学的发

[①] 唐沅、韩之友等编:《中国现代文学期刊目录汇编》(上),天津:天津人民出版社,1988年,第983页。
[②] 罗念生:《一罗二柳忆朱湘·忆诗人朱湘》,第132页。

展起了重要的推进作用。"[1]

在中国,最早意识到报告文学和通信报告重要性的是"左联"。报告文学(reportage),作为一种新兴的文学形式和独特的新闻文体,是20世纪30年代从西方传来的,它很符合革命事业蓬勃发展的需要。早在1930年8月4日,"左联"执行委员会通过决议《无产阶级文学运动新的情势及我们的任务》,在这篇文章中,"左联"号召进行"工农兵通信运动",提倡"经过各种煽动宣传工作",进而提出参考和采用"西欧的报告文学"形式,"创造我们的报告文学"的任务。[2]随着组织的号召,报告文学和通信报告的理论开始译介到中国,特别是到"九一八"事变后,报刊上开始出现一些反映人民抗日斗争短小的报告类作品,并发表了一些提倡报告文学的文章。周立波参加"左联"后,更是成了报告文学的一位积极鼓吹者。当他审视1935年的中国文坛,发现迅速把握"当前飞跃的现实"的报告文学作品太少的时候,一面着手翻译捷克斯洛伐克记者埃贡·埃尔温·基希(Egon Erwin Kisch)的报告文学集《秘密的中国》,一面发表文章从理论上加以倡导和宣传。

1936年4月25日,周立波发表了《谈谈报告文学》,刊于《读书生活》。在这篇论文中,指出"报告文学在目前的中国有着非常重要的意义。……抗敌的文学不能空白,用事实做指南的报告文学就有存在的价值,而且要是报告文学真正能够成为我们一代人的真实生活图画的时候,就是将来也还有价值。"在此,周立波还对捷克德语作家也是世界文学史上最早的著名报告文学家基希作了介绍,重点介绍了他关于报告文学的理论主张和写作经验,其中在介绍基希的《秘密的中国》。他指出:"正确的事实,锐利的眼光,抒情诗的幻想,同是基希报告最重要的要素。"他赞誉基希的作品是"报告文学的一种典范"。

基希曾于1933年只身潜入中国,此后便写出一部记录当时中国现状的报告文学集《秘密的中国》。作者以20世纪20、30年代上海、北平、南京为背景,从一个记者的角度,用生动机智的语言、幽默讽刺的笔法勾勒出一

---

[1] 邹理:《周立波与基希的〈秘密的中国〉》,载邹理、姚时珍:《百年周立波》,第86页。
[2] 《文化斗争》第1卷第1期(1930年8月15日)。

幅幅中国社会的风景画,揭露了帝国主义军火贸易、上海黑帮势力、黄包车夫生存状况等社会现实。《中流》半月刊第3期曾有《略谈〈秘密的中国〉》一文,专门介绍基希这部著作。《秘密的中国》共23篇,包括《吴淞废墟》《一个罪人的丧礼》《金融投机》《一个印度人指挥交通》《士兵墓地的吉原》《死刑》《黄包车!黄包车!》《巴格达的犹太资本家的故事》《无意中拜访了几个宦官》《即决审判》《纱厂童工》《比利牛斯山的插曲》《一个革命冲洗出来的污泥》《影子戏》《军火贸易》《疯人院》《盎格鲁-撒克逊缩影》《感化寺》《堆栈》《南京》《街道》《中国戏》和《屋顶花园》;另有译者《附记》。作者通过一系列生动活泼的人物形象,反映了国民党统治区及日占区农民的苦难生活,尖锐地揭露了帝国主义对中国工人的压榨和剥削,以及中国工人阶级的觉醒,从平凡和习见的生活中,提出了严重的社会和政治问题。作品从政治、经济、社会、文化等各种不同的侧面和角度,较为深刻地刻画了半封建半殖民地中国的社会风貌,从而使人听到将在中国猛烈爆发的民族革命的滚滚涛声。这部集子的特点是平实中见深刻,感情深厚,文笔晓畅又具厚度,它采用的艺术形式完全不同于文学史上的任何形式。在这众多的章节中,有的写得似小说、散文,有的又像特写和政论,有的又颇像用语言文字写成的带经济色彩的调查报告,这些复杂的艺术形式有机交融,使它成为一个完美的艺术集体。正如冯牧指出的:"被视为报告文学典范之作的《秘密的中国》","它虽然由二十几个可以独立成篇又互有联系的短篇所组成,但几乎每一篇都具有十分鲜明的主题和独创的艺术形式;它们既不是人物描写(虽然其中也写了人物),又不是生活素描,也不是抒情散文。它们就是报告文学,具有崭新的艺术性格的报告文学。"[①]

基希的这部《秘密的中国》是以中国为主,因此在中国读者和报告文学作者中产生了极大的反响。当时周立波读到此书,称赞基希的作品是报告文学的一种模范,值得中国作家推崇和学习,他敏锐地意识到基希作品的价值。尽管在他之前,"有许多外国的报告文学理论被译介到中国,并且中国知识分子也接受了'报告文学'这一外来的理念,但是却还没有一部外国报告文学

---

① 冯牧:《报告文学应当有广阔的道路》,《时代的报告》第2期(1982年)。

著作被译介给中国的读者。大多数报告文学创作家只是根据译介过来的外国报告文学理论,加上自己的揣摩进行报告文学的创作。"① 为了改变这种不利局面,周立波便选择基希的《秘密的中国》进行翻译。原书是用德文撰写的,②周立波于1936年通过英国共产党人、记者兼译家迈克·达维德生(Michael Davidson)的英译本翻译成中文。周立波翻译此书时所处语境是:中国正处于局部抗战时期,外部正遭受日本帝国主义的侵略,内部国民党正在执行"攘外必先安内"的政策,仍然对共产党和革命者采取敌视的态度和镇压手段。在这种严峻的形势下,以前在文学上占主导地位的现实主义小说由于它自身的局限性,已经不能担当中国知识分子所期待的社会改革的任务。而报告文学因为它自身的特性,能为当代历史和政治舞台的中心人物、事件提供详细而精确的信息,既能达到鼓动读者情绪的目的,又可以引导在那个局势不断变化的时代感到困惑的学生和知识分子。③ 所以《秘密的中国》译介后,很快赢得了很大的反响。有评论者称它"是一本惊人的书","像《秘密的中国》这样兴奋而有意义的书却很少见,基希的贡献无疑是伟大的,值得我们的称颂。"④ 基希也被誉为"报告文学祖先"。⑤ 据黄钢回忆:当年在延安当学生时,学生们经常背诵基希的《秘密的中国》一些篇章来学习报告文学。"基希冷静的风格及其对于中国旧社会的揭露和嘲讽,对于我那时的文学进修发生过深刻影响。"⑥ 由于周立波的译介,基希的这部作品被很多人当作学习撰写报告文学的榜样,推动了当时报告文学的发展和繁荣,同时也成了外国人了解中国的一条重要途径,至今仍有重要的历史价值和文献价值。

自1936年起,周立波将《秘密的中国》中的数篇译出,分别在一些刊物上连载,其中包括《黄包车、黄包车》,刊《申报周刊》第1卷第13期;《吴淞

---

① 邹理:《周立波与基希的〈秘密的中国〉》,邹理、姚时珍:《百年周立波》,第93页。
② 封面与版权页原著者均标德国。
③ Charles A. Laughlin. *Chinese Reportage: The Aesthetics of Historical Experience*. Durham & London: Duke University Press, 2002, p.15.
④ 吴蒙:《略谈〈秘密的中国〉——兼论立波德译文》,《中流》第3期(1936年)。
⑤ 中野重治:《德国新兴文学》,陶晶孙译,《大众文艺》(1930年3月1日)。
⑥ 黄钢:《我是怎样写作报告文学》,王荣钢编:《报告文学研究资料选编》(下),济南:山东人民出版社,1983年,第1121页。

废墟》,刊《通俗文化》第3卷第8期;《士兵墓地的吉原》《污泥》《纱厂童工》①和《死刑》,1936年6月5日、7月8日、10日分别刊于周扬主编的《文学界》第1至3期,可惜未能全部刊登完。

在刊登周立波的译文之前,《文学界》创刊号上有一篇简短的《编者前言》,除了对基希及其报告文学作品的艺术进行介绍外,还说道:"[基希]曾来过上海,写了不少新作品,《秘密的中国》(Secret China)就是基希最近编辑成功的一种,凡所记述的'秘密',都不是一个寻常的外国人所能知道,就连我们中国人自己也不易发见的。现在我们约立波君把它全部译出,按期发表一二篇。"②

据此,我们可以得知周立波当年是应《文学界》编辑之邀翻译的《秘密的中国》。1937年夏,周立波译校完毕《秘密的中国》,交付书店出版时,日本侵略者在上海发动了"八一三"事变,这本书的铅版毁于日军的炮火,幸亏书店保存了他所校改的一份校样,才使它有机会在1938年4月由设在汉口的天马书店发行。书末有《译后附记》(作于1937年7月8日)和《再一个附记》(作于1938年3月31日)。在《译者附记》里,周立波满怀热情地向读者推荐这本书,他说:"这中间有榨取中国的帝国主义者的丑态笑剧,有受难的中华民族的悲剧,基希带着它充分的理解,和炽热的同情,描写了我们的国家和人民。"他称赞基希是"中国的真挚的友人,是中华民族的亲切的知己","描写日寇暴行的每一个字,都将有永久的价值。"而当年的读者也将该书视为报告文学的"一个最好的模范",③是一部非常值得立即阅读的书。不过也指出这些单篇译文有一些错误,并逐一列出。④为此,周立波在结集出书的译本里,将这些错误一一修正。总之,周立波的译文很有特色,他驾驭外文的娴熟技巧和功力,在这部译著中表现得淋漓尽致。就像时人评价的,"他的翻译准确、平朴、流畅、自然,在句式上基本保持了西语文法的特

---

① 1937年立波译基希的《纱厂童工》被收入王之彦编《新型集》(朝明出版社)。
② 《编者前言》,《文学界》创刊号(1935年6月5日)。
③ 参见1936年《光明》第1卷第8号"读者之页"栏目。
④ 吴蒙:《略谈〈秘密的中国〉》,《中流》第1卷第3期(1936年10月5日)。

点，而在词汇的对应和选择上，又力求明白易懂，形成了周立波翻译作品忠于原著，严谨而又不事雕饰的直译特点。"[1]

值得指出的是，1939年2月，由天马书店出版的《秘密的中国》被国民党政府列为查禁书籍，理由是"抨击本党，诋毁政府，污蔑人民"。[2] 该书于1942年、1981年、2001年分别由上海天马书店、北京群众出版社和上海东方出版中心重版。由此足见不同时期读者对该书的接受情况。

不仅如此，基希作品的纪实精神与叙事性写作风格还影响了译者自己的创作，这种影响最明显地体现在三部报告文学集：《晋察冀边区印象记》（汉口读书生活出版社1938年版）、《战地日记》（上海杂志公司1938年版）和《南下记》（哈尔滨光华书店1944年版）。在这些作品中，周立波的写作风格、写作手法、结构与语言等方面均受到基希的影响。不同的是，就像有人所说的："基希的报告文学写的是秘密的中国，而周立波的报告文学写的是战斗与自由的中国。"[3] 同时也给了中国报告文学的创作以有益的借鉴。

除了翻译基希的作品外，1937年1月28日，周立波还在《大公报》副刊《火炬》发表了《基希所看到的"一·二八"事变》，继续就基希的思想立场进行评价。可以说，周立波对基希及其《秘密的中国》的译介，连同他探索报告文学的理论，为报告文学实现中国文学本土化做出了贡献。

除报告文学外，周立波还翻译了其他国家的一些作品，发表在各种刊物上，其中就有1935年6月5日他翻译意大利现代小说家和剧作家比朗德娄（Liugi Pirandello, 1867～1936，又译皮蓝德娄）的小说《西西里亚的白柠檬》（附李旭丹插图三幅），刊《新小说》月刊第1卷第5期，译者署"立波"；同年7月28日至8月10日，他还翻译了巴西作家洛巴多（Monteiro Lobato, 1882～1948，今译蒙特鲁·洛巴图）的短篇小说《贵客》，连载于《时事新报》副刊《青光》，译者署"立波"；等等。

---

[1] 庄新汉：《周立波生平与创作》，北京：光明日报出版社，1985年。
[2] 张克明辑录：《抗日战争时期国民党政府查禁书刊目录（二）（1938.3—1945.8）》，《出版史料》第5辑（1986年），第69页。
[3] 罗之扬：《晋察冀边区印象记》，《周立波研究资料》，长沙：湖南人民出版社，1984年，第527页。

三、田汉与欧洲戏剧翻译

民国时期，田汉在欧洲文学译介方面侧重的仍然是戏剧，而且他的这些译介工作一如既往地服务于其演出之需要。

在中国，田汉是较早译介象征主义戏剧的译家之一，其中就包括他对1911年诺贝尔文学奖得主、比利时象征派剧作家莫里斯·梅特林（Maurice Maeterlinck，今译梅特林克）的译介。早在1919年，茅盾曾翻译梅特林克的象征神秘剧《丁泰琪之死》；次年，易家钺撰写《诗人梅特林》，刊《少年中国》第1卷第10期，文中对梅特林的创作生平作了较为详尽的评述，并把他称作"神秘主义的巨子，象征主义的先锋"。他前后的作品在创作思想上发生了巨大变化，从悲观主义转为乐观主义，但作品总体的象征主义、神秘主义色彩仍然是浓厚的。中国文艺界译介梅特林克的作品主要是看重其象征主义成分。

1929年6月1日，时值南国艺术学院开学后的第二天，田汉辑译了梅特林克等人著《檀泰琪儿之死》，现代书局出版；1935年重版。

据1930年版《现代书局出版目录》介绍："《檀泰琪儿之死》，田汉译，实价0.30，111页，46开。本书包含三个剧本：《檀泰琪儿之死》《骑马下海的人们》《最后的假面》等，俱是世界闻名的剧本。由田汉先生译来，语句纯然，没有念不上的毛病。南国社首次公演曾用过的。"[①]

这里所说的三个剧本，即梅特林克的《檀泰琪儿之死》（今译《丁达奇之死》）、爱尔兰作家辛格（John M. Synge）的《骑马下海的人们》和奥地利作家尼滋拉（Arthur Schnitzler，今译施尼茨勒）的独幕剧《最后的假面》，[②]其中翻译最后一篇时参考了三井光弥的日译本。据译者说：《骑马下海的人们》和《檀泰琪儿之死》早就被人翻译过，"但因排练时，他们都苦于念不上口"，[③]所以就将它们重新翻译出来，而且于1929年1月在南国社公演过。显然，田

---

① 《上海现代书局出版目录》，上海：现代书局，1930年，第658页。
② 该剧曾于1928年12月上旬公演。
③ 田汉：《〈檀泰琪儿之死〉序》，上海：现代书局，1929年，卷首。

汉译本属于那种演剧本，能够直接用于演出。1934年，国民党在加紧对红色根据地军事"围剿"的同时，加紧了对进步文化的"围剿"。这年2月，国民党中央宣传委员会发出密令，一举查禁图书149种，田汉的这部译著就被列入"暂缓执行查禁之书目"，[①]由此足见当时的主流意识对这类内容敏感书籍的态度。

四、刘大杰与欧美小说翻译

民国时期，刘大杰在翻译欧美其他国家文学方面亦有不俗的表现。他曾说过："我有一个想法将我自己喜欢读的近代的世界短篇小说，译出一百篇来，分册出版的小计划。多大的意义是没有的，若是于读者稍稍也有点好处，而又借此可以聊补自己的生活费的时候，那就算是我的大愿了。"[②]此后，他先后翻译了其他几部欧美文学作品，且均是通过英文转译的。

1929年10月，刘大杰编译了英国吉辛（George Gissing）等人的短篇小说集《碧色的国》，启智书局出版，[③]收入外国短篇小说10篇，分别是英国吉辛的《穷绅士》、法国哥贝的《一个自愿的死者》、法国都德的《新教师》、俄国苏特勃的《皮外套》、日本芥川龙之介的《蜘蛛的丝》、日本小泉八云的《青柳》、俄国契诃夫的《女教师》、俄国屠格涅夫的《碧色的国》、印度泰戈尔的《小少爷》和德国休美特邦的《幸福的船》。书前有《序》，透露了编译者自己的翻译计划，在自序中提到有晓沧、叔耘的译笔。该书后于1934年5月再版。

1934年12月，刘大杰翻译了瑞典作家挪格洛夫（Selma O. L. Lagerlöf，今译塞尔玛·拉格洛芙）的中篇小说《狂人与死女》（又译《一个庄园的故事》），中华书局出版，收入"现代文学丛刊"。除正文外，另有"附录：挪格洛夫女士与瑞典文坛"；1940年11月第3版。早在20世纪20年代，她的《圣诞节的客人》和《罗本舅舅》由茅盾翻译成中文，这是挪格洛夫最早进入中国

---

① 张克明辑录：《第二次国内革命战争时期国民党政府查禁书刊目录（1927.8—1937.6）》，《出版史料》第3辑（1984年），第133页。
② 刘大杰：《小序》，《碧色的国》，第1页。
③ 该书封面题"大杰译"，扉页题"刘大杰编"。

读者的视野。而在《狂人与死女》的译本之序言中，刘大杰称赞挪格洛芙是具有"特有才能的作家，她把现实幻想化而又不完全离开现实，把自然浪漫化而又不完全脱离自然的本质。"他认为，挪格洛芙"使瑞典文坛的冬天，一变而为鲜明的、微笑的、晴朗的春天。"刘译是此书的第一个中译本，他也是瑞典作家在中国的最早译介者之一。

五、其他湘籍译家与外国文学翻译

除了上面这几位译家外，民国时期还有一批湘籍译家涉足非主流国家文学的译介，其作品虽然不是很多，但也不容忽视。

首先是醴陵人张友松。他的翻译与当年鲁迅先生及文学研究会提倡译介弱小民族国家文学这一宗旨有着密切的联系。1925年，时值丹麦童话作家安徒生的50年死忌和120年生忌之际，《小说月报》推出了"安徒生号"（上、下），除介绍性文章外，两期共发表22篇童话和童话剧，其中收入张友松的译作两篇，分别是他译丹麦作家博益生（Hjalmer Hjorth Boyessen）著《安徒生评传》，刊当年8月10日《小说月报》第16卷第8期，以及张译安徒生著《安徒生童话的来源和系统》，刊当年9月10日《小说月报》第16卷第9期。前一篇的译文系周作人推荐翻译，并得到周作人的帮助修改，是为张友松文学翻译活动之开始。[①]1935年，他还翻译了安德森（即安徒生）的浅易英文精读指南：*The Little Match Girl*（即《卖火柴的小女孩》），刊《青年界》第7卷第5期和第8期。

除此之外，张友松还译介了其他一些弱小民族的作家作品。1928年11月15日，他翻译了波兰显克微支（Henryk Sienkiewicz）的小说《地中海滨》，春潮书局出版。[②] 显克微支是波兰最伟大的现实主义作家，1872年以李特沃斯的笔名在《波兰新闻》发表第一篇短篇小说，一鸣惊人，之后他写了不

---

① 张友松：《我的小说译作的经验与理解》，郑振铎、傅东华编：《我与文学》，上海：上海生活书店，1934年，第289页。
② 因为同年10月光华书局出版了叶灵凤译本《蒙地加罗》，为避免雷同，故张友松译本改名《地中海滨》。

少短篇、中篇、长篇，都不乏名篇。1896 年发表长篇历史小说《你往何处去》，1905 年获诺贝尔文学奖，成为东欧作家中最早获这一荣誉的作家。早在 1909 年周作人和鲁迅翻译的《域外小说集》就收有显克维奇（即显克微支）的《乐人扬珂》和《灯台守》等短篇小说；1918 年，周作人又以白话重译了此前他用文言翻译过的短篇小说《天使》，以《酋长》为篇名发表在《新青年》第 5 卷第 4 号。从此，显克微支成了波兰作家中最受关注的一位。张译该书共 10 章，分别是：被打断的要求；爱尔曾夫人的同乐会；第二天早晨；欲火之力；玄想之夜；新模托儿；爱尔曾夫人的本来面目；生命中的新纪元；一出悲喜剧；恋爱。书前有英译者苏瓦松（S. C. De Soissons）的《序》，介绍显克微支其人及其作品。张译也是显克微支该小说的第一个汉译本。

1930 年 8 月，张友松译注了《欧美小说选》，中英文对照本，北新书局出版，收入"自修英文丛刊"。该书内收英、美、俄、法、德、瑞典等国短篇小说 9 篇，分别是《爱》《询问》《圣诞树与婚礼》《秋》《沙漠中的艳事》《他们俩》《惹祸的心》《野心客》和《二十六个男子和一个少女》；卷首有译者序。在翻译过程中，译者有些时候稍稍牺牲了词句的流利，去迁就意义的恰切。

1935 年 4 月 20 日，张友松翻译了西班牙作家皮奥·巴罗哈（Pio Baroja）的短篇小说《未知的境界》，刊《世界文学》第 1 卷第 4 期；同年 6 月 15 日，该刊第 1 卷第 5 期又刊有他译巴罗哈的《晚祷》。

其次是隆回人孙俍工。1926 年，他编译了《世界文学家列传》（又名《外国文学家列传》），中华书局出版。该书内收介绍欧洲及美、印、日等国主要文学家生平及创作的短文 174 篇，分国别排列，其中有英国的莎士比亚、弥尔顿、彭斯等，美国的欧文、惠特曼、霍桑等，俄国的普希金、屠格涅夫、托尔斯泰等，德国的歌德、席勒等，法国的大仲马、小仲马、左拉、司汤达、波特莱尔等，日本的夏目漱石、有岛武郎等，这其中像司汤达的名字也是首次出现在中国。[①] 书前有编者例言。该书据日本多惠文雄所著《世界二百文豪》（1925 年 8 月 20 日印行于东京）编译而成。

1935 年 2 月，然而社编译了一本《世界短篇小说名作选》，这是一本以

[①] 马祖毅：《中国翻译通史——现当代部分》第二卷，第 160 页。

欧美著名作家传记为主的集子，其中收入孙俍工译的外国作家传记众多，分别有法国的《莫泊桑传》和《都德传》，俄国的《托尔斯泰传》《契诃夫传》和《高尔基传》，英国的《哈代传》和《吉卜林传》，美国的《霍桑传》《欧·亨利传》和《杰克·伦敦传》，德国的《苏德曼传》，日本的《国木田独步传》，瑞典的《史特林堡传》，意大利的《邓南遮传》，波兰的《显克微支传》，西班牙的《伊本纳兹传》，挪威的《包以尔传》，印度的《泰戈尔传》等18篇。

再次是湘潭人黎锦明。1928年，黎锦明与赵景深、戴望舒合译了《意大利的恋爱故事》，由亚细亚出版社出版。全书收入意大利小说三篇，分别是黎锦明译《露娜的胜利》、赵景深译《两男一女》、戴望舒译《不相识者》。这些小说观察真实，风俗纯美，描写细微。

另外，黎锦明还有不少的零星译作发表。1930年，他译塞尔维亚拉扎列维奇（L. Lazarevich）的《井上》，刊《国闻周报》第7卷第48期。1931年3月15日，他译西班牙贝克奎尔（G. Becquer）的小说《琴师皮理士》，刊《当代文艺》第1卷第3期；同年，他译克罗西亚玛托斯（Antun Gustav Matoš）的《邻居》，刊《新社会杂志》第1卷第3期；同年，他译西班牙贝克奎尔的《琴师皮理士》，刊《当代文艺》第1卷第3期；同年，他译匈牙利比罗（Lajos Biro）的《黑影》，刊《国闻周报》第8卷第3期；同年，该刊第8卷第7期和第16期分别刊有他译匈牙利巴索尼（E. Bársony）的《舞能》和荷兰库佩拉斯（Louis Couperus）的《荷花太少》。1933年7月1日，他译比利时黎芒里儿（Camille Lemounier）的《玻璃房》，刊《新时代》第5卷第1期。1934年6月1日，他译巨哥斯拉夫（今译南斯拉夫）梅斯科（P. X. Mesjko）的《一个灵魂破碎的人》，刊《矛盾月刊》第2卷第3、4期。1937年，他与熊纪白合译了意大利皮蓝德娄（Luigi Pirandello）的《整个儿的虚套》，刊《黄钟》第10卷第8期。1946年，他译无名氏的《行为》和《依样的面像》，刊《青年界》1946新第2卷第1期；等等。

再其次是湘阴人李青崖。1929年3月，李青崖翻译了西班牙伊巴枭兹（Vicente Blasco Ibáñez）的长篇小说《启示录的四骑士》，后改名《四骑士》，商务印书馆出版（1939年9月北新书局重版，分上、中、下三册，收入"欧美名家小说丛刊"）。全书除正文外，有译者代序《一篇由儿女英雄说到启示录的四骑士闲话》。作者伊巴臬兹(即布拉斯科·伊巴涅思)是西班亚著名的小说家、政治家,1903年后主要从事文学创作。该书写于1916年,是以第一次世界大战为背景,曾风行欧美各国。

在零星的译作发表方面,1930年4月1日,李青崖与吴且冈合译了西班牙伊巴臬兹的小说《塞尔维亚之夜》,刊《北新》第4卷第7期;1933年7月1日,李青崖翻译了《苏俄的青年》,刊《东方杂志》第30卷第13号;同年12月1日,该刊第30卷第23号刊有他译《在中国的随感》;1934年4月,他译金艾玛女士的《苏俄写真的片段》,连载于《矛盾》第3卷第1、2期;1943年,他译瑞典彼得生(E. T. Peterson)的《谁请了你们来》,刊桂林《新文学》第2期;等等。

再其次是黔阳人向培良。1929年3月,向培良翻译了意大利丹农雪乌(Gabriele D'Annunzio,又译邓南遮、唐努逎)的成名作五幕剧《死城》,泰东图书局出版,收入"狂飙丛书"第二辑之七。该书根据曼特尼教授(Gaetano Mantellini)的英译本转译。除正文外,卷首有译者《引言》,卷末附有《附安梯刚娜》(四幕)和译者的注释《杜斯的艺术》。原作者丹农雪乌是19世纪末20世纪上半叶意大利文坛上很有影响的一位小说家、剧作家和诗人,是颓废派的代表作家,在20世纪初风靡意大利和西方文坛,被誉为"诗翁君王"和"一代宗师"。由于他在"一战"期间及战后的非凡表现,丹农雪乌的名字在"五四"前后的中国文坛上已是尽人皆知。虽然他的这些行为是出于民族沙文主义和扩张主义,但在备受列强欺凌的中国人眼中,这一切都被误读为爱国主义的英雄行为,所以在1919年前后,《申报》《晨报》和《东方杂志》等著名报刊对他的这些举措多有报导和赞誉。作为一部唯美主义的代表作,丹农雪乌的这部戏剧紧随尼采之后歌颂"超人"性格,这种性格立足于激情和犯罪的基础之上,服务于自我实现。译者翻译此剧,"并不是为舞台,乃是把来当作一件文学作品,给读者观照。"[①] 早在1925年,徐志摩曾根据英文版译出《死城》,同年7月连载于《晨报副刊》第1227至1235号,可惜全剧未能载完,同年,徐志摩还撰写了《丹农雪乌的戏剧》,刊7月5日《晨报·文学旬刊》第74期,

---

① 向培良:《引言》,[意]丹农雪乌著:《死城》,向培良译,上海:泰东图书局,1929年,第1页。

这样就进一步引起了中国文坛尤其是青年人对丹农雪乌的兴趣。此后，由于丹农雪乌与法西斯政权同流合污，中国文坛对他的看法产生了分歧，批评者和推崇者并存，对他的译介反而有增无减。向培良的译本便是在这种语境下推出的，而且这也是该剧的第一个全译本。该剧确实代表了丹农雪乌的最高水平，是他最著名的戏剧之一，由此可见译者的价值倾向。到了30年代中期以后，由于丹农雪乌与法西斯同流合污已成为事实，中国文坛和读者对他的关注便渐渐稀少了。

再其次是湘潭人钱歌川。1932年9月，中华书局推出了钱歌川译匈牙利缪伦女士（Hermynia Zur Mühlen）著《缪伦童话集》，收入"现代文学丛刊"。书内除译者序外，收有《真理之城》《围墙》《国王的帮手》《夜之幻境》《猴子和鞭》《奇怪的墙》《扫帚》《三个朋友》《马车马》《桥》《蔷薇姑娘》等童话11篇。总的来说，民国时期翻译童话作品不是太多，而缪伦女士是西方童话作家一位大家，她的作品能在中国得以广泛传播，就得益于钱歌川等人的译介。

1932年12月，钱歌川、凌丽茶夫妇编译了《世界名歌选》，中华书局出版。全书收名歌14首，分别是：《小夜曲》《梦幻曲》《悲歌》《西班牙小夜曲》《君知否南国》《回忆》《罗勒莱的歌》《哦呀别了》《夕阳曲》《睁开你的眼睛》《亚拉伯的歌》《小夜曲》《初恋之歌》和《魔王》。所有这些歌曲采用的是五线谱，歌词为英汉对照。书前有一篇诗歌《代序》和14首名歌解题。1933年7月《学衡》第79期"中华书局新书"有该书的介绍广告："译文字字推敲，极合原调，精心结构，曲艳词新。书前刊有题解，分别介绍其歌曲作者，说明其内容逸话，尤能引起歌咏者之兴趣。"这篇广告词充满了赞美之词，但不夸张，读者通读全书后发现其说法确实符合实情。该书1941年1月再版。

再其次是新化人成绍宗。1933年4月，成绍宗翻译了《墨索里尼战时日记》，光明书局出版。全书共3部分，收入墨索里尼（Benito Mussolini）写于1915年9月至11月、1916年2月至5月和1916年11月至1917年2月的日记，书前有墨索里尼写给"一战"期间他所在的意大利轻步兵十一连队的《献辞》。正如书后为董霖、佩萱合译的《墨索里尼自传》所作的一则广告所言："墨索里尼的狂魔般的面目，在侵吞阿国这一举，可说是暴露无遗了。……

他不仅把自己的出生和成长作了纵断面的叙述,并且把他的主义和性格用了红线似地贯穿了全部的历史。无论是进军罗马,或是侵吞阿国,或是血染世界,都是他的一贯的政策和步骤,读这部书就不难明了他的来踪去迹。"这点同样适合于这部《日记》。成绍宗翻译的这部书的部分内容,曾于同年4月22日在《申报》上刊登。

再其次是新邵人唐麟(1911～1968,又名唐旭之)。1936年6月,他翻译了冰岛现代作者古德孟孙(Kristmann Gudmundsson)的长篇小说《新娘礼服》,商务印书馆出版,收入"世界文学名著丛书"。全书共4部分:原著本为中译本所作序(刘季伯译)、孙规定夫人(Mrs Oddney E. Sen)对于本书的介绍(刘季伯译)、新娘礼服,以及译后记。"这是一部真正的农村'史诗'。"该书是应孙规定夫人之请翻译的,其目的是增进冰岛与中国的"相互了解而发生联系"。①

1936年3月,余楠秋与吴道存合译了印度尼鲁(Jawaharlal Nehru,今译尼赫鲁)的《狱中寄给英儿的信》,中华书局出版。全书149页,32开,英汉对照,内收印度尼鲁于1944年5月至9月在狱中写给女儿的信,所说问题涉及政治、经济、历史、地理等方面。尼赫鲁是印度独立后的首位总理,也是在位时间最长的总理。

1936年5月,黎烈文、茅盾等翻译了捷克作家加伯克(Karel Čapek,又译恰彼克)等人的小说集《弱小民族小说集》,生活书店发行,生活印书所印刷,收入世界知识社编辑"世界知识丛书"之二。该书内收《耍蛇人的女儿》《凯尔凯勃》《耶奴郎之死》《送报伕》《山灵》《一撮盐》《水牛》《大赦》《期待之岛》《一个希腊兵士的日记》《成年》和《盎塔拉的死》共12篇。1936年5月香港生活书店又版;1943年桂林文学出版社出版;1948年5月香港生活书店胜利后1版,书名为《期待之岛》。

1937年5月,醴陵人贺玉波节译了西班牙作家西万提斯(Miguel de Cervantes)著《吉诃德先生》(今译《堂吉诃德》),开明书店出版,收入"世

---

① 唐旭之:《译后记》,[冰岛]古德孟孙著:《新娘礼服》,唐旭之译,上海:商务印书馆,1936年,第1～2页。

界少年文学丛刊"。西万提斯，现通译塞万提斯，是文艺复兴时期西班牙最杰出的作家，被誉为西班牙文学世界里最伟大的作家。评论家称他的小说《堂吉诃德》是文学史上的第一部现代小说，也是世界文学的瑰宝之一。1931年至1937年间，《堂吉诃德》在中国先后有4个译本，分别是蒋瑞青译本（世界书局1933年版）、汪倜然译本（生命书局1934年版）、温佩达译本（启明书局1937年版）和贺玉波译本（1937年版）。原作分上下两卷，全书共126章，约40余万字。贺译此书是根据英国卡林顿（N. L. Carrington）的节略本译出；原作许多附属故事和诗歌都经卡林顿删去，"但其精彩之处，仍然保留着。"[①] "《吉诃德先生》为脍炙世界人口之杰作，西班牙人视作智慧之宝库，一如他国人之尊重《圣经》。本书为节译本，极便儿童阅读。"[②] 至1937年6月，贺译该书已出至第3版，可见其流传之广。

除此之外，民国时期还出过一些综合性诗集，其中也收入不少湘籍译家的作品。典型的有1929年诗人石民推出的诗集《良梦与恶梦》，收有译诗6首；1933年10月，石民又根据英文本选译了《他人的酒杯》，北新书局出版，收入"黄皮丛书"之六，内收英国布莱克的"野花之歌""爱之秘""病蔷薇"和"浑噩之占卜"，英国菲利普的"从阴霾里"和"囚人"，美国朗费罗的"箭之歌"，法国雷尼埃的"歌""登临""秋情歌""愉快的死者"和"无题"，以及德国海涅、俄国莱蒙托夫、马雅科夫斯基等人的诗作36首，书前有译者的《序言》。而早在1930年10月，石民还在《现代文学》第1卷第4号发表了他译吉科姆（Giacoma）的诗歌"两个瞎子"。

其他零星的翻译还有：1925年4月19日、26日、5月3日，《国闻周报》第2卷第14期、第15期、第16期连载了欧阳予倩改译挪威易卜生的三幕剧《傀儡之家庭》（又译《娜拉》或《玩偶世家》）。1934年12月1日，周扬翻译了匈牙利作家培拉·易烈希（Béla Illés）所作《神的末路》，刊《文学月报》第3卷第6号；1935年11月25日，钱歌川翻译了塞拉汉姆（Morley Cellaghna）的《废话》，刊《新中华》第3卷第22期；1936年2月25日，该

---

① 贺玉波：《译者的话》，西万提斯著：《吉诃德先生》，贺玉波译，上海：开明书店，1937年，第 iii 页。
② 开明书店编：《分类书目》，上海：开明书店，1936年7月，第29页、第43页。

刊第 4 卷第 4 期亦登有他的"译诗五首";1940 年 10 月 15 日,萧三翻译了美国辛克莱等著《国家名作家与这次世界大战》,刊《大众文艺》第 2 卷第 1 期;1946 年 9 月 20 日,《青年界》新第 2 卷第 1 号的"珍言选萃"栏目收入黎锦明的译文 6 篇,分别是《艺术》《行为》《惜阴》(富兰克林作)《著作家的工作》(樊达克作)《意志》和《依样的画像》(无名氏作);10 月 20 日该刊新第 2 卷第 2 号又刊有他译杨格的《纯洁的女人》。

　　最后值得指出的是,除了亲自从事翻译活动外,在一些湘籍译家主编的书籍或是在湖南出版的图书中也常能见到收有翻译作品的现象。比较典型的就有 1934 年湖南临武启明书店推出的王利真著《女针贩小说集原稿》,收有译诗《喔斯家之衰败》一首;1942 年 11 月,桂林华华书店推出周立波署名"立波"的《雪山集》,收有倡梅译叶米龙(V. Yermilon)的《高尔基——反法西斯的坚强战士》和胡仲持译美国作家威廉·萨洛扬(William Saroyan)的《到汉福特去的旅行》;等等。

　　总的来说,民国时期涉足非主流国家文学翻译的译家众多,而且不乏一些翻译大家,如果从选用的源语来看,大多采取转译的方式;如果从翻译的动机来看,其选材应该与文学研究会提倡译介弱小民族国家文学的宗旨有一定的联系;如果从这些作品的去向看,他们大多刊登在一些主流刊物或由商务印书馆、中华书局等著名出版机构出版,正是有了这些权威出版社的支持,从而确保了这些译作的认可度。这些异域的文学作品对于正处于转型时期的中国文坛无疑是新鲜的,它们对于汉语民族文学体系的重构也有一定的影响。

第七节　现代湘籍译家与文艺美学翻译

　　有学者指出:"大体来说,中国现代文论有三个外来渠道,即欧美、俄苏和日本。据笔者粗略统计,从 20 世纪初直到 1949 年,中国共翻译出版外国文学理论的有关论文集、专著等约有一百一十种。其中,欧美部分约三十五种,俄苏部分约三十二种,日本部分约四十一种,日本文论占百分之四十。

这其中，1920年代到1930年翻译的，又占绝大多数。"[①]

民国时期，湘籍译家中有不少人在翻译外国文学作品的同时，对外国文艺理论的译介做出了不少的努力，其来源也离不开上述三个渠道。这些对于丰富国人的认识，推进主体文学批评理论体系的重构起到了不小的作用。其中译介成绩较大者有孙俍工、田汉、周扬等。然而，作为翻译家的他们在外国文艺理论上得到的认可却甚少，由此也印证了他们作为理论翻译家的隐形状况。

一、孙俍工与日本文艺理论翻译

民国时期，在文艺美学翻译方面成就最大、影响最广的自然是孙俍工。孙俍工翻译的众多书籍中，除了1935年6月他译本田成之（1882～1945）编《中国经学史》（中华书局版，原名《支那经学史论》）之外，其他均可归入文艺美学类，而且均译自日本学者的著作。

1924年，孙俍工翻译了日本盐谷温（1878～1962）著《中国文学概论讲话》，开明书店出版；1929年6月重印，同年9月10日和11月10日，徐莹、杨晋豪以及湘清、袁大韶、杨即墨分别在《开明》第2卷第3号和第5号撰文评介该书；1930年9月开明书店3版，1933年6月5版，1940年6月初版精装。各版本均有著者原序、内田新序和译者序，书末附《论明之小说〈三言〉及其他》《宋明通俗小说流传表》等。原书题名《支那文学概论讲话》，1919年5月由大日本雄辩会出版。作者盐谷温（号节山）是日本著名的汉学家、中国俗文学研究的开创者之一。他在汉学方面的成就主要体现在对中国小说史和中国戏曲的研究上，尤其在小说史研究方面，他的成绩是多方面的，在现代"三言"及话本研究史上具有开山之功。然而，最有代表意义的，无疑是他的《支那文学概论讲话》。该书是他在1917年夏的讲稿基础上花了一年半的时间，主要修正、增补了戏曲、小说的内容之后，于大正七年（1918年）十二月完稿，1919年出版。这是日本最早的正式以戏曲和小说为主要内容

[①] 王向远：《日本文学汉译史》，银川：宁夏人民出版社，2007年，第57页。

的中国文学研究专著。全书分为上下两编，与一般以时代划分章节的断代文学史不同，上编由"音韵""文体""诗式"和"乐府及填诗"四章组成，下编包括"戏曲"和"小说"两章。从章节数目来看，似乎上编多于下编，但实际而言，上编只是为下编所做的知识铺垫，下编是真正论述的主体内容。全书的整体结构，诗文部分占三分之一，其余三分之二篇幅均是对戏曲小说的评论，这种结构比例是打破传统的。这部著作的成就是多方面的，尤其第六章对于中国小说史的研究是最具代表性的篇章之一。在该书序言中，作者说："中国文学史是纵地讲述文学的发达变迁，中国文学概论是横地说明文字的性质种类的。"可以说，以文体分类横向勾勒中国文学的风貌，盐谷温的此书属于开山之作。正如内田泉之助在孙译本《中国文学概论讲话》的序言中所说，盐谷温在撰写中国文学分体史、特别戏曲、小说史方面功不可没。他说"在当时的学界，叙述文学的发达变迁的文学史出版的虽不少，然说明中国文学的种类与特质的这种的述作还未曾得见，因此举世推称，尤其是其论到戏曲小说，多前人未到之境，筚路蓝缕，负担着开拓之功盖不少。"[①]

这种"开拓之功"，首先表现在对于中国小说史框架的建构上。盐谷温将中国古代小说史分成四个阶段，也可以理解成将中国古代小说分成四种不同的类型。其次是该书浸透着中西学术观点兼容的思想。盐谷温幼承家学，具有扎实的汉学功底；长期游学西方，接受了近代科学的方法。他沐浴在日本明治维新以来、特别是20世纪初期东西方学术交融的思潮中，使该书也渗透着这种新的时代精神。

在该书的《序言》（写大正七年十二月二十三日）中，盐谷温说："中国是文学的古国。……实际作家之数，篇什之量，在年代的久远和种类的丰富这点上，世界的文学不见其比。"[②] 其字里行间，对中国文学、东方文明充满着真诚的敬意，这正是他编写《中国文学概论讲话》和一生做学问的出发点。而孙俍工翻译此书看重的也正是这一点。"本书系统地说明中国文学之性质与种类，开中国文学史之新纪元；论述戏曲、小说等，尤多前人未到之境，开

---

① ［日］内田泉之助：《内田新序》，［日］盐谷温著：《中国文学概论讲话》，第7页。
② ［日］盐谷温：《原序》，《中国文学概论讲话》，第5页。

拓之功不可少。"① 该书后于 1974 年、1976 年以《中国文学概论》为书名，在台湾由开明书店出版发行。2015 年 12 月山西人民出版社再版，收入"近代海外汉学名著丛刊"。

1928 年 5 月，孙俍工翻译了铃木虎雄（1878～1963）著《中国古代文艺论史》，北新书局出版。原书题作《支那诗论史》，这也是世界范围内第一部中国文学批评史。据北新书局书目介绍："这书的上半部论周汉诸子对于诗的思想，下半部论魏晋南北朝的文学论，条分缕析，论断精确，视一味盲目崇拜古人者高出万倍。"②

铃木虎雄，字子文，号豹轩，别号药房，是日本在汉学研究上成就卓著的学者。现代著名汉学家青木正儿（1887～1964）、吉川幸次郎（1904～1980）、小川环树（1910～1993）等均出其门下，曾被誉为"中国文学研究的第一人"。1916 年，铃木来华留学，在中国待了两年时间。这一时期，中国国内对批评史的个案研究已经起步，许多报刊都刊登有关中国文学批评史的研究文章，铃木自然会受到一些濡染和启发。1925 年，他出版了《支那诗论史》，由日本京都弘文堂刊行，主要内容为三个长篇论文（即《周汉诸家的诗说》《魏晋南北朝的文学论》和《格调、神韵、性灵三诗说》），三篇文章先后在 1911 年、1919 年、1920 年连载于《艺文》杂志。此书由孙俍工译为中文，实则译出原书第一、第二两篇，改题为《中国古代文艺论史》，分上下两册，分别于 1928 年 5 月、1929 年 1 月北新书局出版。铃木此书虽仅涉及诗论，对宋、金、元的论述过于简略，清朝嘉、道之后未遑论及，但作为一种史的考察，其对国内中国文学批评史这一学科的创立之影响是不容低估的。

关于这部书的特点和优点，译者在《序言》中称：

> 日本与中国，因为文字相同的缘故，所以日本对于中国虽然在近代有许多误解的地方，但对于中国古代的崇拜我敢说日本人决不后于中国人自己。但是崇拜是崇拜，批评是批评，我看除了对于尊君的学说这一点虽至现代在日本还是一个谜以外对于旁的学说日本人决不似中国人那

---

① 开明书店编：《分类书目》，上海：开明书店，1936 年 7 月，第 68 页。
② 北新书局：《北新书目》，上海：北新书局，1933 年，第 494 页。

样拘束,那样使用感情。在本书里忽略之处,固然不能说是没有;但如论到孔子的删诗,论到孔子所说的"思无邪"的解释,论到文学与道德的关系等,称赞古人的好处,同时也指出古人的坏处:这种态度都是不轻易发现于中国的学者脑中的,我们把来介绍到中,使一般为古来偏见所迷的人也知道盲目地崇拜古人以外还有这样的一种议论,这对于现代的热心整理国故的人们,多少总该有点贡献罢!①

孙俍工在翻译这部《支那诗论史》时,曾有这样的感慨:与近代以来日本学者对中国古典文学、文论的研究相比,中国学者自己的成果实在令人惭愧。"譬如子孙继承了祖宗遗传下来的一点遗产,哪怕就是荒莽的山原,自己也应该早已作过那种剪刈培植的工作了,现在这种工作却要借助于别家人,这哪能不使我临笔而增加了无限的惭愧呢?"②

事实上,铃木十分注重对中国文学批评演化规律的探寻。他在序言中说:"我在进行中国文学史研究的同时,试图寻绎中国文学理论的发展。我认为中国文学理论的繁荣在于六朝与明清之际两个时期,因此也就主要致力于对这两个时期的研究。"书中许多分析显现出19世纪欧洲文艺思潮中的唯美主义、超功利文学价值观对他的影响。这些特点,对中国学者都极具借鉴意义,与"五四运动"以后中国学术界出现的反叛传统"载道"文学观、认同西方近现代"纯文学"观的风气也是吻合的。

1930年11月,孙俍工翻译了田中湖月著《文艺赏鉴论》,中华书局初版。该书译自田中湖月《文艺论》,原书共6章,这里只译出其中的第1至4章(鉴赏部分)。关于此书的特点,译者在《序言》中有介绍:"这书根据美学上的法则以论文艺的鉴赏,其中所言难免有过于艰深之处,但系统自然详明,方法亦甚切实,关于鉴赏的过程与应注意之点,说得非常精细周到,在文艺萌芽如雨后春笋的中国现代的文艺界,这一类书物的需要也许是当然的了。"③

---

① 孙俍工:《序言》,铃木虎雄著:《中国古代文艺论史》,孙俍工译,上海:北新书局,1935年,第2~3页。
② 孙俍工:《序言》,[日]铃木虎雄著:《中国古代文艺论史》,第5页。
③ 孙俍工:《序言》,[日]田中湖月著:《文艺鉴赏论》,孙俍工译,上海:中华书局,1930年,第1页。

全书计 93 页，32 开，共 4 章，除序言和首章"绪论"外，第二章"观照"分别讨论知的判断与享乐的关系、感官的知觉、理性的统一作用、意义的认识和感情移入；第三章"美的享乐"分别讨论美感与实感的差异、妨害享乐之物；第四章"美的判断"分别讨论判断、判断的困难及其原因、理想的主观。书末附有江原小弥太著《艺术与自然界》，内分三部分：鉴赏的范围；合一的境地；自己的世界。"译者将该文附于著后，主要是因为本书所论偏重文学方面，关于艺术与自然界的鉴赏举例不详，故附译江原小弥太《艺术与自然界》以补此缺陷。"[①]

接下来是他对萩原朔太郎（1886～1942）的译介。萩原朔太郎是日本现代文学史上承前启后的诗人，诗人西条八十（1892～1970）称他是"白话诗的真正的完成者"。除创作诗歌外，他在诗歌理论方面也很有成就，著有《诗的原理》和《诗论与感想》（1927）。其中《诗的原理》构思写作的时间前后有十年，是作者的苦心经营之作，系日本同类著作中出类拔萃者，对中国现代诗歌的影响较大。孙俍工对其译介最初是在杂志上陆续发表一些有关他的作品，如 1930 年 10 月 16 日，孙俍工译出萩原氏的《主观与客观》一文，刊《现代文学》第 1 卷第 4 期；1931 年 3 月 30 日，他翻译了萩原氏的《诗人与艺术家》，刊《青年界》创刊号；同年 4 月 10 日，他译萩原氏的《情感与权力情绪》，刊《前锋月刊》第 1 卷第 7 期；同日他译萩原氏的《诗与小说〈诗之原理〉的一章》，发表在《现代文学评论》创刊号；5 月 10 日，该刊第 1 卷第 2 号登有他节译的《诗的原理》，题为《音乐与美术：艺术的二大范畴》；6 月 10 日的第 1 卷第 3 期登有他译萩原氏的《叙事诗与抒情诗》；8 月 10 日的第 2 卷第 1、2 期刊登有他译萩原氏的《象征》；1932 年 3 月 20 日，他翻译了萩原朔太郎的《近代诗的派别》，刊《青年界》第 2 卷第 1 期。1935 年 5 月 10 日，他翻译了萩原朔太郎的《从浪漫派说到高蹈派》，刊《新文学》月刊第 1 卷第 2 号"翻译专刊"。

1933 年 2 月，孙俍工翻译了萩原朔太郎著《诗的原理》，中华书局出版，[②]

---

① 贺昌盛：《中国现代文学基础理论与批评著译辑要 1912—1949》，厦门：厦门大学出版社，2009 年，第 379 页。
② 同年上海知行书店出版的程鼎声的译本题作《诗的原理》。

收入"新文化丛书"。全书分概论、内容论、形式论、结论四部分,论述诗歌的本质特点,诗歌的主观与客观,具体与抽象,诗与音乐美术,韵文与散文,叙事诗与抒情诗,以及浪漫派、象征派等诗歌诸流派。在《译者序》中,孙俍工谈到自己在复旦大学教授"诗歌原理"一课,在日本书籍中找到了许多有关的著作,非常愉快,"因为在目下的中国的诗歌界,这样有系统的许多著述,还不易看见哩!"他认为这部《诗的原理》,"其中特点可说的处所正多。但最精彩的,要算是:全书把诗的内容与诗的形式,用了主观与客观这两种原则贯穿起来,作一系统的论断。"①所以优先译出了萩原朔太郎的这部著作。正像有人指出的:"虽然,在现代中国,诗歌原理类的著作比较多,著作和译作有不下二十余种,但由著名诗人写的系统的诗歌原理著作,恐怕就只有萩原朔太郎的《诗的原理》了。"②值得指出的是,同年程鼎声也翻译了萩原朔太郎的《诗的原理》,知行书店出版。由此可见该书在中国受重视的程度。

1935年6月至12月,孙俍工翻译了日本儿岛献吉郎(1866～1931)著《中国文学通论》,商务印书馆出版。作者于1888年毕业于东京大学古典科,先后在帝室博物馆、熊本第五高等学校等处工作,对中国古典文学研究颇深。该书原题《支那文学考》,1919年由东京大日本富山房刊行。全书共三卷,上卷为散文考;中卷为韵文考;下卷原著为支那诸子百家考。因上下两卷印行后,发现原著此篇已由陈清泉译出,书名同原题,亦由商务印书馆印行,故而改译著者的《支那文学杂考》代替之,并删去最后两章。故此书实由原作者的两部书拼凑而成。上卷有译序;上、中两卷各33章,若干节段;下卷分作毛诗等八编,凡八十余节。未译的两章为《伦理观》和《文章观》。总的来说,日本对中国古代文化艺术是敬仰的,尤其是近代的日本汉学家都接受了科学的洗礼,能够用科学的方法研究中国文学史,儿岛献吉郎便是其中的一个。而且难能可贵的是,他"在文学研究中,时时关注到深层的文学流变,而不仅仅满足于表面材料的罗列,无疑是非常有见地的。"③

与此同时,孙俍工还有一些零星的译作发表,包括1930年他翻译山

---

① 孙俍工:《译者序》,[日]萩原朔太郎著:《诗的原理》,上海:中华书局,1933年,第1～2页。
② 王向远:《日本文学汉译史》,第68页。
③ 李庆:《日本汉学史》,上海:上海外语教育出版社,2002年,第556页。

田清三郎(1896～1987)的《日本无产阶级艺术团体的运动方针》,刊《国立劳动大学月刊》第 1 卷第 8 期;1934 年 4 月 1 日他翻译日本竹友藻风(1891～1954)[①]的《诗的领域》,发表在南京《中国文学》第 1 卷第 3、4 号合刊;同年 7 月 1 日,该刊第 2 卷第 7 期又登有他译日本外山卯三郎的《诗歌的样式》;1935 年,他翻译《表出过程的研究:心的表出的心理学之概观》,发表在《国衡》第 1 卷第 5 期;等等。

除此之外,1930 年 4 月,民智书局再版了孙俍工(原署名"俍工")编著的一部介绍世界文学的作品《新文艺评论》,内收《什么是文学》《文学与人生》《文艺上各种主义》《自然主义的中国文学论》《近代上的新浪漫派》《未来派文学之趋势》《近代剧和世界思潮》《近代法国文学概论》《法国诗之象征主义与自然诗》《近代德国文学的主潮》《近代英国文学概观》《俄罗斯文学和社会改造运动》《俄国的诗歌》《美国的新诗运动》《维新之日本小说界述概》《日本的诗歌》《莫泊桑的小说》《赖弥德古尔孟》《霍普德曼的自然主义作品》《王尔德传评》《肖伯纳的作品》《爱尔兰诗人夏芝》《陀思妥耶夫斯基的思想》《俄国诗豪朴思砼传》《平民诗人惠特曼》《易卜生主义》《泰戈尔的诗与哲学》《梅德林克传评》等 36 篇中外著者的论文。有编者序,另有附录两篇:《文艺在中等教育中的位置与道尔顿制》和《新文艺建设发端》。

1931 年,孙俍工编译了一部《文艺词典》,民智书局出版。据 1930 年版《民智书局图书目录》介绍:"本书约七十万言,凡一千三百页,插图五百余幅。内包含各国文学家传记、文学流派、作品梗概,及各国美术家传记、绘画、雕刻、音乐、建筑上的各种流派,和美术作品举例,以及诗歌、小说、戏剧、音乐、绘画等的定义、要素、分类等,无不备载。"[②] 该书后来又出了续集,分上下两编两册出版,收录了中国自上古以至近代的文艺概况、文艺家传记、作品,以及名著术语等,分门别类,应有尽有,材料极为丰富。

可以说,民国时期孙俍工对日本文艺理论译介的数量众多,其中不少还

---

① 正文署"[日]茅野萧萧"。
② 《民智书局图书目录》(第六期),上海:民智书局,1930 年,第 80 页。

多次再版，且所选译作品都在日本现代文艺史上占有重要地位。他的这些译作对于中国文学批评体系的重构无疑有着借鉴意义，并产生了广泛影响。

二、田汉与外国文艺作品理论翻译

早在留学日本期间，田汉就广泛地接触了西方文学和哲学，并陆续做了一些译介。如在1919年9月15日，他翻译了《说尼采的"悲剧之发生"》，刊《少年中国》第1卷第3期，从中可以看到译者早年对尼采悲剧美学的倾心。后来译者又将这种现代西方美学和传统的东方审美情趣相结合，演绎出一种哀婉的悲剧美学，这种美学思想在他后来的创作中就有明显的体现。

1920年3月4日，田汉根据盐釜天飙著《歌德诗的研究》（日本博文馆，1910年3月）一书翻译了一编"本论"，题为《歌德诗中所表现的思想》，发表在3月25日出版的《少年中国》第1卷第9期"诗学研究号"。全文共三部分，即（一）歌德的世界观；（二）人生观；（三）艺术观。在该文之前，有《译者敬告》一篇，其中说到自己翻译此篇的动机及经过：因为去年十月过沪时，与挚友宗白华谈及歌德研究事。宗白华称已拟作《歌德的世界观及人生观》。译者谓回东京后，亦当于歌德有所介绍。于是译出此篇，"可供白华的研究之一助，欲研究或了解歌德者，也可以添许多的观察力。"不过，"篇中所引各诗，尽多金玉之句，译者笔拙学浅，不能译出"，"而一般读者则殊不利，兹委托郭沫若兄译出。"①

除了这些直接翻译外，早年田汉还对厨川白村的文学论有过涉猎，特别是对其人性论思想。1920年3月8日，时值田汉留学日本东京，他曾与郑伯奇同去京都白村府上拜访厨川白村。他在《白梅之园的内外》中说：厨川白村与松浦一"各有所喜，各有很深的觉悟，所以发出来的言论，都能多少触人性（Human nature）之真。"② 田汉也是"自我表现"文学的主张者和实践者，他在《文学概论》（1927）"文学的起源"一章中，就大段引述过厨川白村的

---

① 田汉：《译者敬告》，《少年中国》第1卷第9期（1920年3月15日）。
② 田汉：《译者敬告》，《少年中国》第2卷第2期（1920年6月5日）。

《近代文学十讲》等书的原文，作为建构其理论批评的理论前提。

1928年6月19日，田汉翻译了《从艺术剧场到民众剧场》一文，刊于南国艺术学院戏剧科同学集稿的《国民日报》副刊《戏剧周刊》第一号。该文译自《近代剧概论》一书第11章之一节。

1929年7月1日，田汉翻译了日本中村著《莎士比亚剧演出之变迁》，刊《南国月刊》第1卷第3期；同月，他在东南书店出版《爱尔兰近代剧概论》，书中除收有"爱尔兰之文艺复兴""威廉·易慈""格烈歌梨夫人""约翰·密陵顿·沁孤""檀塞爵尼士"和"鲁滨孙与霭云"六节外，另附译文"爱尔兰文学之回顾"，该篇译自日本野口米次郎的《爱尔兰情调》一书，这也是"五四运动"前后中国学界出现的唯一一部专论爱尔兰戏剧的译著。

1929年3月，田汉译述了《穆理斯之艺术的社会主义》，东南书店出版。该书介绍英国社会主义先驱、著名诗人和英国工艺美术运动倡导者威廉·穆理斯（William Morris，现通译为"莫里斯"）的生平与思想。该书内分"他的生涯"（［一］到他成为社会主义者为止；［二］成了社会主义者以后）、"穆理斯之社会改造思想""穆理斯的乌托邦"和"诸家对于穆理斯之批评"四部分。穆理斯在其艺术社会思想中所提倡的"劳动快乐化"，其实解决了困扰田汉多年的劳动内在动力问题。编译者借此书重申了"人格就是诗"——真的诗人视劳动为艺术，因而就是真的社会主义者，从而实现自我转向逻辑上的圆满。半年之后，他写成了自传小说《上海》，其中就生动地再现了田汉的思想转向过程。①

1929年8月，田汉翻译了日本小山内薰（1881～1928）的《日本新剧运动的经路》，连载于《南国周刊》第1、2期。该文介绍了日本自明治以来的新剧发展状况。据译者在文末介绍：

> 此文系日本新剧运动大家小山内薰氏于其前年五月二十六日所作。论日本过去新剧运动之得失及今后运动之方针皆极真灼。中国新剧运动方在萌芽［，］读此可当他山之石。今者小山内氏死又半年矣。其事业向由老友秋田雨雀氏继续，译此文章一面祝邻邦新剧运动之前途多福，一

---

① 张锐：《威廉·莫里斯与田汉的思想转向》，《文学评论》2020年第1期。

面用以自勉。因为我们把日本新剧运动三期的责任在一个时候担负着。①

小山内薰是日本新剧运动大家，早年入东京帝国大学英文科学习，开始翻译欧洲剧本，与新派剧演员来往，并自创自由剧团，开始导演欧洲近代戏剧，进而实现了"翻译剧本时代"向"演技时代"过渡，在日本开拓出了戏剧的新道路。在初期，田汉也走着与他们同样的道路，日本新剧运动创作的经验和教训又是可资借鉴和参照的，故而他将小山内薰的这篇总结性理论文章翻译了过来。

1931年3月，田汉编译了《欧洲三个时代的戏剧》，光华书局出版。该书包括"希腊悲剧之发生""莎士比亚剧演出之变迁"和"近代剧曲与社会改造运动"三部分。1933年黄华就该书发表书评，说它"既说是'译'，可没注出是谁的作品，查遍了全书不见原作者的姓名，咄咄怪事"。最主要的是，"把欧洲戏剧分为这样三个时代叙述，在方法上倒是说得过去，因为希腊悲剧、莎士比亚浪漫剧与近代散文剧，的确是欧洲戏剧史上最大的三个阶段。但是此书作者完全没有把握到这三个时代的基本要素，而只是枝枝节节的忽而叙述作品内容，忽而叙述舞台构造，忽而又叙述演出的方法。所以此书的计划很好，可惜写来却失败了。"因而"这不能算是一本好书"。② 值得指出的是，1935年9月，田汉译该书被国民党政府列为查禁书籍，理由是"诋毁中央"。③

1933年3月，田汉翻译了日本学者岸田国士著《戏剧概论》，中华书局出版，译者署名"陈瑜"。除《译者的话》外，全书共四部分，分别是："所谓戏剧之艺术的纯化""舞台表现之进化""戏剧的本质"和"近代戏剧运动的种种相"。书中重点概述了戏剧艺术的纯化、戏剧的本质及今后戏剧的发展，并阐述了新戏剧运动与民众剧。书末另附《新戏剧运动与民众剧》，介绍了"现代戏曲的倾向""俄罗斯新戏剧的前夜"和"面向将来的戏曲——表现派、未来派、民众剧"。鉴于当时近代剧运动已由自由剧场和艺术剧场转向民众剧场，而"中国却刚刚开始自由剧场的前期的运动"，目前的中国"就是资产

---

① 田汉：《日本新剧运动的经路·续完·附言》，《南国周刊》第2期(1929年8月)。
② 黄华：《书评：欧洲三个时代的戏剧》，《益世报》第6251号(1933年9月30日)。
③ 张克明辑录：《第二次国内革命战争时期国民党政府查禁书刊目录(1927.8—1937.6)》，《出版史料》第3辑(1984年)，第146页。

阶级写实主义的戏剧，也还不曾向封建的旧剧争取霸权"，因此在旧戏充塞舞台的"现实中"，田汉翻译的这些论文"不独可以供给中国新兴戏剧运动者一些常识，为读新的理论之一助，或者也可以帮助一般做'自由剧场运动'的一些怎样去克服旧的戏剧的法子"。①

1933年6月22日至7月12日，田汉以"寿昌"之名在《晨报·晨曦》发表了所译《苏联戏剧座谈会》一文，这是当年2月3日日本新兴戏剧界人士座谈苏联戏剧问题的记录。在译文前有田汉的附笔：这个座谈会上的发言"对于落后的中国戏剧文化也应该有它的影响"。中国有它"长远的戏剧的传统，就是新兴演剧在最近数年来也有了相当的基础，约束着一个伟大的前途"。自己根据"'他山之石，可以攻玉'之义"特地介绍了这篇谈话。

此外，1935年，田汉还在他所著《文艺论集》（上册，良友图书印刷有限公司）中收了5篇评论外国诗人的文章，分别是：《密尔敦与中国》《平民诗人惠特曼的百年祭》《恶魔诗人波陀雪尔的百年祭》《歌德诗中所表现的思想》和《新罗曼主义及其他》。

总之，民国时期田汉对东西方伟大剧作家的作品及理论是做过深入研究的，并有针对性地做了译介。正因如此，他后来在自己的创作中就尝试将自己从翻译中获得的启迪用于创作中，从而成就了一位伟大的剧作家。

三、周扬与苏联文艺美学翻译

1932年至1934年，时值左翼文化运动的初始阶段，中国左翼作家联盟（简称"左联"）提出以马克思主义理论为指导、建立无产阶级革命文艺的理论纲领和组织纲领，并开展了关于文艺大众化和社会主义现实问题的讨论，其机关刊物《大众文艺》多次发表文章和译文介绍马克思主义的文艺理论和苏联革命文艺的成就。对于音乐问题，在1930年"左联"的《大众文艺》中曾先后发表文章和译著，一方面呼吁"造就更大众的，更有理论支持的新兴的音乐"，另一方面介绍了苏联"十月革命"以来的革命音乐发展和马克思主

---

① 田汉：《译者的话》，《田汉全集》编委会编：《田汉全集·译著》第十九卷，第532～533页。

义的音乐观。

　　1932年9月10日,时值群众性的抗日救亡高潮来临之际,周扬署名"周起应"翻译了美国约瑟夫·佛里门(Joseph Freeman)等人合著《苏俄的音乐》,良友图书印刷公司出版,①收入赵家璧主编的"一角丛书"第42种。佛里门是美国社会主义诗人、作家、编辑,常在《新群众》《康闵立斯特》等左翼刊物上发表文章,曾与尼埃林合著《金元外交》。②周译该书选自美国先锋出版社出版的《十月之声——苏俄的艺术与文学》。《十月之声》是一本理论著作,比较客观地评价了苏联文学艺术,故而它出版后很快就有了不少国家的译本。原书共6章,由多人撰写:第一章"过去与现在"(佛里门作);第二章"苏俄文学中的男女"(库尼兹作);第三章"苏俄的演剧(罗佐维克和佛里门作)";第四章"苏俄的电影"(佛里门作);第五章"苏俄的绘画与建筑"(罗佐维克作);第六章"苏俄的音乐"(佛里门作)。《苏俄的音乐》译自其中的第六章"Soviet Music",对苏俄的社会主义革命音乐做了详尽的介绍。在《苏俄的音乐》末尾,译者写了《译后记》,呼吁尽量采用国际普罗文学新的大众形式。"社会主义建设期赋予了普罗作曲家以新的任务:他们必须在他们的作曲中反映出新的主题,劳动的热忱,工人对于劳动的新的态度,并且表现五年计划的英雄。在'为布尔塞维尔的大艺术'这个战斗的创造的口号之下,普罗音乐家们正在努力创造一种普罗列塔亚的乐曲。"③同时,他还提出了中国的音乐家应创造无产阶级内容的新音乐,为左翼音乐运动做了思想和理论上的准备。他向读者介绍苏联的群众歌曲和群众合唱,并提倡"新型的音乐"必须在"内容上是无产阶级的,形式上是民族的音乐"。"为'布尔塞维克的大艺术'斗争者,普罗音乐家联盟发展了广大的群众的活动,它负担了三种任务,就是,肃清颓废的布尔乔亚的音乐,介绍过去的音乐遗产的精华,和大众的普罗列塔利亚的歌曲",④这是"目前普罗作曲家的主要任

---

① 此书封面题名为《苏联的音乐》,但封二和"译后记"的名字为《苏俄的音乐》。现择取《苏俄的音乐》一名。
② 1931年,长沙人柳克述(1906～1984)与陈汉平合译了美国倪尔林、佛里门著《美帝国的金元外交》(*Dollar Diplomacy*),上海商务印书馆出版。
③ 周起应:《译后记》,《苏俄的音乐》,上海:良友图书印刷公司,1932年,卷末。
④ 周起应:《译后记》,《苏俄的音乐》,卷末。

务。"① 这实际上已经为左翼音乐运动作了理论上的准备。正是以这篇译文发表为标志,左翼人士掀起了学习苏联的革命理论和实践,探讨、研习我国革命歌曲创作的运动。②

1932年10月10日,周扬署名"周起应"翻译了美国作家库尼兹(Joshua Kunitz)著《新俄文学中的男女》,现代印刷公司出版,③ 内有《新俄的妇女》等单色插图四幅(书中的这些"男女"是新俄文学中的典型人物形象)。本书译自美国1930年出版的《十月之声——苏俄的艺术与文学》中的第二章"Men and Women in Soviet Literature",独立成书。作者库尼兹对俄国文学有很深的研究,著有《俄国文学与犹太人》,译有短篇小说集《蔚蓝的城》。由《新俄文学与新兴阶级》《新俄文学与知识阶级》等12篇文章构成的《新俄文学中的男女》系统地分析了苏俄文学中的新兴阶级、知识阶级、农民、工场劳动者、官僚与专家、新的富农、新女性等男男女女典型人物。周扬的译笔流畅,表意准确,行文如行云流水。同时,该译本的出版对于我国文艺理论建设和文艺创作的繁荣,作用是不可低估的。值得指出的是,1934年,国民党在加紧对红色根据地军事"围剿"的同时,加紧了对进步文化的"围剿"。这年2月,国民党中央宣传委员会发出密令,一举查禁图书149种。著名左翼作家的重要著作几乎都被包括在内,涉及书店25家,商务印书馆、中华书局都列在内。后来由于书业界的反对,当局把这149种书分五档处理,实际上重新可以发售的不过37种。其中周扬所译《新俄文学中的男女》,与丁玲的《一个女人》、胡也频的《一幕悲剧的写实》、柔石所译《浮士德与城》等,均被列为"暂缓发售之书目",由此可见该书内容之进步。④

1933年6月10日,周扬还翻译了苏联弗理契(Vladimir M. Friche)的

---

① 何稼书、张静:《聂耳的"新兴音乐"创作与30年代的中国革命》,《南京大学学报》2006年第3期。
② 美国出版的《十月之声——苏联的艺术与文学》,是比较客观地评论苏联文学艺术的书,它出版后很快在世界各地有了不同语种的译本。中国除周扬译出两章出版外,钟敬之曾译出该书第一章,题为"苏俄文学的过去和现在";与该书第二章"苏俄文学中的人物"合成一集,以《苏联底文学》为书名,1933年9月上海新生命书局出版。可惜中国没有出过全译本。
③ 同一著作另有钟敬文之译本《苏俄底文学》(1933)。
④ 张克明辑录:《第二次国内革命战争时期国民党政府查禁书刊目录(1927.8—1937.6)》,《出版史料》第3辑(1984年),第134页;宋庆森:《从禁书到伪装书》,《书摘》2004年第8期。

《弗洛伊特主义与艺术》，刊《文学月报》创刊号，署名"周起应"。文中把弗洛伊特（今译弗洛伊德）学说定性为一种资产阶级意识形态理论，从性爱主义、唯美主义、个人主义三方面，批判弗氏把性欲与艺术相联系，指责他在说明文艺问题时完全忽视社会历史因素。一句话，维也纳学派把性欲与艺术相联系，他们在说明文艺问题时完全忽视社会历史因素，这种做法是完全错误的。这样的认识是非常深刻的，其概述是非常全面的，批评也是深刻的，即使是在今天仍然具有参考价值。译者能选择这样的文艺美学作品来翻译，说明其学术品位和眼光。据《译者附记》说："毋庸介绍，是著名的马克思主义艺术学者，本文载在 Literature of the World Revolution 第五期上，是一篇用严正的马克思主义的方法把 pseudo scientific 的弗洛伊特派的关于艺术的教义下了尖锐的解剖的极可贵的文章。"而在该创刊号上还有蓬子的一篇《编后记》，称"弗洛伊特以性的苦闷与被压抑来解释艺术的起源，这议论五六年前在中国也曾引起过许多人的兴趣，甚至今日也还有人拿这种观点来考查和研究文艺的。弗理契在他的论文里驳斥这种文艺理论之不通及其自身的矛盾，这是需要读者如看地图似的用心细读的"。

此外，1935年4月1日，《文学月报》刊登有周扬的一篇介绍性文章《果戈理的〈死魂灵〉》；1933年9月20日，良友图书出版公司出版了周扬译《高尔基创作四十年纪念论文集》，译者亦署名"周起应"。

1935年4月16日，周扬翻译了俄国著名的革命民主主义者、哲学家和文学评论家别林斯基（V. Belinsky）的《论自然派》（即《一八四七年俄国文学一瞥》之节选），刊《译文》杂志第2卷第2期，这是别林斯基文学论文最早的中译本。该书后来收入1936年11月生活书店出版的《别林斯基文学批评集》，为生活书店"文学批评丛刊"之一。此外，在1936年7月，周扬又以"列斯"笔名发表了关于别林斯基的专栏文章《纪念别林斯基一百二十五周年诞辰》，刊《光明》杂志第1卷第4号；同年，他还翻译了沙可夫的《批评家杜勃洛柳蒲夫》，刊《译文》新第1卷第3期的"杜勃洛柳蒲夫百年纪念"专栏。

当然，周扬在苏联文艺译介方面影响最大的还是他对车尔尼雪夫斯基（Nicolas Chernyshevsky）美学思想的介绍。1937年，周扬开始翻译《艺术与现实的审美关系》（又译《生活与美学》或《美就是生活》），这是俄国革命民主主义者、哲学家车尔尼雪夫斯基1853年写的硕士论文,也是他的主要美学著作,1942年4月由华北书店出版,题为《生活与美学》,收入"鲁艺丛书"之四。此刻正是1942年5月毛泽东《在延安文艺座谈会上的讲话》发表前夕,其意义非同一般。

《艺术与现实的审美关系》一共21节,每节均有小标题。周扬在《译者后记:关于车尔尼舍夫斯基和他的美学》中说:"书中小标题是参照英译加上的。英译仅前面和后面部分有标题,中间则付阙如。我为了完全,补加上去,对原有标题,亦略有更改,成为现在这个样子。不妥之处自知难免,不过为了阅读方便的权宜办法而已。"书前有著者序言,书后有附录两种:《马克思、列宁对车尔尼舍夫斯基的评语摘录》和《伯林斯基:论自然派》。车尔尼雪夫斯基是"十九世纪后半俄国启蒙主义最大的代表;是杰出的的空想社会主义者,又是坚定的战斗的民主主义者"。[1]他在哲学、政治经济学、历史学等许多领域都做出了卓越贡献,始终以战斗的美学理论、文艺批评及文学创作在俄国文学史上占有突出地位。这位被马克思誉为"俄国的伟大学者和批评家",坚决反对改良,主张农民革命,宣传推翻一切旧权力的斗争思想,著有长篇小说《怎么办?》《序幕》,以及一些美学论文。《艺术与现实的审美关系》针对当时流行的唯心主义美学观点,提出了"尊重现实生活""美就是生活"等唯物主义论断,要求文学再现生活,说明生活,评判生活,作"生活的教科书",发挥积极的社会功能,并强调不同社会集团具有不同的审美经验和标准。译者指出:这篇论文"是对唯心主义美学的一个大胆挑战,是建立唯物主义美学的第一个光辉的贡献";又说:车氏"把美从天上拉到了地下,给它安放了适当的位置"。周扬是根据苏联著名翻译家柯甘(S. D. Kogan)的英译本重译的,原译载1935年英文版《国际文学》第6至10号。1937年3月,周扬在《希望》创刊号上撰文《艺术与人生——车尔芮雪夫斯基的〈艺术与现实之美学的关系〉》,这也是中国第一次介绍车尔尼雪夫斯基的这部美学作品;1942年4月16日,周扬又在《解放日报》上发表《唯物主义的美学——介绍车尔尼舍夫斯基的〈美学〉》。在翻译的过程中,他多是遵循英译

---

[1] 周扬:《译后记》,《艺术与现实的审美关系》,第151页。

本，但对于"原有标题，亦有更改，成为现在这个样子"。附录二《伯林斯基：论自然派》是他从维纳（Leo Weiner）的《俄罗斯文学选集》转译的，曾发表于1935年《译文》第2卷第2期，后又收入生活书店出版的王凡西译伯林斯基的《文学批评集》，该文反映出"车尔尼舍夫斯基文学思想的渊源所自"。

周译该书1942年由延安新华书店出版；同年4月16日，周扬又在《解放日报》发表《唯物主义的美学——介绍车尔尼雪夫斯基的〈美学〉》，专文介绍该书。后来，朱光潜在评论这部著作在美学界的深远影响时，说"它的影响是广泛而深刻的，很多人都是通过这部书才对美学发生兴趣，并且形成他们自己的美学观点，所以它对我国美学思想的发展有着难以测量的影响。"①周译该书于1947年11月和1949年又由香港海洋书屋出版，题为《生活与美学》，收入"文艺理论丛书"；1948年9月哈尔滨读者出版社第2版，1949年4月长春新中国书局又根据光华书店版本重印，实为第3版；1948年2月光华书店大连初版；1949年6月群益书社初版，列入"文艺理论丛书"。1979年人民文学出版社重版，出版前，译者重新审定了译文和《译后记》，并做了某些文字上的修改。

1941年11月15日，周扬还翻译了车尔尼雪夫斯基的《艺术与现实之美学的关系》，发表在中华全国文艺界抗敌协会延安分会编辑出版的文学双月刊《谷雨》创刊号；1942年2月15日，他又翻译了车尔尼雪夫斯基的《诗论》，刊延安"文艺月社"会刊《文艺月报》第14期。

总之，正是由于周扬的集中译介，他也因此成为中国介绍车尔尼雪夫斯基文艺理论的一位大家，并对中国文艺理论界产生过深远的影响，正如有人所说："在很长时段里，车氏在中国享有盛名，这与周扬的极力推介有很大关系"。②

四、刘大杰与外国文艺美学翻译

正如论者所言："要说厨川白村是对中国现代文艺理论影响最大的日

---

① 朱光潜：《西方美学史》（下），北京：商务印书馆，2011年，第610页。
② 孙苏文：《俄苏文论对中国马克思主义文论建构的影响——以周扬文艺思想为透视个案》，《山东社会科学》2007年第5期。

本文艺理论家,恐怕是没有什么异议的。"[1] 从 20 世纪初年开始,厨川白村(1880～1923)就成为中国现代文坛译介的重要对象,短短的一段时期就形成了一股"厨川热"。

厨川白村是活跃于日本大正时期文坛的一位热烈而深沉的文艺思想家、批评家和理论家,也是以翻译和研究英美诗歌而著称的英美文学研究家,毕业于东京帝国大学英文科,后在高校任教。他在广泛借鉴西方文艺理论的基础上所提倡的文艺观念,主要认为文艺创作的动力来源于人生的苦闷,并且表现出一种顽强向上、勇于反抗世俗的战斗精神。厨川白村是日本大正时期在中国被译介被言说最多、影响最大的一位日本作家,他的主要著作《近代文学十讲》《文艺思潮论》《苦闷的象征》《出了象牙之塔》《走向十字街头》《近代的恋爱观》《北美印象记》《小泉八云及其他》《欧美文学评论》等被相继译成中文出版,其理论观点广为传诵,从不同侧面影响了中国现代文坛的一批重要人物,其中包括田汉、鲁迅、刘大杰等人。

1928 年,刘大杰翻译了厨川白村的《东西的自然诗观:走到十字街头之十》,发表在《长夜》第 3 期;同年 8 月,刘大杰署名"大杰"与绿蕉合译了日本厨川白村著《走向十字街头》(论文集),启智书局出版,收入"表现社丛书",其中有《文艺上的 Realism》《文艺与性欲》《再归于民众之子》《演剧与观客》《高尔斯华斯的剧》《西洋的蛇性之淫》《被强迫的文明》《有岛君的最后》《Open Forum》《为什么的污蔑》《东西的自然诗观》《裸体美术的问题》《西班牙文坛的将星》《丹塞尼的戏剧》《作家的外游》《冷嘲热骂》《妇人与读者》《访小泉先生的旧居》《人间赞美》等 19 篇文艺杂论。

到了 20 世纪 20、30 年代,刘大杰继续对厨川的作品进行译介。1930 年 1 月 1 日和 2 月 1 日,他分别翻译了厨川白村的《杰克伦敦的小说》[2],刊《北新》第 4 卷第 1、2 期和第 3 期。这里需要指出的是,由于刘大杰早期对日本文艺理论做了集中的介绍,这点自然也影响到了他同期的文艺观。

1928 年 10 月,刘大杰编写了《表现主义的文学》一书,由北新书局出版。

---

[1] 王向远:《王向远著作集·第 5 卷·中日现代文学比较论》,银川:宁夏人民出版社,2007 年,第 226 页。
[2] 该文又收入刘大杰著译《东西文学评论》(中华书局 1934 年 3 月版)。

全书分为表现主义文学的主潮、表现主义文学的国家社会思想、表现主义剧的本源与特质、表现主义文学的弱点等七章内容。他这部书是根据日本小池坚治的《表现主义文学的研究》和北村喜八的《表现主义的戏曲》等书编译而成的，不能说是抄袭，但从里面"搬"和"借"的成分很大。

1930年2月1日，刘大杰翻译了宫岛新三郎的《文艺批评的新基准》，刊《北新》第4卷第3期；同年，他翻译了日本昇曙梦（1878～1958）撰《现代俄国文艺思潮论》，刊《现代学生》第1卷第3期。1931年，该刊第1卷第4期刊登了他译克鲁泡特金（P. Kropotkin）撰写的《论托尔斯泰的〈战争与和平〉》，第1卷第9期刊登了他译书评一则《小家之伍》；同年，《现代文学评论》第1卷第3期刊登了他译日本著名文学家和翻译家成濑无极（1885～1958）撰写的《霍普特曼的"热情之书"》。

五、其他湘籍译家与外国文艺美学翻译

民国时期，还有一批湘籍译家在外国文艺译介方面做出了努力。"五四运动"时期，中国文坛曾有一段时期热衷于提倡自然主义文学，特别是以沈雁冰主持的《小说月报》杂志为中心，曾大力鼓吹自然主义。"而该杂志宣传自然主义的最初的文章或材料几乎都来自日本，所以，日本就成了当时中国了解欧洲自然主义的主要窗口。"[①]1921年4月10日，李达翻译了宫岛新三郎（1872～1934）著《日本文坛之现状》，刊《小说月报》第12卷第4号。文章概述了当时日本文坛错综复杂的状况，介绍了自然主义时代的各位作家，以及现今仍十分活跃的中坚作家、翻译家和新近出现的作家，还谈到当时的评论家和戏剧家。同年6月10日，该刊第12卷第6号还刊登了他译日本生田春月（1892～1930）所作《现代的斯干底那维亚文学》，文章论述了丹麦、挪威、瑞典等国的文学概况、代表性作家及其作品；8月10日第12卷第8号刊登了他译日本片山孤村（1879～1933）的《大战与德国国民性及其文化文艺》，收入"德国文学研究"专栏。该文指出，第一次世界大战后，德国

---

① 王向远：《日本文学汉译史》，第105页。

社会中暴富阶层的腐化生活与中等阶层和知识阶层的优缺点密切相关,战败的屈辱也对德国国民性和文化文艺产生了影响,斯宾格勒撰写的《西方的没落》等著作的流行,反映了德国人的悲观倾向,在艺术领域则流行表现主义。这些文章侧重于对当时欧洲和日本文坛现状的介绍,对于国内读者无疑是最新的资料,有助于开阔人们的眼界。

1925年8月10日,张友松翻译了丹麦博益生(H. H. Boyesen)的论丛《安徒生评传》,刊《小说月报》第16卷第8号;9月10日,张友松又翻译了丹麦作家安徒生的《安徒生童话的来源和系统——他自己的记载》,刊《小说月报》第16卷第9号"安徒生号"(下);1929年1月15日,张友松编译了《小泉八云论肯斯黎的希腊神话故事》,刊《春潮》第1卷第3期;同年8月15日该刊第1卷第8期刊登了他译鲍德温(Roger N. Baldwin)的《苏联对于言论出版之制裁》;12月20日,张友松署名"友松"翻译了丹麦克劳森(Julius Clausen)的《丹麦的思想潮流》,刊《奔流》第2卷第5期。

1928年12月31日,邵阳人石民翻译了小泉八云的《小说中神异事物之价值》,刊《语丝》杂志第4卷第51期;1929年1月16日,他又译出小泉八云的《英国的"谣歌"》,刊《北新》第3卷第2期;1930年,他翻译了日本小泉八云所讲《论创作》(一至五),连载于《北新》第4卷1至3期;同年,他又译注小泉八云著《文艺谭》(英汉对照),北新书局出版,系"自修英文丛刊",该书内收《论生活和性格对于文学的关系》《论创作》《论读书》《略论文学团体之滥用与利用》等4篇论文。除了小泉八云的作品外,石民还写了一篇介绍性文章《关于〈屠格涅夫散文诗〉》,发表在《北新》第4卷第7期;1928年12月15日,他又翻译了瑞典戏剧家、小说家和诗人史特林保格(John August Strindberg,今译斯特林堡)的《秋》,刊《春潮》第1卷第2期;另外,他还翻译了英国诗人及评论家阿瑟·西蒙斯(Arthur Symons)的一些论文,其中包括《事实之于文学》(刊1929年1月1日出版的《北新》第3卷第1期)和《论散文与诗》(载1931年12月31日出版《文艺月刊》第2卷第11、12号合刊)。

1922年6月3日,袁昌英翻译了法国作家莫泊桑的《创作与批评》,刊《太平洋》杂志第3卷第6号;1924年12月5日,该刊第4卷第9号又刊登了她翻译的《短篇小说家契可夫》，该文后来收入张立英编《女作家散文选》（开华书局1933年12月初版）。

1930年2月1日，钱歌川翻译了日本岛宫新三郎著《文艺批评的新基准》，刊《北新》第4卷第3期；同年5月1日，他翻译了苏联卢那察尔斯基（A. Lunacharsky）的《艺术是怎样产生的》，发表于该刊第4卷第9期；5月16日，该刊第4卷第10期刊登了他译日本藏原惟人的《观念形态论》；8月16日的第4卷第16期刊登了他译日本平林初之辅(1892～1931)的《商品化的近代小说》。1935年2月，钱歌川自己撰写了一部《现代文学评论》，中华书局出版，内收《纯粹的宣传与不纯的艺术》《近代文学的特征》《文学科学论》《美国戏剧的演进》《最近的爱尔兰文坛》《九一八与日本文学》《英国文坛四画像》《刘易士在美国文坛的地位》《奥尼尔的生涯及其艺术》《辛克莱和他的作品》《俄国贵族阶级最后的作家布宁》等11篇论文，介绍世界文学的基本理论、外国文坛及作家。该书1940年再版，收入"现代文学丛刊"。

1930年11月1日，杨东莼翻译了傅立策的《评托尔斯泰主义》，刊《北新》第4卷第21、22期合刊"史地组讲稿"栏。

1934年12月6日和1935年3月16日，黎烈文在《译文》杂志第1卷第4期和第2卷第1期发表了所译苏联爱伦堡的《论超现实主义》和《论莫洛亚及其他》。超现实主义是以法国布勒东于1924年发表《超现实主义宣言》而宣告这一运动的开始，对文学和绘画都有影响，但长期以来，它在中国却未留下什么痕迹。爱伦堡的文章以罕见的蛮横、武断的面孔出现，杂以诟骂、嘲讽、戏弄的章句，对超现实主义予以激烈的挞伐和全面的否定。全文将超现实主义比作"腐败的野鸡"，说他们"仅仅在研究手淫的学说和露阴狂（exhibitionism）的哲理"，将其诗作说成是"巴黎小便所的壁上"的"乱涂"。文中不止一次地说到，超现实主义者的工作便是"研究男色（pederasty）和梦"，"他们只饮酒唱歌，并搂抱女人。这是一个同行而颇易举的纲领"，"在他们看来，女人不过是conformisme。他们却弄出了另一个纲领：手淫，男色，拜物教，露阴狂甚至鸡奸"。"这类野鸡真的腐败透了"，"他们要做那些最识货的食客的最腐败的野鸡"。总之，爱伦堡文中对超现实主义流派予以全面的否定。而黎烈文之所以翻译该文,可能是出于对超现实主义的憎恶和不满,他要借助爱伦堡的声名无非是为了壮声势。在这里,译者的选择证明了他要说的话已经由作者说出。尽管黎烈文的这篇译文是中国首篇介绍超现实主义的作品,但因超现实主义思潮在中国还只刚刚出现,也因他作为译者的态度,很快便被打压了下去,此种做法"百害而无一利。"[①]

1935 年,以翻译尼采哲学思想而著名的翻译家徐梵澄翻译了尼采的《启示艺术家与文学家的灵魂》,生活书店出版。这是一本语录式文集,共收录 79 条,简短的文字表达了这位唯意志论者深邃的美学思想。另外,梵澄译、杨丙辰校注的《葛德论自著之浮士德》,1940 年由长沙商务印书馆出版,收入中德学会编"中德文化丛书"之 13。书前有项斯·海立希·波涉特(Hans Heinrich Borcherdt)前言,内文分"葛德关于第一部浮士德之言论"和"葛德关于第二部浮士德之言论"两部分,收语录共 89 则。这些译作在当时的文坛影响较大。

1936 年,苏联大文豪高尔基逝世,中国左翼文艺界举行了大规模的纪念活动,高尔基著作的出版也达到了 30 年代的最高峰。是年,黎烈文翻译了法国作家罗曼·罗兰的纪念文章《和高尔基告别》;同年 5 月 13 日,周立波署名"一柯"翻译了高尔基的论文《论戏剧中的语言》,刊《大美晚报》(中文版)副刊《文化街》。这些算得上是对高尔基的一种纪念吧。

1936 年 6 月,李青崖辑译了《一九三五年的世界文学》,商务印书馆出版,收入"一九三五年世界概况丛书"。该书收有《在寻觅真诗的路上》《戏剧的气候》《关于短篇小说的两篇法国议会》《国际作家协会一瞥》《关于国际作家协会》《与李青崖谈去年英国文学趋势书》《记英国一个革命诗人司彭达》《记英国诗人鲁易士的一本新书》《记菲次桔劳德的两本小说》《两件与法国戏剧界有关的记载》《记巴尔布斯》《记项伯和工作的荣幸》《论苏俄的文学》《论苏联文学中的西方影响》《论几部证明现代德国的小说》《论本年德国戏剧界的几件要闻》等 16 篇文章。书前有《编者的意趣》,书末有《编了以后》。

---

① 钱树森:《法国作家与中国》,第 580 页。

1941年，傅统先前后推出了他翻译的西班牙著名自然主义哲学家和美学家桑塔亚纳（George Santayana）的文论文章两篇：《论诗与哲学》和《哲学的诗人》，刊《西洋文学》第5期和第8期。

　　除此之外，成绍宗还翻译了一本《文学论》，大光书店出版，出版时间不详。1935年9月，该书被国民党政府列为查禁书籍，理由是宣扬"普罗文艺"。[①]

　　至此，我们可以看出，上述这批湘籍翻译家主要活跃于20世纪20、30年代，他们除了从事日常翻译工作外，多数主要是以文学家或艺术家而著称，其"文名"通常盖过其"译名"。事实上，他们早期大多属于某个特殊的文学团体，如文学研究会和创造社，后来多与"左联"有着某种联系。这些译家大都有过留学海外的经历，具有良好的中外语言和文化修养，不少译家同时精通数门外语——他们或是倾注于对某一位作家的译介，或是同时译介两国或多国作家的作品。而且处在当时的白话汉语语境中，众译家往往以译文的流畅和明白为主要追求，同时也看重文学作品思想内涵的准确传递，他们普遍采取了白话汉语形式。这种语言又是当时读者最易于接受和理解的，加之许多作品又在译者所属的文学团体刊物或知名出版社出版，这样更有助于其作品的广泛传播。同时，由于他们高超的驾驭文字的能力，以及他们在翻译中的种种创新和灵活运用，其结果就像胡适当年所说：提高了白话文的地位，国语文学深入人心。如果从翻译策略的择取来看，当中既有归化，也有异化，尤其是那些使用异化策略而诞生的译作意义更为重大。在此，众译家通过其特殊的选材方式和话语呈现方式，将外来文学的异样品质传递过来，这点对于处于新文化运动期间的汉语诗学体系的革新输入了新的血液，提供了新的借鉴，也为现代汉语文学语言走向成熟起到了推进作用。与此同时，由于译者有着深厚的专业学识和较强的文学鉴赏力，能够比较准确地把握原著的底蕴，并传达出外国名著的精神，所译作品往往具有很强的忠实性、艺术性和可读性。这样也确保了众译家能够将自身丰富的情感倾注于翻译作品之中，

[①] 张克明辑录：《第二次国内革命战争时期国民党政府查禁书刊目录（1927.8—1937.6）》，《出版史料》第3辑（1984年），第146页。

并让译作充分发挥"文以载道"的职能,从而通过翻译达到改造国人精神面貌,进而实现社会改造之目的。而作家与译家的双重身份,使他们能够以自己出色的创作天赋与独特的生活体验,运用丰富的文字技巧,创造性地把握和重塑原著的情感世界,从而确保了文学名著翻译的艺术水准。如果再联系到此间众译家试图通过翻译来丰富本国语言和文学的事实,我们发现此举必然像苏珊·巴斯奈特(Susan Bassnett)所说的"导致对译文的美学标准而生硬的'忠实'观念的强调。"此点对于现代译学研究意义深远。至于他们在汉语文学新旧体系发生激烈碰撞和转型过程中所扮演的变革者的角色,更值得今人来深究。可以说,现代时期的湘籍翻译家推出的文学作品已逐渐形成了一定的特色,当中的许多作品早已成了翻译文学中的经典之作,一直为人们所阅读和欣赏。

总之,现代时期,湖南涌现了一批优秀的文学翻译家,其推出的翻译作品众多,既有文学作品,也有文艺理论作品,而且不乏精良之作。从选材来看,这些翻译涉及的文类很广泛——小说、诗歌、戏剧、散文以及其他杂类的形式;涵盖的流派众多——古典的和现代的;分布的语言众多——英语的、日语的、德语的、法语的、俄语的以及其他欧洲语言的。尽管这中间的不少作品是经由他种语言转译,但这一时期的翻译主流却已经是直接翻译。而且这些作品多为众译家所喜爱,故而在翻译中他们也格外地注意,其质量也经得起推敲。这些翻译在当时主体文化圈内正在开展的新文化运动中扮演了非常重要的角色,它们对于开阔人们的视野,丰富人们的想象发挥了正面作用。更重要的是,众译家在翻译中引进了众多新的主题、新的形式、新的表达方式,这些对于启发国人的创作、丰富主体文学体系起到了重要作用。从翻译策略的选取来看,其中既有归化,也有异化;既有偏向源语规范的充分性的翻译,也有照顾读者期待的接受性翻译,但众译家并没有走极端,而是在二者间进行充分的协调。他们这样做,是因为他们普遍认识到:一方面,接受文化时刻需要引进一些陌生的、新鲜的内容和表现形式,另一方面,接受圈内的文化规范会导致翻译对原语文本发生转换。正是这种经协调而诞生的译文,在当时得到了普遍好评,同时也经历了时间的考验,由此也证明协调归化和异化或充分性翻译原则和接受性翻译原则是行之有效的方法。我们相信此点对于今天的翻译仍然具有启迪意义。

与此同时，现代时期一批先进的湖南人在谋求社会变革的同时，还先后翻译了一批马克思主义著作和马克思主义文艺理论，这些理论著作传入中国后，给中国的无产阶级革命运动和思想文化界增添了生机和活力，尤其是"马克思主义文艺理论在中国的传播，推动了无产阶级文学运用的向前发展，而无产阶级文学运动的不断走向深入，又最终确立了马克思主义文艺理论在文学运动中的指导地位。"[①] 可以说，在中国思想和文化现代转型过程中，也有湖南翻译家的一份功绩。

最为有趣的是，就像有人总结的："中国现代文学的许多作家都有一个共同的特点，那就是他们往往最先都是翻译家，通过翻译活动，他们一方面把大量西方的文学作品及其文艺理论介绍到中国来，另一方面也在此过程中逐渐形成自己的文艺思想及创作风格。"[②] 仔细检视现代时期湖南翻译家的翻译与创作，自然离不开这种模式。正是由于他们的共同努力，一方面为中国翻译文学的繁荣做出了贡献，另一方面也推出了一批有影响的理论著作，在现代文学史和文艺理论史上发出了自己的最强音，这些都值得我们的翻译文学史、中国现代文艺理论史和中外文学交流史来关注或重新书写。

---

① 范伯群、朱栋霖主编：《1898—1949 中外文学比较史论》(下卷)，南京：江苏教育出版社，1993年，第 569 页。
② 范伯群、朱栋霖主编：《1898—1949 中外文学比较史论》(下卷)，第 648～649 页。

第七章　民国时期湘籍译家译论思想大观

诚如当代西方学者所言："在我们对翻译的历史观念和实践的研究中，那些有关翻译的言论，相对于翻译本身，同样是值得研究的有效的文献。"[①] 而反观中国的翻译史，"忽视对翻译理论的总结，只简单罗列翻译事实和介绍翻译人物，……探讨翻译的主体价值，忽视翻译主体与翻译活动其他因素之间相互依存或相互影响的关系的研究。"[②] 这些都是真知灼见，对于现代湖南翻译史研究尤其具有启迪意义。

事实上，民国时期，一些湘籍翻译家继续发扬湖湘文化中"理践结合"的传统，他们除了从事各种文献、著作和文学作品翻译外，还倾心致力于翻译理论的探讨，其中就出现过郭昆编著的《英语翻译释例》（汉文英译之部）这样的专书，但更多的还是单篇之作。这些主要表现在各译家在翻译作品的序跋中顺带讨论翻译意图、策略和主张，或推出专文讨论翻译理论问题，而且明显地是以散论、偏论的形式出现。其中以专文形式进行过翻译问题讨论的有章士钊、成仿吾、朱湘、张友松、徐梵澄、钱歌川、李季等人，尽管这些译论文字的数量不是太多，却颇具学理价值，在中国翻译理论史上产生了不小的影响。这些均值得我们进行历史追踪，然后在时代语境中进行重新诠释。

第一节　章士钊论译名问题

民国时期，随着梁启超的新文本观念的缺陷不断暴露，并逐渐受到人们

[①] D. Delabastia & R. Gratman, "Introduction: fictional representations of multilingualism and translation", in "Fictionalising Translation and Multilingualism". Special issue of *Linguistica Antverpianisa*, NS4, p.29.
[②] 许钧：《关于翻译理论研究的几点看法》，《中国翻译》1997年第3期。

摒弃，中国的政论性散文作家开始注意到文章内部结构严谨的问题，于是西方形式逻辑对于作文的作用逐渐进入国人的视野，并就此展开了一系列的讨论，而这种讨论最初又集中在"逻辑"一词的译名处理上。

民国时期，章士钊有关译名问题的讨论主要见于《民立报》《甲寅》等刊物。自 1912 年起，章士钊在《民立报》主持了一场有关翻译名义问题的讨论，在国内影响较大。此间，他曾以"民质""行严""秋桐""记者"等笔名，在《民立报》《独立周报》《甲寅》《国风报》等刊物上发表一系列有关译名问题探讨的文章。

众所周知，《民立报》是辛亥革命时期资产阶级革命派在国内的主要言论阵地，1910 年 10 月 11 日在上海创刊，社长是著名革命党人于右任。《民立报》在清末时就言辞激烈，不遗余力地抨击政府。同盟会中部总会成立后，该报成为该总会的机关报。武昌起义和上海光复期间，它又大张旗鼓地宣传反清革命，颇受欢迎，日销量达 2 万份。"二次革命"期间，它因猛烈抨击袁世凯，被袁禁止邮递，于 1913 年 9 月 4 日被迫停刊。章士钊与《民立报》有着密切关系，自该报创立之初，他就担任该报驻英通讯员。1911 年武昌起义爆发时，章士钊正在英国留学，他从英国发回大量自己编译的关于西方各国对辛亥革命反应的报道。1912 年初他回国后，很快被于右任聘为《民立报》主笔。在《民立报》存在的 35 个月中，章士钊主笔时间达 7 个月，担任主笔期间，他发表文章 160 篇。除去生病和出差外，他几乎每天都有署名"行严"的社论发表在该报的头版头条，其中不少是关于翻译问题的探讨。

章士钊最初在译介或撰写的关于西方"两院制""联邦制"等政论中，时常涉及"正名""逻辑"以至"译名"等问题。尤其是在 1912 年 4 月 18 日发表的《论逻辑》、21 日发表的《释逻辑——答马君有鹏、张君树立》（均署名"行严"）等文中，他再次提出日本人将 logic 译作"论理学"，严复译作"名学"，还有人译作"辨学"，均未能恰切地表达原词的意义，倒不如严复曾提到但又被他弃置的音译"逻辑"。① 同月 26 日，章士钊发表了 T. K. T 的来稿《论译名》，该文同意章士钊 1910 年 11 月 22 日在《国风报》第 29 期发表的

---

① 严复先后翻译了两部逻辑学著作：《穆勒名学》和《名学浅说》。在此他采"名学"而非"逻辑"，显然是上承先秦诸子中的名家做法。可惜他的这种译名没有沿用下来。

《论翻译名义》中有关音译的主张,并认为"音译之字,不可兼义",免滋歧义;还反对"强西人使从汉姓",如吴稚晖把莎士比亚译作"叶斯壁",把克鲁泡特金译作"柯伯坚"等。章士钊同时发表了自己的附记,以示赞同,这便引起了吴稚晖的辩驳。该刊于当月 28、29 日连载了吴稚晖的《论译名答 T. K. T 君》,文中提出"惟无论学术之名与人地之名,但译其音终不过偶以文字为符号识别而已。若不就上下文之条件,追究其根源,仅执一音以求,因无可通者。"进而指出,"译音一术,止可以为便法而已,非通法也。"他的这一见解很有道理,正好可以补正章士钊的偏颇。5 月 17 日,章士钊在该报发表了读者张礼轩的来稿《论译名》,该文也对其有关音译的说法表示异议。这样就促使章士钊再次撰写《论译名——答张君礼轩》,此文发表在同日的该报上,文中重新阐述了自己的译学见解:"翻译名义之当从音译,抑从义译,此必视制语时之情状为衡,非可为概括之词也。记者之主张音译,断非遇名词而辄如此译之。特谓音译之利,确在可言者在耳。"

章士钊所说的这一前提,可以消除他人的误会,也容易让人接受。他论述了"音译之利",主张仍举"逻辑"一词为例,而认为义译乃"原名之定义","易生歧义",与此前发表的《论翻译名义》完全一样。最后,针对张礼轩所说音译可以任取同音字而出现很多译名,章士钊说道:"此不便处,诚然诚然;然此种不便,固不仅属于音译,即义译亦平分其过。""此弊在义译为尤甚也。盖义译之争点多,而音译之争点自取音之异同外似无之。且学者之癖,在义诚所必争,而在音则不甚措意。"张礼轩对此仍不满意,7 月 6 日,他又发表了《论翻译名义》,继续与章士钊商榷,强调"译事之本之旨",为便于理解,便于求学;而有意义之名词的音译,不便处实多。章士钊同时发表附记,表示欢迎商榷;7 月 14 日,他又发表读蔡尔文对其表示不同意的来稿《问翻译名义》。对于这篇文章,章士钊同样写有附记,表示欢迎商榷。同年 9 月,章士钊离开《民立报》,自创《独立周报》。他在 9 月 22 日周报第 1 期和 29 日第 2 期发表了李禄骥、张景芬、冯叔鸾、耿毅之等人的四篇《论译名》,并发表了自己的附记,承认"音义两译,各有偏至之理论,而无独至之理。善译者当权利害之轻重以为取舍,预储一成见以待之焉不可也。"这样的论述就更为全面、公允了。

此后一段时间，章士钊除了发表读者的不同意见并加上附记外，一直没有发表自己论译名的文章，直到1914年2月15日《庸言》杂志第26、27期合刊发表胡以鲁的《致〈甲寅〉记者论译名》（简称《论译名》）。这篇文章虽然没有指名道姓地批评章士钊，但显然是针对他的意见。胡以鲁站在维护中国几千年文字的立场，认为译名要符合汉语的本义，斥好用音译者为"未当熟达国语也"，并特别反对"新术语"的泛滥。胡以鲁的观点是倾向于义译，他将音译论者分为"六派"，指出其背后的原因，提出音译"四难"，主张"以义译为原作"，并总结出义译原则"二十例"和不可译"十例"（不可以译中也并非完全音译）。客观地说，胡以鲁的文章相当全面，可以看成是对清末民初有关翻译名义方法和几十年来各家讨论过的观点所做的一次全面总结。但因文章内容有同章士钊商榷处，也就是对他往日的主张"有所针砭"，所以同年5月10日章士钊在其主编的《甲寅》杂志创刊号以"秋桐"笔名再次发表专文，题为《答容挺公论译名》（简称《译名》），论述自己的观点。在这篇文章中，他首先表示不同意胡氏认为"音译"之名不当立、凡译皆从其义、袭音非译也的观点，从理论上和历史根据上阐述"音译"亦翻译之一种，有其存在的必要，同时重申其主张音译"那比较之词，而非无对之义"，此处胡氏虽重义译，也说有万不可义译者十事，实际彼此所见有相通之处；然后他再次指出"义译名词之最感困苦者，则名为译名，实则为其名作界说"，于是一名既立，势必争论不休。于是他在吸收读者蔡尔文来稿意见的同时，提出了一个"新案"："厘名与义而二之。名为吾所固有者不论；吾所无之，既径取欧文之音而译之。"这实际上就是在复述他自己的术语定义分家的理论，只是此次言语中已有了商量的口吻。

另外，在同期《甲寅》的"通信栏"中，章士钊还发表了读者吴宗毅的《逻辑》一文，并加有长篇按语，其内容与他自己此前见解大致相同。一月过后，章士钊在《甲寅》第2期发表了吴宗毅赞同自己见解的文章《逻辑》，文中提到"吾国翻译事业，首推佛典，而考《翻译名义集》，则有'五不翻'之例。……诚译者所当奉为圭臬。'逻辑'一语，兼跨'多含''此方无''尊重'三例之域。"在该文后，章士钊照样加上了附记《逻辑——答吴市君》。

1914年11月10日，容挺公在《甲寅》第4期发表了《致甲寅记者论译名》一文，文中批驳了章士钊的音译、义译说，其中说道："谓义译有漏义，而音译已不得无漏。谓义译须作界，而音译更不能不作界。例以佛典多涵不译，似从音为便。凡外域精神科学之名辞，若以邦文迻译，纵不皆吻合，亦非绝无相近者；其完全合致者，则直取之；不实不尽者，则浑融合含蓄以出之。"接着他又"自拟译例"云：

> 凡欧文具体名辞，其指物为吾有者，则直移其名名之；可毋俟论，其为中土所无者，则从音。无其物而有其属者，则音译而附属名。至若抽象名辞，则以义为主。遇有势难兼收并蓄，则求所谓最大部分之最大涵义。若都不可得，苟原名为义多方，在此谓甲义则甲之；在彼为乙义则乙之。仍恐不周，则附原字或音译于下备考。非万不获已，必不愿音译。

针对容挺公的质疑，章士钊以记者身份在同期《甲寅》上发表了《答容挺公论译名》（原无题）。文中提出："愚之主张音译，特谓比较而善之方；非以为绝宜无对之制。夫以音定名之利，非音能概括涵义之谓；乃其名不滥，学者便于作界之谓"。"义译之第一障害，即在定名之事，混于作界，先取一界说以为之名。""若取音译，则定名时与界义无关涉；界义万千，随时吐纳，绝无束缚驰骤之病。"最后他提出："辨义第一，名义次之，论理最为劣译"。

1915年6月10日，章士钊又在《甲寅杂志》第1卷第6号发表了《论逻辑——答徐君衡》，回答徐说："逻辑一字，可以脱离科学，随处应用。……由论理学转译英文，当曰 logical science，其义所指，则已由逻辑而移入他种科学。盖逻辑者，诸学之学也。"在该刊同一期上，章士钊还发表了张振白的《译名》，继续就译名问题进行探讨。这种讨论一直延续到民国以后一段时期，直到1919年朱自清在《新中国》第1卷第7期署"佩弦"名发表兼论章、胡二人的文章《译名》，才结束了这场持续多年的译名论争。

总之，章士钊在中国近代学术史上率先发起一场有关西方学术专名的翻译方法的讨论。他不但敢于批评严复这样的翻译大家，也敢于发表他人不同意自己观点的意见，表现出自己的度量和追求学术民主的作风。尽管他的论点有时有失偏颇，但他充分肯定了"译音"的意义和优点，是对玄奘"五不翻说"的重大发展。他主张采取的"逻辑"译名也一直沿用至今。值得一提的是，1917年，章士钊受聘为北京大学教授期间，曾专门讲授《逻辑学》这门课,并在北大研究所多次演讲逻辑学说史,这又为改译名的推广起到了重要作用。可以说,正因章士钊的翻译和倡导逻辑文,"西方的逻辑知识使得中国的文章之体发生了重大变化","中国现代论证文得到了进一步的发展。"[①] 另外,他的一些学术见解也为译论界所采纳,由此可见他在中国近现代翻译史上的贡献和影响。

第二节 杨端六论译品质量和译才问题

1919年,时在伦敦大学政治经济学院攻读货币银行专业的杨端六,撰写了一篇《关册汉译正误》的文章,这本是一篇就科学译品质量进行具体评论的文章,文中杨端六结合1913年出版的《通商海关华洋贸易全年总册总论》,对译者因海关报告有关知识不解而产生译事之简单及译文之错误进行了评论和批判。[②]

在这篇文章的一开头,作者就说道,西文汉译有两个重要条件:"第一正确,第二明了,二者缺一,不足以贡献于社会。而欲尽此二件之能事,必先具有两种资格。欲译笔之简洁,则有恃乎本国文之造就;欲事实之确凿,则有外乎对于其所从事之科学实有研究。严格以论之,翻译之事,诚非易者也。"接下来,他批判了时人轻视翻译的心态,然后便论及译者的才能对于翻译的重要性:

> 吾国之学术不振久已。至于最近,不仅著作者鲜能独树一帜,即翻译者亦率多杜撰浮泛,失其原来之意义。故有许多译本风行一时,实则与原文相差甚远。而读之者但觉其语句雅洁,不觉其远于事实。此其弊不在乎国文之粗疏而在乎国文之过事雕琢,遂致译事第一要件失去。后之学者,苟不能自原文直输知识,则受害岂浅也哉。近二十年来,国中习洋文者日多,而国文益不讲究,遂不免有译笔粗陋之叹。其结果致今

[①] 范伯群、朱栋霖主编:《1898—1949中外文学比较史》(上),南京:江苏教育出版社,1993年,第138、140页。
[②] 沙影:《读端六先生关册汉译正误并论译文》,《东方杂志》1920年第18卷第12号。

阅者不得其解。平心论之,此等过失,犹在前者之下。盖不解不足以误人(除时间上之损失)解而不确乃足以误人也。惟不可解之译本,非必即由于学有根底而辞不达意。苟译者真能了解原文,则虽文笔稍疏,亦不难勉强传达之。惟己所不能解者,决不能解之于人,加以修词无术,遂不能行之于世。此种译本,由日本间接的来者尤多。盖日译既误,汉译更不待言矣。①

此段文字是对懂得外文的译者进行了分类,有三种情况:第一种是不解原文内容,以中文雕琢作掩饰,使读者但觉译文之顺,不疑译文之失,译文照样传世,危害甚大;第二种文笔虽稍逊,但能理解原文,译文尚可勉强达意,其过失小于前者;第三种则是不解原文,又修辞无术者,其译本则不能行之于世。这实际上是对科学译才要求具备的两项条件,即通晓科学知识与中文表达能力进行了议论,并认为前者更重要。杨端六这篇文章虽然是品评别人译文质量的,但他却是民国时期众译家中较早讨论到译才问题。此后,傅斯年、郭沫若、鲁迅等一批大家都参与到这场讨论中来,他们对于科学素养、外文理解与中文表达诸条件,均达成了一些共识。讨论主要集中于诸条件的轻重主次关系,论者多倾向于将科学素养列为科学翻译的首要条件,认为理解科学内容,即使中文表达稍逊,读者仍可以看懂并从中吸取新知识;反之,译者对所译科学内容不甚了了,却用美丽词句作掩饰,则愈掩饰愈背离原著,对读者的欺骗与危害也愈大。②可以说,这些认识与杨端六早年提出的差不了多少,只是表述的方式略有不同而已。

1920年,一位具名"沙影"的读者撰写了《读端六先生〈关册汉译正误〉并论译文》,文中一方面对杨端六的文章指出海关译文草率之做法表示钦佩,同时对其改正之译文第四段提出了自己的疑惑,并推出了自己的修正译文。在该文之后,有杨端六的回应文字,指出自己通过读沙影之文,获益不小:"第一,可以使我'似通而实不通'之'西文式的中文'从此有改良之希望";第二,得到对方指出年前英国及上海两处之实际商况,"不为无益"。他接受了

---

① 杨端六:《关册汉译正误》,《东方杂志》1919年第17卷第20号。
② 李亚舒、黎难秋:《中国科学翻译史》,第459～461页。

对方的部分修正译文，但对其中的一些文字提出了反驳意见。总之，通过这些讨论，加深了人们对译才与译品质量重要性的认识。

第三节　成仿吾论翻译批评和译诗

作为创造社的重要成员和马克思主义著作翻译家，成仿吾在从事文学创作的同时，还就翻译理论进行过探讨。他有关翻译的论述，一则体现在与郑振铎、梁俊青等人的通信中，这些均发表在《时事新报·学灯》上；另则也散见于他撰写的一些文艺评论文章，如《学者的态度——胡适之先生的"骂人"的批评》（载 1922 年《创造季刊》第 1 卷第 3 期）、《最后的批评——胡适之"骂人"的余波》（1923）等；同时还见于一些他评论翻译作品的专文，如《郑译〈新月集〉正误》（1923 年 11 月 29 日载《创作周报》第 30 号）、《喜剧与手势戏——读张东荪的〈物质与记忆〉》（载 1923 年《创造季刊》第 2 卷第 1 期）、《校〈茵梦湖〉谈到翻译》（载《日出旬刊》1928 年 11 月 15 日第 2 期，作者署名"石厚生"）。这类文章大致可以分为两类：一是批评性的、争论性的，二是侧重于理论建设性的。

成仿吾的翻译理论探索是从翻译批评开始的，而他批评的对象又是文学研究会成员。在 20 世纪 20 年代，他先后发表过三篇批评文章，分别针对胡适、茅盾和郑振铎。1922 年 10 月 13 日，成仿吾写了一篇洋洋万言的《学者的态度》，刊同年 11 月 25 日《创造季刊》第 1 卷第 3 期，这是对当时胡适批评郁达夫的《夕阳楼日记》而写的《骂人》[①]一文之反驳。文中认为胡适一文的错误有三：第一，"胡先生所取的不是学者的态度"；第二，"胡先生对于一个德文的问题，应就德文去研究"；第三，"胡先生的译文，由英文看起来，也错得太厉害"。然后他又逐条举出胡适文中的误译。尤其值得注意的是，在文章的一开头，他讨论了翻译问题及一切问题应有的正确态度，并提出四个"要知道"：第一，要知道我们的讨论，为的是图谋进步；第二，要知道我

[①]《努力周报》第 20 期（1922 年 9 月 1 日）。

们的讨论，为的是人类全体的利益，因为进步是对于人类全体有益处的；第三，要知道我们的讨论，为的是朋友的切磋，因为与我们研究同一问题的，都是我们的一些好朋友；第四，要知道我们的讨论，最要紧的是问题本身，不要微末的枝叶。接着，他又提出三个"不要忘记"：第一，我们不要忘记了研究的态度；第二，我们不要忘记了感情这条恶狗，是想往斜路上走走的；第三，我们不要忘记了问题的本体。最后他又提出三个"不可有"：第一，不可有党同伐异的劣等精神；第二，不可有攻击人身的论调；第三，不可有捉人话头的毛病。不管他自己是否能做到这些，他提出的这些原则，对于正确开展翻译批评是十分有参考价值的。文章最后还提出："大凡译书总要一忠于原文，二慎守原文的先后轻重，三务求明了。"这一见解无疑是值得重视的，其第一条即"信"，第三条即"达"，而中间一条则指出翻译中要注意辨别原文意义上、文句上的先后轻重，不能颠倒改变，使轻重异地，更是发人所未发。

1922年12月，茅盾以"佩韦"笔名写了一篇《今年纪念的几个文学家》，其中在介绍雪莱的一段文字中将"无神论"这一哲学术语误译成"雅典主义"。成仿吾则在翌年3月26日写了《"雅典主义"》（刊5月1日《创造季刊》第2卷第1期）一文，对茅盾译文加以嘲讽，指出"雪莱的'无神论'，对于理解他的思想，是很紧要的，而且他也因为有了这种主义，才有后来那许多的波澜。"文章还顺便举出郑振铎等文学研究会作家在翻译中的差错，用词尖刻。最后他向翻译界指出："我们只愿我们的翻译界，一天天进步起来，给我们这些才开眼的同胞，一些好点的粮食。"4月11日，他又写了《戏剧与手势戏——读张东荪译的〈物质与记忆〉》，文中针对张东荪的错误进行了批评，原来应为"手势戏容易看懂，喜剧则不然"，而张译却成了"手势戏开场，喜剧终了"，[①]算得上是大错特错。

1923年11月27日，成仿吾写了长文《郑译〈新月集〉正误》，刊《创造周报》第30期。泰戈尔的《新月集》原由创造社的王独清翻译，郑振铎对王译不满意而做了重译，这样自然引起了创造社成员成仿吾的注意。成仿吾在此文中指出郑译《新月集》中的"十个大错"，同时也有不少严厉和攻击性的

[①] 《创造》第2卷第1期（1922年5月1日）。

话语，如说："极希望他不再弄出笑话来，使人齿冷，不料他依旧发挥他的个性，而且错到使人怎么也不能为他辩解。"甚至还说："我既看见了，颇觉得有点像胸中作呕，非吐出不行。"最后，他说："自己看不懂原文而还说别人的译文'不容易懂'，这种诬人欺世的行径，我真为我国的翻译界羞。"显然，其语气比《"雅典主义"》一文更为尖刻。

1923年5月13日，成仿吾在《创造周报》第1期发表了他著名的《诗之防御战》一文，文中讨论了日本和歌与俳句的汉译问题。他批评周作人的某些译作，强调译诗要保存原作的"生命""全体的情绪"和"美点"，以及要尽力保存"音乐效果"等。这不仅是我国较早讨论和歌与俳句的翻译问题，而且也是涉及译诗问题的文章。

同年7月22日，成仿吾撰写了《牧羊者的哀歌》，此文由译诗问题而重申了"翻译事业总以根据原文为佳"的看法。据此，他引用了歌德的原诗并作了翻译，还附有郭沫若同首诗的译文加以说明。[①]

正如有人总结的，"成仿吾译诗具有理论的自觉性，他有一套完整的译诗理论，从诗的特性，到译诗的选材、译诗的条件、译诗的方法、译诗的艺术等，都有真知灼见。"[②] 成仿吾有关诗歌翻译最著名的专论则有《论译诗》，发表在1923年9月9日《创造周报》第18期。在这篇文章中，首先他提出"译诗也应当是诗"的观点，并批判了那种"只是译字译文而绝不是译诗"的做法。[③] "为得到一个整个的概念起见"，他又提出"诗只是诗"[④]的口号。不过，作者并未就"何为诗歌"的问题做过讨论，否则就能更加清楚地得知他理念中的诗歌形式是什么，还有他在译诗中可能参照的诗学规范，进而可以考察其参照的是何种主体诗学规范抑或源语的诗学规范。因为翻译过来的即便都是诗，仍涉及其译出来的是中国诗还是外国诗，以及其他相关的一些问题。其次，他认为译诗应当忠实于原作，这种忠实包括内容、情绪和形式三个方面，其中"诗形最易于移植过来；内容也是一般翻译者所最注意；只有原诗

---

① 《创造日》第3期(1923年7月25日)。
② 王秉钦：《20世纪中国翻译思想史》，第179页。
③ 成仿吾：《论译诗》，《创造周报》第18号(1923年9月9日)。
④ 同上。

的情绪却很不易传过来。"① 理想的译诗应该是:"第一,它应当自己也是诗;第二,它应传原诗的情绪;第三,它应传原诗的内容;第四,它应取原诗的形式。"② 这似乎也可以理解为他对诗歌内在特质所作的界定。至于这样的译诗是否可能,在他看来:"第一条件的'是诗',要看译者的天分;第二的情绪,要看他的感受力与表现力;第三的内容,要看他的悟性与表现力;第四的诗形,要看他的手腕。"③ 这些条件的综合,又决定其译诗质量的好坏。可见,在成仿吾的译诗理念中,诗歌形式占据着非常重要的地位,同时诗的形式也是"最易于移植过来"的。其实,他这里看到的还只是问题的某些方面,从另一方面讲,诗歌的形式是最具民族特性的,也是最难传译的,要将这些形式翻译过去,必须对他们做较大的改变,才能为目标语国家的读者所接受。在具体的译诗中,成仿吾却于不觉间有悖自己"理想"的追求和读者的期待,尤其是经常忽视对"原诗的形式"之传译,他的译诗也因此表现出明显的放纵趋势。这是否就表明他没有那种"手腕"呢? 究其实,这主要是与他在译诗中所采取的翻译策略有很大的关系。

在译诗策略上,成仿吾曾提出过两个特别的名称:"表现的翻译法"(expressive method)和"构成的翻译法"(compositive method)。所谓"表现的翻译法",是指"译者用灵敏的感受力和悟性将原诗的生命捉住,再把它用另一种文字表现出来的意思。这种方法几与诗人得着灵感,乘兴吐出新颖的诗,没有多大的差异。"④ 这种方法对译者能力要求甚多,译者若不是与原诗作者同样伟大的诗人,便不能取得良好的译诗效果。所以在翻译的过程中,要求译者没入诗人的对象,诗人成为自己,自己成为诗人,然后将胸中沸腾的情感吐纳而出。这种翻译方法实"具创作的精神",在运用时总能见到译者努力于表现,又必不可免地对原作进行种种改写。这些改写既有形式上的,也有内容上的,这样诞生的作品难免与原作有出入,譬如原作字句的先后与详略经常被颠倒或更改等,这是它不如别的译法之处。所谓"构成的翻

---

① 成仿吾:《论译诗》,《创造周报》第18号(1923年9月9日)。
② 同上。
③ 同上。
④ 同上。

译法",是指"保存原诗的内容的构造与音韵的关系,而力求再现原诗的情绪的意思。"① 这一方法的要旨在于:仿照原诗的内容关系与音韵关系,力求构成原诗的情绪。译者须将原诗的字词在内容与音韵上的关系拿稳,然后在目标语中求取同样内容的文字,使其保存相同的音韵特征。这种方法虽然在内容上可以无限地逼近原诗,情绪却往往不能用这种方法表现出来。所以这两种翻译方法,相辅相成,互为辩证,二者"各有所长,不能妄定高下","最后的判决总要看译者的才能如何。"② 无论怎样讲,这两种方法都给予了译者相当程度的自由,即再创作的空间,由此决定了他对原作的操纵程度。

总之,所有这些讨论虽非十分系统,却是对翻译理论进行的有益探索。成仿吾就"理想译诗"提出的四条标准和两种方法,是对中国现代翻译文学理论建设,特别是诗歌翻译理论建设的一大贡献,尤其是他提出"译诗也应是诗"的主张,更是影响了一代翻译家。

第四节 朱湘论诗歌翻译及其他

朱湘有关翻译的论述多散见于他与时人的通信中,或是收录在其散文集内。前者的代表要属 1925 年 3 月他致《文学旬刊》编辑部的那封通信《布朗宁的"异域乡思"与英诗》以及《一封致友人饶孟侃的书信》等文,这些均登载在《京报副刊》上,其中便透露了他与诸译家对待翻译的态度。

1924 年,朱湘为了丰富自己的文艺生活,在从事新诗创作之余,翻译了不少英语诗歌,白朗宁的《异域乡思》便是其中一首。请看译诗的第 11 行至第 15 行:

> 四月去了五月来的辰光,/白襟鸟与燕子都在筑巢忙!/我家中篱畔烂熳的夭桃/斜向原野,树上的露珠与花瓣/洒在金花草的地上——听哪,抓着曲下的枝条③

---

① 成仿吾:《论译诗》,《创造周报》第 18 号(1923 年 9 月 9 日)。
② 同上
③ 《小说月报》第 15 卷第 10 号(1924 年 10 月),第 4 页。

1925 年 2 月 25 日，王宗璠在《晨报》副刊《文学旬刊》第 62 期发表一封与王剑三、王统照谈译诗的通讯，在"又及"部分批评了朱湘这首译诗，指出第 11 行至 14 行的几处错误，包括将 blossom'd pear-tree 变成了"烂熳的夭桃"；将 scatters 误为"露珠"（dewdrops）和"花瓣"（blossoms）的动词；at the bent spray's edge 译成"抓着曲下的枝条"等。正是由于这几行诗句的处理方式，特别是一个意象的奇特处理方式，即把"梨花"译作"夭桃"，引来了译界一场持续一月有余的争论。①

如果从现代翻译规范的角度着眼，王宗璠认为翻译应以忠实于原文为要旨，亦即在原文与译文间寻求"对等为己任"，这样对于译文的评判自然得服从于源语的种种规范。由于他依据的"原作中心论"，也就是在译文与原文这两端之间侧重的是原文一段，使得他在翻译中首先考虑的不是读者的接受问题，而是源语的种种诗学规范，这样势必会出现施莱尔马赫（F. Schleiermacher）所谓"让读者接近译文"的现象。②故而从这个角度来看，朱湘的处理自然有欠妥了。

针对王宗璠的批评，朱湘的解释是：

> 第一句的梨树我将它改作夭桃，因为想与第三句协韵，正如我将第四句的他改作伊以柔化了画眉一般；将梨树改了夭桃，在我的想象中，并与不改一般，因为它们都是春天的花，——倘若我将梨树改作荷花，或桂花，或梅花，那时候王先生便可以说我是"大错"，我也就俯首无言了。③

本来在原诗第二节第三行，hedge 与第 13 行 edge 押韵，而 pear-tree 不在句尾，在音韵上不显突出，仅作为一个独立的意象而存在。译成中文后，却被换成一个叠韵的"夭桃"，还被译者按照汉语行文的习惯挪至句末，与"枝条"押韵，又与该行一个叠韵词"烂熳"对应，这样在音响效果上更显和谐。换言之，译者在此采取的是一种目标语取向的途径，也就是为了照顾目标语

---

① 详见张旭：《视界的融合：朱湘译诗新探》（修订版），北京：清华大学出版社，2017 年，第 149~163 页。
② Fredrich Schleiermacher. "On the different methods of translating", in André Lefevere. ed. & trans. *Translating Literature: The German Tradition from Luther to Rosenzweig*, Assert & Amsterdam: Van Gorcum, 1977, p.74.
③ 朱湘：《白朗宁的"异域乡思"与英诗》，《京报副刊》第 85 号（1925 年 3 月 11 日）。

读者而采取该系统的诗学规范。殊不知,这种接近主体诗学规范的翻译策略却牺牲了原文的意象,自然会招来他人的攻击,并被视为一种"误译",也就不能称其为"译"了。

然而,我们必须认识到朱湘所处时代正值汉语民族文学萌建期,翻译文学系统由边缘进入译入语文学多元系统,开始占据中心位置,并引起人们的广泛关注。时人对外国诗歌的认识还欠充分,于是他在翻译中就像现代翻译理论家彻斯特曼(Andrew Chesterman)描述的:为了迁就于目标语读者的期待规范,"这种规范一方面会受到目标语文化中现行翻译传统的制约,同时也会受到目标语文化中类似的平行文本类型,也就是目标语文化中通行的做法或既定模式的制约。"[1] 这也决定了译者会像早期中国众多的诗歌翻译者一样,会刻意选用其熟悉的语言、形式结构乃至内容来改写原文,从而一定程度地牺牲原文。其实,他的这种改写主要发生在"言""象"层,它的最终目标仍是"意"层,也就是将原作的意蕴传达出来,以此让主体诗学圈内读者品味原作的风韵,并从中获得某种审美愉悦。

除此之外,朱湘在致其妻霓君,致友人罗念生、罗暟岚、柳无忌、饶孟侃、徐霞村等人的书信中,也多次谈到了翻译问题。他有两篇关于翻译的专论,其中一篇是 1927 年 10 月 13 日在《文学周报》第 290 期发表的《说译诗》,该文后来收入《中书集》(1934)。鉴于翻译与创作有着十分密切的关系,朱湘每每将二者平等相待。在这篇文章里,他首先从英国诗人班章生(Ben Jonson)的短歌《情歌》和费兹基洛(Scott Fitzgerald)译波斯诗人莪默·迦亚谟(Omar Khayyam)的《茹贝雅忒》(又译《鲁拜集》或《桑巴依》)分析入手,指出这些翻译诗歌在英国诗坛上曾经留下广泛的影响,有许多英国诗选集都将它们收录在内,"由此可见译诗这种工作是含有多份的创作意味在内的。"接下来,他还批驳了"诗人不应该译诗"的观点,并以英国文学史为例,指出像弥尔顿(John Milton)、罗塞蒂(D. G. Rossetti)等诗人都曾翻译过许多诗。而且他说,"惟有诗人才能了解诗人,惟有诗人才能解释诗人。他不单

---

[1] Andrew Chesterman. *Memes of Translation: The Spread of Ideas in Translation Theory*. Amsterdam & Philadelphia: John Benjamins Publishing Company, 2000: 64.

应该译诗,并且只有他才能译诗。"在此,他结合中国新文学运动的发展状况,提出"我国如今尤需要译诗"。中国诗"所以退化到这种地步",完全是因为"缺乏新的感兴,新的节奏"。"倘若我们能将西方的真诗介绍过来,使新诗人在感兴上节奏上得到鲜颖的刺激与暗示,并且可以拿来同祖国古代诗学昌明时代的佳作参照研究,因之悟出我国旧诗中那一部分是芜蔓的,可以铲除避去,那一部分是菁华的,可以培植光大;西方的诗中又有些什么为我国的诗所不曾走过的路,值得新诗开辟?"最后,他以意大利诗人裴特拉(Francesco Petrarca,今译彼特拉克)介绍希腊诗歌到本国而逐渐酝酿成文艺复兴,英国索雷伯爵(Earl of Surrey)翻译罗马诗人维基尔(Virgil,今译维吉尔)而始创无韵诗体为例,说明"译诗在一国的诗学复兴之上是占着多么重要的位置"。这篇文章是写在中国白话新诗正处于草创时期,朱湘能够从民族文学的振兴角度来讨论翻译问题,指出翻译诗歌能够丰富主体诗学体系,从而为新诗带来"新的感兴、新的节奏",此点就显得尤为难得。事实上,他后来的诗歌翻译活动也正是朝着这个目标努力的。

另外一篇是他的翻译专论《翻译》。该文最初发表在1933年5月《青年界》第3卷第3期,后收入《文学闲谈》(1934)。在这篇文章的一开始,朱湘说道:"一般人在三方面不满于现状中的翻译——重译、不忠实、欧化的译笔。其实,头两层是翻译初期所必有的现象;至于欧化,译文是必然的。"因为"在草创时代,这种现象是不免的"。在接下来讨论重译问题时,他说,"由文学史来观察,拿重译来作为一种供应迫切的需要的过渡办法,中国的新文学本不是发难者,——只看译笔如何,现行的各种重译本的寿限便可以决定。"接着,他结合新文学的发展现状,提出众多国别文学种类,并希望"每种至少应当有一个胜任的人去研究,以翻译名著为研究的目标"。"这各种文学之内,有的要研究翻译,是为着他们所产生的世界名著、欧洲名著;有的是为着他们与中国的文学、文化所必有的以及所有的关系。""这种计划,直接影响于新文学,新文化,间接甚至直接影响于整理中的旧文化,(以及过去的世界文化交通史,)能以实现与否,便看政府方面,'文化基金会'方面的眼光与决心了。"至于欧化式的译文则是"必然的"。最后他还讨论了专有名词的翻译问题,指出"已经通用的译名,有一种已是家喻户晓的","那是不便再改了的,有一种,可以不失通晓之相的稍加删改。"至于"新用的译名,译意也好","译音也好","最扼要的一点,便是一个专指名词只要一个中译。音译,正式的是要由原文译出的。"而且他还建议,"政府,'文化基金会',不能仿照'法国学院'那么编纂法文字典的办法,也编纂一部'译名辞典'么?""专指名词的中译,应当能够鼓舞起来那般将来要从事译名这项工作的人的向上的热烈,好像希腊文学在文艺复兴时代鼓舞起了一般伟大的作家的向上的热烈那样。"

这里需要补充的是,从朱湘的文艺活动来考察,他极力主张将异域充满活力的文化因子输入汉语诗学体系,无疑是他有感于主体诗学体系内部缺乏某种活力,这主要表现在诗体形式和表现主题与方式上的不足,不过这些又是可以通过翻译从异域文学中输入进来的。在这些因素中,又以诗歌语言成为诗人首要的探索对象,这点在那种过渡时期"文学革命"的浪潮声中表现得尤为明显。从时间上看,本篇发表在朱湘文艺生涯的晚期,这也足以说明他对欧化现象的认识程度和信念。在此,论者是站在世界文化共通性的高度,认识到这种欧化现象是必要的,因为这是出于文字自身发展的"内在的需求",因为只有在发展中那种文字才可能得以存活,并扩大其流通的空间。而欧洲许多国家的文字(包括英文在内)又是典型的"富于弹韧性的文字",如能将这些充满活力的异质文化基因输入汉语中,就可以为当时正处于萌建时期的汉语诗学语汇提供宝贵的源泉。同时,基于那种"不分国界,只采优点的标准",这些颇具特色的异质语言形式在翻译中就特别值得加以保留和再现,从而可以丰富本国的文学语言宝库。从朱湘的翻译作品来看,也充分体现出他对这种欧化翻译风格的追求。正是基于这些原因,早期朱湘曾大胆地采取了欧化翻译策略,但他的译笔又不是那种"生硬"的欧化,也就是译者能够一定程度地考虑到西文和现代汉语的内在特质,从而在翻译中派生出众多的西化语言,尽管这中间的许多还颇受时人的非议,不过当时的汉语读者仍能感觉到其中的"立异"和"时髦",而且足以开阔接受圈内读者的视野。正是有了他们那一代翻译家的默默耕耘,从而为当时白话新诗语言的改造和增富做出了贡献。

第五节　石民论诗歌翻译

石民有关诗歌翻译的论述主要见于他为自己的两部译诗集写的序，而且分别针对的是英译汉和汉译英问题。

其一是他所撰《谈译诗——〈他人的酒杯〉序言》，刊 1931 年 6 月 10 日《青年界》第 1 卷第 4 期。在这篇文章中，他主要阐述了自己关于"译诗，盖是聊借'他人的酒杯'"的观点。换言之，诗是可译的，但是难译的。他说："译诗最难，尤其是以我们的这种方块字来译所谓'蟹行文'的诗。在好些场合中，这简直是不可能的。"为证此，他沿引了英国诗人罗塞蒂的话：一首诗的翻译应当仍旧是一首诗。不过他又说：

> 在我们，并不能说要译出来成为一首"中国的"诗也。以那么古奥艰涩的四言诗体去译那热情奔放的拜伦，如苏曼殊的那种办法，固然不对，而如当今的一些译者，以轻飘飘的弹词体去译那浑朴遒劲的莎士比亚或温柔敦厚的丁尼生，更是糊涂透顶！在诗的翻译上，字面上的切合——即所谓 literality——还是第二个问题。盖译者对于原作不仅是应当求字面上的了解，尤应潜心涵泳于它的情调和节奏，直至受其灵感，然后，仿佛按着曲谱似的，用自己的言语把它歌唱出来。这才是理想的翻译。这种翻译殆不亚于创作，因为同样是要能够捉住那难以捉摸的或物而再现之于白纸黑字。而文字本不过是一种手段而已。

在此，石民认为译诗中最重要的不是求字面的切合，而是应抓住原诗的情调和节奏，然后按照自己的"曲谱似的"，用自己的语言把它重写出来，但这种重写决不能用汉语固有的四言体或弹词等旧瓶去盛纳西方鲜活诗歌的"新酒"，而是类似于一种近似于重新创作，必须能"歌唱出来"，这才是他所说的理想的译诗。这就要求必须有情感的投入。接下来，他讨论了翻译中情感投入的重要性，他说："我们不能打开一本诗集说要译它若干首便有若干首译了出来，正如我们不能坐下来提起笔说要作几首诗便有几首诗现在纸上。"此刻，他不指名地批评了一位"文豪"（即郭沫若）以前所说的：当他译雪莱的时候他自己便成了雪莱。石民认为这绝非可能。"其实，成了雪莱——在读的时候也可以，或应当，有这种情形。而在译的时候，则尚有待乎文字这种手段的运用之妙。这运用，如果说得神秘一点，颇类似于扶乩，虽则在表面上一则是意识的而一则是非意识的。"他说，"据自己的经验，一首诗在某时候，即使给了你怎样亲切的感应，还是觉得不能译的，而在另一时候却往往很惬意的译了出来。"最后，他借用了法国诗人谬塞的一则名言："我的诗并不伟大，但我是用我自己的酒杯饮酒。"据此，他指出"译诗，盖是聊借'他人的酒杯'云尔。"

1932年11月20日，石民在《青年界》第2卷第4期发表了《略谈中国诗的英译——〈英译古唐诗选〉序》。在这篇序中，作者再度重申了自己以前的一个观点，即"译诗本是难事"。正如莫尔（G. Moore）曾经说过极端的话，"诗不能翻译成诗"，而谓这样的尝试都是"一种玩物丧志的冒险"（an amateurish adventure）。何况所谓"方块字"的诗和所谓"蟹行文"的诗，单就韵律上说，其间是有怎样不容易跳过的一道鸿沟呵！然而，唯其如此，便有更大的兴味在。石民主要是从"中西文字在韵律的表现上各自的特点"进行了比较，分别从韵文体和散文体译诗两方面展开评述。首先他提到了翟尔斯（Herbert A. Giles）的翻译。翟氏本是现代英国的一位最有声望的汉学者，关于中国文学的著作不少，而他的翻译最重要的是《庄子》《老子》《中国诗文萃珍》《聊斋志异》，并且还译过《三字经》！在《中国诗文萃珍》的诗部序文中，翟尔斯就表达了自己的译诗观。对于摩尔的意见，石民是不甚以为然的。"中国诗大都是可歌咏的"，他说，"无韵的歌咏诗则是一种畸形物"，所以他不取散文译而推崇袤默（即荷马）的译者费兹杰拉德和但丁的译者罗塞蒂之"以诗译诗"的办法，并谓济慈读了查普曼的韵译《伊利亚特》和《奥德塞》才得吸收到荷马的那种淳净的爽气，而"记载上却从来没有说过有什么人读了布切（Butcher）和朗（Lang）的散文译便觉得如同一颗星斗闪现到他的眼前似的"。翟尔斯践行他的主张确实是相当成功的，试读他所译的诗经《将仲子兮》和《氓之蚩蚩》，陶潜的《读山海经》，杜甫的《石壕吏》，白居易的《简简吟》，张籍的《节妇吟》等，我们能不叹为"奇迹"么？本来英文诗体更富于抑扬顿挫，这样的译品中有些似乎比原诗更抒情一点儿；不过他有时未免译得太"自由"了一点儿，例如他所译徐安贞的《闻邻家理筝》，虽则比原诗更有生色，却终非翻译的正道，只可以算是"仿作"而已。据苏曼殊的《汉英文学因缘》序言，我们知道此公还译过《长恨歌》，谓其"词气凑泊，语无增饰"，可惜他不曾见到。他在《英译古唐诗选》（商务印书馆1918年版）中所选此诗的译文，则是出于弗莱契（W. J. B. Fletcher）之手，虽则韵译大部分不免失之累赘或呆笨，但总体上还是比较受欢迎的一本书。

接下来，石民又讨论了阿瑟·韦利（Arthur Waley）和日本人小畑薰良的散文体翻译。韦利对于中国诗的了解恐怕不在翟尔斯之下，但他的译法则与翟尔斯的恰恰相反，几乎是一字一句的直译。他的《中国诗百七十首》全部采用这种译法；虽则在韵律上有些欠缺，却很能传达出原诗的真意，较弗莱契的大部分之咬牙切齿的韵译倒是爽快得多。这是他的独到之处，如他所译陶潜的《形影神》便是一个最好的例子。小畑薰良译李白却又比他"自由"一点儿；他的散文译也还不失"歌咏"的风趣。

总之，在石民看来，诗是难译的，无论是用诗体翻译，还是散文体翻译，无论是何等的名家，其翻译中都有不尽人意之面。这点对汉诗外译尤其如此。

客观地说，石民的这些论述虽然还带有随感性，但作为一位有着丰富诗歌翻译经验的年轻译家，能够道出此中的"三昧"，实属难能可贵。

第六节　张友松与翻译批评

张友松对翻译问题的讨论主要见于他批评徐志摩和胡适等"新月派"成员的文章，其中有《论直接翻译与转译》（1929）、《我的浪费——关于徐诗哲对于曼殊斐尔的小说之修改》和《并非"零星"——友松敬谢胡博士的告诫——致康农》（1932）等，另外还有他发表的《文艺的翻译》（1934）等关于文学作品翻译的专论。

1929年9月15日，张友松在《春潮》第1卷第9期发表了《论直接翻译与转译》，这可以看成是当时《春潮》与《新月》杂志展开争执的一部分。在此文中，作者以讽刺的笔调，针对这年5月10日《新月》第2卷第3期所登毕树棠译《论译俄国小说》及其《译后的话》展开批驳。毕树棠在译后记中提及国内转译俄国文学的风气，认为转译不可靠，随后不点名地论及张友松的翻译批评行为多半是相嘲相骂，不肯忠实地相告相商。张友松认为毕在后记中是隐射自己，是向徐志摩等暗递秋波，便撰该文予以反驳。他一方面指出毕从英文直接翻译的译文同样是错漏百出，另一方面对胡适博士及诗哲徐志摩等亦予以讽刺。该文不无煽情成分，但批评切中要害，且很有见地，可惜随感性太强，缺乏系统性。

1932年，光华书局推出了《翻译论》，其中收有张友松讨论翻译的两篇文章：《我的浪费——关于徐诗哲对于曼殊斐尔的小说之修改》和《并非"零星"——友松敬谢胡博士的告诫——致康农》，继续就徐志摩、胡适的译文展开批评。前者曾载于1928年12月15日《春潮》第2期，该文纯粹是对徐志摩译文的批评。在《我的浪费》一文中，张友松主要批评了徐志摩翻译英国小说家曼殊斐尔小说不忠实的现象，指出"徐诗哲的译文与原著之不同，不消说，是修改，不是误译。即使是误译，也无妨，据说从前Byron他们译希腊、拉丁的东西，也常有误译之处，Byron固然只算得一个'诗人'，不是'诗哲'，不能与徐诗哲比美，然而至少是同行，他许错，徐诗哲怎的就不许错呢？""他给曼殊斐尔修改的地方，在他译的那一个集子（约二百四页）里，当在三百处上下。因为，我已经说过，我只拿原文与诗哲的译本对过四分之一，而这四分之一里面，诗哲修改原著的地方我又只抄出一半。此外还有些地方，诗哲干脆把原文删去一点，不过那也许是手民删去，一定不能归功于诗哲"。然后，作者不无讽刺地说，"……推测是说徐诗哲不仅得过作者的同意，许他翻译，还许他修改；断语是说诗哲的词句都比原文妙。"而读者"要看得懂这样的译文，你自己须得是天才的诗人文豪才行，但是天才不是到处都有的呀！"[①]

殊不知，这篇文章却引来胡适的不快。1928年12月29日，胡适在一封致梁实秋的信中忍不住"说几句公道的话"，该文后来以《论翻译——寄梁

---

① 参见张友松：《文学翻译漫谈》，巴金等著、王寿兰编：《当代文学翻译家百家谈》，北京：北京大学出版社，1989年，第438～439页。1929年4月10日，徐志摩又发表《说"曲译"》，刊《新月》第2卷第2期。

实秋,评张友松先生〈评徐志摩的曼殊斐儿小说集〉》为篇名刊于1929年1月10日《新月》第1期第11号,其中说道:"翻译是一件很难的事,谁都不免有错误。错误之因不止一种,粗心和语言文学的程度不够是两个普通的原因。还有一个原因,就是主观的成见;同一句话,你听了毫不介意,他听了便生疑心,这都由于一时主观的成分不同。翻译别国文字的书,也往往因主观的成分不同而发生歧义的解释。""翻译曼殊斐尔,更是难事。"徐志摩的"译笔很生动、很漂亮,有许多困难的地方很能委曲保存原书的风味,可算是很难得的译本。他的译本也许不能完全没有一两处小错误。若有人能指出他的一些错误,我想志摩一定很感谢。志摩决不是护短的人,他一定很愿意订正。"同时,他也指出张友松的"盛气凌人"的态度,"未免令读者发生不愉快的感想。"他说:"译书自是译书,同'哲'哪、'诗'哪、'豪'哪,有什么相干? 同'他家里的某宝贝',更有什么相干? 这不是批评译书,竟是有意要'宰'人了!"更有甚者,他认为张友松所举出的几十个例子,"简直就是没有看懂曼殊斐尔。"最后,他说:"翻译是一件很难的事,大家都应该谨慎从事。批评翻译,也应该谨慎从事。过失是谁也不能免的,朋友们应该切实规正,但不必相骂,更不必相'宰'。"[1]可以说,胡适的持论还算公允,批评也还温和。但殊不知,这又引起了张友松进一步反驳。[2]

胡适是以书信体方式轻描淡写地辩护,这种方式随即遭到张友松和夏康农的批评和模仿。接下来,张友松撰写了《并非"零星"——友松敬谢胡博士的告诫——致康农》,刊1929年3月15日《春潮》第1卷第4期。此文显然是针对胡适在1929年1月10日《新月》第1卷第11期杂志发表的《论翻译——寄梁实秋》而作的。鉴于胡适在文中对张友松的"态度大加训斥,说我不是批评译书,而是有意要'宰'人",尤其是胡适说到"我英文程度浅,说我不懂曼殊斐尔,说我看书太粗心,说我——不配批评人家的翻译"。就此,张友松提出了自己的反驳,挑出胡适评论过的徐志摩译曼殊斐尔小说的一些具体译法进行了批驳,并强调"徐志摩作的是翻译,不是替中国的粗人

---

[1] 杜春和、韩荣芳、耿来金编:《胡适论学往来书信选》,第1240~1243页。
[2] 1929年2月15日,上海《申报》增刊刊登了署名"文"的《新月与春潮的论战》,介绍了张友松引发的翻译论战。

造新句"。同时，他还申明自己"从来不曾随便拿起一本书，不求甚解，便胡七八糟来译，草草的弄了出来，还要吹我对于原著是如何如何的作过很深的研究，天花乱坠的胡说一场以欺读者。我总是尽力先去了解原文，然后动笔。"接着，他又说到自己从前"译出的一些契诃夫的小说（有的迟至最近才印出来），我自己都记不清是译得怎样了，（不过至少我敢保证不会像徐志摩这样译得荒谬绝伦。）至于前年译的屠介涅夫的《薄命女》和《春潮》（均北新出版）以及新近译的显克魏支的《地中海滨》等书，我大胆的请博士教授之流仔细检验。"除此之外，他还就转译现象进行了剖析，指出："其实人家的译本只要可靠，转译有何不可？研究英文的人如果愿意译英美的作品，自然也好；不过不译英美的东西而译别国的作品，并不一定是取巧。"其实，当时胡适在文中要表述的无非是：翻译是一件很难的事，谁都不免有错误；错误之因不止一种；粗心和语言的程度不过是两个普通的原因，还有一个原因就是主观的成见。故而无论是从事翻译，还是进行批评，"大家都应该谨慎从事。"过失是谁也不能免的，朋友应该切实规正，但不必相骂，更不必相"宰"。胡适的这些话说得还是相当公允的，只是其言下的嘲讽甚至谩骂口气有点过分而导致了这场不必要的笔墨官司。

1934年9月，张友松在《青年界》第6卷第2期发表了《文艺的翻译》一文，这篇文章虽然题为"文艺的翻译"，实际上是作者结合自己的小说翻译经验展开论述的。在文章的一开头，他就说："文艺的翻译，我以为是很应该重视的，尤其是目前的中国。"然而，中国社会却"对文艺的翻译尤其不能给我们丝毫的鼓励"。"就价值而论，翻译不亚于创作；就难易而论，翻译也不亚于创作，甚至有人还认为翻译比创作更难。"然而，翻译之难却被许多人忽视了。事实上，"一个译者比一个作者还多负着一种责任：他除了要对得住读者，对得住自己，和对得住文艺而外，还要对得住原著者哩。"接着，他在批评那些初事翻译的人有发表欲太强的毛病之后，说道："翻译做到极顶，有时竟能胜过原著。"不过，翻译的最高理想，"最合理的自然还是'无论在哪一方面都与原作相符合'。"他认为："翻译的惟一条件便是忠实。这忠实二字包括的范围很广——译者对原作的内容与原作者的思想和作风只要都能力求忠实，便能产生相当满意的译品；而最低限度的条件便是文字方面，也就是意思方面的忠实。连这最低限度都做不到，其他是更加谈不到的。"接下来，他又强调了译者平日必须尽量做准备功夫，并说："我们在从事翻译之先，必须对本国文字和某一种外国文养成相当的能力，确实有相当把握才行。""文学的翻译应以介绍为动机，而这种翻译的动机当然是要对文学有兴趣有心得的人才会有的。不但如此，一个译者最好是对某一国某一时代或某一作家的作品有特殊的兴趣和心得，译出来的东西才会有点特殊的价值。"为了能推出精品，他建议要"多读少译"，同时选择原作时不可太滥，否则就会流于"翻译匠"的文献。就具体操作方法，他认为在着手翻译时，只要环境允许，便不可不经过事先对原作的两度细读和事后对译文的修订。另外，他还就"精译"的步骤进行了详细描述。

接着，张友松讨论了翻译技巧问题，认为它与创作技巧一样，很有讲求的必要；同时还要留意翻译理论与方法的商讨。不过，他又说："翻译比创作多少要机械一些，理论与方法都较易讲求，而且较有益处；不像创作那样，过于注重理论与方法有时足以减少作品的艺术价值。"并且，"翻译的法则是随着时代变化的，我们应该随时代求进步才好"。在文章的末尾，他就近年来关于直译、意译、曲译、顺译等的争执发表了自己的观点。他提出翻译的必要条件可以拿一个"信"字包括全部，其余都是些枝节问题；至于直译和意译成为两个对立的名词，他觉得是没有道理的。"如果我们把直译解释得太严格，认为译文除了要忠实于原作而外，还得每句的结构和句中各部分的词性都与原文相符合，那是不可能而且大可不必的事情。""所谓意译，如果只管大意，不顾细节，那就根本不能算是译，只能算是译述。如果对原文还是遵守'信'的条件，只对文句的结构等等不求与原文完全符合，那就和直译没有分别了。"接着，他就"忠实"问题也进行了阐述，认为标准的译法应该以"忠实为绝对不易的标准"，"要尽可能地顾到读者的理解力，不要译出一些读起来太费劲的东西，以致违反翻译的目的；同时也要斟酌必要，在译文中用一些本国文里原先没有的新词和新句法，要这样，翻译才能尽改革本国文字的任务，翻译者才不至于老干着削足适履的勾当。"这样，他就将翻译与民族语言体系的改进联系在一起。正因翻译肩负着改造民族语言体系的任务，所以他主张对于一些新的表达法，应该持容忍态度，并进而提出"好的译品是必须带点'洋味儿'的。不但如此，我们还要能使不通外国文的本国人作起文章来，也多少带点'洋味儿'，那才算是完全达到了翻译的目的。因为必须那样，我们的本国文字才能于不知不觉中渐渐吸收一些外国文字的好处，越来越变为一种优美的、富于表现力的文字。"最后，他还批评了译者草率、把原文意思译错、增删或改篡原作字句等普遍易犯的毛病，并就成语的翻译提出了将"洋气"带过来的办法。可以说，张友松的这篇文章涉及文学的方方面面，充满了真知灼见，特别值得当今的文艺翻译工作者借鉴。

1937年1月，张友松发表《翻译研究》，刊《青年界》第11卷第1号。这是他结合讲授"英译汉"和"汉译英"而在该刊"英文栏"开出的专栏。在此，他不讲高深的理论，只以具体译品对照的形式排出，并在译文后加以讨论，其中再次涉及直译、意译问题。他认为对于翻译的困难不宜过于夸大，只要对于所译的东西有充分的了解，对于本国文字有运用的能力，再加上技巧的修养和忠实的态度，便不难产生满意的译品。他主张直译，认为凡是逐句翻译，完全保存原文的内容与笔调，无所增损，那便是直译。意译应是更为自由的一种译法，译者并不严格地逐句翻译，也并不求译文与原文的意思完全没有出入；译者依照自己的见解，有些地方大胆地予以增删，以求整个译品合于译者自己的理想。意译者企图产生超越原著的译品，而直译者则不然；直译者的最高理想就是译品与原文完全相同。

总之，民国时期张友松在从事文学翻译的同时，还就翻译问题写下不少的批评文章，虽然不乏个人感情色彩，但其中涉及翻译态度、翻译方法以及直译、意译等问题，这些都是当时中国文艺界和翻译界普遍关心的问题，而且他的论述也颇为到位，值得翻译理论研究者重视。

到了1949年12月25日，张友松又在重庆《大公报》发表《翻译工作者今后的任务》一文，号召翻译家确立一个有意义的共同目标，养成一种团结合作，为革命、为人民服务的优良作风，肩负革命伟业中的一部分任务。张友松此番表态也暗合建国后翻译工作者组织化、计划化的潮流，翻译工作者要从思想上重新认识翻译工作，翻译要接受党的领导，要为人民服务。

第七节　钱歌川论翻译与正名

民国时期，钱歌川就翻译问题留下过一些文字，这中间有些是前言后记，有些是翻译专论文章，分别讨论了文学翻译、翻译与正名以及翻译人才的培养等问题，颇值得今人注意。

1929年5月5日，钱歌川在《文学周报》第369期发表了第一篇关于翻译文学的评论文章——《关于哈代的翻译》。从这篇文章中我们可以得知，英国现代作家托马斯·哈代是钱歌川心仪已久的作家，他说："关于哈代的翻译，是我十年前的夙愿。他那本名作 Life's Little Ironies 尤其是我早几年的 livre de chevet（意为'枕边书'）。"早在1924年，钱歌川曾从哈代的《人生小讽刺》中选译过一个短篇，只是一直未能发表。此刻，他见到真善美书店推出曾虚白翻译的《人生小讽刺》，随即对照原文，发现其中存在不少的问题，于是撰写此文。文中他一方面对曾虚白翻译外国文学的举措表示赞赏，另一方面指出《取媚他的妻子》一文存在的遗漏、误译和对原文理解不正确之处，并逐一提出自己的修正意见。正是在这篇文章中，钱歌川流露出最初对翻译的一些看法。在文章的一开头，他沿用了意大利那句有名的成语："翻译者就是叛逆者。"他认为，"这句话很有几分真理，一切的艺术品，经了一次翻译之后，她的精彩早丧失了，只剩得一个骸骨。"只有波德莱尔和菲茨杰拉德两位不在此例。接着他又说：

> 实在说，翻译文艺作品，最是个费力不讨好的事。要把我们的思想完全囚圄在原作的行间字里，不能越轨一步。且要十分仔细，反复推敲，有时为了一字一句，思索数日，尚且不能找出一个满意的译法。……就是普通的地方，外国的人情风俗不同，所以我们对于那作品的背景，要不明白的时候，偶一不慎，就可以错误百出的。所以翻译不仅是字面上懂得就行，还得真正把她的内容完全了解以后，才能动笔。总之，这是一桩事倍功半的事，译得好的时候，分得译者没有荣誉，译错了一点地方，就要受人家的冷嘲热骂；何况中国的原稿料这样便宜，且翻译又决不比创作要高价一点，一般穷苦的青年，谁个又愿意做这没有多大出息而充

满危险的工作呢！西欧的文学不能介绍到中国来，自然是因为这个原因了。可怜中国的读书界，至今不晓得世界文献的宝库里，有些什么名作，这真未免太落伍了。由这一点我们就可以知道，中国的文学界还没有黎明呢。别说创作时代，我们现在连翻译时代都还没有到呀！所以我们决不可知难而退，为中国的文坛计，为中国文学界的将来计，我们现在最必要的，就是从事翻译，多多介绍西洋文学进来。

这段文字不但有他对翻译的认识，而且也道出他未来从事翻译的目的，那就是"为中国的文坛计，为中国的文学界的将来计"。也就是通过翻译来改造和丰富中国文学界，从而达到借助文艺手段改造社会之目的。事实上，后来钱歌川的翻译也确实是朝着这个目标努力的。

早在20世纪20年代，钱歌川曾一度萌生编一部外来语词汇的想法，专门搜集中国化的欧美名词，如沙发、咖啡、烟士披里纯，甚至士担、奥大基、波华和公班衙等。这项工作他开展了多年，后因出国赴欧，工作便停了下来。据他说，当时编辑这些词汇的目的，"表面上是想为读书人谋便利，骨子里是想打倒那些不必要的外国译音；因为那些译名的外国字充塞书报杂志，老年人和少年人看了，都是莫名其妙。"[①] 显然，他这是站在民族语言繁荣和发展的角度来考虑当时的译名现象，而且我们从这段话里也可以看出他对这种音译的外国译名使用的态度，正如他所说的，"如果我们把国语中固有的名词摒弃不用，而改为一些外国译名，国语是不是就可以充实而丰富了呢？我恐怕国语不仅不能充实，反而要因此衰颓罢。"[②] 另外，在《日文典纲要》（中华书局1934年版）中，他也谈到了翻译问题，特别是在《新中华》所发表的《卖文生活》中，作为作家和翻译家的钱歌川，还结合创作与翻译的关系，发表了自己的看法。平心而论，创作困难，翻译也不容易。作家只须通一种母语，翻译家至少须畅晓两种以上的文字。虽然作家还需搜索枯肠，博访周询，找出许多材料来验证自己的理论，而译者却可节省这些麻烦，把人家既成的作品拿来照译。但是在行文上，作家可以自由发挥，而翻译家须受原文的限制，

---

① 钱歌川：《国语的充实》，《钱歌川文集》（第1卷），第376页。
② 钱歌川：《国语的充实》，《钱歌川文集》（第1卷），第377页。

有的可译，有的不可译。有的虽能做到"信"和"达"的程度，但因时间和地域的关系，一篇译文，读来全不是味道。总之，钱歌川的这些论述文字虽然仍流于感性，但可谓切中问题要害，相信凡是从事过翻译的人，对他上述这些说法均有同感。

20世纪40年代，钱歌川曾多次撰文谈到译名问题，其中最典型的要属1942年他在《文学创作》第1卷第1期发表的《翻译与正名》一文。这是他在联想到当时国内译书草率和不负责任现象，研读《翻译名义集》一书后所留下的感想文字。该书是我国南宋时期普润大师法云将散见于各经论中的梵文名词分类解释、编集而成的佛教辞书。钱歌川认为，前人翻译佛经态度十分认真，而且就翻译提出了"八备十条"。所谓八备是：一、诚心受法，志在益人；二、将践胜场，先牢戒足；三、文诠三藏，义贯五乘；四、傍涉坟史，工缀典词，不过鲁拙；五、襟抱平恕，器量虚融，不好专执；六、沉于道术，淡于名利，不欲高炫；七、要识梵言，不坠彼学；八、传阅苍雅，粗谙篆隶，不昧此文。所谓十条是：一、句韵；二、问答；三、名义；四、经论；五、歌颂；六、咒功；七、品题；八、专业；九、字部；十、字声。同时，他们还设立了译场经馆，"设官分职，有译主，有笔受者，有度语者，正云译语，亦名传语，有证梵本者，有证梵义者，有证禅义者，有润文者，有证义者，有梵呗者，有校勘者，还有监护大使。"总之，他们能够集思广益，经过许多人推敲斟酌，然后脱稿。这样费力既多，自然成效也就特别显著。因此，古人"那种翻译的条件和方法，我认为很可以供我们现在译书的参考和效法"。在这篇文章中，鉴于翻译西方名著是当时不待言的急务，于是他建议翻译最好由国家来负起这个责任，集合国内的通儒硕学，也和唐人翻译佛经一样认真地来干。他认为学术界要积极地抗日，才能建国，出版界应一扫那些用方块字写成的日文，多多刊行地道中文的书籍，尽量直接翻译西洋的名作，而"用不着跟着日本人去研究，就是西洋的现代学术，也用不着要经过日本的桥梁"。他在文中反复表示了"正名第一"的观点，并说目前做翻译最困难的莫过于找不到适当的译名，因此译出书来，各有各的译法。他建议国内那些学贯中西的人，"应该肩负起这种任务，先将既往许多被人译错的名词矫正，然后将其他至今尚无定译的名词或语法，就其原意，以最纯的中国话译出来，以便后进者有所遵循，而免翻译家浪费精力。进而审查过去粗制滥造的译本，同时率领后辈，一丝不苟地来从事大规模的翻译。"如此一来，便可以在中国的学术界产生很大的影响，而读不懂西洋原文的人，也可以一窥西洋学的奥秘。至于具体方法，他提出应该尽量采取义译（即意译）的办法，若是不能采取义译时，再用音译。显然，钱歌川在考察译名问题时，是站在充分弘扬中国语文的高度。当年他反复提到译名问题，是针对当时国内翻译界译书草率、不负责任和译名混乱等现象，他的态度和见解无疑是积极和正面的。可惜他的建议在当年并未被人采纳。

同样是在20世纪40年代，钱歌川因有感于中国学生长年学习英语却效果不佳的事实，提出应该想方设法"求大学生英文程度的长足进步，因之得以赶上西洋学术的发达"。为此，他曾提出一个激进的想法，即当局应当创办一所外国语文学校，其中专门涉及翻译人才的培养问题。在这所学校里，具体的培养办法是：

> 聘请精通西文的人，专教语言文字，以便造就一班翻译人才出来。将来就以这学校为中心，成立一个译学馆，把欧美各国的各科名著，全部忠实地译成中文，作一专科学校或大学教本的基础，然后再跟着日新月异的科学进步，遇有新书，或甚至杂志论文，随出随译，以利学者。此事成功以后，便可把各学校中的英文课程取消，至少也得把它降为随意科，除外国文学系之外，一切学科皆用中文教授，参考全书用中文译本。这样一来，学生便可有充分的时间去攻读研究他所学的专门，而不必花费长年累月的时间去学那很难学好的英文了。……总之，我的理想的救济办法，是以正确的中文译本代替原书，学生根本不用学习英文……[①]

当然，这种可以作为课本的译本，必须以忠实于原文而不让原文信息失真做保证。而现代西方翻译研究的发现却是，由于译者受制于种种意识形态和诗学观，翻译过程中不可能忠实于原文，所有的翻译只是一种重写。这就注定作为教学用的翻译类书籍不可靠，故而钱歌川的这种提法无疑也有其局限性。然而处在那个时代，即便能有这种想法就已经很了不起了。

---

① 钱歌川：《英文教学我见》，《钱歌川文集》（第1卷）第422～423页。

第八节　木曾与李季对翻译技巧和翻译史之总结

1941年2月,湘西人木曾在《北华月刊》第2卷第2期发表了一篇题为《翻译释义》的文章,他虽然是在讨论翻译的定义及其有关标准和条件问题,却从历史的维度对我国的翻译现象进行了较为全面的总结。

《翻译释义》一文共五部分,分别为:一、何谓翻译;二、翻译之种类;三、翻译必须先具之条件;四、翻译之标;五、直译与意译。作者首先从词源入手,指出:

"谓翻梵天之语,转成汉地之言"二语,可知系以"转"释"翻",与《说文》之以"转"释"译"并无二致。更可知翻译即转译一种外国语言或文字成为本国之语言文字。惟于谓译曰翻译,或简称翻者,想是自六朝时代沙门译经以来始有之术语,亦可谓彼辈之"行话"。至其单称翻而不曰译者,盖取其简便之意也。

接下来,作者考察了翻译的种类,提出"究竟语言之翻译早于文字之翻译?亦或文字之翻译早于语言之翻译?"这两个问题,在他看来:

在理论与事实上说,不能不认为语言的翻译早于文字之翻译。因为世界各民族无不先有语言而后有文字。且在有文字之前,各民族想必互有往来,当时其对于异族语言之翻译,自然是会发生的。或更有一文化先进之民族,与其四周开化较晚之民族发生关系时,初期亦惟有语言的翻译,而无文字的翻译,盖此辈野蛮民族尚未曾发明代表语言之文字也。

因此,"翻译的种类可分语译和文译二种,中国六朝译经之前,仅有语言的翻译,而无文字的翻译。"这里所说的语译应该是今人所说的口译(interpretation),文译即笔译(translation)。不仅如此,"这二种翻译以外,又有古今文字的翻译。"这应该可归入今人所说的语内翻译(intralingual translation)范畴。在讨论翻译须先具备一定条件时,他认为:既然翻译是"传译两种相异的语言与文字","不论为对译或重译,总须将译者与被译者两方面的语言文字作一番深刻的研究。"所谓对译即今人所说的直接翻译(direct translation);重译即复译(re-translation),它是间接翻译(indirect translation)的一种。

文中特别提到了六朝隋唐各时代的佛经翻译，指出其中的"八备""十条"之说"实极值得吾人借镜。"至于翻译之标准，也就是所谓的"理想之翻译"是什么呢？在此，他借用早年严复提出的信、达、雅三条，反复强调："译书之事最紧要者是信，是达，信乃是求其确实，达乃是求其通顺，前者是对于原文而言，后者是对于译文而言。如果译文诚能信矣，达矣，则存雅的成分亦自然含其中。"与此三项标准紧密相关的是直译与意译，而他重点追溯了中国历史上对待直译和意译的不同态度，进而指出："意译与直译二者是不应当完全对立的。"

可以说，木曾的这篇文章涉及翻译的方方面面，其中不乏真知灼见，即使到了今天仍然具有借鉴价值。

民国时期，李季除了有大量的翻译作品发表外，也曾就翻译问题发表过一些议论。李季有关翻译的讨论文字最早见于他的个人自传《我的生平》(1932)，其中设有"翻译的技术"一节，讨论了翻译问题。这是他结合自己翻译的首部著作，即克卡朴（Thomas Kirkup）的《社会主义史》一书而写的，其中说到：

> 我赞成译书要逐段逐句地直译，去掉其中重复的主格或宾格，将每句中的副词子句提在前面，正句放在后面（有时也不能不一概而论），至于形容词子句或居前，或居中，或居后，原无一定，总以适宜为度。译文的语句宜简短清畅，不可佶屈聱牙，文情宜前后贯串，不可各不相谋，致令人读之，感觉索然无味，甚至于不知其意义的所在。总之，翻译是一种艺术，要经过长期的熟练，和细心的配置，才能够将原文的神髓——表现出来，决不是知道一二条规则就可以学好的。①

这里的论述中，李季是极力主张直译，而且是那种"逐段逐句地直译"。他认为严复虽然提出了"信、达、雅"，但他勉强做到的只有一个"雅"字。李季所说的"直译"并非"死译"，而是着眼于原文精神的直译，这就意味着他要对原作的语序进行调整，并主张译文的语句"宜简短清畅"，"文情宜前

---

① 李季：《我的生平》，上海：亚东图书馆，1932年，第206～208页。

后贯串"。一句话，在他看来，翻译是一种艺术，绝不是通过几条规则就可以学好的。

1946年，李季撰写了《我国的翻译事业》一文，刊《中华论坛》第2卷第3期。在这篇文章中，他分别从语言问题、文字沟通、中国僧人因译经而留学外国、隋唐翻译佛经的盛况、明清至现代翻译西籍、译的困难与规律等六个方面对我国的翻译事业进行了总结。他认为，我国的翻译事业，从东汉到现在历时约1800余年，可分为两大时期：一是自汉至元代为佛经翻译时期，以唐代为顶点；二是自明代至现代为西籍翻译时期，这其中又以"五四"以后为最盛。同时，西籍的介绍可以分两方面来说：（一）明末至清末，在学术上帮助了我国数理、历法、舆地，以及其他自然科学和社会科学的进步，而法国大革命史实的输入更促进了我们推翻满清的运动；（二）西洋资产阶级政治、经济学说、哲学等的输入，配合着清末和民初新式商业的发展，造成了"五四"运动。在这篇文章中，他还讨论了翻译方法问题。他认为，从早年讨论的五失本、三不易、八备、五种不翻和译事三难、信达雅等来看，可知翻译是一件不容易的事。隋唐译经，规模宏大，而主译者都是有学识的虔诚的佛教徒，故能严守规律，丝毫不苟，因而译文尤能应客观的要求，自成一格。自严复标举"信、达、雅"之说，以古文译西籍，一时被视为译学之宗。实则译文力求接近原文，不能以古雅为标的，否则变成一种新八股，是会因此而牺牲信、达的。严复译文的正确性是被他所标举的古雅牺牲了。他的翻译规律与隋唐时代的相比较，不独没有进步，反而是退步了。他不相信严复的翻译比得上玄奘的翻译，也不相信白话文的翻译比严复古文的翻译进步多少。他认为这是有其客观原因的。至于林纾，因不懂西文，须舌人口授，对于原文既完全隔膜，而运笔又任情驰骋，常和原文相去甚远，不能视为严格的翻译。然而林纾大体能介绍西洋文学家的思想，对于我国文学界也有不小的影响。民国自"五四"运动以后，白话文勃兴，翻译大都用白话。文体既经解放，复由意译改为直译，自然能与原文最相接近。不过一味直译，不免艰涩，且不能达意。白话文译品不能完全受人欢迎，即由于此。

总的来说，这篇文章立意深刻，视野广阔，对于人们认识中国翻译的历史发展及其贡献无疑具有重要意义。

第九节　徐梵澄与金岳霖论翻译

民国时期，有两位湘籍译家兼哲人在讨论翻译问题上值得留意，他们分别是徐梵澄和金岳霖。由于他们主要从事哲学翻译和研究，他们有关翻译的论述更值得从学理层面加以审视。

1934年，长沙人徐梵澄（1909～2000）在鲁迅的帮助下翻译出版了世纪哲人之作《尼采自传》，收入《良友文库》第4种。在翻译该书的过程中，徐梵澄曾表露出自己对翻译中"不可译性"的一些看法：

> 读者选择书本，书本也选择读者的；尼采目为一种幸福，一种优先权，能为某著作的欣赏者。译者自伤文字之功力欠深，冥茫中也许不无误译。好的字画是不能摹写的，无论怎样精审、传神，最高度下真迹一等，何况以一种绝对不相侔的文字，翻译一异国伟大的哲人的思想，内心，和生活的记录？原著文辞之滂沛，意态之丰饶，往往使译者叹息。然为求不负著者和读者起见，竭力保存原作的风姿；所以句子每每倒装，或冗长，或晦涩。又凡遇原文字句太激昂的地方，直达反有伤本意，则稍与曲折一点，这是译者自知的错过……[①]

"不可译性"（untranslatability）是中西翻译史上愈久弥新的话题。现代译学普遍认为，由于语言自身的局限性以及异质语言文化间的内在差异，决定了翻译中必然有诸多不可移译的东西，即便要做出移译，也会在此过程中发生种种像西方学者波波维奇所说的"表达的转换"，[②]这种表达方式的改换又表现在各个不同的层面。面对现代哲人的这部巨作，徐梵澄的解说正好印证了现代译学中的这些观点。他认为自己无法完好地翻译这部作品，一则由于原作品语言内容太精深，另则是自己"文字之功力欠深"，故而无法完好地传递原作的气势。不过其译文还是以尽力保存原作"风姿"即神韵为追求，

[①] 徐梵澄：《〈尼采自传〉序》，载《古典重温——徐梵澄随笔》，北京：北京大学出版社，2007年，第7页。

[②] Popovič, Anton. "The Concept 'Shift of Expression' in Translation Analysis", in James S. Holmes, Frans de Haan, and Anton Popovič (eds.). *The Nature of Translation*. The Hague: Mouton, 1970:78-87.

这样他在重写的过程中就不可免地会对原作品语句结构做出调整，并就其表达方式稍作改写，于是"句子每每倒装，或冗长，或晦涩"，或是与原文句子"稍与曲折一点"，继而在"不可译"的情况下"曲折"地表达原作品的内涵和风姿，这样也于"不可译"中译出常人所不能做到的。这种态度和方法确实值得我们借鉴。

除此之外，徐梵澄还撰写过一篇专论翻译的文章——《论翻译》，由鲁迅先生转寄并刊载于1934年3月30、31日、4月2、3日《自由谈》，作者署名"唵"。文中谈到现代翻译西书者，当注意数事：一是精通华文，也就是"翻出来像中文，不是日本文或外国人说的华文，而是中国人的中文"；二是精究原文。"懂原文而翻译，比'重译'好。有时要懂的太厉害，且觉不能翻而搁笔了，然后方始云能翻。此时勉强之翻，最为佳翻，甚而得之于牝牡骊黄之外，则成为空前绝后之发现，更为善译。直至语言道断，心思路绝，便存其'不翻'，只好'音译'"；三是志在益人。翻译的目的无非是"绍介文化，翻译作品，好像做生意。但除了为利益学术界思想界以外，不应有旁的志愿。西欧的学术也广大无边，倘若于我们毫无用处的，即算于原文精通，译文不错，这功夫便等于白费。"有了这三点，只是"如何方够得上翻书"。接着，他又讨论了如何翻才能达到事半功倍的效果。最后他说：

> 在昔盛世，翻译之事视为一种极崇高、伟大的事业，翻译者皆为"大师"。这工作与宗教相连，觉得与身心性命有关，所有虽甚辛苦，但成绩特别好。佛经中错字少，大概也是这种原由。今人翻译西洋著作，缺乏这种信心，虽有人以此糊口，但目的在卖钱，便于异于经商，经商则只要花样多交货快。顾不到本质，更顾不到一书翻出后对于读者的影响。看现代西洋人彼此翻译各种著作，更使我们惊奇。大概凡甲国有的较重要的著作，乙国必将其翻去了，因之翻译而不得著者的许可，便视同偷窃。英译《浮士德》有四十种译本之多，甚至日本人也译有托尔斯太，莎士比亚诸文学家的全部著作，真使咱们愧死！[①]

上述文字首先有对译者素养提出的要求，他主张译者应精通原文与目

---

① 《申报·自由谈》(1934年4月3日)。

标语两种语言文字，而且要做到直接翻译；其次是他能够着眼于文化层，主张翻译应"利益学术界和思想界"。他之所以这样看，是因为他认识到翻译对于主体国文化特征的塑造起着重要的作用，这点与当今西方翻译理论家伊文-佐哈尔、利弗维尔、韦努蒂等人的观点十分相似，同时也表明徐梵澄当时的认识之超前。可惜这也是日后成为翻译家的徐梵澄的最早一纸翻译"观"，也是他的一种自勉。徐梵澄一生从事翻译60余年，翻译了哲学、宗教等众多方面的著作，可以说，从他日后的学问生涯来看，他就是"真切地自觉在负着介绍西方文化的使命而严肃地以翻译为毕生工作"，而且他也真正成了其所说的那种"大师"，尽管他一直都在否认这一点。

长沙人金岳霖（1895～1984）则是罗素哲学在中国最有成就的继承者，并与逻辑分析结下了不解之缘。早年他也曾就翻译问题有过思考，所撰文字初稿经拓展后收入他的哲学专著《知识论》（商务印书馆出版），作为其中第十五章第四节"翻译"。虽然这部书出版于1983年，但此书写于抗战期间的西南联大，实际完成于1948年，故而可以看作是民国时期讨论翻译理论研究之结晶，同时也可看作是作者尝试从哲学层面来讨论翻译问题。

《知识论》一书"主要特点是研究主体对客观世界的认识及主体的反应，涉及思维和语言问题，而翻译恰与这三者——客观世界、思维和语言——密切相连。"[①]"翻译"一节共分四部分：一、情感上的寄托与意念上的意义；二、翻译；三、翻译与意义及情感；四、文学哲学上的翻译。在专论翻译之部分，作者提出了翻译理论基础，这里有两点尤为重要，一是人们思维的普遍性即"所思是一样的"，并不受语言文字的限制；二是懂得两种语言文字的人可以用甲语言文字来表示他在乙语言文字中获得的意思。

正如论家所言，"金岳霖先生对于中国传统译论的最大贡献，在于提出了著名的译意和译味说。"[②]在该文中，他首先讨论了译意和译味的问题；其次，他承认翻译是困难的，也承认有不可译问题；再次，他摒弃了传统的"直译、意译"提法，而是"从语言（也是从翻译）的最基本构成单位入手，分析词

---

① 柯非（王克非）：《"金岳霖论翻译"读后》，《外语教学与研究》1987年第1期。
② 王宏印：《中国传统译论经典诠释——从道安到傅雷》，武汉：湖北教育出版社，2003年，第157页。

的情感上的寄托和意念上的意义",①并首次明确地把翻译方法分为"译意"和"译味"两大类。译意指的是翻译概念意义,而译味指的是翻译情感意味。一般说来,译意是比较容易的事,"懂得两种语言文字的人,可以在该两种语言文中,得到共同的意义。"而能得一种语言文字所表示的味是比较困难的,非习于双方最丰富的生活不可。进一层说,译意也许要艺术,译味则非有艺术不可。这就是说,译味也许要"重新创作"。"所谓重新创作是就原来的意味,不拘于原来的表示方式,而创作新的表示方式。"②就翻译与意义及情感而言,他发现一种反比关系,即意念上的意义越清楚,情感上的寄托愈少,意念上的意义愈不清楚,情感上的寄托愈容易丰富。而就知识的立场来说,我们注重的是命题,故而注重译意。继而他又针对不同翻译类型提出了不同的标准:文学重味,科学重意;重味则取味,重意则取意。译者在意与味不可兼得时,就得进行取舍,而取舍要根据原文性质而定。

作者认为文学翻译是非常困难的,因为它不但要译意,而且要译味,甚至重在译味。诗歌姑且不论,单就散文,包括小说、戏剧、艺术散文等非韵文的体裁而言,其翻译就很困难。就诗歌而言,其翻译是非常困难的;换言之,诗歌是重味的,差不多是不能翻译的,不容易言传的,其困难就在于原诗意境上的意味不易言传。但是,他并没有持彻底的否定态度,而是认为译者必须得到原诗意境之后,重新构建一种新的译诗语言形式来移译原诗。显然他持的是再创作的观点,这就不是一般意义上的翻译了。

与此同时,他也讨论了散文、小说、戏剧、论文的翻译问题,认为文学作品总体上是难翻译的,特别是重味的作品,有时简直是不能在译文中传达的,尤其是那些与本国特有的思想、文化、习俗相关的原文最难翻译。他以《红楼梦》为例,指出这部小说中"有些地方似乎是没有法子翻译的",因为这中间有一个时空跨度的理解问题。姑且不说翻译,就拿当代中国的青年来说,对这部书中的好些地方恐怕也难于理解。要翻译这样的作品,其困难可想而知。这样,作者"从译味的不易始,到翻译的无用终,这一段话几乎是要取消

---

① 柯非(王克非):《"金岳霖论翻译"读后》,《外语教学与研究》1987年第1期。
② 金岳霖:《知识论》,第811页。

文学的翻译了，或者几近鼓吹文学翻译不可能了。"①

在该文中，金岳霖还特别涉及哲学的翻译问题，认为哲学同样是非常难以翻译的：

> 哲学可以分为两大部分，一部分差不多完全是理性的，另一部分不完全是理性的。前者靠分析靠批评，后者靠综合靠创作。前者近乎科学，后者近乎宗教。

就翻译而言，前者容易翻译，后者是不容易翻译的。知识论是比较容易翻译的，玄学或形而上学是比较不容易翻译的。哲学在字句情感上的寄托有时是"原动力"，这种情感上的寄托翻译不出来，这种原动力也得不到。如中国人缺乏宗教感，他们能从译文中懂得原文中的意义，也得不到基督教徒的情感，也就得不到这种情感上的推动力。哲学文字的另一种困难，是它似乎在用日常生活所常引用的字，却不给它们以日常生活中所常有的意义，在这种情况下，就是在母语中也存在理解上的困难，翻译上的困难就更不用说了。总之，他对哲学著作翻译的看法是难译，特别是在意念理解上有困难的更难译。于是，"他站在知识论的立场得出注重译意而不是译味的结论"，也就是要"舍味而求意"，②由此而暴露了他在译意与译味的取舍上的矛盾，进而衍生出"概念与意向、可说与不可说、可译与不可译等一系列二元对立命题"。③

众所周知，长期以来，直译和意译在中国翻译界一直被认为是两种最基本的翻译法。按传统的观点，所谓直译，就是照原文字面及结构进行翻译，译文既保持原文的内容，又保持原文的形式。所谓意译，就是当原文的思想内容与译文的表达形式有矛盾，需要用创新的手法来表现原文的逻辑内容和形象内容。简言之，直译就是译出原文的字面意义，意译则需打破原文的字句结构，用译者自己的话来准确地传达出原文的意思。出于各自不同的着眼点，人们对直译、意译的理解和解释不尽相同。古往今来，我国译论界在直译、意译这一问题上众说纷纭，仁者见仁，智者见智。坚决主张直译者有之，

---

① 王宏印：《中国传统译论经典诠释——从道安到傅雷》，第167页。
② 陈大亮：《金岳霖翻译思想的悖论解析》，《天津外国语学院学报》2010年第1期。
③ 陈大亮：《译意与译味的艰难抉择：金岳霖的翻译问题及其解决办法》，《浙江外国语学院学报》2012年第4期。

竭力推崇意译者有之；更多的学者则主张不拘一格，用直译、意译结合的手法去解决翻译中的具体问题。然而，翻译实践中的许多具体词句的处理，并非一个简单的"直译"或"意译"就能奏效。金岳霖提出直译是不可取的，并认为意译与直译又是有区别的，进而从哲学的高度很好地解决了这一问题。他首次提出"译意"和"译味"的概念，从而拓宽了翻译研究的视野，为后人奠定了一种全新的翻译模式和思维方法。"这比直译、意译之争有意义得多，而且讲清了道理。"[①] 同时，他站在知识论的立场上，提出"文学翻译的味不可译的观点无疑是正确的，从这个角度分析，金岳霖的逻辑推理是非常严谨的"。[②]

文中作者虽然没有对"翻译"直接下定义，但是论及了语言和翻译问题，不过其真正论旨并不在这些问题的本身，而只是把语言、翻译视作表示意义或命题的工具。尽管"知识论与翻译都可能会涉及语言与思想、语言与命题、概念与命题、意象与想象、意念上的意义与情感上的寄托、译意和译味、可译与不可译等之间的关系"，但因知识论"其兴趣与论述带有很强的目的性、选择性和排他性"，这就注定"翻译在《知识论》中处于附属地位，翻译只是知识论哲学问题的一个佐证或注脚，是为知识论的研究目的服务的。"[③] 另一方面，他"对译意和译味只局限于字句层面，没有包括篇章语境在内，而且否认读者对译味的建构意义，致使他的翻译观具有很大的片面性。"[④]

尽管如此，就像许国璋先生总结的：这篇文章的特点："第一，他没有提到严复，而只讨论译意和译味。第二，他承认翻译是困难的，也承认有不可译。""读这位哲学家文章，到处可以感到它的通脱的明达。"[⑤] 虽然他的语言并不通俗，但非常准确。同时，放眼中国长达千余年的译论史，能从哲学角度对翻译进行研究的人实在不多见，即便有几位，也多集中于20世纪30、40年代，主要包括艾思奇（1937）、贺麟（1940）、陈康（1942）、朱光潜（1944）、金岳霖（1948）等。而哲学家金岳霖对翻译所做的本体之思，他对语言翻译

[①] 柯非（王克非）：《"金岳霖论翻译"读后》，《外语教学与研究》1987年第1期。
[②] 陈大亮：《金岳霖翻译思想的悖论解析》，《天津外国语学院学报》2010年第1期。
[③] 陈大亮：《从知识论的视角解读金岳霖的翻译思想》，《外国语》2017年第1期。
[④] 陈大亮：《金岳霖翻译思想的悖论解析》，《天津外国语学院学报》2010年第1期。
[⑤] 许国璋：《金岳霖论翻译·国璋论》，第353页。

问题的讨论篇幅最大，内容最丰富。这些至今对于翻译学的发展仍然具有借鉴意义，故而显得尤为珍贵。

　　总的来说，民国时期从事翻译的湘籍士人众多，他们在从事翻译活动的同时，也曾就翻译问题进行过有益的探索，尽管其论述以散论、偏论者居多，也就是多以卷头语、译序、例言、题记、小引、后记、译后语、跋、按语、随感等形式呈现，专论、正论者甚少，但他们的论述涉及译者的培养、翻译策略、翻译原则、翻译名义、可译性、翻译批评、翻译史等问题，同时也讨论了诗歌、小说等文类的翻译，这些论述尽管有欠系统和深入，但有助于增进人们对翻译的本体认识，同时对于翻译学的建设和翻译话语批评体系的重建都具有深远的意义。

第八章　结语

　　近现代湖南翻译史无疑属于一部区域翻译断代史，而要撰写一部区域翻译断代史，首先有必要澄清笔者对待历史的态度。记得当年马克思和恩格斯在《神圣家族》(1845)中曾就历史有过经典的表述："'历史'并不当作达到自己目的的工具来利用某种特殊的人格。历史不过是追求着自己目的的人活动而已。"[①] 恩格斯在《费尔巴哈与德国古典哲学的终结》(1888)中说："不论历史的进程如何，人们总是这样来创造历史的：个人都在追求自己的、自觉抱定的目的，而这许多按不同方向行动的意向及其对外部世界发生的各样的影响的总和，就是历史。"[②] 这便是当今中国主流意识形态推崇的历史观。即便如此，这种历史观用于近现代湖南翻译史研究，仍有其局限。

　　事实上，在近现代中国学术史上，湖南翻译家及其翻译活动就像劳伦斯·韦努蒂所说的始终处于隐形的状况，因此对他们的翻译活动及其翻译成绩的追踪，实际上是在做历史知识的考古和话语诠释活动。这种历史其本身就像米歇尔·福柯所说，往往是由观念、知识和话语组成的，而且这种历史往往又是断裂和非连续。[③] 因此，我们所从事的谱系学历史知识考古活动的特点，是选定以翻译为切入，就区域内的知识特征进行梳理和挖掘，以求揭示那些隐形的、鲜为人知的方面，让其从隐形走向显形。正如海登·怀特在《元史学》(1973)中所说的，历史编纂是诗化性质的，史学不是科学而是艺术创作，叙事对史学来说是必不可少的。[④] 换言之，历史事实并不自己呈现，

---

① ［德］马克思、恩格斯：《神圣家族》，《马克思恩格斯全集》第 2 卷，北京：人民出版社，1957 年，第 118～119 页。
② ［德］恩格斯：《费尔巴哈与德国古典哲学的终结》，北京：人民出版社，1959 年，第 37 页。
③ Micheal Foucault, *The Archaelology of Knowledge*. Abingdon: Routledge, 2002, p.4.
④ Hayden White, *Metahistory: The Historical Imagination in Nineteenth-Century Europe*. Baltimore: Johns Hopkins University Press, 1973, pp. ix-xii.

而是需要由人来叙述，它需要叙述者从纷繁复杂的史料中进行甄选，然后带着特定的视角进行叙述。这点对于我们的翻译史撰写同样适合。与此同时，现代西方翻译理论尤其是操纵学派理论认为：在翻译的过程中，由于受制于意识形态和诗学观，译者必然不可能"忠实"地翻译原文，故而所有的翻译都是对原作品进行某种程度的重写。同样，在翻译史的书写过程中，由于受制于某种意识形态或出于某种特定的价值追求，书写者在叙述历史的过程中必然会带有某种视角和价值观，并伴随着其选择和评估过程，继而呈现出异样的历史知识，由此一定程度地使得其历史叙述偏离那些带有人文主义或唯理主义情结的人们通常所期盼的那种属于他异性的"客观"与"公正"。这就注定历史需要不断地重写，以求逼近历史的本来面貌。此点对于我们的知识考古和历史书写也十分适用。

正是有了这种认识，于是本人也像世纪哲人尼采当年在《反基督：对基督教的诅咒》（1895）中所倡导的那样，本着"重新评估一切价值"[①]的精神，尽量占有历史文献，这种文献既有区域内的，也有区域外的；既有翻译作品，也有与之相关的注释、前言、后记、附录等；既包括文字的史料，如地方史志、史书、档案文书、思想和学术著作、日常生活中的文字遗留、报纸杂志以及相关的机构、制度法规、文化习俗等，也包括零散的有关翻译以及围绕翻译活动开展的外围语境介绍之口述历史，在此基础上再加以认真甄选和研究。在此，我们既考察特定时期的翻译理论，也关注当时对翻译的批评性回应；既留意翻译活动开展中的赞助人和出版情形，也关注特定时期翻译起到的作用和散发的文化功能。当然，我们更多的是在讨论翻译作品和时代盛行的翻译思想与规范，不过这些讨论均着眼于更高的文化层。换言之，我们的重点是体察文本间的互动关系，并在历史的语境中审视特定文本中的特别话语，从而在看似断裂的、非连续的历史背后，对近现代时期湖南译家以及在湘的非湘籍译家曾经开展的翻译活动及其散发的文化效应进行知识的谱系学的历史考古，同时也考察一批赞助者和相关机构对现代湖南乃至中国翻译事业的起

---

① ［德］尼采著：《权力意志：重估一切价值的尝试》，张念东、凌素心译，北京：商务印书馆，1991年，第8页。

步和发展做出的贡献。事实上，现代时期湖南的这批译家和翻译赞助者曾经在特定的历史语境中"追求自己的、自觉抱定的目的"，而且都带着"不同方向行动的意向"，他们在看似不可为的翻译方面，通过各自的实际行动留下了值得书写的历史，进而为湖南乃至中国谋求现代化做出了不少的贡献，而这种贡献同样表现在观念上、思想上和话语的构成上，这些均值得我们重新加以审视。这就意味着我们会抛弃传统上那种以译文对错为唯一评判准绳的做法，而将讨论置于更宏大的文化层，考察与翻译活动紧密相关的文化思潮、历史事件、赞助机构和政策法规等，也会留意众译家在翻译中流露出的价值倾向和审美追求，同时也会结合自己新的考古发现来重新审视早年的翻译现象，进而修正过去曾经出现的一些片面观点。我们这样做的目的无非是彰显一批重要译家的历史功绩，这些译家分别从事过政治、经济、军事、科技以及文学等方面的翻译，为文化圈全面接受现代化的洗礼做出了贡献。当然，我们也不会否认个别后来成为变节式历史人物（如周佛海等）在其早年对推动中国翻译事业发展做出的努力，更不会忘记对那些道德沦丧之徒（如蒋资生）不惜出卖民族利益的卑鄙行径加以挞伐，以此践行一位历史书写者应尽的批评职责；同时笔者作为一位穆斯林人还会发挥自己的主体性，刻意凸显几位湘籍穆斯林译家（如翦伯赞、傅统先等）在翻译方面的特殊贡献。正是通过这种对湘籍学人在翻译方面所创造的历史之知识考古和话语诠释，本人也将自己的发现尽量客观地呈现出来，从而让那长期"沉默"的历史得以现身，进而让众译家从历史的隐形状态走向显形，还他们历史上应有的面貌和地位。

此时此刻，也许人们还会说，前人早已就湖南人在近现代中国现代化历程上所起到的作用和地位有过一些结论。从某种意义上说，我们所做的无非是将这些结论进行细化处理，通过历史知识的考古而加以检验。事实上，撰写一种总体的、宏大的历史并非我们的目的，我们在此只是选取翻译这一特定的话题，在那断裂的、非连续的历史事实中进行爬梳，继而就特定时期的翻译写出一部类似于福柯所说的普通史。克罗齐曾说过："一切历史都是当代史"。[1] 此话意在表明历史正是以当前的现实生活作为其参照系。这就意

---

[1] Benedetto Croce. *History: Its Theory and Practice*. New York: Harcourt, Brace & Co. 1923, p.12.

味着过去只有和当前的视域相融合的时候，才为人所理解。换言之，不仅我们的思想是当前的，我们所谓的历史也只存在于我们的当前；没有当前的生命，就没有过去的历史可言。所谓"当代"，是指它构成我们当前的精神生活的一部分，历史是精神活动，而精神活动永远是当前的，决不是死去了的过去。而今我们正处在一个解构主义思潮盛行的时代，解构主义对人们的生活和思想的影响巨大，这些影响有正面的，也有负面的，然而它对于丰富人们的思想认识起到的作用已成为不争的事实。同时，我们必须清楚，德里达等哲人倡导解构主义并非意在破坏，而是指向事物的实在状态，况且他也表达了自己对新生命和新生活的热爱。而新生命和新生活就意味着一种面向未来的维度，这点也适合我们的历史书写活动。总之，我们相信，那些原本属于过去的、断裂的、非连续的湖南翻译的历史事实，经过笔者的知识考古和话语重构之后，也会以较为清晰的面貌呈现在读者面前，并让人们从中获得启迪。而这种专注于特定时期的区域翻译史的撰写，也从某种维度彰显了湖南人那种心忧天下、敢为人先、经世致用、实事求是、百折不挠、兼收并蓄的湖湘文化精神，这种精神无疑值得今人加以借鉴和发扬。

诚如美国当代华裔学者刘禾指出的，自20世纪后半叶，在学术研究领域，人们普遍意识到要在本土的中国与外来的西方之间划出一道明确的分界线，在认识论上几乎是不可能的。然而此间开始盛行一种"中国中心观"的理论，这种理论的灵感源自当代西方客观主义社会学家和人类学家的著述，亦即他们所强调的区域研究。所谓区域研究就是试图把对于边陲的新界定加以合法化，于是命名的"区域"的现实不再是"现实"本身，而是成为界定现实的斗争的场所。这样，区域主语话语就带上了一种述行的话语的帽子。[①]因此，无论是"西方中心主义"还是新的"中国中心主义"的做法，我们都必须警惕，夸大任何一方都是危险的。与此同时，我们还得有一个清醒的认识，那就是话语始终是被建构起来的，我们对现代时期湘籍译家的翻译活动的追踪和研究无疑可以为当今主流意识形态建构的中国学术话语体系提供助力。

---

① [美]刘禾:《跨语际实践——文学、民族文化与被译介的现代性(中国，1900—1937)》，第40～41页。

作为中国现代翻译传统中的一个重要的"边陲",湖南人在翻译领域所做出的贡献理应得到彰显,如果类似的中国翻译"边陲"被陆续地开垦,并从区域的视角加以深入审视和研究,通过历史的重新书写,便可重构出一部全新的中国现代翻译批评史。这也是我们撰写此书的一个初衷!

附录:1937—1941年间商务印书馆在长沙出版翻译类著作一览表[①]

序号	译著书目	著者	译者	出版时间	备注
1	《民族性》	[英]巴克(Ernest Barker)	王世宪	1937年11月	初版;原书名 National Character;"汉译世界名著"
2	《美国县政府》	[美]布鲁美治(Arthur Watson Bromage)	程新元	1937年12月	初版;原书名 American County Government
3	《日本之产业》(五册)	[日]三菱经济研究所编	郑君平	1937年12月	初版;译述
4	《现代法学之根本趋势》	[德]司丹木拉(Rudolf Stammler)	张季忻	1937年12月	初版;原书名 Fundamental Tendencies in Modern Jurisprudence;"汉译世界名著";转译
5	《人与技术》	[德]斯潘格来(Oswald Spengler)	董兆孚	1937年12月	初版;原书名 Men and Technics;"汉译世界名著";转译
6	《最新查账学》	[日]三边金藏	袁愈佺	1938年	初版;"现代商业丛书"
7	《教育环境学》	[日]细谷俊夫	雷通群	1938年1月	初版;"师范丛书"

[①] 据重庆市图书馆编:《图书书目 抗战时期出版 1937—1945》,重庆:重庆市图书馆,1957年;北京图书馆编:《民国时期总书目》,北京:书目文献出版社,1987年;马祖毅等著:《中国翻译通史》(第三卷),武汉:湖北教育出版社,2006年,第54~55页;等等。

附录：1937—1941 年间商务印书馆在长沙出版翻译类著作一览表　581

8	《回教真相》	［叙利亚］爱勒吉斯尔（Hussien Al-Gisr）	马坚	1938 年 1 月	初版；原书名 *Haqigat el diyanat el islamiyyat*；"回教哲学丛书"
9	《罕穆剌俾法典》	［英］爱德华滋（Chilperine Edwards）	沈大铚	1938 年 1 月	初版；原书名 *The World's Earliest Laws*；"汉译世界名著"
10	《器械运动图解》	［美］马克乐（J. H. McCulloch）	王毅诚	1938 年 1 月	初版；1938 年 10 月再版；原书名 *Gymnastics Tumbling Pyramids*
11	《宪法学》	［法］狄骥（Léon Duguit）	张明时	1938 年 2 月	初版；1940 年 5 月再版；原书名 *Traite de Droit Constitutionnel*；"汉译世界名著"
12	《稳定货币运动史》（二册）	［美］费雪（Irving Fisher）	谭秉文	1938 年 2 月	初版；1939 年 4 月再版；原书名 *Stabilised Money*；"汉译世界名著"
13	《孙子兵法之综合研究》	［日］北村佳逸等	李浴日	1938 年 2 月	初版；1938 年 7 月四版；1938 年 12 月五版；1939 年 5 月六版；1939 年 10 月七版；1940 年 11 月
14	《光绪秘史》	德菱公主	徐学易	1938 年 3 月	再版；1939 年 4 月三版；原书名 *Son of Heaven*
15	《苏联科学》	［英］克罗守（James Gerald Crowther）	包玉珂	1938 年 3 月	再版；原书名 *Soviet Science*；"苏联小丛书"
16	《政治经济学教程》（上册）	［苏］拉皮杜斯·奥斯特洛威强洛夫	张仲实	1938 年 3 月	三版

17	《听众心理学》	[美]何林华（Harry Levi Hollingworth）	张孟休	1938年3月	初版；1938年9月再版；1939年3月三版；编述；原书名 The Psychology of the Audience
18	《茶花女遗事》	[法]小仲马（Alexandre Dumas, fils）	晓斋主人（王寿昌）、冷红生（林纾）	1938年3月	国难后五版；原书名 La Dame aux Camelias
19	《瑞士公民教育》	[美]布鲁克斯（Robert Clarkson Brooks）	鲁继曾	1938年3月	初版；原书名 Civic Training in Switzerland: A Study of Democratic Life；"公民教育丛书"
20	《英国工业的战争经济》	[德]罗墨曼（K.Romermann）	杨树人	1938年3月	再版；原书名 Die industrielle Kriegswirtschaft Englands；"战时经济丛书"
21	《工艺材料》	[日]好地武	李洁冰	1938年3月	初版；编译；"工学小丛书"
22	《五十年来的德国学术》（四册）		中德学会	1938年3月	初版；编译；原书名 Aus funfzig jahren deutscher wissenschaft；"中德文化丛书之六"
23	《陀氏成本会计》（二册）	[美]陀耳（James Dohr）等	施仁夫	1938年3月	初版；1940年4月再版；原书名 Cost Accounting Principles and Practices；"立信会计丛书"
24	《儒教对于德国政治思想的影响》	[日]五来欣造	刘百闵、刘燕谷	1938年4月	初版

附录：1937—1941年间商务印书馆在长沙出版翻译类著作一览表　583

25	《实用化学实验教程》	［美］布拉克（Black）	孙豫寿	1938年4月	三版；原书名 Laboratory Experiments in Practical Chemistry
26	《定量分析化学》	［美］达尔波（H.P.Talbot）	张泽垚、童永庆	1938年4月	初版；原书名 Talbot's Quantitative Chemical Analysis；"大学丛书（教本）"
27	《中国军人魂》	［苏］郭泰纳夫（Anatol M. Rotenev）	韦有徵	1938年4月	再版；原书名 The Chinese Soldier；转译
28	《国民革命之社会学》	［日］新明正道	袁业裕	1938年4月	初版；1938年11月再版；"社会科学小丛书"
29	《人口地理学》	［日］石桥五郎	沐绍良	1938年4月	初版；"地理学丛书"
30	《社会栋梁》	［挪威］易卜生（Henrik Ibsen）	孙煦	1938年4月	初版；原书名 Pillars of Society；"世界文学名著"；转译
31	《世界原料与殖民地问题》	英国皇家国际关系学会（The Royal Institute of International Affairs）	史国纲	1938年4月	初版；1939年9月再版；原书名 Raw Materials and Colonies；"现代问题丛书"
32	《斯氏科学丛谈》	［美］斯洛孙（Edward Emery Slosson）	尤佳章	1938年4月	国难后三版；原书名 Chats on Science；"新时代科学丛书"
33	《云》	［古希腊］阿里斯托法涅斯（Aristophanes）	罗念生	1938年5月	初版；1939年10月再版；原书名 The Clouds；"希腊喜剧名著"；转译
34	《欧洲新政府》	［美］浦厄尔（Raymond Leslie Buell）	王宗武	1938年5月	再版；译述；原书名 New Governments in Europe

35	《社会研究法》	[美]韦伯夫妇（Sidney Webb, Beatrice Webb）	钱亦石、詹哲尊	1938年5月	初版；原书名 Methods of Social Study；"中山文库"
36	《人的义务》	[意]玛志尼（Joseph Mazzini）	唐擘黄	1938年5月	三版；原书名 The Duties of Man；"汉译世界名著"；转译
37	《日本作战力》	[苏]O. Tanin, E. Yohan	朱觉方、张贤佐	1938年5月	再版；原书名 When Japan Goes to War；"中国国民经济研究所丛书"
38	《科学战争》	[日]寺岛柾史	赵立云、吕鹏博	1938年5月	四版
39	《战时石油政策》	[德]费哲（Fritz Fetzer）	陈允文	1938年5月	再版；编译；原书名 Ölpolitik der Grossmächte；"战时经济丛书"
40	《今日的化学》	[美]马克斐松（McPherson, Hendersonand, Fowler）等	杨春洲	1938年5月	六版；1938年11月七版；原书名 Chemistry for Today
41	《怎样做父母》	[美]迈尔士（G. Myers）	章衣萍、秦仲实	1938年5月	七版；原书名 The Modern Parents
42	《实证主义概观》	[法]孔德（Auguste Comte）	萧赣	1938年6月	初版；原书名 General View of Positivism；"汉译世界名著"
43	《新兵制与新兵法》		蒋方震	1938年6月	再版；编译
44	《汇兑统制》	[英]恩吉基（Paul Einzig）	刘望苏	1938年6月	三版；原书名 Exchange Control；"经济名著"
45	《雷雨》	[俄]阿史德洛夫斯基（A. Ostrovsky）	耿济之	1938年6月	国难后二版；原书名 Storm；"世界文学名著"；转译

46	《战时经济学》	[英]披古（Arthur Cecil Pigou）	徐宗士	1938年6月	五版；1941年2月六版；原书名 Political Economy of War
47	《日本新工业之发展》	[美]奥拆德（John E. Orchard）	周剑	1938年6月	初版；"经济丛书"
48	《崇学论》	[英]倍根（Francis Bacon）	关琪桐	1938年6月	初版；原书名 Advancement of Learning
49	《腓特烈大王》	[英]T. B. 麦考莱（Thomas Babington Macaulay）	傅勤家	1938年6月	初版；原书名 Frederic the Great；"汉译世界名著"
50	《人类理解论》（二册）	[英]洛克（John Locke）	关琪桐	1938年7月	初版；原书名 An Essay on the Human Understanding
51	《人生之型式》	[德]斯普兰格（Eduard Spranger）	董兆孚	1938年7月	初版；1941年3月再版；转译
52	《实验教育学》	[法]赖依（Wilhelm August Lay）	金澍荣、黄觉民	1938年7月	初版；重译；原书名 Experimental Pedagogy；"现代教育名著"；转译
53	《中世纪教育史》	[美]格莱夫斯（Frank Pierrepont Graves）	吴康	1938年7月	初版；1939年5月再版；原书名 A History of Education during the Middle Ages
54	《世界民间故事集》（英汉对照）		桂裕	1938年7月	初版；编译；原书名 Tales of Different Nations
55	《欧美现代作家自述》	高尔基、梅德林、叶芝等	时甫	1938年7月	初版；编译
56	《西洋哲学史》（二册）	[美]梯利（FrankThilly）	陈正谟	1938年7月	初版；1939年5月再版；原书名 A History of Philology；"大学丛书"

57	《陆沉》（二册）	［美］赛尔维司（Garrett Putnam Serviss）	安子介、艾维章	1938年7月	初版；1939年8月三版；原书名 The Second Deluge
58	《我的实业哲学》	［美］亨利·福特（Henry Ford）	朱则	1938年7月	初版；1939年5月再版；原书名 My Philosophy of Industry；"汉译世界名著"
59	《犯罪学及刑罚学》（三册）	［美］齐林（John Lewis Gillin）	查良鉴	1938年7月	初版；原书名 Criminology & Penology；"汉译世界名著"
60	《乡下医生》	［法］巴尔扎克（Honoré de Balzac）	黎烈文	1938年7月	初版；1939年4月再版；原书名 Le Medecine de Compagne；"世界文学名著"
61	《给一个青年诗人的十封信》	［奥］里尔克（Rainer Maria Rilke）	冯至	1938年7月	初版；原书名 Letters to a Young Poet；"中德文化丛书"
62	《丹麦短篇小说集》（二册）	［丹麦］安徒生等	金桥、淡秋	1938年7月	初版；1940年6月再版；原书名 Danish Short Stories；"世界文学名著"
63	《野鸭》	［挪威］易卜生（Henriik Ibsen）	孙煦	1938年7月	初版；原书名 The Wild Duck；"世界文学名著"；转译
64	《物理哲学》	［德］蒲朗克（Max Planck）	蔡宾牟、王光煦	1938年7月	初版；1938年10月再版；原书名 The Philosophy of Physics；"汉译世界名著"；转译
65	《地理哲学》	［德］格拉夫（Otto Gref）	曹沉思	1938年7月	初版；1939年5月再版；重译；"地理学丛书"

附录：1937—1941年间商务印书馆在长沙出版翻译类著作一览表　587

66	《新疆沙漠游记》	[瑞典]赫定（Sven Hedin）	绮纹	1938年7月	初版；原书名 Durch Asiens Wusten；"汉译世界名著"
67	《膨胀的宇宙》	[英]爱丁顿（Arthur Stanley Eddington）	曹大同	1938年7月	初版；原书名 The Expanding Universe；"汉译世界名著"
68	《情人的悲哀》	[法]莫罗阿（Andre Maurois）	杨伯元	1938年7月	初版；原书名 Climate；"世界文学名著"
69	《几何学讲义（平面部）》	[日]上清野	张廷华	1938年7月	国难后五版
70	《全民族战争论》	[德]鲁屯道夫（Erich von Ludendorff）	张君劢	1938年7月	本馆第一版；原书名 Der Total Krieg
71	《欧战枞山大战记》	[德]魏尔德（Rudolf van Wehrt）	陶兹人	1938年7月	初版；原书名 Tannenberg
72	《统计学原理》（二册）	[英]鲍莱（Arthur L. Bowley）	李植泉	1938年7月	初版；1939年2月再版；"汉译世界名著"
73	《动物生殖生理学》	[日]犬饲哲夫	胡步蟾	1938年7月	初版；"大学丛书"（教本）
74	《塞外史地论文译丛》（第一辑）	[日]白鸟库吉	王古鲁	1938年7月	初版；1939年1月再版
75	《马克思之真谛》	[英]柯尔（George Douglas Howard Cole）	谌小岑	1938年7月	再版；原书名 What Karl Marx Really Meant；"中山文库"
76	《国际政府》（二册）	[美]伊格敦（Clyde Eagleton）	梁鉴立	1938年7月	初版；原书名 International Government；"汉译世界名著"
77	《和平的代价》	[美]西蒙智/爱美尼（Simonds, Frank）	黄静渊	1938年7月	初版；1938年10月再版
78	《青年军事航空常识》		王锡纶	1938年8月	五版；编译；"战时常识丛书"

79	《红发少年》	[英]莫恨（William Somerset Maugham）	方安	1938年8月	初版；1938年10月再版；"莫恨小说短篇集"
80	《会计数学》	[美]Rietz Crathorne	李鸿寿、莫启欧	1938年9月	三版；1940年3月四版；编译；原书名 Mathematics of Finance；"立信会计丛书"
81	《爱的教育》	[意]亚米契斯（Edmondo de Amicis）	夏丏尊	1938年9月	
82	《学习心理》	[美]科尔文（Stephen Sheldon Colvin）	黄公觉	1938年9月	国难后二版；原书名 The Learning Process；"北京师范大学丛书"
83	《爱情与道德》	[英]伊利斯（Havelock Ellis）	梁渭华	1938年10月	初版；1939年3月再版；原书名 The Little Essay on Love and Virtue；"家庭丛书"
84	《工业簿记》	[日]吉田良三	陈家瓒	1938年10月	国难后七版
85	《美国校外职业指导实况》	[美]吉桢（H. D. Kitson）	何清儒、郑文汉	1938年10月	初版；原书名 Youth Vocational Guidance for Those out of School
86	《南北戏曲源流考》	[日]青木正儿	江侠庵	1938年10月	初版；再版1939年2月；"国学小丛书"
87	《斯盖尼三氏新解析几何学》	[美]斯密斯、盖尔、尼利（Smith, Gale, Neelley）	程凯丞	1938年10月	十版；1940年4月十三版；1940年11月十六版；原书名 New Analytic Geometry
88	《铸钢学》	[美]哈尔（Hall John Howe）	王怀琛	1938年11月	三版；原书名 The Steel Foundry；"大学丛书"
89	《窗饰术》	[英]弗尔（Feery）	朱武叔	1938年11月	国难后三版；原书名 The Modern Window Display；"商业小丛书"

90	《军火商人》	[德]恩格尔比勒黑得、汉尼根（Engelbrecht, Hanighena）	穆藕初	1938年11月	再版；原书名 Merchant of Death；转译
91	《各国合作事业史》	[日]高须虎六	杨智	1939年	再版；"社会科学小丛书"
92	《外国人在苏联的法律地位》	[苏]普罗特金	韦普天	1939年	再版；转译；"苏联小丛书"
93	《格式心理学原理》（二册）	[美]考夫卡（Kurt Koffka）	傅统先	1939年	再版；"大学丛书"；原书名 Principles of Gestalt Psychology
94	《大众生物学》（六册）	[英]汤姆生（James Alexander Thomson）	伍况甫	1939年1月	初版；原书名 Biology for Everyman；"汉译世界名著"
95	《日本在华的赌博》	[英]尤脱莱（Freda Utley）	吴道存、毛起森	1939年1月	初版；1939年9月再版；原书名 Japan's Gamble in China；"复旦大学文摘社丛书"
96	《公民教育详解》	[美]彼得斯（Cornelius C. Peters）	鲁继曾	1939年1月	初版；原书名 Objective and Procedures in Civic Education
97	《大陆移动论》（二册）	[奥]惠格纳（Alfred Wegener）	沐绍良	1939年1月	初版；1939年12月再版；原书名 Verschiebungs theorie；"汉译世界名著"；转译
98	《如何应付人》	[美]卡耐基（Dale Carnegie）	何清儒	1939年1月	初版；1939年4月三版；1940年6月五版；原书名 How to Win Friends and Influence People；"汉译世界名著"
99	《黎明时期回教学术思想史》	[埃及]阿哈谟德·爱敏（Ahmed Amin）	纳忠	1939年2月	初版
100	《道德形上学探本》	[德]康德（Immanuel Kant）	唐钺	1939年2月	初版；"汉译世界名著"；转译

101	《中国地史》	[日]山根新次	张资平	1939年2月	初版；1940年2月再版；"汉译世界名著"
102	《工业原料或军需原料》	[英]柏伦谋（Alfred Plummer）	郑太朴	1939年2月	初版；原书名 Raw Materials or War Materials；"社会科学小丛书"
103	《神曲：地狱》	[意]但丁（Dante）	王维克	1939年2月	初版；1939年9月再版；原书名 La Divina Commedia；"汉译世界名著"
104	《科学与经验》	[英]丁格尔（Hugh Dingle）	萧立坤	1939年2月	初版；"自然科学小丛书"
105	《自然地理学》	[法]马东（Emmanuel de Martonne）	王勤堉	1939年2月	初版；1940年1月再版；原书名 A Shorter Physical Geography；"地理学丛书"；转译
106	《教育之基本原理》	[美]桑戴克、盖兹（Edwurd L. Thorndike, Arthur I. Gates）	宋桂煌	1939年2月	三版；原书名 Elementary Principles of Education；"大学丛书"（教本）
107	《化学变化之途径》	[日]竹村贞二	杨著诚、郁仁贻	1939年2月	初版；1940年3月再版；"自然科学小丛书"
108	《劳氏成本会计》	[美]劳伦斯（William B. Lawrence）	潘序伦	1939年2月	改译本第一版；原书名 Cost Accounting；"立信会计丛书"
109	《天边外》（戏剧集）	[美]翁赖尔（Eugene O'Neill）	顾仲彝	1939年2月	初版；原书名 Beyond the Horizon；"世界文学名著"
110	《成人的兴趣》	[美]桑戴克（Edward Thorndike）	陈礼江、喻任声	1939年3月	初版；1940年3月再版；原书名 Adult Interest；"汉译世界名著"
111	《红袍》	[法]白利涡（Eugéne Brieux）	许德	1939年3月	初版；原书名 La Robe Rouge；"世界文学名著"
112	《经济学说史》	[德]史盘（Othmar Spann）	陈清华	1939年3月	三版；"大学丛书"

113	《法律发达史》	[美]莫理斯（M. F. Morris）	王学文	1939 年 3 月	初版；原书名 The History of the Development of Law
114	《工业史》	[美]格拉斯（N. B. C. Gras）	连士升	1939 年 3 月	初版
115	《吉诃德先生传》（二册）	[西班牙]塞万提斯（Cevantes）	傅东华	1939 年 4 月	初版；"新中学文库"；转译
116	《人生五大问题》	[法]莫洛亚（André Maurois）	傅雷	1939 年 4 月	四版；原书名 Sentiments et Countumes；"汉译世界名著"
117	《教育财政学原理》	美国内务部、教育署全国教育财政调查团	陈友松	1939 年 4 月	再版；"师范丛书"
118	《有机化学实验》	[德]加脱满（Ludwig Gattermann）	孟心如	1939 年 4 月	初版；原书名 Die Praxis des Organischen Chemikera；"大学丛书"
119	《射影纯正几何学》	[美]荷尔盖蒂（Thomas F. Holgate）	黄新铎	1939 年 4 月	初版；1940 年 4 月再版；原书名 Projecive Pure Geometry；"大学丛书"（教本）
120	《方程解法》	[美]麦里曼（Mansfield Merriman）	居秉瑶	1939 年 4 月	初版；1940 年 8 月再版；原书名 Solution of Equations；"算学小丛书"
121	《海姐》	[挪威]易卜生（Henrik Ibsen）	孙煦	1939 年 4 月	初版；原书名 Hedda Gablr；"世界文学名著"；转译
122	《矿床生因论》	[日]加藤武夫	张资平	1939 年 4 月	三版；"大学丛书"
123	《大教授学》	[美]夸美纽斯（John Amos Comenius）	傅任敢	1939 年 5 月	初版；原书名 The Great Didactoc；"汉译世界名著"
124	《幼儿心理学》	[英]嘿兹力特（Victoria Hazlitt）	宋桂煌	1939 年 5 月	初版；原书名 The Psychology of Infancy；"师范丛书"

125	《热力学原理》	[英]柏特维塞（George Birtwistle）	徐豫生	1939年6月	初版；原书名 The Principles of Thermodynamics；"大学丛书"（教本）
126	《日本工业和对外贸易》	[英]史太因（G. Stein）	陈克文	1939年6月	初版；原书名 Made in Japan
127	《美国政治思想史》	[美]梅瑞安（Charles E. Merriam）	胡道维	1939年6月	再版；原书名 A History of American Political Theories
128	《法律心理学》	[德]柏潜（H. E. Burtt）	王书林	1939年7月	初版；原书名 Legal Psychology；"大学丛书"（教本）
129	《动物学精义》（三册）	[日]惠利惠	杜亚泉等	1939年7月	初版；"大学丛书"（教本）
130	《中国哲学思想史》	[日]武内义雄	汪馥泉	1939年7月	初版
131	《苏联之货币与金融》	[英]哈巴德（Leonard E. Hubbard）	万鸿开、李竹溪	1939年7月	初版；原书名 Soviet Money and Finance；"苏联小丛书"
132	《心理学》	[美]波林（Edwin G. Boring）等	傅统先	1939年7月	初版；原书名 Psychology；"大学丛书"（教本）
133	《论德国民族性》	[德]黎耳（Wilhelm Heinrich Riehl）	杨丙辰	1939年7月	初版；原书名 Deutscher Volkscharakter；"中德文化丛书"
134	《工业合作救国论》	[英]艾黎（Rewi Ally）	黄雪楼	1939年7月	初版；1940年11月再版
135	《人类的脑髓》	[日]平光吾一	郑君平	1939年8月	初版；"自然科学小丛书"
136	《中缅之交》	[美]美特福（Beatric Metford）	伍况甫	1939年8月	初版
137	《物质之新观念》	[英]达尔文（Charles Robert Darwin）	杨肇燫	1939年8月	初版；原书名 New Concept of Matter；"自然科学小丛书"
138	《群学肄言》	[英]斯宾塞（Herbert Spencer）	严复	1939年9月	简编印行；原书名 Study of Sociology；"万有文库"

139	《法兰西短篇小说集》（三册）	［法］服尔兑尔（Voltaire）等	李青崖	1939年9月	简编印行；选译；原书名 French Short Stories；"万有文库"
140	《西洋科学史》	［美］李贝（Walter Libby）	尤佳章	1939年9月	简编印行；原书名 An Introduction to the History of Science；"万有文库"
141	《斯托姆小说集》	［德］斯托姆（Theodor W. Storm）	魏以新	1939年9月	初版；原书名 Novellensammlung；"中德文化丛书"
142	《朗伯罗梭氏犯罪学》（二册）	［意］朗伯罗梭（Cesare Lombroso）	刘麟生	1939年9月	简编印行；原书名 Crime: Its Causes and Remedies；"万有文库"；转译
143	《宇宙之新观念》	［波］哥白尼（Nicolas Copernicus）等	朱恩隆	1939年9月	简编印行；原书名 The New Idea of the Universe；"万有文库"
144	《英法德美军歌选》		俞大纲等	1939年9月	初版；"中法文化丛书"
145	《现代欧洲外交史》（四册）	［英］莫瓦特（Robert Balmain Mowat）	王造时	1939年9月	简编印行；原书名 A History of European Diplomacy；"万有文库"
146	《中古及近代文化史》（三册）	［法］塞诺博（Charles Seignobos）	陈建民	1939年9月	简编印行；原书名 History of Medieval and Modern Civilization；"万有文库"；转译
147	《社约论》	［法］卢梭（Jean-Jacques Rousseau）	徐百齐、丘瑾璋	1939年9月	简编印行；原书名 Du Contrat Social；"万有文库"；转译
148	《乌托邦》	［英］摩尔（Sir Thomas More）	刘麟生	1939年9月	简编印行；原书名 Utopia；"万有文库"
149	《政治学史概论》	［英］波拉克（Frederick Pollock）	张景琨	1939年9月	简编印行；原书名 An Introduction to the History of the Science of Politics；"万有文库"

150	《哲学之改造》	[美]杜威 （John Dewey）	许崇清	1939年9月	简编印行；原书名 Reconstruction in Philosophy；"万有文库"
151	《西洋教育思潮发达史》（五册）	[英]科尔 （Percival R. Cole）	于熙俭	1939年9月	简编印行；原书名 A History of Educational Thought；"万有文库"
152	《未来的战术》（五册）	[法]莱金 （Édouard Réquin）等	杨丹声	1939年9月	简编印行；原书名 What Would be the Character of a New War?；"万有文库"；转译
153	《婚姻进化史》（三册）	[德]缪勒利尔 （F. Müller-Lyer）	叶启芳	1939年9月	简编印行；原书名 The Revolution of Modern Marriage；"万有文库"；转译
154	《比较文学史》（四册）	[法]洛里哀 （Frédéric Loliée）	傅东华	1939年9月	简编印行；原书名 A History of Comparative Literature；"万有文库"；转译
155	《四百万》	[美]欧·亨利 （O. Henry）	伍蠡甫	1939年9月	简编印行；原书名 The Four Million；"万有文库"
156	《爱迪生传》（三册）	[美]西门斯 （William A. Simonds）	陈幼璞	1939年9月	简编印行；原书名 Edison, His Life, His Work, His Genius；"万有文库"
157	《习惯论》	[美]邓拉普 （Knight Dunlap）	胡毅	1939年10月	初版；原书名 Habits: Their Making and Unmaking；"师范丛书"
158	《日本政治史大纲》	[日]今中次磨	孙筱默	1939年10月	初版
159	《快乐的知识》	[德]尼采 （Friedrich Wilhelm Nietzsche）	梵澄	1939年11月	初版；1940年12月再版；原书名 Die Frohliche Wissenschaft；"中德文化丛书"

160	《动物地理学》	［日］川村多实二	蔡弃民	1939年12月	"万有文库"
161	《新月集》	［印］太戈尔（Rabindranath Tagore）	郑振铎	1939年12月	简编印行；原书名 *The Crescent Moon*；"万有文库"
162	《美国短篇小说集》	［美］欧文（W. Irwing）等	傅东华、于熙俭	1939年12月	简编印行；"万有文库"
163	《能之不灭》	［德］赫尔姆霍斯（Hermann von Helmholtz）	钟间	1939年12月	简编印行；原书名 *Uber die Erhaltung der Kraft*；"万有文库"
164	《人类原始及类择》（九册）	［英］达尔文（Charles Robert Darwin）	马君武	1939年12月	简编印行；原书名 *The Descent of Man*；"万有文库"
165	《动物哲学》（二册）	［法］拉马克（Jean-Baptiste Lamarck）	沐绍良	1939年12月	简编印行；重译；原书名 *Philosophie Zoologique*；"万有文库"
166	《七月十四日》	［法］罗曼·罗兰（Romain Rolland）	贺之才	1939年12月	简编印行；原书名 *Le 14 Juillet*；"万有文库"
167	《奥本海国际法——战争与中立》（四册）	［德］奥本海（L. Oppenheim）	岑德彰	1939年12月	简编印行；原书名 *International Law: War and Neutrality*；"万有文库"；转译
168	《社会主义史》（六册）	［美］列德莱（Harry W. Laidler）	沈嗣庄	1939年12月	简编印行；原书名 *A History of Socialist Thought*；"万有文库"
169	《群己权界论》	［英］约翰·穆勒（John S. Mill）	严复	1939年12月	简编印行；原书名 *On Liberty*；"万有文库"
170	《初等代数解析学》	［德］斯波勒（Benedikt Sporer）	郑太朴	1939年12月	简编印行；"万有文库"

171	《美学原论》（上下册）	［意大利］柯罗齐（Benedetto Croce）	傅东华	1939年12月	简编印行；"万有文库"
172	《代数方程及函数概念》	［英］密勒、白黎斯（S. A. Miller, G. A. Bliss）	郑太朴	1939年12月	简编印行；原书名 S.A.Miller: The Algebraic Equation, G.A.Bliss: The Function Concept；"万有文库"
173	《方法论》	［法］笛卡儿（René Descartes）	彭基相	1939年12月	简编印行；"万有文库"
174	《社会论》	［英］柯尔（George Douglas Howard Cole）	张东荪、吴献书	1939年12月	简编印行；原书名 Social Theory；"万有文库"
175	《货币论》	［美］寸末尔（Edwin Walter Kemmerer）	岑德彰	1939年12月	简编印行；原书名 Money；"万有文库"
176	《国际法典》	［荷兰］格老秀斯（Hugo Grotius）	岑德彰	1939年12月	简编印行；原书名 De Jure Belli et Pacis；"万有文库"；转译
177	《妇女运动》（二册）	［瑞典］爱伦凯（Ellen Key）	林苑文	1939年12月	简编印行；"万有文库"；转译
178	《现代经济思想》（五册）	［美］霍门（Paul T. Homan）	于树生	1939年12月	简编印行；原书名 Contemporary Economic Thought；"万有文库"
179	《经济学解》（四册）	［德］宗拔（Werner Sombart）	王毓瑚	1939年12月	简编印行；"万有文库"
180	《阿尔卑斯的冰河》（二册）	［英］廷达尔（John Tyndall）	余主甫	1939年12月	简编印行；原书名 The Glaciers of the Alps；"万有文库"
181	《波兰短篇小说集》（二册）	［波兰］式曼斯奇（Adam Szymanski）等	施蛰存	1939年12月	简编印行；选译；"万有文库"；转译
182	《立体几何学—直线及平面》	［日］林鹤一、尾崎敏郎	郑心南	1939年12月	简编印行；"万有文库"

183	《形而上学序论》（三册）	［德］来布厄兹（Gottfried Wilhelm Leibniz）	陈德荣	1939年12月	简编印行；原书名 *Discourse on Metaphysics, Correspondence with Arnauld, and Monadology*；"万有文库"；转译
184	《孟德斯鸠法意》（四册）	［法］孟德斯鸠（Montesquieu）	严复	1939年12月	简编印行；原书名 *The Spirit of Law*；"万有文库"；转译
185	《电子》	［美］密立根（Robert Andrews Millikan）	钟间	1940年	四版；"大学丛书"；原书名 *The Electronics Isolation and Measurement and the Determination of Some of Its Properties*
186	《汉译温氏高中三角法》	［美］温德华士（George Albert Wentworth）	张彝	1940年	四十四版；原书名 *Plane and Spherical Trigonometry*
187	《民主与法西斯的斗争》	［美］琼斯（R. Jones）等	吴道存	1940年	初版
188	《塞外史地论文译丛》（第二辑）	［日］白鸟库吉	王古鲁	1940年1月	初版
189	《世界文化史大纲》	［法］利舍（Charles Richet）	唐易庵	1940年1月	初版；重译
190	《青年心理与教育》	［日］野上俊夫	朱智贤	1940年1月	初版；1941年5月再版
191	《欧洲现代政治史》	［法］薛纽伯（Charles Seignobos）	毛以亨	1940年1月	初版；原书名 *Histoire Politique de L'Europe Contemporaine*
192	《战后之国际关系》	［英］寇尔（Edward Hallett Carr）	宋桂煌	1940年1月	初版；原书名 *International Relation Since the Peace Treaties*
193	《中华民国民事诉讼法》		桂裕	1940年2月	
194	《小球操》	［奥］波尔滋（Edi Polz）	陈咏声	1940年2月	初版；原书名 *Ein Neuer Weg, Kleinballgymnastik*

195	《天方夜谈》（四册）		纳训	1940年2月	初版；1940年8月再版
196	《日报期刊史》	［法］魏尔（Georges Weill）	宋善良	1940年2月	初版；原书名 Le Journal
197	《通俗逻辑》	［英］曼特（Alfred Ernest Mander）	沈沫	1940年2月	初版；原书名 Clear Thinking (Logic for Everyman)
198	《物质生命与价值》（二册）	［英］约德（Cyril Edwin Mitchinson Joad）	施友忠	1940年2月	初版；原书名 Matter, Life and Value
199	《比较文字学概论》	［英］葛劳德（Edward Clodd）	林祝敔	1940年2月	初版；原书名 The Story of the Alphabet
200	《从妹贝德》（二册）	［法］巴尔扎克（Honoré de Balzac）	穆木天	1940年2月	初版
201	《西洋中古史》（二册）	［美］汤普生（L. W. Thompson）	陈受颐、梁茂修	1940年3月	初版；原书名 History of the Middle Ages
202	《短篇故事》（英汉对照）		英语周刊社编	1940年3月	初版；原书名 Short Narratives；"英语文库"
203	《短篇小说》（英汉对照）		英语周刊社编	1940年3月	初版；"英语文库"
204	《霍桑氏祖父的椅子》（英汉对照，二册）		英语周刊社编	1940年3月	初版；原书名 Grandfather's Chair；"英语文库"
205	《近代戏剧选》（英汉对照）		英语周刊社编	1940年3月	初版；原书名 Modern Drama；"英语文库"
206	《瀛海奇谈》（英汉对照，四册）		英语周刊社编	1940年3月	初版；"英语文库"
207	《儿童发展测验》	［奥］伸勒、黑采（Charlotte Buehler, Hildegrard Hetzer）	徐儒	1940年3月	初版；原书名 Testing Children's Development from Birth to School Age；"师范丛书"；转译

208	《小学各科教学之基础》	［美］惠提（Harry Grove Wheat）	彭宏议	1940年3月	初版；编译；原书名 The Psychology of the Elementary School
209	《学校人事管理》	［美］华德斯（J. E. Walters）	屠哲隐	1940年3月	初版；编译
210	《莉娜及其他》	［法］卢骚、福禄贝尔、色诺芬（Rousseau, Froebel, Xenophon）	傅任敢	1940年3月	初版；原书名 Educational Stories；"汉译世界名著"
211	《交通经济总论》	［日］增井幸雄	郭虚中	1940年3月	初版；"社会科学小丛书"
212	《美狄亚》	［希］攸里辟得斯（Euripides）	罗念生	1940年3月	初版；原书名 Medea；"希腊悲剧名著"
213	《死亡的意义》	［法］部尔热（Paul Bourget）	杨寿康	1940年3月	初版；原书名 Le Sens de la Mort；"世界文学名著"
214	《教育漫话》	［英］洛克（John Locke）	傅任敢	1940年5月	再版；原书名 Some Thoughts Concerning Education；"汉译世界名著"
215	《奥氏初等微积分学》	［美］奥斯古德（William F. Osgood）	张方洁	1940年6月	三版；原书名 Introduction to the Calculus
216	《西洋独幕笑剧改编》		陈铨	1940年6月	初版；编译
217	《西洋近世算学小史》	［美］斯密斯（David E. Smith）	段育华、周元瑞	1940年6月	三版；原书名 History of Modern Mathematics；"百科小丛书"
218	《中古欧洲社会经济史》	［比］彼楞（Henri Pirenne）	胡依默	1940年6月	初版；原书名 Economic and Social History of Medieval Europe；"汉译世界名著"
219	《公法要义》	［法］勒翁狄几（Léon Duguit）	杨肇烜	1940年7月	初版；原书名 Leçon de Droit Public Général；"汉译世界名著"

220	《社会科学史纲》(第六册社会学)	[美]罕金斯(Franklin Henry Giddings)	华鹤彝	1940年7月	初版
221	《社会学史纲》(第五册文化人类学)	[美]哥登惠塞(Alexander Goldenweiser)	陆德音	1940年7月	初版
222	《社会学史纲》(第七册经济学)	[美]俾革罗(K.W. Bigelow)	王造时、谢诒征	1940年7月	初版
223	《社会科学史纲》(第一册史学)	[美]班兹(Harry Elmer Barnes)	向达	1940年7月	初版
224	《普通心理学大纲》	[美]福莱尔、亨利(Fryer, Henry)	鲁继曾	1940年7月	初版；原书名 An Outline of General Psychology
225	《西域南海史地考证译丛四编》	[法]伯希和(P. Pilliot)等	冯承钧	1940年7月	初版
226	《卫生行为》	[美]吴德、雷利国(T. D. Wood, M. O. Lerrigo)	周尚、叶华	1940年7月	初版；编译；"汉译世界名著"
227	《世界经济之机构与景气变动》(二册)	[德]华辩曼(Ernst Wagemann)	孙怀仁	1940年8月	再版；原书名 Struktur und Rhythmus der Weltwirtschaft；"中山文库"
228	《近代欧洲政治社会史》(下卷)	[美]海斯(Carlton Joseph Huntley Hayes)	曹绍濂	1940年8月	初版；原书名 A Political and Social History of Modern Europe
229	《普通心理学》	[美]勒克斯洛德(Carl Newton Rexroad)	宋桂煌	1940年8月	初版；原书名 General Psychology
230	《小学各科心理学》	[美]夫利曼(F. N. Freeman)	陈鹤琴、陈尧昶	1940年8月	初版；原书名 The Psychology of the Common Branches

231	《天地会研究》	[荷]施列格（Gustaaf Schlegel）	薛澄清	1940年8月	初版；原书名 Thian Ti Hwui, The Hung League; or Heaven-Earth League: A Secret Society with the Chinese in China and India；转译
232	《农艺植物考源》	[德]空多尔	俞德浚、蔡希陶	1940年9月	初版；编译；"汉译世界名著"；转译
233	《耶稣传》	[法]勒南（Ernest Renan）	雷白韦	1940年9月	初版；原书名 Vie de Jésus；"汉译世界名著"
234	《中国音韵学研究》	[瑞典]高本汉（Bernhard Karlgren）	赵元任、罗常培、李方桂	1940年9月	初版
235	《现代欧洲社会经济史》	[法]G. 累那尔、G. 乌尔斯（G. Renard, G. Weulersse）	宋衡之	1940年9月	初版；原书名 Life and Work in Modern Europe；"世界文化史丛书"
236	《经验与教育》	[美]杜威（John Dewey）	曾昭森	1940年10月	初版；原书名 Experience and Education；"汉译世界名著"
237	《长生论》	[俄]麦奇尼可夫（Élie Metchnikoff）	余小宋	1940年10月	初版；原书名 The Prolongation of Life: Optimistic Studies；"汉译世界名著"
238	《水灾集》	[法]左拉（Emile Zola）	方稚周	1940年10月	初版
239	《未来的海战》	[英]爱德华（Kenneth Edward）	程挚、余敬豪、英绮泉	1940年11月	初版
240	《比较法律哲学》（二册）	[意]密拉格利亚（Luigi Miraglia）	朱敏章、徐百齐	1940年11月	初版；原书名 Comparative Legal Philosophy Applied to Legal Institutions；"汉译世界名著"

241	《结婚与道德》	［英］罗素（Bertrand Russell）	程希亮	1940年11月	初版
242	《拳击家的锻炼》	［德］纳夫莱瑟（Nat Fleischer）	王学政	1940年11月	初版；原书名 Training of Boxers
243	《种族与历史》（二册）	［法］撒塔尔（Eugène Pittard）	董希白	1940年11月	初版；原书名 Les Races et l'Histoire；"世界文化史丛书"
244	《社会的组织》	［英］利维厄斯（William Halse Rivers）	胡贻谷	1940年11月	初版；原书名 Social Organization；"世界文化史丛书"
245	《化学学校》（三册）	［德］欧斯伐（Wilhelm Ostwald）	汤元吉	1940年11月	初版；"汉译世界名著"
246	《赋税的归宿与效应》	［英］薛尔弗曼（Herbert Albert Silverman）	蒋方正	1940年11月	初版；原书名 Taxation: Its Incidence and Effects；"中央政治学校研究部丛书"
247	《美英法意德的经济统制》	［日］北泽新次郎	蔡弃民	1940年12月	初版
248	《歌德论自著之浮士德》	［德］歌德（Johann Wolfgang von Goethe）	梵澄	1940年12月	初版；原书名 Goethe: Ueber Seinen Faust；"中德文化丛书"
249	《优美感觉与崇高感觉》	［德］康德（Immanuel Kant）	关琪桐	1940年12月	初版；原书名 Beobachtungen über das Gefühl des Schönen und Erhabenen；"中德文化丛书"
250	《读书三昧》	［日］鹤见祐辅	李冠礼、萧品超	1940年12月	初版
251	《科学典范》	［英］皮尔生（Karl Pearson）	陈韬	1941年1月	初版；原书名 Grammar of Science；"汉译世界名著"

252	《达尔文日记》（二册）	[英]达尔文（Charles Robert Darwin）	黄素封	1941年2月	初版；原书名 *Charles Darwin's Diary or Journal of Researches into the Natural History and Geology of the Countries Visited During the Voyage of H. M. S. Beagle Round the World Under the Command of Captain Fitz Roy, R. N.*；"汉译世界名著"
253	《约翰·克利斯朵夫》（四册）	[法]罗曼·罗兰（Romain Rolland）	傅雷	1941年2月	初版；原书 *Jean Christophe*；"汉译世界名著"
254	《中西文化交流》	[日]石田干之助	张宏英	1941年2月	初版；"史地小丛书"
255	《尼罗河与埃及之文明》	[法]摩赖（Author Moret）	刘麟生	1941年3月	初版；原书名 *The Nile and Egyptian Civilization*；"世界文化史丛书"；转译
256	《名理探》（二册）	[葡]傅汎际（Frank Furtado）	[明]李之藻	1941年3月	初版；"汉译世界名著"
257	《日本经济史》	[日]土屋乔雄	郑合成	1941年3月	初版；"社会科学小丛书"
258	《回教教育史》	[叙利亚]托太哈（Khalil Totah）	马坚	1941年4月	初版；原书名 *The Contribution of the Arabs to Education*；"伊斯兰文化丛书"
259	《雪莱传》	[法]莫洛怀（André Maurois）	魏华灼	1941年4月	初版；原书名 *Ariel*；转译
260	《赫贝尔短篇小说集》	[德]赫贝尔（Friedrich Hebbel）	杨丙辰	1941年4月	初版；原书名 *Erzählungen*；"中德文化丛书"
261	《密勒氏统计方法论》（二册）	[美]密尔斯（F. C. Mills-Robertson）	徐坚	1941年4月	初版；原书名 *Statistical Methods*

262	《教师之友》	[美]冯喜（George Leonard van Hee）	章柳泉	1941年6月	初版；原书名 Practical Helps for Teachers
263	《橄榄田集》	[法]莫泊桑（Guy de Maupassant）	李青崖	1941年7月	初版；原书名 Le Champ d'Oliviers；莫泊桑短篇全集
264	《国际问题题辞汇》		杨历樵、蒋荫恩	1941年7月	初版；编译
265	《心理学与军人》	[英]巴德烈（Frederic Charles Bartlett）	唐钺	1941年8月	初版
266	《公法与私法》	[日]美浓部达吉	黄冯明	1941年8月	初版；"汉译世界名著"
267	《云南各夷族及其语言研究》	[英]台维斯（Henry Rees Davies）	张君劢	1941年8月	初版；原书名 Tribes of Yunnan
268	《天外集》	[法]莫泊桑（Guy de Maupassant）	李青崖	1941年8月	初版；原书名 Le Horla and Other Stories；"莫泊桑短篇全集"
269	《中国经学史概说》	[日]泷熊之助	陈清泉	1941年8月	初版
270	《亲和力》	[德]歌德（Johann Wolfgang Goethe）	杨丙辰	1941年9月	初版；原书名 Die Wahlverwandtschaften；"中德文化丛书"

参考文献

一、中文文献

埃德加·斯诺［美］：《西行漫记》，董乐山译，上海：三联书店，1979。

埃德加·斯诺［美］：《斯诺文集·西行漫记》第1卷，北京：新华出版社，1984。

艾克恩编著：《延安文艺史》，石家庄：河北教育出版社，2009。

爱德华·泰勒著［英］：《原始文化》，连树声译，上海：上海文艺出版社，1992。

安　凌：《重写与归化——英语戏剧在现代中国的改译和演出（1907—1949）》，广州：暨南大学出版社，2015。

巴金等著、王寿兰编：《当代文学翻译家百家谈》，北京：北京大学出版社，1989。

北京大学中法文化关系研究所、北京图书馆参考研究部中国学室编：《汉译法国社会科学与人文科学图书目录》，北京：世界图书出版公司北京公司，1996。

北京市政协文史资料委员会编：《名人与老房子》，北京：北京出版社，2004。

北京图书馆编：《民国时期总书目（1911—1949）教育·体育》，北京：书目文献出版社，1985。

北京图书馆编：《民国时期总书目（1919—1949）·语言文字》，北京：北京图书馆出版社，1986。

北京图书馆馆编：《民国时期总书目（1911—1949）·文学理论·世界文

学·中国文学》，北京：书目文献出版社，1987。

北京图书馆编：《民国时期总书目（1919—1949）·法律》，北京：书目文献出版社，1990。

北京图书馆编：《民国时期总书目（1919—1949）·社会科学（总类部分）》，北京：书目文献出版社，1995。

北京图书馆编：《民国时期总书目（1911—1949）中小学教材》，北京：书目文献出版社，1995。

北京图书馆马列著作研究室编：《马克思恩格斯著作中译文综录》，北京：书目文献出版社，1983。

北泽新次郎［日］：《劳动经济论》，朱应祺、朱应会译，上海：泰东图书局，1928。

曹聚仁：《我与我的世界》，上海：三联书店，2014。

曹云勇编：《通往自己之路：罗素在中国》，南昌：江西高校出版社，2009。

茶陵县政协学习文史委员会编：《茶陵文史·茶陵籍当代人物》第17辑，北京：中国文史出版社，2005。

陈伯康：《日本研究》，上海：青年书店，1939。

陈福康：《中国译学理论史稿》，上海：上海外语教育出版社，1996。

陈洁、陈天白编著：《重拾历史的碎片：中国艺术界抗战备忘录（1931—1945）》，南京：江苏美术出版社，2015。

陈　晋：《毛泽东与文艺传统》，北京：中央文献出版社，1992。

陈晋主编：《毛泽东读书笔记精讲·文学卷》第3卷，南宁：广西人民出版社，2017。

陈晋主编：《毛泽东读书笔记精讲·历史·附录卷》第4卷，南宁：广西人民出版社，2017。

陈奎生等：《实用按摩术与改正体操》，上海：勤奋书局，1932。

陈书良：《湖南文学史》，长沙：湖南教育出版社，1998。

陈新宪、禹问樵、禹靖寰、禹坚白编：《禹之谟史料》，长沙：湖南人民出版社，1981。

陈小滢讲述、高艳华编选:《散落的珍珠:小滢的纪念册》,天津:百花文艺出版社,2008。

陈勇、陈兴芜:《中国抗战大后方出版史》,重庆:重庆出版社,2015。

陈玉刚:《中国翻译文学史稿》,北京:中国对外翻译出版公司,1989。

重庆市图书馆编:《图书书目 抗战时期出版 1937—1945》(第一辑),重庆:重庆图书馆,1957。

重庆市图书馆编:《图书书目 抗战时期出版 1937—1945》(第二辑),重庆:重庆图书馆,1957。

戴美政:《曾昭抡评传》,昆明:云南人民出版社,2010。

丹纳著[法]:《艺术哲学》,傅雷译,合肥:安徽文艺出版社,1991。

杜春和、韩荣芳、耿来金编:《胡适论学往来书信选》,石家庄:河北人民出版社,1998。

杜瑞清主编:《西安外国语学院学术论丛·第7卷·翻译的理解与表达》,西安:陕西人民出版社,2002。

端木正:《法国史研究文选》,广州:中山大学出版社,1994。

恩格斯[德]:《费尔巴哈与德国古典哲学的终结》,北京:人民出版社,1959。

范伯群、朱栋霖主编:《1898—1949 中外文学比较史论》,南京:江苏教育出版社,1993。

范祥涛:《科学翻译影响下的文化变迁》,上海:上海译文出版社,2006。

方克立、陈代湘主编:《湘学史》,长沙:湖南人民出版社,2008。

方红:《马克思主义在中国的早期翻译和传播——从 19 世纪晚期至 1920 年》,上海:三联书店,2016。

冯崇义:《罗素与中国:西方思想在中国的一次经历》,北京:三联书店,1994。

冯立昇:《中日数学关系史》,济南:山东教育出版社,2009。

冯象钦、刘欣森总编:《湖南教育史》,长沙:岳麓书社出版,2008。

弗洛伊德[奥]著:《精神分析学引论·新论》,罗生译,南昌:百花洲文艺出版社,1997。

付　克:《中国外语教育史》,上海:上海外语教育出版社,1986。

傅任敢:《傅任敢教育文选》,北京:教育科学出版社,1990。

高觉敷主编:《中国心理学史》,北京:人民教育出版社,1985。

高军、王桧林、杨树标主编:《五四运动前马克思主义在中国的介绍与传播》,长沙:湖南人民出版社,1986。

高　陶:《萧三佚事逸品》,北京:文化艺术出版社,2010。

耿云志:《胡适遗稿及秘藏书信》第28册,合肥:黄山书社,1994。

公木主编:《新诗鉴赏辞典》,上海:上海辞书出版社,1991。

龚德柏:《龚德柏回忆录》,台北:龙文出版社股份有限公司,1989。

顾钧:《美国第一批留学生在北京》,郑州:大象出版社,2015。

广西师范大学图书馆编:《广西师范大学师友著作目录》(第1集),桂林:广西师范大学出版社,1988。

郭道扬:《中国会计史稿》,北京:中国财政经济出版社,1995。

郭湛波:《近五十年中国思想史》,济南:山东人民出版社,1997。

国家档案局明清档案馆编:《戊戌变法档案史料》,北京:中华书局,1958。

国立编译馆编:《国立编译馆出版书籍目录》,南京:国立编译馆,1938。

贺昌盛:《中国现代文学基础理论与批评著译辑要(1912—1949)》,厦门:厦门大学出版社,2009。

赫克[俄]著:《哲学对话》,萧敏颂译、杨东莼校,桂林:新知书店,1941。

亨黎[英]著:《唯心哲学》,傅统先译,上海:中华书局,1941。

衡东县办公室编:《李待琛博士》,衡东:县志办印行,1991。

胡博、王戡:《碧血千秋——抗日阵亡将军录》,武汉:武汉大学出版社,2013。

胡光凡编:《周立波研究资料》,长沙:湖南人民出版社,1983。

胡愈之:《我的回忆》,南京:江苏人民出版社,1990。

胡昭镕编著:《湖南革命出版史》,长沙:湖南人民出版社,1997。

湖南省博物馆历史部校编:《新民学会文献汇编》,长沙:湖南人民出版社,1980。

湖南省地方志编纂委员会编:《湖南省志·第 1 卷·湖南近百年大事纪述》,长沙:湖南人民出版社,1959。

湖南省地方志编纂委员会编:《湖南省志·第 20 卷·新闻出版志·出版》,长沙:湖南人民出版社,1991。

湖南省地方志编纂委员会编:《湖南省志·第 20 卷·新闻出版志·报业》,长沙:湖南人民出版社,1993。

湖南省地方志编纂委员会编:《湖南省通志·第 17 卷·教育志》,长沙:湖南教育出版社,1995。

湖南省地名公共服务工程领导小组办公室主编:《湖南古县》第 2 卷,北京:中共党史出版社,2017。

湖南省湖湘文化交流协会、湖南省社会科学院编:《湖湘文化与湖南精神》,长沙:湖南人民出版社,2012。

湖南省教育史编纂委员会编:《湖南近代名校史料》第 1 卷,长沙:湖南教育出版社,2012。

湖南师范大学文史研究所编:《麓山论史萃编》,长沙:湖南人民出版社,1988。

华济时编:《20 世纪湖南文学作者中文著译简目》,湘潭大学文学与新闻学院、湘潭市文艺评论家协会,2004。

黄邦和、皮明麻编:《中外历史人物词典》,长沙:湖南人民出版社,1987。

黄见德:《西方哲学东渐史》,北京:人民出版社,2006。

黄　林:《晚清新政时期图书出版业研究》,长沙:湖南师范大学出版社,2007。

吉林、布来克满[美]著:《社会学大纲》,周谷城编译,上海:大东书局,1933。

贾洪伟:《国外语义学在中国的传播与影响》,上海:上海交通大学出版社,2014。

贾洪伟:《国外语义学在中国的传播与影响》,上海:上海交通大学出版社,2014。

江宁康、金衡山、查明建：《美国文学研究的学术历程》，济南：山东大学出版社，2016。

姜德明：《余时书话》，成都：四川文艺出版社，1992。

堺利彦［日］著：《女性中心说》，李达译，上海：商务印书馆，1922。

金岳霖：《知识论》，北京：商务印书馆，1983。

鞠健、曹前发：《周佛海》，《中共党史人物传》第83卷，北京：中央文献出版社，2002。

菊池麓［日］著：《几何之部：立体》，上海：群益书社，1915。

军事科学院《刘伯承军事文选》编辑组编：《刘伯承军事文选》第1卷，北京：军事科学出版社，2012。

克鲁泡金特［俄］著：《法国大革命史》，杨人楩译，上海：北新书局，1930。

孔慧怡：《重写翻译史》，香港：香港中文大学出版社，2005。

拉斯金［英］著：《给那后来的：经济学的第一原理》，陈友生译，上海：开明书店，1930。

莱斯利·A.怀特［美］：《文化学》，《文化：中国与世界》编委会：《文化：中国与世界》第二辑，北京：三联出版社，1987。

赖钦显主编：《马克思主义在中国一百年》，北京：中共党史出版社，1993。

濑户宏［日］著：《莎士比亚在中国：中国人的莎士比亚接受史》，陈凌虹译，广州：广东人民出版社，2017。

雷纳·韦勒克［美］著：《近代文学批评史》（第4卷），杨自伍译，上海：上海译文出版社，1997。

黎永泰：《中西文化与毛泽东早期思想》，成都：四川大学出版社，1989。

李博［德］：《汉语中的马克思主义术语的起源与作用》，赵倩等译，北京：中国社会科学出版社，2003。

李昌宝主编：《近代中央银行思想变迁研究》，北京：中国商业出版社，2012。

李长林：《采蜜集——李长林史学文存》，长沙：岳麓书社，2010。

李　达:《辩证法唯物论教程》,上海:笔耕堂书店,1932。

李洪涛:《精神的雕像——西南联大纪实》,昆明:云南人民出版社,2001。

李华兴:《民国教育史》,上海:上海教育出版社,1997。

李　季:《我的生平》,上海:亚东图书馆,1932。

李　季:《马克思传》,上海:神州国光社,1933。

李　今:《20世纪中国翻译文学史·三四十年代·俄苏卷》,天津:百花文艺出版社,2009。

李　庆:《日本汉学史》,上海:上海外语教育出版社,2002。

李　锐:《毛泽东的早期革命活动》,长沙:湖南人民出版社,1980。

李孝迁:《西方史学在中国的传播(1882—1949)》,上海:华东师范大学出版社,2007。

李亚舒、黎难秋主编:《中国科学翻译史》,长沙:湖南教育出版社,2002。

林本椿主编:《福建翻译家研究》,福州:福建教育出版社,2004。

林传甲著,况正兵、解旬灵整理:《林传甲日记》,北京:中华书局,2014。

林大津总主编:《福建翻译史论》,厦门:厦门大学出版社,2013。

林增平、范忠程主编:《湖南近代史》,长沙:湖南师范大学出版社,1991。

刘秉麟:《近代中国外债史稿》,北京:中华书局,1962。

刘伯承:《译版序言》,《苏联工农红军的步兵战斗条令》,香港:正报出版社,1949。

刘重德:《浑金璞玉集》,北京:中国对外翻译出版公司,1994。

刘禾[美]著:《跨语际实践——文学、民族文化与被译介的现代性(中国,1900—1937)》,宋伟杰等译,北京:三联书店,2002。

刘洪权编:《民国时期出版书目汇编》,北京:国家图书馆出版社,2010。

刘厚生、陈坚编:《夏衍全集·戏剧剧本》上册,杭州:浙江文艺出版社,2005。

刘继德：《湖南刘氏源流史》（卷2），天津：天津科学技术出版社，2012。

刘志伟、孙歌：《关于区域史研究认识论的对话》，上海：东方出版中心，2016。

吕涛、周骏羽整理：《周谷城传略》，太原：山西人民出版社，1988。

鲁　迅：《鲁迅全集》，北京：人民文学出版社，2017。

罗念生：《一罗二柳忆朱湘·忆诗人朱湘》，北京：三联书店，1985。

罗天、李毅：《抗战时期的军事翻译史》，北京：外文出版社，2014。

罗章龙：《逐臣自述——罗章龙回忆统稿》，台北：九歌书坊，2015。

马迪厄[法]：《法国革命史》，杨人楩译，上海：商务印书馆，1947。

马克思、恩格斯[德]：《马克思恩格斯全集》第2卷，北京：人民出版社，1957。

马寅初：《中国经济改造》，上海：商务印书馆，1935。

马祖毅等著：《中国翻译通史》，武汉：湖北教育出版社，2006。

毛泽东著、中共中央文献研究室编：《毛泽东书信选集》，北京：人民出版社，1983。

莫志斌：《周谷城传》，长沙：湖南师范大学出版社，1997。

莫志斌主编：《湘籍近现代文化名人·史学家卷》，长沙：湖南师范大学出版社，2010。

莫志斌：《周谷城传》，北京：华文出版社，2015。

牟润孙：《海遗杂著》，香港：香港中文大学出版社，1990。

尼采[德]著：《权力意志：重估一切价值的尝试》，张念东、凌素心译，北京：商务印书馆，1991。

倪墨炎：《现代文坛内外》，上海：汉语大词典出版社，1998。

彭国梁：《星城旧事：民国名人在长沙》，长沙：湖南大学出版社，2016。

钱歌川：《钱歌川文集》，沈阳：辽宁大学出版社，1988。

钱基博：《近百年湖南学风》，北京：中国人民大学出版社，2004。

钱玄同著、杨天石主编：《钱玄同日记》（整理本），北京：北京大学出版社，2014。

邱少明：《民国马克思主义经典著作翻译史》，南京航空航天大学博士论文，2011。

邱少明：《文本与主义：民国马克思主义经典著作翻译史（1912—1949）》，南京：南京大学出版社，2014。

瞿秋白译、郑惠编：《瞿秋白译文集》，南京：译林出版社，1999。

饶怀民：《湖湘文化论集》，长沙：湖南师范大学出版社，2000。

任远志：《我的父亲任弼时》，沈阳：辽宁人民出版社，2007。

汝信、王德胜主编：《美学的历史：20世纪中国美学学术进程》，合肥：安徽教育出版社，2000。

沙知编：《向达学记》，北京：三联书店，2010。

上海市出版工作者协会《出版史料》编辑组：《出版史料》第3辑，上海：学林出版社，1984。

上海市出版工作者协会《出版史料》编辑组：《出版史料》第5辑，上海：学林出版社，1986。

上海市出版工作者协会《出版史料》编辑组：《出版史料》第6辑，上海：学林出版社，1986。

上海图书馆编：《中国近代期刊目录汇录》，上海：上海人民出版社，1984。

《上海杂志无限公司第二度邮市廉价书目》，上海杂志无限公司邮购信托部编印，1936。

《上海杂志无限公司新书总目》，上海：上海杂志无限公司，1937。

沈殿成主编：《中国人留学日本百年史》（1896—1996），沈阳：辽宁教育出版社，1997。

生活书店编：《生活书店图书目录》，汉口：生活书店汉口分店，1937。

师辟伯［德］著：《情为语变之原论》，章士钊译，上海：商务印书馆，1930。

施乐、王力主编：《马克思主义基本原理概论》，成都：电子科技大学出版社，2017。

施蛰存：《北山散文集》，上海：华东师范大学出版社，2001。

石川祯浩［日］著：《中国共产党成立史》，袁广泉译，北京：中国社会科学出版社，2006。

石定扶：《用生命去创造——记我的父亲植物生理学家和农业历史学家石声汉》，咸阳：西北农林科技大学出版社，2005。

实藤惠秀［日］著：《中国人留学日本史》，谭汝谦、林启彦译，北京：北京大学出版社，2012。

舒新城：《舒新成自述》，合肥：安徽教育出版社，2013。

宋镜明：《李达》（"中共一大代表丛书"），石家庄：河北人民出版社，1997。

苏曼殊：《曼殊小说集》，上海：上海新文化书社，1934。

孙本文：《当代中国社会学》，北京：商务印书馆，2017。

孙瑞珍、王中忱：《丁玲研究在国外》，长沙：湖南人民出版社，1985。

孙晓耕：《雅礼中学建校九十周年纪念册·往事如歌》，长沙：湖南教育出版社，1996。

台奥多尔·施托姆［德］著：《茵梦湖》（原始版），梁民基译，北京：知识产权出版社，2014。

谈　敏：《中国经济学图书目录（1900—1949）》，北京：中国财政经济出版社，1995。

谈　敏：《回溯历史：马克思主义经济学在中国的传播前史》，上海：上海财经大学出版社，2008。

谭汝谦主编：《中国译日本书综合目录》，香港：香港中文大学出版社，1980。

谭汝谦：《近代中日文化关系研究》，香港：日本研究所，1988。

唐春元：《毛泽东与李达》，北京：中央文献出版社，2003。

唐纯良：《李立三全传》，合肥：安徽人民出版社，1999。

唐月梅：《日本戏剧史》，北京：燕山出版社，2008。

陶菊隐：《记者生活三十年》，北京：中华书局，2005。

陶用舒：《近代湖南人才群研究》，长沙：岳麓书社，2000。

田汉辑译：《围着棺的人们》，上海：金屋书店，1929。

田　汉：《田汉文集》第1卷，北京：中国戏剧出版社，1982。

田汉:《田汉文集》第 11 卷,北京:中国戏剧出版社,1983。

《田汉全集》编委会编:《田汉全集·译著》第十九卷,石家庄:花山文艺出版社,2000。

田中阳:《湖湘文化精神与 20 世纪湖南文学》,长沙:岳麓书社,2000。

涂公遂:《文学概论》,台北:华正书局,1988。

《万科》编辑部主编:《白领 2007》,广州:广东旅游出版社,2007。

王秉钦:《20 世纪中国翻译思想史》,天津:南开大学出版社,2009。

王　盾:《湘学志略》,长沙:湖南人民出版社,2009。

王　刚:《马克思主义中国化的起源语境研究——20 世纪 30 年代前马克思主义在中国的传播及中国化》,北京:人民出版社,2011。

王宏印:《中国传统译论经典诠释——从道安到傅雷》,武汉:湖北教育出版社,2003。

王宏志:《翻译史研究(2011)》,上海:复旦大学出版社,2011。

王宏志:《翻译史研究(2012)》,上海:复旦大学出版社,2012。

王鸿祯、孙荣圭、崔广振等著:《中国地质事业早期史》,北京:北京大学出版社,1990。

王继平、李大剑主编:《曾国藩与近代中国》,长沙:岳麓书社,2007。

王建辉:《教育与出版——陆费逵研究》,北京:中华书局,2012。

王锦厚:《五四新文学与外国文学》,成都:四川大学出版社,1996。

王巨才主编:《延安文艺档案·延安戏剧:延安戏剧作品·话剧》(一),西安:太白文艺出版社,2015。

王巨才主编:《延安文艺档案:延安戏剧·延安戏剧组织》(四),西安:太白文艺出版社,2015。

王克非:《文化翻译史》,北京:外语教学与研究出版社,1999。

王兰垣等编著:《柳直荀》,天津:天津人民出版社,1979。

王荣纲编:《报告文学研究资料选编》,济南:山东人民出版社,1983。

王森然:《近代二十家评传》,北京:书目文献出版社,1987。

王向远:《中国题材日本文学史》,上海:上海古籍出版社,2007。

王向远:《东方文学译介与研究史》,银川:宁夏人民出版社,2007。

王向远：《日本文学汉译史》，银川：宁夏人民出版社，2007。

王孝柏、刘元生：《左权传》，北京：人民出版社，1990。

汪耀华编著：《中国近现代出版法规章则大全》，上海：上海书店出版社，2018。

汪原放：《回忆亚东图书馆》，上海：学林出版社，1983。

威特尔［苏］：《辩证唯物主义：苏联哲学之历史的和系统的概观》，周辅成等译，北京：商务印书馆，1963。

魏庚人主编：《中国中学数学教育史》，北京：人民教育出版社，1987。

魏泽馨选编：《傅任敢教育译著选集〈教育漫话〉》，长沙：湖南教育出版社，1983。

温中兰、贺爱军、于应机等：《浙江翻译家研究》，上海：上海交通大学出版社，2010。

《文化：中国与世界》编委会：《文化：中国与世界》第二辑，北京：三联书店，1987。

文集编撰委员会编：《一代宗师——曾昭抡百年诞辰纪念文集》，北京：北京大学出版社，1999。

《文史知识》编辑部编：《名作评介》（一），北京：中华书局，1985。

闻少华：《周佛海评传》，武汉：武汉出版社，1990。

吴　笛：《浙江作家翻译艺术研究》，杭州：浙江大学出版社，2009。

吴黎平整理：《毛泽东一九三六年同斯诺的谈话》，北京：人民出版社，1979。

吴立昌编：《精神分析狂潮：弗洛伊德在中国》，南昌：江西高校出版社，2009。

吴　宓：《吴宓日记》，北京：三联书店，1998。

吴晓明主编：《中国药学教育史》，北京：中国医药科技出版社，2016。

吴虞著，中国国家博物馆整理，荣孟源审校：《吴虞日记》，成都：四川人民出版社，1984。

吴泽霖、邹红主编：《彭慧先生百年诞辰纪念文集》，北京：北京师范大学出版社，2009。

伍蠡甫：《西方文论选》，上海：上海译文出版社，1979。

鲜　明：《晚清首部国人译介的社会主义著作的翻译史考察》，北京：中央编译出版社，2016。

现代书局总店邮市部编：《现代书局出版目录》，上海：现代书局，1932。

下东志编委会编：《下东志》，长沙：湖南师范大学出版社，2017。

肖东波：《中国共产党理论建设史纲》，北京：中共党史出版社，2004。

肖同庆：《世纪末思潮与中国现代文学》，合肥：安徽教育出版社，2001。

萧　三：《列宁论文化与艺术》，无锡：苏南新华书店，1949。

萧　三：《萧三文集》，北京：新华出版社，1983。

萧三著，陈冰夷、王政明编辑整理：《萧三诗文集·译文篇》，北京：北京图书馆出版社，1996。

谢觉哉：《谢觉哉日记》，长沙：湖南人民出版社，1984。

谢天振：《译介学》，上海：上海外语教学与研究出版社，1999。

谢天振、查明建主编：《中国现代翻译文学史（1898—1949）》，上海：上海外语教育出版社，2004。

新蕾出版社编：《作家的童年》，天津：新蕾出版社，1981。

新民学会：《新民学会会员通信集》（第三集），长沙文化书社印行，1921。

熊复、蒋际华主编：《中国抗日战争时期大后方出版史》，重庆：重庆出版社，1999。

徐骏华编著：《左权的故事》，北京：中国社会出版社，2009。

徐向前：《徐向前回忆录》，北京：解放军出版社，2007。

许国璋：《许国璋文集·文学与文化卷》，北京：外语教学与研究出版社，2015。

许钧、宋学智：《20世纪法国文学在中国的译介与接受》，武汉：湖北教育出版社，2007。

《亚东图书馆书目》，上海：亚东图书馆，1936。

亚里士多德［古希腊］著：《亚里士多德伦理学》，向达、夏崇璞译，上海：商务印书馆，1933。

阎书昌：《中国近代心理学史（1872—1949）》，上海：上海教育出版社，2015。

阎文儒、陈玉龙：《向达先生纪念论文集》，乌鲁木齐：新疆人民出版社，1986。

杨昌济著、王兴国编注：《杨昌济集》，长沙：湖南教育出版社，2008。

杨春贵编：《毛泽东的哲学活动——回忆与评述》，北京：中共中央党校科研办公室，1985。

杨度著、刘晓波主编：《杨度集》，长沙：湖南人民出版社，1986。

杨绛：《杨绛作品集》，北京：中国社会科学出版社，2000。

杨全红：《翻译史另写》，武汉：武汉大学出版社，2010。

杨人楩：《高中外国史》，上海：北新书局，1934。

杨人楩：《圣鞠斯特》，北京：三联书店，1957。

杨之水、陆灏：《梵澄先生》，上海：上海书店出版社，2009。

姚仁隽：《抗日名将左权》，北京：中共党史出版社，1996。

尹文涓：《基督教与中国近代中等教育》，上海：上海人民出版社，2007。

于丽萍：《中日翻译文化交流史》，沈阳：辽宁大学出版社，2016。

余凤高：《"心理分析"与现代小说》，北京：中国社会科学出版社，1987。

俞子林主编：《百年书业》，上海：上海书店出版社，2008。

袁宝华、翟泰丰主编：《中国改革大词典》，海口：海南出版社，1992。

袁刚等编：《中国到自由之路——罗素在华讲演集》，北京：北京大学出版社，2004。

袁景华：《章士钊先生年谱》，长春：吉林人民出版社，2001。

曾宝荪：《曾宝荪回忆录（附崇德老人自订年谱）》，长沙：岳麓书社，1986。

曾康霖、刘锡良、缪明扬主编：《百年中国金融思想学说史》（第3卷），北京：中国金融出版社，2018。

查明建、谢天振：《中国20世纪外国文学翻译史》，武汉：湖北教育出版社，2007。

张宝贵编:《实用主义之我见:杜威在中国》,南昌:江西高校出版社,2009。

张奠宙、曾慕莲等著:《近代数学教育史话》,北京:人民教育出版社,1991。

张美霞:《清末民国时期中学解析几何学教科书研究》,内蒙古师范大学博士论文,2018。

张能泉:《谷崎润一郎短篇小说艺术研究》,北京:中国社会科学出版社,2017。

张树萍:《北新书局与中国现代文学》,上海:上海三联书店,2008。

张西曼:《历史回忆》,上海:东方书社,1949。

张西曼著,李长林、张小曼编:《张西曼集》,长沙:湖南人民出版社,2010。

张向华:《田汉年谱》,北京:中国戏剧出版社,1992。

张秀仿:《河北省翻译史专题研究》,北京:中国出版集团公司,2012。

张 旭:《视界的融合:朱湘译诗新探》,北京:清华大学出版社,2008。

张 旭:《跨越边界:从比较文学到翻译研究》,北京:北京大学出版社,2011。

张 旭:《湘籍近现代文化名人·翻译家卷》,长沙:湖南师范大学出版社,2011。

张 旭:《中国英诗汉译史论——1937年以前部分》,长沙:湖南人民出版社,2012。

张 旭:《近代湖南翻译史论》,长沙:湖南人民出版社,2014。

张 旭:《视界的融合:朱湘译诗新探》(修订版),北京:清华大学出版社,2017。

张泽贤:《中国现代文学翻译版本见闻录(1934—1949)》,上海:上海远东出版社,2009。

张泽贤:《中国现代文学翻译版本见闻录续集(1901—1949)》,上海:上海远东出版社,2014。

张芝联:《法国史论集》,北京:三联书店,2007。

赵新那、黄培云：《赵元任年谱》，北京：商务印书馆，1998。

赵元任著，关鸿、魏平主编：《从家乡到美国：赵元任早年回忆》，上海：学林出版社，1997。

郑择魁、黄昌勇、彭耀春：《左联五烈士评传》，重庆：重庆出版社，1995。

郑振铎、傅东华编：《我与文学》，上海：上海生活书店，1934。

政协湘潭市委员会编：《刘道一烈士》，长沙：湖南大学出版社，1988。

中共党史人物传研究会编：《中共党史人物传》（第8卷），西安：陕西人民出版社，1983。

中共档案馆编：《中共中央文件选集》（第12册），北京：中共中央党校出版社，1986。

中共双峰县委会编：《怀念蔡和森同志》，长沙：湖南人民出版社，1980。

中共中央编译局图书馆编：《研究马克思恩格斯著作和生平论著目录》，北京：书目文献出版社，1983。

中共中央党史研究室第一研究部编著：《中国共产党第一至第六次全国代表大会代表名录》，上海：上海人民出版社，2007。

中共中央党史资料征集委员会编：《共产主义小组》（上），北京：中共党史资料出版社，1987。

中共中央马克思恩格斯列宁斯大林著作编译局图书馆编：《马克思恩格斯著作在中国的传播》，北京：人民出版社，1983。

中共中央马克思恩格斯列宁斯大林著作编译局图书馆编：《研究马克思恩格斯著作和生平论著目录》，北京：书目文献出版社，1983。

中共中央文献研究室编：《毛泽东农村调查文集》，北京：人民出版社，1982。

中共中央文献研究室编：《任弼时传》，北京：中央文献出版社，1994。

中国革命博物馆等编：《新民学会资料》，北京：人民出版社，1980。

中国人民政协会议全国委员会文史资料研究委员会编：《田汉——回忆田汉专辑》，北京：文史资料出版社，1985。

中国社会科学院近代史研究所近代史资料编辑部编:《近代史资料》总119期,北京:中国社会科学出版社,2009。

中国社会科学院文学研究所现代文学研究室编:《中国文学史资料全编 现代卷46 "两个口号"论争资料选编上》,北京:知识产权出版社,2010。

中国社会科学院现代史研究史、中国革命博物馆党史研究室编:《"一大"前后》,北京:人民出版社,1980。

中国史沫特莱、斯特朗、斯诺研究会编:《〈西行漫记〉和我》,北京:国际文化出版公司,1991。

中国现代哲学史研究会等编:《纪念李达诞辰一百周年》,长沙:湖南出版社,1991。

中华书局编辑部编:《中华书局图书总目 1912—1949》,北京:中华书局,1987。

中华书局编辑部编:《中华书局百年总书目 1912—2011》,北京:中华书局,2012。

中央档案馆编:《中共中央文件选集》第11册,北京:中共中央党校出版社,1991。

中央文献研究室编:《毛泽东年谱(1893—1949)》,北京:人民出版社、中央文献出版社,1993。

钟家栋、王世根主编:《马克思主义在中国》,上海:上海人民出版社,1998。

周可、汪信砚:《李达年谱》,北京:人民出版社,2016。

周柳燕:《湘学》,长沙:湖南科学技术出版社,2009。

周其厚:《中华书局与近代文化》,北京:中华书局,2007。

周一平:《中共党史研究的开拓者——蔡和森》,上海:上海社会科学院出版社,1994。

周兆祥:《汉译〈哈姆雷特〉研究》,香港:香港中文大学出版社,1981。

周智佑编:《傅任敢校长纪念文集》,内部发行,1998。

朱光潜:《西方美学史》,北京:商务印书馆,2011

朱　洪：《陈独秀与中国名人》，北京：中央编译局，1997。

朱少伟：《老上海逸闻》，上海：东方出版中心，2013。

朱　湘：《文学闲谈》，上海：北新书局，1934。

朱　湘：《中书集》，上海：生活书店，1934。

朱小平：《20世纪湖南女性文学发展史》，海口：海南出版社，2002。

朱小平：《现代湖南女性文学史》，长沙：湖南师范大学出版社，2006。

邹振环：《影响中国近代社会的一百种译作》，北京：中国对外翻译出版公司，1996。

邹振环：《20世纪上海翻译出版与文化变迁》，桂林：广西教育出版社，2000。

邹振环：《疏通知译史》，上海：上海人民出版社，2012。

左宗濂：《湖南商业专门学校沿革湖南近现代名校史料》（一），长沙：湖南教育出版社，2012。

二、西文文献

Bassnett, Susan & André Lefevere. *Translation/ History/ Culture*. London: Cassell, 1992.

Bassnett, Susan & André Lefevere. *Constructing Cultures: Essays on Literary Translation*. Clevedon: Multilingual Matters Ltd, 1998.

Bielsa, Esperança & Susan Bassnett. *Translation in Global News*. London & New York: Routledge, 2009.

Black, Cyril E.. *The Dynamics of Modernization*. New York: Harper & Row, 1966.

Chesterman, Andrew. *Memes of Translation: The Spread of Ideas in Translation Theory*. Amsterdam & Philadelphia: John Benjamins Publishing Company, 2000.

Croce, Benedetto. *History: Its Theory and Practice*. New York: Harcourt,

Brace & Co., 1923.

Even-Zohar, Itamar. *Papers in Historical Poetics*. In Benjamin Hrushovski & Itamar Even-Zohar (eds.). *Papers on Poetics and Semiotics* 8. Tel Aviv: University Publishing Projects, 1978.

Feuerwerker, Albert. *China's Early Industrialization*. Cambridge, Massachusetts: Harvard University Press, 1958.

Foucault, Micheal. *The Archaelology of Knowledge*. Abingdon: Routledge, 2002.

Hamilton, John Maxwell. *Edgar Snow: A Biography*. Bloomington: Indiana University Press, 1988.

Hermans, Theo (ed.). *The Manipulation of Literature: Studies in Literary Translation*. London: Croom Helm, 1985.

Kelly, Louis G.. *The True Interpreter: A History of Translation Theory and Practice in the West*. New York: St. Martin's Press, 1979.

Kerr, Charles H.. *What Socialisim Is*. Chicago: Charles H. Kerr & Co., 1928.

Knight, Nick. *Li Da and Marxist Philiosophy in China*. Boulder, Colo.: Westview Press, a division of HarperCollins Publishers, 1996.

Knight, Nick. *Li Da and Marxist Philosophy in China*. Boulder, Colorado: Westview Press, 1998.

Knight, Nick. *Marxist Philosophy in China: From Qu Qiubai to Mao Zedong, 1923—1945*. Dordrecht: Springer, 2015.

Lefevere, André. ed. & trans. *Translating Literature: The German Tradition from Luther to Rosenzweig*, Assert & Amsterdam: Van Gorcum, 1977.

Lefevere, André. *Translation, Rewriting and the Manipulation of Literary Frame*. London & New York: Routledge, 1992.

Lefevere, André. *Translating Literature: Practice and Theory in a Comparative Literature*. New York: The Modern Language Association of

America, 1992.

Lerner, Daniel. *The Passing of Traditional Society*. New York: The Free Press, 1958.

Leuven-Zwart, Kitty M. Van & Ton Naaijkens (eds.). *Translation Studies: The State of the Art*. Amsterdam: Rodopi, 1991.

Li Yu-ning. *The Introduction of Socialism into China*. New York: Columbia University Press, 1971.

Meisner, Maurice. *Li Da-chao and the Origins of Chinese Marxism*. Cambridge, Massachusetts: Harvard Unviersity Press, 1967.

Montgomery, Scott L.. *Science in Translation: Moments of Knowledge through Cultures and Time*. Chicago: University of Chicago Press, 2000.

Nida, Eugene A.. *Language, Culture and Translating*. Shanghai: Shanghai Foreign Education Press, 1993.

Pym, Anthony. *Method in Translation History*. Manchester: St. Jerome Publishing, 1998.

Qian Zhaoming. *Ezra Pound's Chinese Friends: Stories in Letters*. Oxford: Oxford University Press, 2008.

Reiss. K.. *Translation Crticism: The Potential and Limitation*. Manchester: St. Jerome Publishing, 2000.

Russell, Bertand. *The Autobiography of Bertrand Russell*. Vol.2. London: Allen and Unwin. 1968.

Shaffer, Elinor S. (ed.). *Comparative Criticism* VI. Cambridge: Cambridge University Press, 1984.

Toury, Gideon. *Descriptive Translation Studies and Beyond*. Amsterdam & Philadelphia: John Benjamins Publishing Company, 1996.

Venuti, Lawrence. *The Translator's Invisibility*. London and New York: Routledge, 1995.

Wagner, Rudolf G.. *Inside a Service Trade: Studies in Contemporary Chinese Prose*. Boston: Harvard University Press, 1992.

White, Hayden. *Metahistory: The Historical Imagination in Nineteenth-Century Europe*. Baltimore: Johns Hopkins University Press, 1973.

Whiting, Allen Suess. *Soviet Policies in China: 1917—1924*. Stanford, Calif.: Stanford University Press, 1968.

后记

本书系国家社科基金项目（项目编号：17BYY050）成果。本书的写作还得到广西一流学科建设项目支持计划、广西民族大学外国语言文学一级学科博士点支持计划和中国翻译文献整理研究中心支持计划的大力支持，在此谨表感谢。

钱穆先生早年曾告诫过青年学子：在治学之初不要惧怕那些大部头的东西；陈寅恪先生则建议人们治史时要从"小点入手，大处着眼"，进而挖掘历史背后的发展轨迹。而本书的问世，可以说是我结合自己近年来读史的心得并践行前辈学者治学、治史方法的一份结晶，同时也是我撰写的《湘籍近现代文化名人·翻译家卷》（2011）的一个自然延伸。2010年，我应《湖湘文库》编委会之邀，撰写此书。在撰写的过程中，我接触到大量的关于近现代时期湖南翻译家的第一手材料，觉得自己可以就这些材料做进一步挖掘，撰写一部《湖南翻译史》或《湖南翻译批评史》。因考虑到自近代以来，湖南区域内涌现出的翻译家众多，其做出的成绩卓著，这些在中国实现近现代化转型的过程中起到了重要作用，很有必要作专门书写。但考虑到全书的篇幅问题，经过反复斟酌和权衡，最终将研究范围锁定到1950年以前的近现代时期。2014年，我完成了《近代湖南翻译史论》，因限于篇幅，仅写至1912年以前部分。2017年，我又成功地申报了一项国家社科基金项目"现代湖南翻译史论"，就1912年至1949年民国时期的湖南翻译展开全面系统的研究。

本书的构思与写作历时近十年。在这十年中，我先后换了四家单位：中南大学、湖南师范大学、福建工程学院和广西民族大学。从地域来看，我先后走了三个省：湖南、福建、广西；期间又在大陆和香港高校间来来往往。正是在这种地域迁徙过程中，我也做了一次精神上的旅行。早年我关注语言，

后记 627

后来转向文学与比较文学，后来又转向翻译研究，尤其注重翻译研究中的实证研究途径。不管怎样，我始终关心湖南，希望能够从学理的角度来探讨先贤们在这片土地上留下的足迹。这些年来，我在为学的过程中始终注重在上下古今的坐标系中来关注中外学理问题，并以翻译为着眼点，结合特定的历史语境，就相关问题展开知识考古和批评话语重构。这样也促成我刻意从区域的视角来审视湖南的翻译问题。于是就有了目前的这本书。

在写作过程中，我曾得到海内外诸多领导、师长和朋友的帮助和支持。他们分别是广西民族大学谢尚果校长、卞成林书记、覃修桂教授、杨令飞教授、张跃军教授、刘雪芹教授、李学宁教授、唐毅博士，墨尔本大学罗永现教授，业师香港浸会大学张佩瑶教授、黎翠珍教授、倪若诚博士，香港理工大学朱志瑜教授、李德超博士，香港岭南大学陈德鸿教授、张南峰教授，澳门大学孙艺风教授、张美芳教授，香港城市大学李波博士，台湾"中研院"单德兴教授，台湾中国文化大学杨锡彬副教授，业师清华大学罗选民教授、王宁教授，北京外国语大学王克非教授、王文斌教授、孙有中教授、任文教授，北京第二外国语学院张喜华教授，首都师范大学方红教授、贾洪伟教授，南开大学王宏印教授，上海外国语大学谢天振教授、查明建教授、张曼教授，复旦大学王建开教授、康志锋教授，广东外语外贸大学黄忠廉教授、王友贵教授、李瑞林教授、穆雷教授、莫爱屏教授、李明教授、邢杰博士，中山大学王东风教授、邵璐教授，华东师范大学潘文国教授，上海财经大学谭琼琳教授，国防科技大学杨晓荣教授、梁晓波教授、王祥兵教授，河南大学刘泽权教授，西安外国语大学黄立波教授，华中师范大学罗良功教授、苏艳教授，华中科技大学黄勤教授，四川大学段峰教授，四川外国语大学董洪川教授、胡安江教授、肖谊教授，福州大学潘红教授，中南大学张映先教授、范武邱教授、孟泽教授、刘辉修副教授，湖南大学朱健平教授、李伟荣教授，湖南师范大学蒋洪新教授、蒋坚松教授、廖光蓉教授、曹波教授、黄林博士，湘潭大学文卫平教授、胡强教授、何云波教授，厦门理工学院魏志成教授，福建工程学院原校长蒋新华教授、戴光荣教授、龚任界副教授，广西大学邓联健教授、庄柔玉教授，还有著名文化人卢仁龙先生等。正是有了他们的勉励和支持，本书才得以不断地完善。另外我的博士生肖志兵、苏玉鑫、孙艳、张静、蓝岚、胡卫伟在校读文稿及引文出处提出了不少意见,在此谨表谢意。

本书第二章为车树昇撰写,其他各章均由张旭撰写。

张　旭
庚子年初秋于邕城相思湖畔